DEEP LEARNING

원리를 이해하고 Tensorflow, Pytorch 한번에 잡자

딥러닝

조 희 철

Business & Management Books
비앤엠북스

서문

1. 대상 독자

딥러닝 동작 원리를 알고 싶은 분: 딥러닝의 수학적 원리를 이해하고 싶은 독자. 사전 지식으로 학부 수준의 선형대수, 미적분학에서 기초적인 부분이면 충분합니다.

Tensorflow, Pytorch에 관심 있는 분: 딥러닝 프레임 워크인 Tensorflow, Pytorch 모두를 잘 다루고 싶은 독자. 수식 부분에는 많은 시간을 투자하지 않고 구현에 집중해서 책을 볼 수 있습니다.

2. 저자가 드리는 말씀

- 처음 머신러닝, 딥러닝을 공부할 때, Machine이 Learning 한다? 기계가 데이터로부터 배운다? 기계가 어떻게 배우나? 이런 말들이 무슨 의미인지 이해가 되지 않을 수 있다. 필자는 다음과 같이 말하고 싶다.

  기계가 배우긴 뭘 배우나? 기계는 배우지 않는다.
  배우지 못한다.

  모두 다 사람이 설계한 알고리즘대로 작동하는 것이다.

- 이 책에서는 Python 문법을 상세히 다루지 않는다. Python에 익숙하지 않은 독자라면, 책을 보면서 필요한 부분을 찾아 익혀 나가면 된다.

- 이 책에서는 딥러닝의 작동 원리를 이해하는 데 필요한 수학적인 설명을 가능한 쉽게 하려고 했다. 조금만 집중하면 이해할 수 있을 것이라 생각한다. 혹시 이해가 되지 않는 부분이 있으면 반복해서 보는 것도 도움이 된다. 만약 수식 전개에서 잘 이해되지 않는 부분이 있다 해도, 마지막 결과만 기억하고 넘어가도 전체 흐름을 이해할 수는 있다.

- 미적분학(calculus)과 선형대수학(linear algebra) 지식이 조금 필요하다. 깊이 있는 부분을 요하지는 않는다. 모델은 행렬로 표현되는 경우가 많다. 행렬을 더하고 곱할 수만 있으면 충분하다.

- 이 책에 나오는 수학의 대부분은 행렬곱과 미적분학에 나오는 연쇄 법칙(chain rule)만 알면 이해할 수 있다. 수식은 두려워할 필요가 없다. 대부분의 모델이 수식으로 표현되는 숫자들의 흐름이다. 일반화를 위해 수식으로 표현하는 것일 뿐이다. 수식을 직관적으로 이해할 수 있도록 조금만 노력하면 된다. 딥러닝을 공부할 때, 수식을 다루지 않고는 핵심에 다가갈 수 없다. 이 글을 읽고 있다면, 이미 마음의 준비는 충분하다.

- 딥러닝의 수학적 기본 원리를 설명하는 것이 이 책의 목적이기도 하다. 코드와 연계해서 수식을 최대한 자세히 설명했다. 특히 역전파 구현 코드를 자세한 수식으로 설명했다. 천천히 읽어본다면 충분히 이해할 수 있도록 심혈을 기울였다.

- API의 작동 원리를 이해하고 사용하라. 예를 들어 PCA(주성분 분석)를 이해하고 사용하는 사람은 그냥 가져다 사용하는 사람보다 자신의 분야에서 훨씬 더 성공할 가능성이 높다.

- 모든 API를 완벽하게 이해할 수도 없고, 굳이 이해할 필요가 없는 것들도 있다. 하지만 가능한 많은 API의 작동 원리를 이해하려고 노력해야 한다. 조금씩 양보하면 어느 순간 다 내어주고 남는 게 없을지도 모른다.

- 머신러닝, 딥러닝은 종합 예술이다. Science(과학)적이기도 하지만, Art(기술)가 필요하기도 하다. 수학(선형대수, 해석학 등), 통계, 확률, 컴퓨터 프로그래밍, 하드웨어 등등에 관한 종합적인 지식이 어느 정도 필요하다. 비전공자의 경우는 본인의 전공을 중심으로 영역을 확장할 필요가 있다. 하루아침에 되지 않는다. 누구에게나 시작은 있다. 천천히 그리고 꾸준히 조금씩 쌓아 나가면 된다.

- 예를 들어, 어떤 개념이 이 책의 설명으로 잘 이해되지 않을 수 있다. 혼자서 독학하는 경우 종종 있는 일이지만, 실망할 필요가 없다. 책, 블로그, 유튜브 등등 다른 자료가 많으니 찾아서 공부하면 된다. 여러 번 반복해서 공부하다 보면, 어느 순간 이해가 될 수 있다.

- "머신러닝, 딥러닝에 수학이 필요하니, 선형대수부터 공부하고 시작해야지" 같은 자세는 바람직하지 않다. 머신러닝을 공부하면서 필요한 부분만, 그때 그때 공부하는 것이 지치지 않는 방법이다. 수영 대회에 나가기 위해 물에 뜨는 원리부터 공부하는 사람은 없다. 일단 수영장으로 가서 물에 뛰어들어야 한다.

3. 딥러닝을 공부하다 보면

- 현실의 문제를 해결할 때에는 인공신경망(Neural Network) 모델 설계보다 대부분 데이터 작업에 더 많은 시간이 소요된다. Raw Data(원자료)를 가공하여 모델에 입력되는 형태로 변환하는 과정을 데이터 파이프라인(Data Pipeline)이라 부른다. 데이터를 정제하는 방법에는 정답이 없다. 표준화된 방법이 없다고 할 수 있는 데이터 작업을 여러 번 반복하여, 데이터 다루는 경험을 축적할 필요가 있다. 데이터 작업의 시작은 데이터를 눈으로 살펴보는 것이다.

- Debugging 실력을 키워라. 코딩을 하다 보면 한 번에 완벽한 코딩은커녕 돌아가는 코드를 만드는 데도 많은 시간이 걸릴 수 있다. 코드에 숨어 있는 버그(bug)를 잘 찾아내야 한다. Google Colaboratory나 Jupyter Notebook은 인터랙티브(interactive)한 측면에서 유용하다. 하지만 버그를 잡는 디버깅(debugging)을 하기에는 불편하다. Visual Studio Code(vscode), Eclipse Pydev, Pycharm 같은 IDE(Integrated Development Environment, 통합 개발 환경)는 디버깅하기에 좋은 환경을 제공하고 있다. 하나의 IDE를 정해서 디버깅하는 연습을 해야 한다. 디버깅의 시작은 Break Point(중단점)을 실정하여 값의 흐름을 추적하는 것이다.

- Error Message, Warning Message를 읽는 연습을 하라. Error Message를 보고, 코드의 오류를 잡아내는 연습을 꾸준히 해야 한다. Error Message로 검색해 보는 것만으로도 많은 도움이 된다.

- 코드에 문제가 있어 다른 사람에게 도움을 요청해야 할 경우에는 정보를 충분히 제공해야 한다. 오류(bug)의 원인은 아주 다양하다. 본인이 오류의 원인을 잘못 파악해서 그쪽 방향으로만 질문을 하면 해법을 찾기가 쉽지 않다. 그리고 막연하게 질문하면 일반적인 답변만 돌아온다. 키우던 강아지가 없어져서 다른 사람에게 도움을 요청한다고 하자. "강아지가 없어졌으니 찾아주세요"라고만 하지 말고, 몇 시에 어떤 상황에서 강아지가 없어졌는지 가능한 정확히 알려주어야 필요한 도움을 받을 수 있다.

4. 책의 구성에 관하여

이 책은 Tensorflow, Pytorch 2가지 Framework로 모델을 만든다. 딥러닝의 양대 축인 2개 Framework 중에 본인에게 익숙한 것을 잘 활용하면 된다. 하지만 지금은 오픈 소스의 시대이다. 잘 만들어진 오픈 소스를 기반으로 본인의 코드를 만들어 나갈 수 있다면, 좀 더 나은 생산성이 나올 수 있다. Pytorch에만 익숙한 경우에, Tensorflow로 된 오픈 소스를 만나게 된다면 난감할 수도 있다. 그래서 필자는 2가지 Framework를 모두 잘 다룰 수 있도록 항상 노력하고 있다.

- 코드를 반복해서 책의 분량을 채우지 않기 위해, 충분히 알 수 있거나 반복적인 import 문은 생략했다. 예를 들어, `import numpy as np`가 생략되어도 `np`가 `numpy`라는 것은 알 수 있다.

- 마찬가지로 `import tensroflow as tf`, `import torch` 등도 생략했다.

```
import numpy as np
import tensorflow as tf
import torch
import matplotlib.pyplot as plt
import pandas as pd
```

- 이 책에서는 영어로 된 용어를 한글화하지 않은 경우가 많다. 예를 들어, Array를 배열로, Shape을 형태(형상)로 바꾸지 않았다. 그냥 Array, Shape 그대로 사용했다.

- 제공되는 실습 코드는 Colaboratory에서 동작할 수 있게 Jupyter Notebook으로 만들어졌다. 코드는 Colaboratory 기본 버전[1]인 Tensorflow 2.9.2, Pytorch 1.13.1, Numpy 1.21.6에서 잘 동작한다. 그 외 주요 라이브러리의 버전은 표(1)에 정리되어 있다.

Library	Version	Library	Version
Tensorflow	2.9.2	Pytorch	1.13.1
Numpy	1.21.6	librosa	0.8.1
simpleaudio	1.0.4	soundfile	0.11.0
sox	1.4.1	transformers	4.25.1
tensorflow-io	0.26	torchaudio	0.13.1
torchtext	0.13		

표 1: 라이브러리 버전

그림(1)에서 보이는 것과 같이 인쇄된 책의 폭 제한으로 코드에 줄바꿈이 있는 것처럼 보일 수 있다.

실제 코드

```
1 logit_flag = True
2 if logit_flag:
3     model_torch = torch.nn.Sequential(torch.nn.Linear(in_features,1))
4     loss_fn = torch.nn.BCEWithLogitsLoss()
5 else:
6     model_torch = torch.nn.Sequential(torch.nn.Linear(in_features,1),torch.nn.Sigmoid())
7     loss_fn = torch.nn.BCELoss()
```

인쇄된 책 속 코드

```
1 logit_flag = True
2 if logit_flag:
3     model_torch = torch.nn.Sequential(torch.nn.Linear(in_features,1))
4     loss_fn = torch.nn.BCEWithLogitsLoss()
5 else:
6     model_torch =
          torch.nn.Sequential(torch.nn.Linear(in_features,1),torch.nn.Sigmoid())
7     loss_fn = torch.nn.BCELoss()
```

그림 1: 실제 코드와 책 속에서 인쇄된 코드 비교
좌측에 줄 번호가 없는 것은 실제 없는 줄바꿈이 있는 것처럼 보이는 것이다.

- 책에 포함된 주요 코드는 github(`https://github.com/hccho2/DL-UPMTP`)에서 구할 수 있다.

1 2023년 01월 기준

딥러닝

차례

제 I 부

Deep Learning Framework 기초

Deep Learning

제 1 장

Numpy, Tensorflow, Pytorch로 시작하기

1.1 Numpy Array

Numpy는 다차원 배열 연산을 효율적으로 처리해주는 Python 라이브러리이다. 딥러닝에서는 행렬 연산이 기본이기 때문에 Numpy를 잘 다룰 수 있어야 한다. Tensorflow, Pytorch의 자체 Tensor 연산 API들은 Numpy API와 유사한 경우가 많다. 여기서는 딥러닝 모델링에 많이 사용하는 Numpy API 위주로 살펴보자.

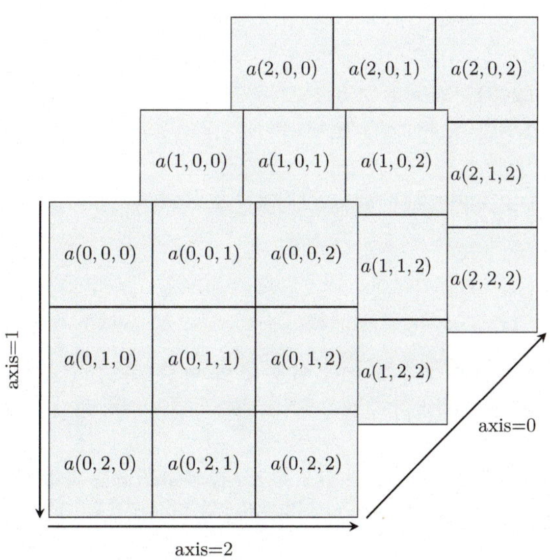

그림 1.1: shape $(l, m, n) = (3, 3, 3)$ Numpy Array 예시
shape $(m, n) = (3, 3)$ 인 array가 $l = 3$개 있는 array이다.

shape (n, m) 인 array는 shape $(m,)$ 인 array가 n 개 있는 array이다. shape (l, m, n) 인 array는 shape (m, n) 인 array가 l 개 있는 array이다. 그림 (1.1) 에서 예시를 보여주고 있다.

다음 코드는 Numpy array를 만드는 몇 가지 방볍을 보여주고 있다.

코드 1.1: np.zeros_like(), np.ones_like()

```
import numpy as np
x = np.random.randn(2,3)
y = np.zeros_like(x)
z = np.ones_like(x)
print(x,y,z)
```

Output:

```
x:
array([[-1.737, 0.694, 0.178],
       [2.535, -0.485, -0.855]])

y:
array([[0.000, 0.000, 0.000],
       [0.000, 0.000, 0.000]])

z:
array([[1.000, 1.000, 1.000],
       [1.000, 1.000, 1.000]])
```

- `np.random.randn(2,3)`는 shape $(2, 3)$ 으로 된 표준 정규분포에서 추출한 난수(random number)를 생성해 준다.
- `np.zeros_like()`, `np.ones_like()`는 각각 `x`와 같은 shape의 0, 1로 된 array를 만들어 준다.

1.1.1 Broadcasting

배열 (array) 사이에 사칙연산은 기본적으로 원소 간의 연산[1]이다. 원소 간의 연산이 이루어지기 위해서는 배열의 shape이 같아야 한다.

shape이 다른 배열 사이에 연산이 될 수 있도록 array의 shape을 확장시키는 것을 broadcasting 이라 한다. 그림 (1.2)는 broadcasting 예시를 보여주고 있다. broadcasting은 array 연산의 확장성을 보장해주는 유용한 기능이다. 하지만 실수로 인한 버그(bug)를 유발하고 디버깅 (debugging)을

1 elementwise operation. 대응대는 원소끼리 연산을 말한다. 원소 간의 연산이 아닌 연산도 있는데, 대표적인 예가 행렬곱이다.

어렵게 하는 원인이 되기도 한다. 그림 (1.3) 에서는 broadcasting이 가능한 array의 shape 관계를 보여주고 있다.

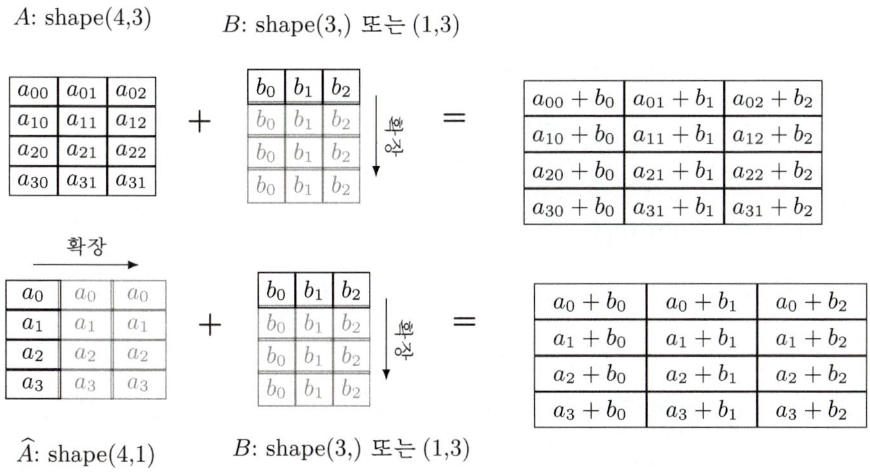

그림 1.2: broadcasting 예시

1. shape $(3,)$ 인 array B는 shape $(1,3)$으로 인식되고, shape $(4,3)$인 A와 연산되기 위해 shape이 $(4,3)$으로 확장(stretch)되었다.
2. shape $(4,1)$인 $\hat{A}$는 shape $(1,3)$ 인 B와 연산되기 위해, 각각 shape $(4,3)$으로 확장되었다.

Broadcasting 가능

```
A      (2d array):  5 x 4
B      (1d array):      1
Result (2d array):  5 x 4

A      (2d array):  5 x 4
B      (1d array):      4
Result (2d array):  5 x 4

A      (3d array):  15 x 3 x 5
B      (3d array):  15 x 1 x 5
Result (3d array):  15 x 3 x 5

A      (3d array):  15 x 3 x 5
B      (2d array):       3 x 5
Result (3d array):  15 x 3 x 5

A      (3d array):  15 x 3 x 5
B      (2d array):       3 x 1
Result (3d array):  15 x 3 x 5
```

Broadcasting 불가

```
A   (1d array): 3
B   (1d array): 4 # 차원 불일치
A   (2d array):     2 x 1
B   (3d array): 8 x 4 x 3  # 2번째,3번째 차원 불일치
```

그림 1.3: 여러 가지 broadcasting 예시

출처: https://numpy.org/doc/stable/user/basics.broadcasting.html

다음 조각 코드는 broadcasting의 간단한 예시를 보여주고 있다.

```
A = np.random.randn(4,3)
B = np.random.randn(3) # np.random.randn(1,3)
result = A*B # shape: (4,3)

A_hat = np.random.randn(4,1)
result2 = A_hat*B # shape: (4,3)
```

1.1.2 numpy.printoptions

Numpy Array를 `print()`하면 소수 8자리까지 출력된다. `np.printoptions()`로 출력 자릿수를 지정할 수 있다.

```
X = np.random.randn(3,4)*0.0001
print('scientific notation:')
print(X)
with np.printoptions(precision=6, suppress=True):
    print('6 decimal point:')
    print(X)
```

- `suppress=True`이면 부동 소수점 형식으로 출력한다. `suppress=False`이면 10^{-4} 보다 작은 경우 과학적 기수법(scientific notation)[2]으로 표시된다.

부동 소수점 예시: `0.000014`, 과학적 기수법 예시: `-6.25241397e-05`

Output:

```
scientific notation:
[[ 2.10099432e-04 -6.25241397e-05 -5.23884449e-06 -4.24013518e-05]
 [-1.88762139e-05  2.14517543e-05  1.41327131e-05  9.84085956e-05]
 [-1.43764586e-04 -9.28562537e-08 -7.18816590e-05 -1.98653215e-05]]

6 decimal point:
[[ 0.00021  -0.000063 -0.000005 -0.000042]
 [-0.000019  0.000021  0.000014  0.000098]
 [-0.000144 -0.        -0.000072 -0.00002 ]]
```

2 https://en.wikipedia.org/wiki/Scientific_notation

1.1.3 Basic Indexing & Advanced Indexing

Basic Indexing은 Numpy array에서 slicing으로 영역을 추출하는 방법이다. 그림(1.4)는 간단한 Basic Indexing 예시를 보여주고 있다.

$$X = \begin{pmatrix} 0.5267 & 0.0362 & 0.171 & 0.2661 \\ 0.0076 & 0.0247 & 0.8906 & 0.0771 \\ 0.265 & 0.2017 & 0.4556 & 0.0777 \\ 0.0972 & 0.4766 & 0.3375 & 0.0887 \\ 0.11 & 0.2512 & 0.2637 & 0.3751 \end{pmatrix}$$

`X[1:4,1:3]`

그림 1.4: basic indexing

Advanced Indexing은 불연속적인 영역을 추출할 수 있게 해주는 좀 더 유연한 방식이다. 아래 조각 코드에서 $X > 0.5$인 값들만 추출하는 예가 Advanced Indexing이다.

```
X = np.array([[0.5267, 0.0362, 0.171, 0.2661],
              [0.0076, 0.0247, 0.8906, 0.0771],
              [0.265,  0.2017, 0.4556, 0.0777],
              [0.0972, 0.4766, 0.3375, 0.0887],
              [0.11,   0.2512, 0.2637, 0.3751]])
X[1:4,1:3] # basic indexing

X[X>0.5] # advanced indexing --> [0.5267, 0.8906]
```

Basic Indexing은 원 배열과 메모리를 공유하는 방식으로 view를 만드는 반면, Advanced Indexing에서는 복사본을 만들기 때문에 원 배열과 메모리가 분리된다.

```
x = np.array([[ -5, 2, 0, -7],
             [ -1,  9, 3, 8],
             [ -3, -3, 4, 6]])

a = x[::2, 1] # view
b = x[[0,2],[1,1]] # copy
a[0] = -99 # x의 값도 변한다.
b[1] = -99 # x와 무관

print(x)
```

Output:

```
[[ -5 -99   0  -7]
 [ -1   9   3   8]
 [ -3  -3   4   6]]
```

- b에서의 값 변경은 x에 영향을 주지 않는다.

다음 조각 코드는 그림(1.5)에서 설명하는 것과 같이, 행(axis=1) 방향으로 최댓값을 추출하는 예시이다. 이런 추출 기법은 Deep Learning 모델을 다룰 때 자주 등장한다. 최댓값을 가지는 인덱스를 추출해주는 `argmax()` API를 이용했다.

$$X = \begin{pmatrix} 0.5267 & 0.0362 & 0.171 & 0.2661 \\ 0.0076 & 0.0247 & 0.8906 & 0.0771 \\ 0.265 & 0.2017 & 0.4556 & 0.0777 \\ 0.0972 & 0.4766 & 0.3375 & 0.0887 \\ 0.11 & 0.2512 & 0.2637 & 0.3751 \end{pmatrix}$$

`X.argmax(axis=-1)` $\rightarrow [0, 2, 2, 1, 3]$

`X[np.arange(5),X.argmax(axis=-1)]`

그림 1.5: advanced indexing

```
X = np.array([[0.5267, 0.0362, 0.171, 0.2661],
              [0.0076, 0.0247, 0.8906, 0.0771],
              [0.265,  0.2017, 0.4556, 0.0777],
              [0.0972, 0.4766, 0.3375, 0.0887],
              [0.11,   0.2512, 0.2637, 0.3751]])
X[np.arange(len(X)),X.argmax(axis=-1)] # [0.5267, 0.8906, 0.4556, 0.4766, 0.3751]
```

- `np.arange(len(X))` 대신에 `np.arange(X.shape[0])`로 해도 된다.
- Tensorflow에서는 Advanced Indexing을 직접적으로 지원하지 않는다.
  하지만 `tf.gather()` 또는 `tf.gather_nd()`를 이용해서 Advanced Indexing 기능을 구현할 수 있다.
- Pytorch에서는 Numpy와 동일하게 Advanced Indexing이 가능하다.

1.1.4 numpy.add.at

`numpy.add.at()`은 neural network의 back-propagation 연산에서 중요하게 활용된다. `numpy.add.at()`이 어떻게 작동하는지 알아두면 유용하다. 그림 (1.6) 에서는 예시를 보여주고 있다.

1차원 array 예시:

```
a = np.array([0, 0, 0, 0, 0, 0])
idx = [0,1,1,3]
b = np.array([1,2,10,20])
np.add.at(a, idx, b)
print(a) # [1,12,0,20,0,0]
```

$$\begin{aligned} \text{idx} &= [i_0, i_1, i_2, i_3] \\ b &= [b_0, b_1, b_2, b_3] \\ \Longrightarrow a[i_k] &+= b_k, \quad k = 0, 1, 2, 3 \end{aligned}$$

- a의 인덱스 idx에 b값을 더한다.
- idx의 길이와 b의 길이는 같아야 한다.

2차원 array 예시:

```
a = np.zeros([2,4],int)
np.add.at(a,([1,0],[1,3]),[5,10])
print(a)

[[ 0,  0,  0, 10]
 [ 0,  5,  0,  0]]
```

$$\begin{aligned} \text{idx} &= ([i_0, i_1, i_2, i_3], [j_0, j_1, j_2, j_3]) \\ b &= [b_0, b_1, b_2, b_3] \\ \Longrightarrow a[i_k, j_k] &+= b_k, \quad k = 0, 1, 2, 3 \end{aligned}$$

그림 1.6: numpy.add.at

```
# 1-dim array
a = np.array([0, 0, 0, 0, 0, 0])
idx = [0,1,1,3]
b = np.array([1,2,10,20])
np.add.at(a, idx, b)
print(a) # [ 1, 12, 0, 20, 0, 0]

# 2-dim array
a = np.zeros([2,4],int)
np.add.at(a,([1,0],[1,3]),[5,10])
print(a)
'''
[[ 0 0  0 10]
 [ 0 5  0  0]]
'''
```

1.1.5 행렬곱

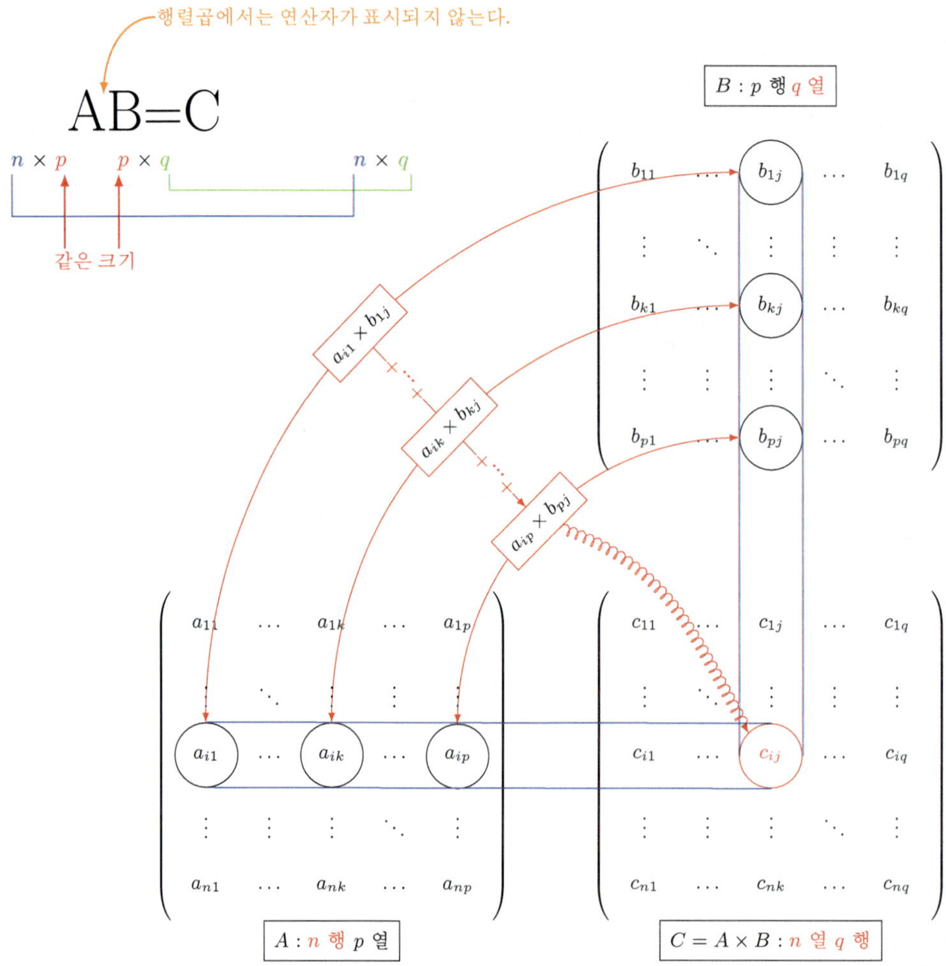

$$c_{ij} = a_{i1}b_{1j} + a_{i2}b_{2j} + \cdots + a_{ip}b_{pj} = \sum_{k=1}^{p} a_{ik}b_{kj}$$

그림 1.7: 행렬곱 도식화
p차원 벡터인 A의 행과 B의 열이 내적되는 방식으로 계산된다.

행렬곱(matrix multiplication) 2개 행렬 간에 이루어지는 이항 연산으로 교환법칙은 성립하지 않고, 결합법칙은 성립한다. 그림(1.7)에서 행렬곱을 도식화하여 보여주고 있다.

1.1.6 행렬곱을 데이터의 가중합으로 보기

그림 (1.8) 에서 A는 데이터 행렬로 행 개수는 주어진 데이터만큼 늘어날 수 있다. A와 B가 행렬로 곱해지기 위해서는 A의 열 개수와 B의 행 개수만 일치하면 된다. B의 열 개수는 필요한 만큼 늘릴 수 있다. 행렬곱을 통해서 데이터의 성분들을 다양하게 가중합(weighted sum) 하여 새로운 속성을 만들어 낼 수 있다. 그림 (1.8) 에서는 다음 3가지 속성을 새로 만들어내고 있다.

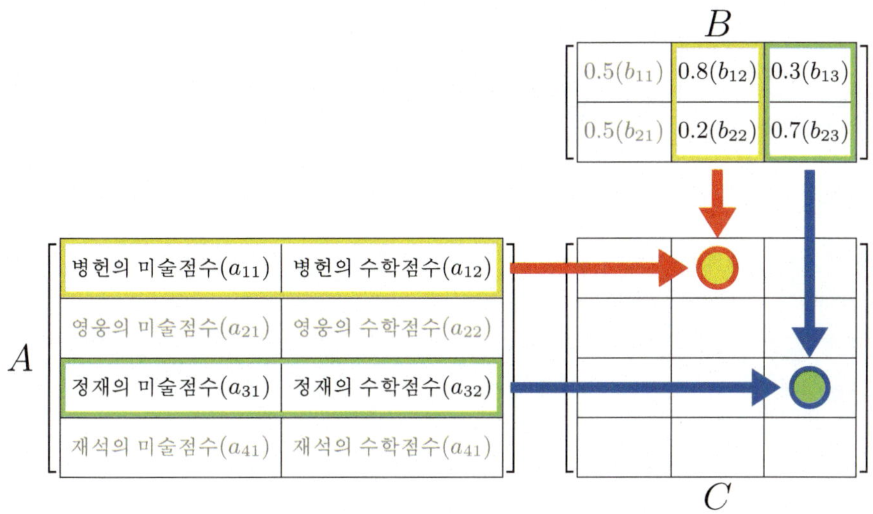

$a_{11}b_{12} + a_{12}b_{22} =$ 병헌의 미술점수 $\times\ 0.8 +$ 병헌의 수학점수 $\times\ 0.2$

$a_{31}b_{13} + a_{32}b_{23} =$ 정재의 미술점수 $\times\ 0.3 +$ 정재의 수학점수 $\times\ 0.7$

그림 1.8: 행렬곱을 데이터의 가중합으로 보기
행렬곱 $AB = C$를 데이터에서 각 성분들의 가중합으로 볼 수 있다. 행렬 A는 데이터 행렬이고 B는 weight 행렬이다. B에서 각각의 열 성분은 가중치를 나타낸다. B의 첫 번째 열은 $(0.5, 0.5)$의 가중치로 평균을 계산한다. 두 번째 열은 $(0.8, 0.2)$로 수학점수에 더 높은 가중치를 부여하고 있다. 세 번째 열은 $(0.3, 0.7)$로 미술점수에 더 높은 가중치를 두고 있다.

① 미술점수, 수학점수를 평균한 속성

② 미술에 높은 가중치(0.8)를 둔 속성

③ 수학에 높은 가중치(0.7)를 둔 속성

행렬곱을 이런 방식으로 해석하면 선형회귀 분석, 딥러닝에서 FC(Fully Connected) Layer의 핵심적인 개념을 이해할 수 있다.

---

3 weight

1.1.7 행렬곱을 벡터들의 가중합으로 보기

n개의 m차원 행벡터 $\{h_1, h_2, \cdots, h_n\}$에 대하여, 가중치[3] $(w_1, w_2, \cdots, w_n)$으로 가중합(weighted sum)을 계산해 보자. 계산식을 다음과 같이 행렬곱으로 표현할 수 있다.

$$\begin{pmatrix} w_1 & w_2 & \cdots & w_n \end{pmatrix} \overbrace{\begin{pmatrix} \boxed{h_1} \\ \boxed{h_2} \\ \vdots \\ \boxed{h_n} \end{pmatrix}}^{n \times m} = \sum_{j=1}^{n} w_j h_j, \qquad \text{여기서 } w_j \in \mathbb{R}, h_j \in R^m$$

$(1 \times m)$ shape의 행렬 h_j를 행벡터로 모아서 H를 만들면 H의 shape은 $(n \times m)$이 된다. weight vector W의 shape은 $(1 \times n)$이다. 행렬곱 WH는 shape이 $(1 \times m)$인 가중합 벡터가 된다.

N개 데이터를 배치로 처리하는 방법을 살펴보자. $W : (N \times n)$, $H : (N \times n \times m)$이 주어져 있다고 하자.

```
batch_size=2; n=5; m=3
W = np.random.randn(batch_size,n)
H = np.random.randn(batch_size,n,m)

A = np.matmul(W[:,None,:],H) # (batch_size,1,n)(batch_size,n,m) -->
    (batch_size,1,m)
A = A.squeeze(1) # (batch_size,1,m) --> (batch_size,m)
```

n이 sequence length인 상황이면 계산 결과는 attention[4]이 된다. attention은 앞으로 나올 Transformer[5]라는 모델에서 핵심적인 개념이다.

4 식(8.3)을 참조한다.

5 8.8절에서 자세히 다룬다.

1.2 Tensorflow 기초

1.2.1 tf.constant, tf.convert_to_tensor, tf.Variable

Numpy Array나 List를 Tensor로 변환하기 위해서는 `tf.convert_to_tensor()` 또는 `tf.constant()` API를 이용하면 된다. 이 API는 비슷한 역할을 하지만 약간의 차이가 있다.

```
tf.convert_to_tensor(value, dtype=None, dtype_hint=None, name=None)
tf.constant(value, dtype=None, shape=None, name='Const')
```

tf.constant()	• list, numpy array, tensor를 넘길 수 있다. • shape을 지정하여 reshape이 가능하다.
tf.convert_to_tensor()	• list, numpy array, tensor를 넘길 수 있다. • placeholder 같은 symbolic tensor를 넘길 수도 있다.
tf.Variable()	• 연산 과정이 내부적으로 추적되어, gradient 계산이 가능하다.

표 1.1: Tensor 생성 API

다음 조각 코드는 Numpy Array로부터 Tensorflow Tensor를 만드는 예시를 보여주고 있다.

```
import tensorflow as tf

a = np.array([[ 0.84, -0.15, -1.33],
              [ 0.11, -0.36, 0.08]])
X = tf.convert_to_tensor(a)
Y = tf.constant(a,shape=(6,)) # reshape도 가능하다.

V = tf.Variable(a) # V.trainable = True
V.assign_add(X)

Z = tf.convert_to_tensor(V) # symbolic tensor를 넘길 수도 있다.

print(f'X: {X}')
print(f'Y: {Y}')
print(f'V: {V}')
print(f'Z: {Z}')
```

6 EagerTensor는 Tensorflow 2.x 버전에서 기본이 되는 Tensor로 즉각적으로 계산이 되어 값을 가지는 Tensor이다. Tensorflow 1.x 버전에서 기본이던 Graph Mode의 Tensor와 대비된다. 5.5절에서 Eager Mode와 Graph Mode를 다룬다.

- X, Y는 EagerTensor[6]이고 V는 Variable이다. Variable은 Gradient가 계산되는 훈련 가능(trainable) Tensor이다.
- Variable의 값을 변경하기 위해서는 assign(), assign_add(), assign_sub() 같은 method를 사용해야 한다. 다음과 같이 처리하면, V가 Variable이 아닌 EagerTensor로 바뀐다.

```
V = V + X
```

- 생성된 X, Y, Z, V는 a의 값을 복사하여 만들어진다. 메모리를 공유하는 방식이 아니다.

Output:

```
X: [[ 0.84 -0.15 -1.33]
    [ 0.11 -0.36  0.08]]

Y: [ 0.84 -0.15 -1.33  0.11 -0.36  0.08]

V: <tf.Variable 'Variable:0' shape=(2, 3) dtype=float64, numpy=
array([[ 1.68, -0.3 , -2.66],
       [ 0.22, -0.72,  0.16]])>

Z: [[ 1.68 -0.3  -2.66]
    [ 0.22 -0.72  0.16]]
```

1.2.2 tf.gather, tf.gather_nd

Tensorflow에서는 Advanced Indexing이 직접적으로 허용되지 않는다. tf.gather(), tf.gather_nd() API를 이용해서 처리할 수 있다.

```
tf.gather(params, indices, validate_indices=None, axis=None,
          batch_dims=0, name=None)
tf.gather_nd(params, indices, batch_dims=0, name=None)
```

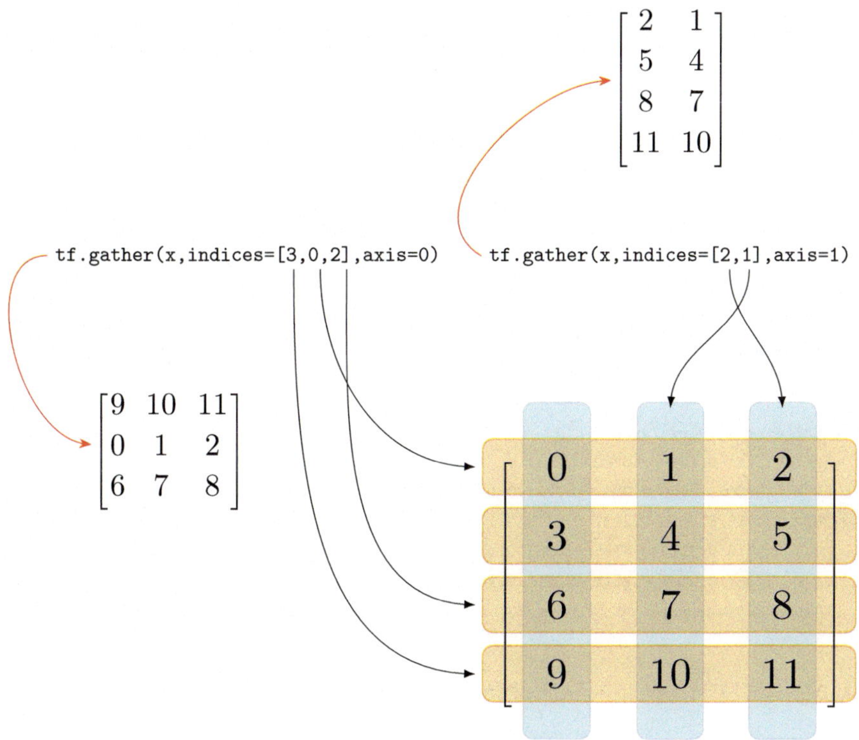

그림 1.9: tf.gather() 동작 방식
이 예시는 batch_dims=0인 상황이다. axis=0이면 지정한 행(row), axis=1이면 지정한 열(column)을 추출한다.

```
X = np.array([[0.5267, 0.0362, 0.171, 0.2661],
              [0.0076, 0.0247, 0.8906, 0.0771],
              [0.265,  0.2017, 0.4556, 0.0777],
              [0.0972, 0.4766, 0.3375, 0.0887],
              [0.11,   0.2512, 0.2637, 0.3751]])
print('X: \n', X)
idx = np.array([0,2,2,1,3])
print('idx: ', idx)

print('='*20)
A = X[np.arange(len(X)),idx ] # Advanced Indexing
print("Numpy: ", A)

assert len(idx) == len(X)
B  = tf.gather(X,idx,axis=1,batch_dims=1) # Advanced Indexing
print("TF(batch_dims=1): ", B)

idx2 = [0,2,2,1,3,1,2]
C  = tf.gather(X,idx2,axis=1,batch_dims=0) # 열 추출
print("TF(batch_dims=0): ", C)
```

Output:

```
X:
[[0.5267, 0.0362, 0.171,  0.2661],
[0.0076,  0.0247, 0.8906, 0.0771],
[0.265,   0.2017, 0.4556, 0.0777],
[0.0972,  0.4766, 0.3375, 0.0887],
[0.11,    0.2512, 0.2637, 0.3751]]
idx:  [0 2 2 1 3]
====================
Numpy:  [0.5267 0.8906 0.4556 0.4766 0.3751]

TF(batch_dims=1):  tf.Tensor([0.5267 0.8906 0.4556 0.4766 0.3751], shape=(5,),
dtype=float64)

TF(batch_dims=0):  tf.Tensor(
[[0.5267 0.171  0.171  0.0362 0.2661 0.0362 0.171 ]
 [0.0076 0.8906 0.8906 0.0247 0.0771 0.0247 0.8906]
 [0.265  0.4556 0.4556 0.2017 0.0777 0.2017 0.4556]
 [0.0972 0.3375 0.3375 0.4766 0.0887 0.4766 0.3375]
 [0.11   0.2637 0.2637 0.2512 0.3751 0.2512 0.2637]], shape=(5, 7), dtype=float64)
```

- A, B는 그림 (1.5) 에서의 Advanced Indexing 결과와 일치한다.

tf.gather_nd()는 indices를 구체적으로 명시하는 방식이다. 그림 (1.10) 에서 그 예시를 보여주고 있다.

다음 조각 코드는 앞서 tf.gather()로 처리한 것을 tf.gather_nd()로 처리하고 있다.

```
idx_ = list(zip(np.arange(len(idx)),idx)) # [(0, 0), (1, 2), (2, 2), (3, 1), (4,
    3)]
print('idx: ', idx_)
tf.gather_nd(X,idx_)
```

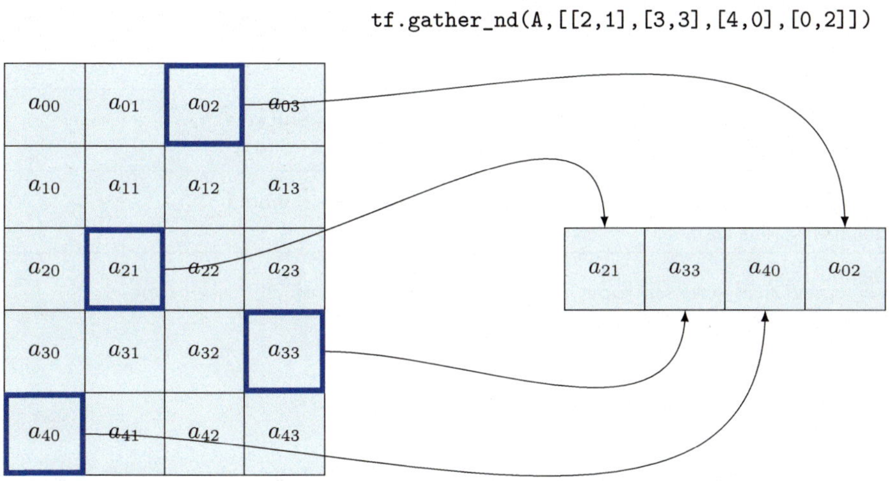

그림 1.10: tf.gather_nd() 동작 방식
지정한 index [[2, 1], [3, 3], [4, 0], [0, 2]] 에 해당하는 원소를 추출한다.

1.2.3 tf.math

Tensorflow에서는 각종 수학적인 연산과 기본적인 함수에 대한 API를 제공하고 있다. 예를 들어 `tf.math.add()`는 2개 Tensor를 합하는 API[7]이다. Tensor X, Y에 대하여

```
Z = tf.math.add(X,Y)
```

로 합을 구할 수 있다. 실질적으로 `Z = X + Y`와 동일하다.

1.2.4 Class vs. Function API

Tesnorflow에서는 같은 기능을 함수와 Class 형태로 제공하고 있다. 함수와 Class API의 본질적인 차이는 없다. 표(1.2)에 몇 가지 API를 비교해 놓았다. 상황에 맞게 선택해서 사용하면 된다.

참고로 Python에서는 코드의 가독성을 위해 PEP(Python Enhancement Proposal 8)[8]라는 것이 있어 대표적인 몇 가지만 표(1.3)에 정리했다. Tensorflow의 Function, Class 이름도 이 규칙에 따라 작명되었다.

7 `https://www.tensorflow.org/api_docs/python/tf/math`

8 `https://peps.python.org/pep-0008/`

Function	Class(Layer)
tf.nn.relu tf.keras.activations.relu	tf.keras.layers.ReLU
tf.nn.softmax tf.keras.activations.softmax	tf.keras.layers.Softmax
tf.nn.sigmoid tf.keras.activations.sigmoid	tf.keras.layers.Sigmoid
tf.keras.metrics .sparse_categorical_crossentropy	tf.keras.losses .SparseCategoricalCrossentropy
⋮	⋮

표 1.2: Tensorflow Function vs. Class API

Type	작명 규칙(Naming Convention)	예
Function	소문자만 사용, underscore(_)로 구분	`func`, `my_func`
Calss	대문자로 시작, underscore(_) 사용 금지	`MyClass`, `Model`
Constant(상수)	대문자만 사용, underscore(_)로 구분	`MY_COSTANT`, `LEARNING_RATE`

표 1.3: PEP(Python Enhancement Proposal 8) 일부 요약

1.3 Pytorch 기초

Pytorch는 루아(Lua) 라는 언어로 개발된 Torch를 파이썬 환경에서 사용할 수 있게 만든 Framework 이다. Tensorflow와 더불어 딥러닝 Framework의 양대 축을 이룬다. Tensorflow 1.x 버전이 Define and Run 방식으로 되었다면, Pytorch는 Define by Run 방식으로 일반 프로그래밍 언어처럼 직관적이기 때문에 인기가 높다[9].

Tensorflow Tensor는 Numpy Array와 호환이 비교적 잘 된다. Pytorch에서는 Numpy Array를 직접적으로 받아들이지는 못하고 Pytorch Tensor로 변환해서 모델에 넣을 수 있다. List나 Numpy Array를 Pytorch Tensor로 변환하는 기본 API는 `torch.tensor()`이다.

```
torch.tensor(data, *, dtype=None, device=None,
              requires_grad=False, pin_memory=False)
```

```
import torch

print(torch.tensor([1,2]).dtype) # torch.int64
print(torch.tensor([1.,2.]).dtype) # torch.float32
print(torch.tensor(np.array([1.,2.])).dtype) # torch.float64
print(torch.tensor(np.array([1.,2.]),dtype=torch.float).dtype) # torch.float32
```

- `dtype`을 지정하지 않으면, 타입은 `data`에 따라 적절히 정해진다.
- `np.array([1.,2.])`의 dtype이 float64이기 때문에, torch.float64으로 변환되었다.
- `torch.tensor`와 표 (1.4) 에 나오는 `torch.Tensor`는 서로 다른 API이다. `torch.Tensor`는 `torch.FloatTensor`의 별칭 (alias) 이다.

Numpy Array를 Pytorch Tensor로 변환하는 방법 중에 `torch.from_numpy()` API도 있는데, 이 API에서는 같은 메모리를 공유한다.

```
a = np.array([1.2,3.9])
b = torch.tensor(a,dtype=torch.float32) # copy
c = torch.from_numpy(a) # 메모리 공유
a[0] = -1 # c도 같이 변경된다.
print(b,c)
```

9 Tensorflow도 2.x 버전에서 Eager Execution이 가능하기 때문에 1.x(Lazy Execution) 버전에 비해 훨씬 직관적으로 구현할 수 있다.

Output:

```
(tensor([1.2000, 3.9000]), tensor([-1.0000,  3.9000], dtype=torch.float64))
```

Data Type	dtype	CPU tensor	GPU tensor
32-bit floating point	torch.float32 또는 torch.float	torch.FloatTensor 또는 torch.Tensor	torch.cuda.FloatTensor
64-bit floating point	torch.float64 또는 torch.double	torch.DoubleTensor	torch.cuda.DoubleTensor
32-bit integer	torch.int32 또는 torch.int	torch.IntTensor	torch.cuda.IntTensor
64-bit integer	torch.int64 또는 torch.long	torch.LongTensor	torch.cuda.LongTensor

표 1.4: 주요 Pytorch Tensor Type

Pytorch Tensor는 device를 구분한다. device로 CPU-Tensor인지 GPU-Tensor인지를 지정할 수 있다. Numpy Array로부터 생성될 때에는 CPU-Tensor로 생성된다. CPU-Tensor는 `to()`로 device를 변경할 수 있다. device는 다음과 같은 방법들로 생성할 수 있다.

```
device = 'cpu'
device = torch.device('cpu')

device = 'cuda'
device = torch.device('cuda')
device = torch.device('cuda:0')
device = torch.device('cuda:1')
device = torch.device('cuda' if torch.cuda.is_available() else 'cpu')
```

다음과 같이 Tensor의 device를 변경하고 확인할 수 있다.

```
x = torch.randn(2,3,device='cpu')
if torch.cuda.is_available():
    y = x.to('cuda')
    print(x)
    print(y)
    print('x: ', x.device, x.is_cuda)
    print('y: ', y.device, y.is_cuda)
else:
    print('GPU is not available.')
```

Output:

```
x:
tensor([[-1.5809,  0.7034, -0.5218],
        [-0.9561, -0.6348, -0.3774]])
y:
tensor([[-1.5809,  0.7034, -0.5218],
        [-0.9561, -0.6348, -0.3774]], device='cuda:0')
x:  cpu False
y:  cuda:0 True
```

모델을 GPU에서 훈련하기 위해서는 모델에 포함되어 있는 trainable weight들의 device를 GPU로 변경해야 한다. 다음 코드로 모델의 device를 변경할 수 있다.

```
device = torch.device('cuda' if torch.cuda.is_available() else 'cpu')
model = ...
model.to(device)
```

여기서 모델의 device는 모델에 포함되어 있는 trainable weight들의 device이다. 모델에 넘길 데이터 Tensor의 device는 모델의 device와 같아야 한다.

1.3.1 Class vs. Function API

표 (1.2) 에서 Tensorflow의 Class, Function API를 비교했다. Pytorch에서도 Class, Function API를 각각 제공한다. 동일한 기능을 하는 몇 가지 API를 표 (1.5) 에 비교했다.

Function	Class(Layer)
torch.nn.functional.relu	torch.nn.ReLU
torch.nn.functional.softmax	torch.nn.Softmax
torch.nn.functional.sigmoid	torch.nn.Sigmoid
torch.nn.functional.leaky_relu	torch.nn.LeakyReLU
⋮	⋮

표 1.5: Pytorch Function vs. Class API

1.3.2 Numpy vs. Tensorflow vs. Pytorch

Numpy, Tensorflow, Pytorch 모두 같은 기능을 하는 연산 함수 API를 제공하고 있다. 표 (1.6) 에서 몇 개의 API를 비교해 보았다.

항목	Numpy	Tensorflow	Pytorch
합	np.sum()	tf.reduce_sum()	torch.sum()
평균	np.mean()	tf.reduce_mean()	torch.mean()
최댓값	np.max()	tf.reduce_max()	torch.max()
argmax	np.argmax()	tf.argmax()	torch.argmax()
행렬곱	np.matmul()	tf.matmul()	torch.matmul()

표 1.6: 연산 API 비교
Numpy와 Pytorch API 이름이 같은 경우가 많다.

그림 (1.11) 에는 random number(난수) 관련 API를 정리해 놓았다.

그림 1.11: Random Number 생성 API 비교

1.4 Pandas

Pandas[10]는 데이터를 분석하고 조작할 수 있게 해주는 파이썬 라이브러리이다. Pandas에서는 Series, DataFrame이라는 2가지 데이터 구조를 가지고 있다. DataFrame은 엑셀(Microsoft Excel)의 시트(Sheet)와 유사한 측면이 많다. 데이터를 집계하고 자체 plot 기능도 제공한다. 데이터 전처리, Feature Engineering[11], EDA(Exploratory Data Analysis, 탐색적 데이터 분석)에 많이 활용된다.

Series	• 1차원으로 된 데이터이다.
DataFrame	• 2차원으로 된 데이터로 가장 많이 활용된다. • DataFrame은 행과 열로 되어 있다. • DataFrame의 각 행은 독립적인 데이터가 되고 열은 데이터의 속성값이 된다. • DataFrame의 1개 열은 Series이다.

표 1.7: Pandas Sereis & DataFrame

1.4.1 Titanic 데이터셋

Kaggle 대회를 통해 유명해진 타이타닉 데이터셋을 Pandas로 분석해 보자. Kaggle의 Titanic - Machine Learning from Disaster[12]에서 `train.csv`, `test.csv` 2개 파일을 다운로드할 수 있다. 사이트의 Data 탭에는 데이터의 각 항목을 설명하는 내용도 있다. 표(1.8)에서 데이터 항목을 다시 정리했다.

다음 코드로 다운로드받은 CSV[13] 파일을 로드할 수 있다.

```
import pandas as pd

train_df = pd.read_csv('train.csv')
test_df = pd.read_csv('test.csv')
train_df.head(10) #  앞쪽 10개 데이터만 살펴보기
train_df.info()
```

- `train_df.head(10)`으로 앞쪽 10개의 데이터를 살펴볼 수 있다.

10 `https://pandas.pydata.org/docs/getting_started/intro_tutorials/index.html`

11 원본 데이터를 모델에 적합한 형태로 가공하는 작업이다. `https://en.wikipedia.org/wiki/Feature_engineering`

12 `https://www.kaggle.com/competitions/titanic`

13 CSV(Comma-Separated Values)는 콤마로 데이터 값들이 분리되어 있는 파일 형식이다.

column 명	설 명
PassengerId	승객 고유번호(일련번호)
Survived	생존 여부(0=사망, 1=생존)
Pclass	객실 등급(1=1st, 2=2nd, 3=3rd)
Name	승객 이름
Sex	성별
Age	나이(1살 미만이거나 추정이며 소수로 표기)
SibSp	동행한 형제자매(siblings), 배우자(spouses) 수
Parch	동행한 부모(parents), 자녀(children) 수
Ticket	티켓 번호
Fare	요금
Cabin	객실 번호
Embarked	승선 항구(C=Cherbourg, Q=Queenstown, S=Southampton)

표 1.8: Titanic Data Dictionary

train_df.head(10)

index	PassengerId	Survived	Pclass	Name	Sex	Age	SibSp	Parch	Ticket	Fare	Cabin	Embarked
0	1	0	3	Braund, Mr. Owen Harris	male	22.0	1	0	A/5 21171	7.25	NaN	S
1	2	1	1	Cumings, Mrs. John Bradley (Florence Briggs Thayer)	female	38.0	1	0	PC 17599	71.2833	C85	C
2	3	1	3	Heikkinen, Miss. Laina	female	26.0	0	0	STON/O2. 3101282	7.925	NaN	S
3	4	1	1	Futrelle, Mrs. Jacques Heath (Lily May Peel)	female	35.0	1	0	113803	53.1	C123	S
4	5	0	3	Allen, Mr. William Henry	male	35.0	0	0	373450	8.05	NaN	S
5	6	0	3	Moran, Mr. James	male	NaN	0	0	330877	8.4583	NaN	Q
6	7	0	1	McCarthy, Mr. Timothy J	male	54.0	0	0	17463	51.8625	E46	S
7	8	0	3	Palsson, Master. Gosta Leonard	male	2.0	3	1	349909	21.075	NaN	S
8	9	1	3	Johnson, Mrs. Oscar W (Elisabeth Vilhelmina Berg)	female	27.0	0	2	347742	11.1333	NaN	S
9	10	1	2	Nasser, Mrs. Nicholas (Adele Achem)	female	14.0	1	0	237736	30.0708	NaN	C

train_df.info()

```
<class 'pandas.core.frame.DataFrame'>
RangeIndex: 891 entries, 0 to 890
Data columns (total 12 columns):
 #   Column       Non-Null Count  Dtype
---  ------       --------------  -----
 0   PassengerId  891 non-null    int64
 1   Survived     891 non-null    int64
 2   Pclass       891 non-null    int64
 3   Name         891 non-null    object
 4   Sex          891 non-null    object
 5   Age          714 non-null    float64
 6   SibSp        891 non-null    int64
 7   Parch        891 non-null    int64
 8   Ticket       891 non-null    object
 9   Fare         891 non-null    float64
 10  Cabin        204 non-null    object
 11  Embarked     889 non-null    object
dtypes: float64(2), int64(5), object(5)
memory usage: 83.7+ KB
```

test_df.info()

```
<class 'pandas.core.frame.DataFrame'>
RangeIndex: 418 entries, 0 to 417
Data columns (total 11 columns):
 #   Column       Non-Null Count  Dtype
---  ------       --------------  -----
 0   PassengerId  418 non-null    int64
 1   Pclass       418 non-null    int64
 2   Name         418 non-null    object
 3   Sex          418 non-null    object
 4   Age          332 non-null    float64
 5   SibSp        418 non-null    int64
 6   Parch        418 non-null    int64
 7   Ticket       418 non-null    object
 8   Fare         417 non-null    float64
 9   Cabin        91 non-null     object
 10  Embarked     418 non-null    object
dtypes: float64(2), int64(4), object(5)
memory usage: 36.0+ KB
```

그림 1.12: titanic train 데이터 일부

12개의 Field(Column, Feature)로 구성되어 있다. test 데이터에는 Survived 항목이 빠져있으며, train 데이터에서는 Age, Cabin, Embarked 항목에 결측치(missing value)가 있다. test 데이터에는 Fare 항목에서도 결측치가 있다.

- `tain_df.info()`로 요약된 데이터 정보를 얻을 수 있다.
- train 데이터는 12개의 항목을 가지고 있다. 항목을 구성하는 요소들을 Column, Field, Feature 등으로 부른다.
- 'Survived'는 모델이 예측해야 하는 항목으로 Target 또는 Label로 부른다.

성별(`'Sex'`)에 따른 생존(`'Survived'`) 여부를 살펴보자. `crosstab()`은 엑셀의 피봇 테이블(pivot table)과 같은 기능을 한다. 다음 조각 코드의 결과는 그림(1.13)에서 확인할 수 있다.

```
pd.crosstab(train_df['Survived'], train_df['Sex']) # DataFrame

train_df[['Sex','Survived']].value_counts() # Series
```

- `pd.crosstab(train_df['Survived'], train_df['Sex'])`

Sex	female	male
Survived		
0	81	468
1	233	109

- `train_df[['Sex','Survived']].value_counts()`

```
Sex     Survived
male    0          468
female  1          233
male    1          109
female  0           81
dtype: int64
```

그림 1.13: Panda crosstab()

이제 그림(1.13)에서의 결과를 bar chart로 그려보자.

```
# Code A:
f,ax=plt.subplots(1,2,figsize=(12,5))
train_df[['Sex','Survived']].groupby(['Sex']).count().plot.bar(ax=ax[0])
ax[0].set_title('Survived Count')

train_df[['Sex','Survived']].groupby(['Sex']).mean().plot.bar(ax=ax[1])
ax[1].set_title('Survived Mean')

plt.tight_layout()
plt.savefig('survived_count_mean.png')
plt.show()

# Code B:
male = train_df[train_df['Sex']=='male']['Survived'].value_counts()
female = train_df[train_df['Sex']=='female']['Survived'].value_counts()
df_survived = pd.DataFrame([male,female])
df_survived.index = ['male','female']
```

```
df_survived.plot(kind='bar',stacked=True, figsize=(8,5))
plt.legend(['dead', 'survived'])

plt.tight_layout()
plt.savefig('survived_sex.png')
plt.show()
```

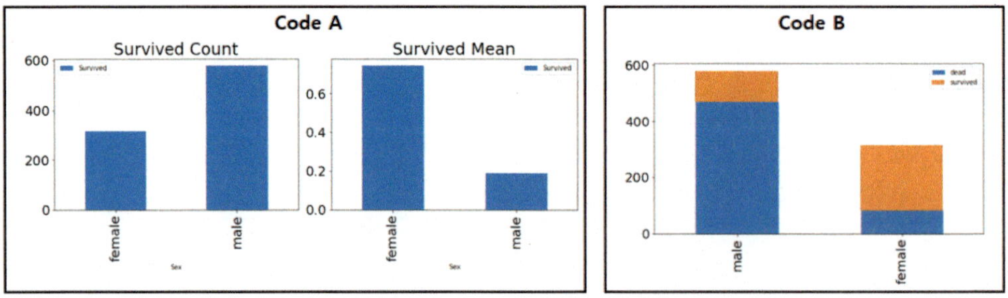

그림 1.14: 성별에 따른 생존자 분포
생존자의 성별은 남자가 더 많다. 평균으로 보면 남자의 생존율은 18.89%, 여자의 생존율은 74.2%이다. Code B의 누적 bar chart에서도 여자의 생존율이 높은 것을 확인할 수 있다.

그림 (1.14)를 통해 생존율이 성별에 영향을 받았다는 것을 확인할 수 있다. 이와 관련된 정보를 좀 더 추출해 보자. 그림 (1.12)에서 'Name' 항목을 자세히 보면 다음과 같은 칭호(title)가 포함되어 있다[14].

'Mr.', 'Mrs.', 'Miss.', 'Master.'

이를 이름에서 분리해서 새로운 항목으로 만들어 보자. 정규 표현식(정규식, regular expression)[15]을 이용해서 문자열을 파싱(parsing)[16]할 수 있다.

```
train_df['Title'] = train_df['Name'].str.extract(' ([A-Za-z]+)\.')

pd.crosstab(train_df['Title'], train_df['Sex'])
```

- 코드의 정규 표현식에 대해서는 그림 (1.15)에 설명되어 있다.
- 위 코드로 'Title' Feature가 새로 생성되었다. 생성된 결과를 pd.crosstab()으로 확인해 보면 그림 (1.16)과 같다.

14 Master는 미성년 남성에 대한 칭호이다.

15 정규식은 문자열의 일정한 패턴을 표현하는 형식 언어이다. 정규식에 관한 내용은 방대하고 다소 복잡한 편이다. 필요할 때 조금씩 공부해 두면 좋다. https://en.wikipedia.org/wiki/Regular_expression

16 문자열을 조작하여 필요한 부분을 추출하는 것을 파싱이라 한다.

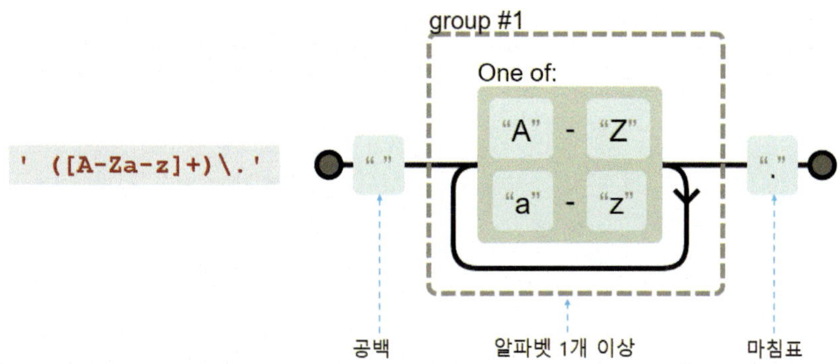

그림 1.15: 코드의 정규 표현식
+기호는 1회 이상을 의미한다. 마침표는 정규식에서 특수 문자이기 때문에 마침표를 나타내기 위해서는 \.으로 표기한다. 정리하면, 공백 뒤에 알파벳이 1회 이상 나오고 마침표가 나오는 패턴을 찾는다.
`https://regexper.com` → 정규식 표현을 넣으면 그림을 그려준다.

Title	female	male	
Capt	0	1	→ Mr
Col	0	2	→ Mr
Countess	1	0	→ Mrs
Don	0	1	→ Mr
Dr	1	6	→ Mr, Mrs
Jonkheer	0	1	→ Mr
Lady	1	0	→ Mrs
Major	0	2	→ Mr
Master	0	40	
Miss	182	0	
Mlle	2	0	Mademoiselle → Miss
Mme	1	0	Madame → Mrs
Mr	0	517	
Mrs	125	0	
Ms	1	0	female → Miss
Rev	0	6	→ Mr
Sir	0	1	→ Mr

```
title_mapping =
{'Mr': 0, 'Mrs': 1, 'Miss': 2, 'Master': 3,
 'Don': 0, 'Rev': 0, 'Dr': 0, 'Mme': 1,
 'Ms': 2, 'Major': 0, 'Lady': 1, 'Sir': 0,
 'Mlle': 2, 'Col': 0, 'Capt': 0, 'Countess': 1,
 'Jonkheer': 0}
```

전체 나이 평균: 29.69911764705882

```
train_df.groupby("Title")["Age"].mean()
```

Title별 나이 평균:

```
Title
0    32.984412
1    35.991071
2    21.845638
3     4.574167
Name: Age, dtype: float64
```

```
train_df.groupby("Title")["Age"].median()
```

Title별 나이 중앙값:

```
Title
0    30.0
1    35.0
2    21.0
3     3.5
Name: Age, dtype: float64
```

그림 1.16: `'Title'` Feature
모두 17개의 패턴이 나왔다. 하지만 4개를 제외하고는 횟수가 적어 다른 Title로 변환할 필요가 있다.

이제 `'Title'`을 숫자로 변환해 보자. `'Title'`은 범주형 자료(Categorical Data)이므로, 이때 숫자는 수가 아니라 ID라고 할 수 있다. 변환 후, `'Title'` 항목별로 나이의 평균, 중앙값을 구해보자.

```
title_mapping = {'Mr': 0, 'Mrs': 1, 'Miss': 2, 'Master': 3, 'Don': 0, 'Rev': 0,
                 'Dr': 0, 'Mme': 1, 'Ms': 2, 'Major': 0, 'Lady': 1, 'Sir': 0,
                 'Mlle': 2, 'Col': 0, 'Capt': 0, 'Countess': 1, 'Jonkheer': 0}
train_df['Title'] = train_df['Title'].map(title_mapping)

train_df.loc[(train_df['Title']==0) & (train_df['Sex']=='female'),'Title'] = 1 # 강
    제 조정

print('평균 나이: ', train_df['Age'].mean())
print('Title별 평균값: \n', train_df.groupby('Title')['Age'].mean())
print('========')
print('Title별 중앙값: \n', train_df.groupby('Title')['Age'].median())
```

- 변환을 위해 dict형으로 대응 관계를 만들어 map()에 넘기면 된다.
- 변환 후, Title별 나이의 평균/중앙값은 그림 (1.16)에 있다. Master는 미성년 남성으로 평균 나이가 적다는 것을 알 수 있다.

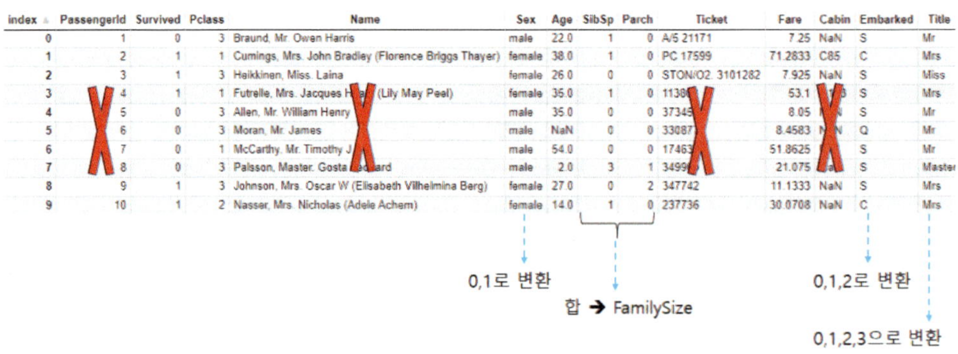

index	PassengerId	Survived	Pclass	Name	Sex	Age	SibSp	Parch	Ticket	Fare	Cabin	Embarked	Title
0	1	0	3	Braund, Mr. Owen Harris	male	22.0	1	0	A/5 21171	7.25	NaN	S	Mr
1	2	1	1	Cumings, Mrs. John Bradley (Florence Briggs Thayer)	female	38.0	1	0	PC 17599	71.2833	C85	C	Mrs
2	3	1	3	Heikkinen, Miss. Laina	female	26.0	0	0	STON/O2. 3101282	7.925	NaN	S	Miss
3	4	1	1	Futrelle, Mrs. Jacques H[illegible] (Lily May Peel)	female	35.0	1	0	1138[illegible]	53.1	[illegible]	S	Mrs
4	5	0	3	Allen, Mr. William Henry	male	35.0	0	0	37345[illegible]	8.05	[illegible]	S	Mr
5	6	0	3	Moran, Mr. James	male	NaN	0	0	33087[illegible]	8.4583	[illegible]	Q	Mr
6	7	0	1	McCarthy, Mr. Timothy J[illegible]	male	54.0	0	0	17463[illegible]	51.8625	[illegible]	S	Mr
7	8	0	3	Palsson, Master. Gosta [illegible]ard	male	2.0	3	1	3499[illegible]	21.075	[illegible]	S	Master
8	9	1	3	Johnson, Mrs. Oscar W (Elisabeth Vilhelmina Berg)	female	27.0	0	2	347742	11.1333	NaN	S	Mrs
9	10	1	2	Nasser, Mrs. Nicholas (Adele Achem)	female	14.0	1	0	237736	30.0708	NaN	C	Mrs

그림 1.17: Titanic 데이터셋 변환
데이터 중에 불필요한 항목은 버리고, 범주형 자료를 one-hot encoding으로 변환한다.

이제 'Age', 'Fare' 대한 결측치를 각각 'Title', 'Pclass'의 중앙값(median)으로 대체하고 그림 (1.17)에서 제시한 작업을 해보자.

```
train_df['Age'].fillna(train_df.groupby('Title')['Age'].transform('median'),
    inplace=True)

# Embarked 결측치 처리
train_df['Embarked'] = train_df['Embarked'].fillna('S')

# Fare 결측치 처리: Pclass 중앙값으로 대체
train_df['Fare'].fillna(train_df.groupby('Pclass')['Fare'].transform('median'),
    inplace=True)

# 가족 수 합치기
```

```
train_df['FamilySize'] = train_df['SibSp'] + train_df['Parch'] + 1

# 불필요한 자료 제거
train_df.drop( ['Name', 'SibSp', 'Parch', 'Ticket', 'Cabin'], axis=1, inplace=True)

# Categorical Data --> one-hot encoding
train_df = pd.get_dummies(train_df,columns=['Sex','Pclass','Embarked', 'Title'])
```

- `fillna()`로 결측치(NA/NaN)에 정해진 값을 채울 수 있다.
- `train_df.groupby('Title')['Age']`에 `transform('median')`을 적용하면 각각의 데이터(row)에 대한 중앙값을 구해준다.
- `'Embarked'` 결측치는 가장 빈도가 많은 `'S'`로 대체했다. 코드에서는 `'S'`를 직접 넣었지만, 다음 코드로 가장 빈도가 높은 값을 찾아낼 수도 있다.

  ```
  train_df.Embarked.dropna().mode()[0] # 'S'
  ```

- `'Fare'` 결측치는 `'Pclass'`별 중앙값으로 대체했다.
- `'SibSp'`(형제, 자매, 배우자), Parch(부모, 자식)의 수를 합쳐서 `'FamilySize'` 항목을 생성했다. 본인도 포함되기 때문에 1이 더해졌다.
- `drop()`으로 더 이상 사용하지 않는 항목을 제거할 수 있다.
- `get_dummies()` API로 범주형 데이터(Categorical Data)를 one-hot vector로 변환할 수 있다. one-hot vector는 그림(1.18)에서 예시를 통해 설명하고 있다. one-hot encoding은 4.2절에서 다시 다룬다.

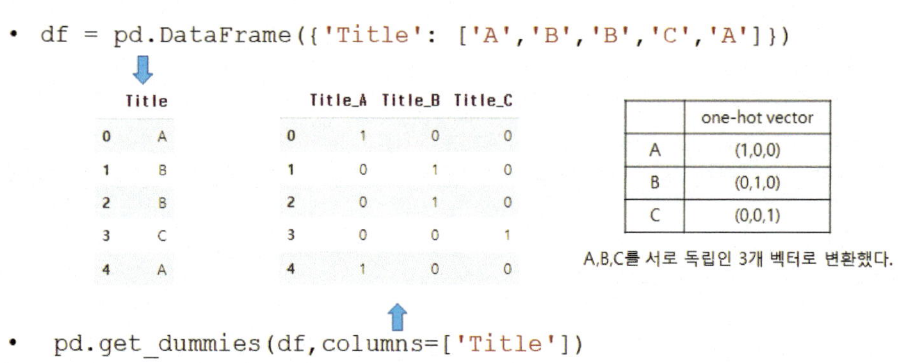

그림 1.18: one-hot encoding
범주형 데이터를 서로 독립인 벡터로 변환한다. A, B, C를 각각 (0, 0, 1), (0, 1, 0), (0, 0, 1)로 변환했다.

1.4.2 titanic 데이터 배치 처리

지금까지 titanic 데이터를 여러 단계를 거쳐 변환했다. 이 작업을 다음 코드로 배치 처리할 수 있다.

```
train_df = pd.read_csv('train.csv')
test_df = pd.read_csv('test.csv')

title_mapping = {'Mr': 0, 'Mrs': 1, 'Miss': 2, 'Master': 3, 'Don': 0, 'Rev': 0,
     'Dr': 0, 'Mme': 1, 'Ms': 2, 'Major': 0, 'Lady': 1, 'Sir': 0, 'Mlle': 2, 'Col':
     0, 'Capt': 0, 'Countess': 1, 'Jonkheer': 0}

for dataset in [train_df, test_df]:
    dataset['Title'] = dataset['Name'].str.extract(' ([A-Za-z]+)\.')

    # Title 처리
    dataset['Title'] = dataset['Title'].map(title_mapping)
    dataset.loc[(dataset['Title']==0) & (dataset['Sex']=='female'),'Title'] = 1

    # Age Missing Data 처리
    dataset["Age"].fillna(dataset.groupby("Title")["Age"].transform("median"),
        inplace=True)

    # Embarked Missing을 가장 많은 S로 처리
    dataset['Embarked'] = dataset['Embarked'].fillna('S')

    # Fare Missing을 Pclass 중앙값으로 처리
    dataset["Fare"].fillna(dataset.groupby("Pclass")["Fare"].transform("median"),
        inplace=True)

    # 가족 데이터 합치기
    dataset["FamilySize"] = dataset["SibSp"] + dataset["Parch"] + 1

    # 불필요한 자료 제거
    dataset.drop( ['Name', 'SibSp', 'Parch', 'Ticket', 'Cabin'], axis=1,
        inplace=True)

#Categorical Data --> one-hot encoding
train_df = pd.get_dummies(train_df,columns=['Sex','Pclass','Embarked', 'Title'])
test_df = pd.get_dummies(test_df,columns=['Sex','Pclass','Embarked', 'Title'])

train_input = train_df.drop(['PassengerId','Survived'], axis=1).values
# --> numpy array, shape(891, 15)
train_target = train_df['Survived'].values.reshape(-1,1)
# --> numpy array, shape(891, 1)

test_input = test_df.drop(['PassengerId'], axis=1).values
# --> numpy array, shape(418, 15)
```

1.5 Google Colaboratory에서 실습 환경 구축

Google Colaboratory[17]는 온라인상에서 Jupyter Notebook 파일을 생성하고 Python 코드를 실행할 수 있는 환경을 제공한다. 무료로 GPU를 사용할 수도 있다[18]. Colaboratory는 Goolge Drive에서 사용 가능하다. 그림 (1.19) 에서 Jupyter Notebook 파일을 생성하고 GPU를 사용할 수 있는 방법을 설명하고 있다.

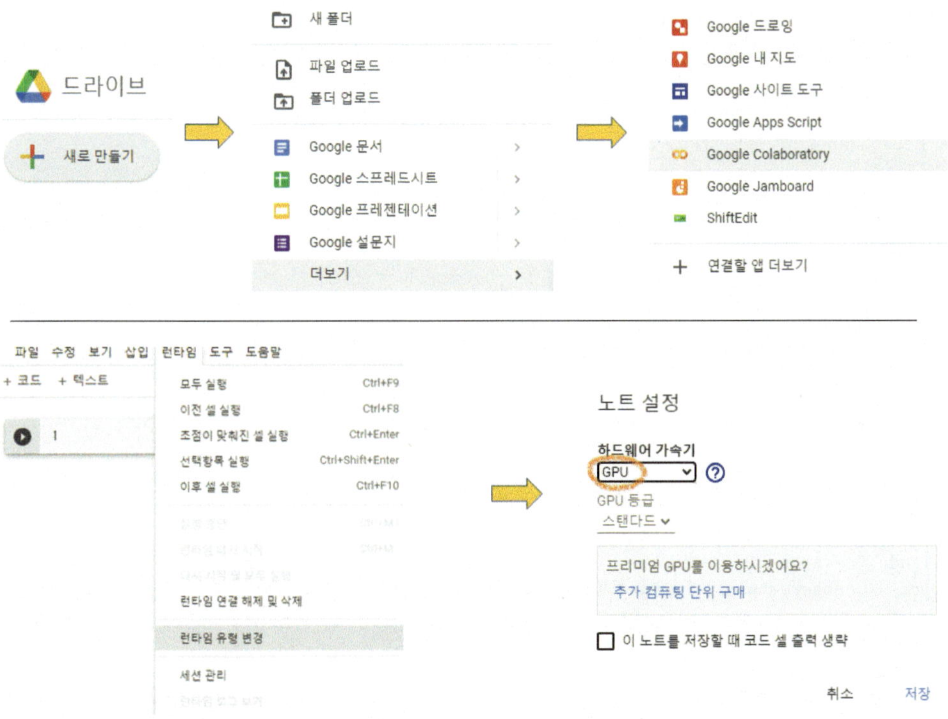

그림 1.19: Google Drive에서 Jupyter Notebook 생성하고 GPU 사용 환경 만들기

Colaboratory에서는 Tensorflow 2점대 버전이 활성화되어 사용되고 있다. 2점대 버전을 2.x로 표기하고 1점대 버전은 1.x로 표기한다. 2022년 8월 이후 Colaboratory에서는 Tensorflow 1.x를 더 이상 사용할 수 없다[19].

17 줄여서 Colab이라 부르는 경우가 많다.

18 무료 GPU의 사용 시간은 12시간 이내로 제한된다고 한다.

19 `https://colab.research.google.com/notebooks/relnotes.ipynb`

1.5.1 Google Colaboratory - 파일 업로드

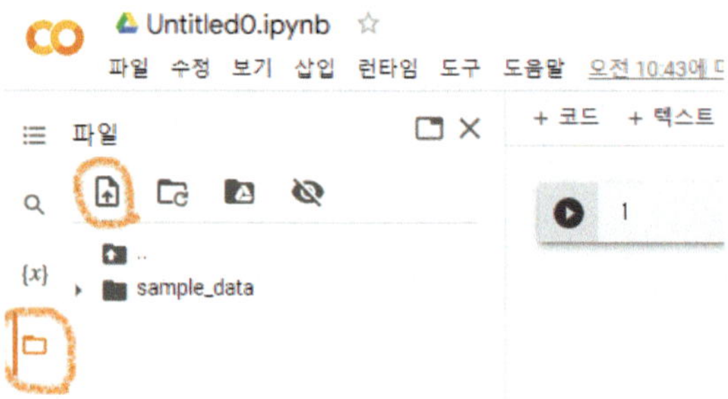

그림 1.20: Colab에 파일 업로드하기

그림 (1.20) 에서 설명하는 방식으로 PC에 있는 파일을 업로드할 수 있다. 드래그 앤 드롭 (Drag & Drop) 도 가능하다.

1.5.2 Google Colaboratory - Matplotlib 한글 사용

Colaboratory 환경의 Matplotlib에서 한글을 사용할 수 없어 한글 폰트를 설치해야 한다.

코드 1.2: Colaboratory 환경의 Matplotlib에서 한글 폰트 설치

```
!sudo apt-get install -y fonts-nanum
!sudo fc-cache -fv
!rm ~/.cache/matplotlib -rf # 여기까지 실행 후, 런타임을 다시 시작해야 한다.

import matplotlib.pyplot as plt
plt.rc('font',family='NanumBarunGothic')
plt.title('한글 OK?')
plt.show()
```

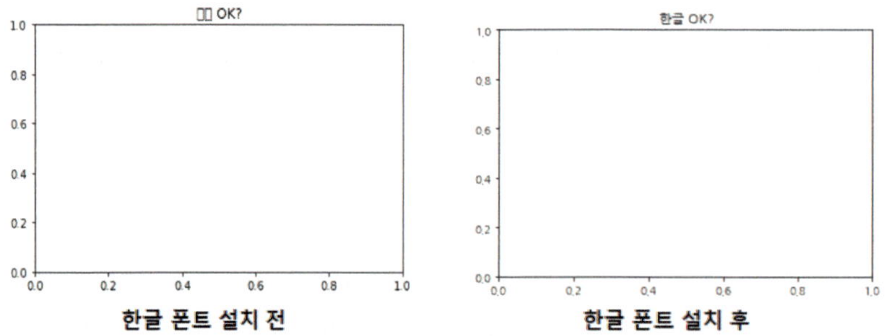

그림 1.21: Matplotlib 한글 폰트

1.5.3 Mecab, konlpy 설치

Mecab은 우리말의 형태소 분석 도구로 4장에서 필요하다.

코드 1.3: Colaboratory환경에 Mecab 설치

```
!set -x
!curl -s https://raw.githubusercontent.com/konlpy/konlpy/master/scripts/mecab.sh |
    bash -x &>-
!pip install mecab-python3 -qq
!pip install konlpy -qq
```

Windows에 설치는 `https://github.com/Pusnow/mecab-ko-msvc`을 참고하면 된다.

1.5.4 Google Colaboratory - Google Drive 연결

Colab에서 Google Drive와 연결하여 저장되어 있는 파일을 로드할 수 있다.

코드 1.4: Colaboratory에서 Google Drive 연결(mount)

```
from google.colab import drive
drive.mount('/content/drive') # '/content/dir_name'
```

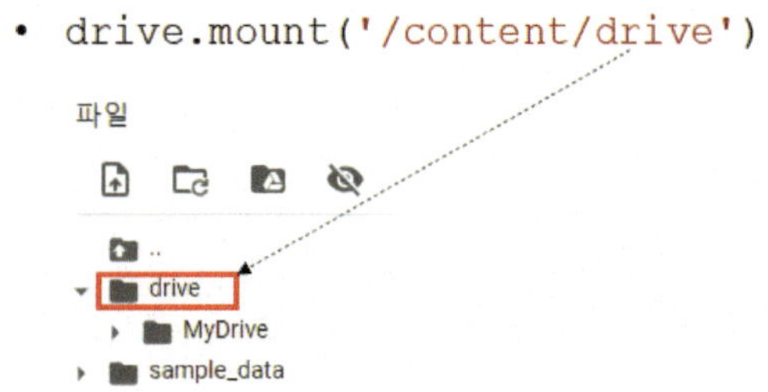

그림 1.22: Google Drive 연결

1.5.5 코드 재현성(reproducibility)을 위한 시드 고정

모델 수립 과정에서 weight 초기값과 훈련 과정에 randomness가 반영된다. 재훈련했을 때 동일한 결과를 얻기 위해서 시드(seed)를 고정할 필요가 있다. 코드 1.5, 1.6에서는 각각 Tensorflow, Pytorch의 seed 고정 방법을 보여주고 있다.

코드 1.5: Tensorflow 시드 고정

```
import tensorflow as tf

seed = 100
tf.keras.utils.set_random_seed(seed) # python, numpy, tensorflow seed 고정
tf.config.experimental.enable_op_determinism() # 속도 저하
```

코드 1.6: Pytorch 시드 고정

```
import torch
import numpy

def torch_reset_seed(seed=100):
    torch.manual_seed(seed)
    if torch.cuda.is_available():
        torch.cuda.manual_seed_all(seed)
        torch.backends.cudnn.deterministic = True # 속도 저하
        torch.backends.cudnn.benchmark = False # 속도 저하

seed = 100
np.random.seed(seed)
torch_reset_seed(seed)
```

GPU에서는 CUDA(NVIDIA에서 개발한 GPU 개발 툴)를 사용하는데, seed를 고정할 경우 실행 속도가 저하된다. 디버깅을 위한 목적으로 사용하는 것이 바람직하다.

제 Ⅱ 부

회귀분석과 딥러닝

Deep Learning

제 2 장

회귀분석

2.1 머신러닝과 회귀분석

머신러닝(Machine Learning)은 다음과 같이 용어 자체가 주는 위압감이 있다.

'머신(기계)이 러닝'한다(배운다)

그러나 겉보기에만 어려워보일 뿐 머신러닝은 하나의 알고리즘으로서 전통적인 명시적 프로그래밍(explicit programming)과 대비되는 방법론이다.

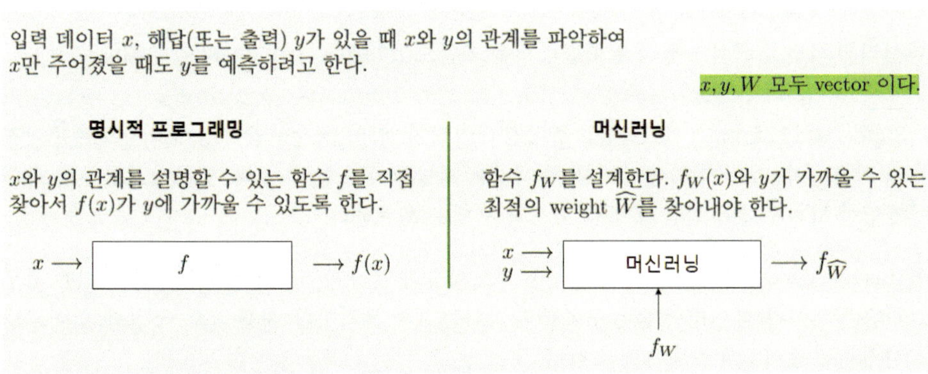

그림 2.1: 명시적 프로그래밍 vs. 머신러닝
머신러닝에서 f_W의 구조는 사람이 직접 설계해야 한다. 이때 W를 parameter 또는 weight라고 부른다. 최적의 W를 찾는 과정을 훈련 또는 학습이라 표현한다. 최적의 W를 찾는 과정에서 주어진 데이터 (x, y)가 사용된다. 즉 $f_W(x)$가 y에 최대한 가까울 수 있도록 W를 찾아야 한다. 최적의 $\widehat{W}$를 찾는 알고리즘에는 여러 가지가 있다. 기계가 알아서 찾아주지 않는다. 그럼에도 이런 과정을 기계가 알아서 학습한다고 표현하기도 하는데, 필자는 좋은 설명이 아니라고 생각한다.

그림(2.1)에서 머신러닝을 대략적으로 설명하고 있다. 머신러닝은 데이터에 기반한 최적화 방법론이다. 머신러닝보다 더 많이 알려진 회귀분석이 바로 아주 간단한 머신러닝 모델이면서 딥러닝 모델의 출발점이기도 하다. 머신러닝의 대표적인 방법(알고리즘)에는 다음과 같은 것들이 있다.

- 회귀분석(Regression Analysis): 독립변수와 종속변수 간의 관계를 수학적인 함수 관계로 추정하는 방법론이다.
- Decision Tree[1](의사결정 나무): 데이터를 어떤 조건에 적용하여 분기해 나가는 모양이 나무와 같다고 하여 Tree라고 부른다.
- Support Vector Machine: 데이터를 분류할 수 있는 결정 경계(Decision Boundary)를 찾는 기법이다.
- K-Means: 데이터를 k개의 Cluster(군집, 그룹)로 나누는 기법이다. Cluster 중심과의 거리를 최소화하는 방법으로 그룹을 나눈다.
- GMM(Gaussian Mixture Model): K-Means의 일반화라고도 할 수 있는데, k개의 Gaussian Distribution(정규분포)를 확률적으로 결합하는 모델이다.
- HMM(Hidden Markov Model): 은닉 상태(hidden state)의 시퀀스(sequence)와 관측 가능 시퀀스(observable sequence)의 관계를 이용해서 시계열을 분석하는 기법이다.
- Deep Learning: 인공신경망(Neural Network)을 여러 겹으로 깊게 쌓아서 모델을 만드는 기법이다. 이 책에서 중점적으로 다루는 분야이다.

머신러닝 기법을 데이터에 따른 학습방법을 기준으로 다음과 같이 3가지로 분류할 수 있다.

- Supervised Learning(지도학습): 주어진 데이터가 (입력값, 출력값[2]) 형태의 쌍으로 주어졌을 때 사용할 수 있는 학습 방법이다. 출력값은 정답이라고 할 수 있다. 입력값으로부터 최대한 정답에 가까운 값을 만들어 낼 수 있도록 모델을 훈련한다.
- Unsupervised Learning(비지도학습): 지도학습과 달리 데이터에 출력(정답)이 없는 경우의 학습 방법이다. 데이터의 숨은 구조를 파악하는 것이 목적이다. 차원 축소, 군집화, 언어모델의 사전학습 등이 비지도학습에 속한다.
- Reinforcement Learning(강화학습): 그림(2.3)은 강화학습의 개념도이다. 에이전트(Agent)가 주어진 상태(State)에서 어떤 행동(Action)을 취하면, 환경(Environment)으로부터 보상(또는 벌칙)을 받게 되고 새로운 상태가 된다. 이러한 관계에서 에이전트는 가능한 많은 보상을 얻을 수 있는 행동을 할 수 있도록 학습하게 된다. 행동에 따른 즉각적인 보상이 주어지지

1 https://en.wikipedia.org/wiki/Decision_tree

2 출력값(output value)을 target value라고도 한다.

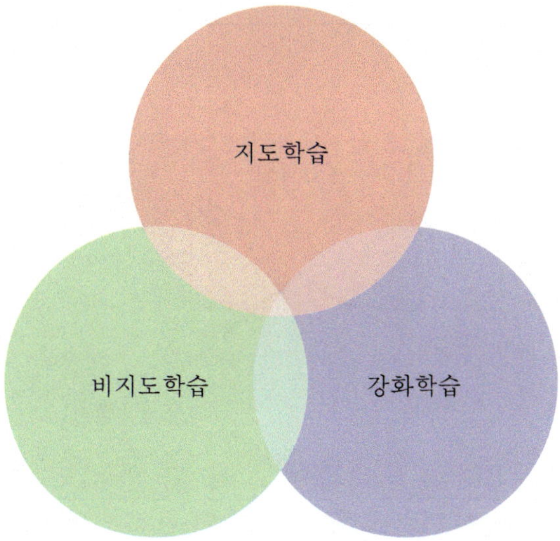

그림 2.2: 머신러닝 알고리즘 분류

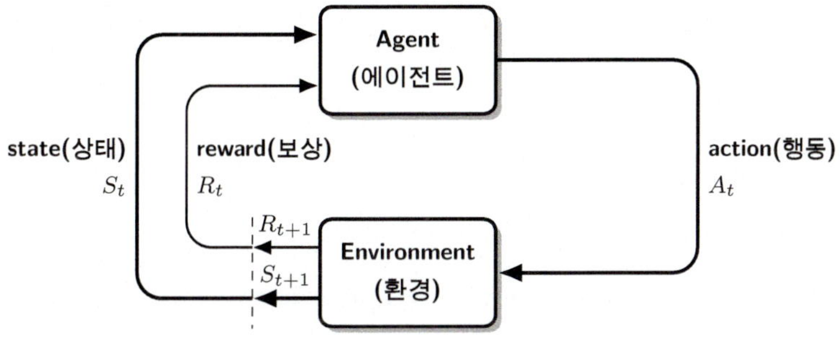

그림 2.3: 강화학습(Reinforcement Learning) 개념도

않고, 여러 번의 행동 후 보상을 받게 되는 경우가 대부분이다. 바둑을 예로 들면, 최종 보상은 승리 또는 패배인데 한 수 또는 두 수를 둔다고 해서 바로 보상이 결정되지 않는다.

2.1.1 선형회귀 분석

그림(2.4)는 약 50개의 데이터로 회귀분석을 실행한 결과이다. 데이터는 (x, y) 좌푯값으로 표현되는데 x를 입력값이라 부르고, y를 출력값이나 target 또는 output 등으로 부른다[3]. x만 주어졌을 때, y값을 추정하는 것이 최종 목표이다. 이런 추정을 하기 위해서는 x, y의 관계를 파악해야 하는데, 이를 위해서는 여러 개의 (x, y)쌍이 필요하다. 이를 데이터(data)라고 부르며, x와 y의 관계를 수학적인 함수로 표현하는 것이 회귀분석이다. 이때 구체적인 수학적 관계식이 모델(또는 가설, hypothesis)

3 x를 독립변수, y를 종속변수라고도 한다.

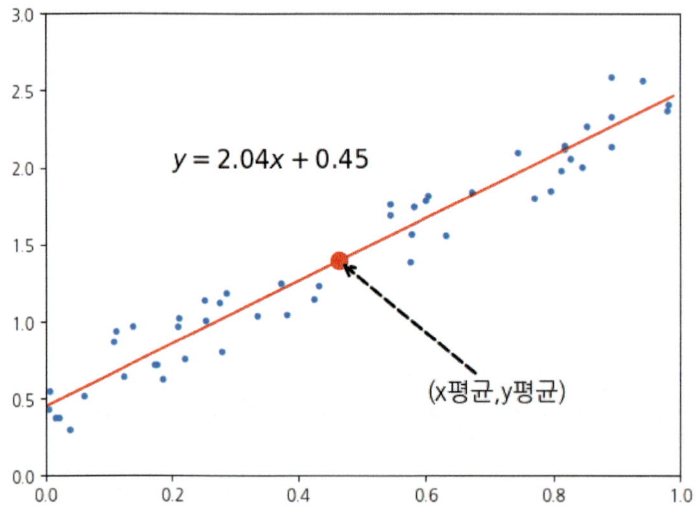

그림 2.4: (단순) 회귀분석
데이터에 잘 적합(fitting)하는 직선을 찾아보면, 데이터의 평균점을 지나는 직선이 구해진다.

이 된다.

- 모델 1: 가장 간단한 관계식으로 1차식을 수립할 수 있다.

$$y = ax + b$$

  여기서 a, b는 찾아야 할 파라메터이다. 그림 (2.1)과 비교하면, $W = (a, b)$이고 $f_W(x) = f_{a,b}(x) = ax + b$가 된다.

- 모델 2: 다음과 같이 2차식도 생각할 수 있다[4].

$$y = ax^2 + bx + c$$

어떤 모델을 수립할 것인지는 데이터를 살펴보고 결정해야 한다. 그림 (2.4)는 모델 1을 도입한 예시를 보여주고 있다. 여기서는 다음 1차식으로 모델을 수립하자.

$$y = ax + b$$

이 1차식에서 미지수 a, b를 찾아야 하는데 여기에서 a는 기울기, b는 y 절편이다. 이때 b를 편향(bias)이라 부르기도 하며 a, b를 통칭하여 가중치(weight) 또는 파라메터(parameter)라고 부르기

4 모델 1, 모델 2 모두 선형회귀 모형이다. 모델 2는 x 제곱이 있는데도 선형이라 부른다. 선형/비선형 구분은 데이터 x를 기준으로 하는 것이 아니고, 찾아야 할 파라메터 a, b, c가 기준이 되기 때문이다. 모델 1을 단순 선형회귀(simple linear regression) 모델이라 부르고, 모델 2를 다변량 선형회귀(multivariate linear regression) 모델이라 부른다.

도 한다. a, b를 찾는 과정을 훈련(train)이라고 한다. 머신(machine)이 학습(learning)하는 과정인 것이다. 그래서 모델의 **훈련** 또는 **학습**은 같은 의미로 사용된다.

정리하면 데이터 (x, y)들로부터 x와 y의 관계를 설명할 수 있는 수식을 수립하고, x만 주어졌을 때 그 관계식을 이용하여 y값을 추정하는 것이 회귀분석의 목적이다.

그림(2.4)를 다시 보면, 추정한 직선이

$$y = 2.04x + 0.45$$

임을 알 수 있다. 하지만 데이터에 있는 x값을 식에 대입하면 $2.04x + 0.45$가 나오는데, 이 값이 데이터 y값과 일치하지 않을 수 있다. 그래서 우리가 찾은 식을 $y = ax + b$ 대신

$$\hat{y} = ax + b$$

로 표현하고 y(데이터)와 $\hat{y}$(추정치)의 차이를 **오차, Error** 또는 **Cost**라 부른다. 오차를 계산할 때, 차이의 절댓값을 구하기도 하고 차이를 제곱하기도 한다[5].

$$|\hat{y} - y|, \quad |\hat{y} - y|^2$$

여기서는 제곱한 오차만을 생각해 보자.

데이터가 여러 개이므로, N개의 데이터를 다음과 같이 표시하자.

$$(x_1, y_1), (x_2, y_2), \cdots, (x_N, y_N)$$

이제 모든 data의 제곱 오차를 평균한 전체 오차를 구할 수 있다. 이 전체 오차를 MSE(Mean Squared Error)라 부른다.

$$\text{MSE} = \frac{1}{N}\sum_{i=1}^{N}(\hat{y}_i - y_i)^2$$

이 식에서 $\hat{y_i} = ax_i + b$이므로,

$$\text{MSE} = \frac{1}{N}\sum_{i=1}^{N}(ax_i + b - y_i)^2 \tag{2.1}$$

이제 우리의 최종 목적은 식(2.1)을 최소화하는 미지수(변수) a, b를 찾는 것이 된다. 최솟값이 되는 a, b를 찾는 방법은 여러 가지가 있다. 그중 하나의 방법이 미분을 하는 것이다. 간단히 표현하기 위해 MSE를 L로 표시하자.

$$\frac{\partial L}{\partial a} = \frac{2}{N}\sum_{i=1}^{N}(ax_i + b - y_i)x_i = 0 \tag{2.2}$$

$$\frac{\partial L}{\partial b} = \frac{2}{N}\sum_{i=1}^{N}(ax_i + b - y_i) = 0 \tag{2.3}$$

5 $|\hat{y} - y|$를 L_1 loss, $|\hat{y} - y|^2$를 L_2 loss라 부른다.

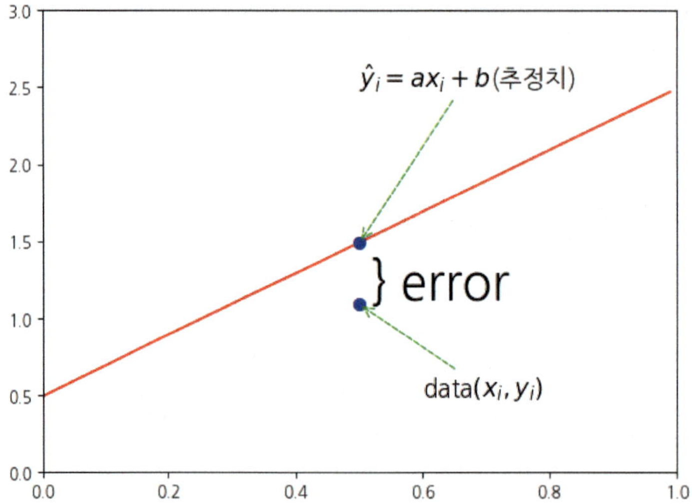

그림 2.5: 회귀분석에서의 오차
이 오차를 최소화하는 a, b를 찾는 것이 목적이다. a, b를 찾아가는 과정을 훈련(train)이라고 한다.

위 두 식을 연립해서 풀어보면 a, b를 다음과 같이 구할 수 있다[6].

$$
\begin{aligned}
a &= \frac{N\sum_{i=1}^{N} x_i y_i - \left(\sum_{i=1}^{N} x_i\right)\left(\sum_{i=1}^{N} y_i\right)}{N\sum_{i=1}^{N} x_i^2 - \left(\sum_{i=1}^{N} x_i\right)^2} = \frac{\sum_{i=1}^{N}(x_i - \bar{x})(y_i - \bar{y})}{\sum_{i=1}^{N}(x_i - \bar{x})^2} \\
b &= \bar{y} - a\bar{x}
\end{aligned}
$$

여기서 $\bar{x}, \bar{y}$는 데이터의 x, y 각각의 평균값을 나타낸다. 즉

$$
\bar{x} = \frac{1}{N}\sum_{i=1}^{N} x_i, \quad \bar{y} = \frac{1}{N}\sum_{i=1}^{N} y_i
$$

이제 구해진 a, b를 대입해 보면,

$$
\hat{y} = ax + b = ax + \bar{y} - a\bar{x} = a(x - \bar{x}) + \bar{y} = \frac{\sum_{i=1}^{N}(x_i - \bar{x})(y_i - \bar{y})}{\sum_{i=1}^{N}(x_i - \bar{x})^2}\left(x - \bar{x}\right) + \bar{y}
$$

이 직선은 기울기가 $\frac{\sum_{i=1}^{N}(x_i - \bar{x})(y_i - \bar{y})}{\sum_{i=1}^{N}(x_i - \bar{x})^2}$이 되고, x, y의 평균 점$(\bar{x}, \bar{y})$를 지나고 있다.

6 1차 연립방정식인데, 약간의 계산이 필요하다. 자세한 계산은 부록의 A.1절에 있다.

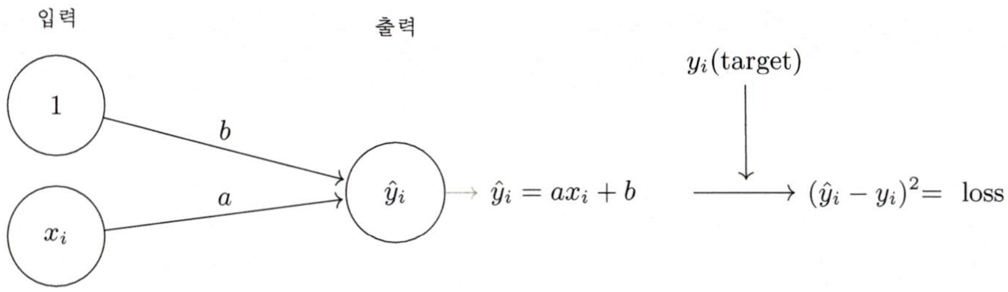

그림 2.6: 입력 데이터의 차원이 1인 회귀분석 모델 도식화

그림(2.6)은 지금까지 설명한 회귀분석 모델을 도식화한 것이다. 모델이 간단하기 때문에 그림도 단순하다.

2.2 회귀분석 모델의 행렬 표현

앞의 절에서 다음 입력 데이터를 사용했다.

$$(x_1, y_1), (x_2, y_2), \cdots, (x_N, y_N)$$

이 경우는 입력 데이터의 차원도 1차원, 출력 데이터의 차원도 1차원이다. 표 (2.1) 에서는 구체적인 예를 보여주고 있다.

Input: 영어 점수	Output: 수학 점수
88	90
70	75
91	85
⋮	⋮

표 2.1: 입력 데이터 예시
(영어 점수, 수학 점수) 가 데이터로 주어져 있다. 영어 점수로부터 수학 점수를 예측하는 회귀분석 모델을 만들 수 있다.

입력 데이터, 출력 데이터를 각각 X, Y 로 다음과 같이 행렬로 나타낼 수 있다. 가중치 a는 행렬 W, bias b는 행렬 B로 표시하자.

$$X = \begin{pmatrix} x_1 \\ x_2 \\ \vdots \\ x_N \end{pmatrix}, \quad Y = \begin{pmatrix} y_1 \\ y_2 \\ \vdots \\ y_N \end{pmatrix}, \quad W = \begin{pmatrix} a \end{pmatrix}, \quad B = \begin{pmatrix} b \end{pmatrix}$$

이 행렬을 회귀분석 모델로 표현하면 다음과 같다.

$$\widehat{Y} := \begin{pmatrix} \hat{y}_1 \\ \hat{y}_2 \\ \vdots \\ \hat{y}_N \end{pmatrix} = XW + B = \begin{pmatrix} x_1 \\ x_2 \\ \vdots \\ x_N \end{pmatrix} \begin{pmatrix} a \end{pmatrix} + \begin{pmatrix} b \end{pmatrix} \tag{2.4}$$

식 (2.4)를 좀 자세히 들여다 보면, 이상한 점이 있다. 행렬 X 의 shape은 $(N \times 1)$ 이고 W 의 shape은 (1×1) 이다. X, W를 곱한 행렬의 shape은 $(N \times 1)$ 이 된다. shape $(N \times 1)$ 인 XW 와 shape (1×1) 인 (b) 가 서로 더해지고 있다.

shape이 다른 행렬을 더하는 연산을 broadcasting이라 부른다. shape이 다른 행렬이 더해지기 위해서는 같은 형태로 변형을 해주어야 한다. 이 경우에는 (1×1) 행렬 B를 $(N \times 1)$로, 다음과 같이

(같은 값을 반복하여) 변형하는 것이 자연스럽다.

$$\begin{pmatrix} b \end{pmatrix} \longrightarrow \begin{pmatrix} b \\ b \\ \vdots \\ b \end{pmatrix}$$

이제 식(2.4)는 다음과 같이 나타낼 수 있다.

$$\widehat{Y} = \begin{pmatrix} \hat{y}_1 \\ \hat{y}_2 \\ \vdots \\ \hat{y}_N \end{pmatrix} = XW + B = \begin{pmatrix} x_1 \\ x_2 \\ \vdots \\ x_N \end{pmatrix} \begin{pmatrix} a \end{pmatrix} + \begin{pmatrix} b \end{pmatrix} \boxed{=} \begin{pmatrix} x_1 \\ x_2 \\ \vdots \\ x_N \end{pmatrix} \begin{pmatrix} a \end{pmatrix} + \begin{pmatrix} b \\ b \\ \vdots \\ b \end{pmatrix} = \begin{pmatrix} ax_1 + b \\ ax_2 + b \\ \vdots \\ ax_N + b \end{pmatrix}$$

broadcasting

bias b를 분리해서 표현하는 경우에는 더해질 때 broadcasting[7]이 된다. broadcasting은 Numpy, Tensorflow, Pytorch에서 빈번하게 사용된다[8].

이제 W, B를 결합해서 W 하나로 나타내는 행렬 표현법을 살펴보자. $(N \times 1)$ 행렬 X에 1로 구성된 열벡터를 더해 $(N \times 2)$로 만들 수 있다. 이렇게 만든 $(N \times 2)$ 행렬을 X라고 하자. W도 bias와 결합해서 (2×1) 행렬로 만든다. 이렇게 되면, 회귀분석 모델은 다음과 같이 표현될 수 있다.

$$X = \begin{pmatrix} x_1 & 1 \\ x_2 & 1 \\ \vdots & \vdots \\ x_N & 1 \end{pmatrix}, \quad Y = \begin{pmatrix} y_1 \\ y_2 \\ \vdots \\ y_N \end{pmatrix}, \quad W = \begin{pmatrix} a \\ b \end{pmatrix}$$

$$\longrightarrow \quad \widehat{Y} = \begin{pmatrix} \hat{y}_1 \\ \hat{y}_2 \\ \vdots \\ \hat{y}_N \end{pmatrix} = XW = \begin{pmatrix} x_1 & 1 \\ x_2 & 1 \\ \vdots & \vdots \\ x_N & 1 \end{pmatrix} \begin{pmatrix} a \\ b \end{pmatrix} = \begin{pmatrix} ax_1 + b \\ ax_2 + b \\ \vdots \\ ax_N + b \end{pmatrix}$$

지금까지 2가지 회귀분석 모델 표현법을 살펴보았다. 본질적인 차이는 없으며 bias 항을 분리해

---

7 broadcasting은 연산이 가능하도록 같은 값(또는 행이나 열)을 반복하여 행렬의 크기를 변경하는 기법이다.

8 Numpy, Tensorflow, Pytorch에서 shape이 다른 Tensor(또는 행렬)를 연산하는 경우, 자동으로 broadcasting이 이루어진다. 편리하기도 하지만, 버그를 만들어 내기도 한다. 항상 shape을 체크하는 습관이 필요하다.

서 표현하느냐, 포함해서 표현하느냐 하는 표현법의 차이에 불과하다. 궁극적으로 2개의 변수 (a, b)를 찾아야 하는 동일한 모델이다.

2.2.1 손실 함수(Loss Function)

목푯값 Y와 모델 예측값 $\widehat{Y}$의 각 원소 차의 제곱합에 제곱근을 취한 값을 L_2 norm이라 한다.

$$L_2 \text{ norm} = \|\widehat{Y} - Y\| = \|\widehat{Y} - Y\|_2 = \sqrt{\sum_{i=1}^{n} (\hat{y}_i - y_i)^2}$$

따라서 L_2 norm을 제곱한 후, N으로 나누면 MSE가 된다.

$$\text{MSE} = \frac{1}{N}(L_2 \text{ norm 제곱}) = \frac{1}{N}\|\widehat{Y} - Y\|^2 = \frac{1}{N}\sum_{i=1}^{n} (\hat{y}_i - y_i)^2$$

MSE로 손실 함수를 정의했는데, MSE 외에도 여러 가지 Loss 함수를 도입할 수 있다. 손실 함수를 비용(Cost) 함수라 부르기도 한다[9].

참고로 L_1 norm은 다음과 같이 절댓값의 합으로 정의된다.

$$\|\widehat{Y} - Y\|_1 = \sum_{i=1}^{n} |\hat{y}_i - y_i|$$

2.2.2 2차원 입력 데이터

입력 데이터의 차원은 더 높아질 수도 있다. 표(2.2)는 2차원 입력 데이터의 예이다.

Input: (영어 점수, 국어 점수)	Output: 수학 점수
88, 90	90
70, 92	75
91, 82	85
⋮	⋮

표 2.2: 2차원 입력 데이터의 예
(영어 점수, 국어 점수, 수학 점수)가 데이터로 주어져 있다. (영어, 국어) 점수로부터 수학 점수를 예측하는 회귀분석 모델을 만들 수 있다.

9 최적화 문제에서는 최댓값을 구하려 할 수도 있고 최솟값을 구하려 할 수도 있다. 이때 최댓값 또는 최솟값을 구해야 하는 대상 함수를 목적 함수(Objective Function)라 한다. 우리가 다루는 대부분의 문제는 오차를 최소화하는 문제이기 때문에 손실 함수라고 부른다.

수식으로 표현하면 다음과 같다.

$$(x_{11}, x_{12}, y_1), (x_{21}, x_{22}, y_2), \cdots, (x_{N1}, x_{N2}, y_N)$$

이를 다시 입력 데이터 X와 출력(target) 데이터 Y로 행렬 표현할 수 있다. 입력 데이터의 차원이 2차원이고 출력 데이터의 차원이 1차원이므로 weight(가중치) 행렬 W는 (2×1)이 되고, bias B는 (1×1)인 행렬이 된다.

$$X = \overbrace{\begin{pmatrix} x_{11} & x_{12} \\ x_{21} & x_{22} \\ \vdots & \vdots \\ x_{N1} & x_{N2} \end{pmatrix}}^{(N\times 2)}, \quad Y = \overbrace{\begin{pmatrix} y_1 \\ y_2 \\ \vdots \\ y_N \end{pmatrix}}^{(N\times 1)}, \quad W = \overbrace{\begin{pmatrix} w_1 \\ w_2 \end{pmatrix}}^{(2\times 1)}, \quad B = \overbrace{\begin{pmatrix} b \end{pmatrix}}^{(1\times 1)}$$

weight 행렬 W와 bias B에서 구해야 할 변수를 합하면 모두 3개이다. 이를 결합해서 W 행렬 하나로 표현하면 다음과 같다.

$$X = \overbrace{\begin{pmatrix} x_{11} & x_{12} & 1 \\ x_{21} & x_{22} & 1 \\ & & \vdots \\ x_{N1} & x_{N2} & 1 \end{pmatrix}}^{(N\times 3)}, \quad Y = \overbrace{\begin{pmatrix} y_1 \\ y_2 \\ \vdots \\ y_N \end{pmatrix}}^{(N\times 1)}, \quad W = \overbrace{\begin{pmatrix} w_1 \\ w_2 \\ w_3 \end{pmatrix}}^{(3\times 1)}$$

일반적으로 bias 항 B가 포함되지 않은 모델은 weight W에 포함되어 있다고 보면 된다.

2.2.3 n차원 입력 데이터, m차원 출력 데이터

일반적으로 입력 데이터의 차원은 n이 될 수 있다. 입력되는 데이터를 feature(피처, 특성)[10]라고 부르기도 한다. 그래서 feature의 차원이 n이라고 할 수 있다.

그림(2.7)은 입력 데이터의 차원이 n이고 출력의 차원이 m인 경우 weight W, bias B의 형태(shape)를 보여주고 있다.

10 feature에는 데이터(raw data)를 가공했다는 의미가 내포되어 있다.

$$
\text{데이터 개수}(N)\left\{\overbrace{\begin{pmatrix} x_{11} & x_{12} & \cdots & x_{1n} \\ x_{21} & x_{22} & \cdots & x_{2n} \\ \vdots & \vdots & \ddots & \vdots \\ x_{N1} & x_{N2} & \cdots & x_{Nn} \end{pmatrix}}^{\text{입력 차원}(n)}\right. = X \qquad \text{입력 차원}(n)\left\{\overbrace{\begin{pmatrix} w_{11} & w_{12} & \cdots & w_{1m} \\ w_{21} & w_{22} & \cdots & w_{2m} \\ \vdots & \vdots & \ddots & \vdots \\ w_{n1} & w_{n2} & \cdots & w_{nm} \end{pmatrix}}^{\text{출력 차원}(m)}\right. = W
$$

$$
\text{bias: } B = \begin{pmatrix} b_1 & b_2 & \cdots & b_m \end{pmatrix}
$$

그림 2.7: 다차원 입출력에서의 행렬 크기
X는 입력 데이터 행렬이고, W는 weight 행렬이다. $\widehat{Y} = XW + B$의 크기는 $(N \times m)$이 된다. 이때 bias B는 shape이 $(1 \times m)$인데, broadcasting되어 $(N \times m)$으로 변형되어 더해진다.

2.2.4 Normal Equation

간단한 회귀분석 모델은 미분을 통해 직접 weight를 구할 수도 있다. 하지만 앞으로 다룰 더 복잡한 모델에서는 이런 직접 계산이 이론적으로는 가능하지만, 현실적으로 효율적이지 못하다. 그래서 Numpy, Tensorflow, Pytorch를 통해서 수치해석적인 계산을 하게 된다. 다시 말해 수식(또는 모델)을 통해 개념을 이해하고 현실적인 계산을 위해서 Numpy, Tensorflow, Pytorch를 잘 다룰 수 있어야 한다.

참고로 선형회귀 모형에는 Normal Equation이라 불리는 알려진 공식이 있다.

$$W = (X^T X)^{-1} X^T Y$$

코드 2.1: **[Numpy]** normal equation

```
np.random.seed(100)
N = 50
a = 2.0; b = 0.5
X = np.random.rand(N)          <--- 램덤으로 data 생성
Y = 2*X + 0.5 + np.random.randn(N)*0.05
X = np.stack([X,np.ones(N)],axis=1)          <--- bias를 위해 1로 된 column 추가, shape(N,2)
a_pred, b_pred = np.linalg.inv(X.T.dot(X)).dot(X.T.dot(Y)) <-- normal equation: (X^T X)^{-1} X^T Y
print(f'true values: {a}, {b} --> 예측값: {a_pred:.3f}, {b_pred:.3f}') # true values: 2.0, 0.5 --> 예측값: 2.013, 0.482
```

Normal Equation을 보면 역행렬을 포함하고 있다. 역행렬 계산은 고비용의 계산이라 수치적인 계산이 더 선호된다. 코드 2.1은 Normal Equation으로 weight를 계산하는 코드이다.

2.3 미분과 역전파

2.3.1 경사하강법(Gradient Descent)

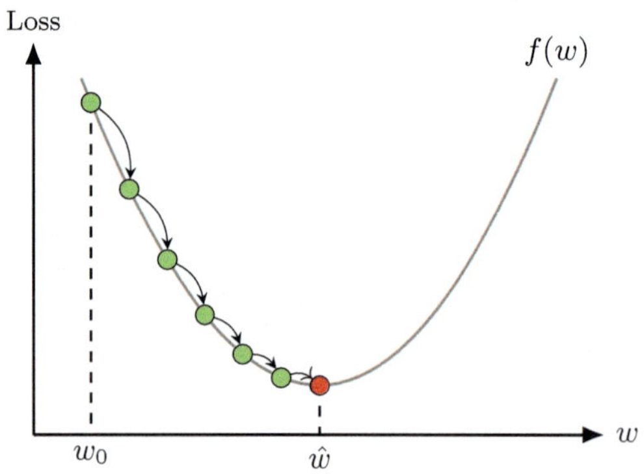

α: learning rate

$$w_{n+1} = w_n - \alpha f'(w_n), \quad n = 0, 1, \cdots$$

그림 2.8: 1변수 함수에서의 경사하강법
임의의 시작점 w_0에서 시작해서 $f(w)$가 최솟값을 가지는 $\hat{w}$를 찾아간다. 다변수 함수에서도 동일하게 적용된다.

함수 $f(w)$의 최솟값을 찾기 위해 미분값이 0이 되는 w를 찾으면 된다. 하지만 우리가 다루는 대부분의 함수는 너무 복잡하여 미분값이 0이 되는 w를 수식으로 풀어서 찾을 수 없는 경우가 대부분이다. 그래서 수치해석적인 방법으로 근사값을 찾아야 한다. 미분값이 0이 되는 근사값을 찾는 방법 중에 가장 많이 사용하는 것이 경사하강법(Gradient Descent)이다. 미분값의 방향은 $f(w)$가 증가하는 방향이므로 그 반대 방향으로 가기 위해 마이너스(−)를 붙여준다. 방향이 정해지면, 그 정해진 방향으로 얼마나 나아가야 할지를 결정해야 한다. 이것이 학습률(Learning Rate)이라 불리는 값인데, α 또는 γ, η 등으로 나타내는 경우가 많다.

그림(2.8)에서는 1변수 함수를 그래프로 나타내고 있지만, 다변수 함수에도 동일한 방식을 적용할 수 있다. 1변수에서 입력값 x의 미분값(Gradient)의 방향은 양의 방향/음의 방향(오른쪽/왼쪽) 2가지밖에 없다. 그림(2.9)에서처럼 2변수 함수만 되어도 입력값 (x, y)의 이동 방향은 무수히 많다. 무수히 많은 방향 중에서 Gradient 방향이 함숫값을 가장 많이 증가시키는 방향이고, 그 반대 방향이 함숫값을 가장 많이 감소시키는 방향이 된다.

Gradient를 계산할 때 데이터를 얼마나 사용하는지에 따라 다음의 3가지 방법이 있다.

- **Batch Gradient Descent**(BGD): 전체 데이터를 사용하여 Loss에 대한 weight들의 Gradient를 계산한 후, 경사하강법을 적용하는 방식이다. 대부분의 경우에 많은 데이터를 GPU 메모리에 올려 Gradient를 계산할 수 없다. 대용량 데이터로 모델을 훈련할 때 적용할 수 없는 경우가 많다.

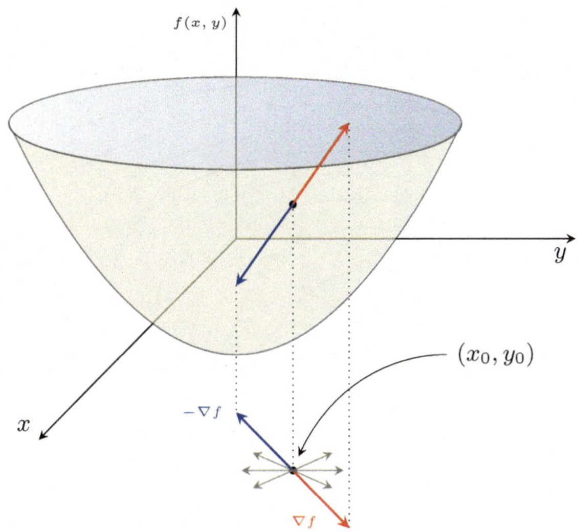

그림 2.9: 2변수에서의 Gradient
(x_0, y_0)에서 이동할 수 있는 방향은 무수히 많다. 그중에서 Gradient 방향이 함숫값을 가장 많이 증가시키는 방향이다.

- **Mini-Batch Gradient Descent:** 전체 데이터를 일정 크기(batch size)로 나눈 데이터를 미니배치(Mini Batch)라고 한다. 이 미니 배치에 대한 Gradient로 경사하강법을 적용하는 방식이다.

- **Stochastic Gradient Descent**(SGD): 데이터 1개에 대한 Gradient로 경사하강법을 적용하는 방식이다. 대부분 Mini Batch Gradient Descent와 Stochastic Gradient Descent를 구분없이 Stochastic Gradient Descent로 부르는 경우가 많다.

2.3.2 연쇄 법칙(Chain Rule)

모델에서의 forward propagation, backward propagation이 무엇인지 알아보고, backward propagation에서 반드시 필요한 연쇄 법칙을 알아보자.

- **forward propagation**(순전파): 입력 데이터를 모델에 넣어 예측값을 생성하는 과정을 forward propagation이라 한다.

$$x \to y_1 = f_1(x) \to y_2 = f_2(x) \to \cdots \to y_n = f_n(y_{n-1}) \to L = L(y_n, y) = \text{Loss} \tag{2.5}$$

인공신경망은 식(2.5)와 같이 입력값 x에서 Loss L이 계산되는 과정에서 여러 함수(layer)를 거친다. x에서 L이 구해지는 과정이 forward propagation이다. forward 계산 과정에서의 중간 값들을 저장하여 backward propagation에서 사용한다.

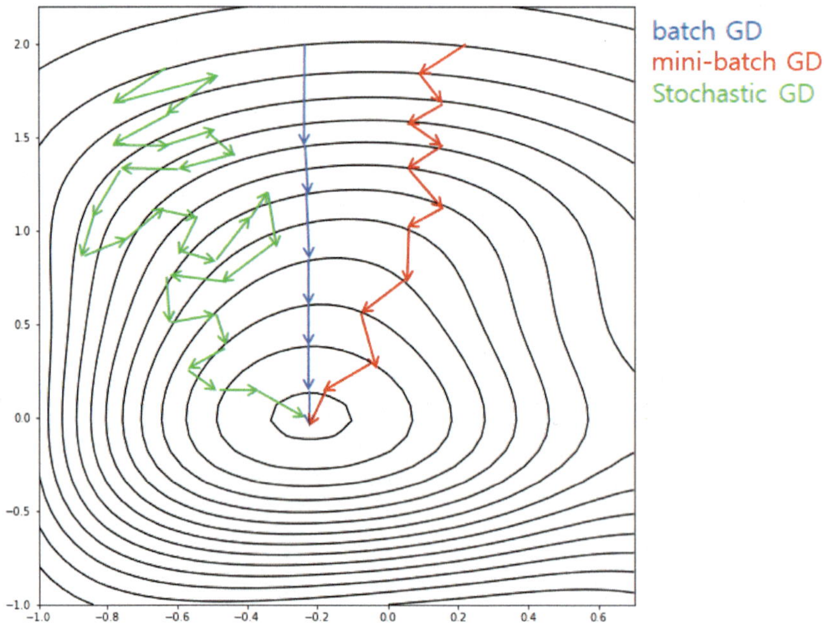

그림 2.10: Gradient Descent 비교
BGD는 모든 데이터를 사용하기 때문에 효율적으로 최적화를 수행할 수 있지만, 국소 최저점에 빠질 가능성이 SGD에 비해 높다.

- **backward propagation**(역전파): loss 값을 미분해서 각 변수별로 gradient를 계산하는 과정을 backward propagation이라 한다. gradient를 계산하기 위해서는 forward의 역순으로 계산이 이루어지기 때문에 backward라 부른다. backward propagation에서는 미분이 필요하고, 이 미분 계산의 핵심은 연쇄 법칙이다.

앞으로 다룰 인공신경망은 행렬곱과 활성 함수들의 반복된 연산으로 구성된다. 행렬곱도 함수로 볼 수 있기 때문에 인공신경망도 합성 함수이다. 경사하강법을 적용하기 위해서는 미분값(gradient)이 필요한데, 우리의 경우는 좀 더 복잡한 합성 함수의 미분 계산이 필요하다.

1변수 함수 $f(x), g(y)$가 주어져 있을 때, 합성 함수 $L = g \circ f(x) = g\big(f(x)\big)$의 미분은 연쇄법칙에 의해 그림 (2.11)과 같이 계산할 수 있다.

다변수에서의 연쇄 법칙을 알아보기 위해 2변수 함수의 연쇄 법칙부터 살펴 보자. 그림 (2.12)를 보면, x가 f에 입력되어 (y_1, y_2)를 만들어 내고 있다. 우리가 앞으로 다룰 인공신경망의 마지막 함수는 실숫값을 가지는 $\mathbb{R}$로의 함수로 scalar 값을 가지는 함수이다[11]. 여기서는 L로 표시되어 있다. 딥러닝에서의 마지막 함수는 Loss 함수이기 때문에 스칼라(scalar) 값을 가지는 함수만 다루면

11 Loss는 실숫값이어야 하기 때문에 실숫값을 가진다고 표현했으며, 이는 벡터가 아니라는 의미도 가지고 있다.

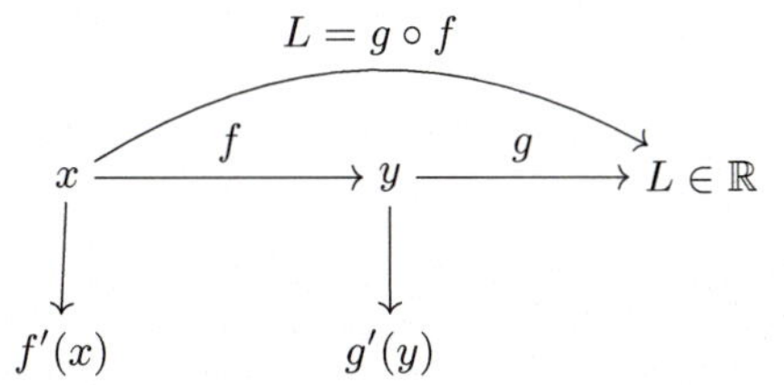

계산순서

fowward - 1	x
fowward - 2	$y = f(x)$
fowward - 3	$L = g(y)$
backward - 1	$g'(y)$
backward - 2	$f'(x)$

$$\frac{dL}{dx} = g'\big(f(x)\big)f'(x) = g'(y)f'(x) = g'(y) \times f'(x) = f'(x) \times g'(y)$$

그림 2.11: 1변수 함수에서의 연쇄 법칙
1변수 합성함수에서 연쇄법칙은 각 함수의 미분값을 계산해서 곱해 주면 된다.
x에서 y, y에서 다시 L로, 왼쪽에서 오른쪽으로 순차적으로 계산하는 것을 순방향 계산(forward propagation)이라 한다.
오른쪽에서 왼쪽 방향으로 미분값을 순차적으로 계산하는 것을 역방향 계산(backward propagation)이라 하며 $g'(y) \rightarrow f'(x)$순으로 계산된다.

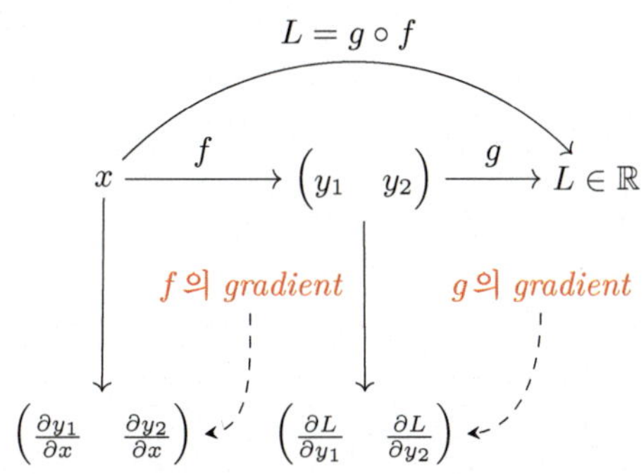

$$\begin{aligned}\frac{\partial L}{\partial x} &= \begin{pmatrix}\frac{\partial L}{\partial y_1} & \frac{\partial L}{\partial y_2}\end{pmatrix}\begin{pmatrix}\frac{\partial y_1}{\partial x} & \frac{\partial y_2}{\partial x}\end{pmatrix}^T \\ &= \begin{pmatrix}\frac{\partial L}{\partial y_1} & \frac{\partial L}{\partial y_2}\end{pmatrix}\begin{pmatrix}\frac{\partial y_1}{\partial x} \\ \frac{\partial y_2}{\partial x}\end{pmatrix} \\ &= \frac{\partial y_1}{\partial x}\frac{\partial L}{\partial y_1} + \frac{\partial y_2}{\partial x}\frac{\partial L}{\partial y_2}\end{aligned}$$

그림 2.12: 2변수 함수에서의 연쇄 법칙
$x(\in \mathbb{R})$가 함수 f로 들어가서 2개의 함숫값 y_1, y_2를 만들어 내고 있다.

된다.

$$\begin{array}{ccccc}\mathbb{R} & \xrightarrow{\text{f}} & \mathbb{R}^2 & \xrightarrow{\text{g}} & \mathbb{R} \\ (x) & \longmapsto & (y_1, y_2) & \longmapsto & L\end{array}$$

y_1, y_2는 각각 x에 대한 함수로 볼 수 있기 때문에, 편미분[12]

$$\frac{\partial y_1}{\partial x}, \quad \frac{\partial y_2}{\partial x}$$

12 다변수 함수에서의 미분을 편미분이라 한다.

가 계산될 수 있다. 이 2개의 편미분이 함수 g의 미분 (gradient[13]) 인

$$\frac{\partial L}{\partial y_1}, \quad \frac{\partial L}{\partial y_2}$$

과 결합하여 $\frac{\partial L}{\partial x}$이 다음과 같이 계산된다. 1변수 함수에서 **미분들의 곱**이 **행렬곱**으로 바뀌었다고 볼 수 있다.

$$\frac{\partial L}{\partial x} = \begin{pmatrix} \frac{\partial L}{\partial y_1} & \frac{\partial L}{\partial y_2} \end{pmatrix} \begin{pmatrix} \frac{\partial y_1}{\partial x} \\ \frac{\partial y_2}{\partial x} \end{pmatrix} = \frac{\partial y_1}{\partial x}\frac{\partial L}{\partial y_1} + \frac{\partial y_2}{\partial x}\frac{\partial L}{\partial y_2} \tag{2.6}$$

2.3.3 다변수 확장 1

그림 (2.12) 에서 입력 변수 $x \in \mathbb{R}$가 다변수 $(x_1, x_2, \cdots, x_n) \in \mathbb{R}^n$으로 확장되는 경우를 살펴보자.

$$\begin{array}{ccccc} \mathbb{R}^n & \xrightarrow{\text{f}} & \mathbb{R}^2 & \xrightarrow{\text{g}} & \mathbb{R} \\ (x_1, x_2, \cdots, x_n) & \longmapsto & (y_1, y_2) & \longmapsto & L \end{array}$$

x_i 각각의 미분은 식 (2.6) 에서 x가 x_i로 바뀌면 된다.

$$\frac{\partial L}{\partial x_i} = \begin{pmatrix} \frac{\partial L}{\partial y_1} & \frac{\partial L}{\partial y_2} \end{pmatrix} \begin{pmatrix} \frac{\partial y_1}{\partial x_i} \\ \frac{\partial y_2}{\partial x_i} \end{pmatrix} = \frac{\partial y_1}{\partial x_i}\frac{\partial L}{\partial y_1} + \frac{\partial y_2}{\partial x_i}\frac{\partial L}{\partial y_2} \tag{2.7}$$

따라서,

$$\begin{pmatrix} \frac{\partial L}{\partial x_1} \\ \frac{\partial L}{\partial x_2} \\ \vdots \\ \frac{\partial L}{\partial x_n} \end{pmatrix} = \begin{pmatrix} \frac{\partial y_1}{\partial x_1}\frac{\partial L}{\partial y_1} + \frac{\partial y_2}{\partial x_1}\frac{\partial L}{\partial y_2} \\ \frac{\partial y_1}{\partial x_2}\frac{\partial L}{\partial y_1} + \frac{\partial y_2}{\partial x_2}\frac{\partial L}{\partial y_2} \\ \vdots \\ \frac{\partial y_1}{\partial x_n}\frac{\partial L}{\partial y_1} + \frac{\partial y_2}{\partial x_n}\frac{\partial L}{\partial y_2} \end{pmatrix}$$

를 얻을 수 있다.

2.3.4 다변수 확장 2

이제 중간 변수 (y_1, y_2)를 $(y_1, y_2, \cdots, y_m)$으로 확장해 보자.

$$\begin{array}{ccccc} \mathbb{R}^n & \xrightarrow{\text{f}} & \mathbb{R}^m & \xrightarrow{\text{g}} & \mathbb{R} \\ (x_1, x_2, \cdots, x_n) & \longmapsto & (y_1, y_2, \cdots, y_m) & \longmapsto & L \end{array}$$

13 다변수의 (편) 미분을 벡터 형태로 모아 놓은 것을 gradient라 한다.

식(2.7)로부터 다음 식을 얻을 수 있다.

$$\frac{\partial L}{\partial x_i} = \begin{pmatrix} \frac{\partial L}{\partial y_1} & \frac{\partial L}{\partial y_2} \cdots \frac{\partial L}{\partial y_m} \end{pmatrix} \begin{pmatrix} \frac{\partial y_1}{\partial x_i} \\ \frac{\partial y_2}{\partial x_i} \\ \vdots \\ \frac{\partial y_m}{\partial x_i} \end{pmatrix} = \frac{\partial y_1}{\partial x_i}\frac{\partial L}{\partial y_1} + \frac{\partial y_2}{\partial x_i}\frac{\partial L}{\partial y_2} + \cdots + \frac{\partial y_m}{\partial x_i}\frac{\partial L}{\partial y_m} = \sum_{k=1}^{m} \frac{\partial y_k}{\partial x_i}\frac{\partial L}{\partial y_k}$$

지금까지 결과를 정리해서 얻은 gradient는 다음과 같다.

$$\begin{pmatrix} \frac{\partial L}{\partial x_1} \\ \frac{\partial L}{\partial x_2} \\ \vdots \\ \frac{\partial L}{\partial x_n} \end{pmatrix} = \begin{pmatrix} \sum_{k=1}^{m} \frac{\partial y_k}{\partial x_1}\frac{\partial L}{\partial y_k} \\ \sum_{k=1}^{m} \frac{\partial y_k}{\partial x_2}\frac{\partial L}{\partial y_k} \\ \vdots \\ \sum_{k=1}^{m} \frac{\partial y_k}{\partial x_n}\frac{\partial L}{\partial y_k} \end{pmatrix}$$

2.3.5 행렬곱 미분

회귀분석은 데이터 (X, Y)로부터 weight 행렬 W을 구하는 모델이다. W를 경사하강법으로 구하기 위해서는 W의 미분(gradient)을 구해야 한다. 그림(2.12)를 회귀분석 모델에 적용한 것이 그림(2.13)이다.

먼저 그림(2.13)에서 $\frac{\partial L}{\partial \widehat{Y}}$가 어떻게 계산되는지 예를 통해서 알아보자. 데이터가 3개인 경우를 가정하고, $\widehat{Y}, Y$가 다음과 같이 주어져 있다고 하자.

$$\widehat{Y} = \begin{pmatrix} \hat{y}_1 \\ \hat{y}_2 \\ \hat{y}_3 \end{pmatrix}, \quad Y = \begin{pmatrix} 3 \\ 1 \\ 2 \end{pmatrix}$$

그러면 L은 다음과 같이 계산된다.

$$L = g(\widehat{Y}, Y) = \frac{1}{3}\|\widehat{Y} - Y\|^2 = \frac{1}{3}\Big[(\hat{y}_1 - 3)^2 + (\hat{y}_2 - 1)^2 + (\hat{y}_3 - 2)^2\Big]$$

이제 L을 $\hat{y}_1, \hat{y}_2, \hat{y}_3$으로 편미분한 것을 각각 $\frac{\partial L}{\partial \hat{y}_1}, \frac{\partial L}{\partial \hat{y}_2}, \frac{\partial L}{\partial \hat{y}_3}$로 표시하자. 이를 아래와 같이 모아 놓으

$$\widehat{Y} = f(X, W) = XW$$
$$L = g(\widehat{Y}, Y) = \frac{1}{N}\|\widehat{Y} - Y\|^2$$

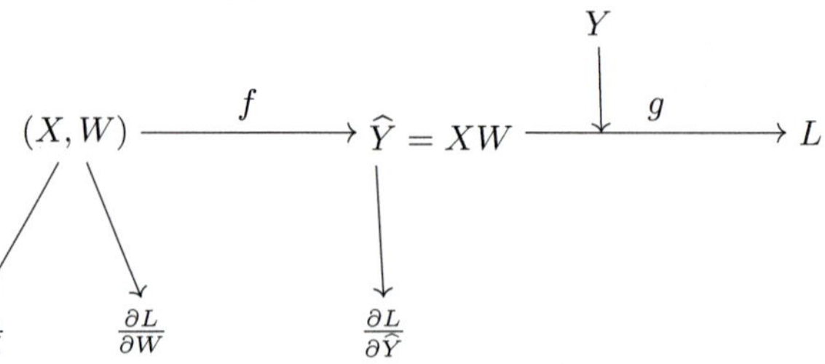

그림 2.13: 회귀분석 모델
함수 f 는 입력 데이터 X 와 weight 행렬 W 의 곱이다. 함수 g 는 함수 f 의 결과인 예측값($\widehat{Y} = XW$)과 target 데이터 Y 와의 Loss(MSE)를 계산하는 함수이다.

면 $\frac{\partial L}{\partial \widehat{Y}}$ 이 된다.

$$\frac{\partial L}{\partial \widehat{Y}} = \begin{pmatrix} \frac{\partial L}{\partial \hat{y}_1} \\ \frac{\partial L}{\partial \hat{y}_2} \\ \frac{\partial L}{\partial \hat{y}_3} \end{pmatrix} = \begin{pmatrix} \frac{2}{3}(\hat{y}_1 - 3) \\ \frac{2}{3}(\hat{y}_2 - 1) \\ \frac{2}{3}(\hat{y}_3 - 2) \end{pmatrix} = \frac{2}{3}\begin{pmatrix} \hat{y}_1 - 3 \\ \hat{y}_2 - 1 \\ \hat{y}_3 - 2 \end{pmatrix} = \frac{2}{3}(\widehat{Y} - Y)$$

여기서 주목할 점은 $\widehat{Y}$ 의 shape이 (3×1) 이었기 때문에, 그 gradient 인 $\frac{\partial L}{\partial \widehat{Y}}$ 도 같은 shape이 된다는 것이다.

그림 (2.12) 에서는 함수 f 가 구체적으로 제시되지 않은 일반적인 설명이다. 선형회귀 모형에서는 $f(X, W) = XW$ 로 f 가 행렬곱 함수로 주어진다. 그래서 이제 행렬곱 형태로 함수가 주어져 있을 때, gradient 가 어떻게 계산되는지 살펴보자.

$X : (N \times n), W : (n \times 1)$ 를 행렬곱하는 함수를 미분했을 때, gradient 는 다음과 같다.

$$\frac{\partial L}{\partial W} = X^T \frac{\partial L}{\partial \widehat{Y}} \tag{2.8}$$

여기서 $\widehat{Y}$ 의 gradient $\frac{\partial L}{\partial \widehat{Y}}$ 는 오른쪽에서 이미 계산된 gradient 이다. 식 (2.8) 에서는 $\frac{\partial L}{\partial \widehat{Y}}$ 이 주어져 있다는(또는 이미 계산되었다는) 가정하에 W 의 gradient 는 식 (2.8)과 같이 계산된다는 것이다. W 의 gradient 를 구해야 하는 입장에서 $\frac{\partial L}{\partial \widehat{Y}}$ 은 넘어온 gradient 이다. 그래서 이 넘어온 gradient 를 **upstream gradient**라고 부른다.

우리가 다루고 있는 선형회귀 분석에서는 데이터 X 에 대한 gradient 가 필요 없다. 하지만 앞으로 나올 딥러닝에서 더 큰 모델을 다루게 되면, X 가 입력되는 데이터가 아니고 그 전의 데이터로부터 계산된 값인 경우가 있다. 이런 경우에는 X 의 gradient 도 필요하다. X 의 gradient 는 다음과 같이

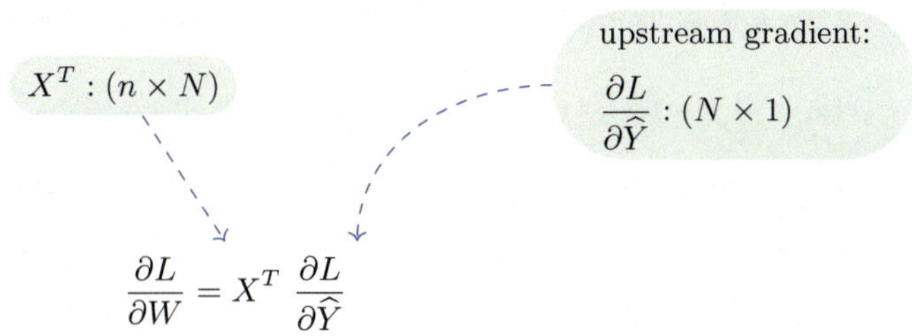

그림 2.14: 행렬곱 미분
gradient 식에서 행렬의 크기에 주목하자. W의 크기가 $(n \times 1)$이었기 때문에, 그 gradient $\frac{\partial L}{\partial W}$도 같은 크기인 $(n \times 1)$이 된다.

계산될 수 있다.

$$\frac{\partial L}{\partial X} = \frac{\partial L}{\partial \widehat{Y}} W^T \tag{2.9}$$

식 (2.8), (2.9)가 유도되는 과정은 부록 A.2절에서 확인할 수 있다.

2.3.6 행렬곱 미분 예

데이터 개수 $N = 3$, 입력 차원 $n = 3$이고 데이터 X, weight W, 출력값(target) Y가 다음과 같이 주어져 있다고 하자.

$$X = \begin{pmatrix} 2 & 3 & 1 \\ 5 & 7 & 1 \\ 1 & -3 & 1 \end{pmatrix}, \quad W = \begin{pmatrix} w_1 \\ w_2 \\ b \end{pmatrix}, \quad Y = \begin{pmatrix} 3 \\ 1 \\ 2 \end{pmatrix}$$

모델의 추정치 $\widehat{Y}$은 다음과 같다.

$$\widehat{Y} = \begin{pmatrix} \hat{y}_1 \\ \hat{y}_2 \\ \hat{y}_3 \end{pmatrix} = XW = \begin{pmatrix} 2 & 3 & 1 \\ 5 & 7 & 1 \\ 1 & -3 & 1 \end{pmatrix} \begin{pmatrix} w_1 \\ w_2 \\ b \end{pmatrix} = \begin{pmatrix} 2w_1 + 3w_2 + b \\ 5w_1 + 7w_2 + b \\ w_1 - 3w_2 + b \end{pmatrix}$$

MSE loss L은 다음과 같이 계산된다.

$$\begin{aligned} L &= \frac{1}{3}\|\widehat{Y} - Y\| \\ &= \frac{1}{3}\Big[(\hat{y}_1 - 3)^2 + (\hat{y}_2 - 1)^2 + (\hat{y}_3 - 2)^2\Big] \\ &= \frac{1}{3}\Big[(2w_1 + 3w_2 + b - 3)^2 + (5w_1 + 7w_2 + b - 1)^2 + (w_1 - 3w_2 + b - 2)^2\Big] \end{aligned}$$

L을 W의 각 성분 w_1, w_2, b로 각각 미분해 보자.

$$\begin{aligned}
\frac{\partial L}{\partial w_1} &= \frac{2}{3}\Big[2(2w_1+3w_2+b-3)+5(5w_1+7w_2+b-1)+(w_1-3w_2+b-2)\Big] \\
&= \frac{2}{3}\Big[2(\hat{y}_1-3)+5(\hat{y}_2-1)+(\hat{y}_3-2)\Big], \\
\frac{\partial L}{\partial w_2} &= \frac{2}{3}\Big[3(2w_1+3w_2+b-3)+7(5w_1+7w_2+b-1)-3(w_1-3w_2+b-2)\Big] \\
&= \frac{2}{3}\Big[3(\hat{y}_1-3)+7(\hat{y}_2-1)-3(\hat{y}_3-2)\Big], \\
\frac{\partial L}{\partial b} &= \frac{2}{3}\Big[(2w_1+3w_2+b-3)+(5w_1+7w_2+b-1)+(w_1-3w_2+b-2)\Big] \\
&= \frac{2}{3}\Big[(\hat{y}_1-3)+(\hat{y}_2-1)+(\hat{y}_3-2)\Big]
\end{aligned}$$

upstream gradient는 다음과 같다.

$$\frac{\partial L}{\partial \widehat{Y}} = \begin{pmatrix} \frac{\partial L}{\partial \hat{y}_1} \\ \frac{\partial L}{\partial \hat{y}_2} \\ \frac{\partial L}{\partial \hat{y}_3} \end{pmatrix} = \begin{pmatrix} \frac{2}{3}(\hat{y}_1-3) \\ \frac{2}{3}(\hat{y}_2-1) \\ \frac{2}{3}(\hat{y}_3-2) \end{pmatrix} = \frac{2}{3}\begin{pmatrix} \hat{y}_1-3 \\ \hat{y}_2-1 \\ \hat{y}_3-2 \end{pmatrix} = \frac{2}{3}(\widehat{Y}-Y)$$

식 (2.8)은 다음 관계가 성립한다는 것이다.

$$\frac{\partial L}{\partial W} = \begin{pmatrix} \frac{\partial L}{\partial w_1} \\ \frac{\partial L}{\partial w_2} \\ \frac{\partial L}{\partial b} \end{pmatrix} = X^T \frac{\partial L}{\partial \widehat{Y}}$$

이를 확인해 보자.

$$\begin{aligned}
X^T \frac{\partial L}{\partial \widehat{Y}} &= \frac{2}{3}\begin{pmatrix} 2 & 3 & 1 \\ 5 & 7 & 1 \\ 1 & -3 & 1 \end{pmatrix}^T (\widehat{Y}-Y) \\
&= \frac{2}{3}\begin{pmatrix} 2 & 5 & 1 \\ 3 & 7 & -3 \\ 1 & 1 & 1 \end{pmatrix}\begin{pmatrix} \hat{y}_1-3 \\ \hat{y}_2-1 \\ \hat{y}_3-2 \end{pmatrix} \\
&= \frac{2}{3}\begin{pmatrix} 2(\hat{y}_1-3)+5(\hat{y}_2-1)+(\hat{y}_3-2) \\ 3(\hat{y}_1-3)+7(\hat{y}_2-1)-3(\hat{y}_3-2) \\ (\hat{y}_1-3)+(\hat{y}_2-1)+(\hat{y}_3-2) \end{pmatrix} \\
&= \begin{pmatrix} \frac{\partial L}{\partial w_1} \\ \frac{\partial L}{\partial w_2} \\ \frac{\partial L}{\partial b} \end{pmatrix} \\
&= \frac{\partial L}{\partial W}
\end{aligned}$$

따라서 식 (2.8)이 성립함을 알 수 있다.

2.3.7 행렬곱 미분 확장

앞에서 $X : (N \times n), W : (n \times 1)$ 인 경우를 살펴보았는데, 좀 더 일반화한 $X : (N \times n), W : (n \times m)$ 인 경우에도 동일한 결과가 나온다. $W : (n \times m)$ 이라는 의미는 입력 데이터의 차원이 n, 출력 차원이 m 이라는 것을 의미한다. X, W 를 곱하면 $\widehat{Y} = XW$ 의 크기가 (N, m) 이 되는데, 이는 N 개의 데이터에 대한 출력의 차원이 m 인 것을 의미한다.

예측값 $\widehat{Y}$ 와 target Y 가 Loss 함수 g 로 넘어가 Loss $L = g(\widehat{Y}, Y) \in R$ 이 구해지고, gradient $\frac{\partial L}{\partial \widehat{Y}}\left(= \frac{\partial g}{\partial \widehat{Y}}\right)$ 도 계산되었다고 가정할 수 있다. upstream gradient로 $\frac{\partial L}{\partial \widehat{Y}} : (N \times m)$ 이 주어졌을 때, X, W 의 gradient는 행렬의 크기만 다를 뿐 식 (2.8), (2.9)와 동일하다.

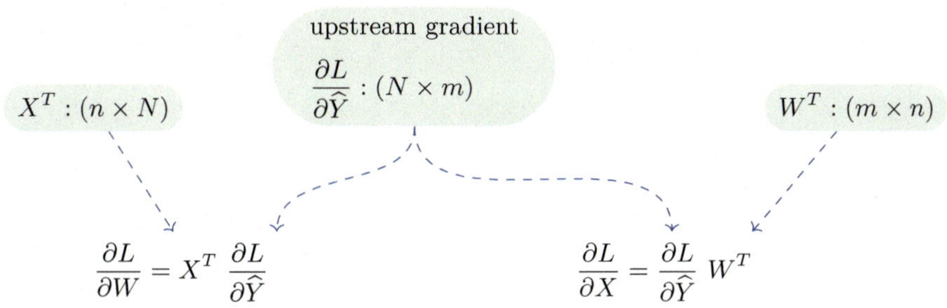

그림 2.15: 행렬곱 미분 확장
$\widehat{Y}$, $\frac{\partial L}{\partial \widehat{Y}}$ 의 크기는 $(N \times m)$ 이고 X, $\frac{\partial L}{\partial X}$ 의 크기는 $(N \times n)$ 이며, W, $\frac{\partial L}{\partial W}$ 의 크기는 $(n \times m)$ 이다.

$\widehat{Y} = XW$ 대신

$$\widehat{Y} = XW + B \tag{2.10}$$

와 같이 shape $(m,)$ 인 bias B 가 더해져 있는 경우를 살펴보자. bias B 의 gradient는 다음과 같이 계산된다.

$$\frac{\partial L}{\partial B} = \frac{\partial L}{\partial \widehat{Y}} \text{의 모든 행들의 합} \quad \longleftarrow \text{shape: } (m,) \tag{2.11}$$

shape이 $(N \times m)$ 인 $\frac{\partial L}{\partial \widehat{Y}}$ 의 모든 행을 합치면 shape이 $(m,)$ 이 된다. 왜 행을 합치는 방식으로 bias의 gradient가 계산되는지 2가지 관점에서 살펴보자.

- bias를 weight W 에 포함시키는 경우에는 데이터 행렬 X 에 1로 된 열을 추가한다. 1로 된 열은 식 (2.8)에서 X 가 transpose되면서 행으로 바뀐다. 따라서 1로 된 행벡터와 $\frac{\partial L}{\partial \widehat{Y}}$ 를 곱하면 $\frac{\partial L}{\partial \widehat{Y}}$ 의 모든 행을 더하는 것과 같다.
- $\widehat{Y} = XW + B$ 에서 bias B 는 broadcasting 되면서 더해진다. broadcasting 되는 방향이 **행 방향**이기 때문에 upstream gradient $\frac{\partial L}{\partial \widehat{Y}}$ 의 모든 행을 더해서 gradient가 계산된다.

식 (2.10) 에서 W 를 kernel, B 를 bias 라고 부른다. W, B 를 통칭해서 weights 라 부르는 것이 일반적이다. 하지만 W 를 weight, B 를 bias 라고 부르는 경우도 있다.

2.3.8 Gradient 표기

- 변수 $Z : (k \times l)$ 가 있고 Loss 함수 L 이 있다고 하자. 그러면 $L(Z)$ 는 실숫값이 된다.

  $$L : \mathbb{R}^{kl} \to \mathbb{R}, \qquad L(Z) \in \mathbb{R}$$

  L 의 gradient 를 수학에서는 ∇L 로 표기한다[14]. 우리는 gradient 를 표기할 때, Loss 함수 L 보다 미분 변수 Z 에 더 집중해야 하기 때문에 'Z 의 gradient' 라고 부르고, $\frac{\partial L}{\partial Z}$ 로 표기하기로 한다.

- Z 의 gradient $\frac{\partial L}{\partial Z}(\in \mathbb{R}^{kl})$ 는 kl 차원의 벡터이다. 이 kl 차원의 벡터를 Z 와 동일한 형태로 표시하기 위해 $(k \times l)$ 형태의 행렬로 표시하는 것이 자연스럽다. 그래서 $\frac{\partial L}{\partial Z}$ 는 Z 와 같은 형태 (shape) 의 행렬로 보면 된다.

- $\frac{\partial L}{\partial Z}$ 을 필요에 따라 dZ 로 표기하기도 한다. 수학적으로 엄밀한 표기는 아니다. Loss 함수 L 은 직접 표시하지 않아도 논리 전개에 혼동을 주지 않는 경우라면 생략하는 것도 가능하기 때문이다.

Gradient 표기법

$\frac{\partial L}{\partial Z}$ 을 줄여서 dZ 로 표기한다.

---

14 'del' 이라고 읽기도 하지만, 그냥 gradient 라고 읽어도 된다.

2.4 선형회귀 모델 구현

선형회귀 모델에 필요한 이론적인 설명은 모두 끝났다. 이제 선형회귀 모델을 Numpy, Tensorflow, Pytorch, Scikit-Learn으로 구현해 보자.

2.4.1 Numpy로 구현

먼저 Tensorflow, Pytorch를 사용하지 않고 Numpy로만 구현해보자. 고수준(High Level) API의 사용을 배제하고 기본 연산만으로 구현하는 것을 **밑바닥부터 구현**(implementation from scratch[15]) 이라고 부른다.

구현을 위해 지금까지의 과정을 다시 한번 정리해 보면 다음과 같다.

① 데이터 준비: 차원이 1인 N개의 입력 데이터 X, 출력(target) 데이터 Y가 있어야 한다. bias를 포함시키기 위해 X에 1로 된 열벡터를 추가해 준다.

$$X = \begin{pmatrix} x_1 & 1 \\ x_2 & 1 \\ \vdots & \vdots \\ x_N & 1 \end{pmatrix}, \quad Y = \begin{pmatrix} y_1 \\ y_2 \\ \vdots \\ y_N \end{pmatrix}$$

② 모델 수립: weight W에 대하여 단순 선형회귀 모델은

$$\widehat{Y} = \begin{pmatrix} \hat{y}_1 \\ \hat{y}_2 \\ \vdots \\ \hat{y}_N \end{pmatrix} = XW$$

로 주어진다. 입력 데이터 X의 열차원(column dimension)이 2이므로 W는 2차원 열벡터가 되어야 한다[16]. W의 초기값은 표준 정규분포를 따르는 난수(normal random number)로 설정하면 된다[17].

$$W = \begin{pmatrix} a \\ b \end{pmatrix}$$

15 'from scratch'란 '맨 처음부터, 사전준비 없이'라는 의미이다.

16 2차원 열벡터를 행렬로 보면 크기가 (2×1)이다.

17 보통 bias b는 0으로 설정하는 경우가 많다.

③ Loss 함수로 MSE 사용:

$$L = \frac{1}{N}\|\widehat{Y} - Y\|^2$$

제곱된 식을 미분하면 2가 곱해지는데, 2를 소거하기 위해

$$L = \frac{1}{2N}\|\widehat{Y} - Y\|^2$$

으로 Loss를 정의하기도 한다.

④ gradient 계산: weight W의 gradient가 필요하다. 그러기 위해서 먼저 $\widehat{Y}$의 gradient $\frac{\partial L}{\partial \widehat{Y}}$을 계산하고, 식 (2.8)로 W의 gradient $\frac{\partial L}{\partial W}$를 계산하면 된다.

$$\frac{\partial L}{\partial \widehat{Y}} = \frac{2}{N}\begin{pmatrix} \hat{y}_1 - y_1 \\ \hat{y}_2 - y_2 \\ \vdots \\ \hat{y}_N - y_N \end{pmatrix} = \frac{2}{N}(\widehat{Y} - Y), \qquad \frac{\partial L}{\partial W} = X^T \frac{\partial L}{\partial \widehat{Y}}$$

⑤ W 업데이트[18]: learning rate α가 필요하다.

$$W \longleftarrow W - \alpha\frac{\partial L}{\partial W} \tag{2.12}$$

지금까지 정리한 내용을 코드로 구현하면 다음과 같다.

코드 2.2: **[Numpy]** 회귀분석 모델

```
import numpy as np
np.random.seed(100)
learning_rate = 0.01; N = 50
x = np.random.rand(N)
Y = 2*x + 0.5 + np.random.randn(N)*0.15
X = np.stack([x,np.ones(N)],axis=1)

W = np.random.randn(2)
Loss_all = []
M = 2000
for i in range(M):
    Y_hat = X.dot(W)
    Loss = np.square(Y_hat-Y).sum()/N
    Loss_all.append(Loss)
    dY = 2*(Y_hat - Y)/N
    dW = X.T.dot(dY)
    W = W - learning_rate*dW
    if i%200==0:
        print(f'{i}/{M}: loss = {Loss}')
```

random으로 data 생성

1로 구성된 column 추가

random normal로 초기값 설정하여 weight 생성

$L = \frac{1}{N}\|\widehat{Y} - Y\|^2$

$\frac{\partial L}{\partial \widehat{Y}}$

$\frac{\partial L}{\partial W} = X^T \frac{\partial L}{\partial \widehat{Y}}$

$W \leftarrow W - \alpha\frac{\partial L}{\partial \widehat{Y}}$

18 $W^{\text{new}} = W^{\text{old}} - \alpha\frac{\partial L}{\partial W^{\text{old}}}$ 또는 $W = W - \alpha\frac{\partial L}{\partial W}$로 표현하기도 한다.

- dW 를 계산하는 입장에서 dY 는 upstream gradient 이다.

다음은 계산 결과를 시각화하는 코드이다.

코드 2.3: **[Numpy]** 결과 확인을 위한 코드

```
import matplotlib.pyplot as plt
plt.figure(figsize=(15,7))
plt.subplot(1,2,1)
plt.plot(Loss_all,label='loss')
plt.legend()

plt.subplot(1,2,2)
plt.scatter(x,Y,s=10)
x_temp = np.arange(0,1,0.01)
a,b = W
yy = a*x_temp + b
plt.plot(x_temp,yy,c='r')

plt.ylim(0,3); plt.xlim(0,1);
plt.text(0.2,2,f"$y={a:.2f}x + {b:.2f}$")

plt.plot([x.mean()],[Y.mean()],'ro',markersize=10)
plt.annotate("(x평균,y평균)", xy=(x.mean(), Y.mean()), xytext=(0.6, 0.5),
      arrowprops=dict(arrowstyle="->",linestyle="--", linewidth=2,color='k'),fontsize=15)
plt.suptitle('Numpy로 계산한 결과',fontsize=20)
```

Output:

```
0/2000: loss = 2.111844433208157
200/2000: loss = 0.12078556040542086
400/2000: loss = 0.07458731520252489
600/2000: loss = 0.05000132795525138
800/2000: loss = 0.03689253844100996
1000/2000: loss = 0.029903175427620273
1200/2000: loss = 0.026176576928153197
1400/2000: loss = 0.024189623846788605
1600/2000: loss = 0.02313021738051415
1800/2000: loss = 0.02256536153600003
```

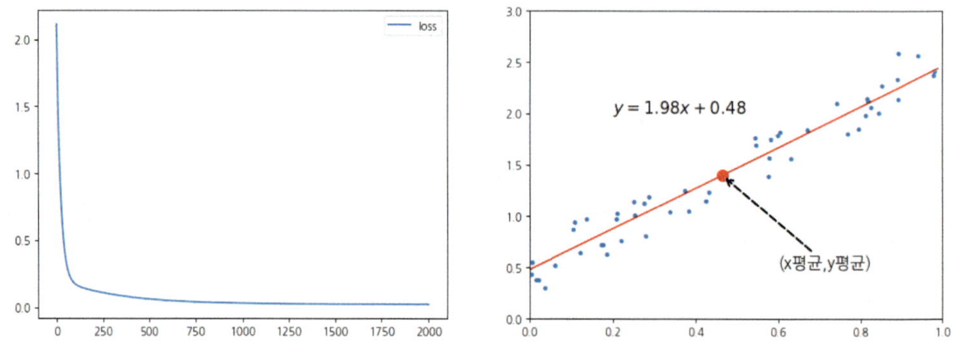

그림 2.16: Numpy로 계산한 결과
Loss의 감소를 확인할 수 있다. 우리가 정답으로 설정한 $a = 2, b = 0.5$와 약간의 차이가 있다. 이는 데이터를 생성할 때, noise(np.random.randn(N)*0.15)를 추가했기 때문이다.

2.4.2 Numpy 모델로부터 추론

모델의 훈련이 끝난 후 새로운 데이터를 넣어 예측값을 추출하는 과정을 추론(inference)이라 한다.

코드 2.4: [**Numpy**] 모델로부터 추론

```
new_data = np.array([0.52, 0.75])
a,b = W
prediction = a*new_data + b
for x_,y_ in zip(new_data, prediction):
    print(f'{x_}에 대한 예측값 = {y_:.4f}')
```

Output:

```
0.52에 대한 예측값 = 1.5050
0.75에 대한 예측값 = 1.9605
```

2.4.3 Tensorflow로 구현

회귀분석 모델을 Tensorflow를 이용해서 구현해 보자.

- 선형회귀 모형에서 입력 데이터 X에 weight 행렬 W를 곱했다. 이렇게 단순히 행렬을 곱하는 모델을 neural network에서는 Fully Connected Layer라고 부른다. 줄여서 FC Layer라고도 하며, FC Layer의 Tensorflow API는 다음과 같다.

```
tf.keras.layer.Dense(units,use_bias=True)
```

여기서 `units`는 출력의 크기(차원)이다. 지금 우리가 다루고 있는 모델의 출력 크기는 1이다. `use_bias`는 bias 항을 사용할지 여부에 대한 옵션이다. 여기서 좀 이상한 점은 입력의 크기를 명시해 주지 않고 있다는 것이다. 입출력의 크기가 정해져야 weight의 크기도 (입력 크기, 출력 크기)로 잡히기 때문이다. tf.keras.Model에서는 처음으로 들어오는 구체적인 입력값의 크기에 따라 weight tensor의 크기가 결정된다.

구체적인 입력값을 넣지 않고 모델의 weight shape이 결정되게 하는 다른 방법이 있다. `model.build()`를 해주면 된다. 모델이 build되었는지 여부는 `model.built`로 확인할 수 있다.

```
model.build((None,input_dim)) # (batch_size,input_dim)
model.built # build 여부 확인
```

- Tensorflow의 경사하강법(Gradient Descent) API는 다음과 같다.

```
tf.keras.optimizers.SGD(learning_rate=0.01)
```

이 API를 통해 gradient 계산과 weight 업데이트가 이루어진다.

- Tensorflow에서는 `compile`이라는 API로 model, optimizer, loss 함수가 결합된다.

```
tf.keras.Model.compile(optimizer, loss)
```

Loss 함수를 MSE로 설정하는 방법은 `loss = tf.keras.losses.MeanSquaredError()` 또는 `loss='mse'`로 하면 된다.

- `model.fit()`을 통해 train(훈련)이 이루어진다.

```
tf.keras.Model.fit(x=None, y=None, batch_size=None,
                   epochs=1, verbose)
```

  - `batch_size`, `epochs`: 데이터가 아주 큰 경우에 한번에 계산할 수 없는 경우가 있다. 이런 경우에는 데이터를 잘라서 모델에 넣어야 하는데, 자르는 크기를 `batch_size`라고 한다. 예를 들어, 데이터가 모두 3,200개이고, `batch_size`=32인 경우를 생각해보자. 3,200개를 32로 나누면 100개의 작은 데이터가 만들어진다. 이때 만들어진 크기 32인 작은 데이터를 미니배치(mini-batch)라고 부른다. 100개의 미니배치로 순차적으로 weight를

19 0 = silent, 1 = progress bar, 2 = one line per epoch. `https://www.tensorflow.org/api_docs/python/tf/keras/Model#fit`

업데이트하여, 전체 데이터를 모두 소모한 것을 epoch이라 한다. 이 경우에는 100회 반복(iteration)이 1-epoch이 된다.

– verbose: 로그 메시지를 출력하는 정도를 조절하는 옵션이다[19].

Tensorflow로 구현한 단순 선형회귀 모델 코드는 다음과 같다.

코드 2.5: [**Tensorflow**] 선형회귀 모델

```
import numpy as np
import tensorflow as tf

np.random.seed(100); tf.keras.utils.set_random_seed(100)
learning_rate = 0.01
n_epochs = 2000
N = 50

x = np.random.rand(N)
Y = 2*x + 0.5 + np.random.randn(N)*0.15
X = x.reshape(-1,1) # (N,) -> (N,1)

model = tf.keras.Sequential(tf.keras.layers.Dense(1,use_bias=True))
optimizer = tf.keras.optimizers.SGD(learning_rate=learning_rate)
model.compile(optimizer,loss='mse')

history = model.fit(X,Y,batch_size=N,epochs=n_epochs,verbose=0)
```

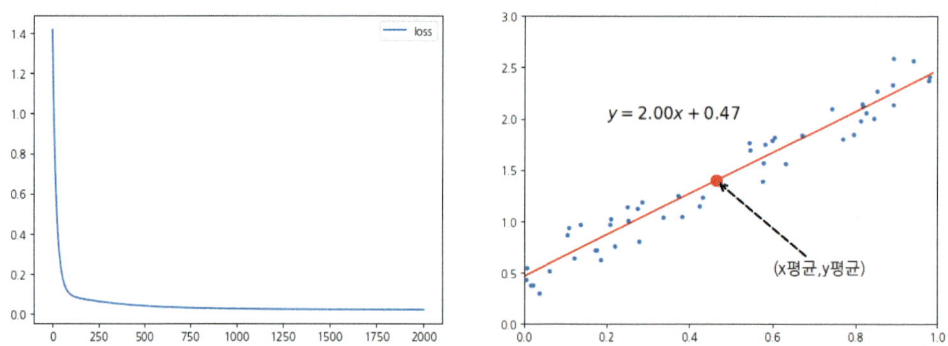

그림 2.17: Tensorflow로 구현한 모델의 훈련 결과

Loss 값들은 `history.history['loss']`에 저장되어 있는데, 각 epoch의 마지막 mini batch의 loss 값이 저장되어 있다[20]. 그리고 W에 해당하는 값은 `model.weights`에 저장되어 있다.

```
print(model.weights)
print(f'기울기: {model.weights[0][0,0].numpy():.2f}')
print(f'bias: {model.weights[1][0].numpy():.2f}')
```

20 각 epoch의 전체 데이터에 대한 loss가 아니고, 마지막 mini batch에 대한 loss이다.

Output:

```
[<tf.Variable 'dense_3/kernel:0' shape=(1, 1) dtype=float32,
  numpy=array([[1.999064]], dtype=float32)>,
<tf.Variable 'dense_3/bias:0' shape=(1,) dtype=float32,
  numpy=array([0.46574068], dtype=float32)>]
기울기: 2.00, bias: 0.47
```

2.4.4 Tensorflow 모델로부터 추론

Tensorflow에서 훈련된 모델로부터의 추론은 predict API를 사용하면 된다.

```
model.predict(x, batch_size=None, verbose='auto', ...)
```

코드 2.6: [**Tensorflow**] 훈련된 모델로부터 추론하기

```python
new_data = np.array([0.52, 0.75])

prediction = model.predict(new_data).reshape(-1) #(N,1) -> (N,)
for x,y in zip(new_data, prediction):
    print(f'{x}에 대한 예측값 = {y:.4f}')
```

Output:

```
0.52에 대한 예측값 = 1.5053
0.75에 대한 예측값 = 1.9650
```

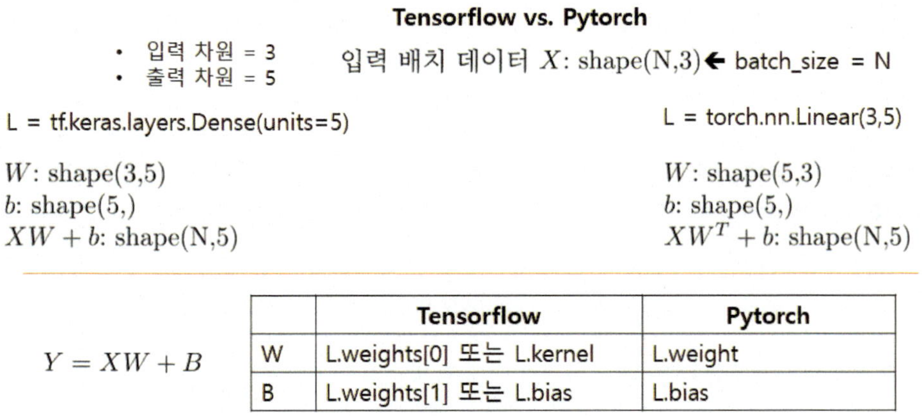

그림 2.18: Tensorflow와 Pytorch 내부 weights 생성 방식 비교

그림 (2.18) 에서 Tensorflow Dense API가 내부에 weight를 어떻게 저장하고 있는지 살펴볼 수 있다. **weights[0]**에 kernel, **weights[1]**에 bias가 저장된다. Pytorch에서는 kernel weight가 전치 (transpose) 되어서 저장된다.

Tensorflow weights로 직접 계산

```
# 입력 차원 = 1, 출력 차원 =1
new_data = np.array([0.52, 0.75]) # batch_size=2
tf.matmul(new_data[:,None].astype(np.float32),model.weights[0]) + model.weights[1]
```

array	shape
new_data	(2,)
new_data[None,:]	(1,2)
np.expand_dims(new_data,0)	(1,2)
new_data[None,:].T	(2,1)
new_data[:,None]	(2,1)

- new_data가 shape(2,)로 생성되었다. weights[0]의 shape이 (1,1)이다.
- 서로 곱해지기 위해서는 new_data의 shape을 (2,1)로 변환해 주어야 한다.
  new_data[None,:].T 또는 new_data[:,None]
- model.weights가 float32이므로, new_data의 dtype도
  float64 → float32로 변환해야 한다.
- model.weights[0]: kernel, shape은 (입력차원, 출력차원)=(1,1)
- model.weights[1]: bias, shape은 (출력차원,)=(1,)

그림 2.19: Tensorflow weights와 직접 곱해서 추론하는 방법

그림 (2.19) 에서는 Tensorflow 모델 내부에 저장되어 있는 weight로 직접 추론하는 방법을 보여주고 있다.

2.4.5 Pytorch로 구현

Pytorch 코드는 High Level API를 많이 제공하는 Tensorflow에 비해 길이가 다소 길어 보이지만 전형적인 구조를 가지고 있다.

그림 (2.20)은 전형적인 Pytorch 훈련 코드 구조를 보여주고 있다. 대부분의 Pytorch 모델을 훈련하는 코드는 이런 구조에서 크게 벗어나지 않는다.

이제 회귀분석 모델을 Pytorch로 구현하는 데 필요한 것들을 알아보자.

- Tensorflow에는 입력 데이터를 Numpy Array로 넘겨도 내부에서 자체적으로 Tensorflow Tensor로 변환되어 처리된다. Pytorch에서는 Numpy Array를 Pytorch Tensor로 직접 변환

```
device = torch.device('cuda' if torch.cuda.is_available() else 'cpu')
model = ... ➔ 모델 정의
loss_fn = …  ➔ loss 함수 정의
optimizer = … ➔ optimizer 정의
model.to(device)
for epoch in range(n_epochs):  ➔ epoch 반복
    model.train()
    for i, (x,y) in enumerate(train_datasloader): ➔ 1-epoch 훈련
        x = x.to(device)
        y = y.to(device)
        optimizer.zero_grad()   ➔ gradient 초기화

        pred = model(x)         ➔ forward 계산
        loss = loss_fn(pred,y)
        loss.backward()         ➔ backward: gradient 계산
        optimizer.step()        ➔ backward: gradient update
```

그림 2.20: 전형적인 Pytorch 훈련 코드

해서 넘겨 주어야 한다. `torch.Tensor()`[21]에 Numpy Array를 넘기면 float32 Tensor를 생성해 준다.

- Tensorflow의 FC Layer인 `tf.keras.layer.Dense`에 대응되는 Pytorch API는 `torch.nn.Linear`이다.

```
torch.nn.Linear(in_features, out_features, bias=True)
```

`in_features`, `out_features`는 각각 입력의 크기, 출력의 크기이다.

- MSE Loss 함수 API

```
torch.nn.MSELoss()
```

- 경사하강법 API

```
torch.optim.SGD(params, lr)
```

  - `params`: 최적화 API를 optimizer라 부르는데, optimizer에는 학습 대상이 되는 trainable weight(parameter)를 넘겨 주어야 한다. 이는 `model.parameters()`를 통해 넘겨줄 수 있다. `model.parameters()`에 있는 tensor는 gradient가 계산되고, 경사하강법에 따라 값이 업데이트된다.

21 `torch.Tensor()`는 float32 type Tensor인 `torch.FloatTensor()`의 별칭(alias)이다.

    - lr: lr에는 학습률(learning rate)을 지정하면 된다.

- 훈련
    - `optimizer.zero_grad()`: optimizer가 넘겨 받은 parameter들의 gradient값을 0으로 초기화한다.
    - `loss.backward()`: Pytorch Tensor의 계산 과정에 관여한 Tensor들의 gradient를 계산한다. 여기서 Tensor는 `loss`이다.
    - `optimizer.step()`: optimizer의 대상이 되는 파라미터 Tensor들을 식 (2.12)에 따라 업데이트한다.

코드 2.7: **[Pytorch]** 선형회귀 모델

```
import torch
import numpy as np

def torch_reset_seed(seed=100):
    torch.manual_seed(seed)
    if torch.cuda.is_available():
        torch.cuda.manual_seed_all(seed)
        torch.backends.cudnn.deterministic = True # 속도 저하
        torch.backends.cudnn.benchmark = False # 속도 저하

seed = 100; np.random.seed(seed)
torch_reset_seed(seed)
device = torch.device('cuda' if torch.cuda.is_available() else 'cpu')
print(device)

learning_rate = 0.01
n_epochs = 2000
N = 50

x = np.random.rand(N)
y = 2*x + 0.5 + np.random.randn(N)*0.15

X = torch.Tensor(x).reshape(-1,1).to(device) # float32 tensor
Y = torch.Tensor(y).to(device)

model = torch.nn.Linear(1,1)
model.to(device)
loss_fn = torch.nn.MSELoss()
optimizer = torch.optim.SGD(model.parameters(), lr=learning_rate)

Loss_all = []
model.train() # train mode 변환
for i in range(n_epochs):
    optimizer.zero_grad()
    Y_hat = model(X)
    Loss = loss_fn(Y_hat.reshape(-1),Y)
    Loss_all.append(Loss.item())
    Loss.backward()
    optimizer.step()
    if i%200==0:
        print(f'{i}/{n_epochs}: loss = {Loss.item()}')
```

Output:

```
0/2000: loss = 2.0522611141204834
200/2000: loss = 0.30470961332321167
400/2000: loss = 0.1726619154214859
600/2000: loss = 0.10229284316301346
800/2000: loss = 0.06477334350347519
1000/2000: loss = 0.04476871341466904
1200/2000: loss = 0.03410260006785393
1400/2000: loss = 0.028415609151124954
1600/2000: loss = 0.025383437052369118
1800/2000: loss = 0.02376674860715866
```

- Pytorch에서는 모델과 데이터 Tensor가 CPU에서 계산될지 GPU에서 계산될지 명확히 구분한다. 다음과 같이 GPU 사용 가능 여부에 따라 device를 설정할 수 있다.

```
device = torch.device('cuda' if torch.cuda.is_available() else 'cpu')
```

- `to(device)`: 모델과 데이터 Tensor를 계산할 device로 보내야 한다.

```
X = torch.Tensor(x).reshape(-1,1).to(device)
Y = torch.Tensor(y).to(device)
model.to(device)
```

`model.to(device)`로 `model.parameters()`의 trainable variable들의 device를 변경한다.

- `loss_fn`에는 같은 shape의 Tensor를 넘겨야 한다. 모델이 생성한 `Y_hat`의 shape은 $(N, 1)$ 형태이므로 $(N,)$으로 reshape 했다.

```
loss_fn(Y_hat.reshape(-1),Y)
```

- mode 변환: 딥러닝 모델의 Layer는 train할 때와 test(evaluation, inference)할 때 다르게 동작하는 것들이 있다. Dropout이나 Batch-Normalization 같은 Layer가 대표적이다. 지금 우리가 구현한 Layer들은 다르게 동작하는 것이 없지만, mode를 지정하는 코드를 작성해 주는 것이 좋다. `model.training`으로 현재 mode를 확인할 수 있다.

`model.train()` 또는 `model.eval()`

- Pytorch Cuda 환경에서 Randomness를 고정하기 위해서는 다음과 같이 해야 한다. 하지만 처리 속도가 저하된다[22].

22 `https://pytorch.org/docs/stable/notes/randomness.html`

```
torch.backends.cudnn.deterministic = True
torch.backends.cudnn.benchmark = False
```

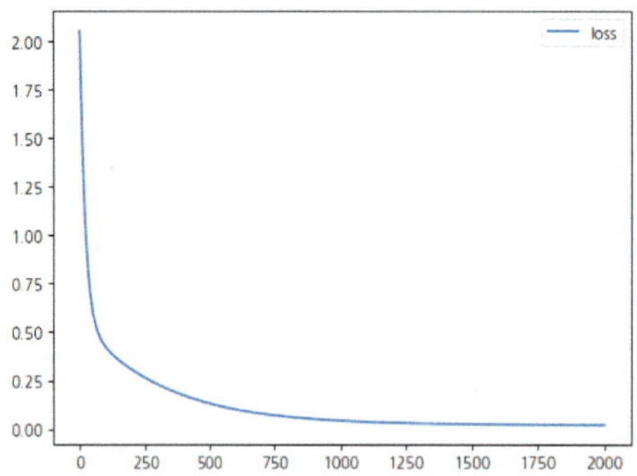

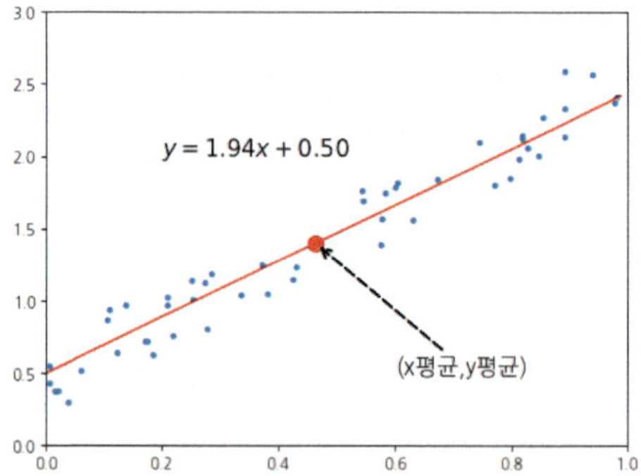

그림 2.21: Pytorch로 실행한 결과

2.4.6 Pytorch 모델로부터 추론

- 입력 데이터를 Pytorch Tensor로 변환해야 하고, 데이터의 shape도 모델의 입력 shape과 동일하게 변환해 주어야 한다.
- `eval()` mode로 전환 후, 데이터를 모델에 넣어주면 된다.
- Pytorch에서는 Tensor들의 연산이 이루어질 때, 자동으로 gradient를 계산한다. 추론에서는 gradient를 계산할 필요가 없기 때문에, `torch.no_grad()`를 with context 구문으로 처리하면 된다.

```
with torch.no_grad():
```

`torch.set_grad_enabled()`을 사용하면 `torch.no_grad()`과 동일한 효과를 낼 수 있다.

```
with torch.set_grad_enabled(False):
```

훈련 모드에서는 True가 되고 추론 모드에서는 False가 되게 하여 조절하면 편리하다.

- 출력 결과를 Numpy array로 변환하기 위해서는 CPU Tensor로 먼저 변환해야 한다.

```
.cpu().numpy()
.detach().cpu().numpy()  # requires_grad=True
```

Tensor의 requires_grad 속성이 True인 경우에는 detach()를 먼저 해주어야 한다[23].

코드 2.8: **[Pytorch]** 훈련된 모델로부터 추론하기

```
new_data = torch.Tensor([0.52, 0.75]).reshape(-1,1).to(device)
with torch.no_grad():
    model.eval() # model.training이 False가 된다.
    prediction = model(new_data).cpu().numpy().reshape(-1)
for x,y in zip(new_data.cpu().numpy().reshape(-1), prediction):
    print(f'{x:.2f}에 대한 예측값 = {y:.4f}')
```

Output:

```
0.52에 대한 예측값 = 1.5043
0.75에 대한 예측값 = 1.9504
```

2.4.7 Scikit-Learn 구현

Scikit-Learn의 선형회귀 분석 API로 LinearRegression이 있다.

코드 2.9: **[Scikit-Learn]** 선형회귀 모델

```
import numpy as np
from sklearn.linear_model import LinearRegression
import matplotlib.pyplot as plt

np.random.seed(100);
N = 50
x = np.random.rand(N)
Y = 2*x + 0.5 + np.random.randn(N)*0.15
X = x.reshape(-1,1) # (N,) -> (N,1)

reg = LinearRegression().fit(X, Y)
reg.score(X, Y)

print(f'기울기: {reg.coef_}, bias: {reg.intercept_}')

new_data = np.array([0.52, 0.75]).reshape(-1,1)
print(reg.predict(new_data))

'''
기울기: [2.0395017], bias: 0.4453361968069173
예측: [1.50587708 1.97496248]
'''
```

23 requires_grad=False인 경우에 detach를 해도 에러가 발생하지는 않는다.

2.4.8 구현 방식 비교

지금까지 Numpy, Tensorflow, Pytorch, Scikit-Learn으로 모델을 구현해 보았다. 각 Framework의 구현 방식을 비교해 보자.

- High Level API vs. Low Level API
  - High Level: 고수준의 API로 기능이 통합되어 있어 동작 과정을 아주 정밀하게 제어할 수는 없지만 기본적인 기능을 사용하는 데는 편리하다.
  - Low Level: 저수준 API로 High Level에 비해 구현 단계가 좀 더 복잡하지만, 부분별로 제어하기가 편리하다.
- Tensorflow가 Keras와 통합되면서 탄생한 2.x 버전은 1.x 버전에 비해 High Level API를 많이 제공해 주고 있다. 구현 코드에서 `model.fit()`이 대표적인 High Level API이다. Tensorflow에서도 Low Level API로 구현이 가능하다.
- Numpy와 Pytorch는 gradient를 직접 계산하는 것을 제외하면 구현 방식이 유사하다. Pytorch는 Tensorflow, Keras API에 비해서 Low Level API로 구현했다고 할 수 있다. Pytorch로 훈련 코드를 작성해 보면, 매번 비슷한 코드가 반복되는 경향이 있다. 필요한 경우에 세밀한 제어를 할 수 있도록 코드를 추가해 주면 된다. 예를 들어, 추가적인 log(메시지)를 생성하려면 필요한 코드를 중간에 넣어주면 된다.
- 구현 코드에 오류가 있을 때, High Level API에서는 상대적으로 오류를 찾기 어려운 경우가 많다.
- Numpy array를 Tensorflow Model에 넣을 때는 자동 변환이 이루어지는 반면, Pytorch는 명확하게 변환해서 넣어주어야 한다. 그리고 Pytorch Tensor는 device를 명확히 구분하기 때문에 상황에 맞게 변환해 주어야 하는 번거로움이 있다.
- 단순 회귀는 큰 모델이 아니기 때문에 gradient를 직접 계산해서 구현한 코드가 길지 않다. 모델이 커지면 gradient를 직접 계산하는 방식은 선호되지 않는다. 그래서 Tensorflow, Pytorch 같은 Framework를 사용하게 된다.
- 또한 Tensorflow, Pytorch를 사용할 때 좋은 점은 GPU를 활용할 수 있다는 것이다. Numpy는 GPU 연산을 제공하지 않지만 Tensorflow, Pytorch에서는 GPU 연산을 통해 빠른 훈련이 가능하다.

2.4.9 Tensorflow, Pytorch로 Gradient 계산하기

행렬 X, W의 곱 $\widehat{Y} = XW$의 gradient를 구하는 식이 (2.8), (2.9)이다. Tensorflow, Pytorch로 계산했을 때 동일한 결과가 나오는지 확인해 보자. 확인을 위해서 $\frac{\partial L}{\partial \widehat{Y}}$가 주어져 있다고 가정한다. 일반적으로 넘어오는 gradient를 upstream gradient라 부른다. 아래 코드에서는 $\widehat{Y}$를 Y로, $\frac{\partial L}{\partial \widehat{Y}}$은 dY로 표기했다.

코드 2.10: **[Tensorflow, Pytorch]** gradient 계산

```
X0 = np.random.randn(2,3)
W0 = np.random.randn(3,2)
dY0 = np.random.randn(2,2) # upstream gradient
X = torch.tensor(X0,requires_grad=True) # Pytorch tensor로 변환
W = torch.tensor(W0,requires_grad=True)
dY = torch.tensor(dY0)

Y = torch.mm(X,W)
Y.backward(dY)

print(f'Pytorch 결과: \n{X.grad} \n{W.grad}') # torch.mm(dY,W.T), torch.mm(X.T,dY) 와 각각 동일

# Tensorflow로 계산
X = tf.convert_to_tensor(X0) # Tensorflow tensor로 변환
W = tf.convert_to_tensor(W0)
dY = tf.convert_to_tensor(dY0)

with tf.GradientTape() as tape:
    tape.watch([X,W])
    Y = tf.matmul(X,W)

dX,dW = tape.gradient(Y, [X,W],output_gradients=dY) # output_gradients = upstream gradient

print(dX,dW) # Pytorch 결과와 동일
```

- 직접 생성하는 tensor는 default 값이 `requires_grad=False`이다. 그래서 명시적으로 `requires_grad=True`로 설정해 주어야 한다. 이렇게 해야 `backward()`에서 gradient가 계산된다.
- `nn.Linear`같은 API 내부에서 생성되는 tensor(예: weight, bias)는 자동으로 `requires_grad=True`로 설정된다.
- Tensorflow에서 gradient를 계산하기 위해서는 `tf.GradientTape()`를 사용한다. `X,W`가 상수이기 때문에 `watch()`를 통해 gradient를 계산해야 하는 tensor로 지정해야 한다. gradient는 `tape.gradient()`에서 계산한다.
- `X, W`를 만들 때, `tf.Variable(X)`, `tf.Variable(W)`로 생성했다면 변수가 되기 때문에 `watch()`로 지정하지 않아도 된다.

```
XX = tf.Variable(X0)
WW = tf.Variable(W0)

with tf.GradientTape() as tape:
    YY = tf.matmul(XX,WW)

dXX,dWW = tape.gradient(YY, [XX,WW],output_gradients=dY)
print(dXX,dWW)
```

- tape.gradient를 한 번 호출하고 나면, 자동 계산을 위해 저장해 놓은 값들이 지워진다. tape.gradient를 두 번 이상 호출하기 위해서는 persitent=True 옵션을 지정하고 사용이 끝난 tape는 지워주어야 한다.

```
with tf.GradientTape(persistent=True) as tape:
    YY = tf.matmul(XX,WW)

dXX= tape.gradient(YY, XX,output_gradients=dY)
dWW= tape.gradient(YY, WW,output_gradients=dY)
del tape
print(dXX,dWW)
```

딥러닝

제 3 장

Deep Learning

3.1 문제 해결과 가상 데이터

3.1.1 선형회귀 문제 해결 절차

선형회귀 모델로 문제를 해결하기 위한 절차를 정리하면 표(3.1)과 같다.

1	입력 Data 준비	X, Y
2	모델(Model) 수립	$\widehat{Y} = XW + B$
3	Loss 정의	$\frac{1}{N}\|\widehat{Y} - Y\|^2$
4	목표(Loss 최소화)	$\min_W \frac{1}{N}\|\widehat{Y} - Y\|^2 \longleftarrow W$ 찾기

표 3.1: 문제 해결 절차

① Data 준비: 차원이 n 인 입력 데이터가 N 개이면 X 의 shape은 (N, n) 이 되고, target 데이터 Y 의 shape은 $(N, 1)$ 또는 $(N,)$ 이 된다.

② 모델 수립: 모델 weight W 의 shape은 $(n, 1)$ 이 되고, bias B 의 shape은 $(1, 1)$ 또는 $(1,)$ 이 된다. $n = 1$ 인 경우를 단순 선형회귀(simple linear regression) 모형이라 부른다.

③ 손실(Loss) 함수 정의: 지금까지 Loss 함수로 MSE를 사용했다. 손실 함수는 이외에도 여러 가지가 있다. 구조적으로 완전히 다른 Loss 함수가 정의될 수도 있고, 약간의 상수 차이 정도인 것도 있을 수 있다. 우리는 MSE Loss를 사용했는데, N 으로 나누지 않는 경우도 있고, 2로만

나누어주는 경우도 있다.

$$\|\hat{Y} - Y\|^2, \quad \frac{1}{2}\|\hat{Y} - Y\|^2, \quad \frac{1}{N}\|\hat{Y} - Y\|^2, \quad \frac{1}{2N}\|\hat{Y} - Y\|^2$$

2로 나누어주는 이유는 미분했을 때 2가 소거되는 효과를 위해서이다. 곱해진 상수 차이는 구해지는 최적해에 영향을 주지 않는다.

④ 최적화로 파라미터 (parameter) 찾기 : 우리의 모델에서는 W, B가 찾아야 할 파라미터이다. 모델 파라미터라고 하기도 하고, weight라 하기도 한다.

⑤ 하이퍼 파라미터 (Hyper-Parameter): 최적화 과정에서 찾아야 하는 변수가 아니고, 미리 설정해 주어야 하는 값을 말한다. learning rate이 그중 하나이다. 그 외에 미니배치 크기, 학습 횟수 등이 있다. 하이퍼 파라미터를 정할 때에는 많은 경험이 필요하다. 주로 모델을 학습시켜 가면서 경험적으로 조절해야 한다.

3.1.2 비선형 경계 data 분류 (Logistic 회귀)

입력 데이터의 차원이 2차원인 분류 문제 (classification)를 다루어 보자. scikit-learn에서 `make_circles()`, `make_moons()` 등의 API로 가상 데이터를 만들어 낼 수 있다. 그림 (3.1)에서 예시를 보여주고 있다.

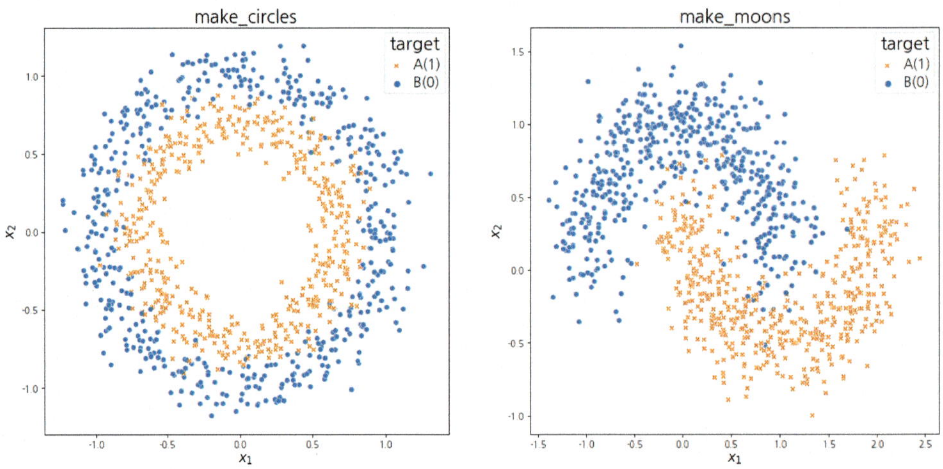

그림 3.1: sklearn 가상 데이터
sklearn.datasets.make_circles, make_moons API로 생성한 가상 data

다음 코드 3.1은 그림 (3.1) 생성을 위한 코드이다.

코드 3.1: circle, moon data 생성

```
from sklearn.datasets import make_circles, make_moons
import pandas as pd
import numpy as np
import seaborn as sns
import matplotlib.pyplot as plt

def generate_data(N, data_type='moon'):
    if data_type == 'moon':
        return make_moons(n_samples = N, random_state=0, noise=0.2) # Numpy Array
    elif data_type == 'circle':
        # factor가 높으면 혼잡도 증가
        return make_circles(n_samples = N,factor=0.7, random_state=0, noise=0.1)
    else:
        print("data typed은 'moon' 또는 'circle' 이어야 합니다.")
        return None,None

N=1000
X_c, Y_c = generate_data(N, 'circle') # shape: (N,2), (N,)
X_m, Y_m = generate_data(N, 'moon') # shape: (N,2), (N,)

data_c = np.concatenate([X_c,Y_c.reshape(-1,1)],axis=-1) # shape: (1000, 3)
data_m = np.concatenate([X_m,Y_m.reshape(-1,1)],axis=-1) # shape: (1000, 3)

plt.figure(figsize=(18,8))
plt.subplot(1,2,1)
df=pd.DataFrame(data=data_c,columns=['x','y','target'])
ax = sns.scatterplot(x='x',y='y',hue='target',style='target',data=df)

ax.legend(title='target', labels=['A(1)', 'B(0)'])
plt.setp(ax.get_legend().get_texts(), fontsize='15') # for legend text
plt.setp(ax.get_legend().get_title(), fontsize='20') # for legend title

plt.xlabel('$x_1$',fontsize=20);plt.ylabel('$x_2$',fontsize=20)
plt.title('make_circles')

plt.subplot(1,2,2)
df=pd.DataFrame(data=data_m,columns=['x','y','target'])
ax = sns.scatterplot(x='x',y='y',hue='target',style='target',data=df)

ax.legend(title='target', labels=['A(1)', 'B(0)'])
plt.setp(ax.get_legend().get_texts(), fontsize='15') # for legend text
plt.setp(ax.get_legend().get_title(), fontsize='20') # for legend title

plt.xlabel('$x_1$',fontsize=20);plt.ylabel('$x_2$',fontsize=20)
plt.title('make_moons')

plt.suptitle('sklearn dataset',fontsize=20)
```

- seaborn package의 scatterplot을 이용하기 위해서 Numpy Array로 생성된 데이터를 Pandas의 DataFrame으로 변환했다.

- `scatterplot()`에서 `hue`는 색을 구분하는 기준이고 `style`은 표식(marker)을 구분하는 기준이다.

그림(3.1)을 살펴보면 데이터 class가 2개[1] 이고, 경계가 원형이나 곡선 모양으로 되어 있다는 것을 확인할 수 있다. 단순 선형회귀 모델로는 분류의 경계가 직선으로 나오기 때문에, 이런 데이터에서는 제대로 된 분류를 할 수가 없다.

해결책으로 2가지 접근 방법이 있다.

① 입력 데이터의 차원이 2이다. 원본 데이터(raw data)를 모델에 적합한 형태(feature, 속성)로 가공하는 작업을 피처 엔지니어링(Feature Engineering)이라고 부른다. 피처 엔지니어링 중에 간단한 방법으로, 주어진 데이터를 가공하여 차원을 늘리는 기법이 있다. 예를 들면, 2개의 입력값을 곱해서 차원을 하나 늘릴 수 있다.

$$(x_1, x_2) \quad \longrightarrow \quad (x_1, x_2, x_1x_2)$$

② 두 번째 방법은 딥러닝 활용이다. 선형회귀 모델은 FC Layer를 1개만 가지고 있는 모델이다. Layer 개수를 여러 개로 늘리면 딥러닝 모델이 된다.

1 class가 2개인 분류 문제를 **이진 분류**(binary classification)라 한다.

3.2 Feature Engineering 기법

우리가 사용할 피처엔지니어링 방법은 아주 단순하다. 원래 가지고 있는 데이터를 서로 곱해서 새로운 피처를 만들어 내는 방법을 사용하고자 한다.

$$(x_1, x_2) \quad \longrightarrow \quad (1, x_1, x_2, x_1^2, x_1x_2, x_2^2)$$

이런 형태의 피처를 Polynomial Feature라고 부른다.

코드 3.2: sklean의 PolynomialFeatures 활용
피처 n개인 데이터에 degree r을 적용하면 중복조합 ${}_{n+1}H_r$ 개의 피처가 생성된다. 1이 있기 때문에 $n+1$이 되었다.

```
from sklearn.preprocessing import PolynomialFeatures
X = [[2,3],[3,4]]
PolynomialFeatures(degree=2,include_bias=True).fit_transform(X)
```

Output:

```
include_bias=True:
array([[ 1.,  2.,  3.,  4.,  6.,  9.],
       [ 1.,  3.,  4.,  9., 12., 16.]])

include_bias=False
array([[ 2.,  3.,  4.,  6.,  9.],
       [ 3.,  4.,  9., 12., 16.]])
```

- 이진 분류 문제이기 때문에 출력값이 확률이 되도록 모델을 구성한다. 확률이 된다는 의미는 값의 범위가 $(0 \sim 1)$이 되도록 하는 것이다. 그룹이 A, B 2개라고 하면, 모델은 **A그룹일 확률**을 예측한다. 0.5를 기준(threshold)으로 할 때 예측 확률이 0.5보다 높으면 A그룹으로 간주하고 0.5보다 낮으면 B그룹으로 간주한다. threshold는 상황에 맞게 조절할 수 있다.
- 출력값이 0과 1 사잇값이 되도록 하기 위해서 FC Layer에 함수를 하나 더 붙여주면 된다. 0과 1 사잇값으로 변환하는 데 많이 사용되는 함수가 sigmoid 함수이다.

$$\sigma(x) = \frac{1}{1+e^{-x}}$$

- Tensorflow에서 FC Layer에 sigmoid 함수를 붙여주는 주는 방법은 다음과 같다.

```
tf.keras.layers.Dense(1,activation='sigmoid')
```

FC Layer 뒤에 붙어서 오는 함수를 activation function(활성 함수 또는 활성화 함수)이라고 부르는데, 앞으로 나올 딥러닝 모델에서는 activation function의 역할이 중요하다. sigmoid

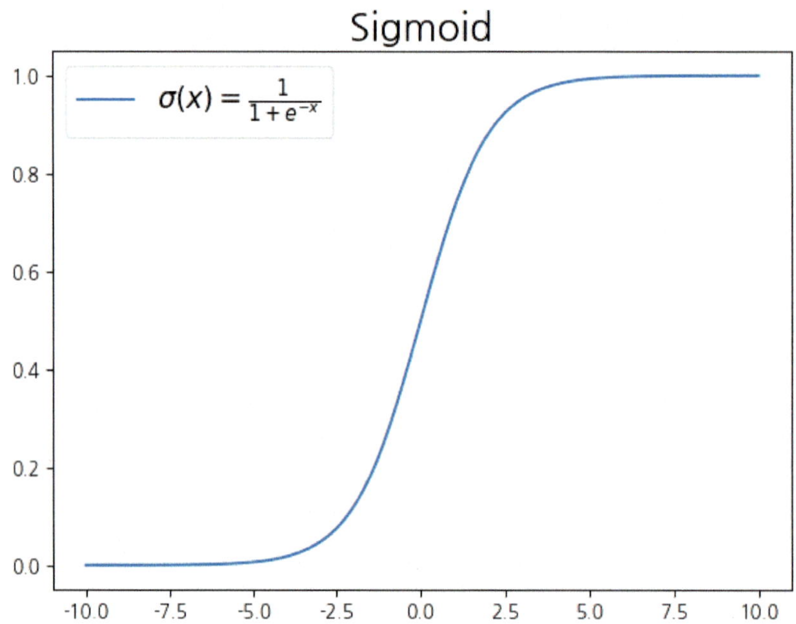

그림 3.2: sigmoid 함수
logistic 함수라 부르기도 한다.

함수 σ 를 activation으로 붙였기 때문에 모델을 수식으로 표현하면 다음과 같다. feature를 늘린 데이터를 X, weight를 W 라고 하면,

$$Z = XW \quad \longrightarrow \quad \widehat{Y} = \sigma(Z) = \sigma(XW) \tag{3.1}$$

행렬 XW 를 sigmoid 함수에 대입한다는 의미는 행렬의 각 원소에 sigmoid 함수를 취한다는 것을 뜻한다. 원소별로 취한다는 것을 element-wise라고 표현한다.

$$\text{예:} \quad \sigma\begin{pmatrix} -0.5 \\ 0 \\ 0.5 \\ 1 \end{pmatrix} = \begin{pmatrix} \sigma(-0.5) \\ \sigma(0) \\ \sigma(0.5) \\ \sigma(1) \end{pmatrix} = \begin{pmatrix} -0.3775 \\ 0.5 \\ 0.6225 \\ 0.7311 \end{pmatrix}$$

- BCE(Binary Cross Entropy) Loss 함수: 분류 문제에서 손실 함수는 MSE와는 다르게 정의된다. 모델의 예측값이 확률이기 때문이다. 정답이 A그룹 ($y = 1$) 이면 확률이 높게, 정답이 B그룹 ($y = 0$) 이면 (A로 예측될) 확률이 낮게 나오도록 해야 한다.

  BCE Loss는 target y 가 1(A그룹) 인 경우와 0(B그룹) 인 경우로 나누어서 정의한다. 모델이 예측한 확률을 x 라고 하자. 그림 (3.3) 의 왼쪽 그래프를 설명해 보자. target $y = 1$ 일 때 $-\log x$ 가 최소화된다는 것은 확률 x 가 1에 가까워진다는 것을 의미한다. 만약 x 가 0에 가까워진다면 $-\log x$ 값은 아주 크게 증가한다.

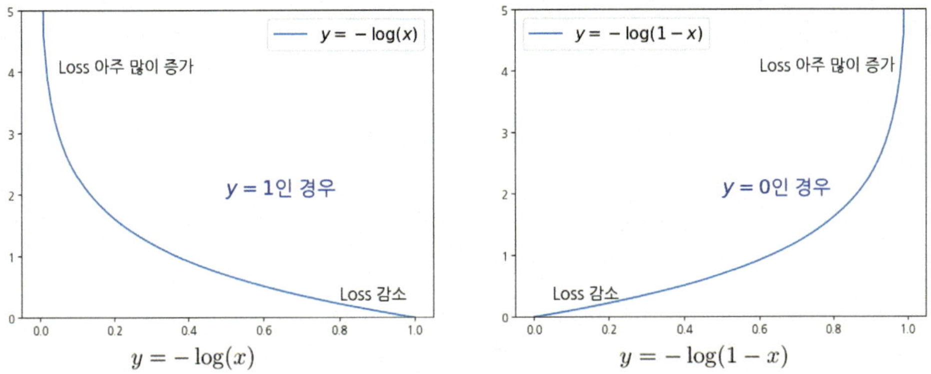

그림 3.3: Binary Cross Entropy(BCE) Loss
$y = 1$ 이면 정답이 A그룹, $y = 0$ 이면 정답이 B그룹이다.

이제 그림 (3.3)의 오른쪽 그래프를 설명해 보자. 대칭적인 방법으로 target $y = 0$ 인 경우에는 $-\log(1-x)$로 Loss를 정의한다. x가 0에 가깝게 작아질수록 loss 값은 감소하고 1에 가깝게 커질수록 loss 값은 증가한다.

BCE Loss 함수를 정리하면 다음과 같다.

$$\mathrm{BCE}(x) = \begin{cases} -\log x & y = 1\text{인 경우} \\ -\log(1-x) & y = 0\text{인 경우} \end{cases}$$

이진 분류에서 y는 0 또는 1인 경우만 있기 때문에 2가지 경우를 결합해서 다음과 같이 하나로 표현할 수 있다.

$$\mathrm{BCE}(x) \quad = \quad -y\log x - (1-y)\log(1-x) \tag{3.2}$$

- 지금까지 설명한 모델은 선형회귀에 sigmoid 함수를 결합한 모델이다. 이렇게 선형회귀와 sigmoid 함수를 결합한 모델을 Logistic Regression 모델이라 한다.

다음 코드는 sigmoid 함수와 BCE Loss를 Numpy로 구현한 것이다.

코드 3.3: [**Numpy**] BCE Loss에서 log값을 계산할 때 수치적인 계산 안정성을 위해 작은 값인 epsilon을 더한다.

```
def sigmoid(x):
    # x: Numpy Array
    return 1/(1+np.exp(-x))
def bce(y_hat,y):
    #y_hat: probability, y: target --> shape: (N,)
    epsilon = 1e-07
    loss = -y*np.log(y_hat+epsilon) - (1-y)*np.log(1-y_hat+epsilon)
    return loss.mean()
```

다음은 Tensorflow, Pytorch의 BCE Loss API들이다. class로 된 API와 함수로 된 API가 각각 제공되고 있다.

```
tf.keras.losses.BinaryCrossentropy(from_logits=False)  # class

# function, element-wise, not mean
tf.nn.sigmoid_cross_entropy_with_logits()

torch.nn.BCELoss() # class
torch.nn.BCEWithLogitsLoss() # class

# function. input(probability)
torch.nn.functional.binary_cross_entropy(input, target)
```

- `BCELoss()`, `BCEWithLogitsLoss()`에 넘겨지는 target label은 float32 또는 float64형 Tensor 여야 한다.

다음은 BCE Loss를 계산하는 코드이다.

코드 3.4: **[Numpy, Tensorflow, Pytorch]** BCE Loss 계산

```
batch_size = 5
y_pred = np.random.randn(batch_size) # logits

true_label_prob = True
if true_label_prob:
    y_true = np.random.rand(batch_size) # 0-1 사잇값의 확률
else:
    y_true = np.random.randint(2,size=batch_size) # 0 또는 1

print(sigmoid(y_pred), y_true)
bce(sigmoid(y_pred),y_true)

# Numpy
print(bce(sigmoid(y_pred),y_true))

# Tensorflow
bce_loss1 = tf.keras.losses.BinaryCrossentropy(from_logits=True)
bce_loss2 = tf.keras.losses.BinaryCrossentropy(from_logits=False)

print(bce_loss1(y_true,y_pred))
print(bce_loss2(y_true,tf.sigmoid(y_pred)))
print(tf.reduce_mean(tf.nn.sigmoid_cross_entropy_with_logits(y_true.astype(np.float64),y_pred)))

# Pytorch
bce_loss3 = torch.nn.BCEWithLogitsLoss()
bce_loss4 = torch.nn.BCELoss()
yy_true = torch.Tensor(y_true) # float32
```

```
yy_pred = torch.Tensor(y_pred) # float32
print(bce_loss3(yy_pred,yy_true))
print(bce_loss4(torch.sigmoid(yy_pred),yy_true))
print(torch.nn.functional.binary_cross_entropy(torch.sigmoid(yy_pred),yy_true))
```

- Tensorflow API는 `(y_true, y_pred)` 순서로 입력되는 반면, Pytorch는 `(y_pred, y_true)` 순서로 입력된다.
- logits는 activation function인 sigmoid 함수를 취하기 전 Tensor를 의미한다. sigmoid를 취해서 확률이 된다.
- `y_true`는 0 또는 1의 값을 가지는 것이 기본이지만, 0과 1 사잇값을 가지는 Tensor도 가능하다. 코드에서 `true_label_prob`를 True 또는 False로 바꿔서 테스트해 볼 수 있다.

Output:

```
0.8479641340605589

tf.Tensor(0.847964346408844, shape=(), dtype=float64)
tf.Tensor(0.8479641079902649, shape=(), dtype=float64)
tf.Tensor(0.8479643733466036, shape=(), dtype=float64)

tensor(0.8480)
tensor(0.8480)
tensor(0.8480)
```

3.2.1 Backward-Propagation

식 (3.1)에서 알 수 있듯이 우리의 logistic regression 모델은 sigmoid와 BCE Loss가 결합된 형태이다. sigmoid와 BCE Loss에 대한 gradient 계산을 위해 1변수에서의 미분을 살펴본 후, 우리가 다루고 있는 행렬에서의 미분으로 확장해 보자.

$y(\in \mathbb{R})$를 target 값, $z(\in \mathbb{R})$를 sigmoid 함수 σ를 취하지 않은 모델의 예측값이라 하자. z 같이 activation function을 취하기 전의 값을 logit이라고 부른다. 식 (3.2)에 의해 BCE Loss L_s은 다음과 같다.

$$L_s = -y\log(\sigma(z)) - (1-y)\log(1-\sigma(z))$$

L_s 을 미분하기 전에 sigmoid 함수 σ 의 미분을 먼저 구해보자.

$$\begin{aligned}
\sigma'(z) &= \frac{-e^{-z}}{(1+e^{-z})^2} \\
&= \frac{1}{1+e^{-z}} \frac{-e^{-z}}{1+e^{-z}} \\
&= \frac{1}{1+e^{-z}}\left(1 - \frac{1}{1+e^{-z}}\right) \\
&= \sigma(z)\big(1-\sigma(z)\big) \qquad (3.3)
\end{aligned}$$

sigmoid 미분을 이용해서 L_s 을 다음과 같이 미분할 수 있다.

$$\begin{aligned}
\frac{\partial L_s}{\partial z} &= -y\frac{1}{\sigma(z)}\sigma(z)\big(1-\sigma(z)\big) + (1-y)\frac{1}{1-\sigma(z)}\sigma(z)\big(1-\sigma(z)\big) \\
&= -y\big(1-\sigma(z)\big) + (1-y)\sigma(z) \\
&= \sigma(z) - y \qquad (3.4)
\end{aligned}$$

이제 행렬로 확장해 보자. N 개 입력 데이터 $X : (N \times n)$, taget 데이터 $Y : (N \times 1)$, weight $W : (n \times 1)$ 가 주어져 있다고 하면,

$$XW = Z = \begin{pmatrix} z_1 \\ z_2 \\ \vdots \\ z_N \end{pmatrix}, \quad \widehat{Y} = \begin{pmatrix} \hat{y}_1 \\ \hat{y}_2 \\ \vdots \\ \hat{y}_N \end{pmatrix} = \begin{pmatrix} \sigma(z_1) \\ \sigma(z_2) \\ \vdots \\ \sigma(z_N) \end{pmatrix}, \quad Y = \begin{pmatrix} y_1 \\ y_2 \\ \vdots \\ y_N \end{pmatrix}, \quad y_i \in \{0,1\}$$

전체 데이터의 BCE Loss는 각각의 BCE Loss의 평균값이다. 따라서

$$\begin{aligned}
L &= \frac{1}{N}\sum_{i=1}^{N}\Big[-y_i\log(\sigma(z_i)) - (1-y_i)\log(1-\sigma(z_i))\Big], \\
\frac{\partial L}{\partial z_i} &= \frac{1}{N}\Big(\sigma(z_i) - y_i\Big), \quad i = 1, 2, \cdots, N \qquad \leftarrow \text{식 (3.4)에 의해} \\
\frac{\partial L}{\partial Z} &= \begin{pmatrix} \frac{\partial L}{\partial z_1} \\ \frac{\partial L}{\partial z_2} \\ \vdots \\ \frac{\partial L}{\partial z_N} \end{pmatrix} = \frac{1}{N}\begin{pmatrix} \sigma(z_1) - y_1 \\ \sigma(z_2) - y_2 \\ \vdots \\ \sigma(z_N) - y_N \end{pmatrix} = \frac{1}{N}\begin{pmatrix} \hat{y}_1 - y_1 \\ \hat{y}_2 - y_2 \\ \vdots \\ \hat{y}_N - y_N \end{pmatrix} = \frac{1}{N}(\widehat{Y} - Y)
\end{aligned}$$

이렇게 구한 $\frac{\partial L}{\partial Z}$ 을 upstream gradient로 해서, W 의 gradient는 식 (2.8)에 의해

$$\frac{\partial L}{\partial W} = X^T\frac{\partial L}{\partial Z}$$

참고로 식 (3.4)를 경사하강법 관점에서 해석해보자. learning rate을 $\alpha(>0)$ 라고 했을 때, z 에 경사하강법을 적용한다고 해보자.

$$z \longleftarrow z - \alpha\Big(\sigma(z) - y\Big)$$

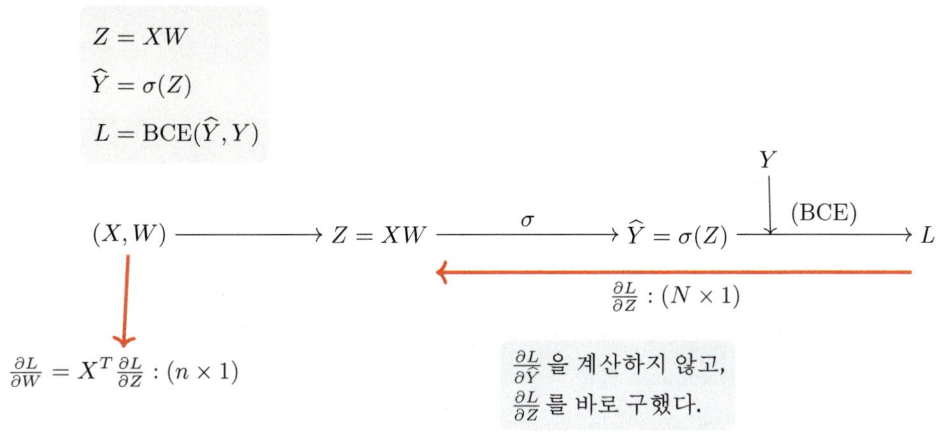

그림 3.4: Logistic 회귀 모델의 gradient

식(2.8)에 의해, $\frac{\partial L}{\partial W} = X^T \frac{\partial L}{\partial Z}$

$y = 1$인 경우와 $y = 0$인 경우로 나누어 생각해보자.

- $y = 1$인 경우: $\sigma(z) - y = \sigma(z) - 1 < 0$이 된다. z에는 양수가 더해져서 값이 더 커지게 된다. z가 커진다는 것은 $\sigma(z)$도 커져서 예측 확률이 높아지게 된다.
- $y = 0$인 경우: $\sigma(z) - y = \sigma(z) > 0$이 된다. z에 양수를 빼는 형식이 되어 z의 값은 작아지게 된다. z가 작아지면 $\sigma(z)$도 작아져서 예측 확률은 0에 좀 더 가까워지게 된다.

3.2.2 Hadamard Product

같은 크기의 두 개의 행렬 A, B가 주어져 있을 때, 두 행렬의 대응되는 원소끼리 곱(element-wise product)하는 것을 아다마르 곱(Hadamard product)이라 한다. Hadamard 곱은 $A \circ B$로 표시한다[2].

- 예:
$$\begin{pmatrix} a_{11} & a_{12} & a_{13} \\ a_{21} & a_{22} & a_{23} \end{pmatrix} \circ \begin{pmatrix} b_{11} & b_{12} & b_{13} \\ b_{21} & b_{22} & b_{23} \end{pmatrix} = \begin{pmatrix} a_{11}b_{11} & a_{12}b_{12} & a_{13}b_{13} \\ a_{21}b_{21} & a_{22}b_{22} & a_{23}b_{23} \end{pmatrix}$$
- Python의 Numpy array에서 `*`는 Hadamard 곱이다.

```
A = np.array([[1,2,3],[4,5,6]])
B = np.array([[10,10,10],[100,100,100]])
A*B
```

2 $\odot$로 표시하기도 한다.

Output:

```
array([[ 10,  20,  30],
       [400, 500, 600]])
```

- 크기 $(k \times l)$ 인 행렬 Z가 주어져 있다고 하자. Z를 sigmoid 함수에 넣으면 원소별로 sigmoid 함수가 적용된다. 따라서 $\sigma(Z)$도 같은 크기인 $(k \times l)$ 행렬이다. Z의 gradient는 sigmoid 미분 공식인 식(3.3)을 원소별로 적용한 것이 된다. 따라서

$$dZ = \sigma(Z) \circ \big(1 - \sigma(Z)\big)$$

그런데 문제는 이 Hadamard 곱을 다음과 같이 명확(explicit)하게 표기하지 않는다는 것이다.

$$dZ = \sigma(Z)\big(1 - \sigma(Z)\big)$$

문맥상 Hadamard 곱으로 해석해야 하는 경우가 많아 행렬곱인지 Hadamard 곱인지 상황에 맞게 이해해야 한다.

3.2.3 Numpy로 구현

코드 3.5에서 Logistic Regression 모델을 class `ModelLogisticRegression`로 구현했다.

코드 3.5: [**Numpy**] Logistic Regression 모델

```
from sklearn.preprocessing import PolynomialFeatures

class ModelLogisticRegression:
    def __init__(self,input_dim):
        self.W = np.random.randn(input_dim)
    def __call__(self,X):
        return sigmoid(X.dot(self.W))
    def update_weight(self,dW,lr):
        self.W -= lr*dW

learning_rate = 0.01
n_epochs = 50000

N= 1000
X, Y = generate_data(N, 'moon') # (N,2), (N,)

polynomial_degree = 10
XX = PolynomialFeatures(degree=polynomial_degree,include_bias=True).fit_transform(X)
input_dim = XX.shape[1]
model_np = ModelLogisticRegression(input_dim)

Loss_all = []
for i in range(n_epochs):
    Y_hat = model_np(XX)
    Loss = bce(Y_hat,Y)
    Loss_all.append(Loss)

    dZ = (Y_hat - Y)/N
    dW = XX.T.dot(dZ)
    model_np.update_weight(dW,learning_rate)

    if i%1000==0:
        print(f'{i}/{n_epochs}: loss = {Loss}')

Y_pred = np.where(Y_hat > 0.5,1,0)
acc = (Y_pred == Y).mean() # Train Accuracy
print(f'Train Accuracy: {acc}')
```

$$\frac{\partial L}{\partial Z} = \frac{1}{N}(\hat{Y} - Y)$$

$$\frac{\partial L}{\partial W} = X^T \frac{\partial L}{\partial Z}$$

Output:

```
0/50000: loss = 3.052118200881653
1000/50000: loss = 0.4011171312151624
...
48000/50000: loss = 0.10397928926995159
49000/50000: loss = 0.10365614493901992
Train Accuracy: 0.963
```

- `sigmoid()`, `bce()` 함수 구현은 코드 3.3에 있다.

코드 3.6: 결과 확인을 위한 코드

```
def plot_prediction(X_origin,X_model,Y,model, title):
    '''
    X_origin: orgin data,
    X_model: model input
    '''
    prediction = np.where(model(X_model)>0.5,1,0).reshape(-1)

    df_pred=pd.DataFrame(data=np.c_[X_origin,Y, prediction],columns=['x','y','label','prediction'])
    df_pred['correct'] = df_pred['label'] == df_pred['prediction'] # True/False

    plt.figure(figsize=(18,8))
    plt.subplot(1,2,1)
    ax = sns.scatterplot(x='x',
                y='y',
                hue='label', # different colors by group
                s=50, # marker size
                data=df_pred)
    ax.legend(title='Group', labels=['A', 'B'])
    plt.title('data')

    plt.subplot(1,2,2)
    sns.scatterplot(x='x',
                y='y',
                hue='prediction', # different colors by group
                style='correct', # different shapes by group
                s=50, # marker size
                markers = ['X', 'o'],
                data=df_pred)
    plt.title('model prediction')
    plt.suptitle(title,fontsize=20)

plot_prediction(X,XX,Y,model_np, "Polynomial Feature 추가 모델(from scratch)")
```

- `np.where()`로 모델 예측값이 0.5를 초과하는지에 따라 class를 나누었다.

- `np.c_()`는 column을 병합하는 API이다.

- 모델이 잘 예측한 것과 잘못 예측한 것을 구분하기 위해 True/False로 `df_pred['correct']`를 생성했다.

- `scatterplot()`에서 `markers = ['X', 'o']`로 지정했다. seaborn `scatterplot()`에서 가능한 marker는 다음과 같다[3].

```
[',', '.', 'o', 'v', '^', '<', '>', '8', 's', 'p', '*', 'h', 'H', 'D', 'd',
     'P', 'X']
```

3 https://matplotlib.org/stable/api/markers_api.html

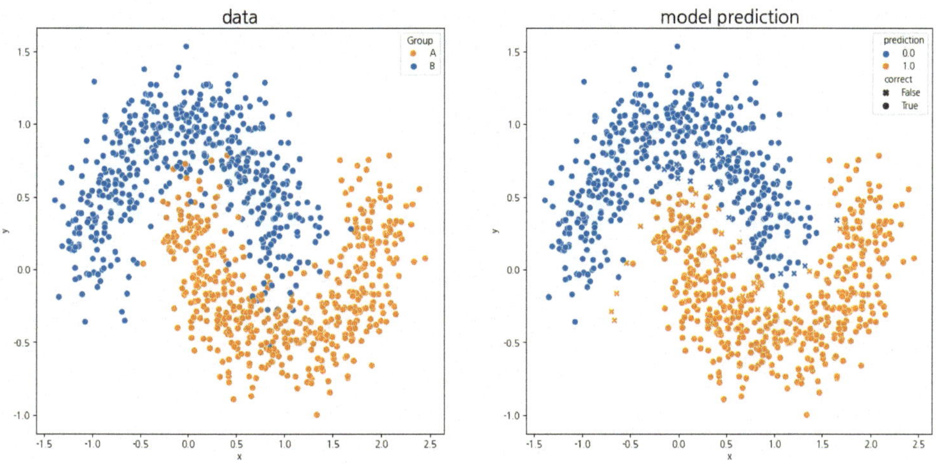

그림 3.5: Polynomial Feature 추가 모델(from scratch)
왼쪽은 데이터, 오른쪽은 모델로 예측한 결과이다. 두 그룹의 경계 부분에 '×'로 표시된 잘못 예측한 점들이 보인다.

다음 코드는 영역에서 2개 class의 분류 경계를 그리는 코드이다. 분류의 경계선을 **결정 경계**(decision boundary)라고 부른다.

코드 3.7: 모델이 예측한 결과를 영역으로 나누어 표시. grid을 생성한 후, plt.contour()를 이용한다.

```
def plot_decision_boundary(X,Y,pred_func,polynomial_degree=0,include_bias=False,torch_model=False,
                           logit_flag=False,device='cpu'):
    # 입력 데이터의 값 범위
    x_min, x_max = X[:, 0].min() - .2, X[:, 0].max() + .2
    y_min, y_max = X[:, 1].min() - .2, X[:, 1].max() + .2
    h = 0.02
    # Grid 생성
    xx, yy = np.meshgrid(np.arange(x_min, x_max, h), np.arange(y_min, y_max, h))

    # 생성된 Grid 값을 모델에 넣기 위해 Feature 추가
    if polynomial_degree:
        grid_data = PolynomialFeatures(degree=polynomial_degree,include_bias=include_bias)
                                    .fit_transform(np.c_[xx.ravel(), yy.ravel()])
    else:
        grid_data = np.c_[xx.ravel(), yy.ravel()]

    if torch_model:
        grid_data = torch.Tensor(grid_data).to(device)
        Z = np.array(pred_func(grid_data).detach())
    else:
        Z = np.array(pred_func(grid_data))

    threshold = 0 if logit_flag else 0.5
    Z = np.where(Z > threshold,1,0)
    Z = Z.reshape(xx.shape)

    plt.figure(figsize=(10, 10))
    plt.contour(xx, yy, Z)
```

```
    df = pd.DataFrame(data=np.c_[X,Y],columns=['x','y','target'])
    ax = sns.scatterplot(x='x',y='y',hue='target',style='target',data=df)
    ax.legend(title='Group', labels=['A', 'B'])

plot_decision_boundary(X,Y,model_np,polynomial_degree,include_bias=True)
```

- `plot_decision_boundary()`는 결정 경계를 만들어 내는 함수이다. 이 함수에는 앞으로 구현할 딥러닝 모델과 Tensorflow, Pytorch 구현에서도 사용하기 위한 몇 가지 argument가 있다.
  - `polynomial_degree`: 격자로 생성한 데이터도 polynomial feature를 생성해야 모델에 넘길 수 있다.
  - `torch_model`는 Pytorch로 구현된 모델 여부에 따라 `True/False`를 넘겨주면 된다. Pytorch 모델에서는 데이터를 Pytorch Tensor로 변환해 주어야 하기 때문이다.
  - `logit_flag`는 모델의 예측이 sigmoid를 취하지 않은 logit 값인지, 아니면 sigmoid를 취한 확률값인지 여부를 나타낸다. `True/False`에 따라 class 분류를 위한 threshold가 0 또는 0.5가 된다.
- 결정 경계를 구하기 위해 주어진 영역을 격자(grid)로 촘촘하게 나눈다. grid의 x, y 좌표는 `np.meshgrid()`로 생성하면 된다. 그림 (3.6)에서 `np.meshgrid()`가 어떻게 동작하는지 보여주고 있다.
- 모두 grid의 좌푯값을 모델에 넣어, 분류 결과를 `Z`에 저장했다.
- gird 좌표 `xx`, `yy`와 `Z`를 이용해서 matplotlib의 `contour`로 결정 경계를 그리면 된다. `plt.contour()`는 윤곽이나 등고선을 그리는 API이다. `Z`값이 0 또는 1로 되어 있기 때문에 `plt.contour()`는 영역의 경계선을 그려준다.
- 모델에 의해 구해진 결정 경계는 그림 (3.7)에서 확인할 수 있다.

```
x = np.linspace(-2., 2.,5) # (5,)
y = np.linspace(0.,2.,10) # (11,)
X,Y = np.meshgrid(x,y)     # X(x좌표만) Y(y좌표만) → 각각 shape (11, 5) = (y크기, x크기)
XX = np.array([X.ravel(), Y.ravel()]).T  # (2,55) → transpose → (55,2)

XX1 = np.c_[X.ravel(), Y.ravel()] # (55,2)
```

```
array([[-2., -1.,  0.,  1.,  2.],
       [-2., -1.,  0.,  1.,  2.],
       [-2., -1.,  0.,  1.,  2.],
       [-2., -1.,  0.,  1.,  2.],
       [-2., -1.,  0.,  1.,  2.],
       [-2., -1.,  0.,  1.,  2.],
       [-2., -1.,  0.,  1.,  2.],
       [-2., -1.,  0.,  1.,  2.],
       [-2., -1.,  0.,  1.,  2.],
       [-2., -1.,  0.,  1.,  2.],
       [-2., -1.,  0.,  1.,  2.]])
        X: (11,5)
```

```
array([[0. , 0. , 0. , 0. , 0. ],
       [0.2, 0.2, 0.2, 0.2, 0.2],
       [0.4, 0.4, 0.4, 0.4, 0.4],
       [0.6, 0.6, 0.6, 0.6, 0.6],
       [0.8, 0.8, 0.8, 0.8, 0.8],
       [1. , 1. , 1. , 1. , 1. ],
       [1.2, 1.2, 1.2, 1.2, 1.2],
       [1.4, 1.4, 1.4, 1.4, 1.4],
       [1.6, 1.6, 1.6, 1.6, 1.6],
       [1.8, 1.8, 1.8, 1.8, 1.8],
       [2. , 2. , 2. , 2. , 2. ]])
        Y: (11,5)
```

```
array([[-2. ,  0. ],
       [-1. ,  0. ],
       [ 0. ,  0. ],
       [ 1. ,  0. ],
       [ 2. ,  0. ],
       [-2. ,  0.2],
       [-1. ,  0.2],
       [ 0. ,  0.2],
       [ 1. ,  0.2],
       ...
        XX: (55,2)
```

그림 3.6: Numpy meshgrid
XX와 XX1은 동일하다.

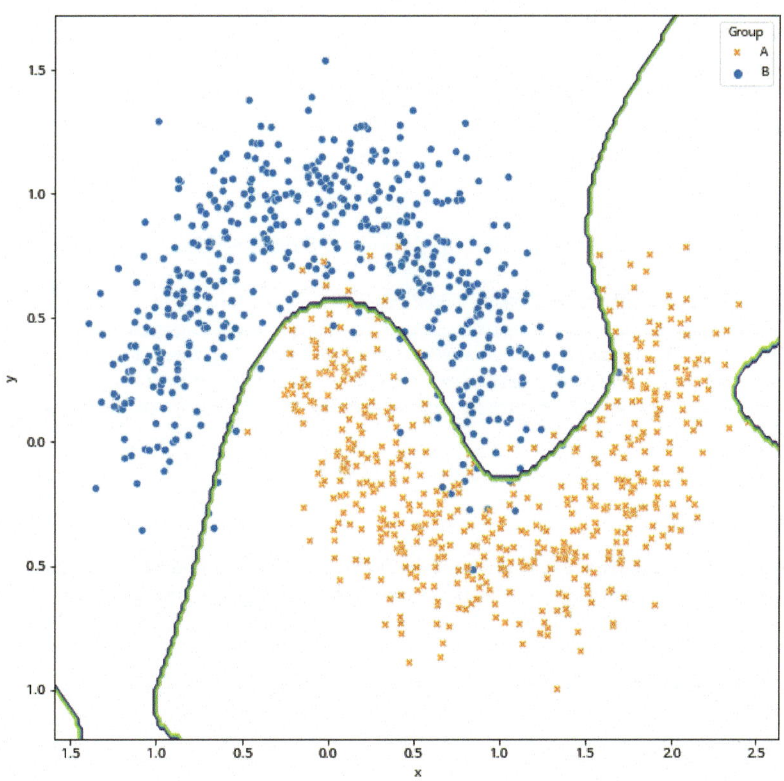

그림 3.7: Numpy로 구현한 모델의 Decision Boundary(결정 경계)

3.2.4 Tensorflow로 구현

Logistic Regression Model을 Tensorflow로 구현해 보자.

코드 3.8: [**Tensorflow**] Logistic Regression 모델

```
np.random.seed(100); tf.random.set_seed(100)

N= 1000
X, Y = generate_data(N, 'moon') # (N,2), (N,)

learning_rate = 0.01
n_epochs = 50000
polynomial_degree = 10

XX = PolynomialFeatures(degree=polynomial_degree,include_bias=False).fit_transform(X) # (N,65)

model_tf = tf.keras.Sequential(tf.keras.layers.Dense(1,activation='sigmoid'))
optimizer = tf.keras.optimizers.SGD(learning_rate=learning_rate)
model_tf.compile(optimizer,loss='bce',metrics=['accuracy'])

history = model_tf.fit(XX,Y,batch_size=N,epochs=n_epochs,verbose=0)

print(f"loss: {history.history['loss'][-1]}, acc: {history.history['accuracy'][-1]}")

plot_decision_boundary(X,Y,model_tf,polynomial_degree) # decision boundary
```

- `fit`에 `loss='bce'`로 하면 내부에서 Loss 함수로 `tf.keras.losses.BinaryCrossentropy(from_logits=False)`가 사용된다.
- 명시적으로 loss function을 생성해서 넘겨도 된다.

```
loss_fn = tf.keras.losses.BinaryCrossentropy(from_logits=False)
model_tf.compile(optimizer,loss=loss_fn,metrics=['accuracy'])
```

- 모델이 activation function sigmoid 없이 logit 값을 생성하는 구조라면 loss function을 다음과 같이 만들면 된다.

```
model_tf = tf.keras.Sequential(tf.keras.layers.Dense(1,activation=None))
loss_fn = tf.keras.losses.BinaryCrossentropy(from_logits=True)
```

- 모델 출력의 shape은 $(N, 1)$ 이지만, target data인 `Y`의 shape은 $(N,)$ 또는 $(N, 1)$ 모두 허용된다[4].

---

4 `tf.keras.losses.BinaryCrossentropy` API에서는 `y_true`,`y_pred`의 shape이 일치해야 한다. $(N, 1)$ 이거나 $(N,)$ 으로 서로 같은 shape을 가지면 된다.

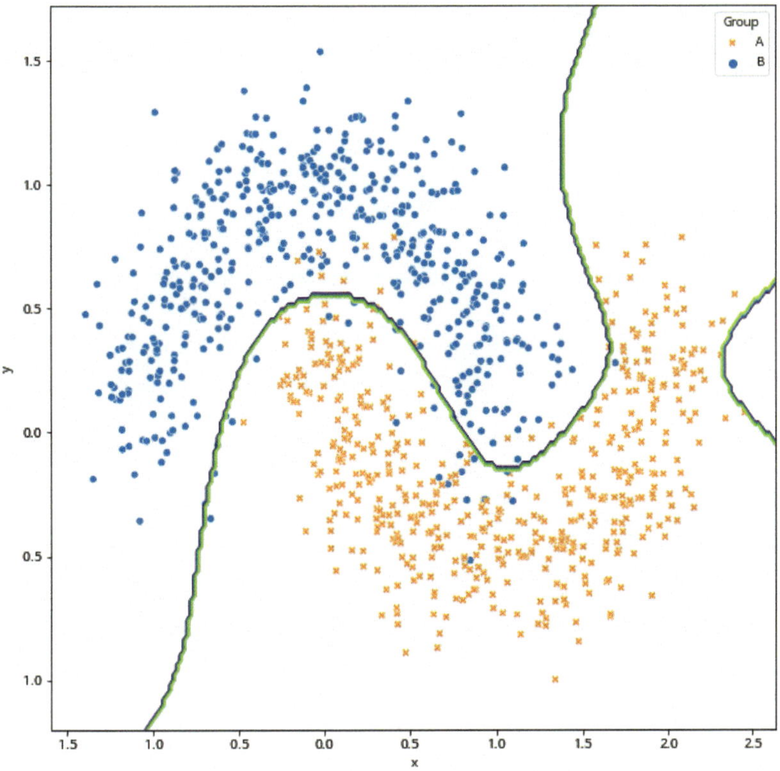

그림 3.8: Tensorflow로 구현한 모델의 Decision Boundary(결정 경계)

3.2.5 Pytorch로 구현

마지막으로 Logistic Regression Model을 Pytorch로 구현해 보자.

코드 3.9: **[Pytorch]** Logistic Regression 모델

```
seed = 100; np.random.seed(seed); torch_reset_seed(seed)
device = torch.device('cuda' if torch.cuda.is_available() else 'cpu')
print(device)

N= 1000
X, Y = generate_data(N, 'moon') # (N,2), Y(N,)

polynomial_degree = 10
X_ = PolynomialFeatures(degree=polynomial_degree,include_bias=False).fit_transform(X)
    # (N,65)

learning_rate = 0.1
n_epochs = 50000

```

```
XX = torch.Tensor(X_).to(device) # float32
YY = torch.Tensor(Y).to(device) # float32
in_features = XX.shape[-1]

logit_flag = True
if logit_flag:
    model_torch = torch.nn.Sequential(torch.nn.Linear(in_features,1))
    loss_fn = torch.nn.BCEWithLogitsLoss()
else:
    model_torch =
        torch.nn.Sequential(torch.nn.Linear(in_features,1),torch.nn.Sigmoid())
    loss_fn = torch.nn.BCELoss()

model_torch.to(device)
optimizer = torch.optim.SGD(model_torch.parameters(), lr=learning_rate)

Loss_all = []
model_torch.train() # train mode 변환
for i in range(n_epochs):
    optimizer.zero_grad()
    Y_hat = model_torch(XX)
    Loss = loss_fn(Y_hat.reshape(-1),YY)
    Loss_all.append(Loss.item())
    Loss.backward()
    optimizer.step()
    if i%5000==0:
        print(f'{i}/{n_epochs}: loss = {Loss.item()}')

threshold = 0 if logit_flag else 0.5
Y_pred = np.where(Y_hat > threshold,1,0).reshape(-1)

acc = (Y_pred == Y).mean() # Train Accuracy
print(f'Train Accuracy: {acc}')
```

- `torch.nn.BCELoss()`에는 Float Tensor가 넘어가야 한다. 정수형 Tensor가 넘어가면 안 된다. `torch.Tensor()`로 float32로 변환했다.

- `torch.nn.BCELoss()`보다 `torch.nn.BCEWithLogitsLoss()`가 계산의 효율성은 더 높다. model에서 sigmoid를 제거하고 `torch.nn.BCEWithLogitsLoss()`를 사용할 수 있다. 이렇게 구현했을 때는 모델에서 sigmoid를 취하지 않았기 때문에 모델의 예측값을 확률로 변환하기 위해 sigmoid를 취해 주어야 한다.

- sigmoid를 취한 값은 확률이기 때문에 threshold로 0.5를 사용했다. sigmoid를 취하지 않은 logit 값인 경우에는 threshold로 0을 사용했다.

```
0/50000: loss = 2.4493114948272705
5000/50000: loss = 0.3938543498516083
10000/50000: loss = 0.38843873143196106
15000/50000: loss = 0.3851826786994934
20000/50000: loss = 0.38296324014663696
25000/50000: loss = 0.38134440779685974
30000/50000: loss = 0.3801013231277466
35000/50000: loss = 0.2888447344303131
40000/50000: loss = 0.1881190985441208
45000/50000: loss = 0.18363210558891296
Train Accuracy: 0.97
```

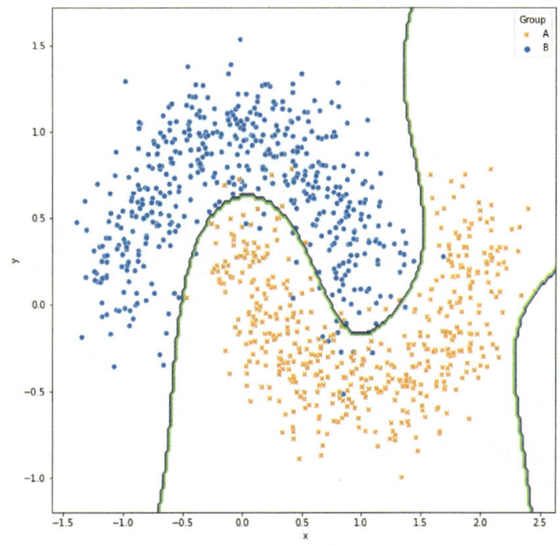

그림 3.9: Pytorch로 구현한 모델의 Decision Boundary(결정 경계)

3.3 딥러닝으로 해결하기

3.2절에서는 Polynomial Feature를 추가하여 비선형 경계를 가진 이진 분류 문제를 해결했다. 이번 절에서는 Feature를 추가하지 않고, 딥러닝으로 문제를 해결해 보자.

지금까지 FC Layer를 1개만 사용한 모델을 다루었다. 1개의 FC만 사용했기 때문에 1단(층 또는 layer) 모델이다. 딥러닝 모델은 FC Layer를 여러 개 사용하는 것을 말한다. 딥(deep)하다는 의미는 layer를 아주 깊게 쌓았다는 의미에서 나왔다. layer를 많이 쌓기만 하면 기본적인 딥러닝 모델이 된다. FC layler가 인공신경망(Neural Network)의 기본적인 layer이므로 딥러닝 모델과 인공신경망은 거의 같은 의미로 사용된다. 딥(deep)을 강조하는 측면에서 심층 인공신경망(DNN, Deep Neural Network)이라고 하기도 한다.

3.3.1 왜 비선형 활성 함수가 필요한가?

FC Layer는 행렬곱으로 정의된다. FC Layer가 여러 개 있는 모델에서는 weight 행렬을 1개만 곱하는 게 아니라 여러 개를 곱하는 다음과 같은 구조가 된다.

$$X \to XW_1 \to XW_1W_2 \to XW_1W_2W_3 \to \cdots \to XW_1W_2W_3\cdots W_n$$

그런데 행렬의 곱은 결합법칙이 성립하므로, 뒷부분을 먼저 곱해도 된다.

$$XW_1W_2W_3\cdots W_n = X\Big(W_1W_2W_3\cdots W_n\Big)$$

여기서 $W_1W_2W_3\cdots W_n$를 하나의 weight 행렬 W로 표시한다면,

$$X\Big(W_1W_2W_3\cdots W_n\Big) = XW$$

로 되어 weight 행렬을 여러 개 곱해도 결과적으로 1개만 곱한 것과 동일한 효과밖에 나지 않는다. 그래서 weight 행렬곱 사이에 비선형 함수를 끼워 넣는 구조를 고안하게 된다.

$$\begin{aligned} X &\longrightarrow f_1(XW_1) \longrightarrow f_2(f_1(XW_1)W_2) \longrightarrow f_3\Big(f_2\big(f_1(XW_1)W_2\big)W_3\Big) \\ &\longrightarrow \cdots \longrightarrow f_n\Big(\cdots f_3\Big(f_2\big(f_1(XW_1)W_2\big)W_3\Big)\cdots W_n\Big) \end{aligned}$$

사이 사이에 끼워넣는 비선형 함수를 활성(화) 함수(Activation Function)라 부른다[5]. 대표적인 활성 함수로 sigmoid가 있다. 이 sigmoid보다 더 많이 사용되는 함수가 있는데 바로 Relu(Rectified

5 활성 함수는 3.8절에서 자세히 다룬다.

Linear Unit)[6] 함수이다. Relu의 수식은 다음과 같으며 그래프는 그림(3.10)에 있다.

$$\text{Relu}(x) = \max(x, 0) = \begin{cases} x & x \geq 0\text{인 경우} \\ 0 & x < 0\text{인 경우} \end{cases}$$

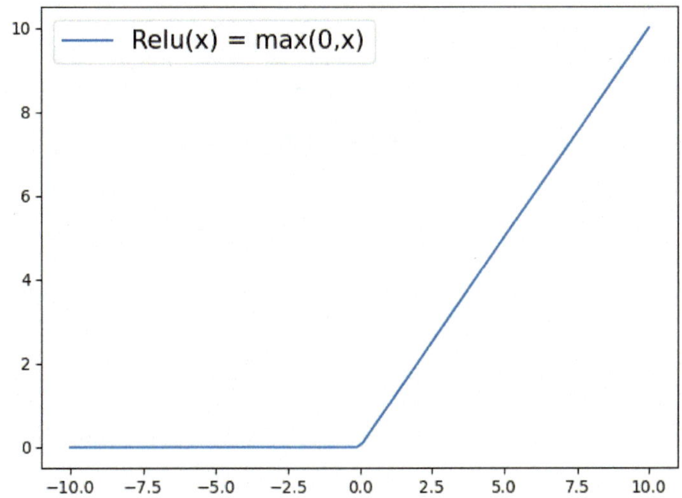

그림 3.10: Relu 함수

실제 Relu함수에 넘어가는 x값이 숫자 1개인 경우도 있지만, 배열이나 행렬인 경우가 대부분이다. 이런 경우에 Relu 함수는 x의 원소별(element-wise)로 적용된다. Relu가 많이 사용되는 이유는 Backward-Propagation에서 Gradient Vanishing(기울기 소실) 문제를 완화시켜주기 때문이다. Gradient Vanishing에 대한 설명은 부록 A.3절에 있다.

코드 3.10: **[Numpy]** 원소별 적용을 위해, Numpy의 maximum을 사용했다.

```
def relu(x):
    return np.maximum(x,0)

relu([-2,-1,3])
```

Output:

```
array([0, 0, 3])
```

6 rectified는 '정류한'이라는 뜻이다.

Tensorflow, Pytorch의 Relu API는 다음과 같다.

```
tf.keras.layers.ReLU(max_value=None)  # class Layer
torch.nn.ReLU(inplace=False) # class Layer

tf.nn.relu(features, name=None) # function
torch.nn.functional.relu(input, inplace=False) # function
```

class 형태의 Relu와 함수 형태의 Relu가 각각 제공된다. class 형태의 API는 object(객체)를 생성한 후, 입력값을 넘기는 방식을 사용해야 한다.

weight 행렬을 곱한 후, 활성 함수를 적용하는 것까지 묶어서 FC Layer라고 하기도 한다. Tensorflow의 `Dense()` API는 활성 함수도 넣어줄 수 있는 구조인 반면, Pytorch의 `nn.Linear()` API는 activation을 직접 넣어줄 수는 없는 구조이다. Pytorch에서는 Relu와 같은 활성 함수도 하나의 layer로 처리해야 한다.

```
tf.keras.layers.Dense(units, activation=None, use_bias=True)
torch.nn.Linear(in_features, out_features, bias=True)
torch.nn.ReLU(inplace=False)
```

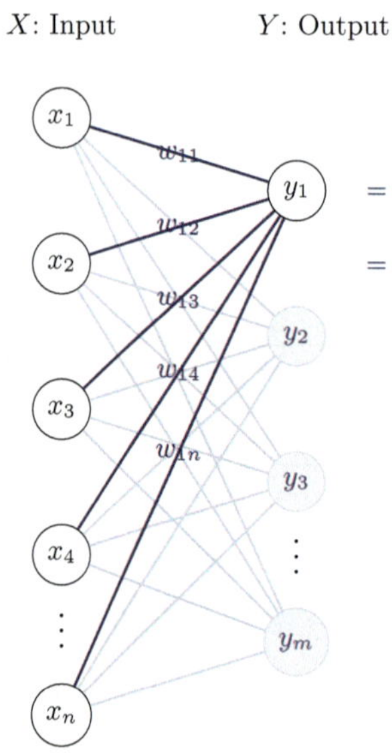

$$= \sigma\left(w_{11}x_1 + \ldots + w_{1n}x_n + b_1\right)$$

$$= \sigma\left(\sum_{i=1}^{n} w_{1i}x_i + b_1\right), \quad \sigma: \text{activation function}$$

$$\begin{pmatrix} y_1 \\ y_2 \\ \vdots \\ y_m \end{pmatrix} = \sigma\left[\begin{pmatrix} w_{11} & w_{12} & \ldots & w_{1n} \\ w_{21} & w_{22} & \ldots & w_{2n} \\ \vdots & \vdots & \ddots & \vdots \\ w_{m1} & w_{m2} & \ldots & w_{mn} \end{pmatrix}\begin{pmatrix} x_1 \\ x_2 \\ \vdots \\ x_n \end{pmatrix} + \begin{pmatrix} b_1 \\ b_2 \\ \vdots \\ b_m \end{pmatrix}\right]$$

$$Y^T = \sigma\left(\mathbf{W}^T X^T + \mathbf{b}^T\right)$$

$$Y = \sigma\left(X\mathbf{W} + \mathbf{b}\right)$$

그림 3.11: Fully Connected(Linear, Dense) Layer
입력 차원 n, 출력 차원 m.

그림(3.11)은 FC Layer를 도식화해서 보여주고 있다. 이런 형태의 도식화 그림에서는 주로 데이터 1개가 weight와 곱해지는 것을 보여준다. 다소 복잡해 보일 수도 있지만, 데이터와 weight의 행렬곱에 불과하다.

3.3.2 이진 분류를 위한 Deep Learning 모델 설계

그림(3.12)는 이진 분류를 위한 5-Layer Neural Network 구조를 보여주고 있다. FC Layer 사이의 활성 함수는 Relu를 사용하고, 마지막 활성 함수는 예측 확률이기 위해 [0, 1] 사이의 값을 만들어 내는 sigmoid 함수를 사용하고 있다.

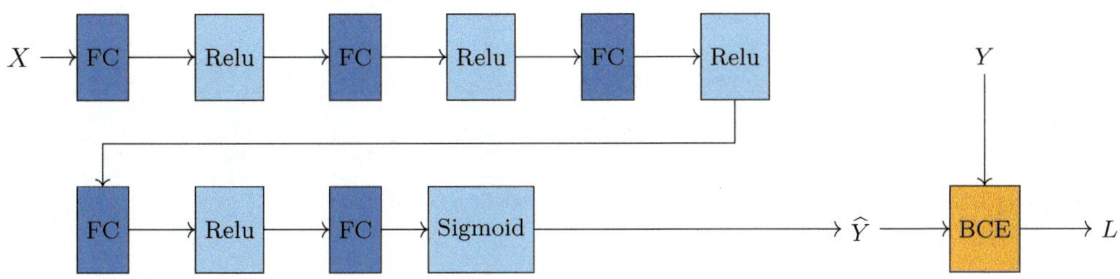

그림 3.12: 이진 분류를 위한 Neural Network 모델 구조(5-Layer)

그림(3.12)의 모델 구조에서 각각의 FC Layer의 차원을 정해주어야 한다. 차원은 상황에 맞게 임의로 정해줄 수 있는 hyper parameter이다. 단, 마지막 차원만 1이면 된다.

코드 3.11: **[Tensorflow, Pytorch]** Layer들의 차원은 데이터나 과제(task)에 따라 결정해야 한다. 특별한 규칙은 없고, 경험에 따라 결정하는 경우가 많다. 코드에서는 Tensorflow, Pytorch로 FC(10) → FC(10) → FC(10) → FC(10) → FC(1) 구조를 만들어 내고 있다.

```
model_tf = tf.keras.Sequential(
    [tf.keras.layers.Dense(10,activation='relu'),
     tf.keras.layers.Dense(10,activation='relu'),
     tf.keras.layers.Dense(10,activation='relu'),
     tf.keras.layers.Dense(10,activation='relu'),
     tf.keras.layers.Dense(1,activation='sigmoid')])

model_torch = torch.nn.Sequential(
    torch.nn.Linear(2,10),
    torch.nn.ReLU(),
    torch.nn.Linear(10,10),
    torch.nn.ReLU(),
    torch.nn.Linear(10,10),
    torch.nn.ReLU(),
    torch.nn.Linear(10,10),
    torch.nn.ReLU(),
    torch.nn.Linear(10,1),
    torch.nn.Sigmoid()
)
```

- `tf.keras.Sequential()`과 `torch.nn.Sequential()`은 비슷한 방식으로 Layer들을 넘겨 준다.
- `tf.keras.Sequential()`는 Layer가 2개 이상이면 반드시 list로 묶어 주어야 하고, `torch.nn.Sequential()`는 list로 묶으면 안 된다.
- Tensorflow는 activation function `'relu'`를 `Dense()`에 넘겨서 FC Layer를 만들어 내고 있다.
- Pytorch는 FC Layer API인 `nn.Linear()`와 activation function `nn.ReLU()`를 각각 생성해 주어야 한다.
- 표 (3.2) 에서는 weight 파라메터 (trainable parameter) 의 개수를 보여주고 있다. weight 파라메터의 개수로 모델의 크기를 파악한다.
- MLP(Multi-Layer Perceptron, 다층 퍼셉트론): 여러 층의 FC Layer를 쌓아서 만든 인공 신경망을 MLP라 부른다. 앞으로 나올 CNN(Convolutional Neural Network) 이나 RNN(Recurrent Neural Network)과 대비되는 용어로 사용된다.
- 그림 (3.13) 에서와 같이 모델의 요약 정보를 얻을 수 있는 API들이 있다.

Layer	가중치 크기	설 명
첫 번째 FC(10)	$2 \times 10 + 10$ $= (2+1) \times 10 = 30$	• 입력 데이터 차원이 2이고 이 Layer의 차원이 10이므로 weight 행렬의 크기가 2×10 • bias는 10개
두 번째 FC(10)	$(10+1) \times 10 = 110$	• 이전 Layer의 출력이 10이고 이 Layer의 차원이 10이므로 weight 행렬의 크기가 10×10 • bias는 10개
세 번째 FC(10)	$(10+1) \times 10 = 110$	
네 번째 FC(10)	$(10+1) \times 10 = 110$	
다섯 번째 FC(1)	$(10+1) \times 1 = 11$	

표 3.2: FC Layer와 모델 크기
전체 가중치 (weight) 개수로 모델의 크기를 파악한다. $30 + 110 + 110 + 110 + 11 = 371$ 개의 모델 파라미터를 가지고 있다.

Tensorflow: model.summary()

```
Model: "sequential"
_________________________________________________________________
 Layer (type)                Output Shape              Param #
=================================================================
 dense (Dense)               (1000, 10)                30

 dense_1 (Dense)             (1000, 10)                110

 dense_2 (Dense)             (1000, 10)                110

 dense_3 (Dense)             (1000, 10)                110

 dense_4 (Dense)             (1000, 1)                 11

=================================================================
Total params: 371
Trainable params: 371
Non-trainable params: 0
_________________________________________________________________
```

Pytorch: torchinfo.summary(model)

```
=================================================================
Layer (type:depth-idx)                   Param #
=================================================================
Sequential                               --
├─Linear: 1-1                            30
├─ReLU: 1-2                              --
├─Linear: 1-3                            110
├─ReLU: 1-4                              --
├─Linear: 1-5                            110
├─ReLU: 1-6                              --
├─Linear: 1-7                            110
├─ReLU: 1-8                              --
├─Linear: 1-9                            11
├─Sigmoid: 1-10                          --
=================================================================
Total params: 371
Trainable params: 371
Non-trainable params: 0
=================================================================
```

그림 3.13: 모델의 요약 정보
모델의 요약 정보를 확인할 수 있는 API로 모델 크기를 확인할 수 있다. 관련 API는 4.3, 4.6절에서 자세히 다룬다.

3.3.3 Tensorflow 구현

이진 분류를 위한 딥러닝 모델을 Tensorflow로 구현해 보자.

코드 3.12: [**Tensorflow**] 이진 분류를 Deep Learning 모델로 구현

```
np.random.seed(100); tf.random.set_seed(100)

N= 1000
X, Y = generate_data(N, 'moon') # (N,2), (N,)

learning_rate = 0.01
n_epochs = 50000

model_tf = tf.keras.Sequential(
    [tf.keras.layers.Dense(10,activation='relu'),
     tf.keras.layers.Dense(10,activation='relu'),
     tf.keras.layers.Dense(10,activation='relu'),
     tf.keras.layers.Dense(10,activation='relu'),
     tf.keras.layers.Dense(1,activation='sigmoid')])
optimizer = tf.keras.optimizers.SGD(learning_rate=learning_rate)
model_tf.compile(optimizer,loss='bce',metrics=['accuracy'])

history = model_tf.fit(X,Y,batch_size=N,epochs=n_epochs,verbose=0)

print(f"loss: {history.history['loss'][-1]}, Train Accuracy: {history.history['accuracy'][-1]}")
```

Output:

```
loss: 0.07531572133302689, Train Accuracy: 0.9710000157356262
```

3.3.4 Pytorch 구현

마지막으로 이진 분류를 위한 딥러닝 모델을 Pytorch로 구현해 보자.

코드 3.13: **[Pytorch]** 이진 분류를 Deep Learning 모델로 구현

```
N= 1000
X, Y = generate_data(N, 'moon') # (N,2), (N,)

learning_rate = 0.01
n_epochs = 50000

XX = torch.Tensor(X).to(device)
YY = torch.Tensor(Y).reshape(-1,1).to(device) # shape(N,1), torch.nn.BCELoss에 넘기려면 float Tensor.

model_torch = torch.nn.Sequential(
    torch.nn.Linear(2,10),
    torch.nn.ReLU(),
    torch.nn.Linear(10,10),
    torch.nn.ReLU(),
    torch.nn.Linear(10,10),
    torch.nn.ReLU(),
    torch.nn.Linear(10,10),
    torch.nn.ReLU(),
    torch.nn.Linear(10,1),
    torch.nn.Sigmoid()
)

model_torch.to(device)
loss_fn = torch.nn.BCELoss()
optimizer = torch.optim.SGD(model_torch.parameters(), lr=learning_rate)

Loss_all = []
model_torch.train() # train mode 변환
for i in range(n_epochs):
    optimizer.zero_grad()
    Y_hat = model_torch(XX) # Y_hat shape: (N,1)
    Loss = loss_fn(Y_hat,YY)
    Loss_all.append(Loss.item())
    Loss.backward()
    optimizer.step()
    if i%1000==0:
        print(f'{i}/{n_epochs}: loss = {Loss.item()}')

Y_pred = np.where(Y_hat > 0.5,1,0).reshape(-1)
acc = (Y_pred == Y).mean() # Train Accuracy
print(f'Train Accuracy: {acc}')
```

- target 데이터 Y의 shape은 $(N,)$이고 Pytorch Tensor로 변환할 때는 shape $(N,1)$로 만들었다. 이렇게 변환해 주어야 `torch.nn.BCELoss`에 넘어갈 때, 모델의 출력인 `Y_hat`과 같은 shape이 된다.

Output:

```
0/50000: loss = 0.6966015696525574
1000/50000: loss = 0.6880443692207336
2000/50000: loss = 0.6350036263465881
3000/50000: loss = 0.2852145731449127
4000/50000: loss = 0.1836707890033722
5000/50000: loss = 0.10815128684043884
...
46000/50000: loss = 0.07520235329866409
47000/50000: loss = 0.07513555884361267
48000/50000: loss = 0.07506994158029556
49000/50000: loss = 0.07500406354665756
Train Accuracy: 0.97
```

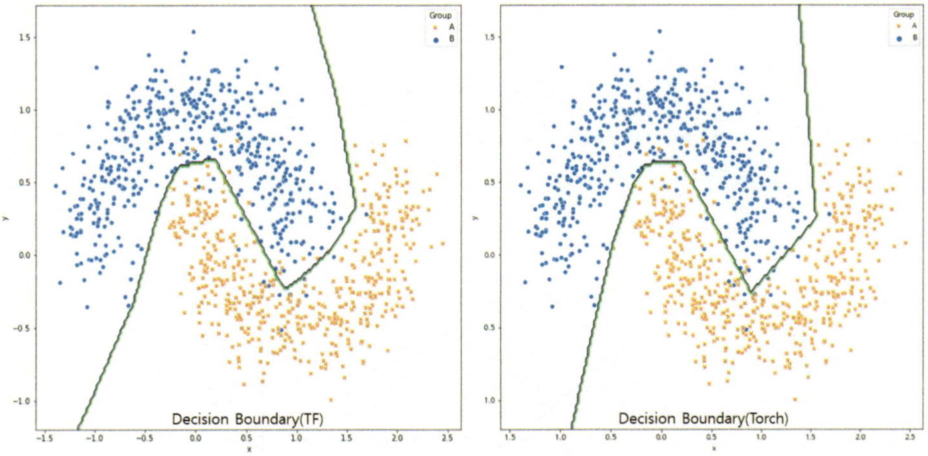

그림 3.14: Tensorflow-Pytorch로 구현한 딥러닝 이진 분류 모델의 결정 경계

3.4 2-Layer 모델의 역전파

3.4.1 A Neural Network in 11 lines

지금까지 Backward-Propagation의 기본적인 방식은 살펴 보았다. Layer를 좀 더 많이 쌓았을 때도 동일한 방식으로 gradient를 순차적으로 업데이트하면 된다. 2-Layer 인공신경망의 Back-Propagation 예로 아래 코드를 살펴보자.

코드 3.14: [**Numpy**] A Neural Network in 11 lines of Python
쉽게 분석하기 위해, 변수의 이름만 수정했다.
출처: https://iamtrask.github.io/2015/07/12/basic-python-network/

```
X = np.array([ [0,0,1],[0,1,1],[1,0,1],[1,1,1] ])
Y = np.array([[0,1,1,0]]).T
W1 = 2*np.random.random((3,4)) - 1
W2 = 2*np.random.random((4,1)) - 1
for j in range(60000):
    Z = 1/(1+np.exp(-(np.dot(X,W1))))
    Y_hat = 1/(1+np.exp(-(np.dot(Z,W2))))
    dX2 = (Y - Y_hat)*(Y_hat*(1-Y_hat))
    dX1 = dX2.dot(W2.T) * (Z * (1-Z))
    W2 += Z.T.dot(dX2)
    W1 += X.T.dot(dX1)
```

11줄의 코드로 2-Layer 인공신경망을 훈련하는 코드이다. 입력 데이터부터 살펴보자.

$$X = \begin{pmatrix} 0 & 0 & 1 \\ 0 & 1 & 1 \\ 1 & 0 & 1 \\ 1 & 1 & 1 \end{pmatrix}, \quad Y = \begin{pmatrix} y_1 \\ y_2 \\ y_3 \\ y_4 \end{pmatrix} = \begin{pmatrix} 0 \\ 1 \\ 1 \\ 0 \end{pmatrix}$$

입력 데이터 X의 세 번째 열은 모두 1로 되어 있다. 모두 1로 된 열은 bias를 위해 추가로 삽입한 데이터로 볼 수 있다. 세 번째 열을 제외하고 X, Y의 관계를 보면 XOR 연산임을 알 수 있다. XOR 연산은 1-Layer 모델로 풀 수 없는 대표적인 문제이다.

그림 (3.15) 에서는 XOR 문제를 1-Layler, 2-Layer 모델로 어떻게 다루는지 보여주고 있다. 1-Layer 모델에서는 직선 1개로 결정 경계가 정해지기 때문에 정확한 예측을 할 수가 없다.

코드 3.14로부터 모델의 구조를 추정해 보면, 활성 함수로 sigmoid 함수를 가지는 FC Layer가 2개 있다는 것을 알 수 있다. 그림 (3.16), (3.17) 에서 모델의 도식화된 구조를 볼 수 있다.

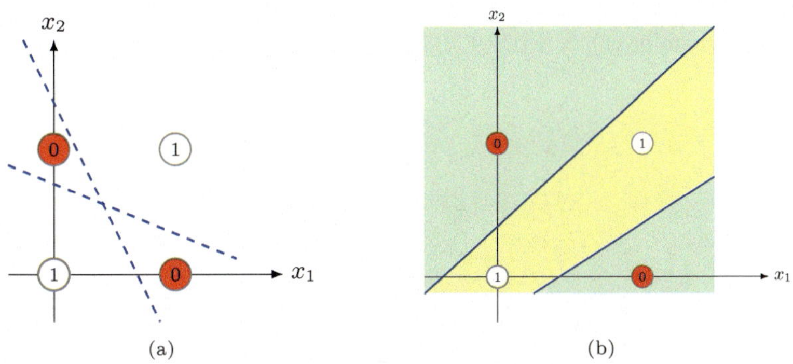

그림 3.15: XOR 문제
(a): 파란색 점선으로 된 직선을 어떻게 그어도 0과 1을 나눌 수가 없다. 1-Layer 모델로는 1개의 직선으로만 경계가 나누어지기 때문이다.
(b): 2-Layer 모델에서는 영역을 좀 더 세분해서 나눌 수 있다.

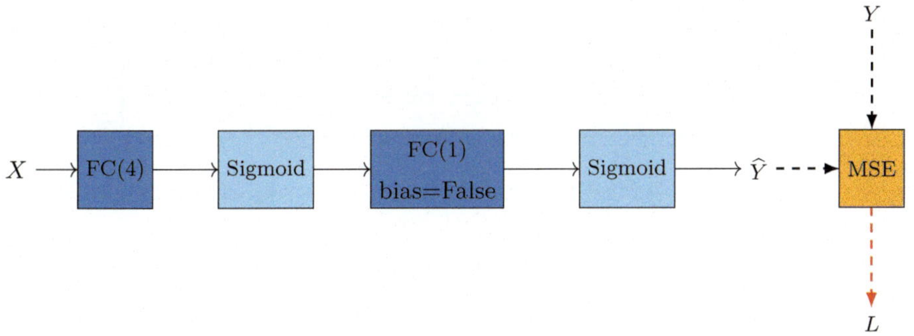

그림 3.16: 2-Layer 모델 구조

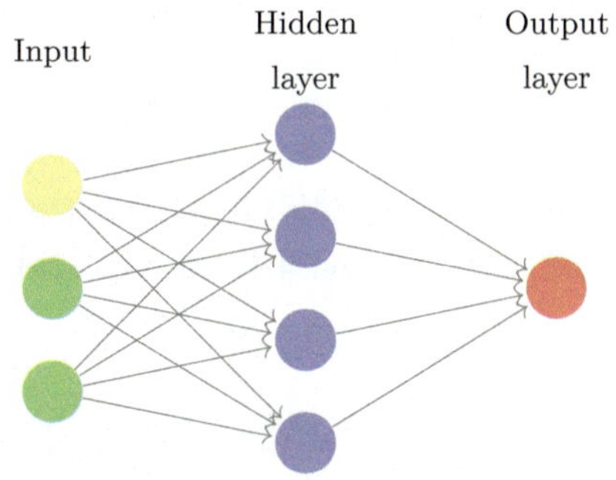

그림 3.17: 2-Layer 모델을 Neuron 형식으로 표현
모델 구조가 단순하다. 입력 데이터는 bias를 포함해서 3차원이다. 이 표현 방식에서는 batch 데이터 크기는 표현되지 않는다.

- Forward Propagation(순전파, Forward Pass): 데이터의 개수가 4개이므로 $N = 4$이고, 첫 번째 layer(hidden layer)의 차원도 4이다($h = 4$).

$$\begin{aligned} X_1 &= XW_1 \quad \longleftarrow (N \times h) = (4,4) \\ Z &= \sigma(X_1) \quad \longleftarrow (N \times h) \\ X_2 &= ZW_2 \quad \longleftarrow (N \times 1) \\ \widehat{Y} &= \sigma(X_2) \quad \longleftarrow (N \times 1) \end{aligned}$$

- weight W_1, W_2 초기화: `np.random.random` API은 $0 \sim 1$ 사이의 균등 난수(uniform random number)를 생성해 준다. 여기에 2를 곱한 후 1을 빼면 $-1 \sim 1$ 사이의 난수가 된다. 양수, 음수를 모두 가지는 난수로 만들어주기 위해서이다.

```
2*np.random.random(shape) - 1
```

uniform random을 사용하지 않고, normal random(표준 정규분포를 따르는 난수)을 사용하는 것이 더 일반적이다.

```
np.random.randn(shape)
```

- 구현 코드의 Loss 함수는 MSE Loss와 상수배 차이가 있는 다음과 같은 형태이다[7].

$$\frac{1}{2}\|\widehat{Y} - Y\|^2 = \frac{1}{2}\sum_{i=1}^{4}(\hat{y}_i - y_i)^2$$

Loss가 이렇게 정의되어 있는 것으로 추정되는 이유는 $\widehat{Y}$의 gradient $d\widehat{Y} = \frac{\partial L}{\partial \widehat{Y}}$가 코드에서 다음과 같이 주어져 있기 때문이다.

$$d\widehat{Y} = \frac{\partial L}{\partial \widehat{Y}} = \widehat{Y} - Y = \begin{pmatrix} \hat{y}_1 - y_1 \\ \hat{y}_2 - y_2 \\ \hat{y}_3 - y_3 \\ \hat{y}_4 - y_4 \end{pmatrix}$$

- 그런데 코드를 자세히 보면, $\widehat{Y} - Y$이 아니라 $Y - \widehat{Y}$으로 되어 있다. 즉

$$-\frac{\partial L}{\partial \widehat{Y}}$$

를 계산하고 있다. 마이너스 부호를 감안해서 코드의 마지막 줄에서 계산된 gradient를 빼지 않고 더하고 있다.

- 이제 X_2의 gradient를 구해보자. sigmoid 미분 (3.3)으로부터 다음 식을 얻을 수 있다.

7 페이지 94에 있는 내용을 참고하면 된다.

sigmoid 미분 upstream gradient

$$dX_2 = \frac{\partial L}{\partial X_2} = \widehat{Y}(1-\widehat{Y})\ \frac{\partial L}{\partial \widehat{Y}} = \widehat{Y}(1-\widehat{Y})(\widehat{Y}-Y) = \widehat{Y} \circ (1-\widehat{Y}) \circ (\widehat{Y}-Y)$$

- W_2 의 gradient: 식 (2.8) 에 의해,

$$dW_2 = \frac{\partial L}{\partial W_2} = Z^T\, dX_2 \quad \longleftarrow \text{행렬곱}$$

- Z 의 gradient: 식 (2.9) 에 의해,

$$dZ = \frac{\partial L}{\partial Z} = dX_2\, W_2^T \quad \longleftarrow \text{행렬곱}$$

- X_1 의 gradient:

$$dX_1 = Z(1-Z)\ dZ = Z \circ (1-Z) \circ \left(dX_2\ W_2^T\right)$$

- 마지막으로 W_1 의 gradient:

$$dW_1 = X^T\ dX_1 \quad \longleftarrow \text{행렬곱}$$

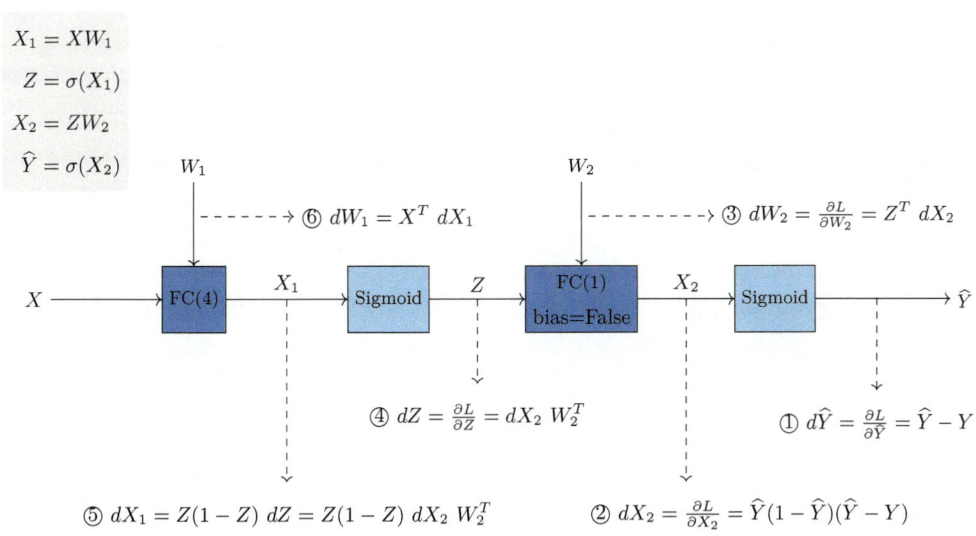

그림 3.18: 2-Layer 모델의 역전파
각 단계에서의 미분과 앞쪽에서 넘어온 upstream gradient를 곱해주는 방식으로 구해 주면 된다.

역전파를 코드로 구현해야 하는 경우에는 Hadamard 곱인지, 행렬곱인지 명확히 구분해야 한다. gradient 식을 설명하는 과정에서 좀 길어지지만 Hadamard 곱을 명확히 표시했다.

이제 FC Layer를 연결한 모델의 역전파에서 미분(gradient) 계산을 할 수 있을 것이다. Tensorflow나 Pytorch를 이용하다보면 미분을 직접 계산하는 일이 거의 없기는 하지만, 원리를 이해하는 것은 중요하다.

참고. 코드 3.14에서는 Loss로 MSE 함수를 사용하고 있다. Loss 함수를 BCE 함수로 변경하면 코드를 어떻게 수정해야 할까? 조금만 수정하면 되는데, 8번째 줄을 다음과 같이 해주면 된다.

코드 3.15: BCE Loss로 변경

```
dX2 = (Y - Y_hat)
```

- 그림 (3.4)에서처럼 sigmoid 함수와 BCE Loss 함수를 결합했을 때의 gradient를 사용하면 된다.

3.5 연쇄 법칙, 행렬곱 역전파 예시

shape $(2,3)$ 인 입력 x가 주어져 있을 때, forward propagation이 다음과 같다고 하자.

$$
\begin{aligned}
y &= x^2+1, \quad \leftarrow \text{shape: } (2,3) \\
z &= \text{sum}(y,\text{axis=1}) \\
&= y\begin{pmatrix}1\\1\\1\end{pmatrix} \quad \leftarrow \text{shape: } (2,3)(3,1)=(2,1)
\end{aligned}
$$

z는 이후 loss $L(\in\mathbb{R})$로 이어진다. 역전파에서 L을 미분해서 얻은 z의 gradient

$$dz = \frac{\partial L}{\partial z}$$

이 이미 계산되어 주어져 있다고 하자. upstream gradient dz로부터 dy, dx를 차례로 계산해보자.

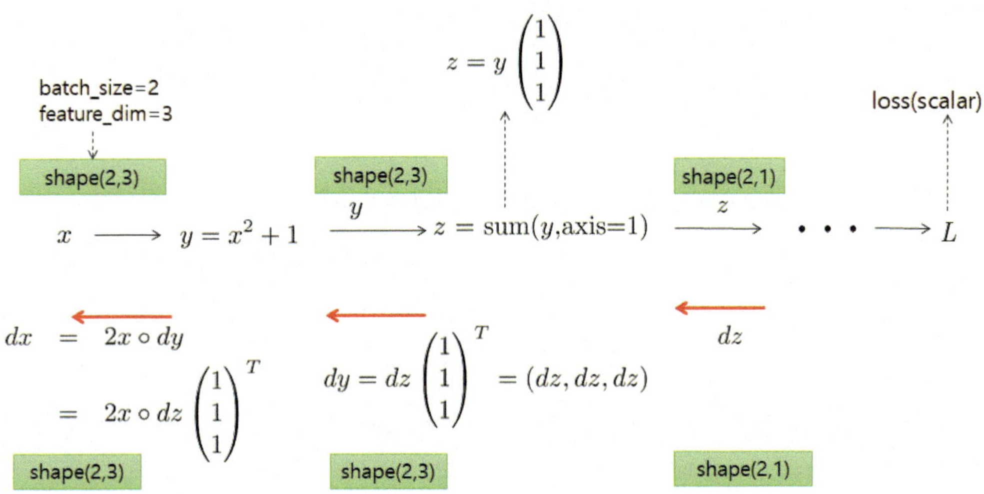

그림 3.19: 합 연산의 순전파와 역전파
1로 된 column vector $\begin{pmatrix}1 & 1 & 1\end{pmatrix}^T$ 를 곱하면 column들을 합하는 효과가 있다.

z가 행렬곱으로 연산되기 때문에, 식 (2.9)에 의해 dy를 다음과 같이 구할 수 있다.

$$dy = dz\begin{pmatrix}1\\1\\1\end{pmatrix}^T = (dz, dz, dz)$$

이제 마지막으로 dx를 구해보자. y가 원소별로 계산되었기 때문에 upstream gradient dy와 x^2+1의 미분인 $2x$를 원소별로 곱해 주면 된다.

$$dx = 2x \odot dy = 2x \odot dz \begin{pmatrix} 1 \\ 1 \\ 1 \end{pmatrix}^T$$

3.5.1 Relu 역전파

Relu에서는 $x \in \mathbb{R}$에 대하여 다음과 같이 정의된다.

$$\text{Relu}(x) = \max(x, 0) = \begin{cases} x & x \geq 0\text{인 경우} \\ 0 & x < 0\text{인 경우} \end{cases}$$

입력값 X가 실수가 아니고 행렬 또는 벡터인 경우는 원소별로 적용된다. 따라서 Relu의 역전파에서도 미분값이 원소별로 적용된다. 입력값이 0보다 큰 경우는 미분값이 1이 되고 입력값이 0보다 작은 경우는 0이 된다. 입력값이 정확히 0인 경우는 미분이 불가능하다. 수치해석적인 관점에서 입력값이 정확히 0이 될 확률은 없다고 본다. 그렇기 때문에 입력값이 0이 되는 경우는 무시해도 된다.

그림 (3.20)에서 upstream gradient dY는 이미 계산되어 주어졌다고 가정한 상황이다.

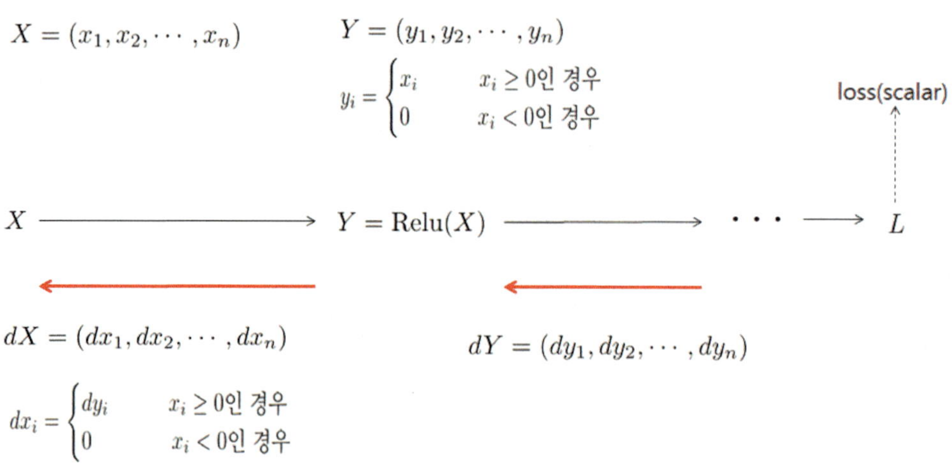

그림 3.20: Relu 순전파, 역전파

Relu의 미분값은 0 또는 1이기 때문에, 0 또는 1이 upstream gradient dy_i와 곱해져서 dx_i가 구해진다.

코드 3.16: [**Numpy**] Relu 역전파

```
def relu(x):
    return np.maximum(x,0)

n = 10
X = np.random.randn(n)
Y = relu(X)

dY = np.random.randn(n) # upstream gradient dY는 이미 계산되었다고 가정.

dX = dY.copy()
dX[X<0] = 0
```

3.5.2 Sigmoid 역전파

X 에 대하여 $Y = \text{Sigmoid}(X) = \sigma(x)$ 일 때, upstream gradient dY 가 주어져 있다고 하자. 이 경우 X 의 gradient dX 는 다음과 같다.

$$dX = Y \circ (1 - Y) \circ dY$$

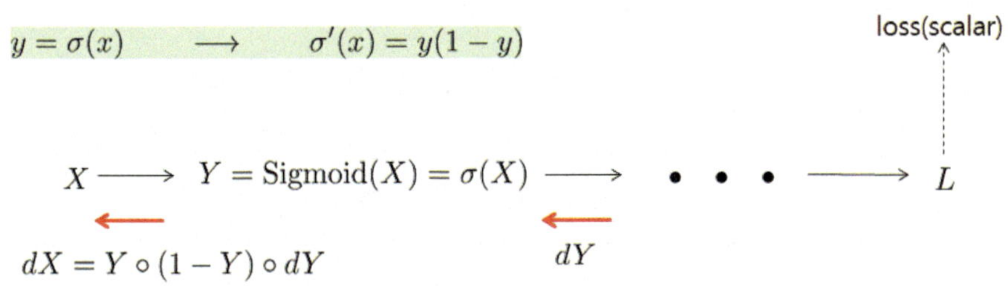

그림 3.21: Sigmoid 순전파, 역전파

3.5.3 행렬곱 미분 예

코드 3.17은 Pytorch 튜토리얼에서 가져왔다[8]. 코드에서 수립한 모델을 먼저 살펴보자.

$n \times 1$ 행렬 $X_0 = \begin{pmatrix} x_1 & x_2 & \cdots & x_n \end{pmatrix}^T, Y = \begin{pmatrix} y_1 & y_2 & \cdots & y_n \end{pmatrix}^T$ 로 입출력 데이터가 주어져

8 https://pytorch.org/tutorials/beginner/examples_tensor/polynomial_numpy.html#sphx-glr-beginner-examples-tensor-polynomial-numpy-py

있다. X_0 에 polynomial feature를 추가해서 $n \times 4$ 행렬 X 를 만들 수 있다.

$$X_0 = \begin{pmatrix} x_1 \\ x_2 \\ \vdots \\ x_n \end{pmatrix} \qquad \longrightarrow \qquad X = \begin{pmatrix} 1 & x_1 & x_1^2 & x_1^3 \\ 1 & x_2 & x_2^2 & x_2^3 \\ \vdots & \vdots & \vdots & \vdots \\ 1 & x_n & x_n^2 & x_n^3 \end{pmatrix}$$

이제 선형회귀(3차 다항식) 모델을 만들어보자. weight $W = \begin{pmatrix} a & b & c & d \end{pmatrix}^T$ 에 대하여

$$\widehat{Y} = \begin{pmatrix} \hat{y}_1 \\ \hat{y}_2 \\ \vdots \\ \hat{y}_n \end{pmatrix} = \begin{pmatrix} 1 & x_1 & x_1^2 & x_1^3 \\ 1 & x_2 & x_2^2 & x_2^3 \\ \vdots & \vdots & \vdots & \vdots \\ 1 & x_n & x_n^2 & x_n^3 \end{pmatrix} \begin{pmatrix} a \\ b \\ c \\ d \end{pmatrix} = XW$$

로 모델을 만들고 Loss L 은 L_2-norm의 제곱으로 다음과 같이 정의하자.

$$L = \|\widehat{Y} - Y\|^2 = (\hat{y}_1 - y_1)^2 + (\hat{y}_2 - y_2)^2 + \cdots + (\hat{y}_n - y_n)^2$$

$\widehat{Y}$ 의 gradient $\frac{\partial L}{\partial \widehat{Y}}$ 을 다음과 같이 구할 수 있다.

$$d\widehat{Y} = \frac{\partial L}{\partial \widehat{Y}} = \begin{pmatrix} 2(\hat{y}_1 - y_1) \\ 2(\hat{y}_2 - y_2) \\ \vdots \\ 2(\hat{y}_n - y_n) \end{pmatrix}$$

W 를 업데이트하기 위해 필요한 W 의 gradient는 식(2.8)과 upstream gradient $d\widehat{Y}$ 에 의해 다음과 같이 계산된다.

$$\frac{\partial L}{\partial W} = X^T \widehat{Y} = X^T \begin{pmatrix} 2(\hat{y}_1 - y_1) \\ 2(\hat{y}_2 - y_2) \\ \vdots \\ 2(\hat{y}_n - y_n) \end{pmatrix} = \begin{pmatrix} 2\sum_{i=1}^{n}(\hat{y}_i - y_i) \\ 2\sum_{i=1}^{n} x_i(\hat{y}_i - y_i) \\ 2\sum_{i=1}^{n} x_i^2(\hat{y}_i - y_i) \\ 2\sum_{i=1}^{n} x_i^3(\hat{y}_i - y_i) \end{pmatrix}$$

지금까지의 설명을 바탕으로 코드 3.17을 보면 쉽게 이해할 수 있다.

코드 3.17: **[Numpy]** 회귀분석 모델의 역전파

```
import numpy as np
import math
import matplotlib.pyplot as plt

# Create random input and output data
n = 2000; n_epoch = 2000
x = np.linspace(-math.pi, math.pi, n)
y = np.sin(x)

# Randomly initialize weights
a = np.random.randn()
b = np.random.randn()
c = np.random.randn()
d = np.random.randn()

learning_rate = 1e-6
for t in range(n_epoch):
    # Forward pass: compute predicted y
    # y = a + b x + c x^2 + d x^3
    y_pred = a + b * x + c * x ** 2 + d * x ** 3

    # Compute and print loss
    loss = np.square(y_pred - y).sum()
    if t % 100 == 99:
        print(t, loss)

    # Backprop to compute gradients of a, b, c, d with respect to loss
    grad_y_pred = 2.0 * (y_pred - y)
    grad_a = grad_y_pred.sum()
    grad_b = (grad_y_pred * x).sum()
    grad_c = (grad_y_pred * x ** 2).sum()
    grad_d = (grad_y_pred * x ** 3).sum()

    # Update weights
    a -= learning_rate * grad_a
    b -= learning_rate * grad_b
    c -= learning_rate * grad_c
    d -= learning_rate * grad_d

print(f'Result: y = {a} + {b} x + {c} x^2 + {d} x^3')

plt.plot(x,y,label='data')
plt.plot(x,y_pred,label='pred')
plt.legend()
```

- 사인 곡선을 3차 다항식으로 근사하는 회귀 모형이다. 결과는 그림(3.22)를 보면 된다.

9 이 코드는 2023년2월 기준으로 더 이상 제공되지 않고 있다.

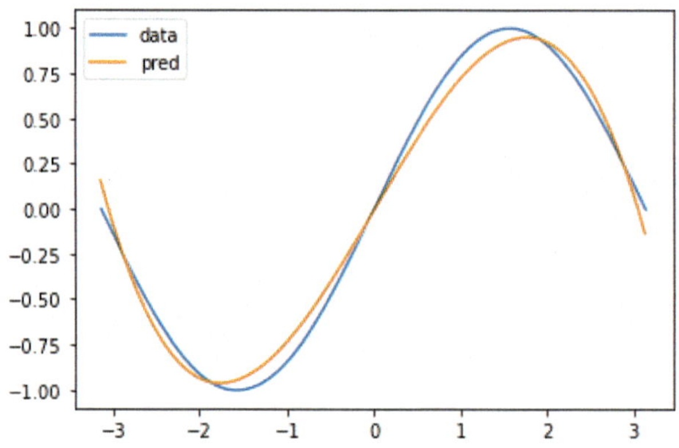

그림 3.22: 사인곡선 선형 회귀 모델
사인 곡선을 3차 다항식으로 근사(예측)한 결과이다.

3.5.4 2-Layer Model From Scratch

코드 3.18은 Pytorch 튜토리얼에서 가져왔다[9]. 모델은 2-Layer neural network이고 중간에 활성 함수로 Relu가 사용되었다.

입력 데이터 $X : (N, D_i)$, 타깃(target) 데이터 $Y : (N, D_o)$에 대하여 weight를 $W_1 : (D_i, H)$, $W_2 : (H, D_o)$라고 하자.

모델의 순전파는 다음과 같다.

$$\begin{aligned} Z &= XW_1 \\ Z_{\text{relu}} &= \text{Relu}(Z) \\ \widehat{Y} &= Z_{\text{relu}} W_2 \end{aligned}$$

수식을 좀 더 풀어쓰기 위해 $Y, \widehat{Y}$을 다음과 같이 나타내자.

$$Y = \begin{pmatrix} y_1 \\ y_2 \\ \vdots \\ y_N \end{pmatrix} = \begin{pmatrix} y_{11} & y_{12} & \cdots & y_{1D_o} \\ y_{21} & y_{22} & \cdots & y_{2D_o} \\ \vdots & \vdots & \ddots & \vdots \\ y_{N1} & y_{N2} & \cdots & y_{ND_o} \end{pmatrix} \qquad \widehat{Y} = \begin{pmatrix} \widehat{y}_1 \\ \widehat{y}_2 \\ \vdots \\ \widehat{y}_N \end{pmatrix} = \begin{pmatrix} \widehat{y}_{11} & \widehat{y}_{12} & \cdots & \widehat{y}_{1D_o} \\ \widehat{y}_{21} & \widehat{y}_{22} & \cdots & \widehat{y}_{2D_o} \\ \vdots & \vdots & \ddots & \vdots \\ \widehat{y}_{N1} & \widehat{y}_{N2} & \cdots & \widehat{y}_{ND_o} \end{pmatrix}$$

Loss L은 L_2-norm의 제곱으로 정의하자[10].

$$L = \|\widehat{Y} - Y\|^2 = \sum_{i=1}^{N} \|\widehat{y}_i - y_i\|^2 = \sum_{i=1}^{N} \sum_{j=1}^{D_o} (\widehat{y}_{ij} - y_{ij})^2, \qquad \widehat{y}_i, y_i \in \mathbb{R}^{D_o}$$

---

10 행렬에서 모든 원소의 제곱합의 제곱근을 Frobenius norm이라고 부른다.

L을 $\widehat{Y}$의 각 원소로 미분해서 얻은 gradient는

$$d\widehat{Y} = \frac{\partial L}{\partial \widehat{Y}} = 2\begin{pmatrix} \widehat{y}_{11} - y_{11} & \widehat{y}_{12} - y_{12} & \cdots & \widehat{y}_{1D_o} - y_{1D_0} \\ \widehat{y}_{21} - y_{21} & \widehat{y}_{22} - y_{22} & \cdots & \widehat{y}_{2D_o} - y_{2D_o} \\ \vdots & \vdots & \ddots & \vdots \\ \widehat{y}_{N1} - y_{N1} & \widehat{y}_{N2} - y_{N2} & \cdots & \widehat{y}_{ND_o} - y_{ND_o} \end{pmatrix}$$

이다.

이제 각각의 gradient를 계산해 보자.

① $\frac{\partial L}{\partial \widehat{Y}}$을 upstream gradient로 해서 $\frac{\partial L}{\partial Z_{\text{relu}}}$, $\frac{\partial L}{\partial W_2}$를 구할 수 있다. 식 (2.8), (2.9)에 의해

$$\begin{aligned} \frac{\partial L}{\partial W_2} &= Z_{\text{relu}}^T \frac{\partial L}{\partial \widehat{Y}}, \\ \frac{\partial L}{\partial Z_{\text{relu}}} &= \frac{\partial L}{\partial \widehat{Y}} W_2^T. \end{aligned}$$

② $\frac{\partial L}{\partial Z_{\text{relu}}}$을 upstream gradient로 해서 $\frac{\partial L}{\partial Z}$는 Relu 역전파로 구할 수 있다. Z의 각 원소 부호에 따라 0 또는 $\frac{\partial L}{\partial Z_{\text{relu}}}$의 원소를 선택하면 된다. 코드 3.16을 참조하면 된다.

③ 마지막으로 $\frac{\partial L}{\partial Z}$를 upstream gradient로 $\frac{\partial L}{\partial W_1}$, $\frac{\partial L}{\partial X}$를 구할 수 있는데, $\frac{\partial L}{\partial X}$는 사용하지 않기 때문에 $\frac{\partial L}{\partial W_1}$만 구하면 된다.

$$\frac{\partial L}{\partial W_1} = X^T \frac{\partial L}{\partial Z}$$

코드 3.18: **[Numpy]** 2-Layer 모델

```
N, Di, H, Do = 64, 1000, 100, 10

# 무작위의 입력과 출력 데이터를 생성
X = np.random.randn(N, Di)
Y = np.random.randn(N, Do)

# 무작위로 가중치를 초기화
W1 = np.random.randn(Di, H)
W2 = np.random.randn(H, Do)

learning_rate = 1e-6
loss_all = []
for t in range(500):
    # 순전파: 예측값 Y_pred 계산
    Z = X.dot(W1) # (N,H)
    Z_relu = np.maximum(Z, 0)
    Y_pred = Z_relu.dot(W2) #(N,Do)

    # 손실(loss)를 계산하고 출력
```

```
    loss = np.square(Y_pred - Y).sum()
    loss_all.append(loss)
    if (t+1)% 50 == 0:
       print(t+1, loss)

    # 손실에 따른 W1, W2의 gradient를 계산
    grad_Y_pred = 2.0 * (Y_pred - Y) # shape(N,Do)
    grad_W2 = Z_relu.T.dot(grad_Y_pred) # shape(H,Do) = W2 shape
    grad_Z_relu = grad_Y_pred.dot(W2.T)
    grad_Z = grad_Z_relu.copy()
    grad_Z[Z < 0] = 0
    grad_W1 = X.T.dot(grad_Z) # shape(Di,H) = W1 shape

    # W1, W2 업데이트
    W1 -= learning_rate * grad_W1
    W2 -= learning_rate * grad_W2

plt.plot(loss_all, label='loss')
plt.legend()
```

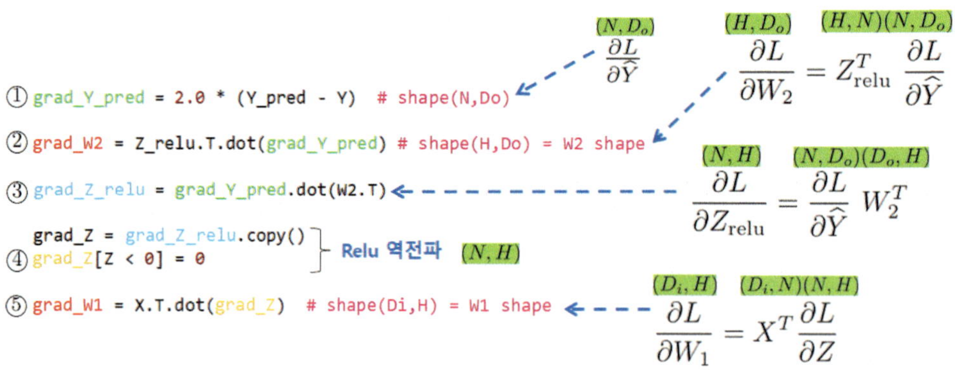

그림 3.23: 코드 3.18의 수식 설명
행렬곱에서의 gradient 계산은 식(2.8), (2.9)를 사용한다. 훈련해야 할 weight W_1, W_2의 gradient인 grad_W2, grad_W1을 구하는 것이 최종 목표이다.

- 코드에서 gradient 계산에 대한 설명은 그림(3.23)을 참조하면 된다.
- 그림(3.24)에 있는 loss 그래프를 보면, 훈련이 잘 되고 있다는 것을 확인할 수 있다.

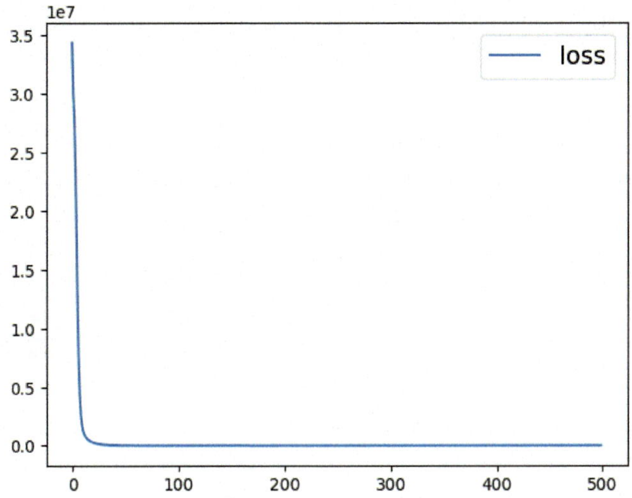

그림 3.24: 2-Layer Model train loss
훈련 초기의 loss 값이 아주 큰 것을 볼 수 있다.

3.6 Layer Weight 초기화

딥러닝 모델에서 weight의 초기값을 어떻게 설정하느냐는 중요한 문제이다. 지금은 비교적 잘 작동하는 초기화 방법들이 나와 있지만, 딥러닝 초창기에는 초기화로 어려움을 겪던 시기가 있었다. FC Layer의 2가지 weight 초기화 방법으로 LeCun[11] Initialization과 He[12] Initialization이 있다.

LeCun Initialization	정규분포, std $= \sqrt{\frac{1}{\text{FanIn}}}$	• 이 방식을 Xavier(Glorot) Initalization으로 부르는 경우도 있다.
He Initialization	정규분포, std $= \sqrt{\frac{2}{\text{FanIn}}}$	• activation function이 Relu인 경우에 적합하다. • Kaiming Initialization이라고도 한다.

표 3.3: FC Layer 초기화 방법
FanIn은 입력 neuron의 차원, FanOut은 출력 neuron이 차원이다. nn.Linear(784,512)이면 FanIn=784, FanOut=512가 된다. 주어진 표준편차의 random normal distribution으로 초기화한다.

Tensorflow, Pytorch에서는 여러 가지 초기화 API를 제공하고 있다. 표(3.3)에서처럼 정규분포를 따르는 난수로 초기화하거나 Uniform Random(균등 난수)으로 초기화한다.

표(3.3)에서 LeCun Initialization을 Xavier[13] Initialization이라고 부르는 경우가 있다고 했다. 반면 표(3.4)에서 알 수 있듯이 Tensorflow, Pytorch에서의 Xavier Initialization은 다른 방식으로 동작한다. Pytorch에는 `gain` 파라메터가 더 있다.

표(3.5)에서는 Tensorflow, Pytorch의 FC Layer API의 default 가중치 초기화 방식을 보여주고 있다. 서로 다른 방식을 사용하고 있다.

11 Yann LeCun
12 Kaiming He
13 Xavier Glorot

초기화	Tensorflow (tf.keras.initializer)	Pytorch (torch.nn.init)	비고
Xavier Normal	GlorotNormal, std $= \sqrt{\frac{2}{\text{FanIn+FanOut}}}$	xavier_normal_, std $=$ gain $\times \sqrt{\frac{2}{\text{FainIn + FainOut}}}$	default gain $= 1$
Xavier Uniform	GlorotUniform, bound $= \sqrt{\frac{6}{\text{FanIn+FanOut}}}$	xavier_uniform_, bound $=$ gain $\times \sqrt{\frac{6}{\text{FainIn + FainOut}}}$	default gain $= 1$ Tensorflow Dense Layer kernel default 초기화 방법
He Normal	HeNormal, std $= \sqrt{\frac{2}{\text{FanIn}}}$	kaiming_normal_, std $=$ gain $\times \sqrt{\frac{1}{\text{FainIn}}}$	default gain $= \sqrt{2}$
He Uniform	HeUniform, bound $= \sqrt{\frac{6}{\text{FanIn}}}$	kaiming_uniform_, bound $=$ gain $\times \sqrt{\frac{3}{\text{FainIn}}}$	Pytorch Linear Layer weight, bias default 초기화 방법: gain$=\frac{1}{\sqrt{3}}$ 이 되어, bound$=\sqrt{\frac{1}{\text{FanIn}}}$

표 3.4: FC Layer에 대한 Tensorflow, Pytorch 초기화 API
bound$=a$ 이면, Uniform Random $[-a, a]$ 가 된다.

구분	Kernel(weight)	Bias
Tensorflow tf.keras.layers.Dense	glorot_uniform Uniform$\left[-\sqrt{\frac{6}{\text{FanIn+FanOut}}}, \sqrt{\frac{6}{\text{FanIn+FanOut}}}\right]$	0
Pytorch torch.nn.Linear	kaiming_uniform_으로 되어 있다. 적용되는 default 값들로 계산해 보면, Uniform$\left[-\sqrt{\frac{1}{\text{FanIn}}}, \sqrt{\frac{1}{\text{FanIn}}}\right]$	weight와 동일한 방식

표 3.5: Tensorflow, Pytorch의 FC Layer default 가중치 초기화 방법

3.6.1 Tensorflow 가중치 초기화

```
tf.keras.layers.Dense(...,kernel_initializer='glorot_uniform',
                          bias_initializer='zeros',...)
```

kernel_initializer, bias_initializer에 필요한 initializers를 넘겨 주면 된다. 코드 3.19에서 간단한 예시를 확인할 수 있다.

코드 3.19: [**Tensorflow**] 가중치 초기화 예시

```
from tensorflow.keras.initializers import Constant, GlorotNormal

init = np.array(...)
L = tf.keras.layers.Dense(...,kernel_initializer=Constant(init), ...)

L2 = tf.keras.layers.Dense(...,kernel_initializer=GlorotNormal(), ...)
```

3.6.2 Pytorch 가중치 초기화

코드 3.20에서 확인할 수 있듯이 Pytorch에서는 weight 초기화 API에 weight를 직접 넣는 방식으로 초기화한다. weight 초기화를 위한 함수를 정의하고 모델의 apply()에 넘겨주면 된다.

코드 3.20: [**Pytorch**] 가중치 초기화. 초기화 함수를 구현하고, apply를 call하는 방식

```
def weights_init(m):
    if isinstance(m, torch.nn.Linear): # 또는 type(m) == torch.nn.Linear
        torch.nn.init.xavier_normal_(m.weight)
        torch.nn.init.zeros_(m.bias) # m.bias.data.fill_(0.)
    elif isinstance(m, torch.nn.Conv2d):
        torch.nn.init.xavier_uniform_(m.weight)
        torch.nn.init.zeros_(m.bias)

net = torch.nn.Sequential(nn.Linear(2,3),nn.ReLU(),nn.Linear(3,2))
net.apply(weights_init)
```

Layer weight나 bias에 직접 접근하여 값을 초기화할 수도 있다.

```
net[0].weight.data.normal_(0,1) # 표준 정규분포로 초기화
net[0].bias.data.fill_(0.1)
```

3.7 Overfitting 방지 기법들

Overfitting은 모델이 훈련 데이터에 너무 맞춰져서 새로운 데이터에 적용 가능성이 떨어지는 경우를 말한다. 그림(3.25)를 보면, Overfitting이 무엇인지 이해할 수 있을 것이다. Overfitting은 모델의 파라메터가 충분히 많은 상태에서 높아진 표현력 대비하여 데이터의 수가 부족할 때 발생한다.

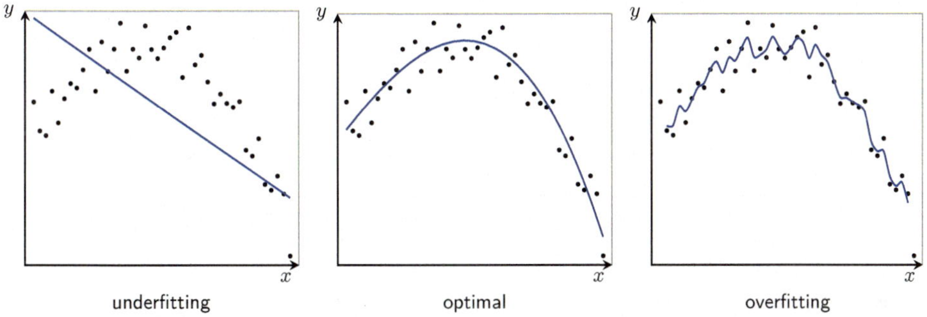

그림 3.25: underfitting, optimal fitting, overfitting 비교

- **Underfitting**(과소적합): 모델이 너무 단순하여 데이터에 대한 예측이 잘 되지 않는 경우이다.
- **Overfitting**(과대적합, 과최적화): 데이터에 비해 모델이 너무 커서 훈련 데이터에만 맞춰지는 경우이다. overfitting된 모델은 새로운 데이터에 대한 예측력이 떨어진다.

그림(3.26)은 모델의 복잡도(model complexity)와 loss의 관계를 보여주고 있다. 모델의 크기를 잘 정하는 것도 overfitting을 방지하기 위해 필요하다.

딥러닝 모델 훈련은 Overfitting(과최적화)과의 싸움이라는 말도 있다. 딥러닝 모델들은 대부분 파라메터가 충분히 많기 때문에 Overfitting이 되기 쉽다. Overfitting 방지를 위한 대표적인 3가지 방법은 다음과 같다.

① Regularization(정규화, 규제): 모델의 학습 파라메터(trainable variable)의 총합을 제한하는 기법이다.

② Dropout: 훈련할 때에는 일정 확률(Drop Rate)로 neuron(node)을 강제로 0으로 변환해 버리는 기법이다. 추론 단계에서는 Dropout을 적용하지 않는다.

③ Batch Normalization: Neural Network의 Layer들 사이에 정규화(Normalization) 과정을 삽입하는 기법이다. 훈련할 때 정규화 과정에서 평균, 분산을 계산해 놓은 값을 추론할 때 사용한다.

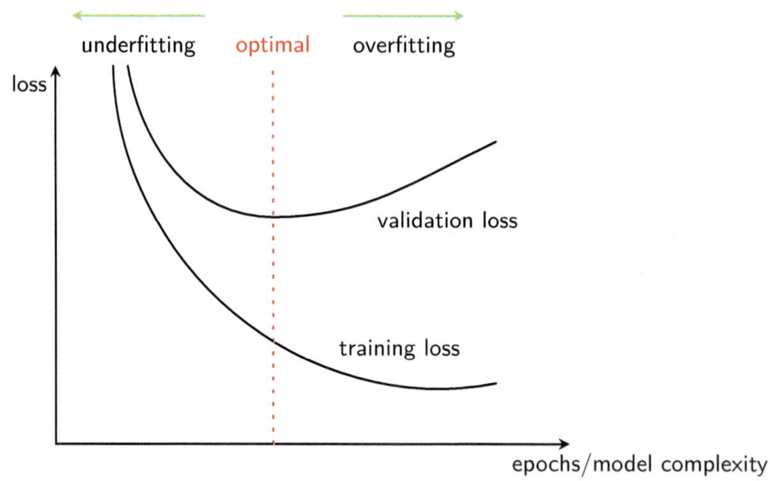

그림 3.26: loss와 모델 복잡도(complexity) 관계
모델 복잡도가 높다는 것은 모델의 크기(trainable weight 수)가 크다는 의미이다. 모델의 복잡도가 올라갈수록 overfitting의 가능성이 높다. 그리고 overfitting은 학습 횟수(train epoch)가 너무 많아서 발생하기도 한다. train loss와 validation loss의 변화를 보면서 적당한 수준의 모델 복잡도와 학습 횟수를 정하는 것이 필요하다.

앞에서 설명한 대로 Dropout과 Batch Normalization은 훈련할 때와 추론할 때에 동작 방식이 다른 대표적인 기법이다.

3.7.1 Regularization

Regularization(정규화, 규제)은 모델의 학습 파라메터(trainable variable)의 총합을 제한하는 기법으로 weight decay(가중치 감소)라고도 한다. 여기서 weight들의 총합은 절댓값의 합 또는 제곱합으로 계산될 수 있다. 계산된 총합을 Loss 값에 더해서 최소화될 수 있도록 한다. 합을 계산할 때, bias는 제외하는 것이 일반적이다.

Tensorflow에서 Regularization이 어떻게 사용되는지 확인해 보자.

- L_1 Regularization: weight들의 절댓값 합(=L_1 norm).
  `tf.keras.regularizers.L1(l1=0.01)`
- L_2 Regularization: weight들의 제곱 합(=L_2 norm 제곱).
  `tf.keras.regularizers.L2(l2=0.01)`

```
tf.keras.layers.Dense(...,kernel_regularizer=None,
                          bias_regularizer=None,...)
```

`kernel_regularizer`, `bias_regularizer`에 필요한 `tf.keras.regularizers.L1` 또는 `tf.keras.regularizers.L2`를 넘겨 주면 된다. 위에서 언급한 대로 bias에 대한 regularization은 하지 않는 것이 일반적이다. 계산된 총합에 가중치 (l1, l2)를 곱한 후, model loss와 더해진다.

```
loss = model_loss + l1 * reduce_sum(abs(x)) # L1-norm

loss = model_loss + l2 * reduce_sum(square(x)) # L2-norm square
```

코드 3.21: **[Tensorflow]** Regularization

```
def create_layer():
    model = tf.keras.Sequential(
        [tf.keras.layers.Dense(3, activation="relu",
                              kernel_regularizer=tf.keras.regularizers.l2(0.001)),
         tf.keras.layers.Dense(1, activation="relu",
                              kernel_regularizer=tf.keras.regularizers.l2(0.001))])

    model.build((None,2))

    return model

L = create_layer()
print(L.losses)
```

Output:

```
[<tf.Tensor: shape=(), dtype=float32, numpy=0.0013150392>,
 <tf.Tensor: shape=(), dtype=float32, numpy=0.0015850122>]
```

출력 결과에서는 model의 2개 Layer 각각의 '(L_2 norm 제곱) × 가중치'를 보여주고 있다. model.fit()에서 내부적으로 regularization loss가 model loss에 더해져서 최소화되도록 훈련된다.

Pytorch에서는 L_2 가중치를 optimizer의 `weight_decay`(λ)로 지정할 수 있다. Loss에 $\frac{\lambda}{2}\|W\|^2$이 더해진다. 이를 미분하면 λW가 된다. 이를 이용해서 코드 3.22에서 regularization loss를 계산하고 있다.

```
torch.optim.SGD(params, lr,weight_decay=0)
```

코드 3.22: **[Pytorch]** Regularization(weight decay)

```
np.set_printoptions(8, suppress=True)

x_numpy = np.random.random((3, 4))
w_numpy = np.random.random((4, 5))
x_torch = torch.tensor(x_numpy, requires_grad=True)
w_torch = torch.tensor(w_numpy, requires_grad=True)

lr = 0.1; weight_decay=0.05
sgd = torch.optim.SGD([w_torch], lr=lr, weight_decay=weight_decay)

y_torch = torch.matmul(x_torch, w_torch)
loss = y_torch.sum()

print("w_torch before SGD")
print(w_torch.data.numpy())

sgd.zero_grad()
loss.backward()
sgd.step()

w_grad = w_torch.grad.data.numpy()

print("w_torch after SGD(autograd)")
print(w_torch.data.numpy())

print("check_weight_decay(manual)")
print(w_numpy - lr * (w_grad + weight_decay*w_numpy)) # w_torch와 일치
```

Output:

```
w_torch before SGD
[[0.28379331 0.18545517 0.32925779 0.71682602 0.62927714]
 [0.71585304 0.2845272  0.49673463 0.12261367 0.06644058]
 [0.47847807 0.81688739 0.73676235 0.71553465 0.00546986]
 [0.76086268 0.43370932 0.31993704 0.52515484 0.38526371]]

w_torch after SGD(autograd)
[[ 0.11265225  0.0148058   0.1578894   0.54351979  0.45640865]
 [ 0.54027226  0.11110306  0.32224945 -0.05000091 -0.10589313]
 [ 0.26610757  0.60282483  0.52310043  0.50197886 -0.2045356 ]
 [ 0.52158491  0.19606732  0.0828639   0.28705562  0.14786394]]

check_weight_decay(manual)
[[ 0.11265225  0.0148058   0.1578894   0.54351979  0.45640865]
 [ 0.54027226  0.11110306  0.32224945 -0.05000091 -0.10589313]
 [ 0.26610757  0.60282483  0.52310043  0.50197886 -0.2045356 ]
 [ 0.52158491  0.19606732  0.0828639   0.28705562  0.14786394]]
```

다음과 같이 직접 weight의 L_2 norm을 계산하여 적용할 수도 있다.

코드 3.23: **[Pytorch]** Regularization(직접 계산)

```
model_torch = torch.nn.Sequential(
    torch.nn.Linear(2,3),
    torch.nn.ReLU(),
    torch.nn.Linear(3,2),
    torch.nn.ReLU()
)

reg_loss = 0
for name, param in model_torch.named_parameters():
    if 'weight' in name:
        reg_loss += 0.5*torch.norm(param,2).square() # (L2 norm square)/2.0

print(reg_loss)
```

3.7.2 Dropout

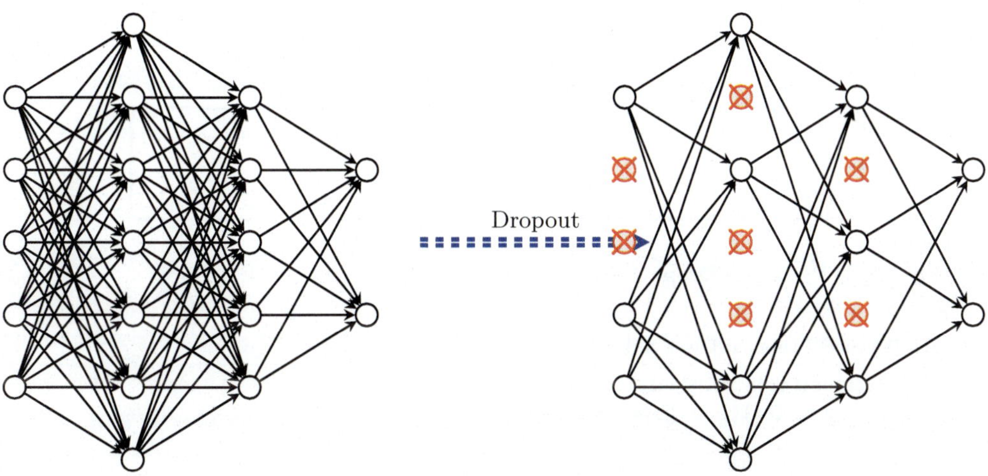

그림 3.27: Dropout

Dropout은 훈련할 때 일정 확률(Drop Rate)로 neuron(node)을 강제로 0으로 변환해 버리는 기법이다. 0으로 변환된 neuron은 더 이상 역할을 할 수 없기 때문에 그림(3.27)에서처럼 neuron이 제거되는 효과를 가져온다. 확률적으로 neuron이 제거되는 구조이기 때문에, 입력되는 데이터가 달라질 때마다 제거되는 neuron은 달라진다. 이렇게 neuron을 random하게 제거해버리면, 모델이 특정 neuron에 의존하지 않고 다양한 neuron을 종합적으로 반영하여 예측값을 만들어 낼 수 있다. 이렇게 Dropout은 overfitting을 방지하는 효과를 가져온다.

훈련 종료 후, inference(추론) 단계에서는 Dropout을 적용하지 않는다. 그래서 Dropout은 훈련 단계와 추론 단계에서의 동작이 다르다. 다른 동작을 위해서는 모델에 데이터를 넘기기 전에 훈련 단계인지, 추론 단계인지 알려주어야 한다.

- Pytorch: `model.train()`, `model.eval()`로 훈련 단계, 추론 단계를 구분하여 사용한다.
- Tensorflow: `fit()`에서는 훈련 모드가 적용되고, `evaluate()`, `predict()`에서는 추론 모드가 적용된다.
- Tensorflow에서 훈련 모드인지 추론 모드인지 명시적인 적용을 위해서는 `training` argument를 넘기면 된다.

  `model(x,training=True)` 또는 `model(x,training=False)`

- Dropout 구현: Dropout은 훈련 단계와 추론 단계의 동작 방식이 다르다고 설명했다. 훈련 단계에서는 Drop Rate(p) 만큼 neuron이 지워지기 때문에 값의 총량이 줄어든다. 그래서 값의 총량을 보정해 주기 위해, 살아남은 neuron을 $(1-p)$로 나누어 주어야 한다.
- Tensorflow, Pytorch의 Dropout API는 다음과 같다.

```
tf.keras.layers.Dropout(rate)
torch.nn.Dropout(p=0.5)
```

다음 코드는 Pytorch로 Dropout을 직접 구현한 코드이다.

코드 3.24: **[Pytorch]** Dropout Layer 직접 구현

```
class Dropout(torch.nn.Module):
    def __init__(self, drop_rate=0.5):
        super(Dropout, self).__init__()
        self.drop_rate = np.clip(drop_rate,0.,0.99999)

    def forward(self, x):
        if self.training:
            x = x.mul(torch.rand(*x.shape) >= self.drop_rate) / (1 - self.drop_rate)
        return x

L = Dropout(0.5)
xx = torch.randn(4,5)

L.train() # L.training=True
yy = L(xx)

L.eval() # L.training=False
zz = L(xx)
```

- 1 - `self.drop_rate`으로 나누어 값의 총량을 보정했다.
- `self.training`[14]으로 모델이 train mode인지 eval mode인지 알 수 있다.

3.7.3 Batch Normalization

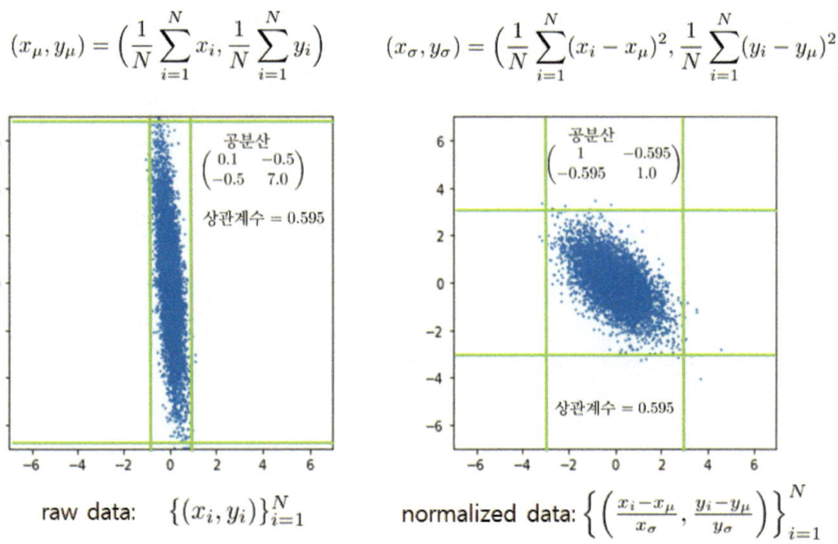

그림 3.28: 데이터 정규화(Normalization)
각각의 차원(feature) 별로 평균, 분산을 계산하여 정규화한다. 정규화하면 공분산은 변하지만, 상관계수는 변하지 않는다.

그림(3.28)에서처럼 주어진 데이터를 정규화하면, feature들의 scaling이 같아져서 모델이 학습하기가 쉬워진다. 모델에게 모든 것을 맡기기보다 미리 데이터를 정제하여 넣어주는 것이다. 이러한 Normalization을 Neural Network의 중간 Layer에도 적용할 수 있도록 하는 것이 Batch Normalization이다.

이제 좀 더 구체적으로 Batch Normalization의 작동 방식에 대해서 알아보자. 입력 x(mini-batch)의 shape이 (N, C)라고 하자. 여기서 N은 batch size이고 C은 feature의 차원이다. Batch Normalization을 취하면 출력은 다음과 같이 된다.

$$y = \frac{x - \mathbf{E}[x]}{\sqrt{\mathbf{Var}[x] + \epsilon}} \times \gamma + \beta \tag{3.5}$$

여기서 $\mathbf{E}[x]$, $\mathbf{Var}[x]$는 각각 평균, 분산이다. 이 평균, 분산이 어떻게 계산되는지 잘 보아야 한다.

- 평균, 분산: x의 batch 방향으로 평균, 분산이 계산된다. 그래서 $\mathbf{E}[x]$, $\mathbf{Var}[x]$의 shape은 $(C,)$가 된다.

14 torch.nn.Module에 정의되어 있다.

- γ, β: trainable variable이다. γ, β의 shape도 (C)가 된다.

- 이와 같이 평균, 분산, γ, β의 shape이 어떻게 되는지 잘 보아야 한다. 이런 shape의 형태를 또 다른 Normalization인 Layer Normalization과 대비해서 살펴보면 이해하는 데 도움이 된다.

- Layer Normalization도 식 (3.5)와 동일한 방식으로 계산되지만, shape은 좀 다르게 적용된다. Layer Normalization에서 평균, 분산의 shape은 (N)이 되고, γ, β의 shape은 Batch Normalization과 같은 (C)가 된다.

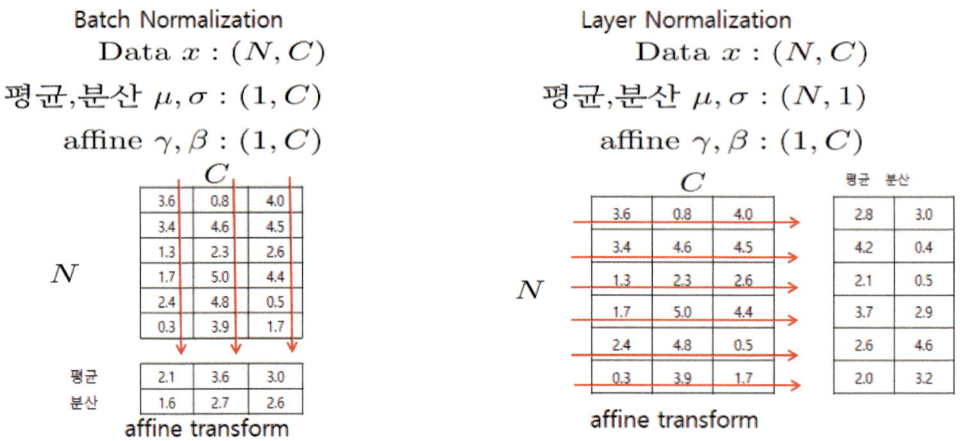

그림 3.29: Batch, Layer Normalization에서 shape
평균, 분산의 shape은 다르고, affine parameter(γ, β) shape은 동일하다. Layer Normalization을 사용하는 대표적인 모델이 Transformer(`https://arxiv.org/abs/1706.03762`)이다.

- 평균, 분산 Update: 미니배치 데이터가 들어오면 평균, 분산을 누적으로 저장해 두어야 한다. 평균, 분산을 저장할 때 이미 저장되어 있는 평균(μ_{old}), 분산(σ_{old})에 새로 들어온 미니배치 데이터의 평균($\mu_{\text{mini-batch}}$), 분산($\sigma_{\text{mini-batch}}$)을 반영해서 업데이트해야 한다. 업데이트하는 방식은 지수가중 이동평균(Exponentially Weighted Moving Average) 방식을 사용한다[15].

$$\mu_{\text{old}} \longleftarrow \text{momentum} \times \mu_{\text{old}} + (1 - \text{momentum}) \times \mu_{\text{mini-batch}}$$
$$\sigma_{\text{old}} \longleftarrow \text{momentum} \times \sigma_{\text{old}} + (1 - \text{momentum}) \times \sigma_{\text{mini-batch}}$$

여기서 momentum은 가중치를 나타내는데 Tensorflow, Pytorch API의 default 값은 각각 0.99, 0.9이다[16]. 이미 여러 데이터의 누적치가 반영된 $\mu_{\text{old}}, \sigma_{\text{old}}$에 높은 가중치를 부여하고 있다.

---

15 지수가중 이동평균에 대한 설명은 부록 A.4절에 있다.

16 Pytorch API에서는 momentum = 0.1로 나오는데, (1-momentum)으로 사용되기 때문에 적용되는 가중치는 0.9이다.

- 평균(μ_{old}), 분산(σ_{old})은 훈련할 때 계속 업데이트한다는 의미에서 running mean, running variace라고도 부른다.
- (훈련 단계가 아닌) 추론 단계에서는 식(3.5)의 평균, 분산으로 (추론을 위해 입력한) 데이터의 평균, 분산이 아니라 훈련할 때 저장한 평균(running mean), 분산(running variace)을 사용한다.
- 따라서 Batch Normalization은 Dropout처럼 훈련 단계와 추론 단계의 동작 방식이 다르다.
- Batch Normalization 앞에 위치하는 Layer에는 bias를 두지 않는 것이 일반적이다. 정규화를 하면 bias를 두는 것이 의미가 없기 때문이다.
- Activation Function과의 위치 관계: Batch Normalization Layer는 Activation Function 앞에 놓이는 것이 일반적이다. Activation Function을 Batch Normalization 앞에 두는 구조의 모델도 있다.

지금까지 입력 shape이 (N, C) 인 경우의 Batch Normalization을 살펴보았다. 이미지와 같이 입력의 shape이 (N, H, W, C) 인 경우는 평균, 분산을 axis(0,1,2)에 대해서 계산한다. 이렇게 계산하면 평균, 분산의 shape은 (C) 가 된다. batch(axis=0)에 대해서만 평균, 분산을 계산하지 않고 (N, H, W) 에 대해서 계산하는 방식이기 때문에 Spatial Batch Normalization이라 한다.

다음 Tensorflow, Pytorch의 Batch Normalizatin API는 Spatial Batch Normalization 방식으로 동작한다.

```
tf.keras.layers.BatchNormalization(axis=-1)
torch.nn.BatchNorm2d(num_features)
torch.nn.BatchNorm1d(num_features)
```

지금까지 살펴본 Batch Normalization의 효과를 정리하면 다음과 같다.

- overfitting을 방지한다. Dropout 대안으로 활용할 수 있다고도 하지만, 완전히 대체할 수는 없다. Dropout과 병행하여 사용하는 것이 좋다.
- 훈련 속도가 향상된다. Batch Normalization이 추가되면 계산량이 증가하지만, 더 적은 epoch으로도 빨리 수렴한다. 계산량 증가로 느려지는 효과와 빠른 수렴을 종합하면 장점이 더 많다고 할 수 있다.
- weight(가중치) 초기화 방식에 덜 민감하게 된다.
- gradient vanishing이 완화된다.

3.7.4 Gradient Clipping

Gradient 값이 너무 커져서 overflow가 발생하는 현상을 Gradient Exploding이라 한다. 이런 문제를 방지하기 목적으로 (경사하강법에서) 계산된 Gradient값을 강제로 조정하는 방법이 Gradient Clipping이다. Batch Normalization을 적용할 수 없는 RNN(순환신경망) 모델에서 많이 사용한다.

Gradient Clipping에는 다음 2가지 방법이 있다.

① Clip Value: 계산된 Gradient의 값을 일정 범위를 벗어나지 못하게 강제로 조정한다.

② Clip Norm: 계산된 Gradient의 L_2 norm을 지정된 값으로 조정한다.

Tensorflow에서의 적용 방법을 살펴보자. 다음과 같이 `clipvalue=5.0`으로 지정하면 gradient 값이 $[-5, 5]$ 사이의 값으로 강제로 조정된다.

```
tf.keras.optimizers.SGD(clipvalue=5.0)
```

`clipnorm=3.0`이면, gradient dW의 L_2 norm이 3보다 큰 경우에,

$$dW \longleftarrow \frac{3}{\|dW\|} dW$$

로 조정된다.

```
tf.keras.optimizers.SGD(clipnorm=3.0)
tf.keras.optimizers.SGD(global_clipnorm=5.0)
```

- `clipnorm`은 각각의 weight에 norm clipping을 적용하고, `global_clipnorm`은 모든 weight를 하나의 vector로 보고 norm을 계산해서 norm clipping을 적용한다.

Pytorch에서의 API는 다음과 같다.

```
torch.nn.utils.clip_grad_norm_(parameters, max_norm, norm_type=2.0)
torch.nn.utils.clip_grad_value_(parameters, clip_value)
```

- `clip_grad_norm_()`은 argument로 넘긴 `parameters` 전체를 하나의 vector로 보고 norm clipping을 적용한다. 이는 Tensorflow의 `global_clipnorm`과 동일하다. 각각의 weight마다 norm clipping을 하려면 loop로 처리하면 된다.
- `norm_type=p`이면 L_p-norm이 적용된다[17].
- `clip_grad_norm_()`이 return하는 값은 clipping 되기 전의 전체 norm이다.

다음은 Pytorch 샘플 코드이다.

```
loss = loss_function(out, target)
loss.backward()

# norm_type=2 --> L2 norm
nn.utils.clip_grad_norm_(model.parameters(), max_norm=2.0, norm_type=2)
```

17 p-norm 정의는 부록 B를 참조하면 된다.

3.8 Activation Function

지금까지 나온 Activation Function(활성 함수)으로 Sigmoid와 Relu가 있었다. 딥러닝에는 이외에도 다양한 Activatin Function을 사용한다.

3.8.1 Tanh

tanh는 hyperbolic tangent 함수[18]를 말한다. 수식은 다음과 같다.

$$\begin{aligned}\tanh(x) &= \frac{e^x - e^{-x}}{e^x + e^{-x}} = \frac{e^{2x} - 1}{e^x + 1} = 2\sigma(2x) - 1, \quad \sigma = \text{sigmoid} \\ \tanh'(x) &= 1 - \tanh^2(x)\end{aligned}$$

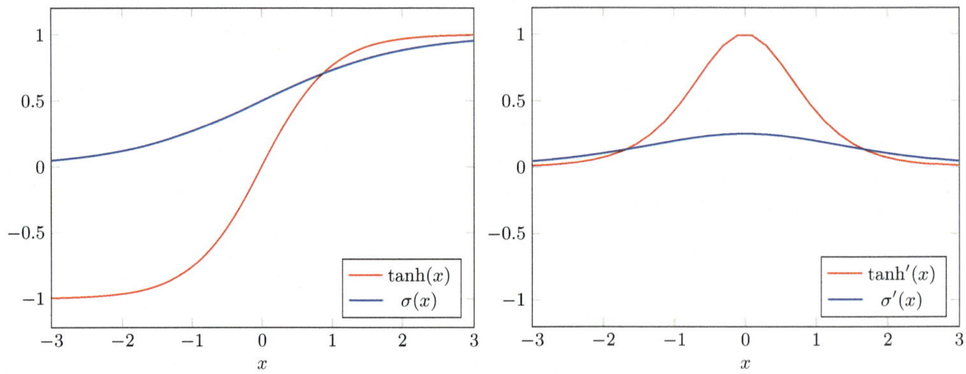

그림 3.30: tanh, sigmoid 비교
미분의 최댓값은 sigmoid에서 0.25이고, tanh에서는 1이다. 미분값이 상대적으로 크기 때문에 Gradient Vanishing이 조금 더 완화된다.

RNN(순환신경망)의 대표 모델이라 할 수 있는 LSTM, GRU 등에서 Gradient Vanishing을 완화시키기 위해서 사용된다. 하지만 Gradient Vanishing 문제는 여전히 발생한다. 출력값의 범위가 $[-1, 1]$인 경우에 마지막 활성 함수로 사용할 수도 있다.

18 hyperbolic 함수를 쌍곡함수라 부른다. 쌍곡함수에는 tanh 외에 hyperbolic sine, hypberbolic cosine이 있다.

3.8.2 Leaky Relu & ELU

주어진 양수 a에 대하여 Leaky Relu, ELU(Exponential Linear Unit) 함수는 다음과 같이 정의된다.

$$\text{LeakyRelu}(x) = \begin{cases} x & x \geq 0 \text{ 인 경우} \\ ax & x < 0 \text{ 인 경우} \end{cases} \qquad \text{ELU}(x) = \begin{cases} x & x \geq 0 \text{ 인 경우} \\ a\big(e^x - 1)\big) & x < 0 \text{ 인 경우} \end{cases}$$

a는 미리 정해주어야 하는 hyper parameter이다.

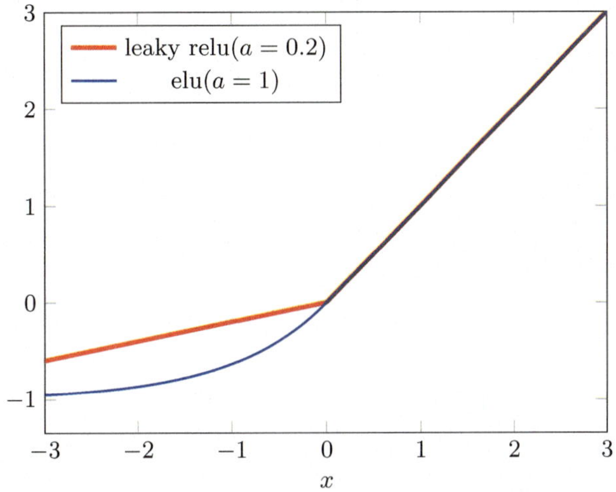

그림 3.31: Leaky Relu & ELU

Relu에서 입력값이 모두 음수인 경우[19], Gradient가 0이 된다. 이런 경우에 weight가 변하지 않는 문제가 발생한다. 이런 현상을 dying relu라고 부르다. 이런 상황을 회피하고자 leaky relu, ELU(Exponential Linear Unit)가 나왔다. 하지만 leaky relu나 ELU가 training을 방해하는 경우도 있기 때문에, 필요한 경우에만 사용하는 것이 좋다. 대표적으로 DCGAN[20]의 discriminator에서 leaky relu를 사용한다.

---

19 learning rate이 너무 큰 경우나 bias가 큰 음수인 경우에 발생할 수 있다.

20 Deep Convolutional Generative Adversarial Networks, `https://arxiv.org/abs/1511.06434`

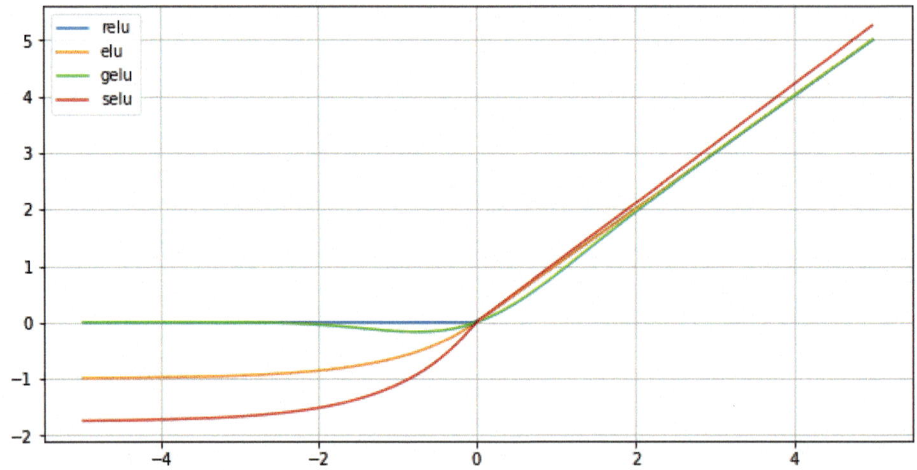

그림 3.32: gelu, elu, relu, selu

3.8.3 GELU

$\Phi(x)$를 표준정규분포의 CDF[21]라고 하자. GELU(Gaussian Error Linear Unit)는 다음과 같이 정의된다.

$$\text{GELU}(x) := x\Phi(x) \approx 0.5x\left[1 + \tanh\left(\sqrt{2/\pi}(x + 0.044715x^3)\right)\right]$$

Relu가 입력값 x의 부호에 따라 0 또는 1을 곱하였다면, GELU는 x에 비례하게 $\Phi(x)$를 곱하는 구조로 설계되었다. GELU는 BERT[22]를 비롯한 NLP(Natural Language Processing, 자연어 처리)에서 주로 사용된다.

3.8.4 Parametric Relu

Parametric Relu(PRelu)는 leaky relu의 hyper parameter인 a를 훈련 가능(trainable) 변수로 만든 활성 함수이다.

21 Cumulative Distribution Function으로 누적확률밀도 함수를 말한다.

22 Bidirectional Encoder Representations from Transformers, `https://arxiv.org/abs/1810.04805`

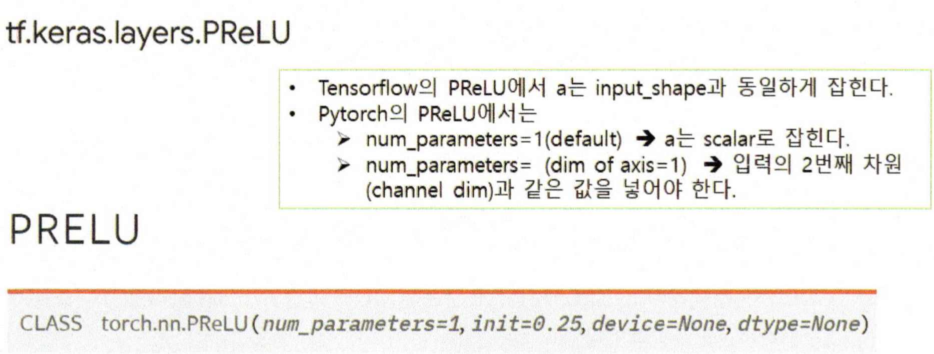

그림 3.33: Parametric Relu API
Tensorflow, Pytorch에서 PRelu API에서 trainable parameter a가 잡히는 방식에 차이가 있다. Pytorch에서는 1 또는 axis=1의 차원(두 번째 차원)을 넣어야 한다.

3.8.5 Scaled ELU

$$\mathrm{SELU}(x) = \begin{cases} \lambda x & x \geq 0 \text{ 인 경우} \\ \lambda a\big(e^x - 1)\big) & x < 0 \text{ 인 경우} \end{cases} \qquad \lambda = 1.05070098, a = 1.67326324$$

SELU[23]는 FC Layer에 특화된 활성 함수이다.

3.8.6 Softplus, Softsign, Swish

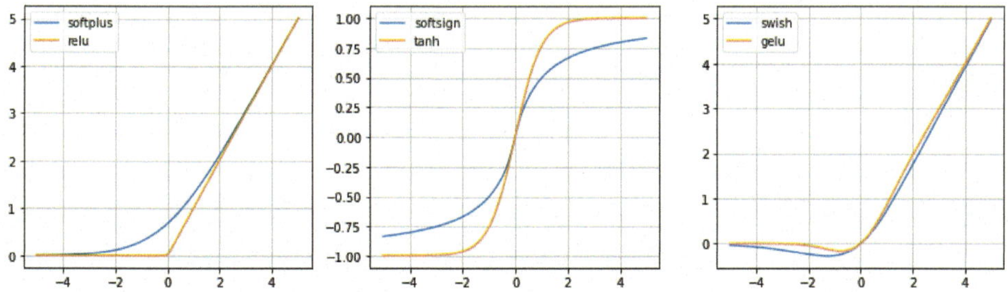

그림 3.34: Softplus, Softsign, Swish

- Softplus: 항상 양의 값을 가지는 함수로, Relu의 대안으로 활용 가능하다. 모델의 예측 대상이

23 참고: https://towardsdatascience.com/selu-make-fnns-great-again-snn-8d61526802a9

양수여야 하는 경우 (예: 분산) 에 사용할 수 있다. Softplus를 미분하면 Sigmoid가 된다.

$$\text{Softplus}(x) = \log(1 + e^x)$$

- Softsign: Tahn와 유사하다. 음성합성 모델인 Deep Voice2[24] 에서 사용한 사례가 있다.

$$\text{Softsign}(x) = \frac{x}{1 + |x|}$$

- Swish: GELU와 유사하다. GELE에서 정규분포의 CDF 대신 sigmoid를 사용했다. Swish는 MobileNetV3[25] 에서 사용되었다.

$$\text{Swish}(x) = \frac{x}{1 + e^{-x}}$$

지금까지 설명한 활성 함수의 Tensorflow, Pytorch API를 표 (3.6) 에서 비교했다.

24 `https://arxiv.org/abs/1705.08947`

25 `https://arxiv.org/abs/1905.02244`

Activation Function	Tensorflow	Pytorch	비고
Sigmoid	`tf.nn.sigmoid`	`torch.nn.Sigmoid` `torch.nn.functional.sigmoid`	$y' = y(1-y)$
Relu	`tf.keras.layers.ReLU` `tf.nn.relu`	`torch.nn.ReLU` `torch.nn.functional.relu`	
Tanh	`tf.keras.activations.tanh` `tf.math.tanh`	`torch.nn.Tanh` `torch.nn.functional.tanh`	$y' = 1 - y^2$
Leaky Relu	`tf.keras.layers.LeakyReLU` `tf.nn.leaky_relu`	`torch.nn.LeakyReLU` `torch.nn.functional.leaky_relu`	
ELU	`tf.keras.activations.elu`	`torch.nn.ELU` `torch.nn.functional.elu`	
GELU	`tf.keras.activations.gelu`	`torch.nn.GELU` `torch.nn.functional.gelu`	
PRelu	`tf.keras.layers.PReLU`	`torch.nn.PReLU` `torch.nn.functional.prelu`	Tensorflow, Pytorch에서 tainable parameter a의 shape이 다르다.
Randomized Leaky Relu	`tfa.activations.rrelu`	`torch.nn.RReLU`	a를 $[\frac{1}{8}, \frac{1}{3}]$ 사이에서 random하게 선택. 추론에서는중간값인 $\frac{11}{48}$로 고정. overfitting 방지 효과가 있다.
SELU	`tf.keras.activations.selu`	`torch.nn.SELU`	Scaled ELU

표 3.6: Activation Function API
Layer로서 class API와 함수형 API가 각각 있다.

제 Ⅲ 부

Framework 활용과 모델 구현

Deep Learning

딥러닝

제 4 장

모델 & 데이터

4.1 데이터 불러오기

4.1.1 MNIST 데이터

MNIST(Modified National Institute of Standards and Technology) 데이터는 손으로 쓴 숫자를 이미지로 만든 것으로 Neural Network을 공부하는 사람들이 기본적으로 다루는 데이터이다.

코드 4.1: MNIST 데이터 다운로드

```
def download_mnist():
    mnist_url = 'http://yann.lecun.com/exdb/mnist/'
    mnist = {
        'train_img':'train-images-idx3-ubyte.gz',
        'train_label':'train-labels-idx1-ubyte.gz',
        'test_img':'t10k-images-idx3-ubyte.gz',
        'test_label':'t10k-labels-idx1-ubyte.gz'
    }

    for gz_filename in mnist.values():
        file_path = os.path.join('./',gz_filename) # 다운로드받을 위치
        if not os.path.exists(file_path):
            urllib.request.urlretrieve(mnist_url + gz_filename, file_path)
            print(f"Downloading: {file_path}")
    print("Done")

download_mnist()
```

그림 (4.1) 에서 언급한 image/label 2가지 gz(gzip) 파일을 읽어 오는 방식이 서로 다르다. `np.frombuffer`로 파일을 읽을 때, image 파일은 offset=16, label 파일은 offset=8로 읽어야 한다.

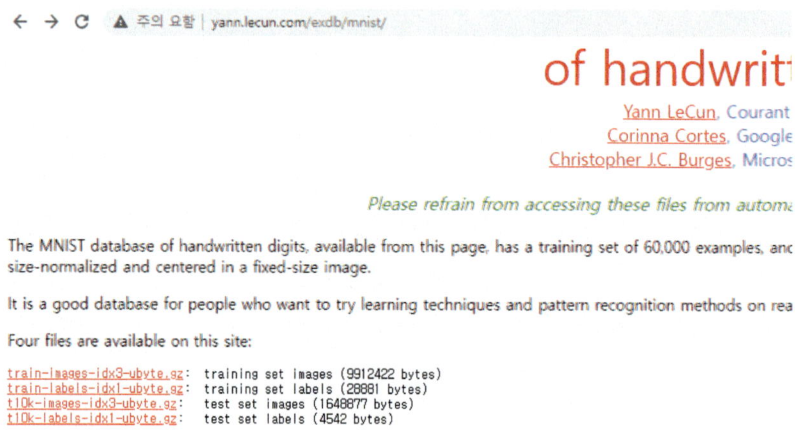

그림 4.1: MNIST Dataset

`http://yann.lecun.com/exdb/mnist/` 에서 다운로드받을 수 있다. train-test/image-label로 나누어져 있고 모두 4개 파일이다. train 데이터가 6만, test 데이터가 1만 개로 구성되어 있다. image 데이터는 0 ~ 255 사잇값을 가진다. 0이 검은색이고 숫자가 커질수록 흰색이 된다.

위의 공식 사이트는 2023년 8월 기준으로 접근이 제한되고 있다. 코드 4.1을 이용해서 다운로드받을 수는 있다. 또는 `https://web.archive.org/web/20220331130319/https://yann.lecun.com/exdb/mnist/` 이곳에서 직접 다운로드받을 수도 있다.

코드 4.2: **[Numpy]** 다운받은 MNIST 파일(gzip)로부터 Numpy Array로 읽어오기

```python
import gzip
import numpy as np

def extract_mnist(img_filename,image_flag):
    offset=16 if image_flag else 8

    with gzip.open(img_filename, 'rb') as f:
        data = np.frombuffer(f.read(), np.uint8, offset=offset) # Numpy Array, uint8,
            flatten array
    if image_flag:
        data = data.reshape(-1,784)
    return data
def load_mnist(datadir):
    mnist = {
        'train_img':'train-images-idx3-ubyte.gz',
        'train_label':'train-labels-idx1-ubyte.gz',
        'test_img':'t10k-images-idx3-ubyte.gz',
        'test_label':'t10k-labels-idx1-ubyte.gz'
    }

    train_X = extract_mnist(os.path.join(datadir,mnist['train_img']),image_flag=True)
    train_Y =
         extract_mnist(os.path.join(datadir,mnist['train_label']),image_flag=False)
    test_X = extract_mnist(os.path.join(datadir,mnist['test_img']),image_flag=True)
    test_Y = extract_mnist(os.path.join(datadir,mnist['test_label']),image_flag=False)

    return train_X, train_Y, test_X, test_Y
```

```

train_X, train_Y, test_X, test_Y = load_mnist('./')
print(train_X.shape, train_Y.shape, test_X.shape, test_Y.shape) # ((60000, 784), (60000,), (10000, 784), (10000,))
print(train_X.dtype, train_Y.dtype, test_X.dtype, test_Y.dtype) # uint8 uint8 uint8 uint8
```

코드 4.2에서 로드한 MNIST 데이터를 코드 4.3에서 시각적으로 그려보자.

코드 4.3: MNIST 이미지 그려보기

```
import matplotlib.pyplot as plt
num_rows = 2
num_cols = 10
fig, axes = plt.subplots(num_rows, num_cols, figsize=(num_cols,num_rows))
for i in range(num_rows*num_cols):
    ax = axes[i//num_cols, i%num_cols]
    ax.imshow(train_X[i].reshape(28,28), cmap='gray_r')
    ax.set_title('Label: {}'.format(train_Y[i]))
    ax.axis('off')
plt.tight_layout()
plt.show()
```

- 784차원 데이터를 (28, 28)로 reshape했다.
- 검은색 바탕에 흰색 손글씨인 데이터를 cmap='gray_r'로 흰색 바탕에 검은색 손글씨로 보이도록 했다.

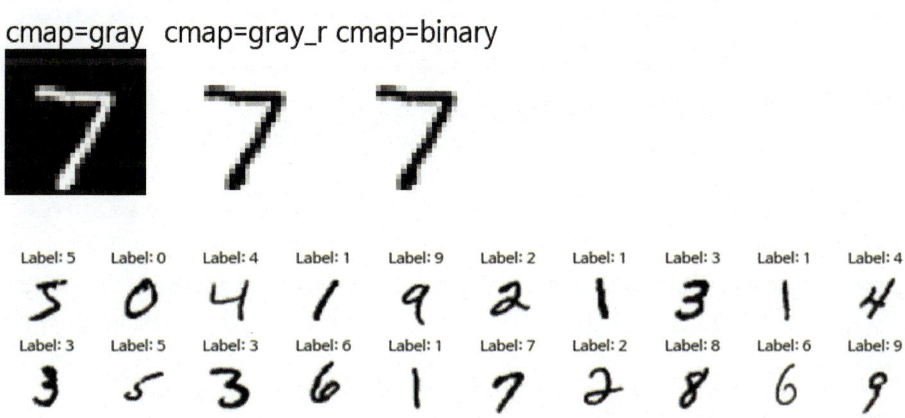

그림 4.2: MNIST 이미지 예시
cmap='gray_r'로 설정하여 흑백을 반전시켰다. MNIST는 검은색 바탕에 흰색 손글씨이다. 검은색이 0, 흰색이 255를 나타낸다.

4.1.2 MNIST 데이터 - Tensorflow

Tensorflow에서는 `tf.keras.datasets.mnist`를 이용해서 MNIST 데이터셋을 가져올 수 있다. uint8형이고 0 ~ 255 사잇값을 가진다.

코드 4.4: **[Tensorflow]** Tensorflow에서 제공하는 MNIST 데이터. Numpy array 형태로 제공한다.

```
(x_train, y_train), (x_test, y_test) = tf.keras.datasets.mnist.load_data() # Numpy
    Array(uint8)
print(x_train.shape,y_train.shape,x_test.shape,y_test.shape) #(60000, 28, 28)
    (60000,) (10000, 28, 28) (10000,)
print(x_train.dtype, y_train.dtype, x_test.dtype, y_test.dtype) # uint8 uint8 uint8
    uint8
```

4.1.3 MNIST 데이터 - Pytorch

Pytorch에서 제공하는 MNIST 데이터셋은 computer vision 라이브러리[1]인 torchvision에서 제공된다.

코드 4.5: **[Pytorch]** torchvision에서 제공하는 MNIST 데이터. PIL.Image를 **Dataset** 클래스 객체로 제공한다.

```
import torchvision.datasets as datasets
from torch.utils.data import Dataset
import torchvision.transforms as transforms
transform = transforms.Compose([transforms.ToTensor()])
# transform을 넣지 않으면, PIL.Image를 return한다.
download_root = '.'
train_dataset = datasets.MNIST(download_root, transform=transform, train=True,
    download=True)
test_dataset = datasets.MNIST(download_root, transform=transform, train=False,
    download=True)
#test_dataset=datasets.MNIST(download_root,transform=transforms.ToTensor(),
#                        train=False, download=True) #이 방식도 가능
isinstance(train_dataset, Dataset) # True
```

- `transform=None`: PIL(Python Image Library, Pillow[2]) Image를 **Dataset**[3] 객체로 만들어 준다. PIL.Image로 만들면 훈련용 데이터로 부적합하므로 다음과 같이 transform을 해주어야 한다[4].

---

1 라이브러리(Library)는 패키지(Package)보다 더 상위 개념이지만, 패키지와 혼용해서 사용하기도 한다.

2 pip install pillow

3 Pytorch의 **Dataset**에 관해서는 뒤에 더 자세한 설명이 나온다.

4 target label에 대한 변형이 필요하면 `torchvision.datasets.MNIST(...,target_transform = ... )` argument를 사용할 수 있다.

- `transforms.Compose([transforms.ToTensor()])`: PIL Image를 Pytorch Tensor로 변환하여 **Dataset**으로 만들어 준다.
- `transforms.ToTensor()`: shape을 (1, 28, 28)로 변환하고 값도 $0 \sim 1$ 사이인 Tensor로 변환해 준다.
- 보통 이미지 데이터의 형태는 (H, W, C)로 나오는데 H는 세로, W는 가로, C는 채널(channel)을 나타낸다. Pytorch에서는 (H, W, C) 보다는 (C, H, W) 형태를 기본으로 한다. 전자를 channel last, 후자를 channel first라고 부른다.
- 그림(4.3)에서 Windows 환경에서 이미지 속성을 확인하는 방법과 PIL Image을 Pytorch Tensor로 변환하는 방법을 보여주고 있다.

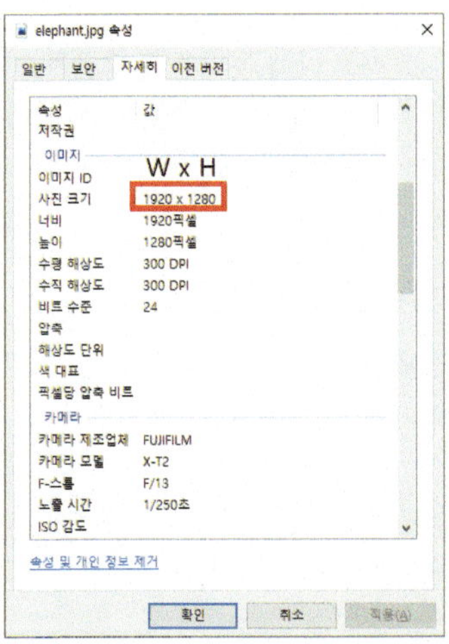

```python
from PIL import Image
import matplotlib.pyplot as plt

image = plt.imread('elephant.jpg') # numpy array, uint8
print(image.shape)  # (1280, 1920, 3) → channel last(HWC)

image_torch = Image.open('elephant.jpg')
x = transforms.ToTensor()(image_torch)
x.shape  # torch.Size([3, 1280, 1920]) → channel first(CHW)
```

그림 4.3: Windows 환경에서 이미지 파일 속성과 Pytorch Tensor 변환
Windows에서 이미지 파일의 속성을 보면, (가로×세로) 형식으로 보인다. 이미지를 Python에서 load 하면, H-W순으로 읽어온다. 그리고 Pytorch에서는 channel first를 기본으로 한다.

4.1.4 MNIST 데이터 - Scikit-Learn

코드 4.6: sklearn에서는 Pandas DataFrame으로 데이터를 생성해 준다.

```python
from sklearn.datasets import fetch_openml
mnist = fetch_openml('mnist_784',version=1,data_home=r'./')
mnist.keys() # dict_keys(['data', 'target', 'frame', 'categories', 'feature_names',
    'target_names', 'DESCR', 'details', 'url'])
mnist['data'].values.shape # (70000, 784)
type(mnist['target'][0]), mnist['target'][0] # (str, '5')
```

코드 4.6에서 `mnist['data']`, `mnist['target']`은 각각 Pandas DataFrame, Series이다. `mnist['target']`에는 숫자(int)가 아닌, 문자열(str)이 들어가 있다. 예를 들어, 5가 아닌 `'5'`로 되어 있다.

지금까지 Tensorflow, Pytorch, Scikit-Learn에서 MNIST 데이터를 가져오는 방법을 살펴보았다. 데이터를 다룰 때, 읽어온 데이터가 어떤 형식으로 되어 있고 데이터 type(float32, int, str 등)이 어떤 것인지 직접 확인하는 습관이 중요하다.

4.1.5 데이터 로딩(Loading)

딥러닝 모델의 훈련에서 데이터는 아주 중요하다. 데이터를 효율적으로 다룰 수 있어야 모델 훈련도 원활하다.

- 딥러닝 모델을 훈련하기 위한 MNIST 데이터를 Numpy array로 메모리에 올리는 방법을 이미 살펴보았다. MNIST 데이터는 1G byte 이하의 작은 데이터이다. 요즘 PC의 메모리 용량이 적어도 4G byte 정도는 되기 때문에 1 ∼ 2G byte 정도의 데이터는 전체를 메모리에 올려서 훈련할 수 있다.

- 메모리에 올려진 데이터는 미니배치로 잘라서 모델에 들어간다. 모델 훈련에 사용되는 GPU 메모리는 상대적으로 작기 때문에 메모리에 올려진 데이터 전체를 GPU에 올릴 수 없는 경우가 대부분이다. GPU 메모리가 감당할 수 있는 크기의 미니배치를 만들어서 훈련해야 한다.

- 대용량의 데이터로 훈련해야 하는 경우에는 수십 기가에서 수백 기가의 데이터를 메모리에 올릴 수가 없다. 훈련을 진행하면서 효율적으로 필요한 만큼씩 메모리에 올려야 한다.

- Tensorflow, Pytorch에는 데이터를 조작해서 모델에 넘겨줄 수 있도록 해주는 API가 있다.

  - Pytorch에는 `Dataset`, `DataLoader`가 있다.

    * Dataset: 메모리에 이미 올려진 데이터를 하나씩 return한다. 메모리에 올리지 못한 경우에는 디스크에서 파일을 읽어 하나씩 return한다.

    * DataLoader: Dataset을 넘겨받아 미니배치로 묶는 작업을 해준다.

  - Tensorflow에서는 `tf.data.Dataset`이 Pytorch의 Dataset, DataLoader 역할을 모두 해준다.

4.1.6 Tensorflow 데이터 처리

데이터를 Tensorflow `tf.data.Dataset`으로 생성하는 방법을 알아보자.

코드 4.7: [**Tensorflow**] Tensorflow Dataset 예시. take()로 일부 데이터를 확인할 수 있다.

```
(x_train, y_train), (x_test, y_test) = tf.keras.datasets.mnist.load_data() # Numpy Array(uint8)
x_train = tf.cast(x_train.reshape(-1,28*28)/255.,tf.float32) # (60000,784), float64 -> float32
x_test = tf.cast(x_test.reshape(-1,28*28)/255.,tf.float32) # (10000,784)

train_dataset = tf.data.Dataset.from_tensor_slices((x_train,y_train))
                                .shuffle(buffer_size=20000).batch(32)
validation_dataset = tf.data.Dataset.from_tensor_slices((x_test,y_test)).batch(128)

print(isinstance(train_dataset, tf.data.Dataset)) # True

for i,d in enumerate(train_dataset.take(4)):
    print(i, d[0].shape, d[1].shape)
```

Output:

```
0 (32, 784) (32,)
1 (32, 784) (32,)
2 (32, 784) (32,)
3 (32, 784) (32,)
```

- `from_tensor_slices()`는 가장 기본적인 API로 Numpy array를 Tensor 변환한다. 코드 4.7에서는 MNIST 데이터를 Numpy array로 변환해서 넘겼다. 이렇게 필요한 데이터를 Numpy array로 만들어 넘기면 Tensorflow Tensor로 변환된다.

  `tf.data.Dataset.from_tensor_slices`

  코드 4.7에서와 같이 `x_train`, `y_train` 2개 이상을 넘길 때에는 tuple로 묶어주어야 한다.

- `shuffle()`을 통해 훈련 데이터를 섞어 주어야 한다. 데이터가 정렬되어 있는 경우도 있을 수 있기 때문이다. `shuffle()`을 해주면 과최적화(overfitting)를 방지하는 효과와 국소 최솟값(local minimum)에 빠지는 것도 방지할 수 있다. `buffer_size`만큼 데이터를 가져와서 미니 배치를 만들어 준다. 다 소모되면 다시 `buffer_size`만큼을 가져오는 방식이다.

  `tf.data.Dataset.shuffle(buffer_size)`

  테스트 데이터는 순서가 중요하지 않기 때문에 `shuffle()`해줄 필요가 없다.

- batch()는 미니배치 크기로 data를 묶어준다. drop_remainder=False이면 지정한 batch_size로 묶은 후, 짜투리가 남으면 버리지 않고 남아 있는 만큼을 미니배치로 묶어 준다. 여기서 주의할 점은 모델에 따라서 batch_size가 고정된 경우가 있다는 점이다. 이런 경우에는 drop_remainder=True로 설정해 주어야 한다. 이것을 잘못 처리하면 버그의 원인이 될 수 있다[5].

```
tf.data.Dataset.batch(batch_size,drop_remainder=False)
```

  Pytorch에서는 DataLoader(...,drop_last=False,...)의 drop_last가 같은 역할을 한다.

- repeat(count)으로 데이터의 반복 횟수를 지정할 수 있다. repeat(2)이면 데이터의 2배가 1 epoch이 된다. 횟수가 지정되지 않으면 무한 반복된다. 무한 반복이 되면, 1 epoch이 얼마가 될지 정해지지 않는다. 그래서 model.fit에서 steps_per_epoch을 지정하면 steps_per_epoch 만큼이 1 epoch이 된다.

```
#dataset = dataset(2) # 2회 반복
dataset = dataset.repeat() # 반복 횟수를 지정하지 않으면 무한 반복
...
model.fit(...,steps_per_epoch = 25,...)
```

Pytorch의 Dataset, DataLoader로 MNIST 데이터를 다루는 예는 코드 4.10에서 확인할 수 있다.

5 필자는 이것이 원인이 된 버그를 찾는 데 몇 시간을 허비한 경험이 있다.

4.2 MNIST 분류 모델

4.2.1 분류 모델과 Softmax

이제 만들어진 MNIST 데이터로 분류 모델을 만들어 보자. 6장에 나오는 이미지를 다룰 때 필수 모델인 CNN(Convolutional Neural Network) 없이 간단한 구조의 2-Layer FC 모델을 만들어 보자.

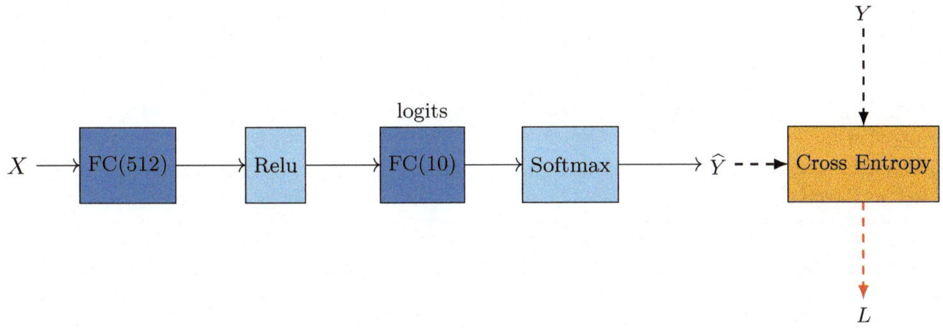

그림 4.4: 2-Layer 분류 모델 구조

그림 (4.4) 에서 두 번째 FC Layer의 output(logits) 은 10차원이다. MNIST의 숫자가 모두 10개이기 때문이다[6]. logits에 있는 10개 숫자 값의 범위가 $(-\infty, \infty)$ 이다. 이 10개의 숫자를 확률로 해석하기 위해서는 모두 0과 1 사이의 값이 되어야 하고, 그 합도 1이 되도록 변환해 주어야 한다. 이런 역할을 해주는 활성 함수가 Softmax이다.

$$\mathbf{z} := \underbrace{\begin{pmatrix} z_1 \\ z_2 \\ \vdots \\ z_n \end{pmatrix}}_{\text{logits}} \xrightarrow{\text{Softmax}} \frac{1}{\sum_{i=1}^{n} e^{z_i}} \begin{pmatrix} e^{z_1} \\ e^{z_2} \\ \vdots \\ e^{z_n} \end{pmatrix} = \begin{pmatrix} \frac{e^{z_1}}{A} \\ \frac{e^{z_2}}{A} \\ \vdots \\ \frac{e^{z_n}}{A} \end{pmatrix} =: \mathbf{p}, \quad A = \sum_{i=1}^{n} e^{z_i}$$

Softmax는 지수 (exponential) 함수를 취해 양수로 만든 후, 전체 합이 1이 되도록 모두를 합한 값으로 나누어주면 된다. Softmax를 취해서 나오는 10개의 숫자는 순서대로

$$(0\text{일 확률}, 1\text{일 확률}, \cdots, 9\text{일 확률})$$

이 된다.

6 class가 10개인 분류 문제이다.

지수 함수 $\exp(x)$는 x값이 100만 되어도 $\exp(100) = 2.688 \times 10^{43}$이 된다. 이렇게 큰 숫자는 계산과정에서 수치적인 불안정이 야기된다. 그래서 Softmax를 계산할 때 좀 더 안정적인 방법이 필요하다. 임의의 아주 큰 양수 C를 정해서 $\exp(-C)$를 분모와 분자에 곱해 주면 값의 크기가 줄어든다.

$$\begin{aligned}\frac{\exp(z_k)}{\sum_{i=1}^{n}\exp(z_i)} &= \frac{\exp(-C)\exp(z_k)}{\exp(-C)\sum_{i=1}^{n}\exp(z_i)}\\ &= \frac{\exp(z_k - C)}{\sum_{i=1}^{n}\exp(z_i - C)}\end{aligned}$$

그래서 $C = \max\{z_1, z_2, \cdots, z_n\}$으로 잡아주는 것이 적당하다. 다음은 Softmax를 Numpy로 구현한 코드이다.

```
def softmax(x):
    y = np.exp(x - np.max(x))
    return y / y.sum(axis=-1,keepdims=True)
```

Tensorflow, Pytorch의 Softmax API는 다음과 같다.

```
tf.keras.layers.Softmax(axis=-1, **kwargs)
tf.nn.softmax(logits, axis=-1, name=None)


torch.nn.Softmax(dim=None)
torch.nn.functional.softmax(input, dim=None)
```

4.2.2 One-Hot Encoding & Cross Entropy Loss

- One-Hot Encoding은 n개의 class를 가진 데이터(Categorical Data, 범주형 자료)의 target label을 n차원 벡터로 변환하는 기법이다. 벡터로 변환을 해주어야 수치적인 계산이 가능하다.
- 분류 문제에서 target label은 문자열(string)로 들어오는 것이 맞지만 편의상 숫자로 변환되어 들어오는 경우가 많다. 다시 말해, target lable의 숫자는 ID에 불과하며 숫자로서 의미가 있는 것은 아니다.
- ID에 불과한 target label을 서로 독립인 벡터로 변환해야 한다. 변환 방법은 그림 (4.5)에서와 같이 target label의 숫자를 index로 보고, 벡터의 해당 index 값만 1로 하고, 다른 값은 모두 0으로 하면 된다.

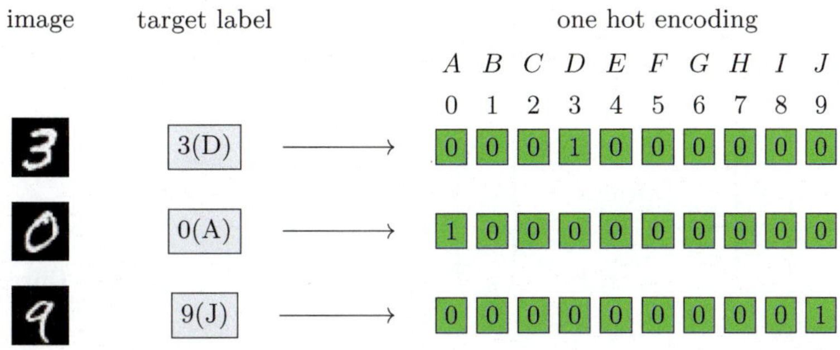

그림 4.5: 10개 class를 가진 MNIST 데이터에서 target label에 대한 One-Hot Encoding
숫자 이미지 3의 target label이 '3'이든 'D'이든 또 다른 무엇이든지 ID에 불과하다. ID를 One-Hot Encoding을 통해 수치적 연산이 가능한 벡터로 변환해 주어야 한다.

Cross Entropy(CE) Loss는 앞에서 다룬 BCE Loss의 일반화로 볼 수 있다. Cross Entropy Loss는 logit과 target label로부터 target에 해당하는

$$-\log(\text{확률})$$

로 정의한다. 확률은 logit을 softmax 취해서 얻어진다. target에 해당하지 않는 나머지 확률들은 계산에 사용되지 않는다. 전체 확률 합이 1이기 때문에, target 확률이 높아지도록 최적화가 이루어지면, 나머지 확률은 줄어들 수밖에 없다[7].

좀 더 구체적으로 Cross Entropy Loss를 정의해 보자. n개의 class에 대한 logit을

$$\mathbf{z} = (z_1, z_2, \cdots, z_n)^T$$

라 하자[8].

그림 (4.6)에서는 데이터 1개에 대한 Cross Entropy Loss를 설명하고 있다. mini-batch M개로 확장하면 Cross Entropy Loss는 다음과 같다.

$$-\frac{1}{M}\sum_{m=1}^{M}\sum_{i=1}^{n} t_{mi}\log p_{mi}$$

여기서

$$(p_{m1}, p_{m2}, \cdots, p_{mn})^T$$

는 m번째 데이터의 예측 확률(logit을 softmax 취한 값)이고,

$$(t_{m1}, t_{m2}, \cdots, t_{mn})^T$$

는 m번째 데이터의 target label을 One-Hot Encoding으로 변환한 것이다.

7 그림 (3.3)에서 왼쪽 그래프를 참조하면 된다.

8 실제 코드로 구현할 때에는 $\mathbf{z} = (z_1, z_2, \cdots, z_n)^T$ 대신에 $\mathbf{z} = (z_0, z_1, \cdots, z_{n-1})^T$로 식이 전개된다.

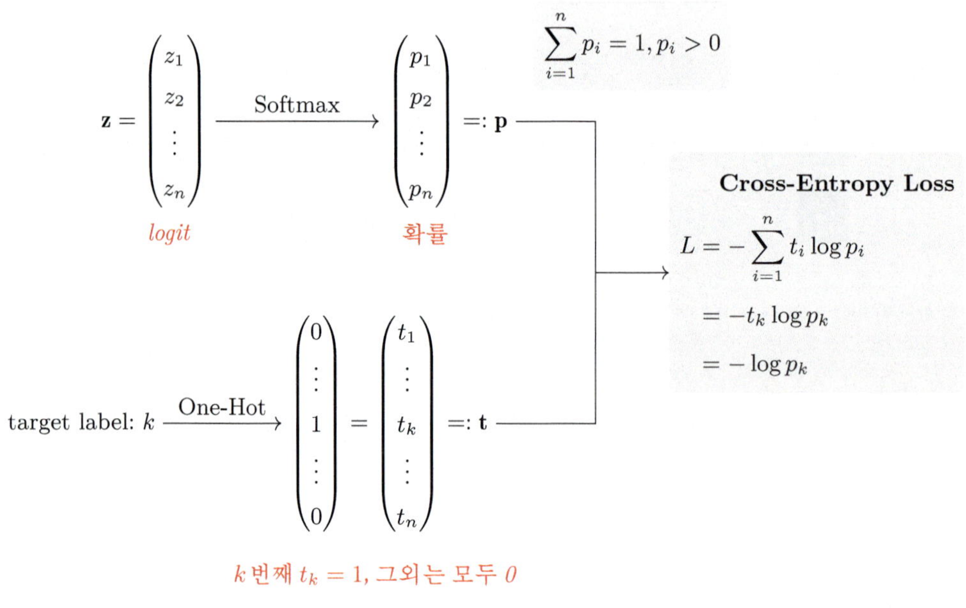

그림 4.6: Cross-Entropy Loss
$-\log p_k$ 가 최소화되려면 p_k 가 1에 가까워져야 한다. 이렇게 되면 $\sum_{i=1}^{n} p_i = 1$ 이므로, 정답에 대한 확률 p_k 를 제외한 나머지 p_i 들은 0에 가까워질 수밖에 없다.

4.2.3 One-Hot & Cross Entropy API

One-Hot Encoding으로 변환해주는 Tensorflow, Pytorch API는 다음과 같다.

```
tf.one_hot(indices,depth)
torch.nn.functional.one_hot(tensor,num_classes=-1) # tensor(LongTensor)
```

- Pytorch `functional.one_hot()`에서 `num_classes=-1`이면 데이터의 가장 큰 값을 기준으로 class 개수를 파악한다. 최댓값이 5이면 class는 $[0, 1, 2, 3, 4, 5]$로 `num_classes=6`이 된다.

```
labels = np.array([0, 9, 7, 9, 8]) # np.random.randint(10,size=(5,))

tf.one_hot(labels,10) # --> tf.float32
torch.nn.functional.one_hot(torch.LongTensor(labels),10) # --> torch.int64
```

Output:

```
Tensorflow:
<tf.Tensor: shape=(5, 10), dtype=float32, numpy=
array([[1., 0., 0., 0., 0., 0., 0., 0., 0., 0.],
       [0., 0., 0., 0., 0., 0., 0., 0., 0., 1.],
       [0., 0., 0., 0., 0., 0., 0., 1., 0., 0.],
       [0., 0., 0., 0., 0., 0., 0., 0., 0., 1.],
       [0., 0., 0., 0., 0., 0., 0., 0., 1., 0.]], dtype=float32)>

Pytorh:
tensor([[1, 0, 0, 0, 0, 0, 0, 0, 0, 0],
        [0, 0, 0, 0, 0, 0, 0, 0, 0, 1],
        [0, 0, 0, 0, 0, 0, 0, 1, 0, 0],
        [0, 0, 0, 0, 0, 0, 0, 0, 0, 1],
        [0, 0, 0, 0, 0, 0, 0, 0, 1, 0]])
```

Cross Entropy Loss의 Tensorflow, Pytorch API는 다음과 같다.

```
tf.keras.losses.SparseCategoricalCrossentropy(from_logits=False)

# target label을 one-hot으로 입력
tf.keras.losses.CategoricalCrossentropy(from_logits=False)
tf.nn.sparse_softmax_cross_entropy_with_logits(labels, logits) # not mean
tf.nn.softmax_cross_entropy_with_logits(labels, logits) # not mean

torch.nn.CrossEntropyLoss() # logits를 입력

# logits를 입력
torch.nn.functional.cross_entropy(input, target, reduction='mean')
```

- target label을 넘길 때, `SparseCategoricalCrossentropy()`에는 one-hot으로 변환하지 않은 상태로 넘겨야 한다. `CategoricalCrossentropy()`에는 one-hot으로 변환해서 넘겨야 한다. logit으로 넘길지 아니면 softmax를 취한 확률로 넘길지는 `from_logits`에 따라 정해진다. `from_logits`의 default 값은 `False`이다[9].
- Pytorch의 `CrossEntropyLoss`에는 logit 값이 넘어가야 한다.
  - target label이 one-hot으로 변환되지 않은 경우에는 반드시 int64형으로 넘겨야 한다.

9 `from_logits=False`인 상태에서 실수로 logit을 넘기는 버그에 유의하자.

– target label이 one-hot 또는 class별 proability로 되어 있어도 된다. 이 경우에는 float32 또는 float64로 넘겨야 한다.

Cross Entropy의 계산은 그림 (4.7)에서 설명하고 있다. 그림 (4.7)에서 사용하고 있는 (advanced) indexing 기법을 그림 (4.8)에서 좀 더 자세히 설명하고 있다.

Cross Entropy Loss

```
labels = [2,3,0]

batch_size=3;D=4
labels = [2,3,0]
logits =
np.array([[ 1.50, -0.99, -0.04,  0.43],
          [ 0.76, -0.04, -0.81,  1.34],
          [ 1.15,  0.61,  0.10,  0.22]])
preds = softmax(logits)

preds:
array([[0.60964473, 0.05054562, 0.13069631, 0.20911334],
       [0.29040958, 0.13048944, 0.06041831, 0.51868267],
       [0.4296936 , 0.25040319, 0.15036601, 0.1695372 ]])

-( np.log(0.13069631)
   + np.log(0.51868267)
   + np.log(0.4296936))/3
= 1.1786749331262152
```

TF

```
L = tf.keras.losses.SparseCategoricalCrossentropy(from_logits=True)
L2 = tf.nn.sparse_softmax_cross_entropy_with_logits
L(labels,logits).numpy(), tf.reduce_mean(L2(labels,logits)).numpy()
➔ (1.1786749362945557, 1.1786749331262152)
```

```
A = tf.convert_to_tensor(preds)
-tf.math.log((tf.gather(A,labels,axis=1, batch_dims=1))).numpy().mean()
➔ 1.1786749331262152
```

Tensorflow에서는 Numpy, Pytorch에서의 비연속적인 indexing을 직접 지원하지 않는다.
tf.gather, tf.gather_nd를 사용해야 한다.

Pytorch

```
LL = torch.nn.CrossEntropyLoss() # softmax를 취하지 않은 logits를 넘겨야 한다.
LL(torch.tensor(logits),torch.tensor(labels)).item() ➔ 1.1786749331262152
```

```
B = torch.tensor(preds)
-B[range(batch_size),labels].log().mean().item() ➔ 1.1786749331262152
```

Numpy

```
-np.log(preds[range(batch_size),labels]).mean() ➔ 1.1786749331262152
```

그림 4.7: Cross Entropy Loss 계산
API를 이용해서 계산할 수도 있고, index slicing(indexing)을 이용할 수도 있다. Tensorflow Tensor는 비연속 indexing을 지원하지 않기 때문에, tf.gather 또는 tf.gather_nd를 사용해야 한다.

```
labels = [2,3,0]
preds= np.array([[0.60964473, 0.05054562, 0.13069631, 0.20911334],
                 [0.29040958, 0.13048944, 0.06041831, 0.51868267],
                 [0.4296936 , 0.25040319, 0.15036601, 0.1695372 ]])
```

preds[range(3),labels] = preds[[0,1,2],[2,3,0]]

➔ (0,2), (1,3), (2,0) ➔ preds[0,2], preds[1,3], preds[2,0]이 추출된다.

➔ array([0.13069631, 0.51868267, 0.4296936])

그림 4.8: Cross Entropy Loss를 Adanced Indexing으로 구하기
Numpy array나 Pytorch Tensor에서 indexing을 통해 특정 위치의 값을 추출하는 기법이 많이 활용된다. 이런 방법을 Advanced Indexing이라 부른다.

4.2.4 BCE vs. CE

A,B 두 개 class를 분류하는 이진 분류 모델에서 logit 값 z을 sigmoid 취해서 class A의 확률을 구한다. 이 문제를 2개 class의 확률을 각각 구하고 Cross Entropy Loss를 구하는 문제로 생각할 수도 있다. logit 값 x만 구해진 것을 2개의 logit $(z, 0)$으로 생각하고 softmax를 취하면 다음과 같이 된다.

$$\begin{cases} \frac{e^z}{e^z+e^0} = \frac{1}{1+e^{-z}} = \text{sigmoid}(z) =: p \\ \frac{e^0}{e^z+e^0} = \frac{1}{e^z+1} = \frac{e^{-z}}{1+e^{-z}} = 1 - \text{sigmoid}(z) = 1 - p \end{cases}$$

식 (3.2)에서 BCE loss가 다음과 같이 정의된 것을 상기하면, 위 식으로 Cross Entorpy Loss가 Binary Cross Entropy Loss의 일반화임을 알 수 있다.

$$\text{BCE}(p) = -t \log p - (1-t)\log(1-p) \quad \longleftarrow t\text{는 target label}$$

4.2.5 Cross Entropy Loss 미분

페이지 101에서 Sigmoid + BCE Loss의 logit에 대한 미분을 다루었다. 그 결과로 식 (3.4)를 얻었다. 다시 정리하면 다음과 같다.

$$\text{logit: } z \to \text{sigmoid: } \sigma(z) \to \text{BCE Loss: } L, \text{target: } t \longrightarrow dz = \frac{\partial L}{\partial z} = \sigma(z) - t$$

여기서 z, t는 모두 scalar 값이다. mini-batch로 확장할 수 있다.

이제 Softmax + Cross Entropy의 logit에 대한 미분을 살펴보자. 놀랍게도 같은 결과가 나온다.

결론을 요약하면 다음과 같다.

$$\text{logit: } \mathbf{z} \to \text{softmax: } \mathbf{p} \to \text{CE Loss: } L, \text{target: } \mathbf{t} \longrightarrow d\mathbf{z} = \frac{\partial L}{\partial \mathbf{z}} = \mathbf{p} - \mathbf{t} \tag{4.1}$$

여기서 $\mathbf{z}, \mathbf{p}, \mathbf{t} \in \mathbb{R}^n$ vector(n class) 이다.

지금부터 식 (4.1)을 유도해 보자. logit $\mathbf{z} = (z_1, z_2, \cdots, z_n)^T$ 를 softmax 취해서 $\mathbf{p} = (p_1, p_2, \cdots, p_n)^T$ 가 되었다고 하자. target label의 One-Hot Encoding을 $\mathbf{t} = (t_1, t_2, \cdots, t_n)^T$ 라고 하자. 여기서

$$p_i = \frac{e^{z_i}}{\sum_{j=1}^{n} e^{z_j}} = \frac{e^{z_i}}{A}, \quad A := \sum_{j=1}^{n} e^{z_j}$$

임을 다시 한번 상기하자. Cross Entropy Loss L은 다음과 같다.

$$L = -\sum_{i=1}^{n} t_i \log p_i \tag{4.2}$$

L을 $\mathbf{z}$로 미분하여 다음 식을 구하는 것이 우리의 목적이다.

$$\begin{aligned} d\mathbf{z} &= \frac{\partial L}{\partial \mathbf{z}} \\ &= \left(\frac{\partial L}{\partial z_1}, \frac{\partial L}{\partial z_2}, \cdots, \frac{\partial L}{\partial z_k}, \cdots, \frac{\partial L}{\partial z_n}\right)^T \end{aligned}$$

k를 고정하고, L을 logit $\mathbf{z}$의 k번째 성분 z_k로 미분한 식 $\frac{\partial L}{\partial z_k}$ 을 계산해 보자. chain rule에 의해

$$\frac{\partial L}{\partial z_k} = \sum_{i=1}^{n} \frac{\partial p_i}{\partial z_k} \frac{\partial L}{\partial p_i}$$

가 된다. 오른쪽에 있는 $\frac{\partial L}{\partial p_i}$ 를 먼저 계산해보자. 식 (4.2)로부터

$$\frac{\partial L}{\partial p_i} = -\frac{t_i}{p_i}$$

가 된다.

이제 $\frac{\partial p_i}{\partial z_k}$ 를 $i \neq k, i = k$, 2가지 경우로 나누어 구해보자.

- 먼저 $i \neq k$ 경우,

$$\frac{\partial p_i}{\partial z_k} = \frac{\partial}{\partial z_k} \frac{e^{z_i}}{A} = -\frac{e^{z_i}}{A^2} e^{z_k} = -\frac{e^{z_i}}{A} \frac{e^{z_k}}{A} = -p_i p_k$$

- $i = k$인 경우는

$$\begin{aligned}
\frac{\partial p_i}{\partial z_k} &= \frac{\partial p_k}{\partial z_k} \\
&= \frac{\partial}{\partial z_k}\frac{e^{z_k}}{A} \qquad \longleftarrow A = e^{z_1} + \cdots + e^{z_k} + \cdots + e^{z_n} \\
&= -\frac{e^{z_k}}{A^2}e^{z_k} + \frac{e^{z_k}}{A} \\
&= -p_k^2 + p_k \\
&= p_k(1 - p_k)
\end{aligned}$$

이제 $\frac{\partial L}{\partial z_k}$ 는 다음과 같이 계산할 수 있다[10].

$$\begin{aligned}
\frac{\partial L}{\partial z_k} &= \sum_{i=1}^{n} \frac{\partial p_i}{\partial z_k}\frac{\partial L}{\partial p_i} \\
&= \frac{\partial p_k}{\partial z_k}\frac{\partial L}{\partial p_k} + \sum_{i \neq k} \frac{\partial p_i}{\partial z_k}\frac{\partial L}{\partial p_i} \\
&= p_k(1 - p_k)\Big(-\frac{t_k}{p_k}\Big) + \sum_{i \neq k}\Big(-p_i p_k\Big)\Big(-\frac{t_i}{p_i}\Big) \\
&= -t_k(1 - p_k) + \sum_{i \neq k} p_k t_i \\
&= -t_k + p_k t_k + p_k \sum_{i \neq k} t_i \\
&= -t_k + p_k \qquad (\because t_1 + \cdots + t_n = 1) \\
&= p_k - t_k
\end{aligned}$$

모든 k에 대한 $\frac{\partial L}{\partial z_k}$ 를 모으면,

$$\begin{aligned}
d\mathbf{z} &= \frac{\partial L}{\partial \mathbf{z}} \\
&= \Big(\frac{\partial L}{\partial z_1}, \frac{\partial L}{\partial z_2}, \cdots, \frac{\partial L}{\partial z_n}\Big)^T \\
&= (p_1 - t_1, p_2 - t_2, \cdots, p_n - t_n)^T \\
&= (p_1, p_2, \cdots, p_n)^T - (t_1, t_2, \cdots, t_n)^T \\
&= \mathbf{p} - \mathbf{t}
\end{aligned}$$

10 참고로 $i = k, i \neq k$ 경우를 합쳐서 구해지는 softmax의 jacobian matrix는 다음과 같다.

$$\text{diag}(P) - PP^T, \text{ 여기서 } P = (p_1, \cdots, p_n)^T$$

logit $(z_1, z_2, \cdots, z_n)$는 trainable variable이 아니지만, gradient descent로 계산한다고 하면, 각각의 k에 대하여

$$z_k \longleftarrow z_k - \alpha(p_k - t_k), \quad (\text{learning rate } \alpha > 0)$$

가 된다.

- $t_k = 1$이면 $p_k - t_k < 0$이 되어, z_k 값을 증가시키고,
- $t_k = 0$이면 $p_k - t_k > 0$이 되어, z_k 값을 감소시킨다.

이는 $t_k = 1$인 k에 대한 z_k 값이 증가하는 방향으로 변화한다. 즉, 정답에 대한 예측 logit 값을 증가시키는 방향으로 훈련된다.

4.2.6 가로 표기 vs. 세로 표기

그림 (4.6)에서부터 식을 전개할 때, 세로 표기법을 사용했다.

$$\mathbf{z} = \begin{pmatrix} z_1 \\ z_2 \\ \vdots \\ z_n \end{pmatrix} = (z_1, z_2, \cdots, z_n)^T, \quad \mathbf{p} = \begin{pmatrix} p_1 \\ p_2 \\ \vdots \\ p_n \end{pmatrix}$$

N개의 데이터 (mini-batch)로 확장하기 위해서는 가로 표기가 유리할 수도 있다.

$$\mathbf{z} = (z_1, z_2, \cdots, z_n), \quad \mathbf{p} = (p_1, p_2, \cdots, p_n)$$

N개의 데이터로 확장하면 다음과 같이 표기 가능하다.

$$\mathbf{Z} = \begin{pmatrix} z_{11} & z_{12} & \cdots & z_{1n} \\ z_{21} & z_{22} & \cdots & z_{2n} \\ \vdots & \vdots & \ddots & \vdots \\ z_{N1} & z_{N2} & \cdots & z_{Nn} \end{pmatrix}, \quad \mathbf{P} = \begin{pmatrix} p_{11} & p_{12} & \cdots & p_{1n} \\ p_{21} & p_{22} & \cdots & p_{2n} \\ \vdots & \vdots & \ddots & \vdots \\ p_{N1} & p_{N2} & \cdots & p_{Nn} \end{pmatrix}$$

4.2.7 모델 구현 - Tensorflow

MNIST 숫자 이미지 분류 모델을 Tensorflow로 구현해 보자.

코드 4.8: [**Tensorflow**] MNIST 분류 모델

```
np.random.seed(100); tf.random.set_seed(100)
model = tf.keras.Sequential([tf.keras.layers.Dense(512,activation='relu'),
                             tf.keras.layers.Dense(10,activation=None)])

optimizer = tf.keras.optimizers.Adam(learning_rate=0.001)
loss_fn = tf.keras.losses.SparseCategoricalCrossentropy(from_logits=True) # default: from_logits=False
model.compile(optimizer,loss=loss_fn,metrics=['accuracy'])
history = model.fit(train_dataset,
    epochs=6,verbose=1,validation_data=validation_dataset,validation_freq=2)
```

- 두 번째 layer를 보면, `activation=None`으로 되어 있다. 활성 함수가 Softmax로 설정되지 않았다. 이는 아래에 있는 loss 함수에서 `from_logits=True`로 설정했기 때문이다. loss 값을 계산할 때 활성 함수를 거치지 않은 logit 값을 넣는 방식을 선택했다는 의미이다. 그러나 다음과 같이 구현할 수도 있다.

```
model = tf.keras.Sequential([tf.keras.layers.Dense(512,activation='relu'),
                             tf.keras.layers.Dense(10,activation='softmax')])
...
loss_fn = tf.keras.losses.SparseCategoricalCrossentropy(from_logits=False)
```

- Cross-Entropy Loss 함수: 다음과 같이 2개의 API가 있다.

```
tf.keras.losses.SparseCategoricalCrossentropy(from_logits=False)
tf.keras.losses.CategoricalCrossentropy(from_logits=False)
```

  2개의 API에 `(y_true, y_pred)`를 넘겨야 한다.

  - `CategoricalCrossentropy`: one-hot으로 변환된 `y_true`가 넘어가야 된다.
  - `SparseCategoricalCrossentropy`: one-hot으로 변환되지 않은 `y_true`를 넘기면 된다. `batch_size`가 N일 때, `y_true`의 shape은 $(N,)$ 또는 $(N,1)$ 모두 가능하다.
  - 모델에서 예측하는 값이 logit이 아닌 softmax를 취한 확률인 경우에는 loss function을 직접 정의하여 넘기지 않고, 문자열로 지정할 수도 있다.

```
model.compile(optimizer,loss='sparse_categorical_crossentropy',
              metrics=['accuracy'])

model.compile(optimizer,loss='categorical_crossentropy',metrics=['accuracy'])
```

- Adam Optimizer: Adam Optimizer는 SGD 방법을 좀 더 발전시킨 것으로, SGD보다 더 많이 사용한다. 여러 가지 Optimizer에 대한 설명은 부록 A.5절을 참조하면 된다.

```
tf.keras.optimizers.Adam(learning_rate=0.001,beta_1=0.9, beta_2=0.999)
```

- `fit()`: 코드 2.5에서는 `fit()`에 `batch_size`를 지정했다. 여기서는 넘겨주는 `train_dataset`에 이미 `batch_size`가 정해져 있기 때문에 지정하지 않아도 된다. `train_dataset`은 코드 4.7에 정의되어 있다.

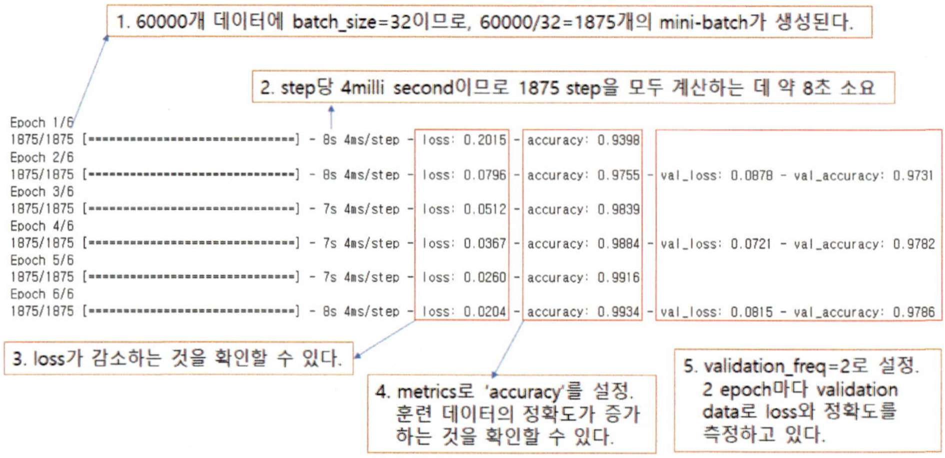

그림 4.9: [colab-GPU]Tensorflow 로그 설명

6 epoch을 train했는데, train accuray가 99.34%, validation accuracy가 97.86%로 나왔다.

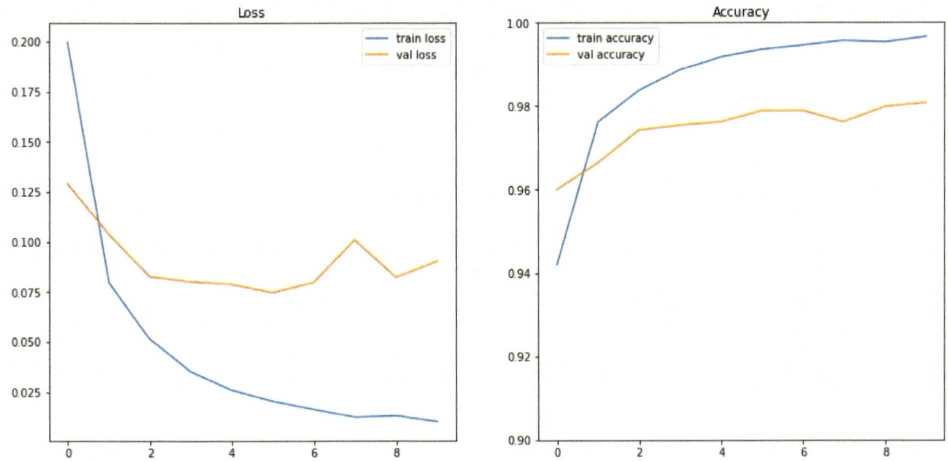

그림 4.10: Tensorflow 모델 10 epoch 실행 결과
train loss는 계속 감소하고 있지만, validation loss는 그만큼 감소하지 않고 있다. 과최적화(overfitting) 되고 있다.

코드 4.9: [**Tensorflow**] validation 데이터의 예측값과 정답 비교

```
num_rows = 3
num_cols = 5
n = num_rows*num_cols
test_data, test_data_label = x_test[:n],y_test[:n]
pred_label = tf.argmax(model.predict(test_data),axis=-1).numpy()

fig, axes = plt.subplots(num_rows, num_cols, figsize=(num_cols*1.5,num_rows))
for i in range(num_rows*num_cols):
    ax = axes[i//num_cols, i%num_cols]
    ax.imshow(test_data[i].numpy().reshape(28,28), cmap='gray_r')
    ax.set_title(f'Label: {test_data_label[i]}, Pred: {pred_label[i]}')
    ax.axis('off')
plt.tight_layout()
plt.show()
```

코드 4.9에서 model의 예측값은 Softmax를 거치지 않은 logit 값이다. `tf.argmax`로 최댓값을 가지는 index를 추출한 결과는 Softmax를 거친 경우와 거치지 않을 경우가 동일하다. Softmax 함수가 값의 크기 순서를 바꾸지 않는 증가 함수이기 때문이다.

$$\text{argmax}\Big(\text{logits}\Big) = \text{argmax}\Big(\text{Softmax}(\text{logits})\Big)$$

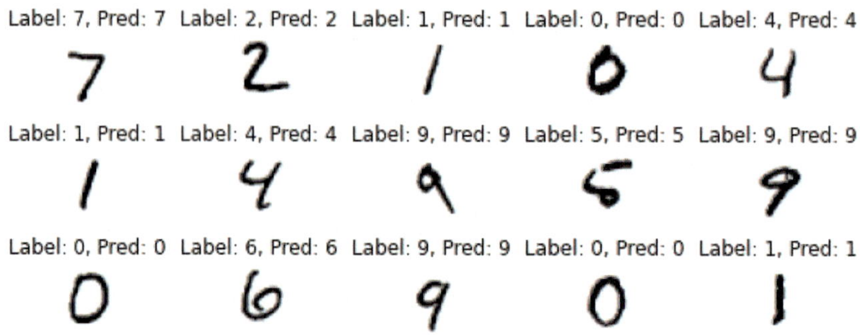

그림 4.11: validation 데이터에서 15개를 예측한 결과
15개 모두 정답을 맞히고 있다.

4.2.8 Pytorch 데이터 처리

Pytorch에서는 만들어진 `Dataset`을 `DataLoader`에 넘겨 mini-batch를 만들 수 있다. Pytorch의 `DataLoader` API는 다음과 같다.

```
DataLoader(dataset, batch_size=1, shuffle=False, sampler=None,
           batch_sampler=None, num_workers=0, collate_fn=None,
           pin_memory=False, drop_last=False, timeout=0,
           worker_init_fn=None, *, prefetch_factor=2,
           persistent_workers=False)
```

먼저 Dataset을 만든 다음, DataLoader에 넘기면 된다. DataLoader에는 Numpy array를 넘겨도 된다. 코드 4.10에서는 코드 4.5에서 구현한 것에 DataLoader를 추가했다.

코드 4.10: **[Pytorch]** Dataset, DataLoader

```
import torchvision.datasets as datasets
from torch.utils.data import Dataset, DataLoader
import torchvision.transforms as transforms

download_root = '.'
train_dataset = datasets.MNIST(download_root, transform=transforms.ToTensor(),
     train=True, download=True)
test_dataset = datasets.MNIST(download_root, transform=transforms.ToTensor(),
     train=False, download=True)

train_dataloader = DataLoader(train_dataset,
     batch_size=32,shuffle=True,drop_last=False) # float32, int64
test_dataloader = DataLoader(test_dataset,
     batch_size=128,shuffle=False,drop_last=False)
```

- DataLoader에서 `batch_size`, `shuffle`, `drop_last`를 지정해 주면 된다. `drop_last`는 Fasle가 default이므로 생략 가능하다.

4.2.9 모델 구현 - Pytorch

코드 4.11은 MNIST 분류 모델의 Pytorch 구현이다.

코드 4.11: **[Pytorch]** MNIST 분류 모델

```
import torchvision.datasets as datasets
from torch.utils.data import DataLoader, Dataset
import torchvision.transforms as transforms
import numpy as np
import time
import torch

np.random.seed(100);
device = torch.device('cuda' if torch.cuda.is_available() else 'cpu')
print("device: ", device)
torch.manual_seed(100)
if torch.cuda.is_available():
   torch.cuda.manual_seed_all(100)

model = torch.nn.Sequential(
      torch.nn.Linear(784,512),
      torch.nn.ReLU(),
      torch.nn.Linear(512,10)) # No Softmax

n_epochs= 10

loss_fn = torch.nn.CrossEntropyLoss() # softmax를 거치지 않은 logit을 넘겨야 한다.
optimizer = torch.optim.Adam(model.parameters(), lr=0.001)
model.to(device)

s_time = time.time()

for epoch in range(n_epochs):
   running_loss = []
   acc = 0; total = 0
   model.train()
   for i, data in enumerate(train_dataloader):
      inputs, labels = data
      inputs = inputs.reshape(-1,28*28).to(device) #(N,1,28,29=8) --> (N,784)
      labels = labels.to(device) # (N,)

      optimizer.zero_grad()
      outputs = model(inputs)
      loss = loss_fn(outputs, labels) # labels(int64), int32는 허용되지 않는다.
      loss.backward()
      optimizer.step()

```

```
        _, pred = outputs.max(axis=-1) # pred = outputs.argmax(axis=-1)
        acc += (pred==labels).float().sum().item()
        total += len(labels)

        running_loss.append(loss.item())
    print(f'[epoch: {epoch+1}] loss: {np.mean(running_loss):.4f}, train acc: {acc/total:.4f} elapsed: {time.time()-s_time:.2f}sec\t',end='')

    acc = 0; total=0
    model.eval()
    with torch.no_grad():
        for i, data in enumerate(test_dataloader):
            inputs, labels = data
            inputs = inputs.reshape(-1,28*28).to(device)
            outputs = model(inputs)

            _, pred = outputs.max(axis=-1)
            acc += (pred.cpu()==labels).float().sum().item()
            total += len(labels)
        print(f'test acc: {acc/total:.4f}')

print('Finished Training')
```

- `train_dataloader`가 만들어 내는 데이터의 shape은 $(N, 1, 28, 28)$이다. FC Layer에 넣기 위해 $(N, 784)$로 reshape했다.
- `torch.nn.CrossEntropyLoss()`에 넘기는 target(ture) 데이터는 int64형 Tensor이어야 한다. int32형을 넘기면 에러가 발생한다. 예측값에는 softmax를 거치지 않은 logit을 넘겨야 한다.

Output:

```
[epoch: 1] loss: 0.2206, train acc: 0.9359 elapsed: 14.06sec        test acc: 0.9635
[epoch: 2] loss: 0.0860, train acc: 0.9739 elapsed: 30.83sec        test acc: 0.9752
[epoch: 3] loss: 0.0551, train acc: 0.9830 elapsed: 48.74sec        test acc: 0.9792
[epoch: 4] loss: 0.0394, train acc: 0.9877 elapsed: 65.92sec        test acc: 0.9769
[epoch: 5] loss: 0.0285, train acc: 0.9909 elapsed: 83.53sec        test acc: 0.9787
[epoch: 6] loss: 0.0210, train acc: 0.9931 elapsed: 101.06sec        test acc: 0.9809
[epoch: 7] loss: 0.0188, train acc: 0.9938 elapsed: 118.66sec        test acc: 0.9755
[epoch: 8] loss: 0.0150, train acc: 0.9949 elapsed: 136.48sec        test acc: 0.9811
[epoch: 9] loss: 0.0117, train acc: 0.9962 elapsed: 154.19sec        test acc: 0.9805
[epoch: 10] loss: 0.0115, train acc: 0.9961 elapsed: 172.19sec        test acc: 0.9784
Finished Training
```

4.3 사용자 정의 모델(User Defined Model)

지금까지는 모델 구현을 Tensorflow의 `tf.keras.Sequential`, Pytorch의 `torch.nn.Sequential`로 했다. 코드 3.5의 Numpy 구현에서는 모델을 Python class로 만들었다. 앞으로 나올 수 있는 더 크고 복잡한 구조의 모델을 위해서는 class 형태로 구현하는 것이 좋다. Tensorflow에서는 `tf.keras.Model`, Pytorch에서는 `nn.Module`를 각각 상속받아 class 형태로 모델을 구현할 수 있다.

	Tensorflow Model 정의 방법
1	tf.keras.Sequential
2	tf.keras.Model을 상속받아 class로 구현
3	Functional API

표 4.1: Tensorflow 모델 구현 방법 3가지

표(4.1)에는 Tensorflow에서 모델을 구현하는 3가지 방법을 제시하고 있다. `tf.keras.Sequential`를 이용하는 방법은 이미 설명했고, 나머지 2가지 방법도 더 알아보자.

4.3.1 Tensorflow 사용자 정의 모델 - class

Tensorflow에서 모델을 class로 구현하는 방법을 알아보자.

- `tf.keras.Model`을 상속받아 class로 구현한다.
- class method로 `call()`을 구현해 주어야 한다.

  `call(self,입력,training=None)`

  `training=None`은 필요 없는 경우도 있지만, training(훈련 모드)과 inference(추론 모드)에서 다르게 동작하는 layer[11]를 위해서 필요하다. 입력은 Tensor나 Tensor로 된 list, tuple, dict가 가능하다.

코드 4.12: **[Tensorflow]** 사용자 정의 모델-class

```
class MyModel(tf.keras.Model):
    def __init__(self,**kwargs):
        super(MyModel, self).__init__(**kwargs)
        self.L1 = tf.keras.layers.Dense(units=512,activation='relu',name='L1')
        self.L2 = tf.keras.layers.Dense(units=10,activation=None,name='L2')
```

11 예: Dropout, Batch-Normalization

```
    def call(self,x,training=None):
        output = self.L1(x)
        output = self.L2(output)
        return output
```

페이지 81에서 설명한 대로 입력 데이터의 feature 크기가 지정되지 않았기 때문에, class 객체를 생성하는 것만으로는 모델 내부의 weight가 생성되지 않는다. 명시적으로 `build()` 하거나, 구체적인 입력 데이터를 넣어주어야 한다. `tf.keras.models.Sequential`를 이용하는 경우에는 한 가지 방법이 더 있는데, 첫 번째 Dense layer에 `input_dim=784`을 넣어 주면 된다[12].

```
model = MyModel()
flag = True # True 또는 False
if flag:
   model.build((None,784)) # (batch_size, input_dim)
else:
   x = tf.random.normal((2,784))
   model(x)
model.summary() # print(model.summary())
```

`model.summary()`를 통해, 모델의 구조를 확인할 수 있다. `model.summary()`를 call하기 전에 `build()` 등을 통해서 모델의 구조가 확정되어 있어야 한다.

Output:

```
Model: "MyModel"

_________________________________________________________________
 Layer (type)                Output Shape              Param #
=================================================================
 L1 (Dense)                  multiple                  401920


 L2 (Dense)                  multiple                  5130

=================================================================
Total params: 407,050
Trainable params: 407,050
Non-trainable params: 0
_________________________________________________________________
```

class로 구현하는 모델을 좀 더 확정성 있게 사용하기 위해서는 모델 구조에 관한 정보를 입력받을 수 있게 설계하는 것이 좋다. class 생성자(`__init__`)에서 필요한 parameter(argument, 매개변수)를 받을 수 있게 하면 된다.

12 `tf.keras.layers.Dense(units=512,input_dim=784,activation='relu',name='L1')`

코드 4.13: [**Tensorflow**] 사용자 정의 모델-class

```
class MyModel2(tf.keras.Model):
    def __init__(self,hidden_dim,n_class,**kwargs):
        super(MyModel2, self).__init__(**kwargs)
        self.L1 = tf.keras.layers.Dense(units=hidden_dim,activation='relu',name='L1')
        self.L2 = tf.keras.layers.Dense(units=n_class,activation=None,name='L2')
    def call(self,x,training=None):
        output = self.L1(x)
        output = self.L2(output)
        return output
input_dim = 784; hidden_dim = 512; n_class = 10
model2 = MyModel2(hidden_dim,n_class)
model2.build((None,input_dim))
```

4.3.2 Tensorflow 사용자 정의 모델 - Functional API

Tensorflow에서는 Functional API로 모델을 만들 수 있다. Functional API로 모델을 구성하기 위해서는 **tf.keras.Input** 객체를 만들어서, 순차적으로 layer에 넘겨 출력 객체를 만들어야 한다. 코드 4.14에서 모델을 만드는 방법을 확인해 보자.

코드 4.14: Tensorflow 사용자 정의 모델 - Functional API

```
inputs = tf.keras.Input(shape=(784,)) # not including the batch size
outputs = tf.keras.layers.Dense(512, activation="relu")(inputs)
outputs = tf.keras.layers.Dense(10, activation=None)(outputs)
model3 = tf.keras.Model(inputs=inputs, outputs=outputs, name="MyModel3")
```

- 생성된 `inputs`, `outputs`를 `tf.keras.Model`에 넘겨 모델을 만들면 된다.

Functional API를 활용하면 기존에 정의된 모델을 재구성하여 새로운 모델을 만들 수도 있다. 코드 4.15에서는 코드 4.13에서 정의한 `MyModel2`를 활용해서 그림 (4.12) 에서와 같은 새로운 모델을 만들어 내고 있다.

코드 4.15: [**Tensorflow**] Functional API를 활용한 모델 재구성

```
input_dim = 784; hidden_dim = 128; n_class = 10
model2_a = MyModel2(hidden_dim,n_class,name='a')
model2_b = MyModel2(hidden_dim*2,n_class,name='b')
model2_c = MyModel2(hidden_dim*4,n_class,name='c')

inputs = tf.keras.Input(shape=(784,))
outputs_a = model2_a(inputs)
outputs_b = model2_b(inputs)
outputs_c = model2_c(inputs)
#outputs_sum = outputs_a + outputs_b + outputs_c
```

```
outputs_sum = tf.keras.layers.add([outputs_a,outputs_b,outputs_c])
model = tf.keras.Model(inputs=inputs,outputs=outputs_sum)
```

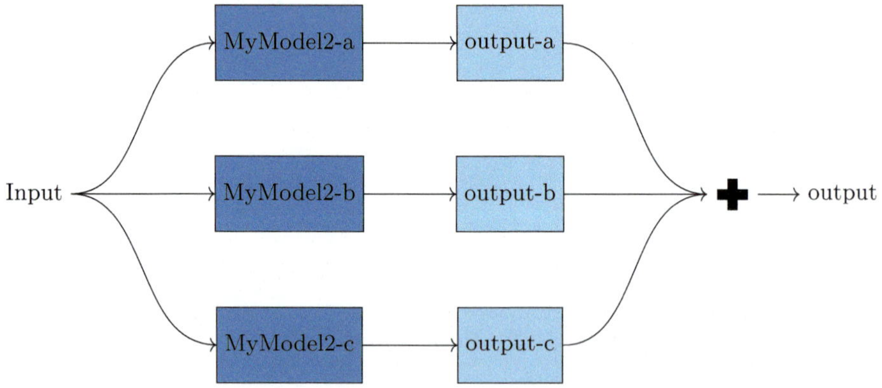

그림 4.12: 코드 4.15의 모델 구조

함수형 API를 활용해서 다중 입력, 다중 출력 등을 가능하게 할 수도 있다[13]. 함수형 API로 모델을 구성하는 방식은 class 방식으로도 처리할 수 있다. class 방식은 if, for 처리도 가능하기 때문에 가장 일반적인 방식이라 할 수 있다. 상황과 사용자 선택에 따라 필요한 방식을 선택하면 된다.

4.3.3 Tensorflow 사용자 정의 Layer(User Defined Layer)

`tf.keras.Model`, `tf.keras.models.Sequential`을 구성하는 요소들은 Layer이다. 사용자 정의 Layer는 `tf.keras.layers.Layer`를 상속받아 구현할 수 있다.

코드 4.16: **[Tensorflow]** 사용자 정의 Layer

```
class MyDense(tf.keras.layers.Layer):
    def __init__(self, num_outputs):
        super(MyDense, self).__init__()
        self.num_outputs = num_outputs

    def build(self, input_shape):
        self.kernel = self.add_weight("kernel", shape=[int(input_shape[-1]),
            self.num_outputs])
        self.bias = self.add_weight("bias", shape=[self.num_outputs])

    def call(self, inputs):
        return tf.matmul(inputs, self.kernel) + self.bias

my_layer = MyDense(5)
```

13 다중 출력의 경우, fit() 함수에서 다중 손실함수를 처리해야 한다(페이지 346 참고).

```
x = np.random.randn(2,3)
y = my_layer(x)
```

- 간단한 예로, `tf.keras.layers.Dense`와 동일한 layer를 만든 것이다.
- `build()`에서 `self.add_weight()`로 trainable weight를 추가해 주면 된다.

4.3.4 Pytorch 사용자 정의 모델

Pytorch에서 사용자 정의 모델은 `torch.nn.Module`를 상속받고 class method로 `forward()`를 구현해 주면 된다.

코드 4.17: **[Pytorch]** 사용자 정의 모델

```
class MyModelPytorch(torch.nn.Module):
    def __init__(self,input_dim,hidden_dim,n_class):
        super(MyModelPytorch, self).__init__()
        self.L1 = torch.nn.Linear(input_dim,hidden_dim)
        self.activation = torch.nn.ReLU()
        self.L2 = torch.nn.Linear(hidden_dim,n_class)
    def forward(self,x):
        output = self.L1(x)
        output = self.activation(output)
        output = self.L2(output)
        return output
```

Pytorch로 만든 모델을 이용해서 Iris(붓꽃) 데이터로 분류 모델을 만들어 보자.

```
1. sepal length in cm
2. sepal width in cm
3. petal length in cm
4. petal width in cm
5. class:
```

그림 4.13: Iris Dataset
붓꽃(iris) 3개 품종에 대한 4개 정보(feature)로 구성되어 있다. 각 품종마다 50개씩 모두 150개의 데이터로 되어 있다.

Iris 데이터의 feature가 4개이므로, 모델의 결과를 시각화해서 볼 수가 없다. 그래서 시각화 목

14 PCA(Principal Component Analysis)는 주성분 분석이다.

적으로 4개 feature 중에서 2개만 사용하기도 하고, PCA[14] 같은 차원 축소 기법을 사용해서 2차원 데이터로 변환하는 경우도 있다. 우리는 시각화를 포기하고, 4개 feature 모두를 사용하는 모델을 만들어 보자.

코드 4.18: sklean의 Iris 데이터 불러오기 & 데이터 분할(8:2) → test_size=0.2

```
from sklearn.datasets import load_iris
from sklearn.model_selection import train_test_split
iris_dataset = load_iris()
x_train, x_test, y_train, y_test = train_test_split(iris_dataset.data,
                              iris_dataset.target, test_size=0.2, shuffle=True,
                              stratify=iris_dataset.target, random_state=34)
print(x_train.shape, x_test.shape, y_train.shape, y_test.shape) # (120, 4) (30, 4)
     (120,) (30,)
```

코드 4.18에서는 sklean의 `load_iris` API를 이용해서 Iris 데이터를 loading 하고 있다. 불러온 데이터를 훈련 데이터와 테스트 데이터로 분할하기 위해 `sklean`에서 제공하는 `train_test_split()` API[15]를 사용하면 된다. `shuffle=True`로 설정해야 데이터 혼합 후 분할한다.

Tensorflow에서는 `tf.data.Dataset.from_tensor_slices()`를 사용하여 Numpy array를 Dataset으로 만들었다. Pytorch에서는 `TensorDataset` API를 이용하면 Dataset으로 만들 수 있다. 그런데 먼저 Pytorch Tensor로 변환 후, `TensorDataset`으로 넘겨야 한다.

코드 4.19: **[Pytorch]** Iris 데이터를 Pytorch Dataset, DataLoader로 변환. target label은 정수형(int64) Tensor로 만들었다.

```
import torch
from torch.utils.data import TensorDataset,DataLoader

X_train = torch.Tensor(x_train) # Tensor = FloatTensor(flot32)
Y_train = torch.LongTensor(y_train)
X_test = torch.Tensor(x_test); Y_test = torch.LongTensor(y_test) # LongTensor(int64)

train_dataset = TensorDataset(X_train,Y_train)
test_dataset = TensorDataset(X_test,Y_test)

train_dataloader = DataLoader(train_dataset, batch_size=8,shuffle=True,
                              drop_last=False)
test_dataloader = DataLoader(test_dataset, batch_size=30,shuffle=False,
                              drop_last=False)
```

입력 데이터는 `torch.Tensor()`[16]로 만들었다. target label은 `torch.LongTensor()`로 int64형

15 `https://scikit-learn.org/stable/modules/generated/sklearn.model_selection.train_test_split.html`

16 `torch.Tensor`는 `torch.FloatTensor()`의 별칭(alias)이다.

으로 만들었다. torch.nn.CrossEntropyLoss()에 넘기는 정수는 int64형이어야 한다.

이제 훈련을 위한 코드를 함수로 만들어보자.

코드 4.20: **[Pytorch]** train을 위한 코드를 함수로 구현. 코드 4.11을 일부 수정했다.

```
def train_pytorch_model(model,optimizer,loss_fn,train_dl, valid_dl,n_epochs,device):
    s_time = time.time()
    model.to(device)
    history = {'train_acc': [], 'val_acc': []}
    for epoch in range(n_epochs):
        running_loss = []
        acc = 0; total = 0
        model.train()
        for i, data in enumerate(train_dl):
            inputs, labels = data
            inputs = inputs.to(device)
            labels = labels.to(device)

            optimizer.zero_grad() # zero the parameter gradients

            outputs = model(inputs)
            loss = loss_fn(outputs, labels)
            loss.backward()
            optimizer.step()

            _, pred = outputs.max(axis=-1)
            acc += (pred==labels).float().sum().item()
            total += len(labels)

            running_loss.append(loss.item())
        print(f'[epoch: {epoch+1}] loss: {np.mean(running_loss):.4f}, train acc: {acc/total:.4f} elapsed: {time.time()-s_time:.2f}sec\t',end='')
        history['train_acc'].append(acc/total)

        acc = 0; total=0
        model.eval()
        with torch.no_grad():
            for i, data in enumerate(valid_dl):
                inputs, labels = data
                inputs = inputs.to(device)
                outputs = model(inputs)

                _, pred = outputs.max(axis=-1)
                acc += (pred.cpu()==labels).float().sum().item()
                total += len(labels)
            print(f'val acc: {acc/total:.4f}')
            history['val_acc'].append(acc/total)

    print('Finished Training')
    return history
```

마지막으로 다음은 훈련을 실행하는 코드이다.

코드 4.21: **[Pytorch]** 모델 생성 및 훈련

```
seed = 100
np.random.seed(seed)
torch_reset_seed(seed) # 코드2.7 참조.
device = torch.device('cuda' if torch.cuda.is_available() else 'cpu')
print("device: ", device)
input_dim = 4; hidden_dim = 32; n_class = 3
model = MyModelPytorch(input_dim,hidden_dim,n_class)
loss_fn = torch.nn.CrossEntropyLoss()
optimizer = torch.optim.Adam(model.parameters(), lr=0.001)
n_epochs = 20
train_pytorch_model(model,optimizer,loss_fn,train_dataloader,test_dataloader,
                    n_epochs,device)
```

Output:

```
[epoch: 1] loss: 1.1935, train acc: 0.2500 elapsed: 0.02sec        test acc: 0.1000
[epoch: 2] loss: 1.0753, train acc: 0.2583 elapsed: 0.04sec        test acc: 0.3333
[epoch: 3] loss: 0.9904, train acc: 0.3500 elapsed: 0.05sec        test acc: 0.4667
...
[epoch: 18] loss: 0.4445, train acc: 0.9500 elapsed: 0.26sec        test acc: 0.9667
[epoch: 19] loss: 0.4267, train acc: 0.9167 elapsed: 0.27sec        test acc: 0.9333
[epoch: 20] loss: 0.4115, train acc: 0.9250 elapsed: 0.28sec        test acc: 0.9667
```

4.4 데이터 불러오기 심화 - Tensorflow

NLP[17]에서 다루어야 하는 텍스트 데이터를 Tensorflow Dataset으로 변환하는 방법을 살펴보자.

- 영어로 된 데이터는 공백으로만 분리해도 문장을 분석할 수 있다. 한글은 어근, 접사 등을 가진 교착어이다. 한글 문장을 분석하기 위해서는 형태소로 분리하는 것이 좋다.

  형태소(morpheme): 일정한 의미가 있는 가장 작은 말의 단위

  우리말에서는 형태소 분석을 통해 조사 등을 분리해 낸다. 형태소 분리 예시는 그림(4.17)에 있다.

- 공백이나 형태소 등으로 분리된 단위를 토큰(token)이라 한다. 아래의 간단한 예에서는 공백으로 분리해서 처리해 보자.

- 각 token을 숫자에 대응시켜서 수치화한다.

- 이런 작업을 위해 `tf.keras.preprocessing.text.Tokenizer` API를 이용하면 편리하다.
  - `fit_on_texts`로 데이터의 단어(토큰)를 추출하고 숫자에 대응시킨다.
  - `texts_to_sequences`로 토큰을 숫자로 변환한다.
  - 역으로 `texts_to_sequences`로 숫자를 토큰으로 변환한다.

코드 4.22: **[Tensorflow]** 텍스트 데이터 처리(NSMC dataset 일부)

```
# NSMC dataset: https://github.com/e9t/nsmc
from tensorflow.keras import preprocessing
samples = ['친구의 우정이 매우 감동적이었다',
           '상당히 훌륭한 영화 나의 영화',
           '내 인생의 영화 재미있다',
           '지금까지 본 영화 중에 최고다 배경음악도 진짜 좋았다',
           '내 인생 최고의 명작입니다',
           '넘치는 위트와 잔잔한 감동 낭만의 영화',
           '진짜 너무 재미있다 표현력 좋고 볼거리는 많았다',
           '최고다 이것이 실전 액션 최고의 액션',
           '진짜 액션 영화의 정석이다',
           '범죄 영화의 분수령 범죄 영화의 진수',
           '친구의 우정이 있다 감동이 있다',
           '최고의 영화 잔잔한 흐름에 큰 감동 좋고 좋은 영화']

# oov_token을 지정하지 않으면, unknown token은 무시된다.
tokenizer = preprocessing.text.Tokenizer()
# token을 숫자에 대응 tokenizer.word_index(dict)로 확인.
tokenizer.fit_on_texts(samples+['sos','eos'])
```

17 NLP(Natural Language Processing)는 자연어 처리 분야를 말한다.

```
sequences = tokenizer.texts_to_sequences(samples) # list
# 역변환: 숫자(id) -> 단어(토큰)
text = tokenizer.sequences_to_texts(sequences) # tokenizer.index_word
```

- unknown token을 처리하기 위해 oov_token[18]을 지정할 수 있다. 지정하지 않으면, unknown token은 무시된다. num_words를 지정해서 최대 token 개수를 제한할 수 있다.

```
tokenizer = preprocessing.text.Tokenizer(num_words=None,oov_token='unk')
```

- 문장의 시작과 끝을 나타내기 위한 token으로 'sos', 'eos'를 추가했다.
- fit_on_texts를 통해 word_index, index_word가 생성된다.
- sequences_to_texts로 index_word에 없는 숫자(id)가 들어오면 무시된다. padding token(0)을 별도로 추가하지 않아도 된다.

Output:

```
tokenizer.word_index:
{'영화': 1, '진짜': 2, '최고의': 3, '액션': 4, '영화의': 5, '친구의': 6, '우정이': 7, '내': 8,
'재미있다': 9, '최고다': 10, '잔잔한': 11, '감동': 12, '좋고': 13, '범죄': 14, '있다': 15,
'매우': 16, '감동적이었다': 17, '상당히': 18, '훌륭한': 19, '나의': 20, '인생의': 21,
'지금까지': 22, '본': 23, '중에': 24, '배경음악도': 25, '좋았다': 26, '인생': 27, '명작입니다': 28,
'넘치는': 29, '위트와': 30, '낭만의': 31, '너무': 32, '표현력': 33, '볼거리는': 34, '많았다': 35,
'이것이': 36, '실전': 37, '정석이다': 38, '분수령': 39, '진수': 40, '감동이': 41, '흐름에': 42,
'큰': 43, '좋은': 44, 'sos': 45, 'eos': 46}

tokenizer.index_word:
{1: '영화', 2: '진짜', 3: '최고의', 4: '액션', 5: '영화의', 6: '친구의', 7: '우정이', 8: '내',
9: '재미있다', 10: '최고다', 11: '잔잔한', 12: '감동', 13: '좋고', 14: '범죄', 15: '있다',
16: '매우', 17: '감동적이었다', 18: '상당히', 19: '훌륭한', 20: '나의', 21: '인생의',
22: '지금까지', 23: '본', 24: '중에', 25: '배경음악도', 26: '좋았다', 27: '인생', 28: '명작입니다',
29: '넘치는', 30: '위트와', 31: '낭만의', 32: '너무', 33: '표현력', 34: '볼거리는', 35: '많았다',
36: '이것이', 37: '실전', 38: '정석이다', 39: '분수령', 40: '진수', 41: '감동이', 42: '흐름에',
43: '큰', 44: '좋은', 45: 'sos', 46: 'eos'}

sequences(texts_to_sequences 결과):
[[6, 7, 16, 17], [18, 19, 1, 20, 1], [8, 21, 1, 9], [22, 23, 1, 24, 10, 25, 2, 26],
 [8, 27, 3, 28], [29, 30, 11, 12, 31, 1], [2, 32, 9, 33, 13, 34, 35],
 [10, 36, 37, 4, 3, 4], [2, 4, 5, 38], [14, 5, 39, 14, 5, 40], [6, 7, 15, 41, 15],
 [3, 1, 11, 42, 43, 12, 13, 44, 1]]
```

18 OOV는 Out Of Vocabulary의 줄임말이다. OOV가 발생하면 unknown token('[UNK]' 또는 'unk')으로 처리한다.

Output:

```
text(sequences_to_texts 결과):
['친구의 우정이 매우 감동적이었다', '상당히 훌륭한 영화 나의 영화', '내 인생의 영화 재미있다',
 '지금까지 본 영화 중에 최고다 배경음악도 진짜 좋았다', '내 인생 최고의 명작입니다',
 '넘치는 위트와 잔잔한 감동 낭만의 영화', '진짜 너무 재미있다 표현력 좋고 볼거리는 많았다',
 '최고다 이것이 실전 액션 최고의 액션', '진짜 액션 영화의 정석이다',
 '범죄 영화의 분수령 범죄 영화의 진수', '친구의 우정이 있다 감동이 있다',
 '최고의 영화 잔잔한 흐름에 큰 감동 좋고 좋은 영화']
```

변환된 결과에서 확인할 수 있듯이 texts_to_sequences의 결과는 길이가 다른 list들의 list(list of list) 이다. 길이가 서로 다른 데이터가 모여 있기 때문에, tf.data.Dataset.from_tensor_slices에 넘기면 에러가 발생한다. 길이가 같아지도록 만들어야 한다. 길이를 맞추기 위해 특정값을 더해주는 과정을 padding이라 한다. padding token(주로 0)을 더하기 위해서는 pad_sequences API를 이용하면 된다.

```
preprocessing.sequence.pad_sequences(sequences,maxlen=None,
                                     dtype='int32',padding='pre')
```

코드 4.23: **[Tensorflow]** 텍스트 padding(최대 길이)

```
max_len = max([len(s) for s in sequences])
padded_sequence = preprocessing.sequence.pad_sequences(sequences, maxlen=max_len,
    padding='post',value=0)
```

- 입력 데이터인 sequences의 최대 길이를 구한 후, pad_sequences()의 maxlen에 넘겼다. 지정하지 않으면, 가장 긴 길이에 맞춘다.
- sequences의 오른쪽 끝방향에 padding id를 더해주기 위해 padding='post'로 지정해 주면 된다. padding id를 value=0으로 설정했다.

Output:

```
padded_sequence:
array([[ 6,  7, 16, 17,  0,  0,  0,  0,  0], [18, 19,  1, 20,  1,  0,  0,  0,  0],
       [ 8, 21,  1,  9,  0,  0,  0,  0,  0], [22, 23,  1, 24, 10, 25,  2, 26,  0],
       [ 8, 27,  3, 28,  0,  0,  0,  0,  0], [29, 30, 11, 12, 31,  1,  0,  0,  0],
       [ 2, 32,  9, 33, 13, 34, 35,  0,  0], [10, 36, 37,  4,  3,  4,  0,  0,  0],
       [ 2,  4,  5, 38,  0,  0,  0,  0,  0], [14,  5, 39, 14,  5, 40,  0,  0,  0],
       [ 6,  7, 15, 41, 15,  0,  0,  0,  0], [ 3,  1, 11, 42, 43, 12, 13, 44,  1]], dtype=int32)
```

4.4.1 Padding 최소화

padding된 결과를 확인해 보면, 최대 길이를 기준으로 padding이 되어 있다. 전체 데이터를 같은 길이로 만들었기 때문이다. 이 padding된 결과를 mini-batch로 만들면, 불필요한 padding이 있다는 것을 알 수 있다.

Output:

```
mini batch 예:
array([[ 6,  7, 16, 17,  0,  0,  0,  0,  0],
       [18, 19,  1, 20,  1,  0,  0,  0,  0],
       [ 8, 21,  1,  9,  0,  0,  0,  0,  0]], dtype=int32)

불필요한 padding 제거 후:
array([[ 6,  7, 16, 17,  0],
       [18, 19,  1, 20,  1],
       [ 8, 21,  1,  9,  0]], dtype=int32)
```

mini-batch 내에서 최대 길이에 맞춰 padding을 하는 방식으로 padding을 최소화해보자. 미리 padding을 하지 않고 **tf.data.Dataset**을 만드는 과정에서 필요한 만큼만 padding을 하면 된다. 이를 위해서 다음의 2개 API를 활용해 보자.

```
tf.data.Dataset.from_generator(generator, output_types=None)
tf.data.Dataset.padded_batch(batch_size, padded_shapes=None,
                             padding_values=None)
```

코드 4.24: [**Tensorflow**] mini-batch padding

```
import random
def gen(buffer_size,data):
    # padding을 최소화하기 위해, 길이로 정렬 후, feeding
    random.shuffle(data)
    n_iter = len(data) // buffer_size
    for i in range(n_iter):
        examples = [np.array(a) for a in data[i*buffer_size:(i+1)*buffer_size]]
        examples.sort(key=lambda x: len(x))
        for e in examples:
            yield e

batch_size = 3
dataset = tf.data.Dataset.from_generator(lambda: gen(batch_size*2,sequences),
                                         output_types=tf.int32).repeat(2)
dataset = dataset.padded_batch(batch_size=batch_size,padded_shapes=[None],
                               padding_values=0)
for d in dataset:
    print(d)
```

- `from_generator()`에 넘길 함수를 lambda 함수로 만들었다. 함수에 넘길 부가적인 argument를 처리하기 위함이다.
- `padded_batch()`에서 `padded_shapes=10`으로 하면 길이 10이 되도록 padding이 된다. `padded_shapes=[None]`으로 하면 mini-batch 내의 최대 길이를 기준으로 padding이 된다.
- padding을 최소화하기 위해 전체 데이터를 길이순으로 정렬하면 미니 배치 데이터의 다양성이 훼손된다. 그래서 랜덤하게 선택된 `buffer_size`만큼만 정렬한 후, 순서대로 미니 배치 데이터를 생성한다.
- 예를 들어 `buffer_size=32, batch_size=4`이면 전체 데이터를 shuffle 후 32개 데이터를 선택해서 길이순으로 정렬한다. 정렬된 순서대로 return된 데이터는 `padded_batch`에서 4개씩 묶여서 padding되어 mini-batch가 만들어진다.

Output:

```
tf.Tensor(
[[ 2  4  5 38]
 [ 8 21  1  9]
 [ 6  7 16 17]], shape=(3, 4), dtype=int32)
tf.Tensor(
[[ 8 27  3 28  0  0  0]
 [14  5 39 14  5 40  0]
 [ 2 32  9 33 13 34 35]], shape=(3, 7), dtype=int32)
tf.Tensor(
[[18 19  1 20  1  0]
 [ 6  7 15 41 15  0]
 [29 30 11 12 31  1]], shape=(3, 6), dtype=int32)
tf.Tensor(
[[10 36 37  4  3  4  0  0  0]
 [22 23  1 24 10 25  2 26  0]
 [ 3  1 11 42 43 12 13 44  1]], shape=(3, 9), dtype=int32)
```

마지막으로 `map()`[19]에 대해 알아보자. `map()`에 함수를 넘겨 필요한 데이터 조작 작업을 할 수 있다. `map()`은 이미지 처리, 오디오 데이터 처리에 특히 많이 활용된다.

```
tf.data.Dataset.map(map_func)
```

19 map에 넘겨지는 함수는 Tensorflow의 Tensor를 다루는 함수로 구성되어야 한다. 일반적인 함수를 사용하려면 tf.numpy_function을 사용해야 한다.

다음 코드에서는 문장의 시작과 끝에 'sos', 'eos' 토큰 id를 더해주는 작업을 map으로 처리하고 있다.

코드 4.25: [**Tensorflow**] map을 통해 sos, eos token id를 데이터 앞뒤에 덧붙인다.

```
def map_fn(input,sos_index,eos_index):
    return tf.concat([[sos_index],input,[eos_index]],0)

dataset = tf.data.Dataset.from_generator(lambda z: gen(z,sequences),
                                         output_types=tf.int32,args=([batch_size*2]))
dataset = dataset.map(lambda x: map_fn(x,tokenizer.word_index['sos'],
                                        tokenizer.word_index['eos']))
dataset = dataset.padded_batch(batch_size=batch_size,padded_shapes=[None],
                               padding_values=0)

for d in dataset:
    print(d)
```

Output:

```
tf.Tensor(
[[45  8 27  3 28 46]
 [45  6  7 16 17 46]
 [45  2  4  5 38 46]], shape=(3, 6), dtype=int32)
tf.Tensor(
[[45  8 21  1  9 46  0]
 [45  6  7 15 41 15 46]
 [45 18 19  1 20  1 46]], shape=(3, 7), dtype=int32)
tf.Tensor(
[[45 10 36 37  4  3  4 46]
 [45 14  5 39 14  5 40 46]
 [45 29 30 11 12 31  1 46]], shape=(3, 8), dtype=int32)
tf.Tensor(
[[45  2 32  9 33 13 34 35 46  0  0]
 [45 22 23  1 24 10 25  2 26 46  0]
 [45  3  1 11 42 43 12 13 44  1 46]], shape=(3, 11), dtype=int32)
```

4.4.2 Dataset Cache

반복적으로 사용되는 데이터나 값을 복사해 놓는 임시 저장소를 캐시(Cache)라고 한다. 그림이나 파일을 읽어들이는 작업은 시간이 소요된다. 시간이 걸리는 작업이지만, 데이터 크기가 작은 경우에는 메모리에 올리는 것이 효율적이다. map()에서 시간이 소요되는 작업을 하는 경우에 cache()를 통해서 그 작업을 한 번만 할 수 있다. 다음 코드는 cache()의 역할이 어떤 것인지 보여준다.

코드 4.26: [**Tensorflow**] Dataset cache

```python
data = np.arange(12).reshape(6,2).astype(np.float32)
ds = tf.data.Dataset.from_tensor_slices(data)

def map_fn(a):
    noise = tf.random.normal((2,))
    return tf.concat([a,noise],axis=-1)

ds = ds.map(map_fn).cache()

for epoch in range(2):
    print(f'epoch: {epoch+1}')
    for a in ds:
        print(a.numpy())
```

ds = ds.map(map_fn)

```
epoch: 1
[ 0.    1.    -1.24  1.59]
[ 2.    3.    -0.11 -0.01]
[ 4.    5.    -2.26  1.61]
[ 6.    7.     0.48 -1.18]
[ 8.    9.    -0.49 -0.26]
[10.   11.     0.13 -0.13]
epoch: 2
[ 0.    1.     0.08 -0.39]
[ 2.    3.     0.46 -0.9 ]
[4.   5.   0.94 0.9 ]
[6.   7.   0.24 1.28]
[8.   9.   1.93 0.97]
[10.   11.    -2.19  0.74]
```

ds = ds.map(map_fn).cache()

```
epoch: 1
[0.   1.   0.13 0.42]
[2.   3.   0.86 1.42]
[4.   5.   1.43 1.6 ]
[ 6.    7.     0.41 -2.47]
[ 8.    9.    -1.36 -0.18]
[10.   11.     0.92 -1.29]
epoch: 2
[0.   1.   0.13 0.42]
[2.   3.   0.86 1.42]
[4.   5.   1.43 1.6 ]
[ 6.    7.     0.41 -2.47]
[ 8.    9.    -1.36 -0.18]
[10.   11.     0.92 -1.29]
```

그림 4.14: Tensorflow Dataset cache

cache()를 하면 randomness가 고정된다. map_fn()을 한 번만 적용하기 때문이다.

4.5 데이터 불러오기 심화 - Pytorch

지금까지 Pytorch로 데이터를 다룰 때 사용한 핵심적인 2개 클래스는 `Dataset`, `DataLoader` 였다. `Dataset`은

- 이미 만들어진 `Dataset`을 가져오거나,
- Numpy Array로 된 데이터를 `TensorDataset`으로 `Dataset`을 만들었다.
- 이제 사용자 정의 `Dataset`을 만들어 보자. `Dataset`을 상속해서 class 형태로 만든다.

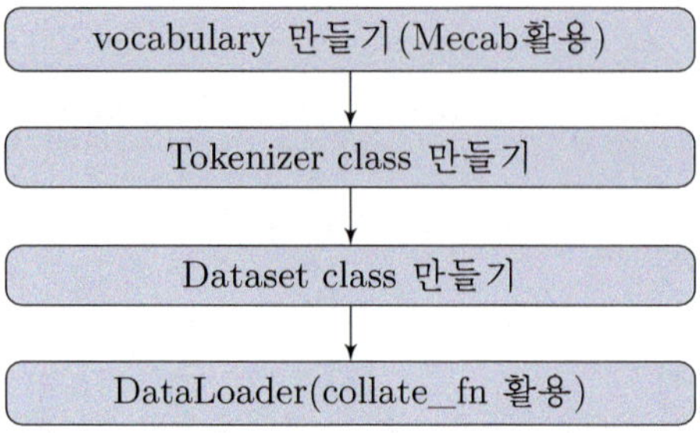

그림 4.15: Pytorch 데이터셋 구현 절차

NSMC[20] 데이터셋을 Dataset으로 만들어 보자. NSMC는 영화평이 긍정적이면 1, 부정적이면 0으로 labeling된 데이터이다. 이 데이터를 활용해서 감성 분석(sentimental analysis)[21] 모델을 만들 수 있다.

`ratings_train.txt`, `ratings_test.txt` 2개 파일을 다운로드하면 된다. 각각 15만, 5만 개의 데이터이다. 데이터는 3개 항목(ID,document,label)으로 구성되어 있고, 탭(tab)으로 분리되어 있다[22].

4.5.1 Vocabulary 만들기

- 가공하지 않은 원본 데이터를 Corpus(말뭉치)라고 부른다. Corpus로부터 단어를 추출하여 단어 사전(단어 집합, vocabulary)을 만드는 작업부터 시작해 보자.
- 영어(굴절어) 문장은 공백 단위로 구분해도 큰 문제가 없지만, 우리말은 조사가 붙어 있는

20 Naver Sentiment Movie Corpus, `https://github.com/e9t/nsmc`

21 텍스트가 가지는 긍정, 부정적인 의미를 분석하는 것을 감성 분석이라 한다.

22 train, test 데이터에 각각 5개, 3개의 null string으로 된 데이터가 포함되어 있다.

교착어이다. 어절 단위의 문장을 형태소[23] 단위로 분리할 필요가 있다.

- 형태소 분석을 할 수 있는 Python Package로 **konlpy**[24]가 있다.

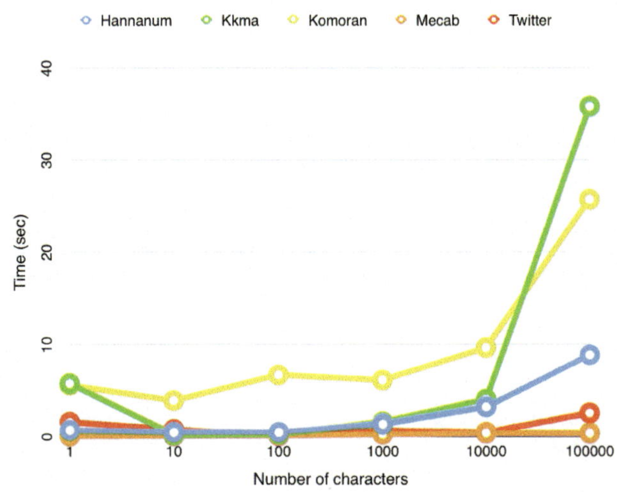

그림 4.16: 형태소 분석 도구 실행 시간 비교
konlpy는 5개의 형태소 분석 도구를 제공한다. 그중 Mecab의 성능이 가장 좋다고 알려져 있다.
출처: `https://konlpy.org/ko/latest/morph/`

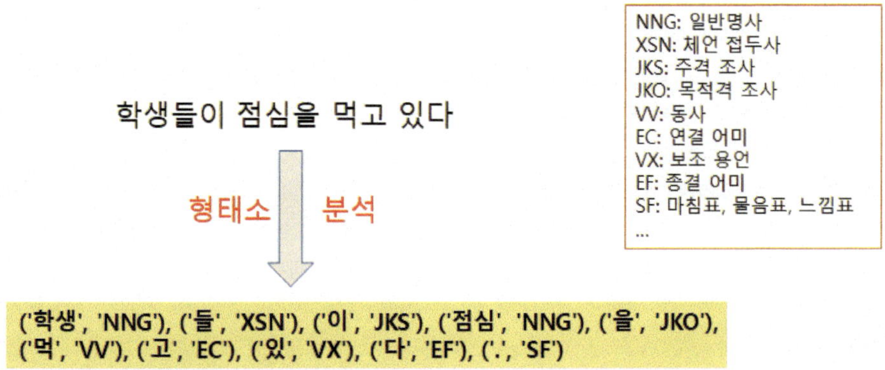

그림 4.17: Mecab을 이용한 형태소 분석 예시

- 그림 (4.16) 에서는 konlpy에서 제공하는 5가지 형태소 분석 도구의 처리 속도 비교를 보여주고 있다. 5가지 도구 중 Mecab의 처리 속도가 가장 빠르다. Mecab은 Windows 설치를 공식

23 의미를 가지는 최소 단위

24 `https://konlpy.org/ko/latest/index.html`

지원하지 않지만, 다른 방법으로 설치 가능하다[25].

- 분리된 각각의 형태소를 token(토큰)이라 부른다.

코드 4.27: Mecab 형태소 분석 예시

```
from konlpy.tag import Mecab
mecab=Mecab()
mecab.morphs('학생들이 점심을먹고있다.')
# --> ['학생', '들', '이', '점심', '을', '먹', '고', '있', '다', '.']
```

코드 4.28: corpus로부터 vocabulary 만들기. 각 단어의 빈도수를 dict형 변수인 vocab에 저장한다.

```
import re
import pickle
import pandas as pd
def clean(text):
    clean_text = re.sub('[^가-힣ㄱ-ㅎㅏ-ㅣ\s0-9a-zA-Z]', '', text)
    return clean_text

def make_vocab(corpus):
    vocab = {}
    # quoting=3: 문장에 큰 따옴표가 포함되어 있으면, 그대로 남겨둔다.
    data = pd.read_csv(corpus,delimiter='\t',quoting=3)
    mecab=Mecab()
    for text in data['document']:
        if type(text) is not str: continue # text가 없는 data가 있다.
        clean_text = clean(text)
        split_text = mecab.morphs(clean_text)

        for w in split_text:
            if w in vocab.keys():
                vocab[w] = vocab[w] + 1
            else:
                vocab[w] = 1
    vocab = dict(sorted(vocab.items(), key=lambda kv: kv[1],reverse=True))
    return vocab

vocab = make_vocab('ratings_train.txt')

with open('vocab.pickle', 'wb') as f:
    pickle.dump(vocab, f) # 단어별 빈도 저장.

print('vocab size: ', len(vocab))
print(vocab)
```

25 페이지 49 참고.

Output:

```
vocab size:  53192
{'이': 73328,
 '는': 66869,
 '영화': 57622,
 '다': 55218,
 '고': 47242,
 '하': 44674,
 '도': 34113,
...
```

- pd.read_csv(...,quoting=3)에서 quoting=3로 하면 문장에 나오는 따옴표를 그대로 남겨 둔다.
- 불필요한 문자를 제거하기 위해 정규식(regular expression)을 사용했다. Python에서 re package를 사용하면 된다.

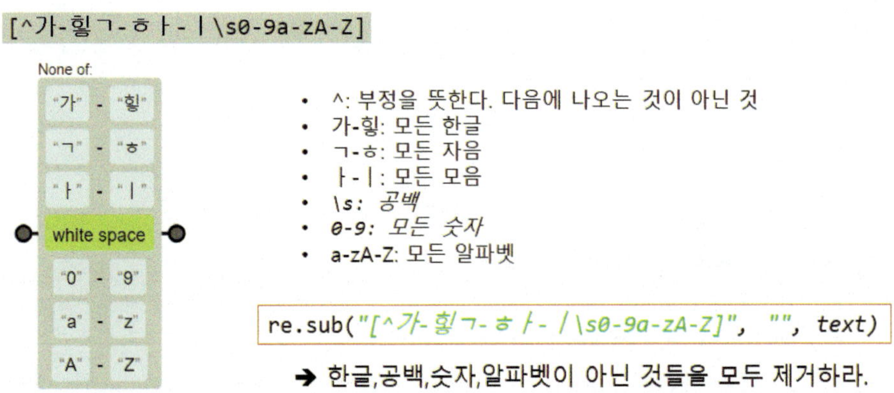

그림 4.18: 정규식을 활용하여 불필요한 문자 제거
^이 부정을 의미를 나타내는 기호이다. 이를 이용해서 '어떤 것들'을 제외한 모든 것을 나타낼 수 있다.

- 코드에서 구현한 불필요한 문자를 제거하는 clean() 함수는 다양한 변화를 줄 수 있다. 상황에 맞게 변형해서 사용하면 된다.
- 형태소로 분리된 token을 출현 빈도와 함께 dict형인 vocab에 저장한다. 생성된 vocab을 pickle 파일로 저장한다. token의 빈도가 일정 수 이하인 것은 vocabulary에서 제외할 수도 있다. 제외된 token들은 unknown token으로 처리하면 된다.

4.5.2 Tokenizer class 만들기

코드 4.28에서 구현한 것을 바탕으로 Tokenizer class를 구현해보자. encode(), decode() 메소드도 구현하자. 그림 (4.19), 코드 4.30에서 encode(), decode() 예시를 보여주고 있다.

```
tokenizer.encode('학생들이 점심을 먹고 있다.')
➔ [1, 1587, 19, 4, 14174, 15, 320, 8, 22, 7, 2]


tokenizer.decode(a)
➔ [SOS] 학생 들 이 점심 을 먹 고 있 다 [EOS]
```

그림 4.19: Tokenizer encode, decode 예시
문장을 token id로 변환하고 그 역변환도 할 수 있다.

코드 4.29: Tokenizer class 구현

```python
class MyTokenizer():
    def __init__(self,min_count=10):
        self.spetial_tokens = ['[PAD]','[SOS]','[EOS]','[UNK]']
        self.min_count = min_count
        self.mecab = Mecab()

    def make_vocab(self,corpus):
        # self.vocab(dict) 생성
        data = pd.read_csv(corpus, delimiter='\t',quoting=3,)
        self.vocab = {} # (word, 빈도)
        for text in data['document']:
            if type(text) is not str: continue # NSMC Dataset에 text가 없는 data가 있다.
            clean_text = self.clean(text)
            split_text = self.mecab.morphs(clean_text)

            for w in split_text:
                if w in self.vocab.keys():
                    self.vocab[w] = self.vocab[w] + 1
                else:
                    self.vocab[w] = 1

        print('vocab size: ', len(self.vocab))
        with open('vocab.pickle', 'wb') as f:
            pickle.dump(self.vocab, f) # 단어별 빈도 저장.

        self.make_index()
    def make_index(self):
        # self.word_to_ind, self.ind_to_word 생성.
        self.word_to_ind={}
        self.ind_to_word={}
        n=-1
        for token in self.spetial_tokens:
            n = n+1
```

```
            self.word_to_ind[token] = n
            self.ind_to_word[n] = token

        for token in self.vocab:
            if self.vocab[token] >= self.min_count:
                n = n+1
                self.word_to_ind[token] = n
                self.ind_to_word[n] = token
        print(f'valid token: {len(self.word_to_ind)}')

    def load_vocab(self,vocal_file='vocab.pickle'):
        with open(vocal_file,'rb') as f:
            self.vocab = pickle.load(f)
        print('vocab size: ', len(self.vocab))
        self.make_index()

    @property
    def vocab_size(self):
        return len(self.word_to_ind)

    def clean(self,text):
        clean_text = re.sub('[^가-힣ㄱ-ㅎㅏ-ㅣ\s0-9a-zA-Z]', '', text)
        return clean_text

    def encode(self,text,clean_flag=True):
        if clean_flag:
            text = self.clean(text)
        unk_token_id = self.word_to_ind['[UNK]']
        tokens = self.mecab.morphs(text)
        return [self.word_to_ind['[SOS]']] + [self.word_to_ind.get(t,unk_token_id) for t in tokens] + [self.word_to_ind['[EOS]']]

    def decode(self, seq):
        return ' '.join([self.ind_to_word[s] for s in seq])
```

- corpus로부터 vocab file을 생성하는 `make_vocab()` 함수를 구현했다. 이미 만들어진 vocab file(vocab.pickle)이 존재할 경우에 로드하는 `load_vocab()` 함수도 구현했다.
- `ind_to_word`는 `word_to_ind`의 역변환에 사용하기 위해서 필요하다.
- `word_to_ind`, `ind_to_word`를 생성할 때, 최소 빈도 `min_count` 미만인 것은 token에서 제외했다. 제외된 token은 unknown으로 처리된다.
- `word_to_ind`는 token과 ID를 일대일 대응시키는 역할을 한다. 문장을 형태소로 분리 후, ID(정수, index)로 변환할 수 있다. [UNK] token을 처리하기 위해 dict의 `get()` 함수를 이용했다. vocab에 없는 token이 들어왔을 때, [UNK] token ID로 변환하는 방식이다.

```
self.word_to_ind.get(t,unk_token_id)
```

코드 4.30: Tokenizer class 테스트 코드

```
tokenizer = MyTokenizer(min_count=5)

if os.path.exists("vocab.pickle"):
    tokenizer.load_vocab("vocab.pickle")
else:
    tokenizer.make_vocab("ratings_train.txt") # valid token: 15772

a = tokenizer.encode('학생들이 점심을먹고있다.')
print(a) # [1, 235, 161, 86, 6249, 74, 661, 143, 109, 34, 2]
b = tokenizer.decode(a)
print(b) # [SOS] 학생 들 이 점심 을 먹 고 있 다 [EOS]
```

4.5.3 NSMC Dataset 만들기

이제 `torch.utils.data.Dataset`을 상속받아 사용자 정의 Dataset을 만들어 보자. 상속받아서 class를 구현할 때 반드시 구현(재정의, overriding) 해야 하는 method가 2개 있다.
바로 `__len__`, `__getitem__`이다[26].

- `__len__(self)`: 전체 데이터의 개수를 return해 주면 된다.
- `__getitem__(self,idx)`: idx번째 데이터를 return해 주면 된다.

구현할 때 전체 데이터 규모와 관련해서 생각해 볼 것이 있다. 전체 데이터가 너무 많아서 메모리에 모두 올릴 수 없는 경우도 있고, 데이터가 메모리에 충분히 올릴 수 있는 정도의 크기인 경우도 있다.

- 소규모 데이터: class의 생성자인 `__init__()`에서 모두 load해서 변수에 저장한 후, `__getitem__()`에서 순차적으로 return 하면 된다. 예를 들어, NSMC 데이터셋은 크기가 작아 메모리에 모두 올릴 수 있다.
- 대규모 데이터: 생성자에서 메모리로 load할 수 없으니, 데이터의 파일명만 읽어와서 변수에 저장해 둔다. `__getitem__()`에서 파일을 하나씩 load해서 return 하는 방식을 사용하면 된다.

26 보통 super class를 상속받아 sub class를 구현할 때, 구현하는 sub class의 생성자(`__init__`)에서 super class의 생성자를 call해주는 것이 일반적이다. `Dataset`을 상속받아 구현할 때는 `Dataset`의 생성자를 call하지 않아도 된다. `Dataset` 생성자에 특별한 것이 없기 때문이다.

코드 4.31: **[Pytorch]** 사용자 정의 Dataset

```
from torch.utils.data import DataLoader, Dataset
import time

class NSMCDataset(Dataset):
    def __init__(self,datafile,tokenizer):

        self.tokenizer = tokenizer
        self.text = []
        self.label = []

        data = pd.read_csv(datafile, delimiter='\t',quoting=3)
        x = data['document']
        y = data['label']
        N = len(x)
        print('Data Loading...')
        s_time = time.time()
        num_null_strings = 0
        for i, (text,label) in enumerate(zip(x,y)):
            if type(text) is str:
                text = self.tokenizer.clean(text)
                self.text.append(torch.tensor(self.tokenizer.encode(text),
                                 dtype=torch.int32))
                # BCEWithLogitsLoss에 넘기려면 float32로 변환
                self.label.append(torch.tensor(label,dtype=torch.float32))
            else:
                num_null_strings += 1
            if i % 10000 ==0:
                print(f'loaing {i}/{N}, elapsed: {time.time()-s_time}')
        print(f'# of null data / # of valid data =
             {num_null_strings}/{len(self.text)}')
    def __len__(self):
        return len(self.text)

    def __getitem__(self,index):
        return self.text[index], self.label[index]
```

- class `NSMCDataset`은 `torch.utils.data.Dataset`을 상속받은 sub class이다. sub class의 생성자에서는 일반적으로 super class의 생성자를 call 한다.

  ```
  super(NSMCDataset,self).__init__()
  ```

  하지만 super class의 생성자에는 특별히 처리하는 것이 없기 때문에 이 경우에는 생략해도 된다.

- `if type(text) is str`: 이 코드가 추가된 이유는 데이터 중 텍스트가 없는 것이 있기 때문이다[27].

27 train 데이터에 5개, test 데이터에 3개.

다음은 테스트를 위한 코드이다.

코드 4.32: **[Pytorch]** NSMCDataset 테스트 코드

```
dataset = NSMCDataset("ratings_train.txt",tokenizer)
for i,d in enumerate(dataset):
    print(i, d)
    if i>=2: break
```

Output:

```
0 (tensor([ 1,  4,  5,  6,  7,  8,  9, 10, 11,  2], dtype=torch.int32), tensor(0.))
1 (tensor([ 1, 12, 13, 14, 15, 16, 17, 18, 19, 20, 21, 22, 23, 24,  2],
   dtype=torch.int32), tensor(1.))
2 (tensor([ 1, 25, 26,  3,  2], dtype=torch.int32), tensor(0.))
```

결과에서 확인할 수 있듯이 각각의 데이터 길이가 다르다. DataLoader에서 배치 데이터로 묶으면서 padding을 통해 길이를 맞춰야 한다.

4.5.4 DataLoder 만들기

여기서 다룰 DataLoader의 핵심적인 부분은 `collate_fn`이다.

```
DataLoader(dataset,batch_size=1,shuffle=False,collate_fn=None,
           sampler=None,batch_sampler=None)
```

`collate_fn`에서 batch 데이터에 대한 후처리 작업을 할 수 있다. 여기서는 padding 처리를 통해 데이터의 길이를 맞춰주어야 한다. Pytorch에서 배치 데이터의 padding을 할 수 있는 API로 `pad_sequence()`가 있다.

```
torch.nn.utils.rnn.pad_sequence(sequences, batch_first=False,
                                padding_value=0.0)
```

`pad_sequence`의 입력은 Pytorch Tensor이어야 한다.

padding 처리를 하는 `collate_fn`을 다음과 같이 구현할 수 있다.

코드 4.33: **[Pytorch]** collate_fn 정의

```
from torch.nn.utils.rnn import pad_sequence
def my_collate_fn(batch):
    # batch: 길이가 batch size인 tensor list <--- [(x1,y1),(x2,y2),...]
    x, y = zip(*batch) # --> [x1,x2,...], [y1,y2,...]
    seq_length = [len(a) for a in x]
    return pad_sequence(x,batch_first=True,padding_value=0), torch.tensor(seq_length),
        torch.stack(y)
```

- `collate_fn`에 넘어오는 `batch`는 길이가 batch_size인 tensor로 된 list로 dataset의 데이터로 구성되어 있다.
- padding 전의 길이를 `seq_length`로 만든다.
- `torch.stack(y)`로 tensor tuple을 하나의 tensor로 만든다.

```
(tensor(1.), tensor(1.), tensor(0.), tensor(1.)) --> tensor([1., 1., 0., 1.])
```

코드 4.34: **[Pytorch]** DataLoader 테스트 코드

```
train_dataloader = DataLoader(dataset, batch_size=4,shuffle=True,
    collate_fn=my_collate_fn)
for i,(x,seq_length,y) in enumerate(train_dataloader):
    print(i, x.shape,y.shape, x, y)
    if i>=1: break
```

Output:

```
0 torch.Size([4,20]) torch.Size([4])
tensor([[1,39,259,7,296,1236,2308,49,56,2,0,0,0,0,0,0,0,0,0,0],
        [1,80,43,266,85,19,250,96,37,44,7,2,0,0,0,0,0,0,0,0],
        [1,89,19,11,60,68,726,16,1428,5,4961,48,42,208,4,29,847,9,7,2],
        [1,4039,9,55,3080,296,2,0,0,0,0,0,0,0,0,0,0,0,0,0]],dtype=torch.int32)
tensor([0.,1.,0.,1.])

1 torch.Size([4,23]) torch.Size([4])
tensor([[1,3,3,3,3663,5248,5,110,43,4,119,4,6,5,388,43,6,17,20,276,100,3,2],
        [1,365,324,122,8,25,5982,8060,2,0,0,0,0,0,0,0,0,0,0,0,0,0,0],
        [1,45,40,8,2082,5,6,144,3,44,13,6,143,24,7,2,0,0,0,0,0,0,0],
        [1,2856,1188,16,11523,11,563,15,17,5,18,237,1604,67,2,0,0,0,0,0,0,0,0]],dtype=torch.int32)
tensor([1.,0.,1.,0.])
```

4.5.5 Sampler

4.4절에서 Tensorflow로 padding 최소화를 반영한 배치 데이터 생성을 구현했다. 위에서 구현한 Pytorch Dataset, DataLoader에는 padding 최소화 기법이 완전히 반영되지 않았다. 미니배치 데이터에서 가장 긴 데이터에 맞춰서 padding이 이루어졌다. 4.4절에서 구현한 padding 최소화를 Pytorch로 구현하기 위해 `batch_sampler`를 이용해 보자.

```
DataLoader(...,sampler=None,batch_sampler=None,...)
```

DataLoader의 argument로 넘어가는 `sampler`, `batch_sampler`는 `torch.utils.data.Sampler` 객체로 Dataset의 인덱스를 생성해 주는 기능을 한다.

- `sampler`: 선택된 데이터의 index를 1개씩 return한다.
- `batch_sampler`: `batch_size` 만큼의 index를 return한다.

간단한 Sampler를 하나 구현해 보자. Sampler를 상속해서 overriding 해야 하는 method는 `__len__`과 `__iter__`이다.

`['a','b','c',...]`로 구성된 데이터를 역순으로 return해 주는 Sampler를 다음과 같이 구현할 수 있다.

코드 4.35: **[Pytorch]** Sampler 구현

```python
from torch.utils.data import Sampler
from torch.utils.data import DataLoader, Dataset
class MyCharDataset(Dataset):
    def __init__(self,N):
        self.N = N
        self.data = [chr(c) for c in range(97,97+N)] # ord('a') = 97, ['a','b','c',...]
    def __getitem__(self, index):
            return self.data[index]
    def __len__(self):
        return self.N

class MySampler(Sampler):
    def __init__(self, N):
        self.N = N
        self.ind = list(range(N)) # [0,1,2,...]
    def __len__(self):
        return self.N
    def __iter__(self):
        for a in self.ind[::-1]: # 역순
            yield a
# 테스트 코드
N = 8
```

```
dataset = MyCharDataset(N)
dataloader = DataLoader(dataset,sampler=MySampler(N),batch_size=2)
for x in dataloader:
    print(x)
```

- Sampler의 핵심적인 부분은 `__iter__`의 구현이다. `__iter__`는 yield를 사용해서 generator를 만들어 주어야 한다. yield가 다 소진되는 것이 1 epoch이다.

Output:

```
['h', 'g']
['f', 'e']
['d', 'c']
['b', 'a']
```

결과를 보면, `['a','b','c',...]`를 역순으로 batch size만큼씩 묶어서 return하고 있다.

padding 최소화 구현을 위해서는 `sampler`를 구현해도 되고, `batch_sampler`를 구현해도 된다[28]. 여기서는 `batch_sampler`로 구현해 보자. 위에서 구현한 `MySampler`는 인덱스를 하나씩 생성했는데, 구현해야 할 `batch_sampler`는 인덱스를 batch size만큼씩 생성하면 된다.

코드 4.36: **[Pytorch]** Padding 최소화를 위한 Batch Sampler 구현

```
class MinPaddingSampler(Sampler):
    def __init__(self, data_length, batch_size, n_buffer):
        # batch_size*n_buffer 만큼의 데이터를 정렬해서 처리
        self.data_length = data_length # [10, 15, 5, 12, 28, ... ]
        self.batch_size = batch_size
        self.n_buffer = n_buffer
        self.N = len(self.data_length)
        self.index_length = list(zip(range(self.N),self.data_length))# [(0,10),(1,15),(2,5),(3,12),(4,28),...]
    def __len__(self):
        return self.N
    def __iter__(self):
        np.random.shuffle(self.index_length)
        block_count = self.batch_size*self.n_buffer
        n_count = self.N // block_count
        for i in range(n_count):
            examples = self.index_length[i*block_count:(i+1)*block_count]
            examples.sort(key=lambda a: a[1])
            for j in range(self.n_buffer):
                yield list(zip(*examples[j*self.batch_size:(j+1)*self.batch_size]))[0] # unzip
# 테스트 코드
dataset = NSMCDataset("ratings_train.txt",tokenizer)
```

28 `batch_sampler`보다 `sampler`로 구현하는 것이 더 간결할 수도 있다.

```
data_length = [len(a[0]) for a in dataset]
batch_sampler = MinPaddingSampler(data_length,batch_size=8,n_buffer=4)
dataloader = DataLoader(dataset,batch_sampler=batch_sampler,collate_fn =
    my_collate_fn)

for i, d in enumerate(dataloader):
    print(i, d[0].shape, d[1], d[2])
    if i>=12: break
```

- 아래의 조각 코드(code snippet)를 보면, `__iter__()` method를 이해하는 데 도움이 된다.

```
data_length_ = [10, 15, 5, 12, 28]
index_length_ = list(zip(range(len(data_length_)),data_length_))
print(index_length_) # [(0, 10), (1, 15), (2, 5), (3, 12), (4, 28)]

index_length_.sort(key=lambda a: a[1])
print(index_length_) # [(2, 5), (0, 10), (3, 12), (1, 15), (4, 28)]

list(zip(*index_length_)) # [(2, 0, 3, 1, 4), (5, 10, 12, 15, 28)]
```

- Sampler에 `batch_size`가 지정되었기 때문에, `DataLoader`에 `batch_size`를 지정하지 않았다.

- 다음의 결과를 보면 `batch_size`=8인 mini-batch 데이터가 생성되는데, `n_buffer=4`개 단위로 mini-batch 데이터의 길이가 증가하는 것을 확인할 수 있다.

Output:

```
0 torch.Size([8,12]) tensor([ 5,5,7,7,10,10,11,12],dtype=torch.int32)
                     tensor([1.,0.,1.,1.,0.,1.,1.,1.])
1 torch.Size([8,16]) tensor([12,13,13,14,14,14,15,16],dtype=torch.int32)
                     tensor([0.,1.,1.,0.,0.,1.,1.,1.])
2 torch.Size([8,19]) tensor([16,17,17,17,17,18,19,19],dtype=torch.int32)
                     tensor([1.,0.,1.,1.,0.,0.,0.,0.])
3 torch.Size([8,45]) tensor([19,21,21,28,33,33,43,45],dtype=torch.int32)
                     tensor([1.,0.,1.,1.,0.,0.,1.,0.])
-----
4 torch.Size([8,7])  tensor([3,3,4,4,4,5,5,7],dtype=torch.int32)
                     tensor([0.,1.,1.,1.,0.,1.,0.,0.])
5 torch.Size([8,16]) tensor([ 7,9,10,10,11,13,14,16],dtype=torch.int32)
                     tensor([1.,1.,1.,1.,0.,1.,1.,0.])
6 torch.Size([8,23]) tensor([16,16,17,17,17,20,22,23],dtype=torch.int32)
                     tensor([1.,0.,1.,1.,1.,0.,1.,1.])
7 torch.Size([8,62]) tensor([24,25,32,33,34,38,45,62],dtype=torch.int32)
                     tensor([0.,1.,1.,0.,0.,0.,0.,1.])
-----
8 torch.Size([8,9])  tensor([3,4,5,5,8,9,9,9],dtype=torch.int32)
                     tensor([0.,0.,1.,1.,0.,0.,1.,1.])
9 torch.Size([8,18]) tensor([10,11,11,16,17,17,18,18],dtype=torch.int32)
                     tensor([1.,0.,0.,0.,1.,0.,1.,1.])
10 torch.Size([8,24]) tensor([18,20,21,21,23,23,24,24],dtype=torch.int32)
                      tensor([1.,1.,1.,1.,0.,1.,0.,1.])
11 torch.Size([8,60]) tensor([26,28,28,31,31,49,57,60],dtype=torch.int32)
                      tensor([1.,1.,0.,0.,1.,1.,1.,0.])
-----
12 torch.Size([8,10]) tensor([ 5,5,6,7,7,8,9,10],dtype=torch.int32)
                      tensor([0.,1.,0.,0.,1.,0.,0.,1.])
```

구현한 NSMC Dataset을 활용한 영화 감성 분석 모델은 8장에서 RNN으로 구현한다.

4.5.6 Data API 비교

구분	Tensorflow Dataset	Pytorch Dataset	Pytorch DataLoader
인덱싱	X	O	X
loop 처리	O	O	O
len	△	O	O

표 4.2: Data API 비교
tf.data.Dataset vs. torch.utils.data.Dataset vs torch.utils.data.DataLoader

구분	Tensorflow `tf.data.Dataset`	Pytorch `torch.utils.data`
Numpy Array	`from_tensor_slices((X,Y))` `from_tensor_slices(((X1,X2),Y))`	X,Y: Pytorch Tensor `TensorDataset(X,Y)`, `TensorDataset(X1,X2,Y)`
Sequence Padding	`preprocessing.sequence` `.pad_sequences()`	`nn.utils.rnn.pad_sequence()`

표 4.3: Data API 비교2
Pytorch에서 TensorDataset에 넘길 객체는 Tensor여야 한다. Numpy array를 직접 넘길 수는 없다.

- `tf.data.Dataset`에서 `len()`으로 크기를 알 수 있는 경우도 있고 크기를 알 수 없는 경우도 있다.
- `tf.data.Dataset.from_generator()`로 만들어진 Dataset은 len을 적용할 수 없다.

4.5.7 Tensorflow/Pytorch 대용량 데이터 처리

Tensorflow에서 대용량 데이터를 처리하는 방법부터 살펴보자.

예를 들어, 50기가 바이트의 음성 파일들이 있다고 하자. 데이터를 모두 메모리에 올릴 수는 없다. 음성 파일명을 list로 만든 후, 모델 훈련 중에 반복적으로 필요한 만큼만 데이터를 로드해야 한다. 그림 (4.20)에서 그 절차를 보여주고 있다.

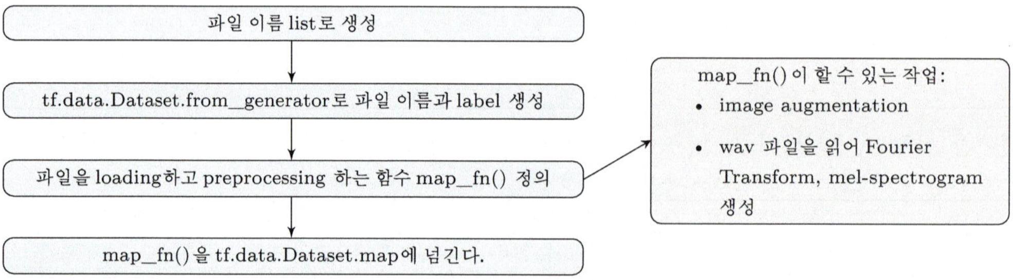

그림 4.20: Tensorflow 대용량 데이터 처리
map에 넘기는 map_fn 함수는 병렬로 처리될 수 있기 때문에 시간이 소요되는 작업을 여기서 하는 것이 효율적이다.

- `map_fn()`은 그래프 연산(graph computation[29])이 가능한 함수들로 구성되어야 한다.

29 그림 (5.9) 참조.

- `tf.numpy_function()`, `tf.py_function()`을 사용해서 일반적인 python 함수도 가능하다. 하지만 병렬처리가 안 되기 때문에 효율적이지 못하다[30].
- 코드 4.24에서 `map_fn()`의 예시를 볼 수 있다.

Pytorch에서는 DataLoader의 `num_workers`를 지정해서 병렬처리 가능하기 때문에, `collate_fn`에서 시간이 소요되는 preprocessing을 해주면 된다[31]. `collate_fn`의 예시는 코드 4.33, 4.34, 4.36에 있다.

30 https://www.tensorflow.org/api_docs/python/tf/data/Dataset#map

31 https://pytorch.org/docs/stable/data.html#multi-process-data-loading

4.6 모델 저장하기

모델을 저장한다는 것은 훈련된 모델의 파라메터(weight)들을 파일로 저장한다는 의미이다. 저장된 모델 파일은 필요할 때 불러와서(load), 훈련(train)을 이어갈 수도 있고 추론(inference)에 사용할 수 있도록 배포될 수도 있다.

4.6.1 Tensorflow 모델 저장

Tensorflow에서 모델을 저장하는 방법은 여러 가지가 있다. `fit`으로 훈련이 진행되고 있는 중간에 모델을 저장하기 위해서는 Callback `tf.keras.callbacks.ModelCheckpoint`를 사용해야 한다. 여기서 소개되는 방법은 `fit`으로 훈련 종료 후에 모델을 저장하는 방법이다. 또한 `fit`을 사용하지 않고 훈련하는 custom training[32]에서도 활용할 수 있다.

표(4.4)에서 마지막 방법(tf.train.Checkpoint + tf.train.CheckpointManager)을 코드로 구현해 보자.

코드 4.37: [**Tensorflow**] Checkpoint, CheckpointManager를 이용한 모델 저장

```
model = ...

checkpoint = tf.train.Checkpoint(model)
chekpoint_manager = tf.train.CheckpointManager(checkpoint,'./my_model',
                                   checkpoint_name='tacotron',max_to_keep=3)

ckpt_save_path = chekpoint_manager.save()
print('model saved: ', ckpt_save_path)
```

- `tf.train.Checkpoint` 객체를 생성하여, `tf.train.CheckpointManager`에 넘기면 된다.
- `tf.train.Checkpoint` 객체를 생성할 때 keyword argument 방식으로 parameter를 넘길 수 있다[33]. 여러 가지 저장하고 싶은 객체를 넘기면 된다.

```
checkpoint = tf.train.Checkpoint(mymodel = model)

checkpoint = tf.train.Checkpoint(model = model, optimizer = optimizer)
```

- `max_to_keep`을 지정하여, 저장할 수 있는 최대 checkpoint 파일 개수를 정할 수 있다. `max_to_keep`을 초과하면, 먼저 생성된 파일이 지워진다.

---

32 5장 참조.

33 argument 이름을 임의로 지정할 수 있다.

Save	Load	설 명
`tf.saved_model.save(model,디렉토리)`	`model = tf.saved_model.load(디렉토리)`	• 중복 저장 시 덮어 쓴다. • 주로 모델 배포 목적으로 사용된다.
`model.save_weights('./dir2/xxx')`	`model2.load_weights('./dir2/xxx')`	• xxx가 prefix로 사용된다. • overwrite=True(default) • model1, model2는 같은 구조의 모델 객체로, 모두 compile된 상태라면 optimizer도 같이 load된다.
`model.save('my\_model.h5')`	`tf.keras.models.load_model('my_model.h5')`	• HDF5 파일 1개로 저장되며 모델 구조까지 저장된다. • 디렉토리를 넘길 수도 있다.
`checkpoint = tf.train.Checkpoint(model)` `checkpoint.save('./dir3/xxx')`	`checkpoint2 = tf.train.Checkpoint(model2)` `checkpoint2.restore('./dir3/xxx-2')`	• xxx-1, xxx-2, ... 새로운 checkpoint가 생성된다. • model1, model2는 같은 구조의 모델 객체로, 모두 compile된 상태라면 optimizer도 같이 load된다.

`ckpt= tf.train.Checkpoint(model)`
`ckpt_m = tf.train.CheckpointManager(ckpt,`
`'./dir4',checkpoint_name='xxx',`
`max_to_keep=3)`
`ckpt_m.save()`
	`ckpt2 = tf.train.Checkpoint(model)`
	`ckpt_m2 = tf.train.CheckpointManager(ckpt,`
	`'./dir4',checkpoint_name='xxx', max_to_keep=3)`
	`ckpt2.restore(ckpt_m2.latest_checkpoint)`
	`ckpt_m2.save()`
		• tf.train.Checkpoint와 tf.train.CheckpointManager가 결합된다.
		• train 중단 후, 다시 이어 train할 때 유용하다.

표 4.4: Tensorflow Model Save & Load

그림 4.21: Tensorflow 모델 저장 방식별 디렉토리/파일 생성 비교

코드 4.38: **[Tensorflow]** 저장된 모델을 불러와서 이어 train하고 저장하기

```
model = ...

checkpoint2 = tf.train.Checkpoint(model)
chekpoint_manager2 = tf.train.CheckpointManager(checkpoint2,'./my_model',
                                    checkpoint_name='tacotron',max_to_keep=3)
print("last checkpoint: ", chekpoint_manager2.latest_checkpoint)

checkpoint2.restore(chekpoint_manager2.latest_checkpoint)

###########
# training ...
###########
ckpt_save_path = chekpoint_manager2.save()
print('model saved: ', ckpt_save_path)
```

유용한 API를 하나 더 살펴보자. 지정한 디렉토리에 가장 최근에 저장된 checkpoint 파일을 가져오

는 API이다. 디렉토리에서 있는 `'checkpoint'` 파일을 파싱하여 최근 파일 이름을 return해 준다.

```
tf.train.latest_checkpoint(checkpoint_dir)
```

```
model.load_weights(tf.train.latest_checkpoint(checkpoint_dir))
```

4.6.2 Pytorch 모델 weight 저장

코드 4.39는 Pytorch 모델을 저장하는 코드이다. Tensorflow에 비해서 비교적 간단하다.

코드 4.39: **[Pytorch]** Pytorch 모델 저장

```
model = ...

# 모델 파라메터만 저장
filename = 'model.pt'
torch.save(model.state_dict(), filename)

# 복원
model.load_state_dict(torch.load(filename))
#model.load_state_dict(torch.load(filename, map_location = torch.device('cpu')))
```

- `model.state_dict()`는 모델이 가지고 있는 모든 파라메터를 포함하고 있다. 참고로 `model.parameters()`는 trainable 파라메터만을 가지고 있다. non-trainable 파라메터의 예로 Batch-Normalization의 평균, 분산을 저장하고 있는 파라메터가 있다.
- 저장된 모델 파라메터를 읽어 오려면 `load_state_dict()` API를 사용하면 된다.
- `model.to('cuda')`를 통해 모델 파라메터를 cuda Tensor로 변환한 모델을 저장한 후, `'cpu'` model로 load하려고 할 때는 `map_location` 옵션을 지정해 주면 된다.
- `torch.save()`에 모델 자체를 넘기면 모델 구조까지 저장할 수도 있다.
- `torch.save()`에 넘어가는 file path의 디렉토리는 미리 생성되어 있어야 한다[34].

34 `os.makedirs(path,exist_ok=True)`를 이용하면 편리하다.

코드 4.40: **[Pytorch]** Pytorch 모델 weight & 구조 저장

```
model = ...

# 모델 구조까지 저장
filename = 'model.pt'
torch.save(model, filename)

# 모델 전체 복원
model = torch.load(filename)
```

4.6.3 Pytorch 모델 Summary

Tensorflow에서는 model.summary()를 통해 모델의 구조와 정보를 확인할 수 있었다[35]. Pytorch에서는 print(model)로 간단한 정보는 확인할 수 있지만, 좀 더 많은 정보를 얻기 위해서는 별도의 패키지를 설치해야 한다[36]. 모델 정보를 확인할 수 있는 패키지로 다음과 같은 것들이 있다.

- torchinfo, torchsummary, torch_model_summary 등

여기서는 torchinfo로 모델 구조를 확인해 보자.

코드 4.41: **[Pytorch]** torchinfo로 모델 구조 확인

```
from torchinfo import summary
class MyModelPytorch(torch.nn.Module):
    def __init__(self,input_dim,hidden_dim,n_class):
        super(MyModelPytorch, self).__init__()

        self.L1 = torch.nn.Linear(input_dim,hidden_dim)
        self.activation = torch.nn.ReLU()
        self.L2 = torch.nn.Linear(hidden_dim,n_class)
    def forward(self,x):
        output = self.L1(x)
        output = self.activation(output)
        output = self.L2(output)
        return output

model = MyModelPytorch(784,512,10)
print(model)

summary(model)
summary(model,input_size=(1,784,)) # batch size 포함.

x = torch.randn(2,784)
summary(model,input_data=x) # input_data: batch size 포함해서 생성.
```

35 페이지 184 참고.

36 pip install torchinfo

Output:

```
print(model) 결과:
MyModelPytorch(
  (L1): Linear(in_features=784, out_features=512, bias=True)
  (activation): ReLU()
  (L2): Linear(in_features=512, out_features=10, bias=True)
)
```

```
summary(model)
```

```
=================================================================
Layer (type:depth-idx)                   Param #
=================================================================
MyModel_Pytorch                          --
├─Linear: 1-1                            401,920
├─ReLU: 1-2                              --
├─Linear: 1-3                            5,130
=================================================================
Total params: 407,050
Trainable params: 407,050
Non-trainable params: 0
=================================================================
```

```
summary(model,input_size=(784,))
```

```
==========================================================================================
Layer (type:depth-idx)                   Output Shape              Param #
==========================================================================================
MyModel_Pytorch                          --                        --
├─Linear: 1-1                            [512]                     401,920
├─ReLU: 1-2                              [512]                     --
├─Linear: 1-3                            [10]                      5,130
==========================================================================================
Total params: 407,050
Trainable params: 407,050
Non-trainable params: 0
Total mult-adds (M): 205.83
==========================================================================================
Input size (MB): 0.00
Forward/backward pass size (MB): 0.00
Params size (MB): 1.63
Estimated Total Size (MB): 1.64
==========================================================================================
```

그림 4.22: torchinfo로 모델 구조 확인

모델에 정수형 Tensor가 들어가는 경우 에러가 난다. 이럴 경우에는 input_size 대신 input_data를 넣어주면 된다. input_data는 batch를 포함하여 random하게 생성해서 넣어주면 된다.

4.7 Learning Rate Scheduler

그림 (4.23)은 learning rate과 loss의 관계를 보여주고 있다. learning rate이 너무 크면 훈련이 잘 되지 않는다. 반면 learning rate이 너무 작으면 훈련의 속도가 느리게 된다. 적당한 learning rate을 잡아주는 것이 중요하다. learning rate scheduling은 훈련 epoch이 증가함에 따라 learning rate을 낮게 조절해 주는 기법이다.

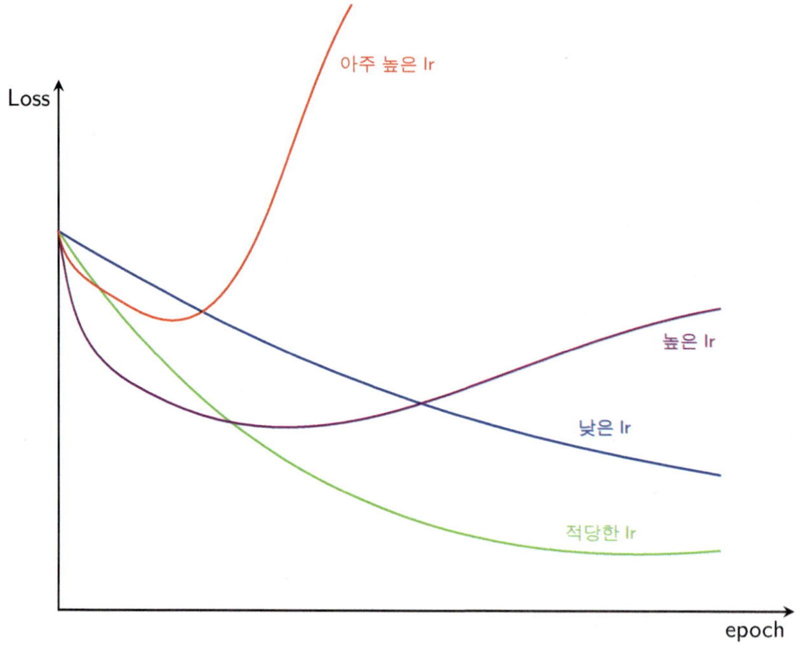

그림 4.23: learning rate과 loss 관계

Scheduler	Tensorflow tf.keras.optimizers.schedules	Pytorch torch.optim.lr_scheduler
Exponential Decay	ExponentialDecay	ExponentialLR
Step Decay	PiecewiseConstantDecay	StepLR, MultiStepLR

표 4.5: Learning Rate Scheduler

- Exponential Decay: decay rate $\gamma(<1)$, step을 s라고 하면 γ^s에 비례하여 learning rate이 감소한다. 그림 (4.24)에서 Exponential Decay 예시를 보여주고 있다.

- Step Decay: 계단식으로 learing rate이 줄어든다(그림 (4.26) 참조).

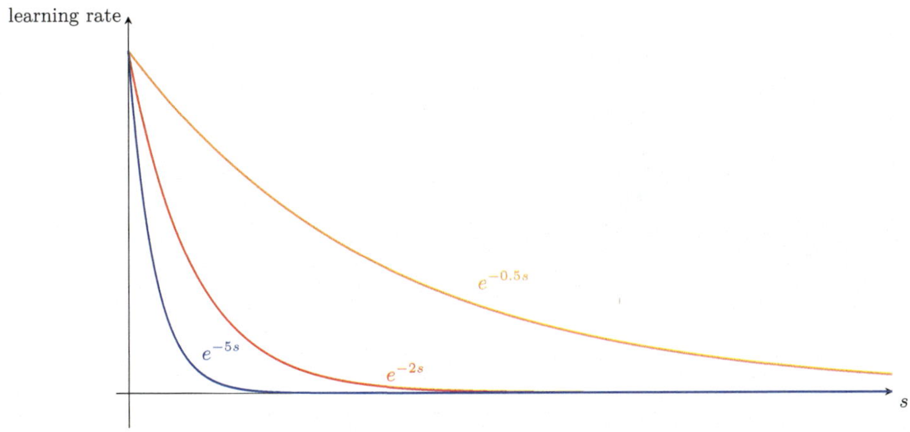

그림 4.24: Exponential Decay

```
tf.keras.optimizers.schedules.ExponentialDecay(initial_learning_rate,
                                    decay_steps, decay_rate,staircase=False)
tf.keras.optimizers.schedules.PiecewiseConstantDecay(boundaries, values)

torch.optim.lr_scheduler.ExponentialLR(optimizer,gamma,last_epoch=-1)
torch.optim.lr_scheduler.StepLR(optimizer,step_size,gamma=0.1,
                                    last_epoch=-1)
torch.optim.lr_scheduler.MultiStepLR(optimizer, milestones,gamma=0.1,
                                    last_epoch=-1)
```

4.7.1 Tensorflow Learning Rate Scheduler

- 그림 (4.25) 에서 step은 mini batch로 gradient를 업데이트한 횟수를 말한다. Tensorflow Scheduluer에서의 step은 mini batch 단위이지 epoch 단위가 아니다.

  코드 4.42에서는 Tensorflow learning rate scheduler로 모델을 훈련시키는 예시를 보여주고 있다.

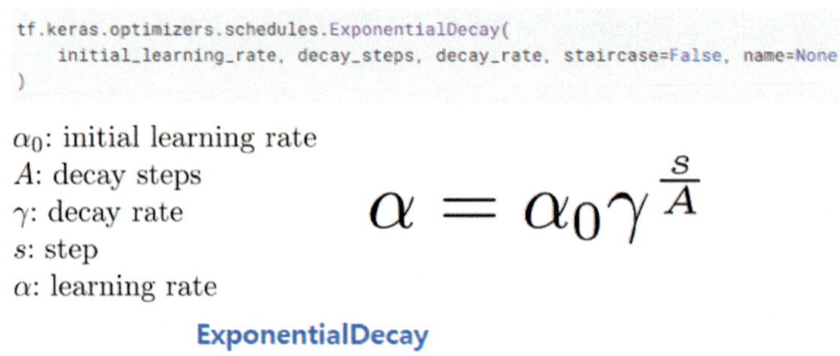

그림 4.25: Tensorflow ExponentialDecay API
staircase=True이면 s가 A의 배수인 경우에만 learning rate이 변한다.

코드 4.42: **[Tensorflow]** learning rate scheduler

```
model = tf.keras.models.Sequential([tf.keras.layers.Dense(units=3,
                                    input_dim=2,activation=None)])
x = np.random.randn(128,2)
y = np.random.randn(128,3)

initial_learning_rate = 100.
lr_schedule = tf.keras.optimizers.schedules.ExponentialDecay(initial_learning_rate,
                        decay_steps=5,decay_rate=0.1,staircase=False)

optimizer = tf.keras.optimizers.Adam(learning_rate=lr_schedule)
model.compile(optimizer,loss='mse')
epochs = 5
model.fit(x,y,batch_size=32,epochs=epochs)
print("current lr: ", model.optimizer._decayed_lr(tf.float32).numpy()) # 0.01
print("iteration: ", optimizer.iterations.numpy()) # 20

# 모델 저장
checkpoint = tf.train.Checkpoint(model=model,epochs=tf.Variable(epochs))
chekpoint_manager = tf.train.CheckpointManager(checkpoint, './saved_model',
                                        checkpoint_name='ABC', max_to_keep=3)
ckpt_save_path = chekpoint_manager.save()
print('model saved: ', ckpt_save_path) # './saved_model/ABC-1'
```

- 데이터의 개수가 128개이고 batch size=32이므로, 1 epoch에 4번의 iteration이 이루어진다. 5 epoch만큼 훈련하면 모두 20번의 iteration이 이루어진다. decay step이 5이므로 $\frac{20}{5} = 4$가 된다. 따라서
$$\alpha_0 \gamma^{\frac{s}{A}} = 100 \times 0.1^4 = 0.01$$
임을 확인할 수 있다. 전체 iteration 횟수는 `optimizer.iterations.numpy()`으로 확인할 수 있다.

37 약간의 수치적인 차이는 발생한다.

- s step으로 `lr_schedule(s)`을 call하면 step에 해당하는 learning rate을 return해 준다. $100 \times 0.1^{\frac{7}{5}} = 3.9810717$ 이므로 아래 결과를 얻는다[37].

```
lr_schedule(7) # <tf.Tensor: shape=(), dtype=float32, numpy=3.9810722>
lr_schedule(20) # <tf.Tensor: shape=(), dtype=float32, numpy=0.010000001>
```

- `lr_schedule`이 `optimizer`에 넘겨지고, `optimizer`는 `model.compile()`에서 `model`과 결합된다. `model`을 저장할 때, `lr_schedule`, `optimizer`도 같이 저장된다.

```
model.optimizer # model에 저장된 optimizer 객체
model.optimizer._learning_rate # optimizer에 저장된 scheduler 객체
```

- `tf.train.Checkpoint`에 모델을 저장할 때, 모델뿐만 아니라 다른 변수들도 같이 저장할 수 있다. keyword argument[38] 형식으로 넘기면 된다. 코드 4.42에서는 `epochs`를 저장했다.

- Tensorflow에서 사용자 정의 Scheduler는 `tf.keras.optimizers.schedules.LearningRateSchedule`를 상속받아 구현할 수 있다[39].

- Learning Rate Scheduler는 `optimizer.apply_gradients()`에서 자동으로 decay가 이루어진다[40].

- 그림 (4.26) 에서 Tensorflow `PiecewiseConstantDecay`의 동작 방식을 보여주고 있다.

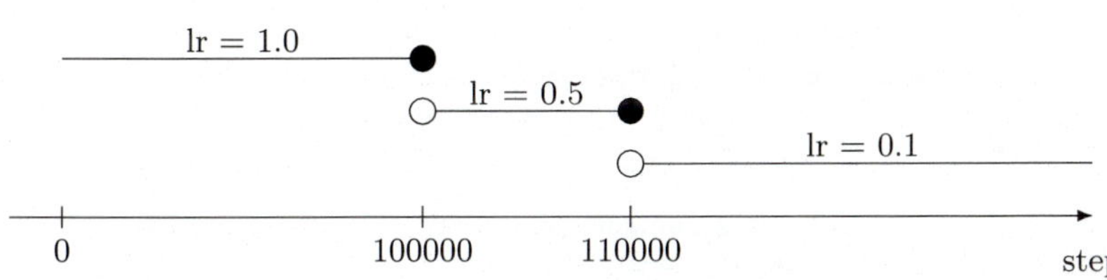

tf.keras.optimizers.schedules
.PiecewiseConstantDecay(boundaries=[100000, 110000], values=[1.0, 0.5, 0.1])

그림 4.26: Tensorflow PiecewiseConstantDecay
values는 boundaries이 길이 (len) 보다 하나 더 들어가야 한다.

---

38 argument 이름을 임의로 정하면 된다.

39 사용자 정의 Scheduler의 예시는 코드 8.61에 있다.

40 `https://github.com/keras-team/keras/blob/e6784e4302c7b8cd116b74a784f4b78d60e83c26/keras/optimizers/optimizer_experimental/optimizer.py#L609`

4.7.2 Tensorflow 훈련 이어하기

데이터의 양이 많고 모델이 큰 경우에는 훈련하는 데 며칠씩 소요되는 경우도 있다. 이런 경우는 훈련을 한번에 다 끝내지 못하고, 중간 저장된 모델을 로드해서 훈련을 이어가야 하는 경우도 있다. 훈련을 이어가기 위해서는 모델의 weight도 저장해야 되지만, learning rate scheduler에 의해 초기 learning rate과 달라진 decayed learning rate도 저장해 두어야 한다. 여기서는 model, optimizer, learning rate scheduler를 저장하고 다시 불러와서 훈련을 이어가는 방법에 대해서 알아보자.

코드 4.42에서 저장된 checkpoint를 load해서 훈련을 이어가 보자. 먼저 저장된 코드를 불러오기 전에 model, scheduler, optimizer를 새로 정의해야 한다.

코드 4.43: **[Tensorflow]** model, scheduler, optimizer 정의 후 저장된 checkpoint 로드

```
model = tf.keras.models.Sequential([tf.keras.layers.Dense(units=3,
                                    input_dim=2,activation=None)])

initial_learning_rate = 100.
lr_schedule = tf.keras.optimizers.schedules.ExponentialDecay(initial_learning_rate,
                    decay_steps=5,decay_rate=0.1,staircase=False)

optimizer = tf.keras.optimizers.Adam(learning_rate=lr_schedule)
model.compile(optimizer,loss='mse')

print("current lr: ", model.optimizer._decayed_lr(tf.float32).numpy()) # 100.
print("iteration: ", optimizer.iterations.numpy()) # 0

# 모델 불러오기
checkpoint2 = tf.train.Checkpoint(model=model,epochs=tf.Variable(0))
chekpoint_manager2 = tf.train.CheckpointManager(checkpoint,
     './saved_model',checkpoint_name='ABC',max_to_keep=3)
checkpoint2.restore(chekpoint_manager2.latest_checkpoint)

print("current lr: ", model.optimizer._decayed_lr(tf.float32).numpy()) # 0.01
print("iteration: ", optimizer.iterations.numpy()) # 20
```

- model을 정의하고 checkpoint를 불러오기 전후의 learning rate과 interations가 달라진 것을 확인할 수 있다. 불러온 learning rate과 iteration은 코드 4.42에서 저장한 값과 일치한다.

이제 코드 4.44에서 훈련을 이어가 보자.

코드 4.44: **[Tensorflow]** 추가로 5 epoch 더 훈련하기

```
x = np.random.randn(128,2)
y = np.random.randn(128,3)

# 5 epoch 더 train하기
initial_epoch = checkpoint2.epochs.numpy()
```

```
model.fit(x,y,batch_size=32,epochs=initial_epoch+5,initial_epoch=initial_epoch)

print("current lr: ", model.optimizer._decayed_lr(tf.float32).numpy()) # 1.0e-06
print("iteration: ", optimizer.iterations.numpy()) # 40
```

- `fit`에 넘겨진 `initial_epoch`은 이미 훈련된 epoch 수를 의미한다. 코드 4.42에서 checkpoint에 같이 저장해 둔 `epochs` 값을 가져왔다.
- 추가로 5 epoch을 더 훈련한 후, learning rate이 10^{-2}에서 10^{-6}으로 변경되었다.
- 추가 훈련에서 20 iteration이 더 이루어져 `optimizer.iterations`가 40이 되었다.

4.7.3 Pytorch Learning Rate Scheduler

Pytorch에서 제공하는 Scheduler API에는 `StepLR`, `MultiStepLR`이 있다.

- Pytorch는 명시적으로 `step()`을 call해야 한다. epoch마다 call하는 것이 기본이다.

StepLR

```
>>> # Assuming optimizer uses lr = 0.05 for all groups
>>> # lr = 0.05     if epoch < 30
>>> # lr = 0.005    if 30 <= epoch < 60
>>> # lr = 0.0005   if 60 <= epoch < 90
>>> # ...
>>> scheduler = StepLR(optimizer, step_size=30, gamma=0.1)
>>> for epoch in range(100):
>>>     train(...)
>>>     validate(...)
>>>     scheduler.step()
```

MutiStepLR

```
>>> # Assuming optimizer uses lr = 0.05 for all groups
>>> # lr = 0.05     if epoch < 30
>>> # lr = 0.005    if 30 <= epoch < 80
>>> # lr = 0.0005   if epoch >= 80
>>> scheduler = MultiStepLR(optimizer, milestones=[30,80], gamma=0.1)
>>> for epoch in range(100):
>>>     train(...)
>>>     validate(...)
>>>     scheduler.step()
```

그림 4.27: Pytorch Scheduler
torch.optim.lr_scheduler.StepLR, MultiStepLR.
`https://pytorch.org/docs/stable/generated/torch.optim.lr_scheduler.StepLR.html`

- 그림 (4.27) 에서 Pytorch의 `StepLR`, `MultiStepLR`의 동작 방식을 보여주고 있다.
- `ExponentialLR`은 `step_size=1`인 `StepLR`과 동일하다.

- 저장된 모델을 불러와 훈련을 이어서 하려는 경우에는 모델만 저장하지 말고 optimizer와 scheduler도 같이 저장해 주어야 한다. 이렇게 해야 learning rate scheduler에 의해 변경된 learning rate을 반영해서 훈련을 이어갈 수 있다.
- 사용자 정의 scheduler는 코드 8.65에서 다룬다.

4.7.4 Pytorch 훈련 이어하기

앞서 코드 4.43, 4.44에서 Tensorflow로 구현한, 모델을 저장하고 훈련을 이어가는 코드를 Pytorch로 작성해 보자.

코드 4.45: **[Pytorch]** Scheduler를 이용해서 모델 훈련

```
model = torch.nn.Linear(2,3)
optimizer = torch.optim.Adam(model.parameters(), lr=1.)
scheduler = torch.optim.lr_scheduler.ExponentialLR(optimizer, gamma=0.99)

print('lr: ', scheduler.get_last_lr())
print(scheduler.state_dict())

x = torch.randn(128,2)
y = torch.randn(128,3)
loss_fn = torch.nn.MSELoss()
dataset = torch.utils.data.TensorDataset(x,y)
dataloader = torch.utils.data.DataLoader(dataset,batch_size=32)

for epoch in range(10):
    for (x_,y_) in dataloader:
        optimizer.zero_grad()
        loss = loss_fn(model(x_),y_)
        loss.backward()
        optimizer.step()

    scheduler.step()
    print(f'epoch: {epoch+1}, loss: {loss.item()}, lr: {scheduler.get_last_lr()}')

state = {'model': model.state_dict(), 'optimizer': optimizer.state_dict(),
     'scheduler': scheduler.state_dict()}
torch.save(state,'my_state_dict.pt')

print('lr: ', scheduler.get_last_lr())
print(scheduler.state_dict())
```

- 저장할 파라메터들은 `state`라는 dict로 만든 후, `torch.save()`로 저장했다.

이제 저장된 모델을 로드하여 훈련을 이어가 보자.

코드 4.46: **[Pytorch]** 저장된 모델 로드 후, 추가로 10 epoch 더 훈련하기

```
model = torch.nn.Linear(2,3)
optimizer = torch.optim.Adam(model.parameters(), lr=1.)
scheduler = torch.optim.lr_scheduler.ExponentialLR(optimizer, gamma=0.99)

print('lr: ', scheduler.get_last_lr())
print(scheduler.state_dict())

x = torch.randn(128,2)
y = torch.randn(128,3)
loss_fn = torch.nn.MSELoss()
dataset = torch.utils.data.TensorDataset(x,y)
dataloader = torch.utils.data.DataLoader(dataset,batch_size=32)

# model load
state = torch.load('my_state_dict.pt')
model.load_state_dict(state['model'])
optimizer.load_state_dict(state['optimizer'])

scheduler.load_state_dict(state['scheduler'])

initial_epoch = scheduler.state_dict()['last_epoch']
print('lr: ', scheduler.get_last_lr())
print(scheduler.state_dict())

# 10 epoch 추가 훈련
for epoch in range(initial_epoch,initial_epoch+10):
    for (x_,y_) in dataloader:
        optimizer.zero_grad()
        loss = loss_fn(model(x_),y_)
        loss.backward()
        optimizer.step()

    scheduler.step()
    print(f'epoch: {epoch+1}, loss: {loss.item()}, lr: {scheduler.get_last_lr()}')
```

마지막으로 코드 4.45, 4.46의 중복된 부분을 합쳐서 하나의 코드로 만들어 보자.

코드 4.47: **[Pytorch]** 모델 훈련, 저장, 추가 훈련

```
model = torch.nn.Linear(2,3)
optimizer = torch.optim.Adam(model.parameters(), lr=1.)
scheduler = torch.optim.lr_scheduler.ExponentialLR(optimizer, gamma=0.99)

model_path = 'my_state_dict.pt'
if os.path.exists(model_path):
    state = torch.load('my_state_dict.pt')
    model.load_state_dict(state['model'])
    optimizer.load_state_dict(state['optimizer'])
    scheduler.load_state_dict(state['scheduler'])
    initial_epoch = scheduler.state_dict()['last_epoch']
    print(f'model found - {model_path} - epoch {initial_epoch}')
else:
```

```
    print('model not found!!!')
    initial_epoch = 0
print('lr: ', scheduler.get_last_lr())
print(scheduler.state_dict())

x = torch.randn(128,2)
y = torch.randn(128,3)
loss_fn = torch.nn.MSELoss()
dataset = torch.utils.data.TensorDataset(x,y)
dataloader = torch.utils.data.DataLoader(dataset,batch_size=32)

for epoch in range(initial_epoch,initial_epoch+10):
    for (x_,y_) in dataloader:
        optimizer.zero_grad()
        loss = loss_fn(model(x_),y_)
        loss.backward()
        optimizer.step()

    scheduler.step()
    print(f'epoch: {epoch+1}, loss: {loss.item()}, lr: {scheduler.get_last_lr()}')

# model 저장
state = {'model': model.state_dict(), 'optimizer': optimizer.state_dict(),
      'scheduler': scheduler.state_dict()}
torch.save(state,model_path)
print(f'model saved: {model_path}')

print('lr: ', scheduler.get_last_lr())
print(scheduler.state_dict())
```

- os.path.exists()로 저장된 모델이 있는지 확인하는 과정이 추가되었다.

딥러닝

제 5 장

Tensorflow Custom Training

Tensorflow가 Keras와 통합되면서, training 과정이 Pytorch에 비해 상당히 High Level API화되어 있다. `fit`을 통해 train을 하면 편리한 점이 있지만, 원하는 정보를 출력하거나 모델을 저장하기 위해서는 Callback, Metric을 사용해야 한다. Callback, Metric은 제공되는 API를 이용하거나 사용자가 직접 만들어 사용해야 한다.

Tensorflow로 모델을 훈련하는 방법을 다음과 같이 크게 2가지 방식으로 정리할 수 있다.

① `model.fit` 활용: fit은 편리하게 사용할 수 있다. 제공되는 Callback, Metric API로 추가적인 제어도 가능하다. 제공되는 Callback, Metric에 변화를 주기 위해서는 Customization(사용자 정의, user defined)이 필요하다.

② scratch training: Pytorch와 유사하게 for loop로 훈련하는 코드를 작성하는 방법이다. gradient를
`tf.GradeintTape`로 계산해서 weight update를 할 수 있고, 출력 log도 원하는 대로 제어할 수 있다.

빠르게 모델을 만들어 훈련해 볼 필요가 있을 때는 `fit`이 편리하다. 좀 더 나아가 원하는 대로 제어하기 위해서는 Tensorflow에 이미 있는 Callback, Metric을 사용하면 된다. 필요에 따라서는 직접 Callback, Metric을 만들어야 하는데, 직접 구현하는 노력은 scratch training과 비슷하기 때문에 scratch training을 선택할 수도 있다.

---

1 `https://www.tensorflow.org/api_docs/python/tf/keras/callbacks`

2 참고: `https://www.tensorflow.org/guide/keras/custom_callback`
`https://www.tensorflow.org/guide/keras/custom_callback?hl=ko`

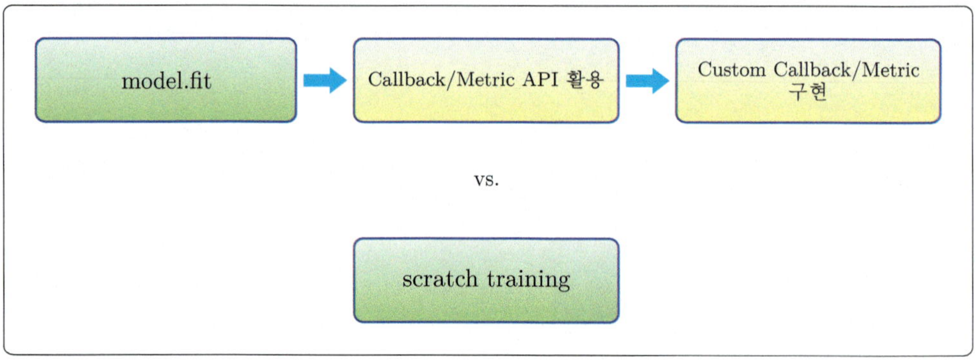

그림 5.1: Tensorflow Model Training: fit vs. scratch training

5.1 사용자 정의 Callback Class

Tensorflow에서 제공하는 Callback API[1]를 사용하거나 사용자 정의 Callback을 만들어 사용할 수 있다. 사용자 정의 Callback[2]은 `tf.keras.callback.Callback`을 상속해서 구현해야 한다.

구분	Methods	설 명
Global Methods	on_(train|test|predict)_begin(self, logs=None) on_(train|test|predict)_end(self, logs=None)	fit/evaluate/predict에서 각각 실행된다.
Batch-level methods	on_(train|test|predict)_batch_begin (self, batch, logs=None) on_(train|test|predict)_batch_end (self, batch, logs=None)	batch: 몇 번째 mini batch인지 (0에서 시작)
Epoch-level methods	on_epoch_begin(self, epoch, logs=None) on_epoch_end(self, epoch, logs=None)	epoch: 몇 번째 mini epoch인지 (0에서 시작) training에만 적용

표 5.1: Callback의 method들
argument로 넘어오는 logs는 tf.keras.Model의 train_step이 return한 dictionary 값이다.

코드 5.1: [**Tensorflow**] 사용자 정의 Callback: 각각의 mini batch 마다 loss 값을 출력하고, epoch 마다의 평균 loss를 출력한다.

```
class LossAndAccuracyPrintingCallback(tf.keras.callbacks.Callback):
    def on_epoch_begin(self, epoch, logs={}):
        self.epoch_loss = []
        self.epoch_accuracy = []

    def on_train_batch_end(self, batch, logs=None):
        # logs["loss"] = mini batch에 대한 loss
        print("For batch {}, loss is {:7.4f}".format(batch, logs["loss"]))
        self.epoch_loss.append(logs["loss"])
        self.epoch_accuracy.append(logs["accuracy"])

    def on_test_batch_end(self, batch, logs=None):
        print("For batch {}, loss is {:7.4f}".format(batch, logs["loss"]))

    def on_epoch_end(self, epoch, logs=None):
        print("The average train loss for epoch {} is {:7.4f} "
              "and train accuracy is {:7.4f}.".format(epoch, np.mean(self.epoch_loss),
                  np.mean(self.epoch_accuracy)))
```

`tf.keras.callbacks.Callback`을 상속받은 class에서는 `self.model`을 통해 Callback 자신을 소유하고 있는 모델에 접근할 수 있다[3]. 이를 활용하는 예를 몇 개 살펴보자.

- `self.model.stop_training=Ture`를 통해, 훈련을 중지시킬 수 있다.
- `self.model.optimizer.learning_rate`로 lerarning rate을 변경할 수 있다.
- `self.model.predict()`로 테스트 샘플을 넣어보고 결과를 확인할 수 있다.
- `logs`는 `train_step`에서 return하는 dict가 넘어온 것이다[4].

이제 한 가지 예를 더 살펴보자. 코드 5.2에서 Loss와 Accuracy를 시각화하는 Callback을 구현해 보자.

코드 5.2: [**Tensorflow**] 사용자 정의 Callback: loss, accuracy 시각화. Jupyter Notebook이나 Colab에서 작동한다.

```
import matplotlib.pyplot as plt
from IPython.display import clear_output
plt.style.use("seaborn-v0_8")

class PlotCallback(tf.keras.callbacks.Callback):
    def on_train_begin(self, logs=None):
```

3 Callback class 객체들은 model.fit과정에서 model과 결합한다. 이 과정에서 Callback에도 model이 넘어간다. 넘겨진 model은 Callback에서 `self.model`로 접근이 가능하다. 만약 이렇게 모델에 접근할 수 있는 기능이 제공되지 않는다면, 생성자(`__init__`)에서 모델을 넘겨 받을 수 있도록 구현하면 된다.

4 `https://www.tensorflow.org/api_docs/python/tf/keras/Model#train_step`

```
        self.logs = dict()

    def on_epoch_end(self, epoch, logs=None):
        for key, val in logs.items():
            if key not in self.logs:
                self.logs[key] = []
            self.logs[key].append(val)

        self.plot_logs()

    def plot_logs(self):
        clear_output(wait=True)
        fig, ax = plt.subplots(1, 2, figsize=(10, 4))

        ax[0].clear()
        ax[1].clear()
        for key, val in self.logs.items():
            if key.find('loss') >=0:
                ax[0].plot(val,label=key)
            elif key.find('accuracy')>=0:
                ax[1].plot(val,label=key)
        ax[0].legend()
        ax[1].legend()
        ax[0].set_title('loss')
        ax[1].set_title('accuracy')

        plt.tight_layout()
        plt.pause(1e-17)
```

코드 5.3에서는 코드 5.2에서 작성한 `PlotCallback`을 활용하여 MNIST 데이터로 훈련하는 코드를 구현해 보자.

코드 5.3: [**Tensorflow**] PlotCallback을 활용하여 훈련하기

```
# Dataset 준비
(x_train, y_train), (x_test, y_test) = tf.keras.datasets.mnist.load_data() # Numpy
    Array
x_train = tf.cast(x_train.reshape(-1,28*28)/255.,tf.float32)
x_test = tf.cast(x_test.reshape(-1,28*28)/255.,tf.float32)
train_dataset = tf.data.Dataset.from_tensor_slices((x_train,y_train))
                               .shuffle(2000).batch(64)
val_dataset = tf.data.Dataset.from_tensor_slices((x_test,y_test)).batch(64)

model = tf.keras.Sequential([tf.keras.layers.Dense(512,activation='relu'),
                             tf.keras.layers.Dense(10,activation=None)])

optimizer = tf.keras.optimizers.Adam(learning_rate=0.001)
loss_fn = tf.keras.losses.SparseCategoricalCrossentropy(from_logits=True)
model.compile(optimizer,loss=loss_fn,metrics=['accuracy'])

plot_cb = PlotCallback() # PlotCallback 객체 생성

```

```
print(tf.config.list_physical_devices('GPU'))
history = model.fit(train_dataset,epochs=10,verbose=1, validation_data=val_dataset,
     callbacks=[plot_cb])
```

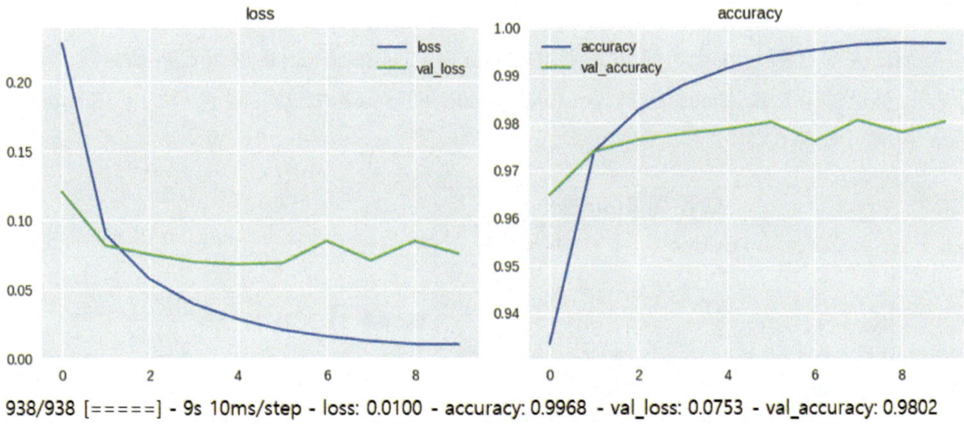

그림 5.2: Callback으로 훈련 중 실시간 loss, accuracy 업데이트
훈련이 진행되는 동안, loss와 accuracy의 그래프가 그려진다. 각각의 epoch이 종료될 때마다 그래프가 업데이트된다.

5.2 Custom Metric Function

사용자 정의 Metric은 `tf.keras.metrics.Metric`을 상속받아 class로 구현하거나 단순 함수로도 구현할 수 있다[5].

Metric 구현에 들어가기 전에 이진 분류(Binaray Classification)를 평가하는 측도에 대해 알아보자. 평가의 측도로 Accuracy, Precision, Recall, F1-Score가 있다. 이런 측도는 Imbalanced Data[6]에서 특히 중요하다.

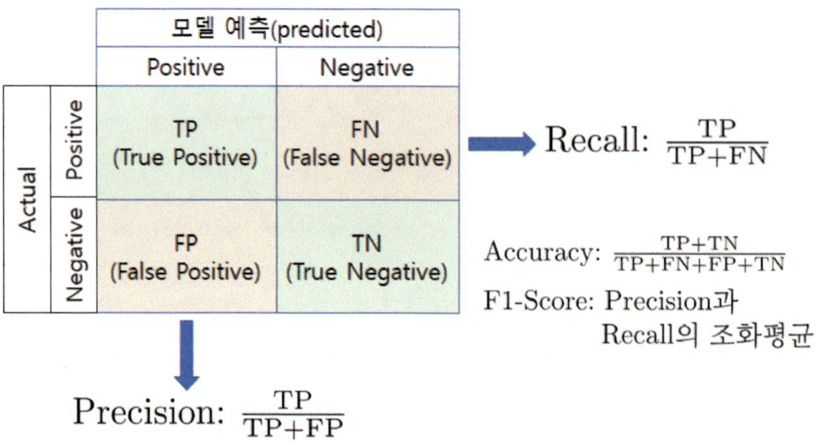

그림 5.3: 이진 분류 평가 측도
True Positive, False Positive, False Negative, True Negative로부터 Accuracy, Precision, Recall, F1-Score가 정의된다.

그림 (5.3) 에서는 실제 데이터와 모델 예측의 관계를 이용한 평가 측도를 보여주고 있다. True Positive, False Positive, False Negative, True Negative 4가지 개념을 정의하고 있다. True Positive는 실제 Positive이고 모델도 Positive로 예측한 것들의 개수이다. False Positive는 실제 Negative이지만 모델이 Positive로 예측한 것들의 개수이다. False Negative, True Negative는 더 설명하지 않아도 알 수 있을 것이다. 이 4가지 개념들로부터 Recall, Precision이 정의된다. Recall과 Precision은 서로 대비되는 개념이다.

- Recall: 데이터 중심의 측도이다. 실제 Positive 중에 모델이 얼마나 잘 예측했느냐를 나타내는 지표이다. hit ratio, sensitivity 등으로도 불린다.

---

5 또 다른 방식으로 Layer 형태로 구현할 수도 있다. Layer에서 `add_metric`을 이용한다.
참고: 코드 5.14, `https://www.tensorflow.org/api_docs/python/tf/keras/layers/Layer#add_metric`

6 각각의 class가 고르게 분포되지 않고, 특정 class에 치중된 데이터를 말한다.

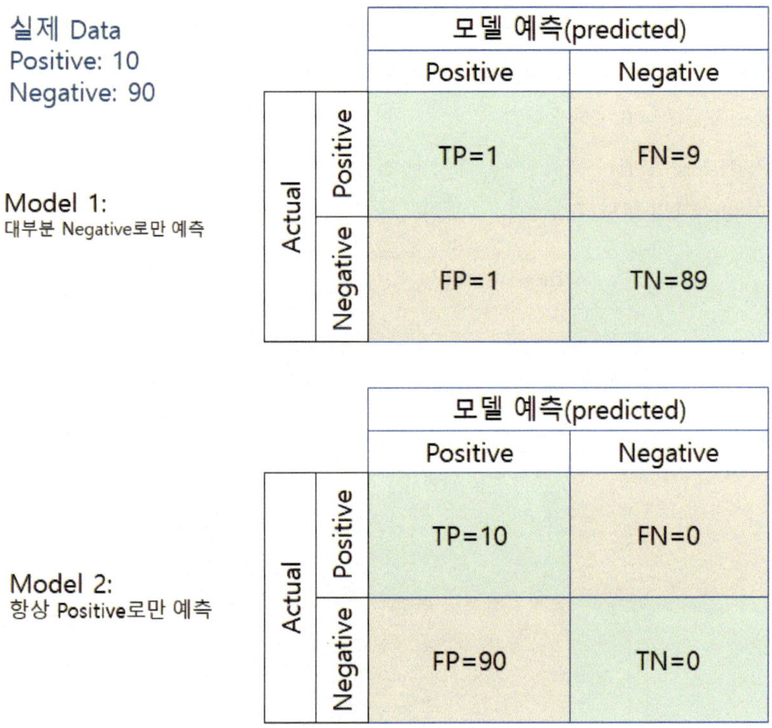

	Model 1	**Model 2**
Accuracy	**90%**	10%
Precision	50%	10%
Recall	10%	**100%**
F1-Score	16.7%	18.2%

- Accuracy는 Data의 class별 분포가 균일한 경우에 사용할 수 있다. 불균형(Imbalanced) 데이터에서는 적절하지 않을 수 있다.

그림 5.4: 평가 측도 비교
Model 1, Model 2 모두 좋은 모델이 아니지만, Model 1은 Acurracy가 90%이고 Model 2는 Recall이 100%이다.

- Precision: 모델 중심의 측도이다. 모델이 Positive로 예측한 것 중에 실제 Positive가 얼마나 있는지를 나타내는 지표이다.
- Recall vs. Precision: 예를 들어보자. 자연어 처리에서 문자열을 예측하는 모델이 있다고 하자. 정답이 '**급격한 삼투압 변화**'이고, 모델이 예측한 것이 '**삼투압 변화**'라고 하자. 이때 공백을

제외하고 Recall, Precision은 어떻게 될까?

- Recall: 정답 '**급격한 삼투압 변화**' 8자 중에서 모델이 맞게 예측한 것은 5자이므로 Recall은 $\frac{5}{8} = 0.625$가 된다.
- Precision: 모델이 예측한 '**삼투압 변화**'의 5글자가 정답에 포함되어 있다. 따라서 Precision은 1이 된다.

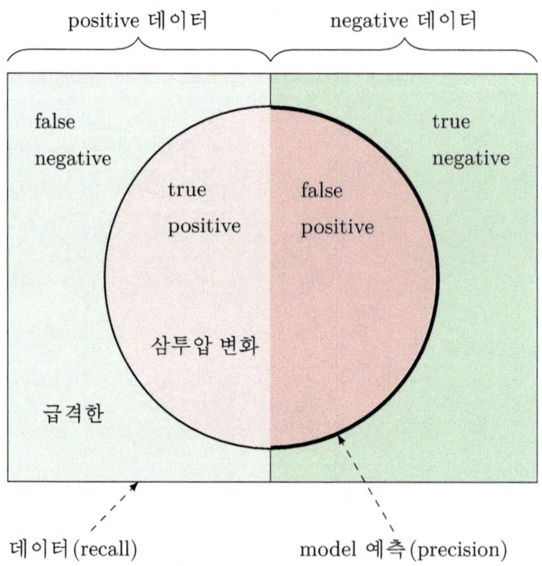

그림 5.5: precision vs. recall

- Recall과 Precision은 서로 trade-off 관계인 지표이다. 그래서 나온 평가지표가 F1-Score이다. F1-Score은 Recall과 Precision의 조화평균이다.
- 조화평균의 의미: 조화평균은 산술평균에 비해 극단적인 bias를 방지하는 효과가 있다. 1점과 99점의 산술평균은 50점이지만, 조화평균은 1.98이다. trade-off인 Recall과 Precision을 조화평균함으로써 왜곡을 방지할 수 있다.
- 그림 (5.4) 에서는 Precision과 Recall로 평가했을 때 성능이 좋지 못한 모델이 좋은 모델로 잘못 평가될 수 있는 예시를 보여주고 있다. F1-Score가 이런 왜곡을 방지해 줄 수 있다.
- Confusion Matrix: 그림 (5.3) 에서의 matrix를 multi-class로 확장한 것이 Confusion Matrix이다. 그림 (5.6) 에서 3개 class에 대한 confustion matrix 예시를 볼 수 있다.

다음은 3 class 분류 문제에서 confusion matrix와 precision, recall, f1-score를 구하는 코드이다.

코드 5.4: confusion matrix와 precision, recall, f1-score

```python
from sklearn.metrics import confusion_matrix,classification_report
import seaborn as sns
import numpy as np
import matplotlib.pyplot as plt

# 3 class classification
label = np.array([0,0,0,0,0,0,0,0,0,0,1,1,1,1,1,1,2,2,2,2,2,2])
pred = np.array([0,0,0,0,0,0,0,0,1,2,0,1,1,1,1,2,1,1,2,2,2,2])
class_names = ['A','B','C']
confusion_matrix_ = confusion_matrix(label, pred)

print(classification_report(label,pred,digits=4))
print("confusion matrix:\n",confusion_matrix_)

# visualization
sns.heatmap(confusion_matrix_,xticklabels=class_names,yticklabels=class_names,
            annot=True,cmap='YlGnBu')
plt.xlabel('Prediction')
plt.ylabel('Label')
plt.tight_layout()
plt.show()
```

```
classification_report
precision    recall  f1-score   support

         0    0.8889    0.8000    0.8421        10
         1    0.5714    0.6667    0.6154         6
         2    0.6667    0.6667    0.6667         6

  accuracy                        0.7273        22
 macro avg    0.7090    0.7111    0.7081        22
weighted avg  0.7417    0.7273    0.7324        22

confusion matrix:
 [[8 1 1]
 [1 4 1]
 [0 2 4]]
```

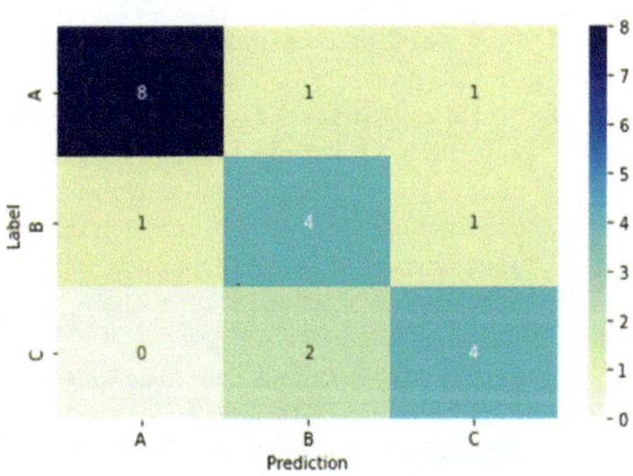

그림 5.6: confusion matrix

Multi Class 분류 결과에 대한 confusion matrix를 생성하기 위해 sklearn에 있는 `confusion_matrix()`를 이용했고 precision, recall, f1-score를 확인하기 위해서는 `classification_report()` API를 이용했다. 코드 5.4의 결과는 그림 (5.6) 에서 확인할 수 있다.

MNIST 데이터 분류에서 Recall과 Precision을 측정할 수 있는 Metric을 구현해 보자. 앞서 언급한 대로 사용자 정의 Metric은 `tf.keras.metrics.Metric`을 상속받아 class로 구현하면 된다[7]. 상속받은 class는 다음의 4개 method를 구현해야 한다.

7 참조: `https://www.tensorflow.org/guide/keras/train_and_evaluate?hl=en#custom_metrics`

- `__init__(self)`: metric 계산을 위한 state variable들을 선언한다. state variable은 `self.add_weight()`를 이용해서 생성해야 한다[8].
- `update_state(self, y_true, y_pred, sample_weight=None)`:`y_true, y_pred`를 이용해서 state variable들을 계산한다.
- `result(self)`: 여기서 state variable들을 이용해서 최종적으로 metric을 계산하고 return한다. 2개 이상의 값을 return하려면 dict형으로 만들면 된다. array 형태를 return하면 강제로 평균이 취해진다.
- `reset_state(self)`: state variable들을 초기화한다.

코드 5.5: [**Tensorflow**] 사용자 정의 Metric. Precision & Recall

```
class PrecisionRecall(tf.keras.metrics.Metric):
    def __init__(self, name="PrecisionRecall", **kwargs):
        super(PrecisionRecall, self).__init__(name=name, **kwargs)
        self.precision =
            self.add_weight(name='precision',initializer=tf.keras.initializers.Zeros())
        self.recall =
            self.add_weight(name='recall',initializer=tf.keras.initializers.Zeros())
        self.f1_score =
            self.add_weight(name='f1_score',initializer=tf.keras.initializers.Zeros())

    def update_state(self, y_true, y_pred,sample_weight=None):
        y_pred = tf.argmax(y_pred, axis=-1)
        confusion = tf.math.confusion_matrix(y_true,y_pred,dtype=tf.float32)
        confusion_diag = tf.linalg.diag_part(confusion) # 대각 원소만 추출
        pred_sum = tf.add(tf.reduce_sum(confusion,axis=0),1e-7) # TP + FP
        actual_sum = tf.add(tf.reduce_sum(confusion,axis=1),1e-7) # TP + FN

        precision = confusion_diag/pred_sum
        recall = confusion_diag/actual_sum
        f1_score = 2*(precision*recall)/(precision+recall+1e-7)
        self.precision.assign(tf.reduce_mean(precision))
        self.recall.assign(tf.reduce_mean(recall))
        self.f1_score.assign(tf.reduce_mean(f1_score))

    def result(self):
        return {"precision": self.precision, "recall": self.recall, "f1_score":
            self.f1_score}

    def reset_state(self):
        self.precision.assign(0.0)
        self.recall.assign(0.0)
        self.f1_score.assign(0.0)

model = tf.keras.Sequential([tf.keras.layers.Dense(512,activation='relu'),
                            tf.keras.layers.Dense(10,activation=None)])
```

8 https://www.tensorflow.org/api_docs/python/tf/keras/metrics/Metric

```
optimizer = tf.keras.optimizers.Adam(learning_rate=0.001)
loss_fn = tf.keras.losses.SparseCategoricalCrossentropy(from_logits=True)

recall_cb = PrecisionRecall()
model.compile(optimizer,loss=loss_fn,metrics=['accuracy',recall_cb])
```

코드 5.5에서는 mini batch의 metric(precision, recall, f1-score)을 계산하는 방식이다. 즉 전체 데이터에 대한 값을 계산하는 방식이 아니다. 전체 데이터에 대한 metric을 계산하기 위해서는 값들을 쌓아서 계산해야 한다. 다음에 있는 코드 5.6에서는 전체 데이터에 대한 metric을 측정하는 방식으로 구현되어 있다. 코드 5.5에서 `self.precision.assign()`이 코드 5.6에서 `self.precision.assign_add()`로 바뀌었다.

코드 5.6: [**Tensorflow**] 사용자 정의 Metric. Precision & Recall 누적 계산

```
class PrecisionRecall2(tf.keras.metrics.Metric):
    def __init__(self, name="PrecisionRecall", **kwargs):
        super(PrecisionRecall2, self).__init__(name=name, **kwargs)
        self.precision =
            self.add_weight(name='precision',initializer=tf.keras.initializers.Zeros())
        self.recall =
            self.add_weight(name='recall',initializer=tf.keras.initializers.Zeros())
        self.f1_score =
            self.add_weight(name='f1_score',initializer=tf.keras.initializers.Zeros())
        self.example_num = self.add_weight(name='example_num', initializer='zeros')

    def update_state(self, y_true, y_pred,sample_weight=None):

        y_pred = tf.argmax(y_pred, axis=-1)
        confusion = tf.math.confusion_matrix(y_true,y_pred,dtype=tf.float32)
        confusion_diag = tf.linalg.diag_part(confusion)
        pred_sum = tf.add(tf.reduce_sum(confusion,axis=0),1e-7) # TP + FP
        actual_sum = tf.add(tf.reduce_sum(confusion,axis=1),1e-7) # TP + FN

        precision = confusion_diag/pred_sum
        recall = confusion_diag/actual_sum
        f1_score = 2*(precision*recall)/(precision+recall+1e-7)
        self.precision.assign_add(tf.reduce_mean(precision))
        self.recall.assign_add(tf.reduce_mean(recall))
        self.f1_score.assign_add(tf.reduce_mean(f1_score))

        self.example_num.assign_add(1.0)

    def result(self):
        return {"precision": self.precision/self.example_num, "recall":
            self.recall/self.example_num, "f1_score": self.f1_score/self.example_num}

    def reset_state(self):
        self.precision.assign(0.0)
        self.recall.assign(0.0)
        self.f1_score.assign(0.0)
        self.example_num.assign(0.0)
```

5.3 train_step/test_step 재정의

tf.keras.Model을 상속받아 사용자 정의 모델을 만들 때, train_step(), test_step() method를 재정의 (overriding) 하여 더 세밀한 제어를 할 수 있다[9]. 다음의 코드 5.7에서 재정의한 train_step(), test_step()은 재정의하지 않아도 되는 기본 동작을 구현한 코드이다. 하지만 작동 방식을 확인하기 위한 목적으로 train_step(), test_step()을 재정의해보는 것도 의미가 있다.

코드 5.7: [**Tensorflow**] train_step, test_step 재정의

```
class MyModel(tf.keras.Model):
    def __init__(self,**kwargs):
        super(MyModel, self).__init__(**kwargs)
        self.L1 = tf.keras.layers.Dense(units=512,activation='relu',name='L1')
        self.L2 = tf.keras.layers.Dense(units=10,activation=None,name='L2')
    def call(self,x,training=None):
        output = self.L1(x)
        output = self.L2(output)
        return output

    def train_step(self, data):
        x, y = data # Unpack the data

        with tf.GradientTape() as tape:
            y_pred = self(x, training=True) # Forward pass
            # compile과정에서 설정된 loss함수를 self.compiled_loss로 불러올 수 있다.
            loss = self.compiled_loss(y, y_pred, regularization_losses=self.losses)

        # Compute gradients
        gradients = tape.gradient(loss, self.trainable_variables)
        # Update weights
        self.optimizer.apply_gradients(zip(gradients, self.trainable_variables))

        # 기본적으로 loss 값을 출력을 위한 Metric이 있고, 추가로 넘어온 Metric이 더 있을 수 있다.
        self.compiled_metrics.update_state(y, y_pred)

        return {m.name: m.result() for m in self.metrics}

    def test_step(self, data):
        # evaluation step
        x, y = data # Unpack the data

        # Compute predictions
        y_pred = self(x, training=False)
        self.compiled_loss(y, y_pred, regularization_losses=self.losses)

        self.compiled_metrics.update_state(y, y_pred)

        return {m.name: m.result() for m in self.metrics}
```

9 참조: https://www.tensorflow.org/guide/keras/customizing_what_happens_in_fit/

- `self.compiled_loss`, `self.compiled_metrics`는 compile 과정에서 넘겨받은 각각의 모든 loss 함수들과 metric들을 모아서 처리하는 역할을 한다.
- `regularization_losses=self.losses`에서 넘겨주는 `self.losses`에는 모델의 Layer를 통과하면서 생긴 regularization loss나 `add_loss()`로 추가된 loss 값이 들어 있다[10].
- `train_step`, `test_step`은 마지막에 metrics를 return하면 된다.
- `apply_gradients`에서 callable learning rate의 decay가 된다.

좀 더 현실적으로 `train_step`을 재정의해야 하는 예는 2개의 optimizer가 필요한 DCGAN을 구현한 코드 6.11에서 볼 수 있다. 이렇게 2개의 optimizer가 필요한 경우에는 `train_step`을 재정의할 수밖에 없다.

10 코드 5.14 참고.

5.4 Scratch Training: for loop로 밑바닥부터 training

지금까지 Tensorflow `model.fit()`으로 모델을 훈련했다. `fit()`은 편리하게 사용할 수 있지만, 훈련 중에 메시지(로그) 출력이나 metric을 관리하기 위해서는 추가적인 Callback이나 Metric을 만들어주어야 했다. 여기서는 `fit()`을 사용하지 않고 훈련하는 방법을 살펴보자[11]. `fit()`을 사용하지 않고 훈련하는 방식을 '밑바닥부터 training' 또는 'scratch training'이라 부른다.

코드 4.8에서의 MNIST 분류를 `fit()` 없이 scratch training으로 구현해 보자.

코드 5.8: [**Tensorflow**] scratch training을 위한 데이터, 모델, metric 준비

```
np.random.seed(100); tf.random.set_seed(100)
(x_train, y_train), (x_test, y_test) = tf.keras.datasets.mnist.load_data() # Numpy Array(uint8)
x_train = tf.cast(x_train.reshape(-1,28*28)/255.,tf.float32) # (60000,784), float64 -> float32
x_test = tf.cast(x_test.reshape(-1,28*28)/255.,tf.float32) # (10000,784)
batch_size=256
train_dataset = tf.data.Dataset.from_tensor_slices((x_train,y_train))
                                            .shuffle(buffer_size=20000).batch(batch_size)
validation_dataset =
     tf.data.Dataset.from_tensor_slices((x_test,y_test)).batch(batch_size)

model = tf.keras.Sequential([tf.keras.layers.Dense(512,activation='relu'),
                               tf.keras.layers.Dense(10,activation=None)])
optimizer = tf.keras.optimizers.Adam(learning_rate=0.001)
loss_fn = tf.keras.losses.SparseCategoricalCrossentropy(from_logits=True) #default: from_logits=False

train_acc_metric = tf.keras.metrics.SparseCategoricalAccuracy()
val_acc_metric = tf.keras.metrics.SparseCategoricalAccuracy()

train_loss_metric = tf.keras.metrics.Mean() # 이미 계산된 loss의 평균만 계산하면 된다.
val_loss_metric = tf.keras.metrics.SparseCategoricalCrossentropy(from_logits=True)
```

- `tf.keras.metrics`의 `SparseCategoricalAccuracy`, `SparseCategoricalCrossentropy`는 mini-batch의 결과들을 모아 1 epoch 전체의 accuracy와 loss를 측정하기 위해 사용된다.

코드 5.9: [**Tensorflow**] train_step, test_step 정의

```
def train_step(x,y):
    with tf.GradientTape() as tape:
        logits = model(x, training=True)
        loss_value = loss_fn(y, logits)

```

11 참조: https://www.tensorflow.org/guide/keras/writing_a_training_loop_from_scratch/

```
    grads = tape.gradient(loss_value, model.trainable_weights)

    optimizer.apply_gradients(zip(grads, model.trainable_weights))
    train_acc_metric.update_state(y, logits)
    train_loss_metric.update_state(loss_value)

def test_step(x,y):
    logits = model(x, training=False)
    val_loss_metric.update_state(y, logits)
    val_acc_metric.update_state(y, logits)
```

- 구현한 train_step은 코드 5.7에서 구현한 tf.keras.Model에서 재정의한 train_step과 유사한 구조로 구현되었다.
- tf.GradientTape 블럭 (context) 에서 자동 미분을 통해 forward pass에서의 값을 저장하고 gradient 계산이 가능하게 해준다. gradient의 계산은 tape.gradient를 이용한다.
- 코드 5.8에서 정의한 metrics 객체인 train_acc_metric, train_loss_metric과 val_loss_metric, val_acc_metric를 사용하고 있다.

다음 코드 5.10은 지금까지 구현한 코드를 결합한 최종적인 훈련 코드이다.

코드 5.10: [**Tensorflow**] scratch training

```
num_epochs = 15
best_acc = 0.
best_duration = 0
start_time = time.time()
for epoch in range(num_epochs):
    for step, (x, y) in enumerate(train_dataset):
        train_step(x,y)

    print(f'[epoch: {epoch+1:0>3}/{num_epochs}] loss:
        {train_loss_metric.result():.4f}, train acc: {train_acc_metric.result():.4f}
        elapsed: {time.time()-start_time:.2f}sec',end="\t" )
    train_acc_metric.reset_state() # epoch 마다 reset
    train_loss_metric.reset_state()

    for step, (x, y) in enumerate(validation_dataset):
        test_step(x,y)

    if val_acc_metric.result() > best_acc:
        best_acc = val_acc_metric.result()
        print(f'val loss: {val_loss_metric.result():.4f}, test acc: {best_acc:.5f},
            best: {best_acc:.4f} ===== new best')
        best_duration = 0
    else:
        best_duration += 1
        print(f'val loss: {val_loss_metric.result():.4f}, test acc:
```

```
            {val_acc_metric.result():.4f}, best: {best_acc:.4f}, best duration:
            {best_duration}')

    val_loss_metric.reset_state()
    val_acc_metric.reset_state()
print('Done')
```

- for loop로 훈련 과정을 제어할 수 있고 필요한 정보를 출력할 수도 있다. 코드에서는 best accuracy가 변화되는 과정의 정보를 출력하는 예시를 보여주고 있다.
- Pytorch의 일반적인 훈련 코드와 비교해보면 gradient를 계산하는 방식에서만 차이가 날 뿐 많은 부분이 유사하다.

Output:

```
[epoch: 001/15] loss: 0.3273, train acc: 0.9093 elapsed: 20.70sec
                val loss: 0.1627, test acc: 0.95170, best: 0.9517 ===== new best
[epoch: 002/15] loss: 0.1360, train acc: 0.9610 elapsed: 27.14sec
                val loss: 0.1156, test acc: 0.96370, best: 0.9637 ===== new best
[epoch: 003/15] loss: 0.0914, train acc: 0.9739 elapsed: 38.13sec
                val loss: 0.0918, test acc: 0.97190, best: 0.9719 ===== new best
[epoch: 004/15] loss: 0.0671, train acc: 0.9803 elapsed: 49.12sec
                val loss: 0.0786, test acc: 0.97660, best: 0.9766 ===== new best
[epoch: 005/15] loss: 0.0512, train acc: 0.9853 elapsed: 60.12sec
                val loss: 0.0745, test acc: 0.97710, best: 0.9771 ===== new best
[epoch: 006/15] loss: 0.0397, train acc: 0.9892 elapsed: 70.87sec
                val loss: 0.0720, test acc: 0.9765, best: 0.9771, best duration: 1
[epoch: 007/15] loss: 0.0310, train acc: 0.9916 elapsed: 77.24sec
                val loss: 0.0701, test acc: 0.97970, best: 0.9797 ===== new best
[epoch: 008/15] loss: 0.0255, train acc: 0.9936 elapsed: 83.43sec
                val loss: 0.0640, test acc: 0.98070, best: 0.9807 ===== new best
[epoch: 009/15] loss: 0.0191, train acc: 0.9958 elapsed: 90.06sec
                val loss: 0.0695, test acc: 0.9769, best: 0.9807, best duration: 1
[epoch: 010/15] loss: 0.0162, train acc: 0.9966 elapsed: 100.83sec
                val loss: 0.0666, test acc: 0.9804, best: 0.9807, best duration: 2
[epoch: 011/15] loss: 0.0125, train acc: 0.9976 elapsed: 111.59sec
                val loss: 0.0618, test acc: 0.98180, best: 0.9818 ===== new best
[epoch: 012/15] loss: 0.0107, train acc: 0.9980 elapsed: 122.57sec
                val loss: 0.0603, test acc: 0.98300, best: 0.9830 ===== new best
[epoch: 013/15] loss: 0.0077, train acc: 0.9988 elapsed: 133.35sec
                val loss: 0.0617, test acc: 0.9821, best: 0.9830, best duration: 1
[epoch: 014/15] loss: 0.0058, train acc: 0.9995 elapsed: 144.12sec
                val loss: 0.0627, test acc: 0.9814, best: 0.9830, best duration: 2
[epoch: 015/15] loss: 0.0044, train acc: 0.9996 elapsed: 165.68sec
                val loss: 0.0663, test acc: 0.9814, best: 0.9830, best duration: 3
Done
```

5.5 사용자 정의 Loss Function & tf.function decorator

5.5.1 사용자 정의 Loss Function

사용자 정의 (Custom) Loss Function은 함수 형태로 구현할 수도 있고 `tf.keras.losses.Loss`을 상속받아 class로 구현할 수도 있다[12]. 함수 형태의 Loss Function은 `(y_true, y_pred)` 순으로 argument를 넘겨받는 함수로 구현하면 된다[13]. 이때 `y_true`, `y_pred`는 Tensor이다. 속도의 향상을 위해서는 Tensorflow가 제공하는 Tensor용 함수를 사용하는 것이 좋다.

코드 5.11, 5.12는 Loss를 함수, class로 각각 구현한 예시를 보여주고 있다.

코드 5.11: **[Tensorflow]** 함수 형태의 사용자 정의 Loss

```python
def custom_mean_squared_error(y_true, y_pred):
    return tf.math.reduce_mean(tf.square(y_true - y_pred))
```

코드 5.12: **[Tensorflow]** class 형태의 사용자 정의 Loss

```python
class CustomMSE(keras.losses.Loss):
    def __init__(self, regularization_factor=0.1, name="custom_mse"):
        super().__init__(name=name)
        self.regularization_factor = regularization_factor

    def call(self, y_true, y_pred):
        mse = tf.math.reduce_mean(tf.square(y_true - y_pred))
        reg = tf.math.reduce_mean(tf.square(0.5 - y_pred))
        return mse + reg * self.regularization_factor
```

- argument가 `(y_true, y_pred)` 순으로 함수가 만들어져야 한다. `y_true`, `y_pred`는 tensor이고 list, tuple은 허용되지 않는다.
- 다중 출력에서 Loss 함수에 관한 것은 아래에서 다룬다[14].

5.5.2 Multi Loss Function

model의 출력이 여러 개인 경우를 가정하자. 이런 경우에는 각각의 출력에 대한 Loss Function이 계산한 loss 값을 선형 결합(weighted sum, 가중합)하여 전체 loss 값을 구한다. `model.compile()`에

12 참조: `https://www.tensorflow.org/guide/keras/train_and_evaluate#custom_losses`

13 `(y_true, y_pred)` 순서가 중요하다. 참고로 `torch.nn.BCELoss()`같은 Pytorch loss 함수에서는 `(y_pred, y_true)`로 넘겨야 한다.

14 페이지 247 참조.

서 loss, loss_weights 각각을 list 형식으로 넘기면 된다[15].

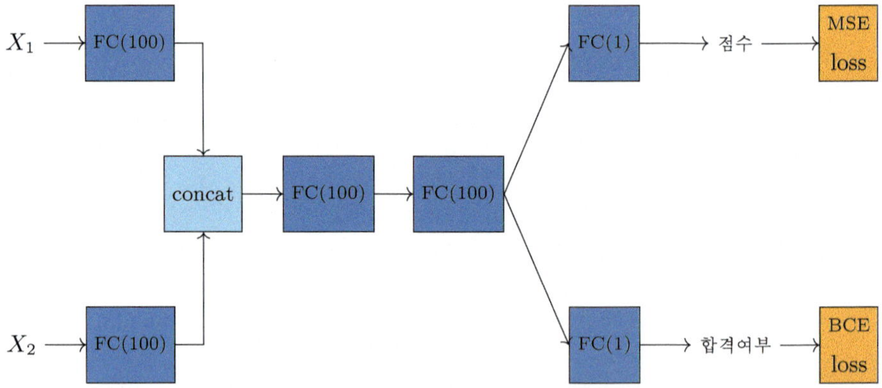

그림 5.7: X_1, X_2 2개의 입력으로 점수, 합격여부 2개의 예측을 만들어내는 모델
점수에는 MSE loss를 적용하고 합격여부에는 BCE loss를 적용할 수 있다. 최종 loss는 각각의 loss에 weight를 곱한 후 합치면 된다.

그림 (5.7) 에서 제시한 모델을 Tensorflow 코드로 구현해 보자.

코드 5.13: **[Tensorflow]** Functional API. multi inputs & multi outputs

```
x1 = tf.keras.Input(shape=(10,),name='input_1')
x2 = tf.keras.Input(shape=(5,),name='input_2')

x = tf.keras.layers.Dense(100,activation='relu')(x1)
y = tf.keras.layers.Dense(100,activation='relu')(x2)
z = tf.keras.layers.concatenate([x,y],axis=-1)
z = tf.keras.layers.Dense(100,activation='relu')(z)
z = tf.keras.layers.Dense(100,activation='relu')(z)
pred_score= tf.keras.layers.Dense(1,activation=None,name='score')(z)
pred_pass= tf.keras.layers.Dense(1,activation='sigmoid',name='pass')(z)
model = tf.keras.Model(inputs=[x1,x2],outputs=[pred_score,pred_pass])

model.compile('sgd',loss=['mse','bce'],loss_weights=[0.6,0.4])

# training
N=1000
data_x1 = np.random.randn(N,10)
data_x2 = np.random.randn(N,5)
taget_score = np.random.randn(N)
target_pass = np.random.randint(2,size=N)

model.fit([data_x1,data_x2],[taget_score,target_pass], batch_size=32,epochs=10)
```

15 https://www.tensorflow.org/guide/keras/train_and_evaluate#passing_data_to_multi-input_multi-output_models

- 코드 5.13에서는 입력 데이터를 2개 받아, 점수(score)와 합격여부(pass)를 예측하는 모델을 구현하고 있다. loss 함수로 점수(score)에는 mean square error, 합격여부(pass)에는 binary cross entropy를 사용했다. loss의 가중치(`loss_weights`)로 각각 0.6, 0.4를 부여했다[16].

방법 1: 순서대로 데이터 입력

```
model = tf.keras.Model(inputs=[x1,x2],outputs=[pred_score,pred_pass])


model.fit([data_x1,data_x2],[taget_score,target_pass], batch_size=32,epochs=10)
```

방법 2: name으로 데이터 입력

```
x1 = tf.keras.Input(shape=(10,),name='input_1')
x2 = tf.keras.Input(shape=(5,),name='input_2')
...
pred_score= tf.keras.layers.Dense(1,activation=None,name='score')(z)
pred_pass= tf.keras.layers.Dense(1,activation='sigmoid',name='pass')(z)


model.fit({'input_1': data_x1, 'input_2': data_x2},
          {'score': taget_score, 'pass': target_pass}, batch_size=32,epochs=10)
```

그림 5.8: model.fit()에 데이터 입력 방식
첫 번째 방식은 순서대로 입력된다. 두 번째 방식은 dict형으로 입력된다.

- tensor에 이름을 부여하였다면, `compile()`, `fit()` 부분에서 dict형을 넘겨도 된다. 코드 5.13에서는 `pred_score`, `pred_pass`에 각각 `'score'`, `'pass'`로 이름을 부여했다.

- 다음의 조각 코드는 dict 형식으로 loss 함수와 데이터를 지정하는 방식을 보여주고 있다. 그림 (5.8)을 참고로 보면 된다.

```
model.compile('sgd',loss={'score': 'mse', 'pass': 'bce'},
              loss_weights={'score': 0.6, 'pass': 0.4})
...
model.fit({'input_1': data_x1, 'input_2': data_x2},
          {'score': taget_score, 'pass': target_pass}, batch_size=32,epochs=10)
```

5.5.3 다중 출력의 Loss 계산

이번에는 Loss 계산에 여러 개의 출력이 사용되거나 추가적인 argument가 필요한 경우에 Loss를 어떻게 다루어야 하는지 살펴보자. `model.compile()`에 들어가는 Loss Function은 `(y_true, pred)`

16 loss 가중치를 지정하지 않으면 [1,1]이 사용된다.

형식만을 허용한다. 예를 들어 (y_true, pred1, pred2) 또는 (y_true, pred, hidden)과 같은 형식이 사용될 수 없다.

① 방법 1: scratch training은 어떤 방식이든 상관없이 구현이 가능하다.

② 방법 2: model.compile()에 Loss Function을 넘기지 않고, Layer 형식으로 loss 값을 계산할 수 있다. tf.keras.layers.Layer의 add_loss를 이용한다.

③ 방법 3: 방법 2와 유사한 방식인데, model.add_loss()를 활용하는 방법이다[17].

방법 2에서 제시한 Layer를 이용한 loss 만드는 방법을 살펴보자. 코드 4.8을 코드 5.14와 같이 수정할 수 있다.

코드 5.14: [**Tensorflow**] loss를 Layer로 처리하기

```
class LogitLayer(tf.keras.layers.Layer):
    def __init__(self, name=None):
        super(LogitLayer, self).__init__(name=name)
        self.loss_fn = tf.keras.losses.SparseCategoricalCrossentropy(from_logits=True,
                                                                      name='my_loss')
        self.accuracy_fn =
            tf.keras.metrics.SparseCategoricalAccuracy(name="my_accuracy")

    def call(self, targets, logits):
        loss = self.loss_fn(targets, logits)
        self.add_loss(loss)

        acc = self.accuracy_fn(targets, logits)
        self.add_metric(acc)

        return tf.nn.softmax(logits)

# Model 작성
np.random.seed(100); tf.random.set_seed(100)

inputs = tf.keras.Input(shape=(784,), name="inputs")
targets = tf.keras.Input(shape=(), name="targets")
hidden = tf.keras.layers.Dense(512,activation='relu')(inputs)
logits = tf.keras.layers.Dense(10)(hidden)
predictions = LogitLayer(name="predictions")(targets, logits)

model = tf.keras.Model(inputs=[inputs, targets], outputs=predictions)
model.compile(optimizer="adam") # loss, metrics를 지정하지 않는다.

# 데이터 준비
def mymap(x,y):
    # x,y 모두 입력으로 넣어 주어야 한다.
```

17 방법 2,3에 관한 참고 자료: https://www.tensorflow.org/guide/keras/train_and_evaluate#handling_losses_and_metrics_that_dont_fit_the_standard_signature

```
    return (x,y),None # 두 번째는 dummy

(x_train, y_train), (x_test, y_test) = tf.keras.datasets.mnist.load_data() # Numpy Array(uint8)
x_train = tf.cast(x_train.reshape(-1,28*28)/255.,tf.float32) # (60000,784), float64 -> float32
x_test = tf.cast(x_test.reshape(-1,28*28)/255.,tf.float32) # (10000,784)
batch_size=256
train_dataset = tf.data.Dataset.from_tensor_slices((x_train,y_train)).map(mymap)
                                .shuffle(buffer_size=20000).batch(batch_size)
validation_dataset = tf.data.Dataset.from_tensor_slices((x_test,y_test)).map(mymap)
                                    .batch(batch_size)

# 훈련
history = model.fit(train_dataset, epochs=6,verbose=1,
                    validation_data=validation_dataset)
```

- 모델의 마지막 Layer로 `tf.keras.layers.Layer`를 상속받아 `LogitLayer`를 정의했다.
  - `add_loss()`로 loss 값을 정의했다.
  - `add_metric()`으로 metric을 추가할 수 있다. name으로 넘겨준 `"my_accuracy"`가 fit에서 로그 메시지에 사용된다.
- `model.compile()`에서 loss를 넘기지 않았다.
- 입력 데이터와 출력(target) 데이터가 형식상으로는 모두 입력 데이터로 들어가야 한다. 그래서 `Dataset`의 `map`을 이용해서 데이터가 모두 입력 데이터로 들어갈 수 있도록 조정해 주었다.

이제 방법 3에서 제시한 `model.add_loss()`로 처리하는 예를 살펴보자.

코드 5.15: [**Tensorflow**] model.add_loss로 처리

```
inputs = tf.keras.Input(shape=(784,), name="inputs")
targets = tf.keras.Input(shape=(), name="targets",dtype=tf.int32)
hidden = tf.keras.layers.Dense(512,activation='relu')(inputs)
logits = tf.keras.layers.Dense(10)(hidden)

model = tf.keras.Model(inputs=[inputs, targets], outputs=logits)

# targets: int32,int64만 허용.
loss = tf.reduce_mean(tf.nn.sparse_softmax_cross_entropy_with_logits(targets,logits))
loss += 0.01*tf.reduce_mean(tf.abs(hidden)) # regularization loss
model.add_loss(loss)

acc = tf.reduce_mean(tf.cast(tf.equal(targets,tf.argmax(logits,axis=-1,
                     output_type=tf.int32)),tf.float32))
model.add_metric(acc, name = 'my_acc') # name을 반드시 넣어주어야 한다.
model.compile(optimizer="adam") # loss, metrics를 지정하지 않는다.
```

- cross entropy loss를 `sparse_softmax_cross_entropy_with_logits()`으로 계산해서 `model.add_loss()`에 넣어 주었다. loss의 계산은 다음과 같이 할 수도 있다.

```
loss_fn = tf.keras.losses.SparseCategoricalCrossentropy(from_logits=True)
loss = loss_fn(targets, logits)
```

- regularization을 위해 hidden layer의 L_1 norm을 loss에 더해 주었다.
- 명시적인 출력(target) 데이터가 들어가지 않기 때문에, metric도 별도로 추가해 주어야 한다. 직접 계산한 metric(예: accuracy)을 `model.add_metric()`으로 추가해 주면 된다. 여기서 주의할 점은 metric 값을 계산할 때, `tf.keras.metrics` object로 계산하면 에러가 발생한다[18]. Functional API 방식에서는 `add_metric`에 symbolic Tensor를 넘겨야 하기 때문이다.
- 위 코드에서는 accuracy를 metric으로 사용하고 있다. `tf.keras.metrics.SparseCategoricalAccuracy`를 사용하지 못하기 때문에, accuracy를 직접 계산해야 한다. `tf.argmax`, `tf.equal`을 사용해서 계산할 수 있다. `tf.argmax`에서 `output_type`을 지정하지 않으면, `tf.int64`를 return 하기 때문에 `output_type=tf.int32`로 지정했다.

```
tf.equal(targets,tf.argmax(logits,axis=-1,output_type=tf.int32)) # tf.bool
```

  `tf.equal`이 return하는 `tf.bool`형은 `tf.reduce_mean`의 입력이 될 수 없기 때문에, `tf.cast`로 `tf.float32`로 형변환했다.

- 데이터와 훈련은 코드 5.14에서와 동일하다.

5.5.4 @tf.function decorator

`tf.function` 데코레이터(decorator)[19]를 이용하면 훈련 속도가 향상될 수 있다. scratch training을 할 때 유용하다. `model.fit`을 이용할 때는 내부에서 자동으로 decoration 된다.

- Graph Mode vs. Eager Mode
  - Eager Mode: Tensorflow 2.x 버전에서 기본적으로 활성화된다. Tensor 간의 연산이 즉각 이루어진다.
  - Graph Mode: Tensorflow 1.x 버전에서 기본적으로 사용된 방식으로, 연산 Graph를 생성하는 단계와 구체적인 값을 입력하여 계산하는 단계가 구분된다. Graph Mode는 연산 속도가 Eager Mode보다 빠르다.

---

18 `https://www.tensorflow.org/api_docs/python/tf/keras/layers/Layer#add_metric`

19 Python에서 decorator는 기존에 있는 함수의 기능을 수정하거나 추가할 수 있게 해준다.

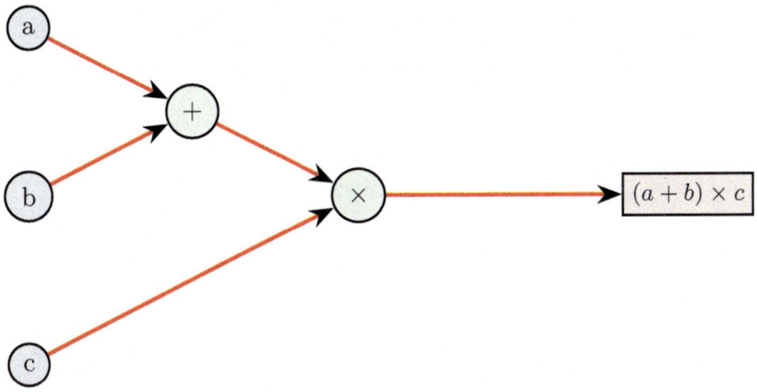

그림 5.9: 연산 Graph 예시
Graph를 생성하고, a, b, c의 구체적인 값은 나중에 입력하여 계산한다.

- Python으로 작성한 함수를 Graph로 변환하기 위해서는 `tf.function` 데코레이터를 적용하면 된다.

```
@tf.function
def my_function(a,b,c):
    print('... function call ...')
    x = tf.matmul(a+b,c)
    return x

a = tf.constant([[1.0, 2.0]])
b = tf.constant([[2.0, 3.0]])
c = tf.constant([[1.0],[2.0]])
print(my_function(a,b,c).numpy())
print(my_function(a,b,c).numpy())
print(my_function(a,b,c).numpy())
```

Output:

```
... function call ...
tf.Tensor([[13.]], shape=(1, 1), dtype=float32)
tf.Tensor([[13.]], shape=(1, 1), dtype=float32)
tf.Tensor([[13.]], shape=(1, 1), dtype=float32)
```

- `my_function()`을 3번 실행했는데, `print()` 문은 한 번만 실행되었다. 처음 실행될 때 graph mode로 전환되고, 두 번째부터 graph mode에서는 `print()` 문이 동작하지 않는다.

- 코드를 다음과 같이 변경하면, tensor 연산 함수가 아니라서 에러가 발생한다. `@tf.function`를 제거하여 eager mode로 실행하면 에러가 발생하지 않는다.

`x = tf.matmul(a+b,c)` ⟶ `x = np.matmul(a+b,c)`

- Numpy 연산이 필요한 경우에는 `tf.py_function`을 사용해서 wrapping해 주면 된다. 하지만 효율성이 저하되기 때문에 가능한 Tensorflow에서 제공하는 API로 함수를 구성하는 것이 좋다.

```
x = tf.py_function(np.matmul, [a+b,c], tf.float32)
```

- graph mode에서 `print()`가 필요하면, `tf.print()`를 사용하면 된다.

- `tf.config.run_functions_eagerly(True)`로 설정하면 `@tf.function`이 비활성화되어 eager mode로 실행된다.

`@tf.function`을 활용해서 모델을 훈련하는 코드를 만들어 보자. 먼저 데이터와 모델을 준비하자. 다음 코드 5.16은 코드 5.8과 거의 동일하다. 달라진 점은 `train_dataset`에서 `drop_remainder=True` 옵션을 지정해 주었다.

코드 5.16: **[Tensorflow]** 데이터 & 모델 준비. mini-batch를 만들 때, drop_remainder=True

```
np.random.seed(100); tf.random.set_seed(100)
(x_train, y_train), (x_test, y_test) = tf.keras.datasets.mnist.load_data() # Numpy
    Array(uint8)
x_train = tf.cast(x_train.reshape(-1,28*28)/255.,tf.float32) # (60000,784), float64
    -> float32
x_test = tf.cast(x_test.reshape(-1,28*28)/255.,tf.float32) # (10000,784)
batch_size=256
train_dataset = tf.data.Dataset.from_tensor_slices((x_train,y_train))
                   .shuffle(buffer_size=20000).batch(batch_size,drop_remainder=True)
validation_dataset = tf.data.Dataset.from_tensor_slices((x_test,y_test))
                   .batch(batch_size)

model = tf.keras.Sequential([tf.keras.layers.Dense(512,activation='relu'),
                             tf.keras.layers.Dense(10,activation=None)])
optimizer = tf.keras.optimizers.Adam(learning_rate=0.001)
loss_fn = tf.keras.losses.SparseCategoricalCrossentropy(from_logits=True) #default:
    from_logits=False

train_acc_metric = tf.keras.metrics.SparseCategoricalAccuracy()
val_acc_metric = tf.keras.metrics.SparseCategoricalAccuracy()

train_loss_metric = tf.keras.metrics.Mean()
val_loss_metric = tf.keras.metrics.SparseCategoricalCrossentropy(from_logits=True)
```

- 모든 mini-batch의 크기가 동일하게 만들어지도록 `drop_remainder=True`로 지정했다.

코드 5.9의 `train_step()`, `test_step()`에 `tf.function` decorator를 적용해 보자.

코드 5.17: [**Tensorflow**] train_step, test_step decoration

```
train_step_signature = [tf.TensorSpec(shape=(batch_size, 784), dtype=tf.float32),
                        tf.TensorSpec(shape=(batch_size,), dtype=tf.uint8)]

@tf.function(input_signature=train_step_signature)
def train_step(x,y):
    with tf.GradientTape() as tape:
        logits = model(x, training=True)
        loss_value = loss_fn(y, logits)

    grads = tape.gradient(loss_value, model.trainable_weights)
    optimizer.apply_gradients(zip(grads, model.trainable_weights))

    train_acc_metric.update_state(y, logits)
    train_loss_metric.update_state(loss_value)

test_step_signature = [tf.TensorSpec(shape=(None, 784), dtype=tf.float32),
                       tf.TensorSpec(shape=(None,), dtype=tf.uint8)]
@tf.function(input_signature=test_step_signature)
def test_step(x,y):
    logits = model(x, training=False)
    val_loss_metric.update_state(y, logits)
    val_acc_metric.update_state(y, logits)
```

- `tf.function` decorator를 사용할 때, `input_signature`를 통해 입력 데이터의 shape을 지정해 주면 훈련 속도는 더 빨라진다. 미확정 크기가 있을 때는 None을 넣어 주면 된다.
- `train_step`의 `input_signature`에는 `batch_size`를 지정했고 `test_step`의 `input_signature`에는 `batch_size`를 지정하지 않았다. `batch_size` 지정했을 때 훈련 속도는 더욱 빨라진다.
- `batch_size` 지정하는 경우에 mini-batch dataset을 만들 때, `drop_remainder=True`로 해주어야 한다. 그래야 모든 mini-batch가 같은 크기로 생성된다.
- 훈련은 코드 5.10을 이용하면 된다.

5.5.5 다양한 Tensorflow 모델 구성 방법

지금까지 Tensorflow의 다양한 모델 구성 방법을 살펴보았다. Pytorch와 비교해 보면 Tensorflow는 훨씬 다양한 방법이 있다. 그림 (2.20) 에서와 같이 Pytorch는 정형화된 방법으로 모델을 구성하고 훈련시킨다. Tensorflow는 다양한 방법으로 인해 오히려 혼란스러울 수도 있다. 모든 방법을 다 알 필요는 없고, 본인에게 익숙한 방법을 잘 숙지하고 있으면 된다. 하지만 오픈소스의 시대인 만큼 다른 사람이 만든 코드를 분석해야 하는 경우도 있다. 그렇기 때문에 본인에게 익숙한 방법만을 고집하기보다는 여러 기법들을 어느 정도는 알고 있는 것이 좋다.

제 6 장

CNN

6.1 Sobel Operator

Sobel Operator(Filter)는 이미지의 엣지(edge)를 검출하는 알고리즘이다. 다음 이미지를 흑백으로 변환 후, 엣지를 검출해 보자.

그림 6.1: Sobel Operator 적용을 위해 흑백 이미지로 변환
흑백 이미지로 변환은 코드 6.1을 참고하면 된다.
출처: `https://en.wikipedia.org/wiki/Sobel_operator`

Sobel Filter는 세로 엣지 검출을 위한 Filter G_x와 가로 엣지 검출을 위한 Filter G_y로 구성되어 있다. G_x, G_y는 다음과 같이 배열(행렬)로 주어진다.

$$G_x = \begin{bmatrix} 1 & 0 & -1 \\ 2 & 0 & -2 \\ 1 & 0 & -1 \end{bmatrix}, \quad G_y = \begin{bmatrix} 1 & 2 & 1 \\ 0 & 0 & 0 \\ -1 & -2 & -1 \end{bmatrix}$$

입력 이미지 I와 G_x를 convolution(합성곱, $*$) 연산하면 세로 엣지가 검출된 이미지가 만들어진다. 그리고 G_y와 convolution하면 가로 엣지가 검출된 이미지가 생성된다.

$$\begin{aligned} I_x &= I * G_x \quad \longleftarrow \text{세로 엣지 검출} \\ I_x &= I * G_y \quad \longleftarrow \text{가로 엣지 검출} \\ \widehat{I} &= \sqrt{I_x^2 + I_y^2} \quad \longleftarrow \text{합성} \end{aligned}$$

아직 convolution 연산이 어떻게 계산되는지를 설명하지 않았다. 코드 6.1에서는 Tensorflow의 convolution API `tf.nn.conv2d`를 이용해서 convolution을 계산한다.

코드 6.1: [**Tensorflow**] Sobel Operator

```
from PIL import Image
import tensorflow as tf
import numpy as np
import matplotlib.pyplot as plt

img = Image.open('original_image.png') # (480, 640)
img_input = np.array(img.convert('L'))/255.
img_input = img_input[:,:,None] # (480, 640, 1)

Gx= np.array([[1, 0, -1], [2, 0, -2], [1, 0, -1]]).astype(np.float32)
Gx = Gx.reshape(3,3,1,1)

Gy= np.array([[1, 2, 1], [0, 0, 0], [-1, -2, -1]]).astype(np.float32)
Gy = Gy.reshape(3,3,1,1)

output_X =tf.nn.conv2d(img_input[None,:,:,:],Gx,strides=1,padding='VALID').numpy()
output_Y =tf.nn.conv2d(img_input[None,:,:,:],Gy,strides=1,padding='VALID').numpy()

output = np.sqrt((output_X**2 + output_Y**2)) # (1, 478, 638, 1)

plt.figure(figsize=(12,10))
plt.subplot(2,2,1)
plt.imshow(np.abs(output_X[0,:,:,0]),cmap='gray')
plt.axis('off'); plt.title('세로 엣지검출',fontsize=20)
plt.subplot(2,2,2)
plt.imshow(np.abs(output_Y[0,:,:,0]),cmap='gray')
plt.axis('off'); plt.title('가로 엣지검출',fontsize=20)

plt.subplot(2,2,3)
plt.imshow(img_input[:,:,0],cmap='gray')
```

```
plt.axis('off'); plt.title('원본',fontsize=20)
plt.subplot(2,2,4)
plt.imshow(output[0,:,:,0],cmap='gray')
plt.axis('off'); plt.title('Sobel Operator 적용',fontsize=20)
plt.tight_layout()
```

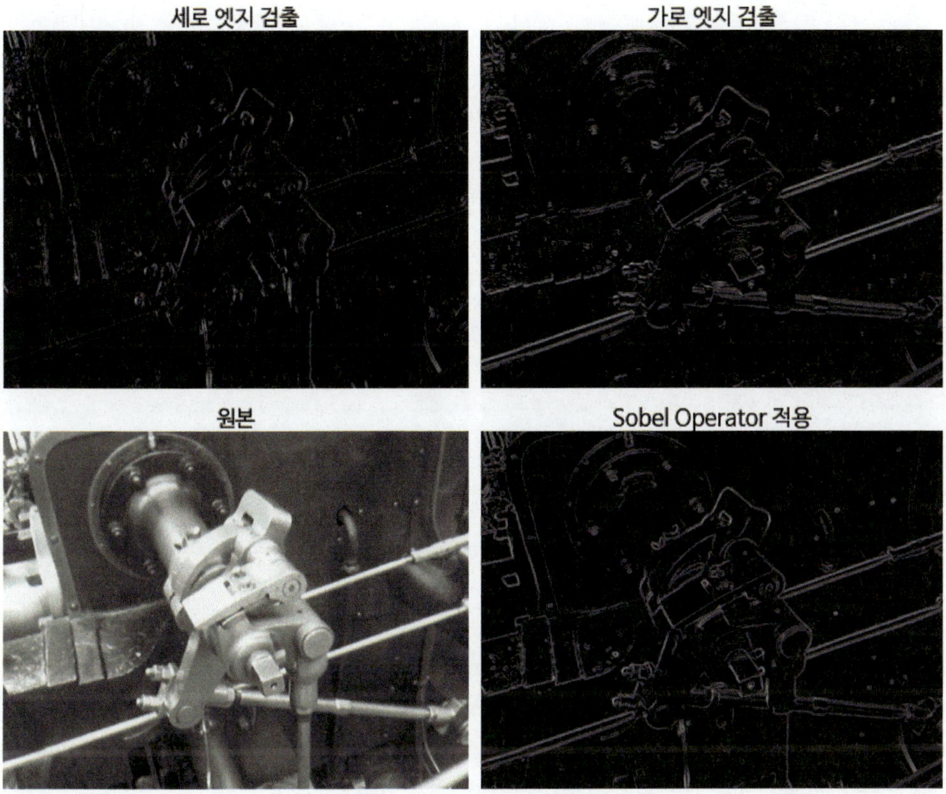

그림 6.2: Sobel Operator 적용 결과
세로 엣지를 검출한 이미지는 가로 엣지가 잘 보이지 않는다. 반대로 가로 엣지를 검출한 이미지는 세로 엣지가 거의 보이지 않는다. 우측 하단 이미지는 2개를 결합한 이미지이다.

- $(480, 640)$ 크기의 원본 이미지를 채널 1인 $(480, 640, 1)$ shape으로 변형했다.
- `tf.nn.conv2d`에 넘기기 위해서 batch size 1인 4D 형태로 변환했다.

```
img_input[None,:,:,:] # (1,480,640,1)
```

- `tf.nn.conv2d`에서 `strides`, `padding`은 6.2절에서 설명한다.

코드 6.1의 실행 결과인 그림 (6.2)를 보면 Sobel Filter가 가로, 세로 엣지를 잘 검출해 주고 있는 것을 확인할 수 있다. Sobel Filter G_x, G_y는 엣지 검출을 위해 잘 고안된 Filter이다. Sobel Filter 외에도 다양한 Filter가 있다. 예를 들어, 중요한 부분을 강조해 주는 Sharpening Filter도 있다.

$$\text{Sharpen Filter1} = \begin{bmatrix} 0 & -1 & 0 \\ -1 & 5 & -1 \\ 0 & -1 & 0 \end{bmatrix}, \qquad \text{Sharpen Filter2} = \begin{bmatrix} -1 & -1 & -1 \\ -1 & 9 & -1 \\ -1 & -1 & -1 \end{bmatrix}$$

Sharpening Filter1, Filter2를 적용한 convolution 결과는 그림 (6.3)에서 확인할 수 있다.

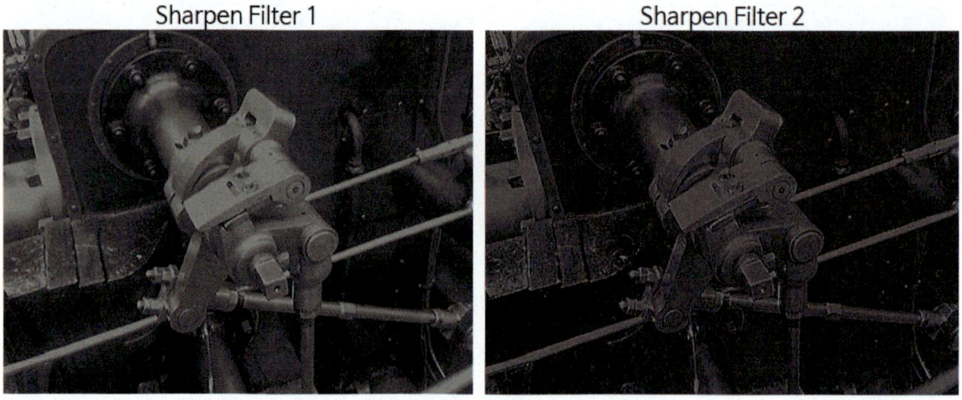

그림 6.3: Sharpening Filter 적용 결과
Sharpening Filter에는 이외에도 여러 가지가 있을 수 있다.

딥러닝에서는 알려진 Filter를 사용하는 것이 아니라, 훈련을 통해서 Filter를 찾아낸다. FC Layer의 weight와 동일하게 convolution 연산에서는 Filter가 weight이다. 그래서 Convolution의 Filter를 그냥 weight라고 하기도 하고 kernel(커널) 또는 mask라고도 한다.

6.2 Convolution

이제 convolution이 구체적으로 어떻게 계산되는지 알아보자.

- Filter의 크기: Sobel Filter의 크기는 (3×3)이었다. 일반적으로 Filter의 크기는 (이미지보다는 작게) 임의로 정해 주면 된다. Filter의 크기를

$$(FH, FW) = (\text{Filter 세로 크기}, \text{Filter 가로 크기})$$

라고 하자. $FH = FW$인 경우가 일반적이지만, 반드시 같아야 하는 것은 아니다.

- (2×2) 크기의 이미지 I와 (2×2) 크기의 Filter H가 다음과 같이 주어져 있을 때 convolution $I * F$은 다음과 같다.

$$I = \begin{bmatrix} a_{11} & a_{12} \\ a_{21} & a_{22} \end{bmatrix}, F = \begin{bmatrix} w_{11} & w_{12} \\ w_{21} & w_{22} \end{bmatrix} \quad \longrightarrow I * F = a_{11}w_{11} + a_{12}w_{12} + a_{21}w_{21} + a_{22}w_{22}$$

convolution은 배열의 대응되는 원소끼리 곱해서 더해 주면 된다.

- 이제 이미지 I의 크기가 (3×3)인 경우를 살펴보자.

$$I = \begin{bmatrix} a_{11} & a_{12} & a_{13} \\ a_{21} & a_{22} & a_{23} \\ a_{31} & a_{32} & a_{33} \end{bmatrix}, F = \begin{bmatrix} w_{11} & w_{12} \\ w_{21} & w_{22} \end{bmatrix}$$

$$\begin{bmatrix} a_{11} & a_{12} & a_{13} \\ a_{21} & a_{22} & a_{23} \\ a_{31} & a_{32} & a_{33} \end{bmatrix} \quad \begin{bmatrix} a_{11} & a_{12} & a_{13} \\ a_{21} & a_{22} & a_{23} \\ a_{31} & a_{32} & a_{33} \end{bmatrix}$$

$$\begin{bmatrix} a_{11} & a_{12} & a_{13} \\ a_{21} & a_{22} & a_{23} \\ a_{31} & a_{32} & a_{33} \end{bmatrix} \quad \begin{bmatrix} a_{11} & a_{12} & a_{13} \\ a_{21} & a_{22} & a_{23} \\ a_{31} & a_{32} & a_{33} \end{bmatrix}$$

$$I * F = \begin{bmatrix} a_{11}w_{11} + a_{12}w_{12} + a_{21}w_{21} + a_{22}w_{22} & a_{12}w_{11} + a_{13}w_{12} + a_{22}w_{21} + a_{23}w_{22} \\ a_{21}w_{11} + a_{22}w_{12} + a_{31}w_{21} + a_{32}w_{22} & a_{22}w_{11} + a_{23}w_{12} + a_{32}w_{21} + a_{33}w_{22} \end{bmatrix}$$

이미지 위에 Filter F와 같은 크기의 window가 이동하면서 연산이 수행된다. (3×3) 크기의 이미지 위에 (2×2) 크기의 window가 위치할 수 있는 경우는 모두 $4(= 2 \times 2)$ 가지이므로, convolution의 결과는 (2×2)가 된다.

- 이제 일반화하여 입력 이미지의 크기 $(H \times W)$, Filter의 크기 $(FH \times FW)$가 주어져 있을 때,

convolution의 크기($OH \times OW$)는 다음과 같이 공식화할 수 있다.

$$OH = H - FH + 1$$
$$OW = W - FW + 1$$

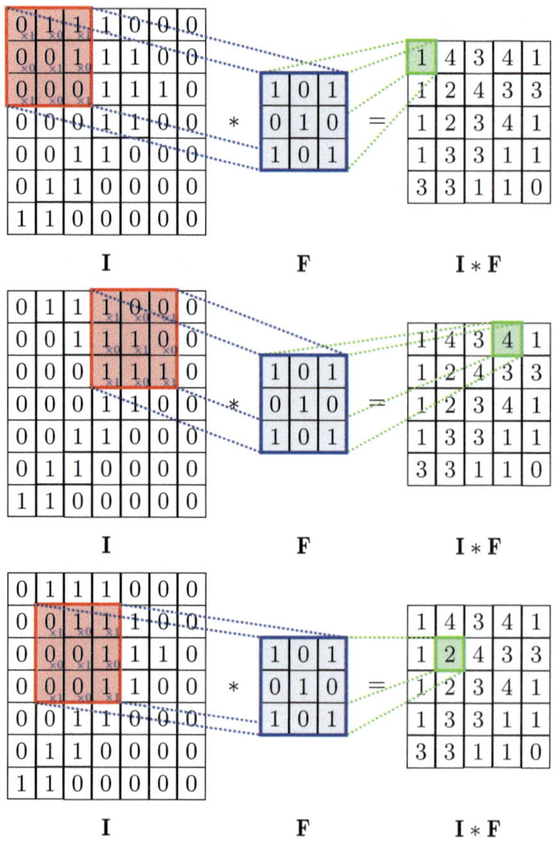

그림 6.4: convolution 연산
입력 이미지의 크기가 (7×7)이고 Filter의 크기가 (3×3)이므로 convolution의 크기는 $7 - 3 + 1 = 5$가 되어, 출력의 크기는 (5×5)가 된다.

- **Feature Map:** convolution 연산의 출력(결과)을 Feature Map이라 부른다.

- **Stride:** 지금까지 convolution 계산에서 window를 이동시킬 때 오른쪽으로 1칸 또는 아래로 1칸씩 이동시켰다. 이렇게 1칸씩 이동시킨 것을 stride=1이라고 한다. stride는 1이 아니어도 된다. stride가 커지면 계산량이 줄고, Feature Map의 크기도 작아진다. stride(s)가 주어지면

1 $\lfloor x \rfloor$: x의 소수 부분을 버림한다.

Feature Map의 크기는 다음과 같다[1].

$$
\begin{aligned}
OH &= \left\lfloor \frac{H - FH}{s} \right\rfloor + 1 \\
OW &= \left\lfloor \frac{W - FW}{s} \right\rfloor + 1
\end{aligned}
$$

- **Padding:** convolution 연산의 결과는 입력 이미지 I 보다 크기가 작아진다. 이를 보완하기 위해 입력 이미지의 가장자리에 0을 덧붙이는 것을 padding이라 한다. padding 후, convolution 연산을 수행한다. padding 크기 p가 주어지면 상하좌우에 각각 p 만큼씩 0을 덧붙인다. 그림 (6.5) 에서는 $p = 2$ 인 경우에 padding이 어떻게 이루어지는지 보여주고 있다. padding이 주어졌을 때 출력의 크기는 다음과 같다.

$$
\begin{aligned}
OH &= \left\lfloor \frac{H + 2p - FH}{s} \right\rfloor + 1 \\
OW &= \left\lfloor \frac{W + 2p - FW}{s} \right\rfloor + 1
\end{aligned}
$$

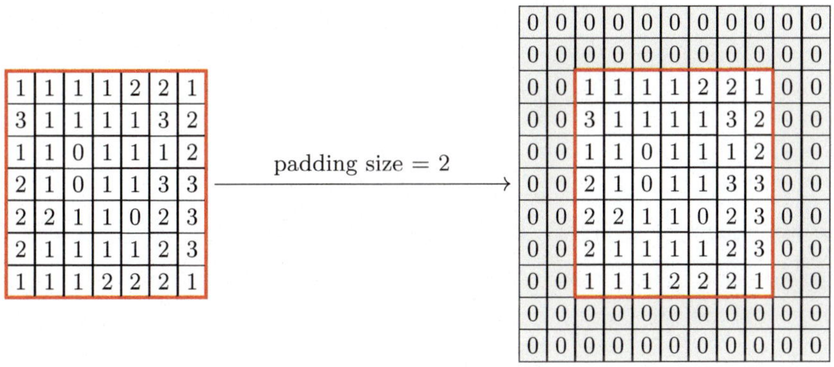

그림 6.5: Padding 예시
패딩 사이즈 2인 경우를 보여주고 있다.

지금까지 2차원 배열로 표현되는 (H, W) 크기의 입력 이미지를 대상으로 convolution을 적용했다. 보통의 컬러 이미지는 $(H, W, C = 3)$ 형태의 3차원 배열로 표현된다. 마지막 차원을 channel이라 부른다. $C = 3$ 인 경우 RGB-(Red,Green,Blue) 3개 channel을 나타낸다. shape (H, W)의 2차원 이미지를 $(H, W, 1)$ 로 변환해서 3차원 배열로 취급할 수 있다. 그림 (6.6) 의 Step 1에서 Step 2로 확장하는 경우에는 본질적으로 달라지는 것이 없다. 이제 Step 3로 확장해 보자.

입력 이미지 $I(H, W, C)$ 가 주어져 있으면 Filter의 크기는 임의로 정해줄 수 있지만 세 번째 차원은 반드시 C 가 되어야 한다. 그래서 Filter F 의 shape은 (FH, FW, C) 가 되어야 한다. I, F 를 각각 C 개로 나누어보자.

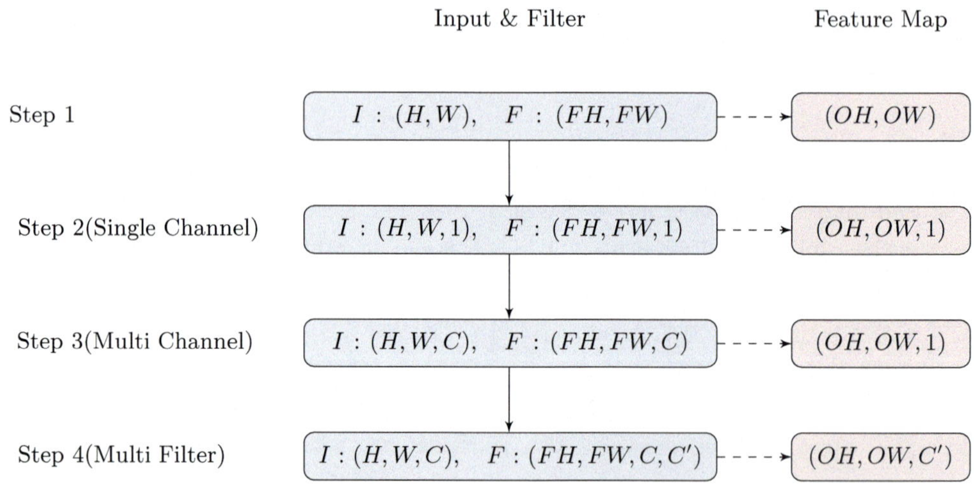

그림 6.6: Convolution 연산의 확장
I의 C와 F의 C는 반드시 같아야 한다.

$$
\begin{aligned}
I &\longrightarrow I_1, I_2, \cdots, I_C \\
F &\longrightarrow F_1, F_2, \cdots, F_C
\end{aligned}
$$

이제 convolution $I * F$는 다음과 같이 정의된다.

$$I * F = \sum_{i=1}^{C} I_i * F_i$$

각각 C개로 나누어진 이미지와 Filter를 서로 convolution해서 더해 주면 된다. 모든 i에 대해서 $I_i * F_i$의 shape은 $(OH, OW, 1)$이 된다. shape이 $(OH, OW, 1)$인 것들을 C개 더해도 shape인 $(OH, OW, 1)$이다.

마지막으로 Step 4로 확장하는 것은 단순하다. Step 3에서의 필터 $F(FH, FW, C)$가 독립적으로 C'개 있다고 하면, 필터 F의 shape은 (FH, FW, C, C')이 된다. 그러면 Step 3에서의 convolution 결과도 C'개가 생성된다. 이를 모두 합치면 (OH, OW, C') 형태의 출력이 만들어진다.

그림 (6.7) 에서는 Step 3의 convolution 연산을 보여주고 있다. 코드 6.2에서는 Step 3 convolution 연산의 결과가 Step 2 방식으로 나누어 구현한 결과와 동일하다는 것을 확인할 수 있다. 그림 (6.8) 에서는 Step 4에서의 convolution 과정을 설명하고 있다.

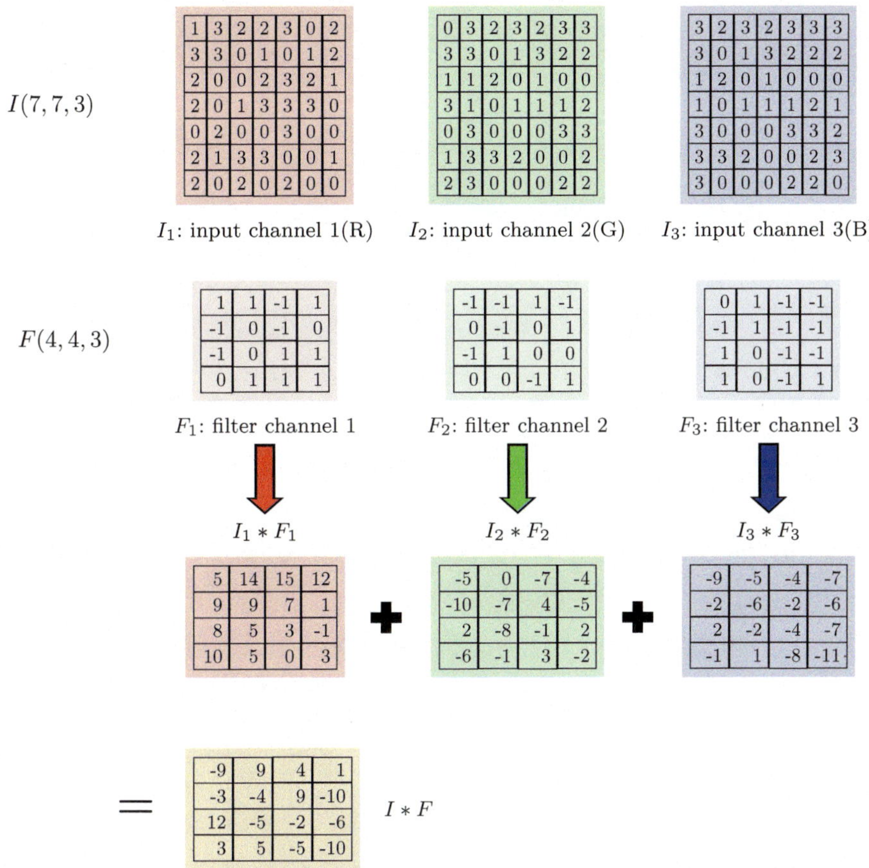

그림 6.7: 3차원 이미지에 대한 convolution: $C = 3$인 경우

코드 6.2: **[Tensorflow]** Multi Channel Convolution

```
I_R = np.array([[1,3,2,2,3,0,2],[3,3,0,1,0,1,2],[2,0,0,2,3,2,1],[2,0,1,3,3,3,0],
                [0,2,0,0,3,0,0],[2,1,3,3,0,0,1],[2,0,2,0,2,0,0]]).astype(np.float32)
I_G = np.array([[0,3,2,3,2,3,3],[3,3,0,1,3,2,2],[1,1,2,0,1,0,0],[3,1,0,1,1,1,2],
                [0,3,0,0,0,3,3],[1,3,3,2,0,0,2],[2,3,0,0,0,2,2]]).astype(np.float32)
I_B = np.array([[3,2,3,2,3,3,3],[3,0,1,3,2,2,2],[1,2,0,1,0,0,0],[1,0,1,1,1,2,1],
                [3,0,0,0,3,3,2],[3,3,2,0,0,2,3],[3,0,0,0,2,2,0]]).astype(np.float32)
I = np.stack([I_R,I_G,I_B],axis=2)[None,:,:,:] # shape: (1,7,7,3)

F1 = np.array([[1,1,-1,1],[-1,0,-1,0],[-1,0,1,1],[0,1,1,1]]).astype(np.float32)
F2 = np.array([[-1,-1,1,-1],[0,-1,0,1],[-1,1,0,0],[0,0,-1,1]]).astype(np.float32)
F3 = np.array([[0,1,-1,-1],[-1,1,-1,-1],[1,0,-1,-1],[1,0,-1,1]]).astype(np.float32)
F = np.stack([F1,F2,F3],axis=2)[:,:,:,None] # shape: (4,4,3,1)

o1 = tf.nn.conv2d(I_R[None,:,:,None],F1[:,:,None,None],strides=1,padding='VALID')
        .numpy()
o2 = tf.nn.conv2d(I_G[None,:,:,None],F2[:,:,None,None],strides=1,padding='VALID')
        .numpy()
```

```
o3 = tf.nn.conv2d(I_B[None,:,:,None],F3[:,:,None,None],strides=1,padding='VALID')
         .numpy()
output = tf.nn.conv2d(I,F,strides=1,padding='VALID').numpy()

print("o1", o1[0,:,:,0])
print("o2", o2[0,:,:,0])
print("o3", o3[0,:,:,0])
print("output", output[0,:,:,0])
print("sum: ", (o1+o2+o3)[0,:,:,0]) # output과 동일한 결과
```

Output:

```
o1 [[ 5. 14. 15. 12.]         o2 [[ -5.   0.  -7.  -4.]        o3 [[ -9.  -5.  -4.  -7.]
    [ 9.  9.  7.  1.]             [-10.  -7.   4.  -5.]            [ -2.  -6.  -2.  -6.]
    [ 8.  5.  3. -1.]             [  2.  -8.  -1.   2.]            [  2.  -2.  -4.  -7.]
    [10.  5.  0.  3.]]            [ -6.  -1.   3.  -2.]]           [ -1.   1.  -8. -11.]]

output [[ -9.   9.   4.   1.]      sum:  [[ -9.   9.   4.   1.]
        [ -3.  -4.   9. -10.]             [ -3.  -4.   9. -10.]
        [ 12.  -5.  -2.  -6.]             [ 12.  -5.  -2.  -6.]
        [  3.   5.  -5. -10.]]            [  3.   5.  -5. -10.]]
```

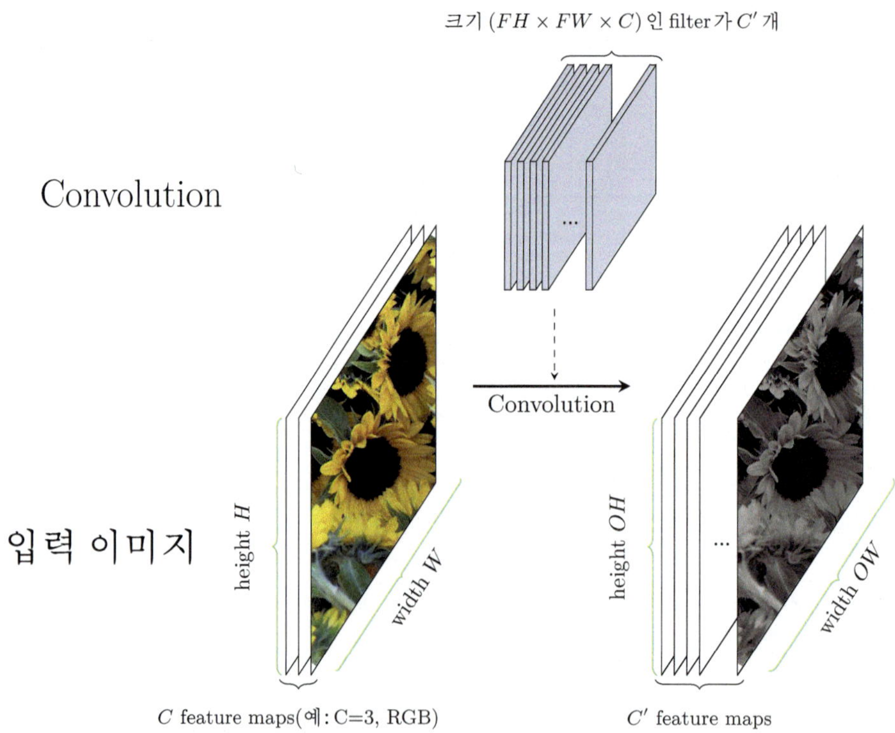

그림 6.8: Convolution(Multi-Filter)

6.2.1 Padding, Pooling & Bias

convolution과 더불어 이미지의 크기를 줄이는 연산으로 pooling이 있다.

- **Pooling**: window(영역)를 이동하면서 최댓값(Max Pooling) 또는 평균값(Average Pooling)을 취하는 것을 pooling이라 한다. 그림 (6.9) 에서 pooling 연산 방식을 보여주고 있다. pooling을 통해 noise에 강건(robust)한 feature가 만들어지고 overfitting을 방지하는 효과도 있다.

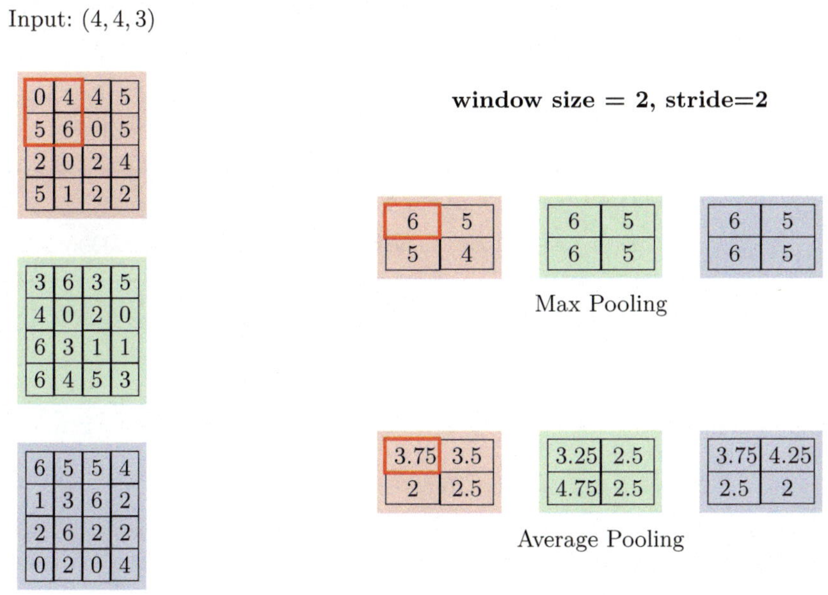

그림 6.9: Pooling
window size와 stride를 같은 값으로 설정하는 것이 일반적이다. Average Pooling보다는 Max Pooling을 주로 사용한다.

  - 영역의 최댓값을 취하게 되니, 이미지에 작은 변화가 있어도 같은 결과를 얻을 수 있는 장점이 있다.
  - convolution과 달리 훈련해야 할 파라메터(trainable weights)가 없다.
  - 입력의 크기 대비 줄어든 Feature Map을 얻게되지만, channel 수의 변화는 없다. 예를 들어, windos size=stride=2 인 경우 $(H, W, C) \rightarrow (H/2, W/2, C)$가 된다.
  - window size와 stride를 같은 값으로 설정하는 것이 일반적이다.
  - convolution 연산을 통해 이미지의 크기가 줄어들지 않게 padding(same padding)을 하고, Max Pooling으로 크기가 줄어들게 모델을 설계하는 경우가 많다.

- Tensorflow, Pytorch API:

```
tf.keras.layers.MaxPool2D(pool_size=(2, 2), strides = None)
torch.nn.MaxPool2d(kernel_size, stride=None)
```

- **valid/same Padding:** Tensorflow, Pytorch의 Convolution API는 2가지 Padding 옵션을 제공한다.
  - `'valid'` padding: Padding 없이 Convolution 연산이 수행된다. 유효한 영역만을 대상으로 하기 위해 입력 이미지의 일부를 잘라내고 계산할 수도 있다.
  - `'same'` padding: 아래의 공식대로 출력의 크기가 될 수 있을 만큼의 Padding을 추가해준다. 따라서 Stride=1인 경우는 convolution의 결과가 입력 이미지의 크기와 동일하다.

```
out_height = ceil(float(in_height) / float(strides[1]))
out_width = ceil(float(in_width) / float(strides[2]))
```

  필요한 Padding이 짝수인 경우에는 좌/우, 상/하 대칭으로 Padding을 해주면 되고, 만약 홀수인 경우에는 오른쪽/아래쪽이 우선이다.

- **bias:** convolution 연산 후 bias가 더해질 수 있는데, bias는 출력 channel 개수인 C' 만큼 생성된다.

6.2.2 Convolution API

Tensorflow, Pytorch의 convolution API를 살펴보자.

- Tensorflow, Pytorch에는 단순히 연산만을 할 수 있는 **계산용 API**와 모델이 훈련될 수 있는 weight를 내부적으로 가져가는 **훈련용 API**(layer, 주로 class 형태) 2종류를 제공하고 있다.
- 계산용 API
  - Tensorflow는 `tf.nn` 아래에 모여 있다.
  - Pytorch는 `torch.nn.functional` 아래에 모여 있다.
- convolution을 위한 계산용 API: 이미지와 filter(weight)를 모두 argument로 넣어 convolution을 계산할 수 있다.

```
tf.nn.conv2d(input, filters, strides, padding)
torch.nn.functional.conv2d(input, weight, bias=None, stride=1,
                           padding=0, dilation=1)
```

- 훈련용 API(Layer Class): 내부적으로 훈련 가능한 weight(trainable weight)를 생성한다.

```
tf.keras.layers.Conv2D(filters, kernel_size, strides=(1, 1),
                       padding='valid')
torch.nn.Conv2d(in_channels, out_channels, kernel_size,
                       stride=1, padding=0)
```

코드 6.3: **[Pytorch]** Multi Channel Convolution. channel first 방식의 입력 tensor를 넣어야 한다. Filter도 Tensorflow와 차원의 순서가 다르다. I, F는 코드 6.2에 정의되어 있다.

```
I_torch = torch.Tensor(I).permute(0,3,1,2) #(N,H,W,C) --> (N,C,H,W) -> (1,3,7,7)
F_torch = torch.Tensor(F).permute(3,2,0,1) #(FH,FW,in_channel,out_channel) -->
    (out_channel,in_channel,FH,FW) -> (1,3,4,4)
output_torch = torch.nn.functional.conv2d(I_torch,F_torch) # (1,1,4,4)
print(output_torch) # Tensorflow에서의 결과(1,4,4,1)과 동일
```

- Pytorch의 convolution API는 channel first 방식이다.
- 코드 6.2에서 Tensorflow로 계산한 결과와 shape만 다르고 값은 동일하다.

6.2.3 Im2Col

지금까지 convolution 연산이 어떻게 이루어지는지 살펴보았고, 실제 계산은 Tensorflow, Pytorch를 이용했다. (N, H, W, C) 또는 (N, C, H, W) shape의 입력 이미지로 직접 convolution 연산을 하기 위해서는, for loop로 filter window을 이동시키면서 계산하는 것이 기본적인 방법이다. 이렇게 하면 계산 시간이 많이 소요된다. 좀 더 효율적인 방법으로 고안한 im2col(Image to Columns)[2]이라는 기법이 있다. 4차원 입력 데이터를 행렬곱이 가능한 2차원 배열(행렬)로 변형하여 계산하는 방법이다[3].

Im2Col이 Convolution의 Forward Propagation 계산에 사용되는 반면, Col2Im은 Backward Propagation에 사용되는 알고리즘이다. 먼저 Im2Col에 대해서 알아보자. 설명의 편의를 위해

2 데이터를 세로 방향으로 만들면 im2col이 되고 가로 방향으로 만들면 im2row가 된다. 서로 transpose된 것에 불과하다.

3 Im2Col, Col2Im은 효율적인 Convolution 계산에 관한 내용이다. 나중에 필요한 내용은 아니기 때문에 건너뛰어도 무방하다.

Im2Row 버전으로 설명한다.

$$I = \begin{bmatrix} 0 & 1 & 2 & 3 \\ 4 & 5 & 6 & 7 \\ 8 & 9 & 10 & 11 \\ 12 & 13 & 14 & 15 \end{bmatrix} \qquad F = \begin{bmatrix} w_{11} & w_{12} \\ w_{21} & w_{22} \end{bmatrix}$$

im2col ↙ ↘ im2row

$$\widehat{F} = \begin{bmatrix} w_{11} \\ w_{12} \\ w_{21} \\ w_{22} \end{bmatrix}$$

$$\widehat{I}^T = \begin{bmatrix} 0 & 1 & 2 & 4 & 5 & 6 & 8 & 9 & 10 \\ 1 & 2 & 3 & 5 & 6 & 7 & 9 & 10 & 11 \\ 4 & 5 & 6 & 8 & 9 & 10 & 12 & 13 & 14 \\ 5 & 6 & 7 & 9 & 10 & 11 & 13 & 14 & 15 \end{bmatrix}$$

$$\widehat{I} = \begin{bmatrix} 0 & 1 & 4 & 5 \\ 1 & 2 & 5 & 6 \\ 2 & 3 & 6 & 7 \\ 4 & 5 & 8 & 9 \\ 5 & 6 & 9 & 10 \\ 6 & 7 & 10 & 11 \\ 8 & 9 & 12 & 13 \\ 9 & 10 & 13 & 14 \\ 10 & 11 & 14 & 15 \end{bmatrix} \quad \Longrightarrow \quad \mathrm{conv}(I, F) = \widehat{I}\widehat{F}$$

그림 6.10: im2col vs. im2row
1. im2col & im2row는 transpose된 형태에 불과하다.
2. Filter 크기의 2×2 window를 이동시키면서 $\widehat{I}$의 행이 생성되었다.
3. 출력 크기인 3×3 window를 이동시키면서 $\widehat{I}$의 열을 생성할 수도 있다.
4. 변환과정에서 데이터의 중복이 발생한다. 예를 들어, pixel값 6은 4곳에 중복되어 있다.

- 입력 이미지 $I(N, C, H, W)$가 channel first 방식으로 주어져 있다고 하자. Filter F의 shape은 (FN, C, FH, FW)이라고 하자. 여기서 (FH, FW)는 Filter의 크기이고 C는 입력 channel 크기, FN은 출력 channel 크기를 나타낸다[4].

- **Im2Row:** 4차원 데이터인 입력 이미지 $I(N, C, H, W)$를 2차원 데이터(행렬)로 변환한다. 이때 Filter F의 크기 (FN, C, FH, FW)에 따라 변환될 2차원 행렬의 shape이 결정된다. 4차원 배열인 F도 2차원 행렬로 변환된다.

$$\begin{aligned} I : (N, C, H, W) &\longrightarrow \Big((N \times OH \times OW), (C \times FH \times FW)\Big) =: \widehat{I} \\ F : (FN, C, FH, FW) &\longrightarrow \Big((C \times FH \times FW), FN\Big) =: \widehat{F} \end{aligned}$$

- 변환 방식을 그림(6.10)에서 예를 들어 설명하고 있다. convolution 연산이 이루어지는 과정에서 Filter windows가 이동하면서 만들어지는 Filter shape의 원소를 나열(flatten)하여

4 그림(6.6)에서는 출력 channel 크기를 C'으로 표기했다. 여기서는 FN으로 표기한다.

만든다.

$$\begin{bmatrix} 0 & 1 \\ 4 & 5 \end{bmatrix} \longrightarrow \begin{bmatrix} 0 & 1 & 4 & 5 \end{bmatrix}$$
$$\begin{bmatrix} 1 & 2 \\ 5 & 6 \end{bmatrix} \longrightarrow \begin{bmatrix} 1 & 2 & 5 & 6 \end{bmatrix}$$
$$\begin{bmatrix} 2 & 3 \\ 6 & 7 \end{bmatrix} \longrightarrow \begin{bmatrix} 2 & 3 & 6 & 7 \end{bmatrix}$$
$$\begin{bmatrix} 4 & 5 \\ 8 & 9 \end{bmatrix} \longrightarrow \begin{bmatrix} 4 & 5 & 8 & 9 \end{bmatrix}$$
$$\vdots$$

- 그림 (6.10), (6.12)에서 볼 수 있듯이 I에서의 pixel 값들이 $\widehat{I}$에서는 중복되어 들어가 있다. 예를 들어, 그림 (6.12)의 I에서 값 22를 가지는 pixel은 $\widehat{I}$에서 여러 번 나타나고 있다. 데이터의 중복이 있는 만큼 메모리를 많이 사용하는 대신 계산 속도는 빨라진다.
- F는 $\widehat{F}$로 변환될 때 reshape만 이루어졌다.
- $I \to \widehat{I}, F \to \widehat{F}$로 변환한 후, 행렬곱 $\widehat{I}\widehat{F}$의 shape은 $\Big((N \times OH \times OW), FN\Big)$이 된다. 이것을 transpose해서 reshape하면 (N, FN, OH, OW) 형태로 변환되고 최종적인 convolution이 된다. 그림 (6.11a), (6.11b)에서 이런 과정을 설명하고 있다.
- im2col의 구현은 다양한 방식이 있다. 밑바닥부터 시작하는 딥러닝[3]에서는 2중 for loop로 구현하고 있다. cs231n 강좌[1]에서는 for loop 없이 I가 $\widehat{I}$로 변환되는 과정에서의 pixel 위치 index를 관리하는 방식으로 처리하고 있다. 후자는 좀 더 복잡하지만 효율적이다.
- 역변환: im2col, im2row에 대응되는 역변환으로 각각 col2im, row2im이 있다. 이 역변환의 목적은 gradient를 계산하기 위해서 필요하다. 그림 (6.12)에 gradeint 계산 예시가 있다.

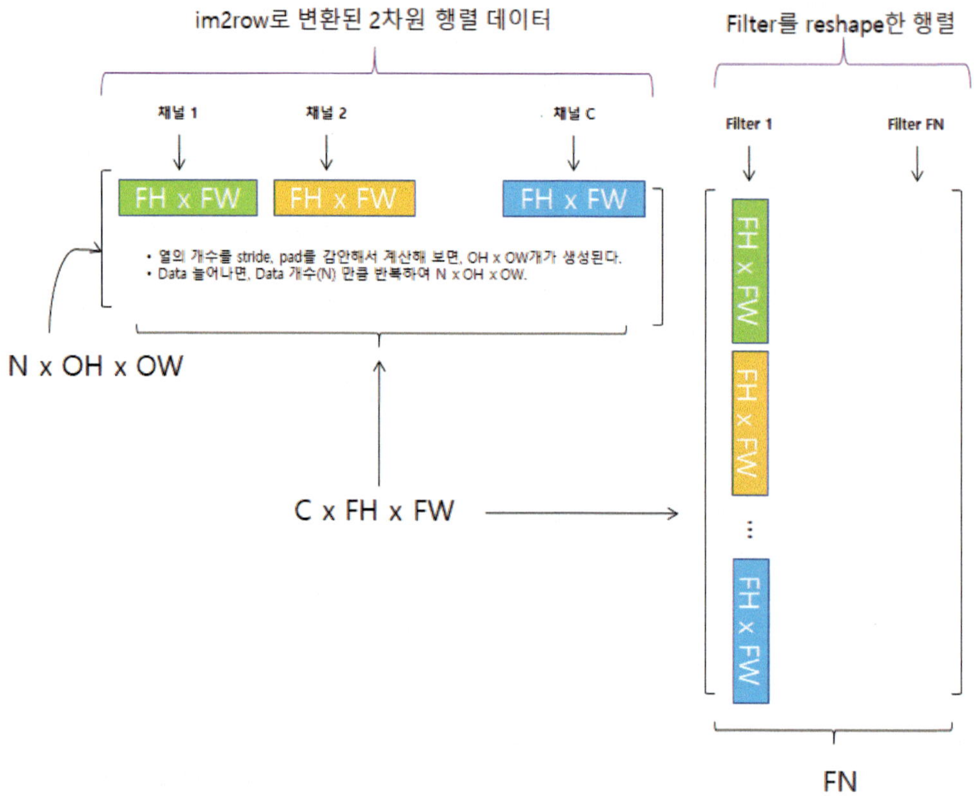

(a) $I(N, C, H, W), F(FN, C, FH, FW)$ 변환: 4차원 array를 행렬곱이 가능하도록 2차원 array로 변환한다.

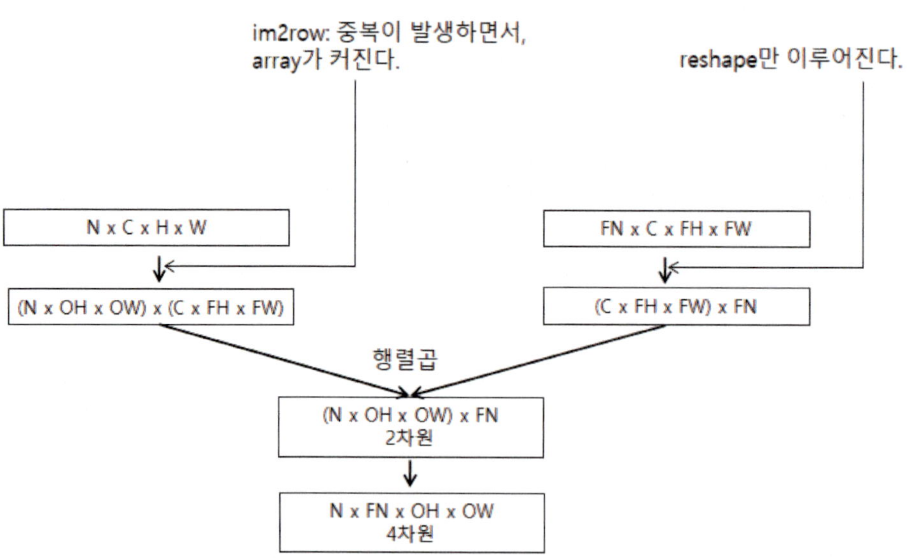

(b) Convolution을 위한 변환과 행렬곱

그림 6.11: Im2Row
그림 (6.6) 에서는 출력 채널의 개수를 C' 로 표시했는데, 여기서는 Filter의 개수라는 의미로 FN을 사용했다.

im2row 변환

$\widehat{I}$

0	1	2	3	4	7	8	9	10	11	14	15	16	17	18	21	22	23	24	25	28	29	30	31	32	49	50	
1	2	3	4	5	8	9	10	11	12	15	16	17	18	19	22	23	24	25	26	29	30	31	32	33	50	51	
2	3	4	5	6	9	10	11	12	13	16	17	18	19	20	23	24	25	26	27	30	31	32	33	34	51	52	
7	8	9	10	11	14	15	16	17	18	21	22	23	24	25	28	29	30	31	32	35	36	37	38	39	56	57	
8	9	10	11	12	15	16	17	18	19	22	23	24	25	26	29	30	31	32	33	36	37	38	39	40	57	58	…
9	10	11	12	13	16	17	18	19	20	23	24	25	26	27	30	31	32	33	34	37	38	39	40	41	58	59	
14	15	16	17	18	21	22	23	24	25	28	29	30	31	32	35	36	37	38	39	42	43	44	45	46	63	64	
15	16	17	18	19	22	23	24	25	26	29	30	31	32	33	36	37	38	39	40	43	44	45	46	47	64	65	
16	17	18	19	20	23	24	25	26	27	30	31	32	33	34	37	38	39	40	41	44	45	46	47	48	65	66	

주어진 upstream gradient

-0.15	-0.12	1.29	-1.64	-0.02	0.62	-0.81	-0.21	0.70	-0.66	-1.26	-1.99	0.31	0.64	-2.38	0.25	-0.53	-0.04	-1.16	-0.55	2.45	-0.65	-2.08	1.84	-0.11	-0.03	-0.97	
1.67	1.50	0.11	0.64	0.24	-1.42	0.66	-0.72	-0.09	-0.23	-1.27	-0.65	0.88	-1.57	-1.63	0.77	-0.31	0.92	-0.28	1.41	0.58	-1.21	-2.26	0.63	1.36	0.82	-1.88	
0.35	0.62	1.07	-0.35	-1.08	-0.72	-0.57	1.17	0.35	0.02	-0.74	0.20	1.57	1.20	-0.41	1.33	-0.68	0.83	0.39	-1.90	0.61	-0.51	0.10	0.12	0.45	0.15	-0.61	
1.52	1.76	1.38	0.33	0.73	-0.58	0.45	-0.57	-0.15	-0.37	1.14	0.05	-0.94	0.39	1.22	-0.91	-1.02	-1.52	-1.03	-0.64	-1.23	-0.53	0.79	-1.84	-0.50	-0.09	0.65	
0.16	2.69	-1.02	-0.93	0.09	-0.70	1.45	-0.97	-1.02	1.09	0.03	1.11	1.17	0.17	0.11	-1.21	0.61	-0.88	0.94	0.14	-1.02	0.89	-0.83	-0.52	-0.43	0.62	0.22	…
-0.27	-1.04	-0.10	-0.32	0.65	-2.08	-0.99	-0.80	-0.11	0.08	-1.06	0.58	-0.66	0.11	-1.42	-1.28	0.71	-0.67	-0.10	-1.63	0.50	-0.69	-1.65	-0.62	-0.35	2.05	0.22	
-0.99	-0.30	-2.08	0.31	0.30	-	0.29	-0.21	1.18	-1.24	-0.48	-1.62	0.54	-1.34	1.44	-0.81	-0.96	3.76	1.01	-1.55	0.13	0.68	-1.74	0.19	0.05	-1.28	-0.03	
-0.04	0.47	-0.57	-0.46	0.45	-0.29	-0.55	0.08	-1.07	0.45	-0.94	0.62	0.16	1.17	0.36	0.45	1.31	0.40	-0.45	-0.83	1.85	0.90	0.08	0.34	-1.97	-0.99	0.62	
0.78	1.06	0.20	-0.39	-1.77	-1.34	-1.19	-0.60	-0.33	-0.23	-0.13	0.73	-1.63	-0.45	0.07	1.10	0.02	-0.35	-0.71	-0.16	-0.68	0.59	0.19	-1.07	0.47	-0.14	0.26	

I

input image

0	1	2	3	4	5	6
7	8	9	10	11	12	13
14	15	16	17	18	19	20
21	22	23	24	25	26	27
28	29	30	31	32	33	34
35	36	37	38	39	40	41
42	43	44	45	46	47	48

49	50	51	52	53	54	55
56	57	58	59	60	61	62
63	64	65	66	67	68	69
70	71	72	73	74	75	76
77	78	79	80	81	82	83
84	85	86	87	88	89	90
91	92	93	94	95	96	97

98	99	100	101	102	103	104
105	106	107	108	109	110	111
112	113	114	115	116	117	118
119	120	121	122	123	124	125
126	127	128	129	130	131	132
133	134	135	136	137	138	139
140	141	142	143	144	145	146

gradient

-0.15	1.55	3.14	-0.91	1.69	-0.11	-1.08
2.14	-0.31	3.53	-2.32	0.12	-0.11	0.67
-2.83	-3.85	-3.11	0.41	-4.53	0.61	-2.10
1.39	0.32	-2.01	1.29	-2.18	2.14	-3.55
1.06	-4.86	-3.84	-2.58	1.23	1.43	-1.11
-2.04	-2.06	8.35	-1.93	-5.02	-2.59	-0.51
0.13	2.53	-1.52	0.86	0.58	-3.04	0.47

-0.03	-0.15	-2.74	0.73	0.44	-0.69	-0.37
-0.18	1.25	2.70	3.43	-1.29	-1.35	1.61
-1.44	-2.12	1.65	4.17	-2.87	0.45	1.01
1.90	-2.84	-2.15	-0.05	-0.08	1.40	-0.81
1.26	3.58	-0.93	-2.50	-0.21	-0.32	1.53
0.40	3.22	1.28	1.67	4.31	-4.17	-0.90
0.67	0.78	-0.50	-3.06	-0.47	-2.73	-0.06

0.47	-0.47	1.98	2.77	-0.06	-0.55	1.49
0.03	-2.50	0.47	-1.18	-0.90	0.89	-1.85
-0.84	2.18	6.30	-4.36	-2.55	1.78	-3.66
-1.34	-1.05	-2.55	0.74	-0.90	-0.69	1.03
-3.77	-2.83	-0.72	-2.22	5.61	1.60	0.70
-0.51	4.40	-2.71	1.68	1.43	2.90	0.45
-1.37	0.37	-0.91	1.50	-0.17	-0.43	-1.61

$$(-0.53) + 0.77 + 0.05 + 0.03 + (-0.29) + 0.29 = 0.32$$

그림 6.12: im2row 예

$N = 1, C = 3, H \times W = 7 \times 7$ image. data shape $= (1,3,7,7)$, $FH = 5$, $FW = 5$, stride $= 1$, pad $= 0$. 입력 Data를 필터 size에 따라 im2row변환 후, back propagation을 위해 넘어온 upstream gradient로부터 입력 Data에 대한 gradient 계산할 수 있다. 예를 들어 $\widehat{I}$에서 pixel 22에 해당하는 upstream gradient들의 합이 pixel 22의 gradient가 된다.

코드 6.4: **[Numpy]** im2col 구현 코드(출처: cs231n)

```
def get_im2col_indices(x_shape, field_height, field_width, padding=1, stride=1):
    N, C, H, W = x_shape # channel first
    out_height = (H + 2 * padding - field_height) // stride + 1
    out_width = (W + 2 * padding - field_width) // stride + 1

    i0 = np.repeat(np.arange(field_height), field_width)
    i0 = np.tile(i0, C)
    i1 = stride * np.repeat(np.arange(out_height), out_width)
    j0 = np.tile(np.arange(field_width), field_height * C)
    j1 = stride * np.tile(np.arange(out_width), out_height)

    i = i0.reshape(-1, 1) + i1.reshape(1, -1)
    j = j0.reshape(-1, 1) + j1.reshape(1, -1)
    k = np.repeat(np.arange(C), field_height * field_width).reshape(-1, 1)
    return (k, i, j)

def im2col_indices(x, field_height, field_width, padding=1, stride=1):
      # im2col 구현: x(channel first)
    p = padding
    x_padded = np.pad(x, ((0, 0), (0, 0), (p, p), (p, p)), mode='constant')

    k, i, j = get_im2col_indices(x.shape, field_height, field_width, padding, stride)

    cols = x_padded[:, k, i, j]
    C = x.shape[1]
    cols = cols.transpose(1, 2, 0).reshape(field_height * field_width * C, -1)
    return cols

# test code
N=2; H=W=8
C=3; FN=5
FH=FW=5
p=1; s=2

OH = (H + 2*p - FH) // s + 1
OW = (W + 2*p - FW) // s + 1

x = np.random.randn(N,C,H,W) # x: (N,C,H,W)
y = im2col_indices(x,FH,FW,p,s)
print(y.shape)
print(f'(OH,OW)=({OH}, {OW}), ({C*FH*FW}, {N*OH*OW})') # (C x FH x FW, N x OH x OW)
```

Output:

```
(75, 18)
(OH,OW)=(3, 3), (75, 18)
```

- 코드 6.4에서 get_im2col_indices()의 구현은 이해하기 쉽지 않다. 이 함수가 하는 역할은 명확하다. im2col 결과 행렬의 각 원소가 입력 이미지의 어떤 index(위치)에서 왔는지를

(k,i,j)=(channel, row, col)에 기록해 놓는다.

- get_im2col_indices가 생성한 (k,i,j)의 예시로 그림(6.13)을 참고하면 된다.

코드 6.5: **[Numpy, Tensorflow, Pytorch]** im2col, Tensorflow, Pytorch Convolution

```
def conv_forward_im2col(x, w, b, conv_param):
    N, C, H, W = x.shape
    num_filters, _, filter_height, filter_width = w.shape
    stride, pad = conv_param['stride'], conv_param['pad']

    # Create output
    out_height = (H + 2 * pad - filter_height) // stride + 1
    out_width = (W + 2 * pad - filter_width) // stride + 1
    out = np.zeros((N, num_filters, out_height, out_width), dtype=x.dtype)

    x_cols = im2col_indices(x, w.shape[2], w.shape[3], pad, stride)
    res = w.reshape((w.shape[0], -1)).dot(x_cols) + b.reshape(-1, 1)

    out = res.reshape(w.shape[0], out.shape[2], out.shape[3], x.shape[0])
    out = out.transpose(3, 0, 1, 2)

    cache = (x, w, b, conv_param, x_cols)
    return out, cache

# tensorflow, pytorch와 convolution 결과 비교
stride=2;pad=2;
conv_param = {'stride': stride, 'pad': pad}
c_in = 3; c_out=2
FH=5; FW=5
H=10; W=10
batch_size=2

OH = int((H-FH+2*pad)/stride) + 1
OW = int((W-FW+2*pad)/stride) + 1

x = np.random.randn(batch_size,c_in,H,W) # channel first
y = im2col_indices(x,FH,FW,conv_param['pad'],conv_param['stride'])
print(y.shape) # (c_in*FH*FW,batch_size*OH*OW)

w = np.random.normal(size=(c_out,c_in,FH,FW))
b = np.random.normal(size=c_out)

# numpy
conv_numpy,_ = conv_forward_im2col(x, w, b, conv_param)

# tensorflow
channel_last = True
if channel_last or not tf.config.list_physical_devices('GPU'):
    conv_tf = tf.nn.conv2d(x.transpose(0,2,3,1),w.transpose(2,3,1,0),
                           strides=conv_param['stride'],
                           padding=[[0,0],[pad,pad],[pad,pad],[0,0]],
                           data_format='NHWC') + b
    conv_tf = conv_tf.numpy().transpose(0,3,1,2) # channel last -> channel first
```

```
else:
    conv_tf = tf.nn.conv2d(x,w.transpose(2,3,1,0),strides=conv_param['stride'],
                 padding=[[0,0],[0,0],[pad,pad],[pad,pad]],data_format='NCHW')
                 + b.reshape(1,-1,1,1) # only GPU
    conv_tf = conv_tf.numpy()

# pytorch
conv_torch = torch.nn.functional.conv2d(torch.Tensor(x),torch.Tensor(w),
                           torch.Tensor(b),conv_param['stride'],conv_param['pad'])
conv_torch=conv_torch.numpy()

print(conv_numpy.shape, conv_tf.shape, conv_torch.shape)
print("numpy-Tensorflow: ", np.allclose(conv_numpy,conv_tf,atol=1e-05))
print("numpy-pytorch: ", np.allclose(conv_numpy,conv_torch,atol=1e-05))
```

- Tensorflow에서 channel first 방식은 GPU 환경에서만 지원된다. GPU 환경인지 확인은 다음과 코드로 하면 된다.

  ```
  tf.config.list_physical_devices('GPU')
  ```

- Numpy로 im2col을 이용해서 계산한 결과와 Tensorflow, Pytorch로 각각 계산한 결과가 동일함을 확인할 수 있다.

6.2.4 Col2Im

이미지 I를 im2col로 변환해서 convolution이 계산되었다. back propagation 과정에서 im2col의 gradient가 구해졌다면, 이로부터 이미지 I의 gradient가 계산되어야 한다. im2col의 gradient로부터 이미지 I의 gradient를 구하는 과정이 col2im이다.

- 그림 (6.13)에서는 $(C, H, W) = (3, 4, 5)$ 이미지에 $(FH, FW) = (3, 3)$ Filter를 적용하고 있다. 출력 이미지의 크기가 $(FN, OH, OW) = (1, 2, 3)$ 이므로

  $$C \times FH \times FW = 3 \times 3 \times 3 = 27, \quad OH \times OW = 2 \times 3 = 6$$

  이 되므로, im2col 결과는 크기 (27×6) 행렬이 된다.

- (k, i, j)는 im2col 행렬의 각 원소가 원래 어떤 위치에 있었는지를 저장하는 목적이다.

- col2im에서 upstream gradient는 im2col 행렬과 같은 shape이다. upstream gradient의 값들을 합치면 image의 gradient가 된다(Chain Rule).

- 그림 (6.14)와 코드 6.6에서는 좀 더 구체적인 im2col, col2im을 이용하여 gradient를 계산하는 예를 보여주고 있다.

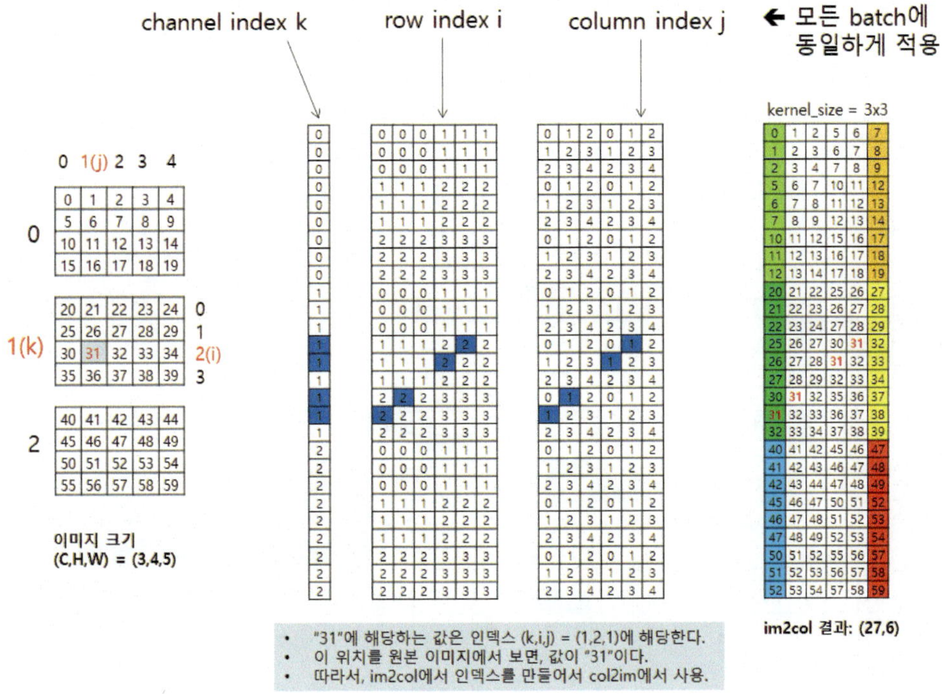

그림 6.13: col2im 예시

im2col로 변환된 행렬의 각 원소가 이미지에서 어떤 위치에 있던 pixel인지를 index (i, j, k)로 저장해 놓는다. 저장된 index를 이용해서 col2im에서 pixel의 gradient를 계산할 수 있다. 예를 들어, pixel 값 31은 im2col에서 4번 나오는데, 이 4개의 upstream gradient를 더하면 pixel 31의 gradient가 된다.

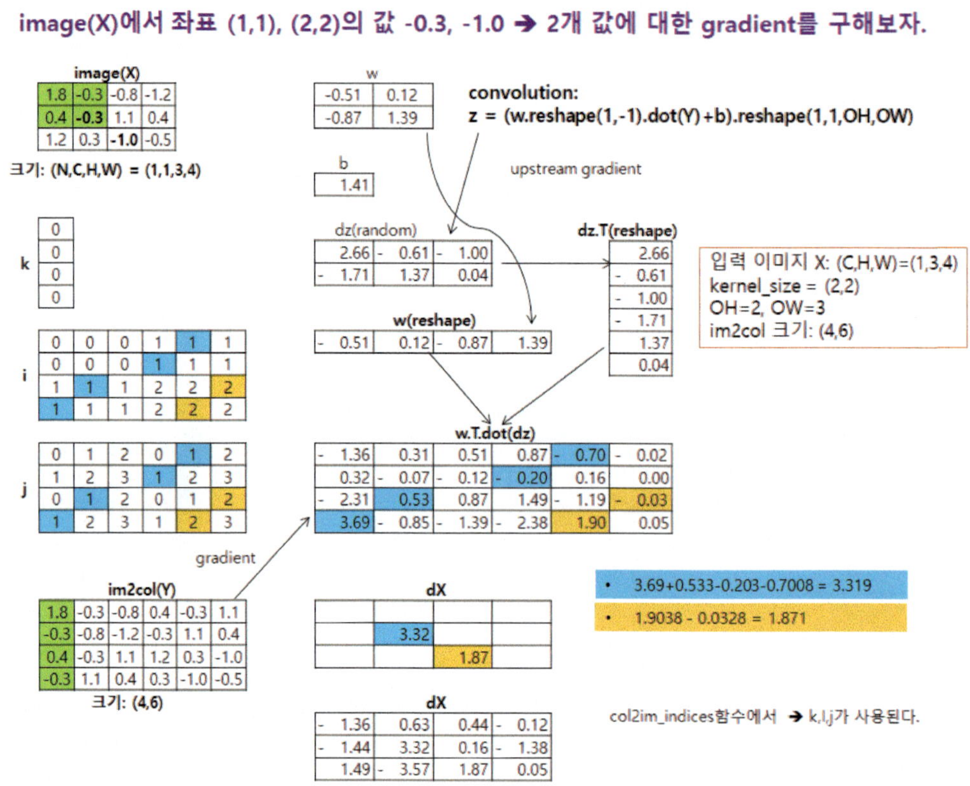

그림 6.14: col2im으로 gradient 계산

이미지 크기는 $(N, C, H, W) = (1, 1, 3, 4)$ 이고 Filter는 $(2, 2)$ 이다. 출력 크기는 $(N, FN, OH, OW) = (1, 1, 2, 3)$ 이 되고, im2col의 크기는 $(4, 6)$ 이 된다.

코드 6.6: **[Numpy]** im2col & col2im(출처: cs231n)

```
np.set_printoptions(precision=2)

def col2im_indices(cols, x_shape, field_height=3, field_width=3, padding=1,stride=1):
    # cols: im2col의 gradient
    N, C, H, W = x_shape
    H_padded, W_padded = H + 2 * padding, W + 2 * padding
    x_padded = np.zeros((N, C, H_padded, W_padded), dtype=cols.dtype)
    k, i, j = get_im2col_indices(x_shape, field_height, field_width, padding, stride)
    cols_reshaped = cols.reshape(C * field_height * field_width, -1, N) #
        (CxFHxFW,OHxOWxN) --> (CxFHxFW,OHxOW,N)
    cols_reshaped = cols_reshaped.transpose(2, 0, 1) # batch 차원을 앞으로...

    # slice(None)은 numpy index slicing에서 colon(:)과 동일
    np.add.at(x_padded, (slice(None), k, i, j), cols_reshaped)
    if padding == 0:
        return x_padded
    return x_padded[:, :, padding:-padding, padding:-padding]
```

```
X = np.array([[[1.8,-0.3,-0.8,-1.2],
            [0.4,-0.3,1.1,0.4],
            [1.2,0.3,-1.0,-0.5]]])

X = np.array([[[[1.83408274,-0.25310561,-0.77140011,-1.15510552],
          [0.41389487,-0.30680423,1.14462378,0.37406678],
          [1.24669999,0.33290709,-0.99042362,-0.51790133]]]])[None] # [None]: expand_dims

print("Image shape(N,C,H,W): ", X.shape) # (N,C,H,W)=(1, 1, 3, 4)

field_height = 2; field_width = 2
padding = 0; stride=1
conv_param = {'stride': stride, 'pad': padding}

k, i, j = get_im2col_indices(X.shape, field_height, field_width, padding,stride)
print(f'k: {k}')
print(f'i: {i}')
print(f'j: {j}')

col = im2col_indices(X, field_height, field_width, padding=padding, stride=stride)
print(f'im2col: \n {col}')

w = np.array([[-0.51151987,0.11880424],
            [-0.86983925,1.38963489]])[None,None]

b = np.array([1.41023464]) #(FN,)

print("w.shape: (FN,C,FH,FW) = ", w.shape) # (1, 1, 2, 2)=(FN,C,FH,FW)

z,_ = conv_forward_im2col(X, w, b, conv_param)
print("convolution result: (N,FN,OH,OW) = ", z.shape,'\n', z) #(N,FN,OH,OW)

#  upstream gradient dz를 random하게 생성
dz = np.array([[2.65539899 ,-0.61304065 ,-0.99982636],
             [-1.70924638 , 1.37006551 , 0.03781655]]) # (N,FN,OH,OW)=(1,1,2,3)을 만들어야 하는데, 그냥 (2,3)만

dz = dz.reshape(1,-1) #(FN,OHxOWxN)으로 만들어야 한다. 이때 batch 차원을 제일 뒤로 보내야 한다.
print(dz.shape) # (1,6)
dcol = w.reshape(1,-1).T.dot(dz) # (4,6)=(CxFWxFH,OHxOWxN)

grad = col2im_indices(dcol, X.shape, field_height=field_height, field_width=field_width,
                           padding=padding,stride=stride)
print(f'gradient: {grad.shape} \n {grad}')
```

- 코드 6.6에서 col2im 함수 `col2im_indices()`의 핵심 부분은 `numpy.add.at`에 있다.

6.2.5 1-Dimensional Convolution

지금까지 설명한 Convolution은 (H, W, C) shape의 이미지와 Filter 사이의 연산이었다. channel을 제외하면 (H, W) 형태의 2차원 데이터에 적용한 Convolution이므로 API의 명칭이 Conv2D(Conv2d, conv2d)로 되어 있다. 이제 Conv1D를 생각해보자. 데이터의 shape이 (H, W, C) 대신에 (T, D) 인 경우에 Conv1D를 적용할 수 있다. Conv1D를 적용할 수 있는 대표적인 것이 오디오나 텍스트 데이터이다.

- 오디오(소리, 음성 등) 데이터: 오디오 데이터가 waveform 형태일 때는 1차원(시간축) 데이터이다. 이 1차원 데이터는 Fourier Transform 같은 변환을 거쳐 (시간, feature) 형태의 2차원 데이터로 변환된다. 이때 feature가 이미지의 channel에 해당한다고 볼 수 있다.
- 텍스트 데이터: 텍스트 데이터는 기본적으로 단어의 나열이다. 단어의 나열은 1차원 데이터이다. 텍스트를 다루는 NLP(Natural Language Processing, 자연어 처리)에서는 각 단어를 vector로 변환하는데 이런 변환 기법을 Embedding이라 한다. 각 단어가 Embedding을 거쳐 D차원 데이터가 되면, 단어들의 배열인 텍스트는 (T, D) 형태의 2차원 데이터가 된다. 오디오에서와 같이 D가 channel에 대응된다.
- 텍스트를 다루는 모델에 따라 (T, D) 형태의 데이터를 $(T, D, 1)$로 변환해서 channel 1인 이미지처럼 다루기도 한다.

1차원 Colvolution API는 다음과 같다.

```
tf.nn.conv1d(input, filters, stride, padding)
torch.nn.functional.conv1d(input, weight, bias=None, stride=1,
                             padding=0, dilation=1)
```

Audio 데이터로 1D-Convolution을 적용하는 예를 살펴보자. 아래에 나오는 Audio 데이터의 feature를 추출하는 Mel-Spectrogram은 아직 자세히 설명하지 않았다. 9장에서 Audio 다룰 때에 자세히 살펴보자.

코드 6.7: **[Tensorflow]** 1D-Convolution

```python
import librosa, librosa.display

filename = librosa.ex('trumpet')
y, sr = librosa.load(filename) # sr=22050, y: (117601,)
mel_spectrogram = librosa.feature.melspectrogram(y,sr=sr,n_fft=2048,
                        hop_length=512,n_mels=40) #(40,230)=(n_mels,T)
log_mel_spectrogram = librosa.power_to_db(mel_spectrogram) # (40, 230)

```

```
x = log_mel_spectrogram.T[None].astype(np.float32) # shape(1,230,40)=(N,T,D)
w = np.random.normal(size=(16,40,128)).astype(np.float32)
# w: (filter_width, in_channels, out_channels)
output = tf.nn.conv1d(x,w,stride=1,padding='SAME') # (N,T,D)
print(x.shape, output.shape) # (1, 230, 40) -> (1, 230, 128)
```

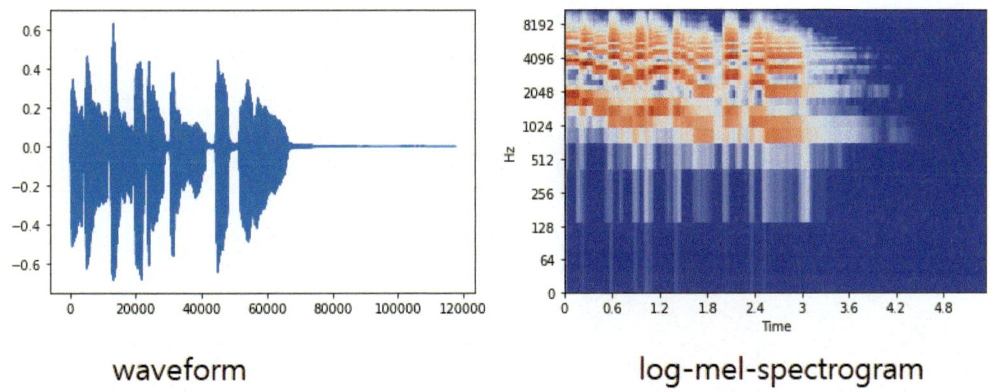

그림 6.15: waveform & log-mel-spectrogram
오른쪽 log-mel-spectrogram의 세로축 값이 8192 이상으로 보이는 것은 형식적인 것에 불과하다. 실제 차원은 n_mels인 40이다.

- 오디오 데이터를 딥러닝 모델에 넣기 전에, Mel-Spectrogram 같은 오디오 프로세싱에서 사용하는 변환 기법으로 feature를 생성해서 넣는 것이 일반적이다. Mel-Spectrogram은 대표적인 변환 기법 중의 하나로 많이 활용된다.
- 그림 (6.15) 에서 오디오 파일의 길이는 117601 이고 sr(=22050, sampling rate)로 나누어 보면 $\frac{117601}{22050} = 5.33$초의 오디오 데이터임을 알 수 있다.
- `mel_spectrogram`의 shape이 $(40, 230)$ 으로 나왔다. `n_mels=40`으로 Mel-Spectrogram을 만들었기 때문이다. 230은 입력 오디오 데이터의 길이에 따라 결정되는 값이다.
- 1D convolution을 위해 kernel의 크기를 16으로 지정했고, 입력 channel은 `n_mels=40`이고, 출력 channel은 128로 지정했다.
- convolution의 결과는 `'SAME'` padding으로 처리했기 때문에 길이는 230으로 변화가 없고, channel 차원은 지정한 대로 128이다.
- `'VALID'` padding으로 했다면, kernel size가 16이므로 출력 길이는 $230 - 16 + 1 = 215$가 된다.

6.2.6 Receptive Field

Receptive Field(수용 영역)는 Convolution에서 출력 neuron 1개에 영향을 주는 입력의 크기를 말한다. 좋은 Feature를 추출하기 위해서는 Receptive Field가 넓어져야 한다. CNN Layer가 여러 층 쌓이면 Receptive Field는 넓어진다. Filter 크기를 키워도 Receptive Field는 넓어지지만, Filter 크기가 커진 만큼 연산량도 증가한다. 연산량을 증가시키지 않으면서 Receptive Field를 키우는 방법으로 Dilated Convolution이 있다. Dilated Convolution은 kernel 사이에 0으로 된 행과 열을 삽입하는 방법이다.

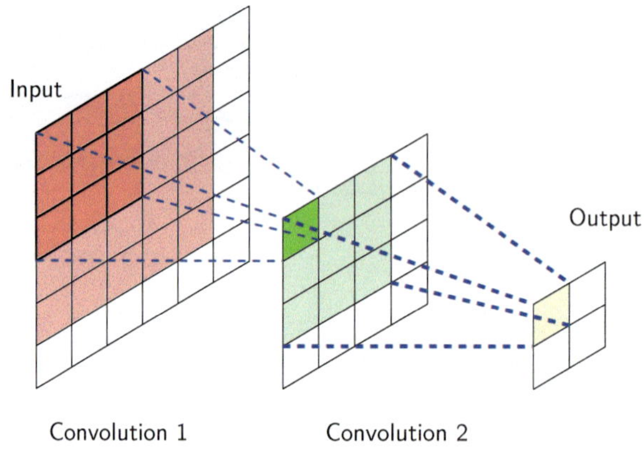

그림 6.16: Receptive Field
3 × 3 Convolution에 1개에 대한 Receptive Field는 9가 되고, 2개의 Receptive Field는 25이다.

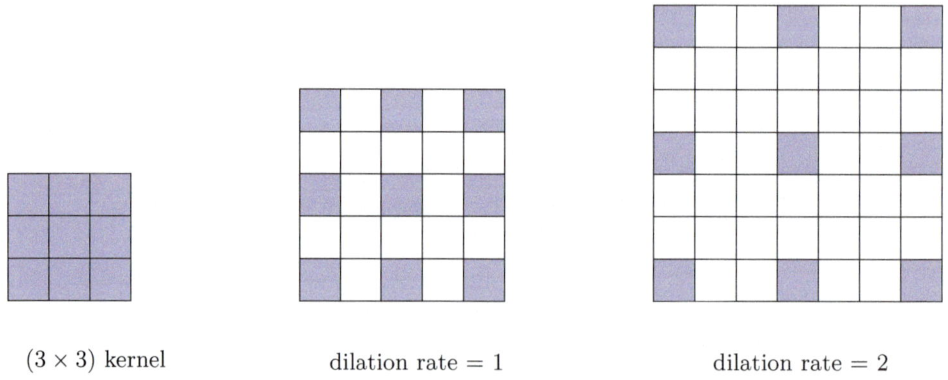

그림 6.17: Dilated Kernel

6.3 Transposed Convolution

6.3.1 Transposed Convolution 정의 1: Dilation & Padding으로 정의

이미지에서 upsampling은 작은 크기의 이미지를 큰 이미지로 변환하는 것을 말한다.

그림 6.18: 이미지 downsampling & upsampling

Transposed Convolution은 훈련 가능한 upsampling[5] 기법으로, 딥러닝에서 이미지를 확대하는 목적으로 사용된다. Transposed Convolution을 했을 때 이미지 크기의 변화는 Convolution으로 줄어든 크기를 되돌리는 것으로 보면 된다. Convolution에서 입력 크기 (H, W)가 (OH, OW)로 변화되는데, Transposed Convolution에서는 그 반대의 크기 변화가 있다.

$$\text{Convolution}: \quad OH = \frac{H + 2p - FH}{s} + 1, \quad OW = \frac{W + 2p - FW}{s} + 1$$

$$\text{Transposed Convolution}: \quad OH = (H-1)s - 2p + FH, \quad OW = (W-1)s - 2p + FW$$

크기가 (H, W)에서 (OH, OW)로 변화된 것을 보면, Convolution에서는 OH, OW가 H, W보다 각각 작아진다. 반면, Transposed Convolution에서는 OH, OW가 H, W보다 커진다[6].

Transposed Convolution의 출력 크기 OH를 Convolution의 출력 크기 형태로 다음과 같이 조작해 보자.

$$\begin{aligned} OH &= (H-1)s - 2p + FH \\ &= \underbrace{(H-1)s+1}_{\text{입력 이미지 크기}} + 2\underbrace{(FH-1-p)}_{\text{실질 padding}} - FH + 1 \\ &= H + (H-1)(s-1) + 2(FH-1-p) - FH + 1 \end{aligned}$$

---

5 일반적으로 사용하는 upsampling 기법으로 보간법(interpolation)이 있다. 늘어난 pixel 값을 중간값으로 채우거나 인접한 값으로 채우는 방법이다.

6 s, p에 따라 크기가 달라질 수 있지만, 일반적으로 convolution을 하면 이미지가 작아지고, transposed convolution을 하면 이미지가 커진다.

이 식으로부터 이미지 크기 (H, W), kernel size (FH, FW), stride s, padding p인 Transposed convolution을 아래 조건의 Convolution으로 이해할 수 있다.

$$\begin{aligned} \text{이미지 크기 :} \quad & \Big(H + (H-1)(s-1), W + (W-1)(s-1)\Big) \\ \text{padding :} \quad & FH - 1 - p \\ \text{stride :} \quad & 1 \\ \text{kernel size :} \quad & (FH, FW) \end{aligned}$$

이제 좀 더 구체적으로 Transposed Convolution을 정의해 보자.

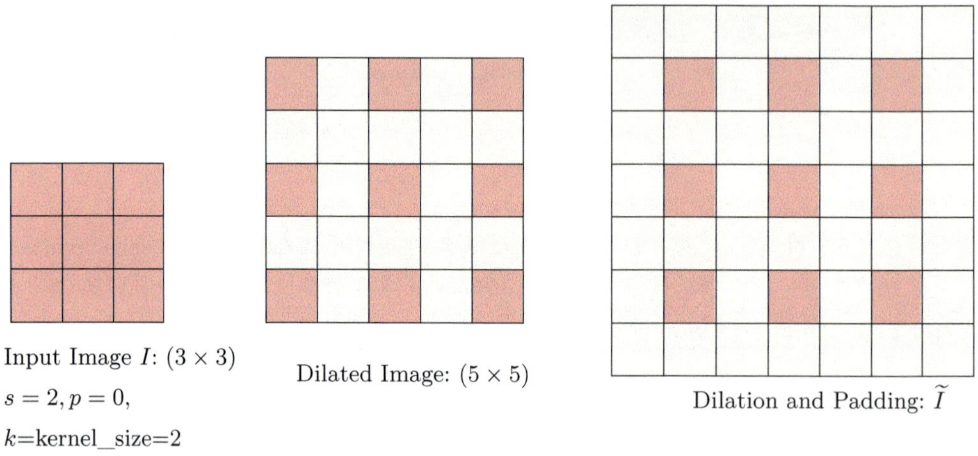

그림 6.19: dilation & padding
1. dilation: 이미지의 각 행/열 사이에 각각 0으로 된 $(s-1)$개의 행/열을 삽입한다.
2. padding: 크기 $k - 1 - p = 2 - 1 - 0 = 1$인 padding을 한다.

- 이미지 dilation & padding: 크기 (H, W, C)인 이미지의 모든 행과 열 사이에 $(s-1)$개의 0을 삽입하면 크기가

$$\Big(H + (H-1)(s-1), W + (W-1)(s-1)\Big)$$

  로 된다. 여기에 $(FH - 1 - p, FW - 1 - p)$ 크기의 padding을 더한 이미지를 $\widetilde{I}$라 하자. 이때 $FH - 1 - p < 0$이면, 이미지를 잘라내면 된다. 그림 (6.19)에서 예시를 보여주고 있다.

- flip: Filter(Kernel) F의 shape이 (FH, FW, C', C)일 때, F의 flip을 F_{flip}으로 표시한다. F_{flip}의 shape은

$$(FH, FW, C, C')$$

  으로 채널 순서만 바뀌어 있다. 여기서 flip은 좌우/상하 대칭으로 변환해주는 연산이다. 예를

들어,

$$\begin{bmatrix} 1 & 2 \\ 3 & 4 \end{bmatrix} \xrightarrow{\text{flip}} \begin{bmatrix} 4 & 3 \\ 2 & 1 \end{bmatrix}, \quad \begin{bmatrix} 1 & 2 & 3 \\ 4 & 5 & 6 \\ 7 & 8 & 9 \end{bmatrix} \xrightarrow{\text{flip}} \begin{bmatrix} 9 & 8 & 7 \\ 6 & 5 & 4 \\ 3 & 2 & 1 \end{bmatrix}$$

정리하면 F_{flip}은 Filter F의 앞 2개 차원은 서로 반전해주고 뒤 2개 차원은 서로 transpose해주면 된다.

- 이제 I, F의 Transposed Convolution이 다음과 같이 정의된다.

$$\text{TransposedConv}(I, F) := \text{Conv}(\widetilde{I}, F_{\text{flip}}) = \widetilde{I} * F_{\text{flip}} \tag{6.1}$$

코드 6.8: **[Pytorch]** Transposed Convolution

```
import torch.nn.functional as F
H=4;W=3
pad = 1; stride = 2
kernel_size = 3
in_channel = 1; out_channel = 1
batch_size = 1
image = np.arange(batch_size*in_channel*H*W).reshape(batch_size,in_channel,H,W)
        .astype(np.float32) # (N,C,H,W) random image
image = torch.tensor(image)
print(f"random image: \n{image}")

weight = torch.randn(in_channel,out_channel,kernel_size,kernel_size)
out = F.conv_transpose2d(image,weight,padding=pad,stride=stride)

print(f'output size: {(H-1)*stride - 2*pad+ + kernel_size} x {(W-1)*stride - 2*pad+ +
    kernel_size}')
#print(f'weight: {weight}')
print(f'transposed convolution by pytorch: {out.shape}\n{out}')

# transpose convolution by normal convolution
image_stride = np.zeros((batch_size,in_channel,(H-1)*stride+1,(W-1)*stride+1))
image_stride[:,:,::stride,::stride] = image
image_stride = torch.tensor(image_stride,dtype=torch.float32)

image_padded = F.pad(image_stride,(kernel_size-1-pad,kernel_size-1-pad,
                     kernel_size-1-pad,kernel_size-1-pad))
print(f'padded image: {image_padded.shape}\n{image_padded}')

out2 = F.conv2d(image_padded,torch.flip(weight,[2,3]).transpose(0,1),
                padding=0,stride=1)
print(f'transposed convolution by noraml convolution: {out2.shape}\n{out2}')

print(np.allclose(out.numpy(), out2.numpy()))
```

Output:

```
random image:
tensor([[[[ 0.,  1.,  2.],
          [ 3.,  4.,  5.],
          [ 6.,  7.,  8.],
          [ 9., 10., 11.]]]])
output size: 7 x 5
transposed convolution by pytorch: torch.Size([1, 1, 7, 5])
tensor([[[[ 0.0000,  0.1109,  0.5690,  0.0514,  1.1379],
          [ 3.5352,  0.9257,  4.4177,  1.7461,  5.3003],
          [ 1.7069, -0.0677,  2.2759, -0.1272,  2.8449],
          [ 6.1828,  3.3868,  7.0654,  4.2072,  7.9479],
          [ 3.4138, -0.2462,  3.9828, -0.3057,  4.5518],
          [ 8.8305,  5.8479,  9.7130,  6.6683, 10.5956],
          [ 5.1207, -0.4247,  5.6897, -0.4842,  6.2587]]]])
padded image:
tensor([[[[ 0.,  0.,  0.,  0.,  0.,  0.,  0.],
          [ 0.,  0.,  0.,  1.,  0.,  2.,  0.],
          [ 0.,  0.,  0.,  0.,  0.,  0.,  0.],
          [ 0.,  3.,  0.,  4.,  0.,  5.,  0.],
          [ 0.,  0.,  0.,  0.,  0.,  0.,  0.],
          [ 0.,  6.,  0.,  7.,  0.,  8.,  0.],
          [ 0.,  0.,  0.,  0.,  0.,  0.,  0.],
          [ 0.,  9.,  0., 10.,  0., 11.,  0.],
          [ 0.,  0.,  0.,  0.,  0.,  0.,  0.]]]])
transposed convolution by noraml convolution: torch.Size([1, 1, 7, 5])
tensor([[[[ 0.0000,  0.1109,  0.5690,  0.0514,  1.1379],
          [ 3.5352,  0.9257,  4.4177,  1.7461,  5.3003],
          [ 1.7069, -0.0677,  2.2759, -0.1272,  2.8449],
          [ 6.1828,  3.3868,  7.0654,  4.2072,  7.9479],
          [ 3.4138, -0.2462,  3.9828, -0.3057,  4.5518],
          [ 8.8305,  5.8479,  9.7130,  6.6683, 10.5956],
          [ 5.1207, -0.4247,  5.6897, -0.4842,  6.2587]]]])
True
```

- 이미지의 행, 열 사이에 0으로 된 행, 열을 삽입하는 코드: 필요한 크기의 array를 만든 후, 이미지 값을 삽입하는 방식을 사용했다.

```
image_stride =
    np.zeros((batch_size,in_channel,(H-1)*stride+1,(W-1)*stride+1))
image_stride[:,:,::stride,::stride] = image
```

- padding: `torch.nn.functional.pad`를 사용했다.

```
# (N,C,H,W): (padding_left,padding_right,padding_top,padding_bottom)
F.pad(input,(좌,우,상,하))
```

(padding_left,padding_right)는 마지막 차원인 W의 왼쪽, 오른쪽에, (padding_top,padding_bottom)은 H의 위, 아래에 더해줄 padding 크기를 지정한다.

- flip & channel transpose: Kernel **weight**를 flip 후, channel 순서를 바꾸었다.

```
torch.flip(weight,[2,3]).transpose(0,1)
```

6.3.2 Transposed Convolution 정의 2: kernel과의 행렬곱으로 정의

앞서 식 (6.1)로 정의한 Transposed Convolution은 Dilated Image와 fliped Kernel의 Convolution으로 정의되었다. 다른 방식의 정의를 살펴보자[7].

Transposed convolution이 왜 convolution 연산의 transpose인지 살펴보자. 우선, convolution 연산을 행렬로 변환하는 2가지 방법이 있다.

- im2col: image data의 pixel을 중복하여 재배열하고, weight는 reshape만 한다. 이 방법은 메모리를 많이 사용하지만, 계산적인 측면에서 효율적이다.
- image flatten: $H \times W$ image는 reshape 하여 $1 \times (H \times W)$로 변환하고 weight는 $(H \times W) \times (OH \times OW)$로 변환한다. 변환된 2개의 행렬을 곱한 결과가 convolution 연산이 된다.

여기서는 image flatten 방식으로 convolution을 정의하고, 이로부터 transposed convolution을 정의해 보자. 예를 들어서 살펴보자.

$$\text{image } X = \begin{pmatrix} x_{11} & x_{12} & x_{13} & x_{14} \\ x_{21} & x_{22} & x_{23} & x_{24} \\ x_{31} & x_{32} & x_{33} & x_{34} \\ x_{41} & x_{42} & x_{43} & x_{44} \end{pmatrix} \qquad \text{kernel } W = \begin{pmatrix} w_{11} & w_{12} \\ w_{21} & w_{22} \end{pmatrix}$$

image X를 flatten하여

$$X_f := \begin{pmatrix} x_{11} & x_{12} & x_{13} & x_{14} & x_{21} & x_{22} & x_{23} & x_{24} & x_{31} & x_{32} & x_{33} & x_{34} & x_{41} & x_{42} & x_{43} & x_{44} \end{pmatrix},$$

W를 재배치하여 W_r(아래 첨자 r을 붙였다)을 그림 (6.20)과 같이 정의하자.

X_f, W_r을 이렇게 정의하고 (행렬)곱을 한 후 reshape하면 convolution 연산 결과가 된다. 즉,

$$\text{Conv}(X, W) := X_f W_r \longrightarrow \text{reshape } (OH \times OW) = (3 \times 3) \tag{6.2}$$

7 지금부터 나오는 이 절의 내용은 필수적인 것은 아니다. 복잡해 보일 수도 있기 때문에 건너뛰어도 상관없다.

$$W_r = \begin{bmatrix}
w_{11} & 0 & 0 & 0 & 0 & 0 & 0 & 0 & 0 \\
w_{12} & w_{11} & 0 & 0 & 0 & 0 & 0 & 0 & 0 \\
0 & w_{12} & w_{11} & 0 & 0 & 0 & 0 & 0 & 0 \\
0 & 0 & w_{12} & 0 & 0 & 0 & 0 & 0 & 0 \\
w_{21} & 0 & 0 & w_{11} & 0 & 0 & 0 & 0 & 0 \\
w_{22} & w_{21} & 0 & w_{12} & w_{11} & 0 & 0 & 0 & 0 \\
0 & w_{22} & w_{21} & 0 & w_{12} & w_{11} & 0 & 0 & 0 \\
0 & 0 & w_{22} & 0 & 0 & w_{12} & 0 & 0 & 0 \\
0 & 0 & 0 & w_{21} & 0 & 0 & w_{11} & 0 & 0 \\
0 & 0 & 0 & w_{22} & w_{21} & 0 & w_{12} & w_{11} & 0 \\
0 & 0 & 0 & 0 & w_{22} & w_{21} & 0 & w_{12} & w_{11} \\
0 & 0 & 0 & 0 & 0 & w_{22} & 0 & 0 & w_{12} \\
0 & 0 & 0 & 0 & 0 & 0 & w_{21} & 0 & 0 \\
0 & 0 & 0 & 0 & 0 & 0 & w_{22} & w_{21} & 0 \\
0 & 0 & 0 & 0 & 0 & 0 & 0 & w_{22} & w_{21} \\
0 & 0 & 0 & 0 & 0 & 0 & 0 & 0 & w_{22}
\end{bmatrix}$$

그림 6.20: convolution kernel reshape
$\big((H \times W) \times (OH \times OW)\big) = (16 \times 9)$

이제 앞서 정의한 방식과 다른 방식의 transposed convolution을 정의해 보자. $(OH \times OW) = (3 \times 3)$ 크기의 임의의 image Y와 kernel W가 주어져 있을 때,

$$\text{TransposedConv}(Y, W) := Y_f \, W_r^T \tag{6.3}$$

를 Y, W의 transposed convolution으로 정의하자. 이렇게 transposed convolution을 정의하면, 앞서 정의한 것과 동일한 결과가 된다. 그 이유를 알아보자.

먼저 그림 (6.21)에서 W_r^T를 관측해 보자. 이 행렬은 어떤 2×2 행렬의 (그림 (6.20)에서 정의한) 어떤 재배치 행렬 $(\blacksquare_r)$의 일부로 볼 수 있다. 어떤 행렬의 재배치 행렬의 일부일까? 정답은 바로 $W = \begin{pmatrix} w_{11} & w_{12} \\ w_{21} & w_{22} \end{pmatrix}$의 flip 행렬이다.

$$\text{flip}(W) := \begin{pmatrix} w_{22} & w_{21} \\ w_{12} & w_{11} \end{pmatrix}$$

좀 더 살펴보기 위해 W_r의 transpose matrix W_r^T를 변형한 $\overline{W_r^T}$를 그림 (6.22)와 같이 정의하자. 그림 (6.22)에서 정의한 $\overline{W_r^T}$는 $\text{flip}(W)$의 재배치 (그림 (6.20)에서 정의) 행렬 $\text{flip}(W)_r$과 일치함을 알 수 있다. 즉,

$$\text{flip}(W)_r = \overline{W_r^T}$$

$$W_r^T = \begin{bmatrix} w_{11} & w_{12} & 0 & 0 & w_{21} & w_{22} & 0 & 0 & 0 & 0 & 0 & 0 & 0 & 0 & 0 & 0 \\ 0 & w_{11} & w_{12} & 0 & 0 & w_{21} & w_{22} & 0 & 0 & 0 & 0 & 0 & 0 & 0 & 0 & 0 \\ 0 & 0 & w_{11} & w_{12} & 0 & 0 & w_{21} & w_{22} & 0 & 0 & 0 & 0 & 0 & 0 & 0 & 0 \\ 0 & 0 & 0 & 0 & w_{11} & w_{12} & 0 & 0 & w_{21} & w_{22} & 0 & 0 & 0 & 0 & 0 & 0 \\ 0 & 0 & 0 & 0 & 0 & w_{11} & w_{12} & 0 & 0 & w_{21} & w_{22} & 0 & 0 & 0 & 0 & 0 \\ 0 & 0 & 0 & 0 & 0 & 0 & w_{11} & w_{12} & 0 & 0 & w_{21} & w_{22} & 0 & 0 & 0 & 0 \\ 0 & 0 & 0 & 0 & 0 & 0 & 0 & 0 & w_{11} & w_{12} & 0 & 0 & w_{21} & w_{22} & 0 & 0 \\ 0 & 0 & 0 & 0 & 0 & 0 & 0 & 0 & 0 & w_{11} & w_{12} & 0 & 0 & w_{21} & w_{22} & 0 \\ 0 & 0 & 0 & 0 & 0 & 0 & 0 & 0 & 0 & 0 & w_{11} & w_{12} & 0 & 0 & w_{21} & w_{22} \end{bmatrix}$$

그림 6.21: W_r 을 transpose한 행렬

$$\overline{W_r^T} = \begin{array}{cccc|cccc|cccc|cccc} w_{22} & 0 & 0 & 0 & & & & & & & & & & & & \\ w_{21} & w_{22} & 0 & 0 & & & & & & & & & & & & \\ 0 & w_{21} & w_{22} & 0 & & & & & & & & & & & & \\ 0 & 0 & w_{21} & w_{22} & & & & & & & & & & & & \\ 0 & 0 & 0 & w_{21} & & & & & & & & & & & & \\ \hline w_{12} & 0 & 0 & 0 & w_{22} & 0 & 0 & 0 & & & & & & & & \\ w_{11} & w_{12} & 0 & 0 & w_{21} & w_{22} & 0 & 0 & & & & & & & & \\ 0 & w_{11} & w_{12} & 0 & 0 & w_{21} & w_{22} & 0 & & & & & & & & \\ 0 & 0 & w_{11} & w_{12} & 0 & 0 & w_{21} & w_{22} & & & & & & & & \\ 0 & 0 & 0 & w_{11} & 0 & 0 & 0 & w_{21} & & & & & & & & \\ \hline & & & & w_{12} & 0 & 0 & 0 & w_{22} & 0 & 0 & 0 & & & & \\ & & & & w_{11} & w_{12} & 0 & 0 & w_{21} & w_{22} & 0 & 0 & & & & \\ & & & & 0 & w_{11} & w_{12} & 0 & 0 & w_{21} & w_{22} & 0 & & & & \\ & & & & 0 & 0 & w_{11} & w_{12} & 0 & 0 & w_{21} & w_{22} & & & & \\ & & & & 0 & 0 & 0 & w_{11} & 0 & 0 & 0 & w_{21} & & & & \\ \hline & & & & & & & & w_{12} & 0 & 0 & 0 & w_{22} & 0 & 0 & 0 \\ & & & & & & & & w_{11} & w_{12} & 0 & 0 & w_{21} & w_{22} & 0 & 0 \\ & & & & & & & & 0 & w_{11} & w_{12} & 0 & 0 & w_{21} & w_{22} & 0 \\ & & & & & & & & 0 & 0 & w_{11} & w_{12} & 0 & 0 & w_{21} & w_{22} \\ & & & & & & & & 0 & 0 & 0 & w_{11} & 0 & 0 & 0 & w_{21} \\ \hline & & & & & & & & & & & & w_{12} & 0 & 0 & 0 \\ & & & & & & & & & & & & w_{11} & w_{12} & 0 & 0 \\ & & & & & & & & & & & & 0 & w_{11} & w_{12} & 0 \\ & & & & & & & & & & & & 0 & 0 & w_{11} & w_{12} \\ & & & & & & & & & & & & 0 & 0 & 0 & w_{11} \end{array}$$

그림 6.22: W_r^T 를 변형한 행렬
$\overline{W_r^T}$ 행렬을 관찰해 보면, flip$(W)_r$ 임을 알 수 있다.

이제 정리를 해보자.

- transposed convolution을 $W_r^T(9 \times 16)$를 이용해서 정의했고, 이 W_r^T를 확장하여 25×16 크기의 행렬 $\overline{W_r^T}$를 만들었다. $\overline{W_r^T}$를 만들면서 추가된 부분이 계산에 영향을 미치지 않고, 이미지 Y_f와 행렬곱이 될 수 있도록 해야 한다. 그래서 Y_f에 padding을 붙여 $\overline{Y_f}$를 만든다.

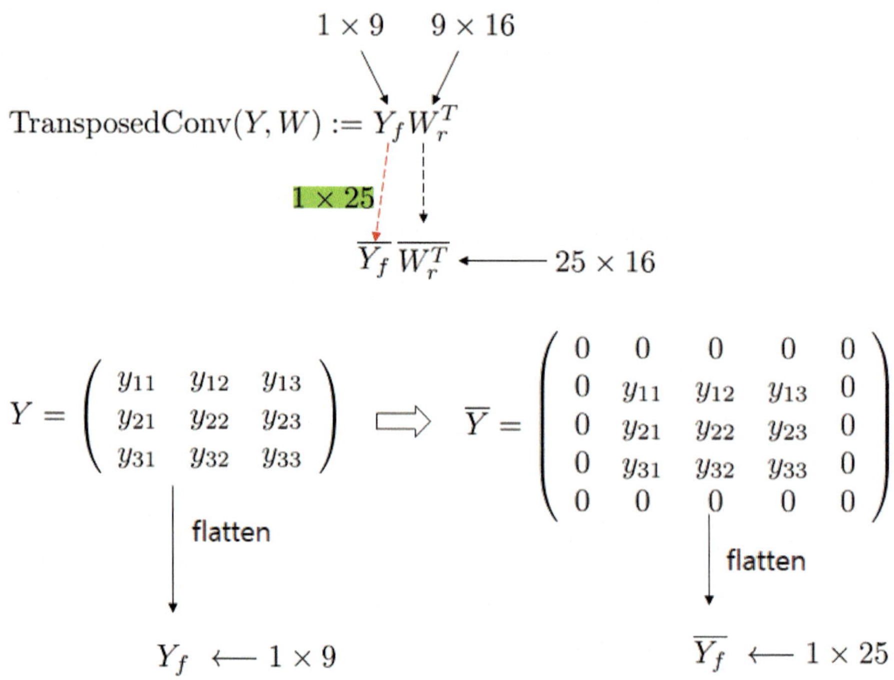

그림 6.23: transposed convolution 전개 과정에서 행렬 크기의 변화

$$
\begin{aligned}
\text{TransposedConv}(Y, W) &= Y_f\, W_r^T \longleftarrow (1 \times 9)\,(9 \times 16) \\
&= \overline{Y_f}\, \overline{W_r^T} \longleftarrow (1 \times 25)\,(25 \times 16) \\
&= \overline{Y_f}\, \text{flip}(W)_r \\
&= \text{Conv}(\overline{Y}, \text{flip}(W)) \quad \leftarrow \text{식 (6.1) 에서의 정의}
\end{aligned}
$$

- 이 식의 결과로 식 (6.1)과 (6.3)으로 정의한 Transposed Convolution의 정의가 동일함을 알 수 있다.

6.3.3 Transposed Convolution 성질: backward pass

Covolution을 정의한 식 (6.2)와 Transposed Covolution을 정의한 식 (6.3)을 다시 관찰해 보자.

$$
\begin{aligned}
\text{Conv}(X, W) &= X_f W_r \\
\text{TransposedConv}(Y, W) &= Y_f\, W_r^T
\end{aligned}
$$

행렬곱으로 정의된 Conv(X, W)의 X의 gradient는 식 (2.9)에 의해 구할 수 있다. upstream gradient로 Y가 주어지면, X의 gradient는 바로 TransposedConv(Y, W)가 된다. 이런 결과를 코드로 확인해 보자.

코드 6.9: **[Pytorch]** Convolution Backward vs Transposed Convolution

```
H=5;W=5
pad = 2; stride = 3
kernel_size = 3
in_channel = 1; out_channel = 1
batch_size = 1
assert int((H+2*pad-kernel_size)/stride) +1 > 0
assert int((W+2*pad-kernel_size)/stride) +1 > 0
X = torch.randn(batch_size,in_channel,H,W, requires_grad=True) #(N,C,H,W)

weight = torch.randn(out_channel,in_channel,kernel_size,kernel_size)

Y = F.conv2d(X,weight,padding=pad,stride=stride)
print(f'X shape: {X.shape}, Y shape: {Y.shape}')

dY = torch.randn(Y.size()) # Y의 upstream gradient를 random하게 생성

Y.backward(dY)
print(f'gradient of X: {X.shape}\n{X.grad}')

output_H = (Y.shape[2]-1)*stride-2*pad+kernel_size
output_W = (Y.shape[3]-1)*stride-2*pad+kernel_size

weight_pad = F.pad(weight,(0,max(H-output_H,0),0,max(W-output_W,0)))
transposed_conv_output = F.conv_transpose2d(dY,weight_pad,padding=pad,stride=stride)

print(f'transposed Conv: {transposed_conv_output.shape}\n{transposed_conv_output}')
print(np.allclose(X.grad.numpy(), transposed_conv_output.numpy())) # 일치하는지 확인
```

Output:

```
X shape: torch.Size([1, 1, 5, 5]), Y shape: torch.Size([1, 1, 3, 3])
gradient of X: torch.Size([1, 1, 5, 5])
tensor([[[[-0.0131, -0.3759,  1.1561, -0.1035, -0.2145],
          [ 0.6238, -0.0338,  0.7630, -0.6772, -0.0268],
          [-0.2925,  0.1966,  1.0390,  0.3175,  0.1559],
          [ 0.0437, -0.1722,  0.5295, -0.0474, -0.1366],
          [-1.0541, -0.0824,  1.8611, -1.6518, -0.0398]]]])
transposed Conv: torch.Size([1, 1, 5, 5])
tensor([[[[-0.0131, -0.3759,  1.1561, -0.1035, -0.2145],
          [ 0.6238, -0.0338,  0.7630, -0.6772, -0.0268],
          [-0.2925,  0.1966,  1.0390,  0.3175,  0.1559],
          [ 0.0437, -0.1722,  0.5295, -0.0474, -0.1366],
          [-1.0541, -0.0824,  1.8611, -1.6518, -0.0398]]]])
True
```

6.3.4 Transposed Convolution 성질: kernel의 가중합

cs231n[1] 강의[8]에서 transposed convolution을 kernel들에 대한 weighted sum으로 설명하고 있다. 이때 weight는 각 pixel 값들이 된다. 그림 (6.24)에 제시된 예를 통해 기본적인 방식은 이해할 수 있다.

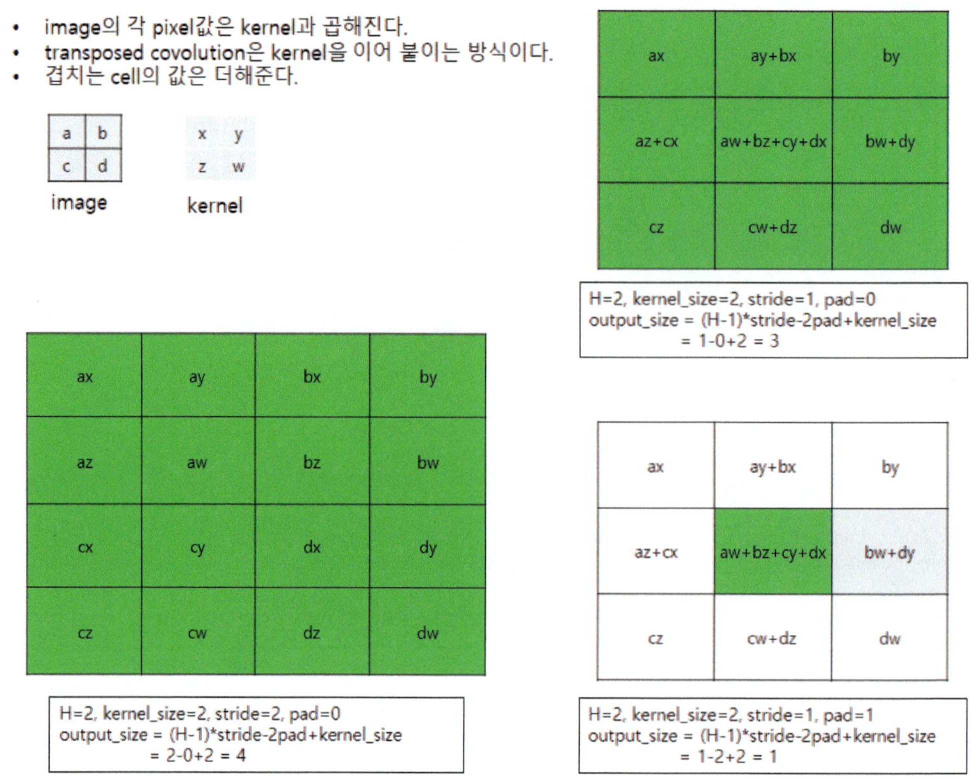

그림 6.24: kernel 전개
output 이미지의 크기를 (stride, padding을 고려하여) 미리 계산해 놓고, 각 cell의 값을 kernel과 하나의 pixel곱으로 더해 나가는 방식이다. 모든 pixel에 대하여 반복적으로 수행하면 된다.

8 http://cs231n.stanford.edu/slides/2019/cs231n_2019_lecture12.pdf

6.3.5 Transposed Convolution API

```
tf.keras.layers.Conv2DTranspose(filters,kernel_size,
                        strides=(1, 1),padding='valid')  # class
tf.nn.conv2d_transpose(input,filters,output_shape,
                        strides,padding='SAME') # function

torch.nn.ConvTranspose2d(in_channels, out_channels,
                        kernel_size, stride=1, padding=0) # class
torch.nn.functional.conv_transpose2d(input, weight, bias=None,
                        stride=1, padding=0) # function
```

Tensorflow에서 `'valid'` padding은 padding을 하지 않는 것이고, `'same'` padding은 입력 크기 H, stride s일 때 출력 크기가 $s \times H$가 되도록 padding을 해 준다.

6.4 Generative Adversarial Networks

GAN(Gernerative Adversarial Network, 적대적 생성신경망)은 이미지 생성을 목적으로 하는 Neural Network Model이다. GAN은 이미지를 생성하는 Generator(G)와 주어진 이미지가 실제 데이터에서 온 것인지, Generator가 생성한 이미지인지를 판별하는 Discriminator(D)로 구성된다.

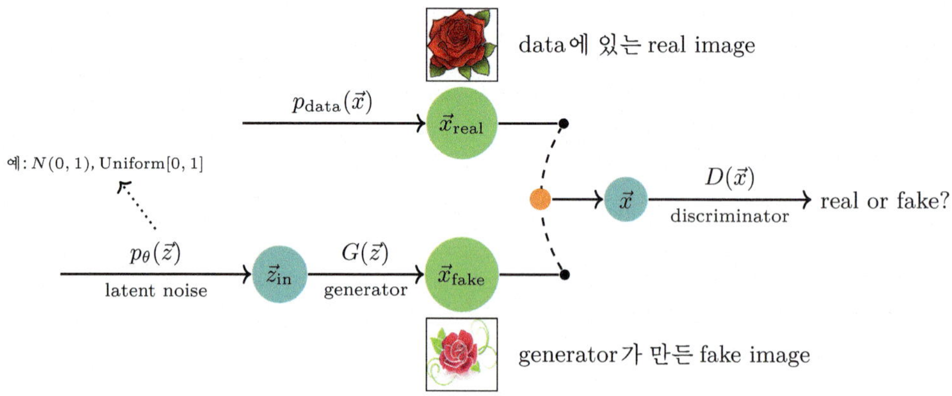

그림 6.25: GAN 모델 구조

- Discriminator는 분류(classification) network이다. 데이터로부터의 이미지는 진짜(real, 1), Generator가 생성한 이미지는 가짜(fake, 0)로 분류할 수 있도록 훈련한다.

- Generator는 이미지를 생성하는 network이다. Generator에는 d차원의 latent vector $\vec{z}$를 입력한다. 이 latent vector는 정규 분포나 uniform 분포로부터 random sampling해서 만든다. Generator는 생성한 이미지를 Discriminator가 진짜로 분류할 수 있도록 훈련한다. 즉, Discriminator를 속이는 것이 목적이다. 잘 훈련된 Discriminator를 속이려면 그만큼 데이터에 있는 이미지와 유사한 것을 만들어 내야 한다. Generator가 생성한 이미지가 Discriminator를 속인다는 것은 $D\big(G(\vec{z})\big)$가 1에 가깝게 되도록 G를 훈련하는 것이다. Generator가 훈련할 때 D의 가중치(weight)는 고정된다.

$$D\big(G(\vec{z})\big) \longrightarrow 1\text{이 되도록 } G\text{를 훈련한다.}$$

- latent vector $\vec{z}$의 차원 d는 Hyper-Parameter로 임의로 정해 주면 된다.

- Discriminator Loss:

$$\text{Loss}_D = \underbrace{-\Big[\log D(\vec{x}) + \log\big(1 - D(G(\vec{z}))\big)\Big]}_{\text{real, fake 각각의 BCE loss 합}}$$

구현에서는 real 이미지에 대한 target label은 1, fake 이미지에 대한 target label은 0으로 BCE Loss를 적용하면 된다.

- Generator Loss:

$$\text{Loss}_G = -\log D(G(\vec{z}))$$

구현에서는 target label 1로 BCE Loss를 적용하면 된다.

- GAN의 문제점: GAN 모델을 실제 학습시켜보면 Generator-Discriminator 구조가 주는 아이디어만큼 잘 되지 않는 경우가 많다. 우선 Discriminator가 잘 학습되어야 Generator도 잘 학습된 Discriminator를 속이기 위해서 좋은 이미지를 만들어 낼 수 있다. 이상적인 상황은 Generator-Discriminator가 같이 잘 학습되는 것이지만, 둘 다 잘 학습이 안 되는 경우가 발생할 수 있다.

- mode collapse: Generator의 목적은 Discriminator를 속이는 것인데, Generator가 (latent vector에 따라 다양한 이미지를 생성하지 못하고) 비슷한 이미지만 생성하는 경우를 말한다. MNIST에서 보면 Generator가 손글씨 숫자 $0 \sim 9$의 다양한 이미지를 생성하지 못하고 0만 생성해서 Discriminator를 속이려고 할 수 있다. 정교하게 0만 생성해서 Dicriminator를 속일 수만 있으면 된다.

- TTUR(Two Time-scale Update Rule[9]): Discriminator가 Generator에 비해 더 성능이 우수하다면, Generator는 Discriminator를 속이기 위한 더 좋은 이미지를 생성할 수 있도록 훈련된다. 그래서 Discriminator에 Generator보다 상대적으로 높은 learning rate을 적용하여 더 빠르게 훈련시키는 방법을 사용할 수 있다. 반대로 Generator가 상대적으로 높은 learning rate로 Discriminator보다 빨리 훈련된다면, Discriminator가 새로운 feature를 학습할 수 있는 기회를 제공하게 된다. TTUR은 이렇게 Generator와 Discriminator의 learning rate을 달리 적용하는 기법을 말한다.

6.4.1 Fashion MNIST Dataset

Fashion MNIST는 10개 class로 구성된 28×28 크기의 이미지 데이터이다. train용 6만, test용 1만 개의 데이터로 구성되어 있다.

코드 6.10: **[Tensorflow]** Fashion MNIST 데이터 불러오기. MNIST와 거의 동일하다.

```
Data_Flag = 'MNIST' # 'MNIST', 'Fashion'
batch_size = 256

if Data_Flag == 'MNIST':
    (x_train, y_train), (x_test, y_test) = tf.keras.datasets.mnist.load_data()
    text_labels = ['0', '1', '2', '3', '4', '5', '6', '7', '8', '9']
elif Data_Flag == 'Fashion':
    (x_train, y_train), (x_test, y_test) = tf.keras.datasets.fashion_mnist.load_data()
```

9 https://arxiv.org/abs/1706.08500v6

```
    text_labels = ['T-shirt/top', 'Trouser', 'Pullover', 'Dress', 'Coat', 'Sandal',
        'Shirt', 'Sneaker', 'Bag', 'Ankle boot']

all_data = np.concatenate([x_train, x_test])
all_labels = np.concatenate([y_train, y_test])
all_data = all_data.astype("float32")
all_data = (all_data - 127.5) / 127.5 # [-1,1] 사잇값
all_data = np.reshape(all_data, (-1, 28, 28, 1))
dataset = tf.data.Dataset.from_tensor_slices(all_data)
dataset = dataset.shuffle(buffer_size=batch_size*10).batch(batch_size)
```

- 입력 데이터의 값의 범위를 $[-1,1]$로 정규화했다. $[0,1]$로 정규화하는 것보다 $[-1,1]$로 하는 것이 흑백을 더 명확하게 하는 효과가 있다. 그래서 Generator의 마지막 activation function은 sigmoid가 아니라 tanh가 되어야 한다.
- convolution을 적용하기 위해 이미지에 channel 차원을 추가해서 $(28, 28, 1)$ 형태의 3차원 데이터로 변환했다.

그림 6.26: Fashion MNIST

6.4.2 DCGAN

DCGAN[10]은 GAN 기본 모델에서 훈련을 불안정하게 만드는 요소들을 많이 개선한 모델이다.

- Discriminator에 Convolution, Generator에 Transposed Convolution을 도입했다.
- Batch Normalization을 Discriminator, Generator에 활용한다.
- Generator의 Activation Function으로 Relu를 사용했고 마지막 Activation Function은 tanh를 사용한다.
- Discriminator에 Leaky Relu를 사용했다. 이 점은 DCGAN 모델에서 중요한 요소이다. Generator를 훈련할 때 Generator Loss는 다음과 같이 Discriminator도 같이 사용된다.

$$\text{Loss}_G = -\log D(G(\vec{z}))$$

이때 Discriminator에 Relu가 사용되었다면, 역전파에서 Gradient가 Generator까지 전파되지 않을 수도 있다. 그래서 Relu 대신 Leaky Relu를 사용했다. 일반적인 Neural Network의 Layer에서는 Leaky Relu보다는 Relu를 더 많이 사용한다. Gradient를 앞쪽 Layer로 전파할지에 대한 결정을 각 Layer가 책임을 지는 것이 더 적절하다. Leaky Relu는 책임을 앞쪽 Layer로 넘기는 방식이기 때문에 일반적인 Neural Network에서는 사용하지 않는 것이 더 좋다고 알려져 있다. GAN에서는 Discriminator에서 Generator 쪽으로 책임을 좀 넘겨주어야 Generator도 훈련이 가능하다.

6.4.3 Tensorflow로 GAN 구현

모델 구현에서는 `Conv2DTranspose` 대신 `UpSampling2D`+`Conv2D`를 사용했다. `UpSampling2D`는 trainable weight 없이 인접값을 반복하여 이미지를 확장하는 방식을 사용한다.

코드 6.11: **[Tensorflow]** DCGAN 구현

```
img_shape = (28,28,1)
latent_dim = 100
discriminator = tf.keras.Sequential([
        tf.keras.Input(shape=img_shape),
        tf.keras.layers.Conv2D(32,kernel_size=3,strides=2,padding="same"),
        tf.keras.layers.LeakyReLU(alpha=0.2),
        tf.keras.layers.Dropout(0.25),
        tf.keras.layers.Conv2D(64,kernel_size=3,strides=2,padding="same",
                               use_bias=False),
```

10 https://arxiv.org/abs/1511.06434

```
        tf.keras.layers.BatchNormalization(momentum=0.8),
        tf.keras.layers.LeakyReLU(alpha=0.2),
        tf.keras.layers.Dropout(0.25),
        tf.keras.layers.Conv2D(128,kernel_size=3,strides=2,padding="same",
                                use_bias=False),
        tf.keras.layers.BatchNormalization(momentum=0.8),
        tf.keras.layers.LeakyReLU(alpha=0.2),
        tf.keras.layers.Dropout(0.25),
        tf.keras.layers.Conv2D(256,kernel_size=3,strides=1,padding="same",
                                use_bias=False),
        tf.keras.layers.BatchNormalization(momentum=0.8),
        tf.keras.layers.LeakyReLU(alpha=0.2),
        tf.keras.layers.Dropout(0.25),
        tf.keras.layers.Flatten(),
        tf.keras.layers.Dense(1, activation='sigmoid')],
    name="discriminator",)

generator = tf.keras.Sequential([
        tf.keras.Input(shape=(latent_dim,)),
        tf.keras.layers.Dense(7 * 7 * 128,activation='relu'),
        tf.keras.layers.Reshape((7, 7, 128)),
        tf.keras.layers.UpSampling2D(), # (14,14,128)
        tf.keras.layers.Conv2D(128,kernel_size=3,padding="same",use_bias=False),
        tf.keras.layers.BatchNormalization(momentum=0.8),
        tf.keras.layers.Activation("relu"),
        tf.keras.layers.UpSampling2D(), # (28,28,128)
        tf.keras.layers.Conv2D(64,kernel_size=3,padding="same",use_bias=False), # (28,28,64)
        tf.keras.layers.BatchNormalization(momentum=0.8),
        tf.keras.layers.Activation("relu"),
        tf.keras.layers.Conv2D(1,kernel_size=3,padding="same",activation='tanh')], # (28,28,1)
    name="generator")

class GAN(tf.keras.Model):
    def __init__(self, discriminator, generator, latent_dim):
        super(GAN, self).__init__()
        self.discriminator = discriminator
        self.generator = generator
        self.latent_dim = latent_dim

    def compile(self, d_optimizer, g_optimizer, loss_fn):
        super(GAN, self).compile()
        self.d_optimizer = d_optimizer
        self.g_optimizer = g_optimizer
        self.loss_fn = loss_fn

    def train_step(self, real_images):
        batch_size = tf.shape(real_images)[0]
        latent_vectors = tf.random.normal(shape=(batch_size, self.latent_dim))

        with tf.GradientTape() as gen_tape, tf.GradientTape() as disc_tape:
            generated_images = self.generator(latent_vectors,training=True)
            fake_output = self.discriminator(generated_images, training=True)
```

```
            real_output = self.discriminator(real_images, training=True)

            real_loss = self.loss_fn(tf.ones_like(real_output), real_output)
            fake_loss = self.loss_fn(tf.zeros_like(fake_output), fake_output)
            disc_loss = real_loss + fake_loss

            gen_loss = self.loss_fn(tf.ones_like(fake_output), fake_output)

        gradients_of_generator = gen_tape.gradient(gen_loss,
            self.generator.trainable_variables)
        gradients_of_discriminator = disc_tape.gradient(disc_loss,
            self.discriminator.trainable_variables)

        self.g_optimizer.apply_gradients(zip(gradients_of_generator,
            self.generator.trainable_variables))
        self.d_optimizer.apply_gradients(zip(gradients_of_discriminator,
            self.discriminator.trainable_variables))

        return {"d_loss": disc_loss, "g_loss": gen_loss}

gan = GAN(discriminator=discriminator, generator=generator, latent_dim=latent_dim)
gan.compile(
    d_optimizer=tf.keras.optimizers.Adam(learning_rate=0.0004,beta_1=0.,beta_2=0.9),
    g_optimizer=tf.keras.optimizers.Adam(learning_rate=0.0001,beta_1=0.,beta_2=0.9),
    loss_fn=tf.keras.losses.BinaryCrossentropy(from_logits=False),
)

class PlotCallback(tf.keras.callbacks.Callback):
    def __init__(self,latent):
        self.latent = latent

    def on_epoch_end(self, epoch, logs=None):
        predictions = self.model.generator(self.latent, training=False).numpy() #
            (N,28,28,1)

        fig = plt.figure(figsize=(10,2))
        predictions = predictions[:, :, :, 0].transpose(1,0,2).reshape(28,-1) #
            (28,N*28)
            #predictions = np.concatenate(predictions[...,0],axis=1)
        plt.imshow(predictions, cmap='gray_r')
        plt.axis('off')
        plt.show()

test_latent = np.random.normal(0, 1, (8, latent_dim))
plot_cb = PlotCallback(test_latent)

gan.fit(dataset, epochs=20,callbacks=[plot_cb])
```

- Generator에서 Conv2DTranspose를 대신하여 UpSampling2D와 Conv2D를 결합해서 사용했다.
- Generator, Discriminator 각각을 훈련시키기 위해 2개의 optimizer가 필요하다.

- `GAN.compile()` member function을 재정의했다. 2개의 optimizer를 넘겨주기 위해 재정의가 필요하다.
- 2개의 optimizer로 훈련하기 위해 `tf.GradientTape`도 2개가 사용되었다.
- 각각의 epoch마다 Generator로 이미지를 생성해 보기 위해 `PlotCallback`을 구현했다. 이때 고정된 latent vector를 사용하기 위해 `PlotCallback`의 생성자에 latent vector를 넘겨 주었다.
- TTUR을 사용하기 위해 Generator, Discriminator의 learning rate을 각각 0.0001, 0.0004로 다르게 적용했다.
- Adam optimizer의 파라메터로 $\beta_1 = 0, \beta_2 = 0.9$를 사용했다. DCGAN 논문에서는 $\beta_1 = 0.5$를 제안하고 있다. optimizer의 파라메터를 다르게 설정하여 다양한 훈련을 해 볼 수 있다.
- class `PlotCallback`을 구현하여 epoch마다 Generator로 이미지를 생성해 볼 수 있게 했다. 이미지 출력을 위해 shape이 $(N, 28, 28, 1) \rightarrow (N, 28, 28) \rightarrow (28, N, 28) \rightarrow (28, N * 28)$로 변환되었다. 다른 방법으로 concatenate를 이용할 수도 있다.

```
# predictions[:, :, :, 0]과 predictions[..., 0]은 동일하다.
# (N,28,28,1) -> (28,N*28)
predictions = predictions[..., 0].transpose(1,0,2).reshape(28,-1)
또는
predictions = np.concatenate(predictions[...,0],axis=1)
```

코드 6.12는 훈련된 generator로 이미지를 생성하는 코드이다. 그림 (6.27)에서 결과를 보여주고 있다.

코드 6.12: DCGAN generator로 이미지 생성하기

```
x = tf.random.normal(shape=(8, latent_dim))
outputs = generator(x) # Training=False는 생략 가능
outputs = np.concatenate(outputs[...,0],axis=1)
plt.figure(figsize=(12,4))
plt.imshow(outputs,cmap='binary')
```

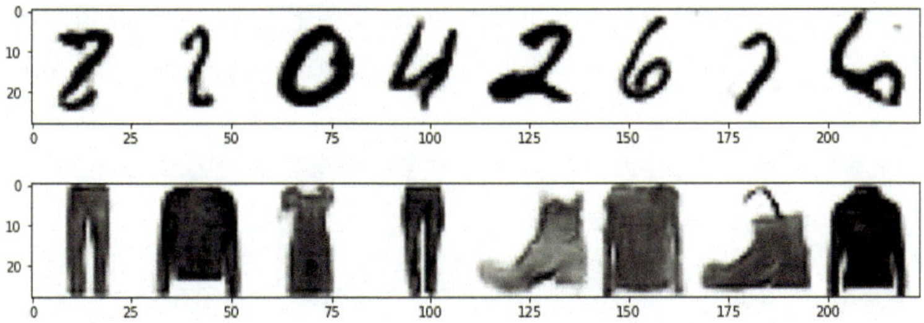

그림 6.27: DCGAN으로 생성한 MNIST와 Fashin MNIST 이미지
각각 20 epoch, 50 epoch 훈련한 결과이다.

6.4.4 InfoGAN

DCGAN에서 latent vector를 입력으로 넣었을 때 어떤 이미지가 생성될지는 예측할 수가 없다. 예를 들어, MNIST 이미지를 생성하는 GAN 모델을 만들었을 때 손글씨 숫자 3을 Generator에게 생성하라고 할 수 있을까? 더 나아가 굵게 쓰여진 손글씨 3을 생성하게 할 수 있을까?

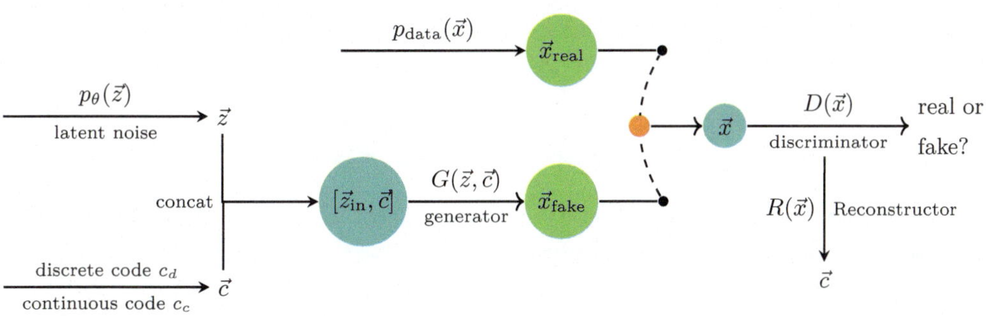

그림 6.28: InfoGAN 모델 구조
code c를 Reconstructor에서 복원할 수 있도록 훈련함으로써, code에서 입력한 정보대로 Generator가 이미지를 생성할 수 있게 한다.

이런 아이디어를 반영한 모델이 InfoGAN[11]이다. 그림 (6.28) 에서 InforGAN 모델 구조를 보여주고 있다. Generator의 입력으로 latent vector $\vec{z}$와 (latent) code vector $\vec{c}$를 concat해서 넣어 주어야 한다. code는 discrete code c_d와 continuous code c_c로 나누어진다. MNIST 데이터를 예로 생각해 보자.

- discrete(categorical) code c_d: MNIST는 10개의 손글씨 숫자가 있기 때문에 10개의 category를 가지는 것을 기본적으로 생각해 볼 수 있다. Generator에 넣기 위해서는 random하게 one-hot vector로 생성해 주면 된다.

11 https://arxiv.org/abs/1606.03657

- continuous code c_c: 예를 들어, continuous code의 차원을 2차원이라 가정해 보자. 2차원 continuous code는 random standard normal distribution으로부터 sampling해서 생성하면 된다. GAN 모델은 훈련 과정에서 손글씨 데이터의 가장 중요한 2개 요소를 알아서 학습한다. Generator가 이미지의 2가지 요소를 이미지 생성에 반영해 놓아야 Discriminator가 이미지만 보고도 2개 요소를 복원할 수 있을 것이다.

- 학습이 종료된 후 생성된 이미지를 보고, 모델이 가장 중요한 요소로 학습한 것이 무엇인지 해석(유추)해 볼 수 있다. 나중에 결과를 보고 확인해 볼 수 있는데, 모델이 학습한 2가지 요소는 손글씨 이미지의 굵기(thickness, width)와 회전(rotation, 기울어진 정도)이다.

code가 모델에 반영되게 하기 위해서는 (Information) Reconstructor를 만들어 주어야 한다. Reconstructor는 Discriminator의 중간층 결과에 FC Layer를 붙여 code를 복원하는 역할을 한다. 기본적인 GAN 모델의 loss 외에 InfoGAN에서는 Reconstructor를 학습시키기 위한 loss가 추가된다.

code vector $\vec{c} = [c_d, c_c]$가 discrete code c_d와 continuous code c_c로 되어 있다고 하자. Reconstructor를 R이라 하고 Reconstructor의 예측값을 $R(\vec{x}) = [\bar{c}_d, \bar{c}_c]$라고 하면 loss를 다음과 같이 정의할 수 있다.

- fake discrete loss: fake 이미지에서 discrete code c_d와 Recontructor가 예측한 $\bar{c}_d$ 사이에는 Cross-Entropy Loss를 적용하면 된다. 당연히 $\bar{c}_d$는 softmax가 취해진 확률이다.

- fake continuous loss: fake 이미지에서 continuous code c_c와 Recontructor가 예측한 $\bar{c}_c$ 사이에는 Mean Square Loss를 적용하면 된다.

MNIST에서 discrete code의 차원이 10이라 가정하자. 데이터(이미지)를 10개의 class(또는 category)로 나누는 책임은 모델이 가지게 된다. 모델에게 학습을 통해서 10개 class로 나누도록 맡겨 놓은 것이다. 학습 결과를 보면 모델이 우리가 바라는 대로 숫자 $[0, 1, 2, \cdots, 9]$로 class를 나눌 수 있을까? 모델은 MNIST 데이터를 이미지로만 취급하지 우리가 생각하는 숫자로 의미를 부여하지 않는다. 예를 들어 모델은 이미지의 굵기를 중요하게 생각해서 굵기를 기준으로 10개 class로 나눌 수도 있다. 그림(6.29)의 왼쪽 결과는 실제 모델을 훈련시켜 얻은 것이다. 1, 2를 하나의 class로 분류하고 어떤 기준인지 명확하지는 않지만 9를 2개 class로 나누었다.

우리가 생각하는 대로 모델이 MNIST 이미지를 숫자별 class로 나눌 수 있게 하려면, Supervised Learning을 통해 알고 있는 class 정보를 모델에 넘겨 주어야 한다. 이를 위해서 다음과 같이 loss를 더 추가해 주면 된다.

- real discrete loss: real image를 Reconstructor에 넣었을 때 나오는 예측값 $\bar{c}_d$이 real image의 target label을 예측하도록 Cross-Entropy Loss를 추가해 주어야 한다.

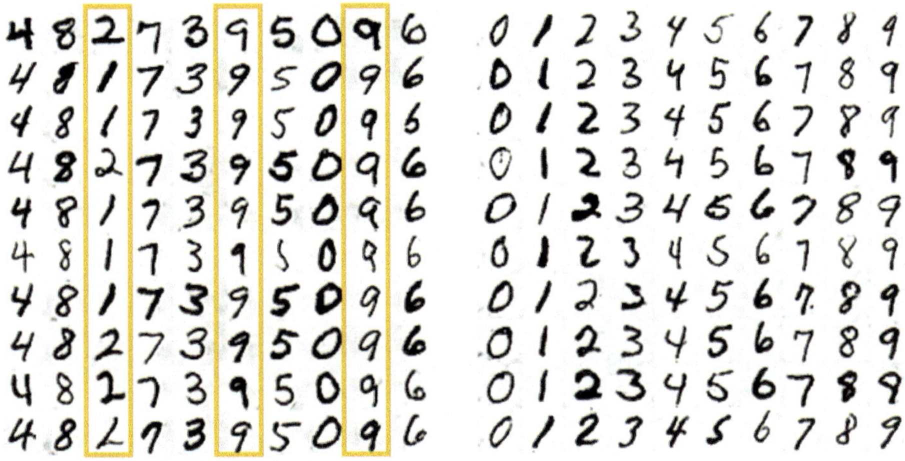

그림 6.29: InfoGAN 모델이 분류한 class
세로 방향이 같은 class이다. 오른쪽이 Supervised Learning의 결과이다.

- 그림 (6.29)의 오른쪽이 Supervised Learning의 결과이다.

지금까지 정의한 3가지 loss(fake discrete loss, fake continuous loss, real discrete loss)를 모두 합친 reconstruction loss는 훈련할 때 Generator와 Discreminator(Reconstructor 포함)의 weight 모두를 update해야 한다.

6.4.5 InfoGAN Pytorch 구현

InfoGAN 훈련을 위해 MNIST 데이터를 준비하자.

코드 6.13: **[Pytorch]** InfoGAN에 필요한 MNIST 데이터 준비

```
import torchvision.datasets as datasets
from torch.utils.data import Dataset, DataLoader, ConcatDataset
import torchvision.transforms as transforms

transform = transforms.Compose([transforms.ToTensor(), lambda x: 2*x-1])

download_root = '.'
train_dataset = datasets.MNIST(download_root, transform=transform,
                               train=True, download=True) # 6만
test_dataset = datasets.MNIST(download_root, transform=transform,
                              train=False, download=True) # 1만
dataset = ConcatDataset([train_dataset,test_dataset]) # 70,000

batch_size = 256
dataloader = DataLoader(dataset, batch_size=batch_size,shuffle=True)
```

- MNIST train, test 데이터를 모두 훈련에 사용하기 위해 `ConcatDataset` API로 합치는 과정을 거쳤다.
- `ToTensor()`로 변환한 데이터는 $[0, 1]$ 사잇값을 가지는데, lambda 함수로 $[-1, 1]$ 사잇값으로 다시 변환했다.

코드 6.14: **[Pytorch]** InfoGAN 모델 구현

```python
class Generator(torch.nn.Module):
    def __init__(self,latent_dim,code_dim):
        # code_dim = discrete_dim+continuous_dim
        super(Generator, self).__init__()
        self.fc1 = torch.nn.Linear(latent_dim+code_dim,1024,bias=False)
        self.bn2 = torch.nn.BatchNorm1d(1024)
        self.fc3 = torch.nn.Linear(1024,7*7*128,bias=False)
        self.bn4 = torch.nn.BatchNorm1d(7*7*128)
        self.tconv5 = torch.nn.ConvTranspose2d(128,64,kernel_size=4,stride=2,padding=1,
                                               bias=False)
        self.bn6 = torch.nn.BatchNorm2d(64)
        self.tconv7 = torch.nn.ConvTranspose2d(64,1,kernel_size=4,stride=2,padding=1)

    def forward(self,x,code):
        # x: (N,D), code: (N,C)
        x = torch.cat([x,code],dim=-1)
        x = self.fc1(x)
        x = self.bn2(x)
        x = F.relu(x)
        x = self.fc3(x)
        x = self.bn4(x)
        x = F.relu(x)
        x = x.reshape(-1,128,7,7)
        x = self.tconv5(x) # (N,64,14,14)
        x = self.bn6(x)
        x = F.relu(x)
        x = self.tconv7(x) # (N,1,28,28)
        x = torch.tanh(x) # (N,1,28,28)
        return x

class Discriminator(torch.nn.Module):
    def __init__(self,code_dim):
        # code_dim = discrete_dim+continuous_dim
        super(Discriminator, self).__init__()
        self.conv1 = torch.nn.Conv2d(1,64,kernel_size=5,stride=2,padding=2,bias=False)
            # (N,1,28,28) -> (N,64,14,14)
        self.bn2 = torch.nn.BatchNorm2d(64)
        self.conv3 =
            torch.nn.Conv2d(64,128,kernel_size=5,stride=2,padding=2,bias=False) #
            (N,64,14,14) -> (N,128,7,7)
        self.bn4 = torch.nn.BatchNorm2d(128)
        self.fc5 = torch.nn.Linear(128*7*7,1) # --> logits

        self.recon_fc1 = torch.nn.Linear(128*7*7,64)
        self.recon_fc2 = torch.nn.Linear(64,code_dim)
```

```python

    def forward(self,x):
        # x: (N,1,28,28)
        x = self.conv1(x)
        x = self.bn2(x)
        x = F.leaky_relu(x,0.2)
        x = self.conv3(x)
        x = self.bn4(x)
        x = F.leaky_relu(x,0.2)
        x = x.reshape(-1,128*7*7)
        logits = self.fc5(x)

        z = self.recon_fc1(x)
        z = F.leaky_relu(z,0.2)
        recon_logits = self.recon_fc2(z)
        return logits, recon_logits
```

- Generator는 Transposed Convolution을 이용해서 구현했다.
- Discriminator에 Reconstructor를 포함시켜 같이 구현했다.

코드 6.15: **[Pytorch]** InfoGAN 모델, optimizer, loss 함수 생성

```python
import itertools
device = torch.device('cuda' if torch.cuda.is_available() else 'cpu')
print("device: ", device)

latent_dim = 100
discrete_dim = 10; continuous_dim = 2

G = Generator(latent_dim,discrete_dim+continuous_dim)
D = Discriminator(discrete_dim+continuous_dim)

g_lr = 0.001
d_lr = 0.0002
recon_lr = 0.001
gen_optimizer = torch.optim.Adam(G.parameters(),g_lr,betas=(0.5, 0.9))
dis_optimizer = torch.optim.Adam(D.parameters(),d_lr,betas=(0.5, 0.9))
recon_optimizer = torch.optim.Adam(itertools.chain(G.parameters(),
    D.parameters()),d_lr,betas=(0.5, 0.9))

bce_loss_fn = torch.nn.BCEWithLogitsLoss()
recon_ce_loss_fn = torch.nn.CrossEntropyLoss()
recon_mse_loss_fn = torch.nn.MSELoss()

G.to(device)
D.to(device)
```

12 model.parameters()는 python type으로는 generator이다.

- `recon_optimizer`에는 Generator와 Discriminator의 parameter를 모두 넘겨야 한다. 2개의 parameter를 합치기 위해 `itertools.chain`를 활용했다[12].

```
itertools.chain(G.parameters(), D.parameters())
```

- TTUR을 사용하기 위해 Generator, Discriminator의 learning rate을 다르게 적용했다.

코드 6.16: **[Pytorch]** InfoGAN 훈련 코드

```
def generate_latent(batch_size,latent_dim,discrete_dim,continuous_dim,device):
    z = torch.randn(batch_size,latent_dim,device=device)
    discrete_code = torch.randint(0,discrete_dim,(batch_size,),device=device)
    continuous_code = torch.randn(batch_size,continuous_dim,device=device)
    code = torch.cat([F.one_hot(discrete_code,discrete_dim),continuous_code],dim=-1)
    return z, code

num_epochs = 20
supervised_flag = True
test_latent = torch.randn(10,latent_dim).to(device)
test_code = torch.cat([torch.eye(10),torch.randn(10,continuous_dim)],dim=-1).to(device)
s_time = time.time()
for i in range(num_epochs):
    g_loss_all = []
    d_loss_all = []
    recon_loss_all = []
    G.train()
    D.train()
    for x,y in dataloader:
        real_imgs = x.to(device)
        real_labels = y.to(device,dtype=torch.int64) # Supervised Learning에 사용된다.
        batch_size = x.size(0) # mini_batch size

        real_target_labels = torch.ones(batch_size,device=device)
        fake_target_labels = torch.zeros(batch_size,device=device)

        z, code = generate_latent(batch_size,latent_dim,discrete_dim,continuous_dim,device)

        fake_imgs = G(z,code)
        fake_logits, _ = D(fake_imgs)
        real_logits, _ = D(real_imgs)

        # step 1-1. discriminator loss
        dis_loss_real = bce_loss_fn(real_logits.reshape(-1),real_target_labels)
        dis_loss_fake = bce_loss_fn(fake_logits.reshape(-1),fake_target_labels)
        dis_loss = dis_loss_fake + dis_loss_real

        # step 1-2. back propagation for discriminator
        dis_optimizer.zero_grad()
        dis_loss.backward()
        dis_optimizer.step()
```

```
        d_loss_all.append(dis_loss.item())

        # step 2-1. generator loss
        z, code =
            generate_latent(batch_size,latent_dim,discrete_dim,continuous_dim,device)

        fake_imgs = G(z,code)
        fake_logits, _ = D(fake_imgs)
        gen_loss = bce_loss_fn(fake_logits.reshape(-1),real_target_labels)

        # step 2-2. back propagation for generator
        gen_optimizer.zero_grad()
        gen_loss.backward()
        gen_optimizer.step()
        g_loss_all.append(gen_loss.item())

        # step 3-1. reconstuctor loss
        z, code =
            generate_latent(batch_size,latent_dim,discrete_dim,continuous_dim,device)

        fake_imgs = G(z,code)
        _, fake_recon_logits = D(fake_imgs)
        _, real_recon_logits = D(real_imgs) # Supervised Learning에 사용된다.

        recon_discrete_loss =
            recon_ce_loss_fn(fake_recon_logits[:,:discrete_dim],code[:,:discrete_dim])
        recon_continuous_loss =
            recon_mse_loss_fn(fake_recon_logits[:,discrete_dim:],code[:,discrete_dim:])

        recon_loss = recon_discrete_loss + recon_continuous_loss

        if supervised_flag:
            recon_loss +=
                recon_ce_loss_fn(real_recon_logits[:,:discrete_dim],real_labels)

        # step 3-3. back propagation for reconstructor
        recon_optimizer.zero_grad()
        recon_loss.backward()
        recon_optimizer.step()
        recon_loss_all.append(recon_loss.item())

    G.eval()
    test_images = G(test_latent,test_code)
    test_images =
        test_images[:,0,:,:].permute(1,0,2).reshape(28,-1).detach().cpu().numpy()
    print(f'epoch: {i+1}, g_loss: {np.mean(g_loss_all)}, d_loss:
        {np.mean(d_loss_all)}, recon_loss: {np.mean(recon_loss_all)}, elapsed:
        {time.time()-s_time}')
    plt.imshow(test_images,cmap='binary')
    plt.axis('off')
    plt.show()
```

- supervised_flag=True/False에 따라 Supervised Leaning 여부가 결정된다.

코드 6.17: **[Pytorch]** InfoGAN 이미지 생성. Supervised Learning인 경우 $0, 1, \cdots, 9$를 생성

```
def draw_image(fixed_z=True,fixed_continuous_code=True):
    print(f'supervised_flag: {supervised_flag}, fixed_z: {fixed_z}, fixed_code:
        {fixed_continuous_code}')
    n = discrete_dim # 이미지 생성 개수를 discrete_dim으로
    m = 10 # 몇 개 행을 생성해 볼 것인가?
    canvas = np.empty((28 * m, 28 * n)) # (m x n)개 이미지 생성
    G.eval()

    for i in range(m):
        if fixed_z:
            # 같은 행에서 latent vector가 동일
            test_z = torch.tile(torch.randn(latent_dim,device=device),(n,1))
        else:
            test_z = torch.randn(n,latent_dim,device=device)

            if fixed_continuous_code: # 같은 행에서 continuous code가 동일
            code = torch.randn(continuous_dim)
            code = torch.tile(code,(n,1))
        else:
            code = torch.randn(n,continuous_dim)
        test_code = torch.cat([torch.eye(n),code],dim=-1).to(device) #
            (n,discrete_dim+continuous_dim)
        test_images = G(test_z,test_code)
        test_images =
            test_images[:,0,:,:].permute(1,0,2).reshape(28,-1).detach().cpu().numpy()
        canvas[i*28:(i+1)*28,:] = test_images
    plt.imshow(canvas,cmap='binary')
    plt.title(f'supervised_flag: {supervised_flag}, fixed_z: {fixed_z}, fixed_code:
        {fixed_continuous_code}')
    plt.axis('off')

draw_image(fixed_z=True)
draw_image(fixed_z=False,fixed_continuous_code=False)
```

- `n=discrete_dim`이고, discrete code로 `torch.eye(n)`을 지정했다. Supervised Learning에서는 $[0, 1, \cdots, 9]$가 각각의 행에서 생성된다. 그림 (6.30)의 위쪽 그림이 Supervised Learning의 결과이다. discrete code로 `torch.eye(n)`를 넣었기 때문에 $[0, 1, \cdots, 9]$가 생성되었다.

코드 6.18: **[Pytorch]** 2차원 continuous code를 grid 형태로 만들어서 generator에 입력하여 이미지 생성

```
assert continuous_dim==2
def draw_image_code_grid(fixed_z=True): # fixed_z=True --> mini-batch내에서 같은 z 사용
    print(f'supervised_flag: {supervised_flag}, fixed_z: {fixed_z}')

    n = 10 # n x n 개의 image을 생성한다
    canvas = np.empty((28 * n, 28 * n))

      # [-code_range, code_range] x [-code_range, code_range]에서의 변화 효과 보기
      code_range = 2
```

```
    xx, yy = np.meshgrid(np.linspace(-code_range,code_range,n),
             np.linspace(-code_range,code_range,n))
    code_grid = np.c_[xx.T.ravel(), yy.T.ravel()] # (n*n,continuous_dim=2)

    # [0,discrete_dim)에서 random하게 숫자 하나 선택
    num1 = np.random.randint(0,discrete_dim)

    G.eval()
    # 모든 행의 latent vector는 동일
    # fixed_z=True --> 행(mini-batch) 내에서 latent vector가 동일
    if fixed_z:
        test_z = torch.tile(torch.randn(latent_dim,device=device),(n,1))
    else:
        test_z = torch.randn(n,latent_dim,device=device)

    for i in range(n):
        code = np.zeros([n,discrete_dim])
        code[np.arange(n),num1] = 1 # one hot
        code = np.concatenate([code, code_grid[i*n:(i+1)*n,:]],axis=1) #
            (n,discrete_dim+continuous_dim)

        code = torch.Tensor(code).to(device)
        test_images = G(test_z,code)
        test_images = test_images[:,0,:,:].permute(1,0,2).reshape(28,-1)
                                        .detach().cpu().numpy()
        canvas[i*28:(i+1)*28,:] = test_images
    plt.imshow(canvas,cmap='binary')
    plt.axis('off')
    plt.title(f'supervised_flag: {supervised_flag}, fixed_z: {fixed_z}')

draw_image_code_grid(fixed_z=True)
```

- 2차원인 continuous code의 값 변화에 따라 생성된 이미지 변화를 살펴보기 위한 코드이다. 그림 (6.30) 의 하단에서 결과를 확인할 수 있다.

- `np.meshgrid()`의 동작 방식은 그림 (3.6)을 참조하면 된다.

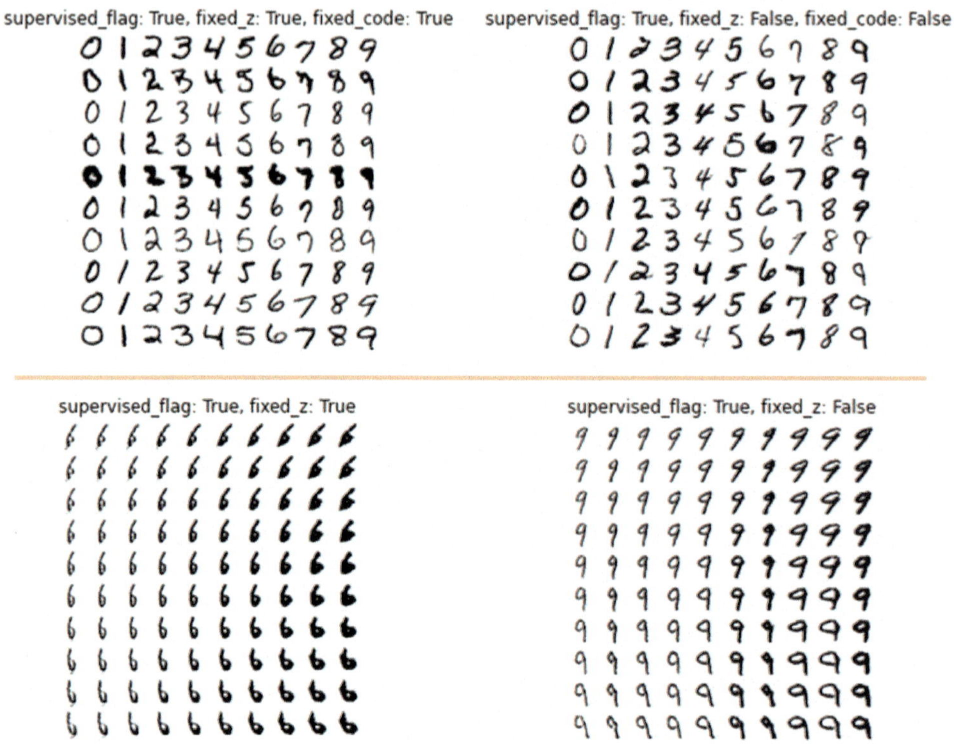

그림 6.30: InfoGAN으로 생성한 Image

1. 상단 2개는 코드 6.17의 결과이다. 상단 좌측의 같은 행에서는 continouous code가 같다. 같은 행에 있는 숫자 이미지의 스타일이 비슷함을 알 수 있다.
2. 하단은 코드 6.18의 결과이다.

딥러닝

제 7 장

Image Model

7.1 MNIST 이미지 분류

이번 절에서 CNN(Convolutional Neural Network) 모델로 MNIST 데이터 분류의 정확도를 더 올려보자. 4.1절[1]에서 FC Layer로 구성된 모델로 Validation Accuracy가 약 98% 정도 달성되었다. CNN으로 모델을 구성하면 Validation Accuracy가 99% 이상 나온다.

7.1.1 Pytorch CNN Model

코드 7.1에서 CNN 모델을 Pytorch로 구현했다.

코드 7.1: **[Pytorch]** MNIST 분류를 위한 CNN 모델

```
class CNNModel(torch.nn.Module):
    def __init__(self):
        super(CNNModel, self).__init__()
        self.drop_rate = 0.3

        self.L1 = torch.nn.Sequential(
            torch.nn.Conv2d(1, 32, kernel_size=3, stride=1, padding=1), # (28,28,32)
            torch.nn.ReLU(),
            torch.nn.MaxPool2d(kernel_size=2, stride=2), # (14,14,32)
            torch.nn.Dropout(p=self.drop_rate))

        self.L2 = torch.nn.Sequential(
            torch.nn.Conv2d(32, 64, kernel_size=3, stride=1, padding=1), #(14,14,64)
            torch.nn.ReLU(),
```

1 그림(4.9) 참조

```
            torch.nn.MaxPool2d(kernel_size=2, stride=2), #(7,7,64)
            torch.nn.Dropout(p=self.drop_rate))

        self.L3 = torch.nn.Sequential(
            torch.nn.Conv2d(64, 128, kernel_size=3, stride=1, padding=1), # (7,7,128)
            torch.nn.ReLU(),
            torch.nn.MaxPool2d(kernel_size=2, stride=2, padding=1), # (4,4,128)
            torch.nn.Dropout(p=self.drop_rate))

        self.L4 = torch.nn.Sequential(
            torch.nn.Linear(4 * 4 * 128, 512, bias=True),
            torch.nn.ReLU(),
            torch.nn.Dropout(p=self.drop_rate))

        self.L5 = torch.nn.Linear(512, 10, bias=True)

    def forward(self, x):
        out = self.L1(x)
        out = self.L2(out)
        out = self.L3(out)
        out = torch.flatten(out,start_dim=1) #(N,4*4*128)
        out = self.L4(out)
        out = self.L5(out)
        return out # logit
```

- same padding을 위해 padding=1로 지정했다. 다음과 같이 padding='same'으로 할 수도 있다.

```
torch.nn.Conv2d(1, 32, kernel_size=3, stride=1, padding='same')
```

- same padding으로 convolution했기 때문에, channel만 늘어나고 이미지 크기는 변화하지 않는다. max pooling으로 이미지 사이즈를 반으로 줄였다.

MNIST Data를 코드 4.5와 조금 다르게 transform하여 loading해 보자. MNIST train data의 평균(0.1307), 분산(0.3081) 값으로 정규화를 적용한다. train 데이터를 정규화했기 때문에 훈련된 모델로 예측(테스트)할 때에도 이미지를 정규화해주어야 한다[2].

코드 7.2: **[Pytorch]** MNIST Dataset 생성

```
transform = transforms.Compose([transforms.ToTensor(),
    transforms.Normalize((0.1307),(0.3081))])
download_root = '.'
train_dataset = datasets.MNIST(download_root, transform=transform,
                               train=True, download=True) #(1,28,28)
test_dataset = datasets.MNIST(download_root, transform=transform,
                              train=False, download=True)
```

2 코드 7.4 참조.

```

batch_size = 128
train_loader = torch.utils.data.DataLoader(dataset=train_dataset,
                                           batch_size=batch_size, shuffle=True)
test_loader = torch.utils.data.DataLoader(dataset=test_dataset,
                                          batch_size=batch_size, shuffle=False)
```

다음은 훈련 코드이다.

코드 7.3: **[Pytorch]** 모델 훈련 코드

```
learning_rate = 0.001
device = torch.device('cuda' if torch.cuda.is_available() else 'cpu')
model = CNNModel().to(device)

criterion = torch.nn.CrossEntropyLoss()
optimizer = torch.optim.Adam(model.parameters(), lr=learning_rate)

num_epochs = 20 # GPU: 10sec/epoch CPU: 105sec/epoch

n_total_steps = len(train_loader)
s_time = time.time()
for epoch in range(num_epochs):
    model.train()
    for i, (images, labels) in enumerate(train_loader):
        images = images.to(device)
        labels = labels.to(device)

        # Forward pass
        outputs = model(images)
        loss = criterion(outputs, labels)

        # Backward and optimize
        optimizer.zero_grad()
        loss.backward()
        optimizer.step()

        if (i+1) % 100 == 0:
            print (f'Epoch [{epoch+1}/{num_epochs}], Step [{i+1}/{n_total_steps}],
                 Loss: {loss.item():.4f},
                        elapsed: {time.time()-s_time:,.2f}')

    model.eval()
    with torch.no_grad():
        n_correct = 0
        n_samples = 0
        for images, labels in test_loader:

            images = images.to(device)
            labels = labels.to(device)
            outputs = model(images)

            _, predicted = torch.max(outputs.data, 1) # max returns (value ,index)
```

```
            n_samples += labels.size(0)
            n_correct += (predicted == labels).sum().item()

        acc = 100.0 * n_correct / n_samples
        print(f'Accuracy of the network on the 10000 test images: {acc} %')

model_filename = f'mnist_cnn_{num_epochs}.pt'
torch.save(model.state_dict(), model_filename)
print(f'model saved: {model_filename}')
```

Output:

```
Epoch [1/20], Step [100/469], Loss: 0.1132, elapsed: 4.46
Epoch [1/20], Step [200/469], Loss: 0.1273, elapsed: 6.17
Epoch [1/20], Step [300/469], Loss: 0.2423, elapsed: 7.91
Epoch [1/20], Step [400/469], Loss: 0.1164, elapsed: 9.62
Accuracy of the network on the 10000 test images: 98.66 %
...
Epoch [19/20], Step [100/469], Loss: 0.0056, elapsed: 175.41
Epoch [19/20], Step [200/469], Loss: 0.0503, elapsed: 177.16
Epoch [19/20], Step [300/469], Loss: 0.0217, elapsed: 178.89
Epoch [19/20], Step [400/469], Loss: 0.0147, elapsed: 180.62
Accuracy of the network on the 10000 test images: 99.3 %
Epoch [20/20], Step [100/469], Loss: 0.0097, elapsed: 184.88
Epoch [20/20], Step [200/469], Loss: 0.0579, elapsed: 186.63
Epoch [20/20], Step [300/469], Loss: 0.0006, elapsed: 188.35
Epoch [20/20], Step [400/469], Loss: 0.0021, elapsed: 190.07
Accuracy of the network on the 10000 test images: 99.43 %
model saved: mnist_cnn_20.pt
```

20 epoch 훈련 후, 약 99.43% 정도의 Validation Accuracy를 달성했다. 훈련이 끝난 모델을 MNIST Validation 데이터가 아닌, 직접 입력받은 숫자 이미지로 테스트를 해보자. 마우스로 숫자를 입력받는 GUI(Graphical User Interface)를 만들어 보자.

마우스로 숫자를 입력받기 위해서 컴퓨터 비전 라이브러리 OpenCV[3]를 이용했다. 다음 코드는 X 윈도우 GUI환경이 지원되지 않는 Google Colab에서는 작동하지 않는다. 로컬 PC에서 실행해야 한다.

코드 7.4: **[Pytorch]** 마우스로 입력한 숫자 인식

```
import cv2 # pip install opencv-python
from PIL import Image
import numpy as np
import ctypes
import torch
import torchvision.transforms as transforms
```

3 설치: pip install opencv-python 또는 conda install -c conda-forge opencv

```
import matplotlib.pyplot as plt

transform_test = transforms.Compose([transforms.Grayscale(num_output_channels=1),
                        transforms.Resize((28,28),
                        interpolation=transforms.InterpolationMode.BILINEAR),
                        transforms.ToTensor(),
                        transforms.Normalize((0.1307,),(0.3081,))])
def predict(model,img):
    # img: PIL.Image.Image
    model.eval()
    img_tensor = transform_test(img).unsqueeze(0).to(device) # (1,1,28,28)
    prob = model(img_tensor).softmax(-1).to('cpu').detach().numpy()
    return prob[0]

######################### Model Loading ############################################
device = torch.device('cuda' if torch.cuda.is_available() else 'cpu')

model = CNNModel().to(device)

model_filename = 'mnist_cnn_20.pt'
model.load_state_dict(torch.load(model_filename, map_location = device))
model.eval()

canvas = np.ones((600,600), dtype="uint8") * 255 # 255=white
canvas[100:500,100:500] = 0                # 0 = black

start_point = None
end_point = None
is_drawing = False

def draw_line(img,start_at,end_at):
    cv2.line(img,start_at,end_at,255,15) # (이미지,시작점,종료점,색상,두께)

def on_mouse_events(event,x,y,flags,params):
    global start_point
    global end_point
    global canvas
    global is_drawing
    if event == cv2.EVENT_LBUTTONDOWN:
        if is_drawing == False:
            is_drawing=True
            start_point = (x,y)
    elif event == cv2.EVENT_MOUSEMOVE:
        if is_drawing:
            end_point = (x,y)
            draw_line(canvas,start_point,end_point)
            start_point = end_point
    elif event == cv2.EVENT_LBUTTONUP:
        is_drawing = False

name = "Test Canvas: c(clear), d(done)"
cv2.namedWindow(name)
cv2.setMouseCallback(name, on_mouse_events)

```

```
while(True):
    cv2.imshow(name, canvas)
    key = cv2.waitKey(1) & 0xFF
    if key == ord('c'): # c: clear
        canvas[100:500,100:500] = 0
    elif key == ord('d'): # d: 입력 완료
        # drawing_image: uint8(0-255) Numpy Array(400,400)
        # --> 0 또는 255밖에 없다. 중간 값이 없다.
        drawing_image = canvas[100:500,100:500]
        break

cv2.destroyAllWindows()
plt.imshow(drawing_image,cmap='gray')

draw_image=Image.fromarray(drawing_image) # PIL.Image.Image
prob = predict(model,draw_image) # 확률값 return

pred = np.argsort(prob)[::-1] # 정렬(내림차순)
prob=prob[pred]

# Windows 10에서만 작동
ctypes.windll.user32.MessageBoxW(0, str(pred[0]), "Prediction", 0)

print('prediction: ', pred[0])
print('top 3 probability: ')
for i in range(3):
    print(f'{pred[i]}: {prob[i]*100:.2f}%')
```

- MNIST 데이터는 검은색 바탕에 흰색 손글씨이다. 테스트 이미지도 동일하게 검은색 바탕에 흰색 글씨가 되도록 해야 한다.
- 마우스 입력은 키보드 'd'를 누르면 입력 완료가 되고, 'c'를 누르면 지워지도록 구현되었다.
- 입력받은 이미지를 `transforms`로 28×28 크기로 resize한 후, Pytorch Tensor로 변환했다.
- 마우스로 입력받은 숫자 이미지 데이터는 2개 숫자(0 또는 255)로만 되어 있다. MNIST 이미지가 0과 255 사이의 값들로 다양하게 구성된 것과는 다르다. 하지만 입력받은 400×400 이미지를 28×28 크기로 변환하는 과정에서 중간값들이 포함된 데이터로 변경된다.
- 가장 높은 3개 확률을 출력하고, 예측은 가장 높은 확률을 가지는 class로 한다.

그림 7.1: MNIST(좌)와 마우스로 입력받아 resize한 이미지(우)

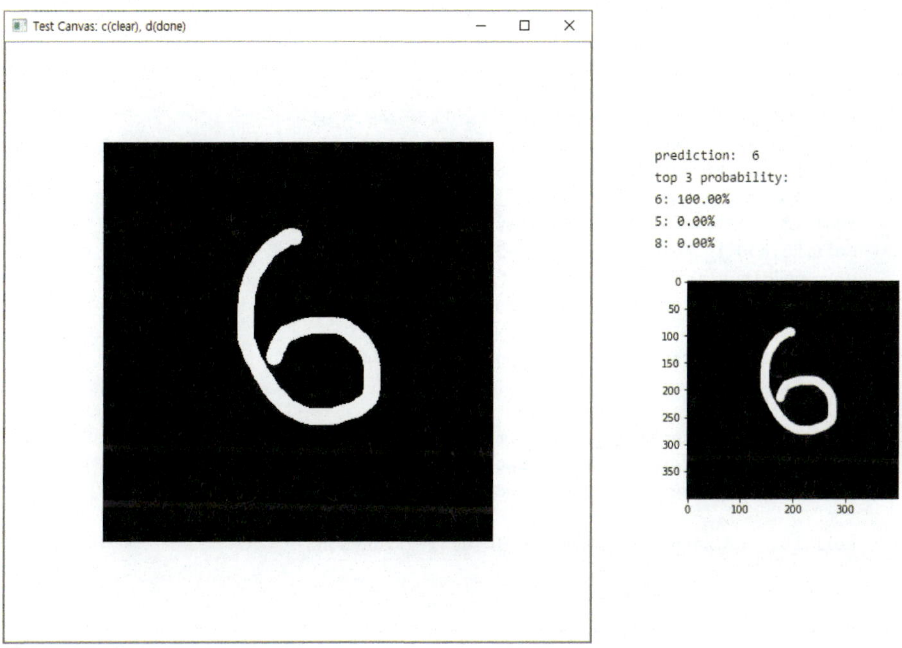

그림 7.2: MNIST CNN 모델 테스트
마우스로 입력 받은 숫자 이미지 예측를 모델이 예측한 결과이다.

7.1.2 Tensorflow CNN Model

코드 7.1에서 Pytorch로 구현했던 모델과 같은 구조를 Tensorflow로 구현해 보자.

코드 7.5: **[Tensorflow]** MNIST 분류를 위한 CNN 모델

```python
class CNNModelTF(tf.keras.Model):
    def __init__(self):
        super(CNNModelTF, self).__init__()
        self.drop_rate = 0.3

        self.L1 = tf.keras.models.Sequential()
        self.L1.add(tf.keras.layers.Conv2D(32, kernel_size=3,
            padding='same',activation='relu')) # (28,28,32)
        self.L1.add(tf.keras.layers.MaxPool2D(pool_size=2, strides=2)) # (14,14,32)
        self.L1.add(tf.keras.layers.Dropout(self.drop_rate))

        self.L2 = tf.keras.models.Sequential()
        self.L2.add(tf.keras.layers.Conv2D(64, kernel_size=3,
            padding='same',activation='relu')) #(14,14,64)
        self.L2.add(tf.keras.layers.MaxPool2D(pool_size=2, strides=2)) # (7,7,64)
        self.L2.add(tf.keras.layers.Dropout(self.drop_rate))

        self.L3 = tf.keras.models.Sequential()
        self.L3.add(tf.keras.layers.Conv2D(128, kernel_size=3,
            padding='same',activation='relu')) # (7,7,128)
        self.L3.add(tf.keras.layers.MaxPool2D(pool_size=2, strides=2,padding='same'))
            # (4,4,128)
        self.L3.add(tf.keras.layers.Dropout(self.drop_rate))

        self.L4 = tf.keras.models.Sequential()
        self.L4.add(tf.keras.layers.Flatten())
        self.L4.add(tf.keras.layers.Dense(512,activation='relu'))
        self.L4.add(tf.keras.layers.Dropout(self.drop_rate))

        self.L5 = tf.keras.layers.Dense(10,activation=None)

    def call(self, x, training=None):
        # x: (N,28,28,1)
        out = self.L1(x,training)
        out = self.L2(out,training)
        out = self.L3(out,training)
        out = self.L4(out,training)
        out = self.L5(out)
        return out
```

- call method에서 넘겨 받은 `training`은 `self.L1, L2, L3, L4`에 넘겨 주었다. 이는 `self.L1, L2, L3, L4`에는 훈련 모드와 추론 모드에서 다르게 작동하는 Dropout이 포함되어 있기 때문이다.

7.2 Image Data Augmentation

Data Augmentation(증강)은 주어진 데이터에 변화를 주어 새로운 데이터를 만들어내는 방법을 말한다. 이미지 데이터에 좌우 반전, 상하 반전, 회전 등을 적용해서 이미지의 다양성을 증가시키는 방법이다.

7.2.1 Tensorflow Image Augmentation 1

Tensorflow에서 Image Augmentation을 위한 다양한 방법을 제공하고 있다.

- Layer를 통한 Augmentation: `tf.keras.layers.experimental.preprocessing`[4]에 있는 layer API를 사용하면 된다. 코드 7.6에서 random으로 이미지의 일부를 잘라내어 새로운 이미지를 만들어내고 있다. 코드 7.6의 결과는 그림 (7.3) 에서 확인할 수 있다.

코드 7.6: **[Tensorflow]** Layer를 이용한 이미지 Augmentation

```
L = tf.keras.Sequential([
      tf.keras.layers.experimental.preprocessing.Resizing(180, 180),
      tf.keras.layers.RandomCrop(150,150),
      tf.keras.layers.experimental.preprocessing.Rescaling(1./255)])

img = Image.open('dog.jpg') # (1920, 1280)
fig, ax = plt.subplots(1, 3, gridspec_kw={'width_ratios': [2,1,1]},figsize=(10,5))
fig.tight_layout()

ax[0].imshow(img)
ax[0].set_title('origin')
ax[1].imshow(L(np.array(img)))
ax[1].set_title('resize and random crop #1')
ax[2].imshow(L(np.array(img)))
ax[2].set_title('resize and random crop #1')
```

- Data 단계에서의 Augmentation: `ImageDataGenerator`[5] 또는 `image_dataset_from_directory`를 이용하면 된다. `ImageDataGenerator`를 사용하는 방법부터 먼저 알아보자. 이미지 데이터가 class별로 디렉토리로 분리되어 있어야 한다. 데이터로 hymenoptera[6]를 사용해 보자. [개미, 벌] 2종류의 이미지로 모두 397개 파일이 있다.

---

4 4장 페이지 191에서 사용한 `preprocessing`과는 다른 API이다.

5 Deprecated, `https://www.tensorflow.org/api_docs/python/tf/keras/preprocessing/image/ImageDataGenerator`

6 hymenoptera: 곤충, train[ants(123) + bees(121)], val[ants(70) + bees(83)]

그림 7.3: Layer를 통한 이미지 변환
(1920,1280) 크기의 이미지를 (180,180) 크기로 변환 후, random으로 (150,150) 크기로 잘라낸 2개의 이미지를 보여주고 있다. random으로 잘라냈기 때문에 이미지가 달라진다.

hymenoptera dataset[7]을 다운받아 압축을 풀면 된다[8]. 간단한 예를 위해서 4개씩 이미지를 뽑아서 새로운 'small'이라는 새로운 디렉토리를 하나 만들자.

```
!wget https://download.pytorch.org/tutorial/hymenoptera_data.zip
!unzip hymenoptera_data.zip
!rm ./hymenoptera_data/train/ants/imageNotFound.gif # 잘못된 파일 제거

!mkdir -p ./hymenoptera_data/small/{ants,bees} # -p옵션: 중간 디렉토리 생성
!cp ./hymenoptera_data/train/ants/{0013035.jpg,5650366_e22b7e1065.jpg,
            6240329_72c01e663e.jpg,201558278_fe4caecc76.jpg}
            ./hymenoptera_data/small/ants
!cp ./hymenoptera_data/train/bees/{16838648_415acd9e3f.jpg,
            17209602_fe5a5a746f.jpg,205835650_e6f2614bee.jpg,
            208702903_42fb4d9748.jpg} ./hymenoptera_data/small/bees
```

- 'imageNotFound.gif'라는 잘못된 파일이 하나 포함되어 있다. 새로운 데이터셋을 다룰 때에는 데이터를 세심히 살필 필요가 있다.
- 'small' 디렉토리 아래에 'ants', 'bees' 디렉토리를 만들고 각각 4개 파일씩 복사했다.

코드 7.7: ImageDataGenerator로 hymenoptera 데이터셋 loading & augmentation

```
from tensorflow.keras.preprocessing.image import ImageDataGenerator
import matplotlib.pyplot as plt

data_dir = './hymenoptera_data/small' # small 디렉토리 아래에 ants, bees 디렉토리가 있다.
train_datagen = ImageDataGenerator(rescale=1./255, shear_range=30, zoom_range=0.2,
    horizontal_flip=True)

```

7 https://download.pytorch.org/tutorial/hymenoptera_data.zip, 46M
8 imageNotFound.gif라는 잘못된 데이터가 하나 포함되어 있다. 제거해 주어야 한다.

```
#class_mode='categorical' ==> label을 onehot으로 만들어서 return한다.
train_generator = train_datagen.flow_from_directory(data_dir, target_size=(150, 150),
                    batch_size=8,class_mode='categorical',shuffle=False)

class_names = list(train_generator.class_indices.keys()) # ['ants', 'bees']
print('class name: ', class_names) # ['ants', 'bees']
print('batch_size = ', train_generator.batch_size, 'image shape: ',
    train_generator.image_shape)
```

- augmentation으로 zoom(확대, 축소), shear(전단, 비틀기), horizontal flip(좌우 반전)을 적용하여 `ImageDataGenerator`를 생성했다.
- `rescale`: 이미지에 필요한 변환을 모두 적용한 후, `rescale`값을 곱한다.
- `flow_from_directory()`를 이용해서 이미지 파일이 있는 디렉토리와 연결한다.
  - `flow_from_directory()`는 디렉토리 순서대로 `{'ants': 0, 'bees': 1}`로 label을 만들어 준다.
  - `flow_from_directory()`는 `DirectoryIterator`라는 객체를 return하는데, Numpy Array로 된 데이터를 생성해 준다.
  - `flow_from_directory()`외에 Numpy Array, Pandas DataFrame을 각각 입력받는 `flow()`, `flow_from_dataframe()`이 있다.

Output:

```
Found 8 images belonging to 2 classes.
class name:  ['ants', 'bees']
batch_size =  8 image shape:  (150, 150, 3)
```

코드 7.8: hymenoptera 데이터 Augmentation 확인하기

```
for i, data in enumerate(train_generator):
    inputs, classes = data # classes: Numpy Array, shape(batch_size,2), one-hot
    inputs = np.concatenate(inputs, axis=1) # (N,150,150,3) ==> (150,750,3)
    classes = classes.argmax(axis=-1)
    plt.figure(figsize=(15,35))
    plt.imshow(inputs)
    plt.title([class_names[x] for x in classes])
    plt.show()
    if i==2: break # 무한 반복이기 때문에 필요.
```

- `np.concatenate(inputs, axis=1)`처럼 `axis=1`로 concat하면 가로 방향으로 이미지가 이어 붙는다. `axis=0`으로 concat하면 세로 방향으로 이미지가 연결된다.

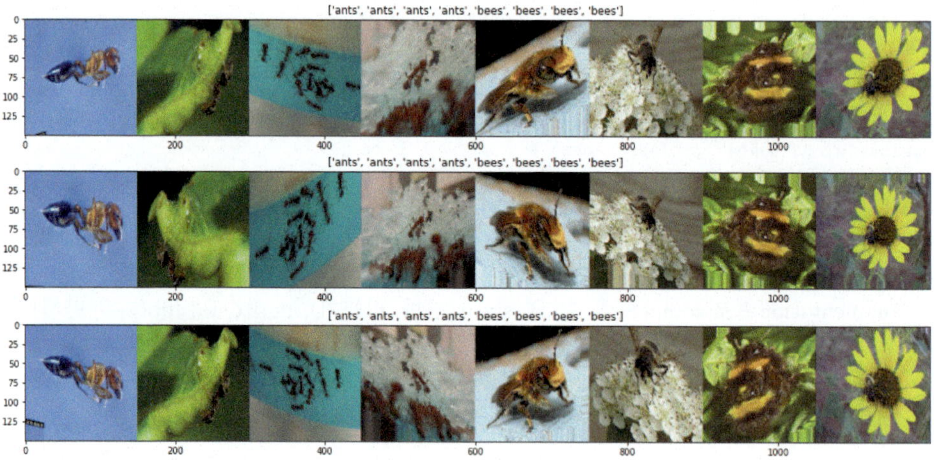

그림 7.4: ImageDataGenerator를 이용한 Augmentation
zoom(확대,축소), shear(전단, 비틀기), horizontal flip(좌우 반전)으로 이미지를 변형했다.

7.2.2 Image Augmentation 기법들

데이터 준비를 위해, `dog.jpg` 파일 하나를 5번 복사하여 `temp/dog` 디렉토리 아래에 넣어두자[9].

```
!mkdir -p ./temp/dog
! for i in {1..5}; do cp dog.jpg ./temp/dog/dog$i.jpg; done
```

코드 7.9: 데이터 Augmentation 확인을 위한 함수

```python
def get_sample(train_datagen):
    data_dir = './temp'
    train_generator = train_datagen.flow_from_directory(data_dir,
                     target_size=(150, 150), batch_size=5,
                     class_mode='categorical',shuffle=False)
    imgs,_ = next(iter(train_generator))
    imgs = np.concatenate(imgs, axis=1) # (5,150,150,3) ==> (150,750,3)
    plt.figure(figsize=(15,35))
    plt.imshow(imgs)
    plt.show()
```

코드 7.9에서 만든 `get_sample()`를 이용해서 Augmentation 기법을 하나씩 살펴보자.

9 파일 이름만 다른 5개의 같은 파일이다.

- **horizontal/vertical flip:** 확률 50%로 좌우/상하 반전.

코드 7.10: Augmentation: horizontal flip

```
train_datagen = ImageDataGenerator(rescale=1./255,horizontal_flip=True) #
    vertical_flip=True
get_sample(train_datagen)
```

그림 7.5: horizontal/vertical flip(50% 확률로 좌우/상하 반전)

- **zoom:** 정해진 범위 내에서 random한 비율로 확대 축소. zoom_range=a이면 $[1-a, 1+a]$ 사이에서 random하게 확대/축소 비율이 결정된다.

코드 7.11: Augmentation: zoom

```
train_datagen = ImageDataGenerator(rescale=1./255,zoom_range=0.3) # [1-zoom_range,
    1+zoom_range]
get_sample(train_datagen)
```

그림 7.6: zoom(확대, 축소)

- **shear**(전단 변환): 한쪽 방향으로 이미지를 밀어서 변환. 사각형을 평형사변형으로 변환하는 것으로 보면 된다. shear_range(각도)로 변환 정도를 조절할 수 있다. shear_range=a이면 $[-a, a]$ 사이에서 random하게 결정된다.

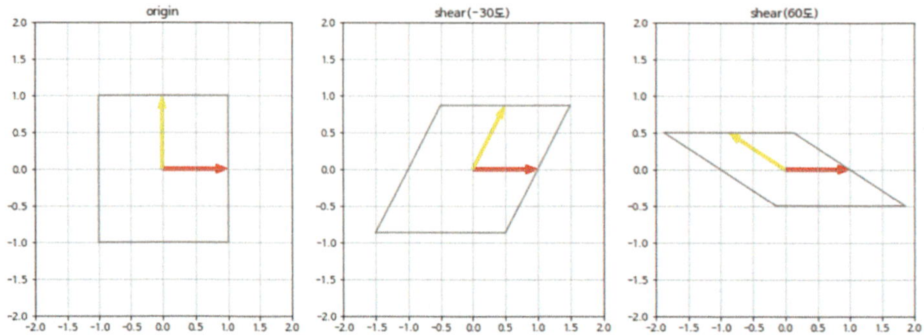

그림 7.7: Shear Intensity(각도)에 따른 shear 변환

코드 7.12: Augmentation: shear

```
train_datagen = ImageDataGenerator(rescale=1./255,shear_range=60) # shear_range=각도
get_sample(train_datagen)
```

그림 7.8: shear(전단 변환)

- **rotation:** 이미지 회전. `rotation_range` = a 이면 [-a,a] 사이의 random한 각도로 회전시킨다.

코드 7.13: Augmentation: rotation

```
train_datagen = ImageDataGenerator(rescale=1./255,rotation_range=30) # 회전(각도)
get_sample(train_datagen)
```

그림 7.9: rotation(random 회전)

- **width shift**: 좌우 이동. height shift도 가능하다.

코드 7.14: Augmentation: width shift

```
train_datagen = ImageDataGenerator(rescale=1./255,width_shift_range=0.2) # 좌우 이동
get_sample(train_datagen)
```

그림 7.10: width shift(좌우 이동)

- **brightness**: 밝기 조절. brightness_range에서 random하게 추출한 값을 [0,255] 값을 가지는 이미지에 곱한 후, [0,255] 범위로 clip한다.

코드 7.15: Augmentation: 밝기 조절

```
train_datagen = ImageDataGenerator(rescale=1./255,brightness_range=[0,2])
get_sample(train_datagen)
```

그림 7.11: brightness(밝기 조절)

7.2.3 Tensorflow Image Augmentation 2

앞서 본 ImageDataGenerator에서는 다양한 옵션을 주어 이미지 데이터 Augmentation이 이루어졌다. ImageDataGenerator에 preprocessing_function을 넘겨서 필요한 작업을 할 수 있다.

코드 7.16: ImageDataGenerator + preprocessing_function

```
def my_preprocessing(image):
    # 넘어온 image(Numpy Array)에는 target_size로 resize되면서 0-255 사이의
    # float 값이 들어 있다.
    image = image/255.

    image = tf.image.random_flip_left_right(image) # 확률 0.5로 고정되어 있음.
    image = tf.image.random_brightness(image, max_delta=0.3)
    image = tf.image.random_saturation(image, lower=0.5, upper=1.5) # 채도 조절

    # random crop
    image = tf.image.random_crop(image,(130,130,3))
    image = tf.image.resize(image,(150,150)) # target size와 일치해야 한다.

    image = tf.clip_by_value(image, 0.0, 1.0)
    return image

data_dir = './hymenoptera_data/small'
train_datagen = ImageDataGenerator(preprocessing_function=my_preprocessing,
                                   rotation_range=180)

train_generator = train_datagen.flow_from_directory(data_dir, target_size=(150,150),
                    batch_size=8,class_mode='categorical',shuffle=False)

class_names = list(train_generator.class_indices.keys())
for i in range(3):
    inputs, classes = next(iter(train_generator))
    inputs = np.concatenate(inputs, axis=1)
    classes = classes.argmax(axis=-1)
    plt.figure(figsize=(15,35))
    plt.imshow(inputs)
    plt.title([class_names[x] for x in classes])
    plt.show()
```

- rotation_range와 preprocessing_function이 동시에 argument로 넘어가고 있다. 적용 순서는 rotation이 먼저 적용되고, preprocessing_function이 마지막으로 적용된다. 따라서 preprocessing_function으로 넘어온 것은 지정된 augmentation이 적용된 후의 Numpy Array이다.

```
ImageDataGenerator(preprocessing_function=my_preprocessing,rotation_range=180)
```

10 https://www.tensorflow.org/api_docs/python/tf/image

그림 7.12: ImageDataGenerator의 preprocessing_function으로 이미지 Augmentation

- `tf.image`[10]에는 다양한 이미지 프로세싱 함수가 포함되어 있다. 구현된 `my_preprocessing`에서는 `random_flip_left_right()`, `random_brightness()`, `random_saturation()`, `random_crop()`, `resize()`를 사용했다.

- `tf.image.random_brightness`는 `max_delta`$=a$ 이면 $[-a, a]$ 사이의 random 값을 이미지에 더한다.

- `preprocessing_function`에서는 `train_datagen.flow_from_directory()`에서 지정한 `target_size` 크기의 이미지 1개가 넘어온다. return하는 이미지의 사이즈도 `target_size`와 동일해야 한다. return하는 이미지는 Numpy Array 형태이면 된다. 이런 이유로 `preprocessing_function` 내부에서 사용하는 함수는 Tensorflow API가 아니어도 된다.

7.2.4 Tensorflow Image Augmentation 3

`ImageDataGenerator`는 대용량의 데이터를 다루기에는 다소 느린 약점이 있다. Tensorflow의 기본 데이터 API인 `tf.data.Dataset`를 이용해서 이미지 Augmentation을 적용하면 좀 더 빠른 실행이 가능하다. Tensorflow에서는 공식적으로는 `ImageDataGenerator` 보다는 `tf.data.Dataset`을 생성해 주는 `image_dataset_from_directory()`를 사용할 것을 권고하고 있다[11].

- 앞에서 `ImageDataGenerator`의 `flow_from_directory()`로 디렉토리에 있는 이미지 파일을 loading 했다. 디렉토리에 있는 이미지 파일을 `tf.data.Dataset`으로 만들어 주는 API로 앞서 말한 `tf.keras.utils.image_dataset_from_directory()`가 있다.
- 만들어진 `tf.data.Dataset`에 4.4절에서 사용했던 `map()`을 적용하여 이미지 Augmentation을 할 수 있다. `map()`에 넘겨줄 함수는 바로 위에서 설명했던 `preprocessing_function`에 넘겨준 함수처럼 만들면 된다. 단, Tensorflow API로만 함수를 구성해야 한다.

코드 7.17: image_dataset_from_directory()를 이용한 이미지 Augmentation

```python
data_dir = './hymenoptera_data/small'
dataset = tf.keras.utils.image_dataset_from_directory(data_dir, batch_size=None,
     image_size=(170, 170),shuffle=False)
print(dataset.class_names) # ['ants', 'bees']

def my_preprocessing2(image):
    # image: Tensorflow Tensor
    image = image/255.

    image = tf.image.random_flip_left_right(image) # 확률 0.5로 고정되어 있음.
    image = tf.image.random_brightness(image, max_delta=0.3)
    image = tf.image.random_saturation(image, lower=0.5, upper=1.5) # 채도 조절

    # random crop
    image = tf.image.random_crop(image,(150,150,3))
    image = tf.clip_by_value(image, 0.0, 1.0)

    return image
dataset_batch = dataset.map(lambda x,y: (my_preprocessing2(x),y)).batch(8)

for i in range(3):
    inputs, classes = next(iter(dataset_batch))
    inputs = np.concatenate(inputs.numpy(), axis=1)
    plt.figure(figsize=(15,35))
    plt.imshow(inputs)
    plt.title([dataset.class_names[x] for x in classes])
    plt.show()
```

11 https://www.tensorflow.org/api_docs/python/tf/keras/preprocessing/image/ImageDataGenerator

그림 7.13: tf.data.Dataset, map으로 이미지 Augmentation

7.2.5 Pytorch Image Augmentation

Pytorch의 이미지 Augmentation은 우리가 앞서 사용했던 torchvision transforms에서 제공하는 API를 이용한다.

코드 7.18: torchvision transforms를 이용한 이미지 Augmentation

```
import torchvision.transforms as transforms
import torchvision.datasets as datasets
import torch
import torchvision

data_dir = './hymenoptera_data/small'

data_transforms = transforms.Compose([
    transforms.RandomResizedCrop(size=(150,150),scale=(0.7, 1.0),ratio=(0.9,1.1)),
    transforms.RandomHorizontalFlip(p=0.5),
    transforms.ToTensor(),
    transforms.Normalize([0.485, 0.456, 0.406], [0.229, 0.224, 0.225])
])

train_dataset = datasets.ImageFolder(data_dir, data_transforms) # subclass of Dataset
class_names = train_dataset.classes # ['ants', 'bees']
print(class_names)

dataloader = torch.utils.data.DataLoader(train_dataset, batch_size=8,shuffle=False)

def imshow(inp, title=None):
    # inp: Pytorch Tensor(C,H,W)
    inp = inp.numpy().transpose((1, 2, 0)) # (C,H,W) -> (H,W,C)
```

```
    mean = np.array([0.485, 0.456, 0.406])
    std = np.array([0.229, 0.224, 0.225])
    inp = std * inp + mean
    inp = np.clip(inp, 0, 1)
    plt.figure(figsize=(15,15))
    plt.imshow(inp)
    if title is not None:
        plt.title(title)
    plt.pause(0.001) # 약간의 지연을 주어서, 이미지 출력이 원활하게

for i in range(3):
    inputs,classes = next(iter(dataloader))
    out = torchvision.utils.make_grid(inputs) # inputs: (8, 3, 224, 224) ---> out: (3, 154, 1218)
    imshow(out, title=[class_names[x] for x in classes])
    print(i, classes, inputs.shape)
```

```
0 tensor([0, 0, 0, 0, 1, 1, 1, 1]) torch.Size([8, 3, 150, 150])
```

```
1 tensor([0, 0, 0, 0, 1, 1, 1, 1]) torch.Size([8, 3, 150, 150])
```

```
2 tensor([0, 0, 0, 0, 1, 1, 1, 1]) torch.Size([8, 3, 150, 150])
```

그림 7.14: Pytorch Image Augmentation 결과

- `RandomResizedCrop()`:
    - `ratio(a,b)`이면 (a,b) 사이에서 random하게 가로세로비 (aspect ratio)[12]를 선택한다.
    - `scale(c,d)`이면 (c,d) 사이에서 random하게 선택된 비율만큼의 넓이로 이미지에서 영역을 잘라낸다. 잘라낼 때, 가로세로비에 맞게 영역을 잘라낸다.
    - 마지막으로 주어진 size 크기로 resize 한다.

12 가로의 길이를 세로의 길이로 나눈 값을 말한다.

- `RandomHorizontalFlip`(p): 주어진 확률 p로 좌우 반전한다. `RandomVerticalFlip()`도 가능하다.
- `Normalize`: 평균(0.485, 0.456, 0.406), 표준편차(0.229, 0.224, 0.225)로 정규화한다. 주어진 평균, 표준편차는 ImageNet[13] 데이터로부터 계산된 값이다.
- Pytorch Tensor 형태로 만들어진 이미지 데이터를 시각적으로 확인하기 위해서는 다시 되돌리는 작업이 필요하다. channel first을 channel last로 바꾸고, 평균/표준편차로 정규화했던 것도 되돌려야 한다.
- `datasets.ImageFolder`는 코드 7.7에 있는 Tensorflow의 `flow_from_directory`와 같은 역할을 한다.
- `torchvision.utils.make_grid()` API를 이용해서 batch 형태로 묶인 데이터(N, C, H, W)를 가로 방향으로 연결하여 하나의 이미지(C, H, W)로 변환했다.

```
torchvision.utils.make_grid(tensor, nrow: int = 8, padding: int = 2,...)
```

13 대규모 이미지 데이터베이스. `https://image-net.org/`

7.3 CNN 이미지 모델

이미지 인식대회에서 우승 또는 준우승한 모델들은 잘 설계된 CNN을 기반으로 한 것들이다. 이런 모델들을 좀 더 자세히 살펴보자.

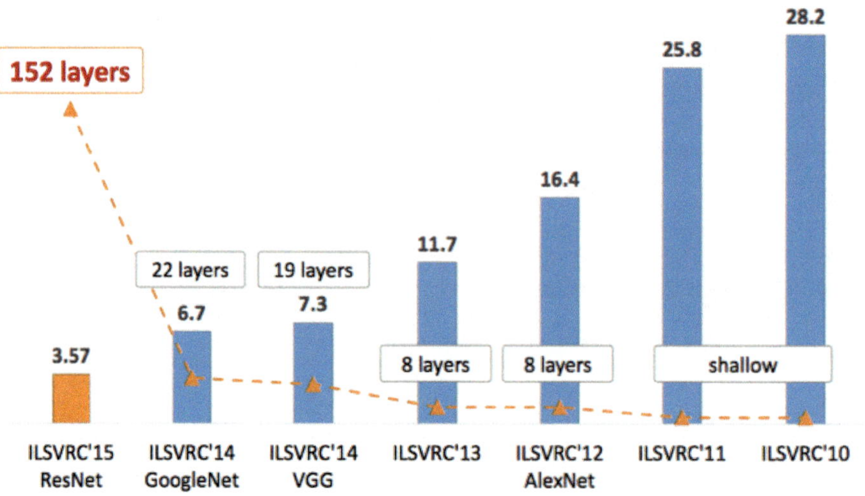

그림 7.15: ILSVRC대회 주요 모델 오류율과 Layer 수
해마다 오류율은 낮아지고 Layer 수는 점점 커져 가는 것을 볼 수 있다.
출처: Kaiming He 강연 자료 - `https://icml.cc/2016/tutorials/icml2016_tutorial_deep_residual_networks_kaiminghe.pdf`

Model	MACC	COMP	ADD	DIV	Activations	Params	SIZE(MB)
SimpleNet	1.9G	1.82M	1.5M	1.5M	6.38M	6.4M	24.4
SqueezeNet	861.34M	9.67M	226K	1.51M	12.58M	1.25M	4.7
Inception v4	12.27G	21.87M	53.42M	15.09M	72.56M	42.71M	163
Inception v3	5.72G	16.53M	25.94M	8.97M	41.33M	23.83M	91
Incep-Resv2	13.18G	31.57M	38.81M	25.06M	117.8M	55.97M	214
ResNet-152	11.3G	22.33M	35.27M	22.03M	100.11M	60.19M	230
ResNet-50	3.87G	10.89M	16.21M	10.59M	46.72M	25.56M	97.70
AlexNet	7.27G	17.69M	4.78M	9.55M	20.81M	60.97M	217.00
GoogleNet	16.04G	161.07M	8.83M	16.64M	102.19M	7M	40
NIN	11.06G	28.93M	380K	20K	38.79M	7.6M	29
VGG16	154.7G	196.85M	10K	10K	288.03M	138.36M	512.2

표 7.1: CNN 모델 크기 비교
출처: SimpleNet - `https://arxiv.org/abs/1608.06037`

7.3.1 VGG

VGG(Visual Geometry Group)는 2014년 ILSVRC[14] 대회에서 오류율 7.3%로 2등에 오른 모델[15]이다. 2등이지만 1등(오류율 6.7%) 모델인 GoogLeNet에 비해 모델 구조가 단순하여 인기가 있다.

VGG 모델					
A	A-LRN	B	C	D	E
11 weight layers	11 weight layers	13 weight layers	16 weight layers	16 weight(VGG16) layers	19 weight(VGG19) layers
133M	133M	133M	134M	138M	144M
input (224 × 224 RGB image)					
conv3-64	conv3-64 **LRN**	conv3-64 **conv3-64**	conv3-64 conv3-64	conv3-64 conv3-64	conv3-64 conv3-64
maxpool					
conv3-128	conv3-128	conv3-128 **conv3-128**	conv3-128 conv3-128	conv3-128 conv3-128	conv3-128 conv3-128
maxpool					
conv3-256 conv3-256	conv3-256 conv3-256	conv3-256 conv3-256	conv3-256 conv3-256 **conv1-256**	conv3-256 conv3-256 **conv3-256**	conv3-256 conv3-256 conv3-256 **conv3-256**
maxpool					
conv3-512 conv3-512	conv3-512 conv3-512	conv3-512 conv3-512	conv3-512 conv3-512 **conv1-512**	conv3-512 conv3-512 **conv3-512**	conv3-512 conv3-512 conv3-512 **conv3-512**
maxpool					
conv3-512 conv3-512	conv3-512 conv3-512	conv3-512 conv3-512	conv3-512 conv3-512 **conv1-512**	conv3-512 conv3-512 **conv3-512**	conv3-512 conv3-512 conv3-512 **conv3-512**
maxpool					
FC-4096 - Relu - Dropout(0.5)					
FC-4096 - Relu - Dropout(0.5)					
FC-1000					
soft-max					

표 7.2: VGG 모델 구조
오른쪽에 있는 VGG16, VGG19가 가장 많이 사용된다. 예를 들어, conv3-512는 kernel size 3, 출력 채널의 크기 512를 뜻한다. padding 1과 Activation Function Relu가 표시되어 있지 않다. maxpooling size는 2이다. 참고로 LRN(Local Response Normalization)은 AlexNet에서 도입된 Normalization 기법으로, 현재에는 거의 사용하지 않는다.

- VGG 모델은 입력 이미지의 크기가 (224, 224, 3)을 가정하고 설계되었다.
- VGG16은 Convolution Layer 13개 + FC Layer 3개를 합친 16개 Layer를 가지고 있다.

14 ILSVRC: ImageNet Large Scale Visual Recognition Challenge

15 `https://arxiv.org/abs/1409.1556`

VGG19는 Convolution 16개 + FC Layer 3개로 19개의 Layer를 가지고 있다. 모두 3 × 3 Convolution만을 사용했다.

- 표 (7.2) 에서는 Convolution의 padding 1이 생략되어 있다. kernel size 3, padding 1이면 convolution 연산에서는 이미지의 크기가 변화하지 않는다.
- maxpooling size가 2로 되어 있기 때문에, maxpooling으로 이미지의 크기가 절반으로 줄어든다. 5번의 maxpooling으로 이미지의 크기가 224의 $\frac{1}{2^5} = \frac{1}{32}$ 이 되어서, $(7, 7, 512)$ 로 줄어든다.
- 3번의 FC Layer가 적용되고 있다. 첫 번째 FC Layer는 출력 크기가 4,096으로 되어 있다. 입력 크기는 $7 \times 7 \times 512 = 25,088$ 이다.
- 표 (7.2) 에서 확인할 수 있듯이 VGG 모델은 FC Layer를 3개 포함하고 있기 때문에, Inception 이나 Resnet에 비해 모델 파라메터 수가 많다.
- 마지막 FC Layer의 출력 크기가 1,000인 것은 분류 대상 이미지 class가 1,000개이기 때문이다.

이제 VGG를 구현해 보자. VGG, Inception, Resnet 같은 모델들은 `torchvision`, `tensorflow.keras.applications`에 구현되어 있다. 하지만 표 (7.2) 에 제시된 모델 설계도에 따라 직접 구현해 보는 것도 의미가 있다. 설계도대로 VGG16 모델을 Pytorch로 구현해 보자.

코드 7.19: **[Pytorch]** VGG16 구현

```python
import torch
import torch.nn as nn
class VGG_naive(nn.Module):

    def __init__(self, num_classes=1000):
        super(VGG, self).__init__()
        self.L1 = nn.Sequential(
            nn.Conv2d(3,64,3,stride=1,padding=1), # in_channels, out_channels, kernel_size
            nn.ReLU(inplace=True),
            nn.Conv2d(64,64,3,stride=1,padding=1),
            nn.ReLU(inplace=True),
            nn.MaxPool2d(2,2)
        )
        self.L2 = nn.Sequential(
            nn.Conv2d(64,128,3,stride=1,padding=1),
            nn.ReLU(inplace=True),
            nn.Conv2d(128,128,3,stride=1,padding=1),
            nn.ReLU(inplace=True),
            nn.MaxPool2d(2,2)
        )
        self.L3 = nn.Sequential(
            nn.Conv2d(128,256,3,stride=1,padding=1),
            nn.ReLU(inplace=True),
```

```
            nn.Conv2d(256,256,3,stride=1,padding=1),
            nn.ReLU(inplace=True),
            nn.Conv2d(256,256,3,stride=1,padding=1),
            nn.ReLU(inplace=True),
            nn.MaxPool2d(2,2)
        )
        self.L4 = nn.Sequential(
            nn.Conv2d(256,512,3,stride=1,padding=1),
            nn.ReLU(inplace=True),
            nn.Conv2d(512,512,3,stride=1,padding=1),
            nn.ReLU(inplace=True),
            nn.Conv2d(512,512,3,stride=1,padding=1),
            nn.ReLU(inplace=True),
            nn.MaxPool2d(2,2)
        )
        self.L5 = nn.Sequential(
            nn.Conv2d(512,512,3,stride=1,padding=1),
            nn.ReLU(inplace=True),
            nn.Conv2d(512,512,3,stride=1,padding=1),
            nn.ReLU(inplace=True),
            nn.Conv2d(512,512,3,stride=1,padding=1),
            nn.ReLU(inplace=True),
            nn.MaxPool2d(2,2)
        )
        self.classifier = nn.Sequential(
            nn.Linear(512 * 7 * 7, 4096),
            nn.ReLU(inplace=True),
            nn.Dropout(p=0.5),
            nn.Linear(4096, 4096),
            nn.ReLU(inplace=True),
            nn.Dropout(),
            nn.Linear(4096, num_classes),
        )

    def forward(self, x):
        x = self.L1(x)
        x = self.L2(x)
        x = self.L3(x)
        x = self.L4(x)
        x = self.L5(x)
        x = torch.flatten(x,start_dim=1) # Flatten
        x = self.classifier(x)
        return x
model = VGG_naive(1000)
x = torch.randn(1,3,224,224)
y = model(x) # (1,1000)
```

코드 7.19는 VGG16의 layer들을 단순히 나열해서 구현했다. 좀 더 구조화된 형태로 구현해 보자. 이렇게 구현하면 코드의 중복없이 VGG16, VGG19 모델을 만들 수 있다[16].

16 https://pytorch.org/vision/0.12/_modules/torchvision/models/vgg.html

코드 7.20: **[Pytorch]** 구조화된 VGG 모델 구현

```
class VGG(nn.Module):
    def __init__(self, features, num_classes=1000):
        super(VGG, self).__init__()
        self.features = features
        self.classifier = nn.Sequential(
            nn.Linear(512 * 7 * 7, 4096),
            nn.ReLU(True),
            nn.Dropout(),
            nn.Linear(4096, 4096),
            nn.ReLU(True),
            nn.Dropout(),
            nn.Linear(4096, num_classes),
        )

    def forward(self, x):
        x = self.features(x)
        x = x.view(x.size(0), -1)
        x = self.classifier(x)
        return x

def make_layers(cfg, batch_norm=False):
    layers = []
    in_channels = 3
    for v in cfg:
        if v == 'M': # MaxPooling
            layers += [nn.MaxPool2d(kernel_size=2, stride=2)]
        else:
            conv2d = nn.Conv2d(in_channels, v, kernel_size=3, padding=1)
            if batch_norm:
                layers += [conv2d, nn.BatchNorm2d(v), nn.ReLU(inplace=True)]
            else:
                layers += [conv2d, nn.ReLU(inplace=True)]
            in_channels = v
    return nn.Sequential(*layers) # *layers: list를 풀어서 넘겨야 한다.

cfg = {
    'vgg16': [64, 64, 'M', 128, 128, 'M', 256, 256, 256, 'M', 512, 512, 512, 'M', 512,
        512, 512, 'M'],
    'vgg19': [64, 64, 'M', 128, 128, 'M', 256, 256, 256, 256, 'M', 512, 512, 512, 512,
        'M', 512, 512, 512, 512, 'M'],
}

vgg16 = VGG(make_layers(cfg['vgg16']),num_classes=1000 )
vgg19 = VGG(make_layers(cfg['vgg19'],batch_norm=True),num_classes=1000 )
```

코드 7.20에는 논문에 없는 Batch Normalization도 옵션에 따라 포함될 수 있게 구현되어 있다.

VGG는 입력 이미지를 독특하게 preprocessing한다[17]. 채널 순서를 RGB에서 BGR로 바꾸고, (103.939, 116.779, 123.68)를 빼는 Normalization을 한다. 이런 preprocessing을 반드시 지켜야 하

17 Resnet도 VGG와 동일한 방식의 preprocessing한다.

는 것은 아니다. Tensorflow에서 제공하는 훈련된 (pre-trained) VGG모델은 이런 preprocessing을 그대로 따르고 있지만, Pytorch의 훈련된 모델은 다른 방식의 preprocessing을 한다.

Tensorflow는 모델마다 고유한 preprocessing API를 각각 제공하고 있고 Pytorch의 torchvision에서는 모든 모델에 공통된 proprocessing을 적용한다[18].

코드 7.21: [**Tensorflow**] VGG, Resnet preprocessing

```
import tensorflow as tf
from tensorflow.keras.preprocessing import image
import numpy as np

def preprocess_image(x):
    mean = [103.939, 116.779, 123.68] # BGR
    x = x[...,::-1] # RGB --> BGR
    x[...,0] -= mean[0]
    x[...,1] -= mean[1]
    x[...,2] -= mean[2]

    return x

img = image.load_img('dog.jpg',target_size=(224,224)) # PIL Image
img_processed = tf.keras.applications.vgg16.preprocess_input(np.array(img)) # uint8 --> float32
img_processed2 = preprocess_image(np.array(img).astype(np.float32))
img_processed3 = tf.keras.applications.resnet50.preprocess_input(np.array(img)) # uint8 --> float32

np.allclose(img_processed,img_processed2), np.allclose(img_processed2,img_processed3) # (True,True)
```

- 코드 7.21에서는 Tensorflow에서 제공하는 Pre-trained 모델 VGG, Resnet에서 사용한 preprocessing을 보여주고 있다.
- 코드 7.22에서는 torchvision에서 제공하는 모든 Pre-trained 모델에서 공통적으로 사용하는 preprocessing을 보여주고 있다. 핵심은 `normalize` 부분이다.

18 `https://pytorch.org/vision/0.12/models.html`

코드 7.22: **[Pytorch]** torchvision의 Pre-trained 모델의 preprocessing

```
import torchvision.transforms as transforms
normalize = transforms.Normalize(mean=[0.485, 0.456, 0.406],
                                 std=[0.229, 0.224, 0.225])

train_transorms = transforms.Compose([
          transforms.RandomResizedCrop(224),
          transforms.RandomHorizontalFlip(),
          transforms.ToTensor(),
          normalize,
       ])

val_transorms = transforms.Compose([
          transforms.Resize(256),
          transforms.CenterCrop(224),
          transforms.ToTensor(),
          normalize,
       ])
```

7.3.2 GoogLeNet(Inception v1)

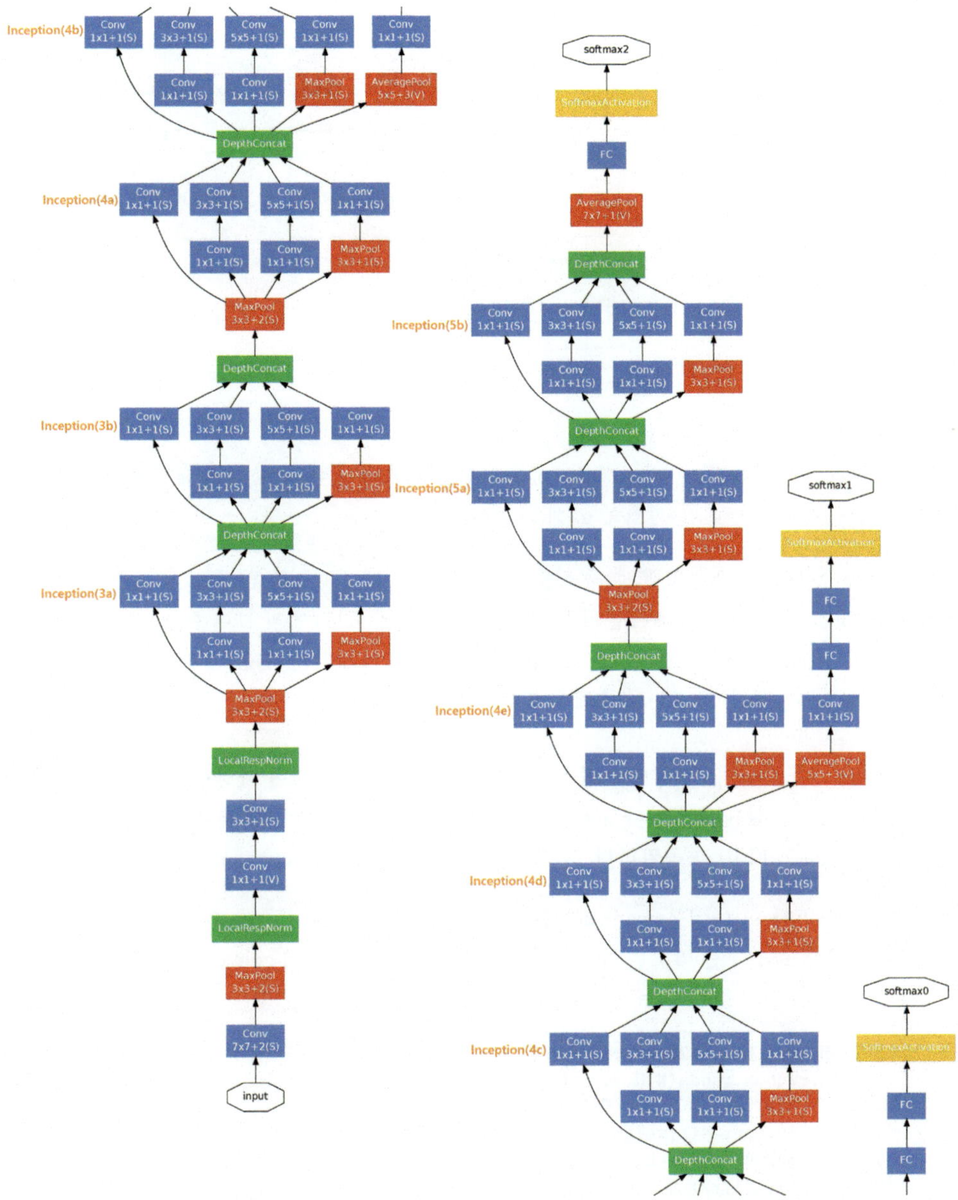

그림 7.16: Inception Model 구조

LocalRespNorm(Local Response Normalization)은 AlexNet에서 도입된 Normalization인데, 요즘에는 거의 사용하지 않는다. 모델의 앞쪽에는 Inception Module 대신 일반적인 Convolution이 사용되었다. 논문에서는 memory efficiency 때문에, Inception Mudule 대신 일반적인 Convolution이 낫다고 판단했다고 한다. 예를 들어, $7 \times 7 + 2(S)$는 7×7 Filter에 Stride 2를 의미한다. (S)/(V)는 각각 Same/Valid Padding을 의미한다.

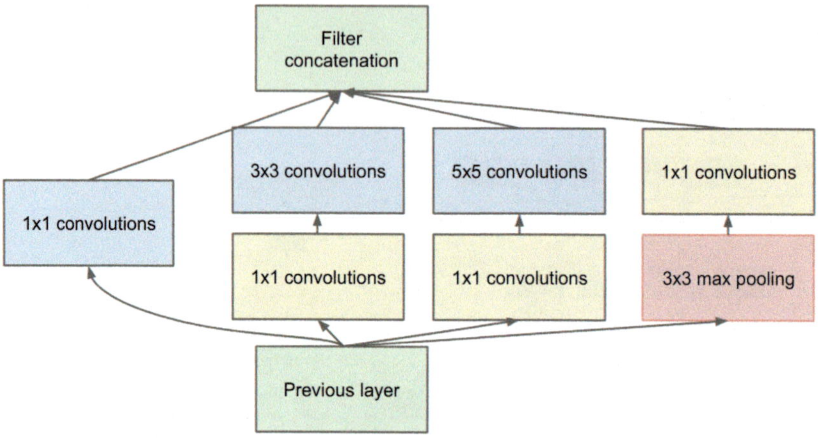

그림 7.17: Inception Module

GoogLeNet[19]은 2014년 ILSVRC 대회에서 1등을 차지한 모델이다. 이후에 이름이 Inception v1으로 바뀌었고, 후속 모델인 v2, v3, v4가 나왔다.

그림 (7.16)은 GoogLeNet의 모델 구조를 보여주고 있는데, Layer를 많이 쌓아 깊은 Network을 구성했다는 것을 알 수 있다. Layer들의 Block을 보면, 그림 (7.17)에서 보여주는 Inception Module들로 구성되어 있다. Layer를 깊게 쌓으면 쌓을수록 파라메터의 수는 증가할 수밖에 없는데, GoogLeNet은 Inception Module을 통해서 파라메터 수를 억제하기 위해 공을 들인 모델이다.

- Inception Module: 입력에 여러 종류의 Filter를 동시에 적용하여 다양한 feature(패턴)를 뽑아낼 수 있도록 설계되어 있다. same padding으로 convolution을 했기 때문에 출력 이미지의 크기 (height, width)가 동일하다. 그래서 채널 수가 더해지는 concat으로 합칠 수 있다.

- 1×1 convolution: 1×1 convolution은 채널 차원에서 보면, FC Layer와 동일한 연산이다. 입력 채널 수를 조절하는 역할을 할 수 있다. 다음 코드를 통해 1×1 convolution과 FC Layer(행렬곱)가 같은 결과를 준다는 것을 확인할 수 있다.

```
N=2; H=W=7; C_in=128; C_out=64
x = np.random.randn(N,H,W,C_in)
weight = np.random.randn(C_in,C_out) # weight[None,None]: (1,1,C_in,C_out)
y1 = tf.nn.conv2d(x,weight[None,None],strides=1,padding='VALID')
y2 = np.matmul(x,weight)
np.allclose(y1,y2) # True
```

1×1 convolution을 3×3 convolution, 5×5 convolution 앞쪽에 놓아 channel 크기를 줄이는 역할을 한다. 또한 3×3 convolution, 5×5 convolution에 들어가는 좋은 feature를 만들어

19 https://arxiv.org/abs/1409.4842

type	patch size/ stride	output size	depth	#1×1	#3×3 reduce	#3×3	#5×5 reduce	#5×5	pool proj	params	ops
convolution	7×7/2	112×112×64	1							2.7K	34M
max pool	3×3/2	56×56×64	0								
convolution	3×3/1	56×56×192	2		64	192				112K	360M
max pool	3×3/2	28×28×192	0								
inception (3a)		28×28×256	2	64	96	128	16	32	32	159K	128M
inception (3b)		28×28×480	2	128	128	192	32	96	64	380K	304M
max pool	3×3/2	14×14×480	0								
inception (4a)		14×14×512	2	192	96	208	16	48	64	364K	73M
inception (4b)		14×14×512	2	160	112	224	24	64	64	437K	88M
inception (4c)		14×14×512	2	128	128	256	24	64	64	463K	100M
inception (4d)		14×14×528	2	112	144	288	32	64	64	580K	119M
inception (4e)		14×14×832	2	256	160	320	32	128	128	840K	170M
max pool	3×3/2	7×7×832	0								
inception (5a)		7×7×832	2	256	160	320	32	128	128	1072K	54M
inception (5b)		7×7×1024	2	384	192	384	48	128	128	1388K	71M
avg pool	7×7/1	1×1×1024	0								
dropout (40%)		1×1×1024	0								
linear		1×1×1000	1							1000K	1M
softmax		1×1×1000	0								

표 7.3: GoogLeNet 구조(architecture)

그림(7.16)과 대조해서 보면 된다. 입력 이미지의 크기는 (224, 224, 3)을 가정한다. **reduce**는 1×1 convolution의 채널 크기이다. 예를 들어, #3×3 **reduce**는 #3×3 convolution 앞에서 channel 크기를 줄이기 위한 1×1 convolution이다.

주는 역할도 한다.

- Auxiliary Classifiers: 그림 (7.16)을 보면, 마지막에 있는 분류를 위한 softmax 외에 2개의 softmax가 더 있는 것을 볼 수 있다. 모델의 Layer가 깊게 쌓이면서 생길 수 있는 Gradient Vanishing 문제를 완화하기 위한 보조 장치이다. 보조 분류기의 loss에 0.3의 가중치를 곱해 마지막에 있는 Main Classifier의 Loss에 더해 주었다.

- 표 (7.1) 에서 GoogLeNet의 파라메터 개수는 7M개로 VGG16(138M)과 비교해보면 약 $\frac{1}{20}$로 줄었다. GoogLeNet은 경량화를 위해 노력한 모델이라 할 수 있다.

- 표 (7.4) 에서는 inception (3a)의 파라메터 수를 계산하는 예시를 보여주고 있다.

type	patch size/ stride	output size	depth	#1×1	#3×3 reduce	#3×3	#5×5 reduce	#5×5	pool proj	params	ops
inception (3a)		28×28×256	2	64	96	128	16	32	32	159K	128M

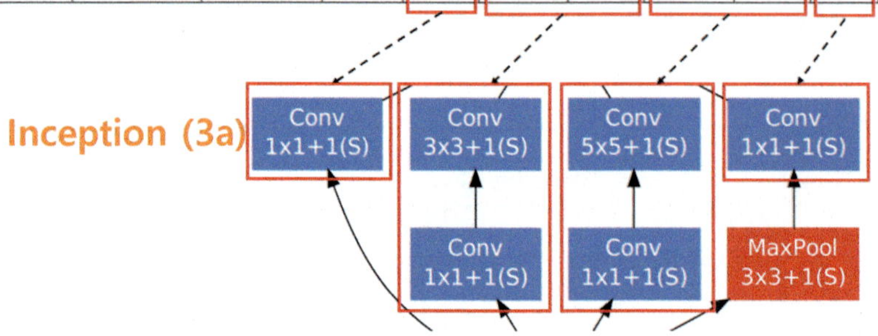

그림 7.18: 표 (7.4)와 그림 (7.16) 관계

type	patch size/ stride	output size	depth	#1×1	#3×3 reduce	#3×3	#5×5 reduce	#5×5	pool proj	params	ops
inception (3a)		28×28×256	2	64	96	128	16	32	32	159K	128M

표 7.4: 파라메터 수 계산

inception (3a)로 입력되는 channel 수는 192이다.

#1×1: $192 \times 64 \times 1 \times 1 + 64(\text{bias}) = 12,352$

#3×3 **reduce**: $192 \times 96 \times 1 \times 1 + 96 = 18,528$

#3×3: $96 \times 128 \times 3 \times 3 + 128 = 110,720$

#5×5 **reduce**: $192 \times 16 \times 1 \times 1 + 16 = 3,088$

#5×5: $16 \times 32 \times 5 \times 5 + 32 = 12,832$

pool proj: $192 \times 32 \times 1 \times 1 + 32 = 6,176$

total = 12,352+18,528+110,720+3,088+12,832+6,176 = 163,696

1K=1,024로 보면, 163,696/1,024 = 159K

채널 수: $64 + 128 + 32 + 32 = 256$. output size $28 \times 28 \times 256$의 channel size 256과 일치함을 확인할 수 있다.

코드 7.23과 같이 살펴보면 더 이해하기 쉽다.

코드 4.14처럼 Tensorflow Functional API를 사용하여 모델을 구현해 보자. 먼저 Inception Module을 구현하자.

코드 7.23: [**Tensorflow**] Inception Module

```
import tensorflow as tf
from tensorflow.keras.layers import Conv2D, MaxPool2D, Concatenate, AveragePooling2D,
    Flatten, Dense, Dropout, GlobalAveragePooling2D
def inception_module(input,Filters,name=None):
    # Filters: eg. inception (3a) --> [64,96,128,16,32,32]
    F_1x1,F_3x3_reduce,F_3x3,F_5x5_reduce,F_5x5,F_pool_proj = Filters

    conv_1x1 = Conv2D(F_1x1, (1, 1), padding='same', activation='relu')(input)

    conv_3x3 = Conv2D(F_3x3_reduce, (1, 1), padding='same', activation='relu')(input)
    conv_3x3 = Conv2D(F_3x3, (3, 3), padding='same', activation='relu')(conv_3x3)

    conv_5x5 = Conv2D(F_5x5_reduce, (1, 1), padding='same', activation='relu')(input)
    conv_5x5 = Conv2D(F_5x5, (5, 5), padding='same', activation='relu')(conv_5x5)

    pool_proj = MaxPool2D((3, 3), strides=(1, 1), padding='same')(input)
    pool_proj = Conv2D(F_pool_proj, (1, 1), padding='same',
        activation='relu')(pool_proj)

    output = Concatenate(axis=3,name=name)([conv_1x1, conv_3x3, conv_5x5, pool_proj])
    return output
```

- `inception_module()`는 그림 (7.17)의 Inception Module을 충실히 구현했다.

구현된 Inception Module을 이용해서 GoogLeNet을 완성해 보자. 표 (7.3)과 그림 (7.16)에 따라 구현하면 된다.

코드 7.24: [**Tensorflow**] GoogLeNet

```
n_class = 10
input_layer = tf.keras.Input(shape=(224, 224, 3))

x = Conv2D(64, (7, 7), padding='same', strides=(2, 2), activation='relu',
    name='conv_1_7x7/2')(input_layer)
x = MaxPool2D((3, 3), padding='same', strides=(2, 2), name='max_pool_1_3x3/2')(x)

x = Conv2D(64, (1, 1), padding='same', strides=(1, 1), activation='relu',
    name='conv_2a_3x3/1')(x)
x = Conv2D(192, (3, 3), padding='same', strides=(1, 1), activation='relu',
    name='conv_2b_3x3/1')(x)
x = MaxPool2D((3, 3), padding='same', strides=(2, 2), name='max_pool_2_3x3/2')(x)

inception_3a_f = [64,96,128,16,32,32]
x = inception_module(x,inception_3a_f,name='inception_3a')

```

```
inception_3b_f = [128,128,192,32,96,64]
x = inception_module(x,inception_3b_f,name='inception_3b')

x = MaxPool2D((3, 3), padding='same', strides=(2, 2), name='max_pool_3_3x3/2')(x)

inception_4_f = [[192,96,208,16,48,64],[160,112,224,24,64,64],[128,128,256,24,64,64],
                 [112,144,288,32,64,64],[256,160,320,32,128,128]]

temp = []
for i in range(5):
    x = inception_module(x,inception_4_f[i],name=f'inception_4_{i}')
    temp.append(x)

# Auxiliary Classifier - 1
x1 = AveragePooling2D((5, 5), strides=3, padding='valid')(temp[0])
x1 = Conv2D(128, (1, 1), padding='same', activation='relu')(x1) # (N,4,4,512)->(N,4,4,128)
x1 = Flatten()(x1) # (N,4*4*128)
x1 = Dense(1024, activation='relu')(x1) # (N,1024)
x1 = Dropout(0.7)(x1)
x1 = Dense(n_class, activation='softmax', name='auxilliary_classifier_1')(x1)

# Auxiliary Classifier - 2
x2 = AveragePooling2D((5, 5), strides=3, padding='valid')(temp[3])
x2 = Conv2D(128, (1, 1), padding='same', activation='relu')(x2) # (N,4,4,528)->(N,4,4,128)
x2 = Flatten()(x2)
x2 = Dense(1024, activation='relu')(x2) # (N,1024)
x2 = Dropout(0.7)(x2)
x2 = Dense(n_class, activation='softmax', name='auxilliary_classifier_2')(x2)

x = MaxPool2D((3, 3), padding='same', strides=(2, 2), name='max_pool_4_3x3/2')(x) # x = temp[-1]

inception_5a_f = [256,160,320,32,128,128]
x = inception_module(x,inception_5a_f,name='inception_5a')

inception_5b_f = [384,192,384,48,128,128]
x = inception_module(x,inception_5b_f,name='inception_5b')

x = AveragePooling2D((7, 7), strides=1, padding='valid',name='avg_pool_7x7/1')(x)
x = Flatten()(x)
x = Dropout(0.4)(x)
x = Dense(n_class, activation='softmax', name='output')(x)

model = tf.keras.Model(input_layer, [x, x1, x2], name='GoogLeNet') # Trainable params: 10,334,030
```

- 구현된 코드를 보면, 모델은 1개의 입력(input_layer)과 3개의 출력(x,x1,x2)을 가지고 있다.
- trainable parameter 개수는 모두 $10334030/10^{20} = 9.85$M이다. 표(7.1)에 나오는 GooLeNet

의 7M과는 차이가 있다. 차이의 원인은 표(7.1)에는 Auxiliary Classifiers의 convolution과 FC Layer가 포함되어 있지 않기 때문이다.

구현된 GoogLeNet으로 Cifar-10 dataset으로 이미지 분류를 해보자. 먼저 Cifar-10 dataset에 대해서 알아보자.

7.3.3 CIFAR-10 Dataset

그림 7.19: Cifar-10 이미지

Cifar-10 dataset은 10개의 class를 가진 (32, 32, 3) 크기의 컬러 이미지 데이터이다. class별로 6,000개씩 모두 6만 개의 데이터를 가지고 있다. 이 중 5만 개는 training 데이터, 1만 개는 test 데이터로 나누어져 있다.

Cifar-10 dataset을 GoogLeNet으로 train하기 위해서는 $224 \times 224 \times 3$ 크기의 float32 Numpy Array로 변환해야 한다. float32는 이름에서 알 수 있듯이 32bit이므로 4byte에 해당한다. 6만 개의 $224 \times 224 \times 3$ 크기의 float32 array의 메모리 사용량을 대략적으로 계산해 보면, 약 33Giga byte가 된다.

$$60,000 \times 224 \times 224 \times 3 \times 4\text{byte} = 36,126,720,000 \approx 33\text{Giga byte}$$

페이지 212(대용량 데이터 처리)에서 언급한 적이 있는 메모리에 모두 올릴 수 없는 대용량 데이터를 다루는 방법을 살펴보자.

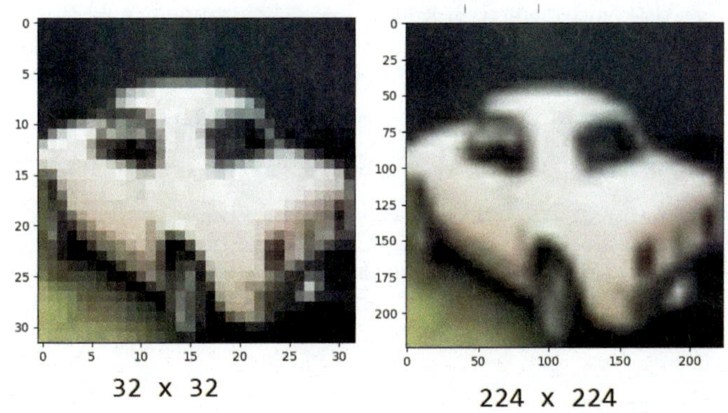

그림 7.20: Cifar 이미지 크기 변환
32 × 32 크기를 224 × 224로 resize하여 비교한 것이다. 저해상도 이미지를 resize했기 때문에 흐리게 보인다. GoogLeNet으로 train한 후, 고해상도 이미지로 예측을 해보면 결과가 좋지 않다. train에 사용된 이미지와 성격이 다르기 때문이다.

코드 7.25: [**Tensorflow**] Cifar-10 data loading & resize (224, 224)

```
def preprocessing(imgs,img_size,labels):
   imgs = tf.image.resize(imgs, img_size)
   return imgs,(labels,labels,labels)

batch_size = 64
#(50000,32,32,3),(50000,1),(10000,32,32,3),(10000,1)
(X_train, Y_train), (X_valid, Y_valid) = tf.keras.datasets.cifar10.load_data()
train_dataset = tf.data.Dataset.from_tensor_slices(
               ((X_train/255.).astype(np.float32),Y_train.reshape(-1)))
               .shuffle(buffer_size=10000).batch(batch_size)
train_dataset = train_dataset.map(lambda x,y:
    preprocessing(x,(224,224),y)).prefetch(128)

valid_dataset = tf.data.Dataset.from_tensor_slices(
               ((X_valid/255.).astype(np.float32),Y_valid.reshape(-1)))
               .batch(batch_size)
valid_dataset = valid_dataset.map(lambda x,y:
    preprocessing(x,(224,224),y)).prefetch(128)
```

- 전체 데이터 각각의 크기를 미리 변경해서 메모리에 올릴 수 없기 때문에 데이터를 공급하는 단계에서 이미지를 읽어온 후, Tensorflow Dataset의 `map()`을 이용해서 이미지 크기를 변경했다. 그리고 GoogLeNet은 입력이 1개, 출력이 3개인 모델이므로, 이에 맞게 target label을 3번 반복해서 return하는 구조로 만들어져 있다.

- 페이지 195에서 설명한 대로 `map()`으로 넘긴 함수는 Tensor를 조작할 수 있는 함수로 구성되어야 한다. `cv2.resize()`, `skimage.transform.resize()` 등은 사용할 수 없다. Tensorflow API인 `tf.image.resize()`를 사용해야 한다.

- `map()`에 함수를 넘길 때, `lambda`를 이용하면 부수적인 argument를 넘길 수 있어 유용하다.
- `prefetch(128)`은 mini batch 128개가 항상 미리 만들어져 있도록 하는 API이다. 파일을 읽어 오거나 resize하는 속도가 단순히 메모리에서 읽어 오는 속도보다 상대적으로 느리기 때문에 미리 만들어 두는 것이 좋다. 다음과 같이 `buffer_size=tf.data.AUTOTUNE`으로 설정하며 동적(dynamically tuned)으로 `buffer_size`를 잡아준다.

```
train_dataset = train_dataset.prefetch(buffer_size=tf.data.AUTOTUNE)
```

7.3.4 GoogLeNet 훈련하기

코드 7.26: [**Tensorflow**] callback & compile

```
initial_learning_rate = 0.001
monitor_name = 'val_output_accuracy' # 이 모델에서는 'val_accuracy'로 하면 안 된다.

# learning rate callback
lr_callback = tf.keras.callbacks.ReduceLROnPlateau(
lr_callback = tf.keras.callbacks.ReduceLROnPlateau(
            monitor=monitor_name, # val loss를 기준으로...
            factor=0.6,   # callback 호출시 lr = factor*lr
            patience=5,   # patience epoch 동안 monitor값이 좋아지지 않으면 callback 작동
            cooldown=0,   # lr이 변경된 후, cooldonw 동안에는 callback이 작동 안 한다.
            min_lr=0.0001, # lr을 이 값 이하로는 줄이지 않는다.
            verbose = 1,min_delta=0.001)

# early stop callback
es_callback = tf.keras.callbacks.EarlyStopping(
            monitor=monitor_name,
            min_delta=0.003, # 이 값 이상으로 변화되어야 향상으로 인정.
            patience=10, verbose=1, mode="auto", baseline=None,
            restore_best_weights=True) # stop될 때 마지막이 아닌, best weight로 복원

optimizer = tf.keras.optimizers.Adam(learning_rate=initial_learning_rate) # lr or learning_rate

# checkpoint callback: val_output_accuracy(이름이 중요)
model_filename = "Epoch-{epoch:03d}-{val_output_accuracy:.4f}" #
checkpoint_path = os.path.join('./googlenet-models/', model_filename)
cp_callback = tf.keras.callbacks.ModelCheckpoint(filepath=checkpoint_path,
              save_weights_only=True,verbose=1,mode='auto',
              save_best_only=True,monitor=monitor_name)
mycallback = MyCallback(monitor_name)

model.compile(loss=['sparse_categorical_crossentropy',
                    'sparse_categorical_crossentropy',
                    'sparse_categorical_crossentropy'],
              loss_weights=[1, 0.3, 0.3], optimizer=optimizer, metrics=['accuracy'])
```

- Tensorflow Model fit은 High Level API로 사용자가 직접 제어하는 요소가 제한되어 있다. 이를 보완하기 위해 Callback을 활용할 수 있다. 5.1절에서 사용자 정의 Callback에 대해서 알아보았다. 여기서는 Tensorflow에서 제공되는 Callback[20]을 활용해 보자.
- 코드에서는 `tf.keras.callback`에 있는 3개의 Callback과 사용자 정의 Callback을 사용하고 있다.
  - `tf.keras.callbacks.ReduceLROnPlateau()`[21]: training 중에 모델이 더 이상 좋아지지 않으면 learning rate을 줄이는 Callback이다. 모델이 좋아지지 않는다는 기준(`monitor`)을 정해주어야 한다.
    * `monitor`: 모델의 평가 기준.
    * `min_delta`: 이 값 이상으로 좋아져야 향상되었다고 판단한다.
    * `patience`: 지정한 epoch 동안 모델이 향상되지 않으면, learning rate을 조정한다.
    * `factor`: learning rate에 이 값을 곱해서 줄여준다.
    * `mode`: 모델의 평가 기준 값이 올라가야 향상되는 것(예: 정확도)도 있고, 내려가야 향상되는 것(예: loss)도 있다. `'auto'`로 지정하면 `monitor`의 이름으로부터 유추해서 결정한다.
  - `tf.keras.callbacks.EarlyStopping()`[22]: 지정한 epoch까지 training을 수행하는 동안 모델이 더 이상 향상되지 않으면 training을 조기 종료하는 조건을 설정한다.
    * `monitor`: 모델의 평가 기준.
    * `min_delta`: 이 값 이상으로 좋아져야 향상되었다고 판단한다.
    * `patience`: 지정한 epoch 동안 모델이 향상되지 않으면, training을 종료한다.
    * `baseline`: 첫 `patience` epoch 동안, `baseline` 이상의 성능을 보이지 않으면, training을 종료한다.
  - `tf.keras.callbacks.ModelCheckpoint()`[23]: 모델이 향상되면 모델의 checkpoint를 저장한다. `filepath`에 formatted text 형식을 사용하면 파일 이름에 정보를 나타낼 수 있다. 그림(7.21)에서 그 결과를 확인할 수 있다.
  - `mycallback`은 코드 7.31에 구현되어 있는 사용자 정의 Callback 객체이다. 경과 시간과 accuracy에 대한 정보를 출력하기 위한 Callback이다.
- 구현된 GoogLeNet은 3개의 출력을 가지고 있기 때문에, 3개의 loss 함수를 지정했고, loss들의

20 `https://www.tensorflow.org/api_docs/python/tf/keras/callbacks`

21 `https://www.tensorflow.org/api_docs/python/tf/keras/callbacks/ReduceLROnPlateau`

22 `https://www.tensorflow.org/api_docs/python/tf/keras/callbacks/EarlyStopping`

23 `https://www.tensorflow.org/api_docs/python/tf/keras/callbacks/ModelCheckpoint`

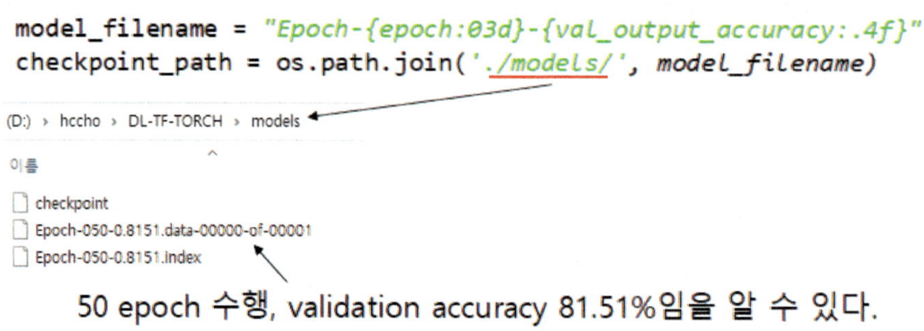

그림 7.21: ModelCheckpoint로 저장된 Checkpoint 파일

가중치로 `loss_weights`[24]도 지정했다. target label을 one-hot으로 변환하지 않았기 때문에, `'sparse_categorical_crossentropy'`를 loss 함수로 사용했다.

다음은 훈련을 위한 코드이다.

코드 7.27: [**Tensorflow**] GoogLeNet 훈련

```
history = model.fit(train_dataset,epochs=400,validation_data=valid_dataset,
                    validation_freq=1,verbose=1,
                    callbacks=[es_callback,cp_callback,lr_callback,mycallback],
                    initial_epoch=0)
```

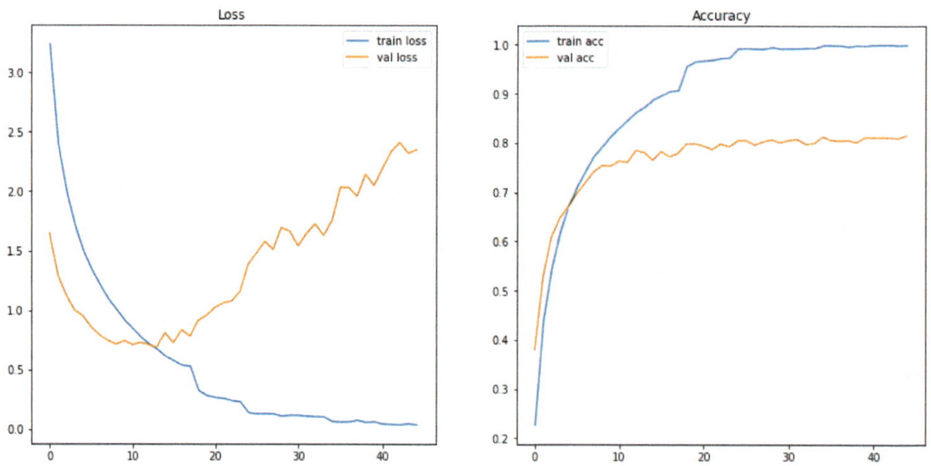

그림 7.22: GoogLeNet - Tensorflow 모델 훈련
45 epoch 훈련 후, validation accuracy 81.52%에 도달했다. 약 15epoch 이후에는 overfitting이 발생하는 것을 볼 수 있다.

24 `loss_weights`를 지정하지 않았을 때 default 가중치는 1이다.

Output:

```
Epoch 1/400
782/782 [==============================] - 129s 155ms/step - loss: 3.5260 - output_loss: 2.2124
- auxilliary_classifier_1_loss: 2.1816 - auxilliary_classifier_2_loss: 2.1972 - output_accuracy: 0.1484
- auxilliary_classifier_1_accuracy: 0.1712 - auxilliary_classifier_2_accuracy: 0.1603 - val_loss: 2.6123
- val_output_loss: 1.6457 - val_auxilliary_classifier_1_loss: 1.5737 - val_auxilliary_classifier_2_loss: 1.6482
- val_output_accuracy: 0.3792 - val_auxilliary_classifier_1_accuracy: 0.4131
- val_auxilliary_classifier_2_accuracy: 0.3861

Epoch 00001: val_output_accuracy improved from -inf to 0.37920, saving model to ./models\Epoch-01-0.3792
Epoch 2/400
782/782 [==============================] - 119s 153ms/step - loss: 2.5292 - output_loss: 1.5896
- auxilliary_classifier_1_loss: 1.5634 - auxilliary_classifier_2_loss: 1.5686 - output_accuracy: 0.4045
- auxilliary_classifier_1_accuracy: 0.4199 - auxilliary_classifier_2_accuracy: 0.4171 - val_loss: 2.0617
- val_output_loss: 1.2950 - val_auxilliary_classifier_1_loss: 1.2915 - val_auxilliary_classifier_2_loss: 1.2642
- val_output_accuracy: 0.5285 - val_auxilliary_classifier_1_accuracy: 0.5307
- val_auxilliary_classifier_2_accuracy: 0.5438
...
Epoch 00035: val_output_accuracy improved from 0.80750 to 0.81290, saving model to ./models\Epoch-35-0.8129
...

Epoch 00040: ReduceLROnPlateau reducing learning rate to 0.00012960000021848827.
...

Epoch 00043: val_output_accuracy did not improve from 0.81290
Epoch 44/400
782/782 [==============================] - 387s 495ms/step - loss: 0.0468 - output_loss: 0.0040
- auxilliary_classifier_1_loss: 0.1316 - auxilliary_classifier_2_loss: 0.0113 - output_accuracy: 0.9990
- auxilliary_classifier_1_accuracy: 0.9511 - auxilliary_classifier_2_accuracy: 0.9966 - val_loss: 3.1813
- val_output_loss: 2.3215 - val_auxilliary_classifier_1_loss: 0.9358 - val_auxilliary_classifier_2_loss: 1.9302
- val_output_accuracy: 0.8093 - val_auxilliary_classifier_1_accuracy: 0.8004
- val_auxilliary_classifier_2_accuracy: 0.8057

Epoch 00044: val_output_accuracy did not improve from 0.81290
Epoch 45/400
782/782 [==============================] - 387s 495ms/step - loss: 0.0419 - output_loss: 0.0028
- auxilliary_classifier_1_loss: 0.1207 - auxilliary_classifier_2_loss: 0.0095 - output_accuracy: 0.9993
- auxilliary_classifier_1_accuracy: 0.9573 - auxilliary_classifier_2_accuracy: 0.9969 - val_loss: 3.2638
- val_output_loss: 2.3490 - val_auxilliary_classifier_1_loss: 0.9774 - val_auxilliary_classifier_2_loss: 2.0720
- val_output_accuracy: 0.8152 - val_auxilliary_classifier_1_accuracy: 0.7993
- val_auxilliary_classifier_2_accuracy: 0.8047
Restoring model weights from the end of the best epoch.

Epoch 00045: val_output_accuracy improved from 0.81290 to 0.81520, saving model to ./models\Epoch-45-0.8152
Epoch 00045: early stopping
```

- 45 epoch 후, 조기 종료(early stopping)되었다. 훈련 시간은 Colab GPU 환경에서 약 140분 소요되었다.
- 조건에 따라 checkpoint 파일로 모델이 저장되고, `ReduceLROnPlateau()`에서 훈련 진행에 따라 learning rate을 감소시킨다.

- 그림 (7.22) 에서는 loss와 accuracy의 변화를 보여주고 있다. 최종 validation accuracy는 81.52%이다.

이제 저장된 모델을 불러와서, Cifar-10 이미지가 아닌 새로운 이미지를 모델로 예측해 보자. 코드 7.28에서 구현했고 그 결과는 그림 (7.23) 에서 확인할 수 있다.

코드 7.28: [**Tensorflow**] GoogLeNet으로 예측하기

```
class_name =
    ['airplane','automobile','bird','cat','deer','dog','frog','horse','ship','truck']
model = tf.keras.Model(input_layer, [x, x1, x2], name='GoogLeNet')
model.load_weights(tf.train.latest_checkpoint('./models'))

def convert_tf_cifar10_image_tensor(filename,temp_size=(16,16)):
    file_contents = tf.io.read_file(filename)
    z = tf.image.decode_image(file_contents) # --> uint8 tensor
    z = tf.image.convert_image_dtype(z, tf.float32) # uint8 --> float32(0,1)
    if temp_size:
        z = tf.image.resize(z,temp_size)
    z = tf.image.resize(z,(224,224))
    return z

plt.figure(figsize=(15,5))
# Try 1
z = convert_tf_cifar10_image_tensor('dog.jpg',temp_size=None)
index = model.predict(z[None])[-1].argmax(-1)[0]
plt.subplot(1,3,1)
plt.imshow(z)
plt.title(class_name[index],fontsize=20)
# Try 2 (32,32) -> (224,224)
z = convert_tf_cifar10_image_tensor('dog.jpg',temp_size=(32,32))
index = model.predict(z[None])[-1].argmax(-1)[0]
plt.subplot(1,3,2)
plt.imshow(z)
plt.title(class_name[index],fontsize=20)
# Try 3 (16,16) -> (224,224)
z = convert_tf_cifar10_image_tensor('dog.jpg',temp_size=(16,16))
index = model.predict(z[None])[-1].argmax(-1)[0]
plt.subplot(1,3,3)
plt.imshow(z)
plt.title(class_name[index],fontsize=20)
```

(32, 32) 크기의 저해상도 Cifar-10 이미지를 (224, 224) 크기로 변환한 데이터로 모델을 훈련시켰기 때문에, 일반 이미지의 크기만 (224, 224) 로 변환해서 모델에 넣으면 예측이 잘 되지 않는다.

그림 (7.23), (7.24) 에서 알 수 있듯이 훈련 데이터와 테스트 데이터가 같은 성질을 가져야 모델의 예측력이 높아질 수 있다. 훈련 데이터와 테스트 데이터 사이의 괴리가 있는 상황을 Data Shift라고 한다.

그림 7.23: Cifar-10 데이터로 훈련한 GooLeNet 모델 테스트

1. 해상도가 낮은 Cifar-10 이미지를 (224, 224) 로 확대하여 모델을 훈련했기 때문에, 단순히 이미지의 크기만 (224, 224) 로 변환하면 예측이 잘 되지 않는다.
2. 이미지를 (32, 32) 크기로 변환 후, (224, 224) 로 다시 변환했다. 하지만 모델이 truck으로 잘못 예측했다.
3. 이미지를 (16, 16) 크기로 변환 후, (224, 224) 로 다시 변환했다. 모델이 dog로 예측했다.

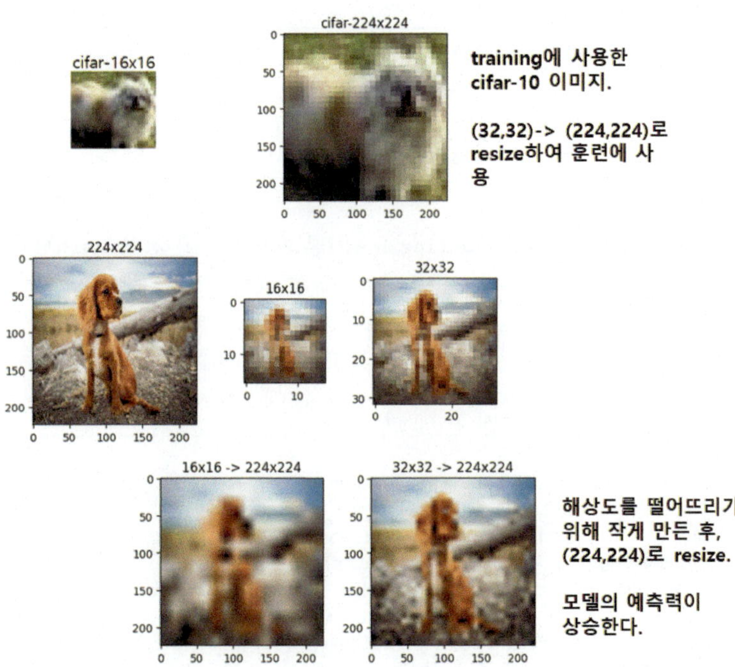

그림 7.24: 크기 변환에 따른 이미지 품질

훈련 데이터와 테스트 데이터의 분포가 비슷해야 예측이 잘 된다는 것을 알 수 있다. 훈련 데이터와 테스트 데이터 사이에 Data Shift가 발생해서는 안 된다.

7.3.5 Global Average Pooling

코드 7.24의 구현은 입력 이미지의 크기가 (224, 224)로 고정되어 있다. 만약 입력 이미지의 크기를 다음과 같이 None으로 해보면 어떻게 될까?

```
input_layer = tf.keras.Input(shape=(None, None, 3))
```

실제로 해보면 에러가 발생한다. 에러는 3개의 Classifier에서 4D Tensor가 `AveragePooling2D`, `Flatten`을 거치면서 2D Tensor로 변환하는 과정에서 발생한다. 이미지의 크기가 일정하지 않으면, `Flatten`으로 생성되는 Tensor의 크기가 달라지기 때문에 이어지는 FC Layer의 입력 Tensor의 크기가 고정되지 않기 때문이다.

(N, H, W, C) shape의 4D Tensor를 (N, C) shape의 2D Tensor로 변환하는 방법으로 Global Average Pooling을 이용하면 4D Tensor의 크기에 상관없이 2D Tensor로 변환이 가능하다. Global Average Pooling은 단순한 연산인데, (H, W) 차원을 평균 내는 것에 불과하다.

코드 7.29: [**Tensorflow**] Global Average Pooling

```
from tensorflow.keras.layers import GlobalAveragePooling2D
x = np.random.rand(2,7,7,3) # (N,H,W,C)
L = GlobalAveragePooling2D()

print(np.allclose(L(x),np.mean(x,axis=(1,2)))) # True
```

Tensorflow에서는 `GlobalAveragePooling2D` API를 이용하면 된다. Pytorch에서는 직접적인 API가 없다.

이제 Global Average Pooling을 이용해서 코드 7.24를 다음과 같이 수정할 수 있다.

코드 7.30: [**Tensorflow**] GoogLeNet, Global Average Pooling

```
n_class = 10
input_layer = tf.keras.Input(shape=(None, None, 3))

x = Conv2D(64, (7, 7), padding='same', strides=(2, 2), activation='relu',
              name='conv_1_7x7/2')(input_layer)
x = MaxPool2D((3, 3), padding='same', strides=(2, 2), name='max_pool_1_3x3/2')(x)

x = Conv2D(64, (1, 1), padding='same', strides=(1, 1), activation='relu',
              name='conv_2a_3x3/1')(x)
x = Conv2D(192, (3, 3), padding='same', strides=(1, 1), activation='relu',
              name='conv_2b_3x3/1')(x)
x = MaxPool2D((3, 3), padding='same', strides=(2, 2), name='max_pool_2_3x3/2')(x)

inception_3a_f = [64,96,128,16,32,32]
x = inception_module(x,inception_3a_f,name='inception_3a')
```

```
inception_3b_f = [128,128,192,32,96,64]
x = inception_module(x,inception_3b_f,name='inception_3b')
x = MaxPool2D((3, 3), padding='same', strides=(2, 2), name='max_pool_3_3x3/2')(x)

inception_4_f = [[192,96,208,16,48,64],[160,112,224,24,64,64],[128,128,256,24,64,64],
                 [112,144,288,32,64,64],[256,160,320,32,128,128]]
temp = []
for i in range(5):
    x = inception_module(x,inception_4_f[i],name=f'inception_4_{i}')
    temp.append(x)

# Auxiliary Classifier - 1
x1 = GlobalAveragePooling2D()(temp[0])
x1 = Dense(128, activation='relu')(x1)
x1 = Dense(1024, activation='relu')(x1)
x1 = Dropout(0.7)(x1)
x1 = Dense(n_class, activation='softmax', name='auxilliary_classifier_1')(x1)

# Auxiliary Classifier - 2
x2 = GlobalAveragePooling2D()(temp[3])
x2 = Dense(128, activation='relu')(x2)
x2 = Dense(1024, activation='relu')(x2)
x2 = Dropout(0.7)(x2)
x2 = Dense(n_class, activation='softmax', name='auxilliary_classifier_2')(x2)

x = MaxPool2D((3, 3), padding='same', strides=(2, 2), name='max_pool_4_3x3/2')(x) # x = temp[-1]

inception_5a_f = [256,160,320,32,128,128]
x = inception_module(x,inception_5a_f,name='inception_5a')

inception_5b_f = [384,192,384,48,128,128]
x = inception_module(x,inception_5b_f,name='inception_5b')

x = GlobalAveragePooling2D()(x)
x = Dropout(0.4)(x)

x = Dense(n_class, activation='softmax', name='output')(x)

model = tf.keras.Model(input_layer, [x, x1, x2], name='GoogLeNet') # Trainable params: 6,401,870

# Test
x = np.random.rand(2,224,224,3)
print(model(x)[0].shape) # (2, 10)

x = np.random.rand(2,32,32,3) # (2, 10)
print(model(x)[0].shape)
```

Auxiliary Classifier 2곳과 Main Classifier에 Global Average Pooling을 적용함으로써 입력 이미지 크기에 대한 의존도를 제거했다.

7.3.6 사용자 정의 Callback

코드 7.26에서 3가지 Callback(ReduceLROnPlateau, EarlyStopping, .ModelCheckpoint)을 사용해 보았다. 여기서는 `fit()`으로 train 중에 원하는 정보를 출력해 볼 수 있는 사용자 정의 Callback을 구현해 보자.

사용자 정의 Callback은 `tf.keras.callbacks.Callback`을 상속받아 구현하면 된다. 코드 7.31은 누적 경과 시간을 출력하고 현재까지의 가장 높은 accuracy를 출력해 주는 Callback을 구현한 것이다.

코드 7.31: **[Tensorflow]** 사용자 정의 Callback

```
import time
class MyCallback(tf.keras.callbacks.Callback):
    def __init__(self,monitor):
        super(MyCallback, self).__init__()
        self.monitor = monitor
    def on_train_begin(self, logs={}):
        self.times = []
        self.s_time=time.time()
        self.best_duration = 0
        self.best_val_acc = -99.

    def on_epoch_begin(self, batch, logs={}):
        self.epoch_time_start = time.time()

    def on_epoch_end(self, batch, logs={}):
        self.times.append(time.time() - self.s_time)
        if self.best_val_acc < logs[self.monitor]:
            self.best_val_acc = logs[self.monitor]
            self.best_duration = 0
            print(f'best val acc: {self.best_val_acc:.4f}, === new best === ',end='')
            print(f'elapsed: {time.time()-self.epoch_time_start:.2f}',end='')
            print(f'-{self.times[-1]:.2f}sec')
        else:
            self.best_duration += 1
            print(f'best val acc: {self.best_val_acc:.4f}, ',end='')
            print(f'best duration: {self.best_duration}, ',end='')
            print(f'elapsed: {time.time()-self.epoch_time_start:.2f}',end='')
            print(f'-{self.times[-1]:.2f}sec')
mycallback = MyCallback('val_output_accuracy')
```

앞서 Cifar-10 이미지를 (224, 224) 크기로 변환한 데이터로 모델을 훈련했다. 원래 크기인 (32, 32) 크기로 모델을 훈련시키면 어떻게 될까? 모델을 훈련해 보면, validation accuracy가 약 66%정도 나온다. (224, 224) 크기로 변환해서 훈련한 결과보다 나쁘게 나온다.

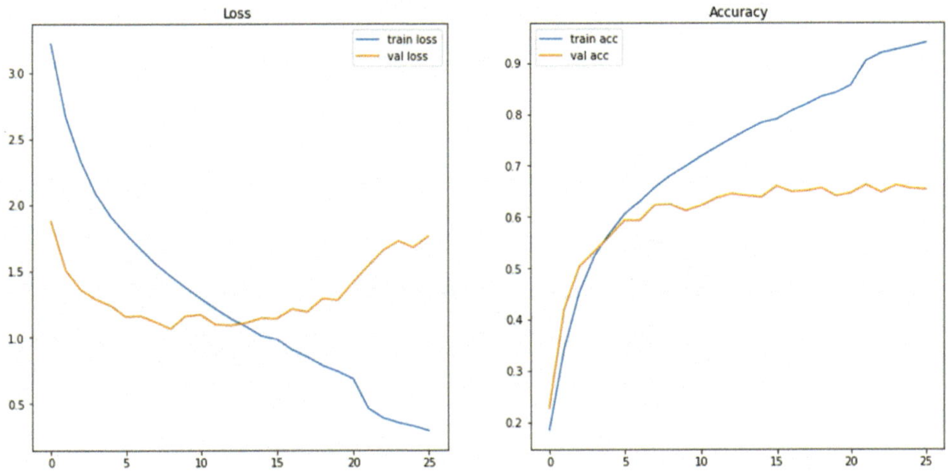

그림 7.25: (32, 32) 크기로 GoogLeNet 모델 훈련
26 epoch 훈련 후 조기 종료되었다. validation accuracy가 약 66% 나온다. 그림 (7.22)의 결과와 비교해보면 더 좋지 못하다는 것을 알 수 있다.

7.3.7 Resnet

Resnet[25]은 2015년 ILSVRC 대회에서 1등을 차지한 모델이다.

Resnet의 핵심 모듈은 Residual Connection이라 불리는 모듈이다.

- Residual Connection을 통해 Neural Network를 깊게 쌓고도 훈련이 가능해졌다.
- Residual Connection을 사용하면 Gradient Vanishing을 줄일 수 있다.
- Identity Shortcut vs. Projection Shorcut: 그림 (7.26)에서는 Identity Shortcut을 보여주고 있다. Identity Shortcut은 Residual Block의 입력과 출력이 더해지기 위해서는 shape이 동일해야 한다는 것을 말하고 있다. 경우에 따라서는 Residual Block이 이미지의 크기를 줄이는 경우가 있는데, 이런 경우 입력과 더해지기 위해서는 입력을 변환해 주어야 한다. 이렇게 입력의 크기를 조절하는 것을 Projection Shortcut이라 한다. 그림 (7.28)에서 점선으로 연결된 Residual Connection이 바로 Projection Shortcut이다.

Resnet 논문에서는 표 (7.5)에서 보여주는 것처럼 5가지 구조의 모델을 제시하고 있다. resnet18, resnet34에서는 basic block 구조를 사용하고 resnet50, resnet101, resnet152에서는 bottleneck block을 사용한다. 그림 (7.27)에서 basic block과 bottleneck block 차이를 보여주고 있다. bottle-

25 https://arxiv.org/abs/1512.03385

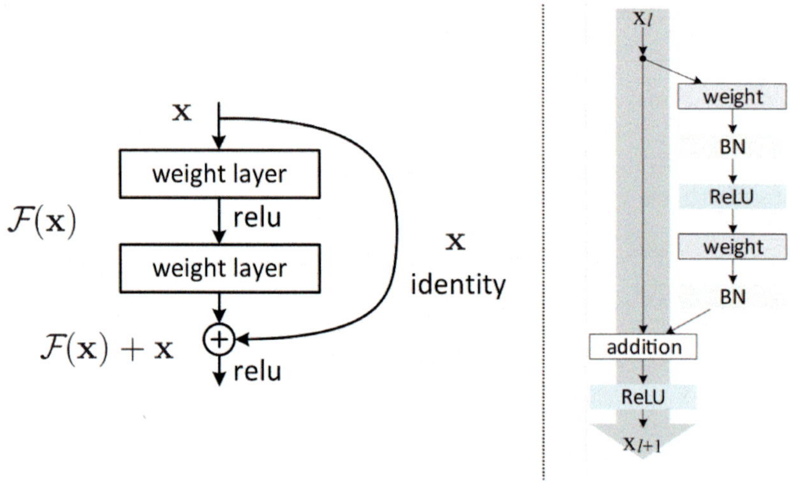

그림 7.26: Residual Connection
layer의 출력과 입력을 더해주는 구조를 가진다. 이런 연결 구조를 skip connection, shorcut connection으로 부르기도 한다. 오른쪽은 좀 더 자세히 설명한 그림이다.
출처: `https://arxiv.org/abs/1603.05027`

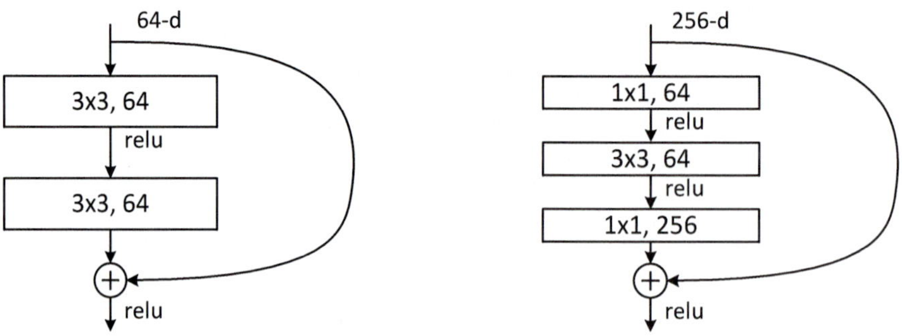

그림 7.27: basic block(좌)과 bottleneck block(우). resnet18, resnet34에서는 basic block 구조를 사용하고 resnet50, resnet101, resnet152에서는 bottleneck block을 사용한다. convolution과 activation 함수 사이에는 batch normalization이 적용된다.

neck block은 3×3 convolution 전후에 1×1 convolution이 있다. Inception Molule[26]에서 1×1 convolution이 있는 것과 같은 이유이다.

26 그림 (7.17) 참조.

layer name	output size	18-layer	34-layer	50-layer	101-layer	152-layer
conv1	112×112	7×7, 64, stride 2				
conv2_x	56×56	3×3 max pool, stride 2				
		[3×3, 64; 3×3, 64] ×2	[3×3, 64; 3×3, 64] ×3	[1×1, 64; 3×3, 64; 1×1, 256] ×3	[1×1, 64; 3×3, 64; 1×1, 256] ×3	[1×1, 64; 3×3, 64; 1×1, 256] ×3
conv3_x	28×28	[3×3, 128; 3×3, 128] ×2	[3×3, 128; 3×3, 128] ×4	[1×1, 128; 3×3, 128; 1×1, 512] ×4	[1×1, 128; 3×3, 128; 1×1, 512] ×4	[1×1, 128; 3×3, 128; 1×1, 512] ×8
conv4_x	14×14	[3×3, 256; 3×3, 256] ×2	[3×3, 256; 3×3, 256] ×6	[1×1, 256; 3×3, 256; 1×1, 1024] ×6	[1×1, 256; 3×3, 256; 1×1, 1024] ×23	[1×1, 256; 3×3, 256; 1×1, 1024] ×36
conv5_x	7×7	[3×3, 512; 3×3, 512] ×2	[3×3, 512; 3×3, 512] ×3	[1×1, 512; 3×3, 512; 1×1, 2048] ×3	[1×1, 512; 3×3, 512; 1×1, 2048] ×3	[1×1, 512; 3×3, 512; 1×1, 2048] ×3
	1×1	average pool, 1000-d fc, softmax				
FLOPs		1.8×10^9	3.6×10^9	3.8×10^9	7.6×10^9	11.3×10^9

표 7.5: Resnet 모델 구조

conv3_1, conv4_1, conv5_1 에서 stride=2인 downsampling이 이루어진다.

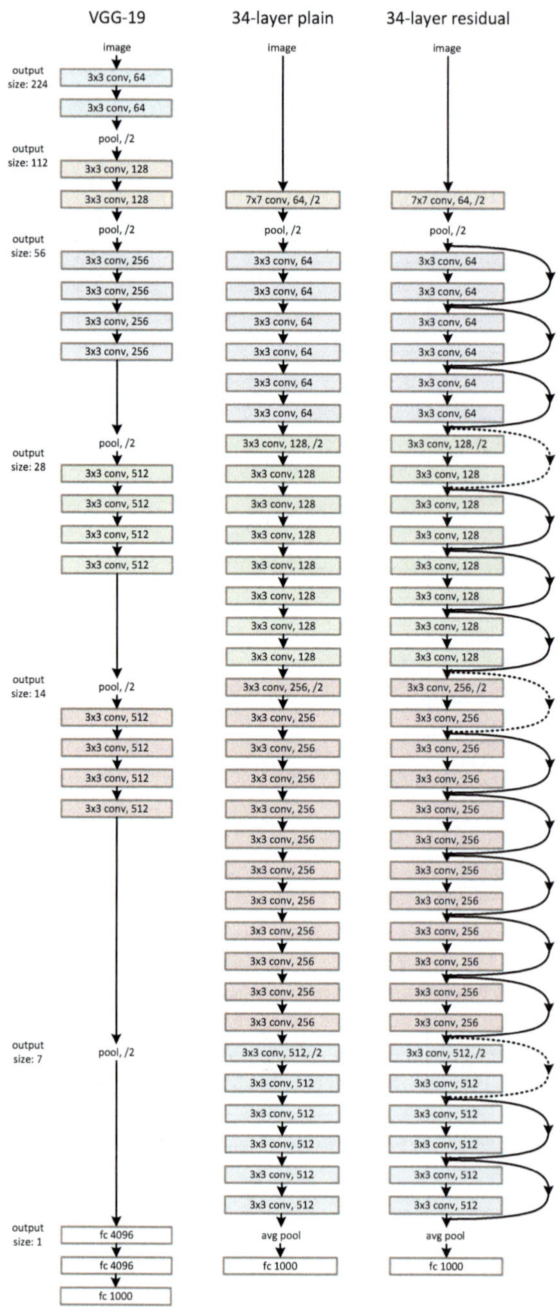

그림 7.28: Resnet

점선으로 연결된 layer는 이미지의 크기가 절반으로 줄어드는 것을 의미한다. 점선 연결 layer를 보면 '/2'가 포함되어 있는데, stride=2를 의미한다. 첫 convolution에서 크기가 $\frac{1}{2}$로 되고 그다음 maxpooling에서 다시 $\frac{1}{2}$이 줄어든다. 그 후 3번의 layer에서 $\frac{1}{2}$로 더 줄어, 전체적으로 $\frac{1}{32}$ 크기로 줄어든다.

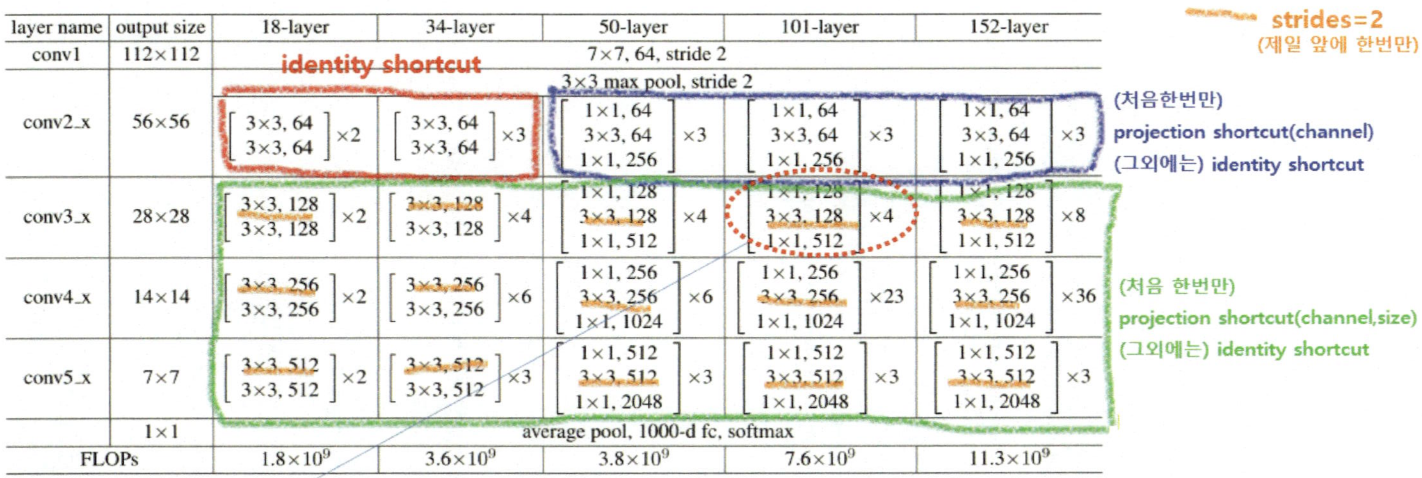

layer name	output size	18-layer	34-layer	50-layer	101-layer	152-layer
conv1	112×112	7×7, 64, stride 2				
conv2_x	56×56	3×3 max pool, stride 2				
		[3×3, 64; 3×3, 64] ×2	[3×3, 64; 3×3, 64] ×3	[1×1, 64; 3×3, 64; 1×1, 256] ×3	[1×1, 64; 3×3, 64; 1×1, 256] ×3	[1×1, 64; 3×3, 64; 1×1, 256] ×3
conv3_x	28×28	[3×3, 128; 3×3, 128] ×2	[3×3, 128; 3×3, 128] ×4	[1×1, 128; 3×3, 128; 1×1, 512] ×4	[1×1, 128; 3×3, 128; 1×1, 512] ×4	[1×1, 128; 3×3, 128; 1×1, 512] ×8
conv4_x	14×14	[3×3, 256; 3×3, 256] ×2	[3×3, 256; 3×3, 256] ×6	[1×1, 256; 3×3, 256; 1×1, 1024] ×6	[1×1, 256; 3×3, 256; 1×1, 1024] ×23	[1×1, 256; 3×3, 256; 1×1, 1024] ×36
conv5_x	7×7	[3×3, 512; 3×3, 512] ×2	[3×3, 512; 3×3, 512] ×3	[1×1, 512; 3×3, 512; 1×1, 2048] ×3	[1×1, 512; 3×3, 512; 1×1, 2048] ×3	[1×1, 512; 3×3, 512; 1×1, 2048] ×3
	1×1	average pool, 1000-d fc, softmax				
FLOPs		1.8×10^9	3.6×10^9	3.8×10^9	7.6×10^9	11.3×10^9

$$\begin{bmatrix}1\times1,128\\3\times3,128\\1\times1,512\end{bmatrix}\times 4 = \begin{bmatrix}1\times1,128\\3\times3,128\\1\times1,512\end{bmatrix} \rightarrow \begin{bmatrix}1\times1,128\\3\times3,128\\1\times1,512\end{bmatrix} \rightarrow \begin{bmatrix}1\times1,128\\3\times3,128\\1\times1,512\end{bmatrix} \rightarrow \begin{bmatrix}1\times1,128\\3\times3,128\\1\times1,512\end{bmatrix}$$

strides=2

- resnet34: 1 + 2x(3+4+6+3) + 1 = 34
- resnet50: 1 + 3x(3+4+6+3) + 1 = 50

그림 7.29: Resnet 구조 상세 설명
표 (7.5) 에 설명을 추가했다.

7.3.8 Resnet Tensorflow 구현

그림 (7.27)에 있는 basic block과 bottleneck block을 사용자 정의 Layer로 구현해 보자. Tensorflow의 사용자 정의 Layer는 `tensorflow.keras.layers.Layer`를 상속받아서 구현하면 된다.

코드 7.32: **[Tensorflow]** Resnet 구현 (basic block)

```
class BasicBlock(tf.keras.layers.Layer):
    def __init__(self, filter_num, strides=1):
        super(BasicBlock, self).__init__()
        self.conv1 = tf.keras.layers.Conv2D(filters=filter_num,kernel_size=(3, 3),
                                            strides=strides,padding="same",use_bias=False)
        self.bn1 = tf.keras.layers.BatchNormalization()
        self.conv2 = tf.keras.layers.Conv2D(filters=filter_num,kernel_size=(3, 3),
                                            strides=1,padding="same",use_bias=False)
        self.bn2 = tf.keras.layers.BatchNormalization()
        if strides != 1:
            self.downsample = tf.keras.Sequential()
            self.downsample.add(
                    tf.keras.layers.Conv2D(filters=filter_num,kernel_size=(1, 1),
                    strides=strides,use_bias=False))
            self.downsample.add(tf.keras.layers.BatchNormalization())
        else:
            self.downsample = lambda x: x

    def call(self, inputs, training=None):
        residual = self.downsample(inputs)

        x = self.conv1(inputs)
        x = self.bn1(x, training=training)
        x = tf.nn.relu(x)
        x = self.conv2(x)
        x = self.bn2(x, training=training)

        output = tf.nn.relu(tf.keras.layers.add([residual, x]))

        return output

def make_basic_layer(filter_num, n_layers, strides=1):
    # n_layers: BasicBlock을 몇 개 만들 것인지 결정
    res_block = tf.keras.Sequential()
    res_block.add(BasicBlock(filter_num, strides=strides))

    for _ in range(1, n_layers):
        res_block.add(BasicBlock(filter_num, strides=1))

    return res_block

class ResNet_A(tf.keras.Model):
    def __init__(self, layer_params,NUM_CLASSES = 10):
        # resnet18: layer_params = [2,2,2,2]
        # resnet34: layer_params = [3,4,6,3]
        super(ResNet_A, self).__init__()
```

```
        fiter_nums = [64,128,256,512]
        self.conv1 = tf.keras.layers.Conv2D(filters=64,kernel_size=(7, 7),
                                            strides=2,padding="same",use_bias=False)
        self.bn1 = tf.keras.layers.BatchNormalization()
        self.pool1 = tf.keras.layers.MaxPool2D(pool_size=(3, 3),
                                            strides=2,padding="same")

        self.layer1 = make_basic_layer(filter_num=fiter_nums[0],
                                       n_layers=layer_params[0],strides=1)
        self.layer2 = make_basic_layer(filter_num=fiter_nums[1],
                                       n_layers=layer_params[1],strides=2)
        self.layer3 = make_basic_layer(filter_num=fiter_nums[2],
                                       n_layers=layer_params[2],strides=2)
        self.layer4 = make_basic_layer(filter_num=fiter_nums[3],
                                       n_layers=layer_params[3],strides=2)

        self.avgpool = tf.keras.layers.GlobalAveragePooling2D()
        self.fc = tf.keras.layers.Dense(units=NUM_CLASSES, activation=None)

    def call(self, inputs, training=None):
        x = self.conv1(inputs) # 1/2 size
        x = self.bn1(x, training=training)
        x = tf.nn.relu(x)
        x = self.pool1(x) # 1/2 size
        x = self.layer1(x, training=training) # 크기유지
        x = self.layer2(x, training=training) # 1/2 size
        x = self.layer3(x, training=training) # 1/2 size
        x = self.layer4(x, training=training) # 1/2 size
        x = self.avgpool(x)
        output = self.fc(x)

        return output

def Resnet18(NUM_CLASSES):
    return ResNet_A(layer_params=[2, 2, 2, 2],NUM_CLASSES=NUM_CLASSES)
def Resnet34(NUM_CLASSES):
    return ResNet_A(layer_params=[3, 4, 6, 3],NUM_CLASSES=NUM_CLASSES)
```

- 그림 (7.26) 의 오른쪽 그림에서 설명하고 있는 대로 Residual Connection 에 Batch Normalization 이 포함되어 있다. class `BasicBlock`에 Batch Normalization 이 포함되었다.

- class `ResNet_A`의 `call()`에서는 넘겨받은 `training` argument를 layer에 그대로 넘겨야 한다. 이는 train mode와 inference mode에서 동작 방식이 다른 Batch Normalization 이 있기 때문이다.

- class `BasicBlock`을 이용해서 class `ResNet_A`를 만들었다. `ResNet_A`로 resnet18, resnet34를 구현할 수 있다.

이제 Bottleneck Block을 구현해보자. 코드 7.33에서 class `BottleneckBlock`으로

class ResNet_B를 만들면 resnet50, resnet101, resnet152를 구현할 수 있다.

코드 7.33: [**Tensorflow**] Resnet 구현(bottleneck block)

```
class BottleneckBlock(tf.keras.layers.Layer):
    def __init__(self, filter_num, strides=1,PS=False):
        # PS: Projection Shortcut
        super(BottleneckBlock, self).__init__()
        self.conv1 = tf.keras.layers.Conv2D(filters=filter_num,kernel_size=(1, 1),
                                          strides=1,padding='same',use_bias=False)
        self.bn1 = tf.keras.layers.BatchNormalization()
        self.conv2 = tf.keras.layers.Conv2D(filters=filter_num,kernel_size=(3, 3),
                                          strides=strides,padding='same',use_bias=False)
        self.bn2 = tf.keras.layers.BatchNormalization()
        self.conv3 = tf.keras.layers.Conv2D(filters=filter_num * 4,kernel_size=(1, 1),
                                          strides=1,padding='same',use_bias=False)
        self.bn3 = tf.keras.layers.BatchNormalization()

        if strides==1 and not PS:
            self.downsample = lambda x: x
        else:
            self.downsample = tf.keras.Sequential()
            self.downsample.add(tf.keras.layers.Conv2D(filters=filter_num * 4,
                            kernel_size=(1, 1),strides=strides,use_bias=False))
            self.downsample.add(tf.keras.layers.BatchNormalization())

    def call(self, inputs, training=None):
        residual = self.downsample(inputs)

        x = self.conv1(inputs)
        x = self.bn1(x, training=training)
        x = tf.nn.relu(x)
        x = self.conv2(x)
        x = self.bn2(x, training=training)
        x = tf.nn.relu(x)
        x = self.conv3(x)
        x = self.bn3(x, training=training)

        output = tf.nn.relu(tf.keras.layers.add([residual, x]))

        return output

def make_bottleneck_layer(filter_num, n_layers, strides=1):
    # n_layers: BottleneckBlock을 몇 개 만들 것인지 결정
    res_block = tf.keras.Sequential()
    # conv2_1에서 strides=1이지만, max pooling에서 넘어온 channel 크기가 달라,
    # projection shortcut이 필요하다.
    res_block.add(BottleneckBlock(filter_num, strides=strides,PS=True))

    for _ in range(1, n_layers):
        res_block.add(BottleneckBlock(filter_num, strides=1))
    return res_block

class ResNet_B(tf.keras.Model):
```

```
    def __init__(self, layer_params,NUM_CLASSES = 10):
        # resnet50: layer_params=[3, 4, 6, 3]
        # resnet101: layer_params=[3, 4, 23, 3]
        # resnet152: layer_params=[3, 8, 36, 3]
        super(ResNet_B, self).__init__()
        fiter_nums = [64,128,256,512]
        self.conv1 = tf.keras.layers.Conv2D(filters=64,kernel_size=(7, 7),
                                            strides=2,padding="same",use_bias=False)
        self.bn1 = tf.keras.layers.BatchNormalization()
        self.pool1 = tf.keras.layers.MaxPool2D(pool_size=(3, 3),
                                               strides=2,padding="same")

        self.layer1 = make_bottleneck_layer(filter_num=fiter_nums[0],
                                            n_layers=layer_params[0],strides=1)
        self.layer2 = make_bottleneck_layer(filter_num=fiter_nums[1],
                                            n_layers=layer_params[1],strides=2)
        self.layer3 = make_bottleneck_layer(filter_num=fiter_nums[2],
                                            n_layers=layer_params[2],strides=2)
        self.layer4 = make_bottleneck_layer(filter_num=fiter_nums[3],
                                            n_layers=layer_params[3],strides=2)

        self.avgpool = tf.keras.layers.GlobalAveragePooling2D()
        self.fc = tf.keras.layers.Dense(units=NUM_CLASSES, activation=None)

    def call(self, inputs, training=None):
        x = self.conv1(inputs)
        x = self.bn1(x, training=training)
        x = tf.nn.relu(x)
        x = self.pool1(x)
        x = self.layer1(x, training=training)
        x = self.layer2(x, training=training)
        x = self.layer3(x, training=training)
        x = self.layer4(x, training=training)
        x = self.avgpool(x)
        output = self.fc(x)

        return output

def Resnet50(NUM_CLASSES):
    return ResNet_B(layer_params=[3, 4, 6, 3],NUM_CLASSES=NUM_CLASSES)
def Resnet101(NUM_CLASSES):
    return ResNet_B(layer_params=[3, 4, 23, 3],NUM_CLASSES=NUM_CLASSES)
def Resnet152(NUM_CLASSES):
    return ResNet_B(layer_params=[3, 8, 36, 3],NUM_CLASSES=NUM_CLASSES)
```

7.3.9 Resnet 모델 훈련

Cifar-10 데이터셋으로 Resnet18 모델을 훈련해 보자. 다음의 코드 7.34는 Resnet 모델을 정의하고 훈련하는 코드이다. MyCallback은 코드 7.31에서 구현한 Callback이다.

코드 7.34: [**Tensorflow**] resnet18 훈련

```
resnet18 = Resnet18(NUM_CLASSES=10)
resnet18.build((None,224,224,3))

initial_learning_rate = 0.1
monitor_name = 'val_accuracy'

# learning rate callback
lr_callback = tf.keras.callbacks.ReduceLROnPlateau(
                        monitor=monitor_name,
                        factor=0.6,
                        patience=5,
                        cooldown=0,
                        min_lr=0.00001,
                        verbose = 1,min_delta=0.001)

# early stop callback
es_callback = tf.keras.callbacks.EarlyStopping(
                        monitor=monitor_name,
                        min_delta=0.001,
                        patience=10,
                        verbose=1,
                        mode="auto",
                        baseline=None,
                        restore_best_weights=True)

optimizer = tf.keras.optimizers.SGD(learning_rate=initial_learning_rate,momentum=0.9)

# checkpoint callback
model_filename = "Epoch-{epoch:03d}-{val_accuracy:.4f}"
checkpoint_path = os.path.join('./resnet18-models/', model_filename)

cp_callback = tf.keras.callbacks.ModelCheckpoint(filepath=checkpoint_path,
                          save_weights_only=True,verbose=1,mode='auto',
                          save_best_only=True,monitor=monitor_name)

mycallback2 = MyCallback(monitor_name)

loss_fn = tf.keras.losses.SparseCategoricalCrossentropy(from_logits=True)
resnet18.compile(loss=loss_fn, optimizer=optimizer, metrics=['accuracy'])

def preprocessing(imgs,img_size,labels):
    imgs = tf.image.resize(imgs, img_size)
    return imgs,labels

batch_size = 64
img_size = (224,224)
```

```
(X_train, Y_train), (X_valid, Y_valid) = tf.keras.datasets.cifar10.load_data()

train_dataset = tf.data.Dataset.from_tensor_slices(
                            ((X_train/255.).astype(np.float32),Y_train.reshape(-1)))
                           .shuffle(buffer_size=10000).batch(batch_size)

train_dataset = train_dataset.map(lambda x,y: preprocessing(x,img_size,y))
                              .prefetch(128)

valid_dataset = tf.data.Dataset.from_tensor_slices(
                            ((X_valid/255.).astype(np.float32),Y_valid.reshape(-1)))
                           .batch(batch_size)

valid_dataset = valid_dataset.map(lambda x,y: preprocessing(x,img_size,y))
                              .prefetch(128)

print(f'initial lr: {initial_learning_rate}')
history = resnet18.fit(train_dataset,epochs=400,validation_data=valid_dataset,
                       validation_freq=1, verbose=1,
                       callbacks=[es_callback,cp_callback,lr_callback,mycallback2],
                       initial_epoch=0)
```

- resnet18 모델은 sofotmax를 거치지 않은 logit을 return하는 구조이다. 그래서 loss function을 **from_logits=True**로 만들어 주어야 한다.

```
loss_fn = tf.keras.losses.SparseCategoricalCrossentropy(from_logits=True)
```

- 그림 (7.30) 에서 확인할 수 있듯이 validation accuracy 84.61%까지 나왔다.

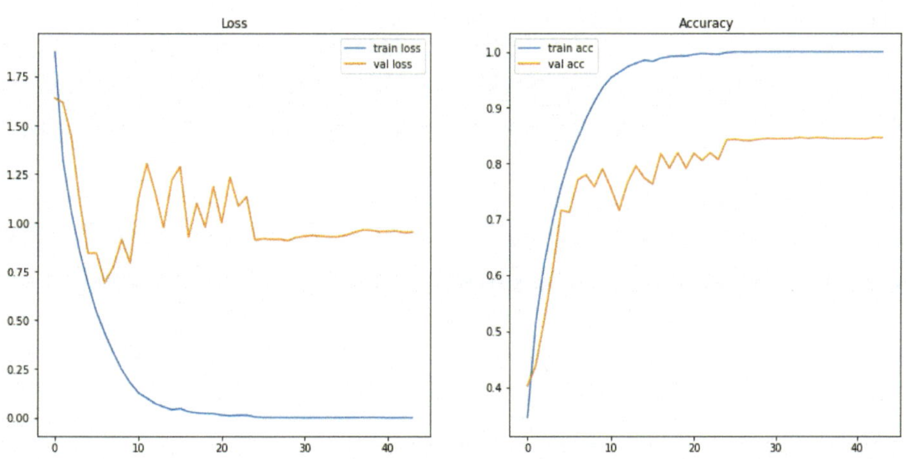

그림 7.30: Resent18 - Tensorflow 모델 훈련
34 epoch 훈련 후, validation accuracy 84.61%에 도달하여 GooLeNet보다는 조금 나은 결과가 나왔다.

7.3.10 Resnet & Data Augmentation

resnet18로 validation accuracy 90% 이상을 달성하기 위해서는 이미지 데이터 augmentation이 필요하다. 코드 7.35에서는 `ImageDataGenerator`를 사용하여 augmentation 구현하고 있다. 이미지 크기를 (224, 224)로 변환하는 부분은 빠져있다. 이미지 크기의 변환은 다음과 같이 Layer에서 처리하기로 하자.

```
tf.keras.layers.Resizing(224,224)
```

코드 7.35: [**Tensorflow**] Cifar-10 augmentaiton

```
from tensorflow.keras.preprocessing.image import ImageDataGenerator

batch_size = 64

print('Data from ImageDataGenerator')
(x_train, y_train), (x_test, y_test) = tf.keras.datasets.cifar10.load_data() # Numpy Array
print(x_train.shape, y_train.shape, x_test.shape, y_test.shape)

train_datagen = ImageDataGenerator(rescale=1./255,
                                   rotation_range=15,
                                   width_shift_range=0.1,
                                   height_shift_range=0.1,
                                   horizontal_flip=True,
                                   preprocessing_function=None)

train_dataset = train_datagen.flow(x_train, y_train.reshape(-1),
                              batch_size=batch_size,shuffle=True)

valid_datagen = ImageDataGenerator(rescale=1./255)
valid_dataset = valid_datagen.flow(x_test, y_test.reshape(-1), batch_size=batch_size)

resnet18_aug = tf.keras.Sequential(
                   [tf.keras.layers.Resizing(224,224),Resnet18(NUM_CLASSES=10)])

initial_learning_rate = 0.1
monitor_name = 'val_accuracy'

# learning rate callback
lr_callback = tf.keras.callbacks.ReduceLROnPlateau(
                        monitor=monitor_name,
                        factor=0.6,
                        patience=5,
                        cooldown=0,
                        min_lr=0.00001,
                        verbose = 1,min_delta=0.001)

# early stop callback
es_callback = tf.keras.callbacks.EarlyStopping(
                        monitor=monitor_name,
```

```
                        min_delta=0.001,
                        patience=10,
                        verbose=1,
                        mode="auto",
                        baseline=None,
                        restore_best_weights=True)

optimizer = tf.keras.optimizers.SGD(learning_rate=initial_learning_rate,momentum=0.9)

# checkpoint callback
model_filename = "Epoch-{epoch:03d}-{val_accuracy:.4f}"
checkpoint_path = os.path.join('./resnet18-models-aug/', model_filename)

cp_callback = tf.keras.callbacks.ModelCheckpoint(filepath=checkpoint_path,
                            save_weights_only=True,verbose=1,mode='auto',
                            save_best_only=True,monitor=monitor_name)

mycallback2 = MyCallback(monitor_name)

loss_fn = tf.keras.losses.SparseCategoricalCrossentropy(from_logits=True)
resnet18_aug.compile(loss=loss_fn, optimizer=optimizer, metrics=['accuracy'])

print(f'initial lr: {initial_learning_rate}')
history = resnet18_aug.fit(train_dataset,epochs=200,validation_data=valid_dataset,
                      validation_freq=1, verbose=1,
                      callbacks=[es_callback,cp_callback,lr_callback,mycallback2],
                      initial_epoch=0)
```

- ImageDataGenerator로 이미지 augmentation을 구현했다.
- validation dataset에는 augmentation이 필요 없기 때문에, rescale만 적용했다.
- tf.keras.layers.Resizing layer와 앞서 구현한 Resnet18을 결합하여 모델을 만들었다.

그림 (7.31) 에서 훈련 결과를 확인할 수 있다. validation accuracy가 91.74%이다.

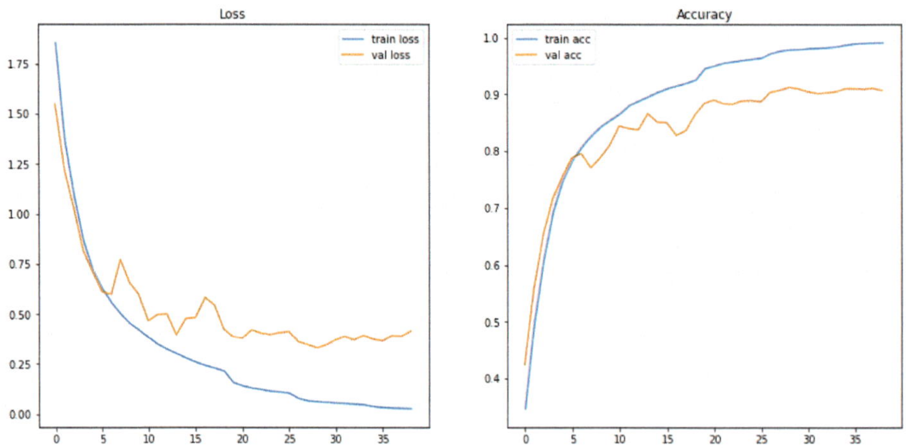

그림 7.31: Resnet18-Data Augmentation 훈련
overfitting이 줄어들었다. 41 epoch train 후, validation accuracy가 91.74%에 도달했다.

저장된 모델을 불러와서 훈련을 이어갈 수도 있다. 코드 7.36에서 훈련을 이어가는 코드를 확인할 수 있다.

코드 7.36: [**Tensorflow**] 저장된 모델을 로드하여 훈련 이어가기

```
last_checkpoint = tf.train.latest_checkpoint('./resnet18-models-aug')
resnet18_aug.load_weights(last_checkpoint)

# 훈련된 epoch 수 추출: './resnet18-models-aug/Epoch-041-0.9174' --> 41
initial_epoch = int(re.findall(r'-(\d+)-',last_checkpoint)[0])
...
cp_callback = tf.keras.callbacks.ModelCheckpoint(filepath=checkpoint_path,
                             save_weights_only=True,verbose=1,mode='auto',
                             save_best_only=True,monitor=monitor_name,
                             initial_value_threshold= 0.9174)

history = resnet18_aug.fit(train_dataset,epochs=200,validation_data=valid_dataset,
                            validation_freq=1,verbose=1,
                            callbacks=[es_callback,cp_callback,lr_callback,mycallback2],
                            initial_epoch=initial_epoch)
```

- 저장된 파일 이름을 파싱(parsing)하여 이미 훈련된 epoch을 추출했다.
- 추출된 `initial_epoch`에 이어서 train을 시작하고, 이전 val accuracy 91.74%를 `initial_value_threshold`로 지정했다.
- `fit()`에서 `epochs`는 `initial_epoch`을 포함한 누적 epoch이다.

```
last_checkpoint = './resnet18-models-aug/Epoch-041-0.9174'
re.findall(r'-(\d+)-',last_checkpoint)
```

➔ ['041'] ➔ '041' ➔ 41

- 데시(-) 사이에 숫자가 1개 이상 있는 것.
- 괄호로 묶인 숫자 부분만 추출.
- 정규식에서 \d는 숫자를 의미한다.
- list형태로 return된다.
- 정수로 변환.

그림 7.32: 파일 이름에서 훈련된 epoch 수 추출

7.4 Pre-trained Image Model

Tensorflow, Pytorch는 표(7.1)에서 제시된 CNN 모델 외에도 여러 가지 모델을 제공하고 있다. 구현된 모델뿐만 아니라 이미 훈련된 모델의 weight도 같이 제공하고 있다.

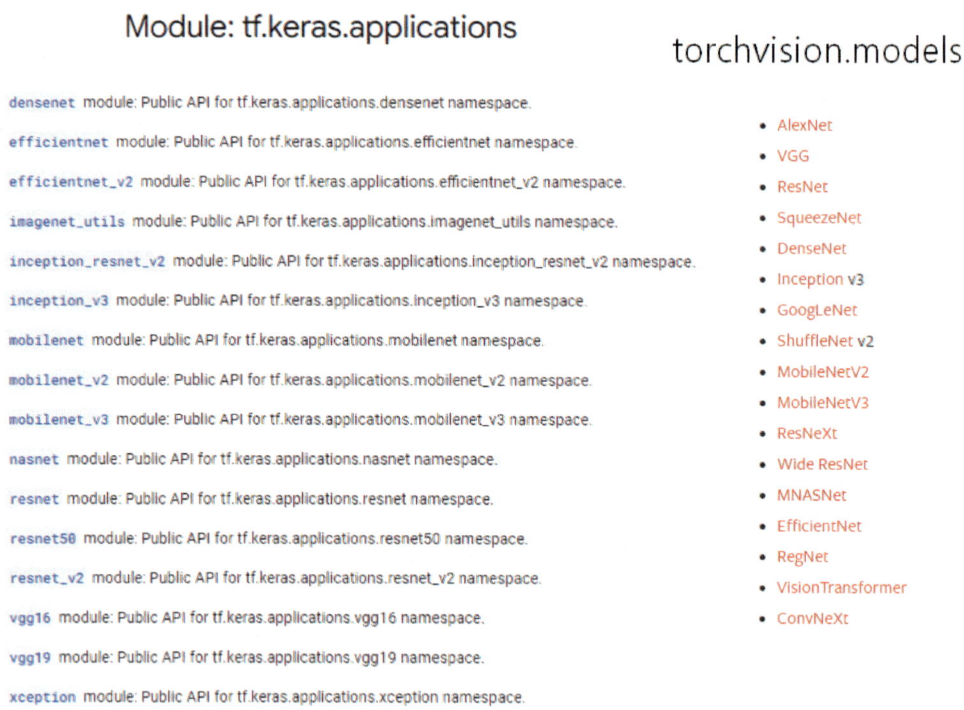

그림 7.33: Tensorflow, Pytorch 제공 모델들

- Tensorflow: `tf.keras.applications` 아래에 모델 API들이 모여 있다. 예를 들어, resnet50 API는 다음과 같다.

```
tf.keras.applications.resnet50.ResNet50(include_top=True,
                                        weights='imagenet')
```

- Pytorch: `torchvision.models` 아래에 모델 API들이 모여 있다. 예를 들어, resnet50 API는 다음과 같다.

```
torchvision.models.resnet50(pretrained: bool = False)
```

Pre-trained Model을 다음과 같이 활용할 수 있다.

- Pre-trained Model은 ImageNet의 1,000개 class를 분류하는 모델로 훈련된 것이다. 제공된 훈련된 모델로 이미지 분류를 해볼 수 있다. 예시는 코드 7.37, 7.39에 있다.
- **전이학습(Transfer Learning)**: ImageNet 데이터로 학습된 모델은 이미지 feature를 잘 추출할 수 있게 훈련되었다. 이 훈련된 모델을 새로운 이미지 분류 모델 훈련을 위한 초기 weight로 활용하면 훈련 속도가 빨라진다. 예를 들어, 개-고양이[27] 품종 분류 모델을 훈련하기 위해, 모델의 일부 weight의 초기값을 훈련된 모델에서 가져온다. 일반적으로 모델의 classifier 부분을 제외하고 feature를 추출하는 앞쪽 부분의 weight를 가져온다.
- **Backbone 활용**: 객체 탐지(Object Detection)에서 이미지의 feature를 추출하는 용도로 활용할 수 있다.

7.4.1 Tensorflow Pre-trained Model

`tensorflow.keras.applications`에 있는 `inception_v3`, `resnet50`, `vgg16`, `mobilenet_v2`의 Pre-trained weight를 다운받은 후, 이미지 분류를 해보자. Tensorflow의 Pre-trained Model은 각각의 `preprocess_input()` 메소드(method)를 가지고 있다. $[0, 225]$ 사잇값을 가지는 float32형 Numpy Array 이미지 데이터를 `preprocess_input()`의 입력으로 넣어주어야 한다.

- vgg, resnet: 코드 7.21에서 이미 살펴본 대로, RGB를 BGR로 바꾸고, BGR=$[103.939, 116.779, 123.68]$을 빼준다. Pre-trained weight를 이용하기 위해서는 입력 이미지의 크기가 $(224, 224, 3)$이 되어야 한다.
- inception-v3, mobilenet-v2: $[-1, 1]$ 사잇값으로 변환한다. Pre-trained weight를 이용하기 위해서는 이미지의 크기가 각각 $(299, 299, 3)$, $(224, 224, 3)$이 되어야 한다.
- 아래의 조각 코드(code snippet)를 보면 Tensorflow Pre-trained Model의 preprocessing이 어떻게 동작하는지 확인할 수 있다.

27 `https://www.robots.ox.ac.uk/~vgg/data/pets/`

```
import tensorflow as tf
from tensorflow.keras.preprocessing import image
import numpy as np

def inception_preprocess(x):
    x = x/127.5 -1
    return x

# PIL Image는 numpy array로 변환하면 uint8(0-255)
img = image.load_img('dog.jpg',target_size=(224,224)) # PIL Image
img_processed = tf.keras.applications.inception_v3.preprocess_input(np.array(img))
# np.array(img): uint8 --> float32
img_processed2 = inception_preprocess(np.array(img).astype(np.float32))
img_processed3 = tf.keras.applications.mobilenet_v2.preprocess_input(np.array(img))
# np.array(img): uint8 --> float32

np.allclose(img_processed,img_processed2),np.allclose(img_processed2,img_processed3)
# (True, True)
```

다음의 코드 7.37은 코끼리 사진으로 모델을 테스트해 보는 코드이다.

코드 7.37: [**Tensorflow**] Pre-trained Model로 이미지 분류

```
from tensorflow.keras.applications import inception_v3, resnet, vgg16, mobilenet_v2
def preprocess_image(image_path,base_model,image_size):
    # 이미지를 로드하고, 모델이 정한 크기의 Numpy Array 로 변환

    img = image.load_img(image_path).resize(image_size) # PIL.Image.Image

    processed_img = image.img_to_array(img) # type은 float32 이지만, 값은 0-255값.
    processed_img = np.expand_dims(processed_img, axis=0)

    # 이미지 크기가 변하지 않는다. Numpy Array(tensor아님).
    processed_img = base_model.preprocess_input(processed_img)
    return img,processed_img

model_name = {0: 'inception_v3', 1: 'resnet50', 2: 'vgg16', 3: 'mobilenet_v2'}

mode = 0
base_image_path = 'elephant.jpg'
if model_name[mode] == 'inception_v3':
    model = inception_v3.InceptionV3(weights='imagenet',include_top=True)
    base_model = inception_v3
    image_size = (299,299) # tuple(model.input.shape )[1:3]
elif model_name[mode] =='resnet50':
    model = resnet.ResNet50(weights='imagenet',include_top=True)
    base_model = resnet
    image_size = (224,224)
elif model_name[mode] == 'vgg16':
    model = vgg16.VGG16(weights='imagenet',include_top=True)
    base_model = vgg16
    image_size = (224,224)
```

```
elif model_name[mode] == 'mobilenet_v2':
    model = mobilenet_v2.MobileNetV2(weights='imagenet',include_top=True)
    base_model = mobilenet_v2
    image_size = (224,224)

# Numpy Array로 변환
img, processed_img = preprocess_image(base_image_path, base_model,image_size)
print('preprocessed image shape: ', processed_img.shape) # (1, X, X, 3)

preds = model.predict(processed_img) # softmax를 거친 값(확률), Numpy Array(1,1000)
print('model: ',model_name[mode])
print(preds.shape, np.argmax(preds,axis=1))
print(base_model.decode_predictions(preds, top=3)) # preds로부터 top 3를 추출해 준다.
plt.imshow(img)
```

- decode_predictions()는 모델이 예측한 class id를 class name으로 변환하고 지정한 만큼의 상위 확률을 보여주는 API이다.

```
tf.keras.applications.imagenet_utils.decode_predictions(preds, top=5)
tf.keras.applications.inception_v3.decode_predictions(preds, top=5)
```

```
preprocessed image shape: (1, 299, 299, 3)
model: inception_v3
(1, 1000) [101]
[[('n01871265', 'tusker', 0.46807274),
('n02504458', 'African_elephant', 0.40679783),
('n02504013', 'Indian_elephant', 0.04225375)]]
```

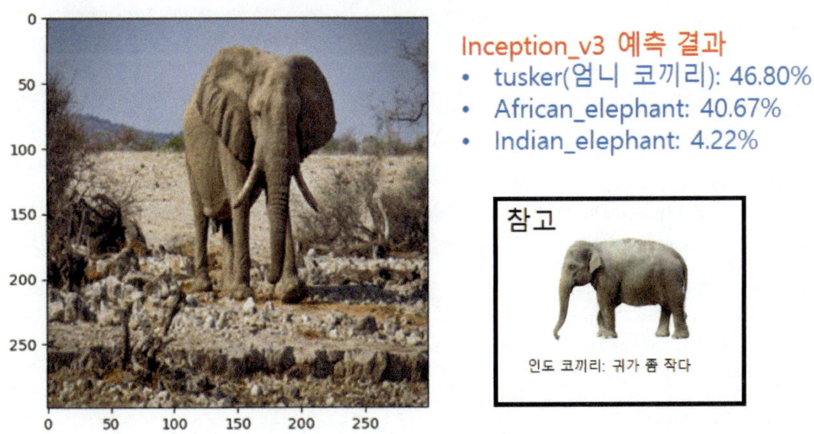

그림 7.34: Tensorflow Pre-trained Model 예측 예시

7.4.2 Pytorch Pre-trained Model

Pytorch에서는 ImageNet의 class id를 class name으로 변환하는 API를 제공하고 있지 않다. ImageNet의 1,860개 class name을 저장하고 있는 파일과 모델에서 사용한 1,000개의 class key를 가지고 있는 2개 파일을 다운로드[28]하여 파싱(parsing)해 보자.

코드 7.38: ImageNet 1,000개 class 이름 파싱

```
with open('imagenet_synsets.txt', 'r') as f: # 1861개 line, head제외하면 1860개
    synsets = f.readlines()
synsets = [x.strip() for x in synsets]
splits = [line.split(' ') for line in synsets]
key_to_classname = {spl[0]:' '.join(spl[1:]) for spl in splits}
# {'n02119789': 'kit fox, Vulpes macrotis', 'n02100735': 'English setter', ... }


with open('imagenet_classes.txt', 'r') as f: # imagenet 1000개 class
    class_id_to_key = f.readlines()

class_id_to_key = [x.strip() for x in class_id_to_key]
# ['n01440764', 'n01443537', 'n01484850', ...]

class_id_to_classname = [key_to_classname[x.strip()] for x in class_id_to_key]
# ['tench, Tinca tinca', 'goldfish, Carassius auratus', ...]
```

- 길이 1,000인 list `class_id_to_classname`에 모델에 사용된 이미지 class의 이름이 순서대로 저장되었다.

다음의 코드 7.39는 Pytorch(torchvision)의 Pre-trained Model로 코끼리 사진을 분류해 보는 코드이다.

코드 7.39: **[Pytorch]** torchvision Pre-trained Model로 이미지 분류

```
import torchvision.models as models
model_name = {0: 'inception_v3', 1: 'resnet50', 2: 'vgg16', 3: 'mobilenet_v2'}
mode = 0
base_image_path = 'elephant.jpg' # 'Indian_elephant.jpg'

if model_name[mode] == 'inception_v3':
    model = models.inception_v3(pretrained=True, progress=True) # 100M
elif model_name[mode] =='resnet50':
    model = models.resnet50(pretrained=True, progress=True) # 106M
elif model_name[mode] == 'vgg16':
    model = models.vgg16(pretrained=True, progress=True) # 540M
elif model_name[mode] == 'mobilenet_v2':
```

28 https://github.com/Cadene/pretrained-models.pytorch/raw/master/data/imagenet_synsets.txt
https://github.com/Cadene/pretrained-models.pytorch/raw/master/data/imagenet_classes.txt

```
    model = models.mobilenet_v2(pretrained=True, progress=True) # 14M

transform = transforms.Compose([
            transforms.Resize(256),
            transforms.CenterCrop(224),
            transforms.ToTensor(), #(H,W,C) --> (C,H,W)
            transforms.Normalize([0.485, 0.456, 0.406], [0.229, 0.224, 0.225])
        ])

img = Image.open(r'elephant.jpg') # 'Indian_elephant.jpg'

processed_img = transform(img) # torch.Size([3, 224, 224])
processed_img = torch.unsqueeze(processed_img,0) # mini batch

model.eval()
logits = model(processed_img) # ---> (N,1000) ---> softmax 취하기 전.
preds = torch.nn.functional.softmax(logits,dim=-1)
topk_probs, topk_ids = torch.topk(preds,3,dim=-1) # top 3
topk_probs = topk_probs[0].detach().numpy() # tensor -> Numpy Array
topk_ids = topk_ids[0].detach().numpy() # tensor -> Numpy Array

plt.imshow(img)
print(f'Model: {model_name[mode]}')
for i in range(3):
    print(f'{topk_probs[i]:.2\%}, {topk_ids[i]}, {class_id_to_classname[topk_ids[i]]}')
```

- Tensorflow Pre-trained Model은 모델별로 서로 다른 Preprocessing을 거치는 반면, Pytorch에서는 공통적으로 평균 $(0.485, 0.456, 0.406)$, 분산 $(0.229, 0.224, 0.225)$으로 Normalization하는 Preprocessing을 사용한다.

- 입력되는 이미지의 크기는 $(224, 224, 3)$이 되어야 한다.

- 정리하면, $[0, 1]$ 사잇값으로 변환하고 $(C, H, W) = (3, 224, 224)$ 형태의 tensor로 만든 후, 평균 $(0.485, 0.456, 0.406)$, 분산 $(0.229, 0.224, 0.225)$으로 정규화해야 한다.

- 코끼리 사진에 대한 모델의 예측은 그림 (7.35)에서 확인할 수 있다.

```
Model: inception_v3
92.29%, 386, African elephant, Loxodonta africana
7.40%, 101, tusker
0.31%, 385, Indian elephant, Elephas maximus
```

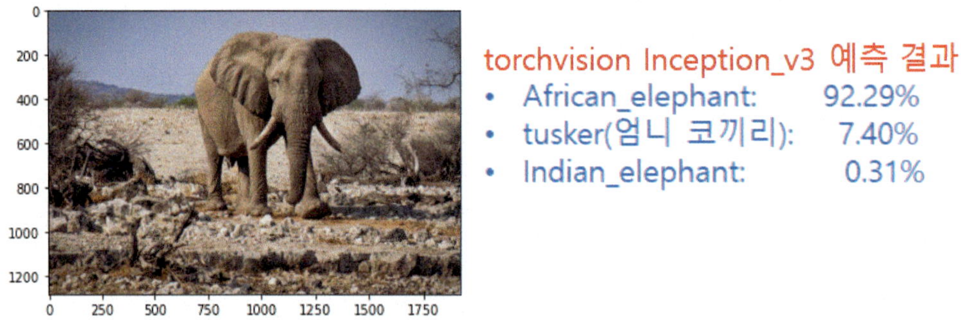

그림 7.35: Pytorch Pre-trained Model 예측 예시

7.4.3 Adaptive Average Pooling

그림 (7.36) 에서는 torchvision의 VGG, Resnet 모델의 일부를 보여주고 있다. convolution layer 들을 거친 후, FC Layer에 들어가기 전에 batch 차원 포함 4차원 tensor를 2차원 tensor로 변환하기 위해 Adaptive Average Pooling을 사용하고 있다. Tensorflow에서 제공하는 모델에서는 Global Average Pooling을 사용한 것과 대조적이다.

```
VGG(
  (features): Sequential(
    (0): Conv2d(3, 64, kernel_size=(3, 3), stride=(1, 1), padding=(1, 1))
    (1): ReLU(inplace=True)
    (2): Conv2d(64, 64, kernel_size=(3, 3), stride=(1, 1), padding=(1, 1))
    (3): ReLU(inplace=True)

   ...

    (30): MaxPool2d(kernel_size=2, stride=2, padding=0, dilation=1, ceil_mode=False)
  )
  (avgpool): AdaptiveAvgPool2d(output_size=(7, 7))
  (classifier): Sequential(
    (0): Linear(in_features=25088, out_features=4096, bias=True)
    (1): ReLU(inplace=True)
    (2): Dropout(p=0.5, inplace=False)
    (3): Linear(in_features=4096, out_features=4096, bias=True)
    (4): ReLU(inplace=True)
    (5): Dropout(p=0.5, inplace=False)
    (6): Linear(in_features=4096, out_features=1000, bias=True)
  )
)
```

```
ResNet(
  (conv1): Conv2d(3, 64, kernel_size=(7, 7), stride=(2, 2), padding=(3, 3), bias=False)
  (bn1): BatchNorm2d(64, eps=1e-05, momentum=0.1, affine=True, track_running_stats=True)
  (relu): ReLU(inplace=True)
  (maxpool): MaxPool2d(kernel_size=3, stride=2, padding=1, dilation=1, ceil_mode=False)
  (layer1): Sequential(
    (0): Bottleneck(
      (conv1): Conv2d(64, 64, kernel_size=(1, 1), stride=(1, 1), bias=False)
      (bn1): BatchNorm2d(64, eps=1e-05, momentum=0.1, affine=True, track_running_stats=True)
      (conv2): Conv2d(64, 64, kernel_size=(3, 3), stride=(1, 1), padding=(1, 1), bias=False)

    )

      ...
      (conv3): Conv2d(512, 2048, kernel_size=(1, 1), stride=(1, 1), bias=False)
      (bn3): BatchNorm2d(2048, eps=1e-05, momentum=0.1, affine=True, track_running_stats=True)
      (relu): ReLU(inplace=True)
    )
  )
  (avgpool): AdaptiveAvgPool2d(output_size=(1, 1))
  (fc): Linear(in_features=2048, out_features=1000, bias=True)
```

```
def forward(self, x: torch.Tensor) -> torch.Tensor:
    x = self.features(x)
    x = self.avgpool(x)
    x = torch.flatten(x, 1)
    x = self.classifier(x)
    return x
```

← VGG 소스 코드 일부: flatten이 포함되어 있다.

그림 7.36: torchvision VGG, Resnet 모델의 Adaptive Average Pooling 부분
FC Layer 앞에 Adaptive Average Pooling Layer가 있다. Adaptive Average Pooling 후, Flatten을 적용하고 마지막으로 classifier로 들어간다. print()로 출력한 모델 구조에서는 Flatten이 보이지 않는다. 소스 코드를 확인해야 한다. Tensorflow에서 제공하는 모델에서는 Flatten(VGG)을 사용하거나 Global Average Pooling을 사용하고 있다.

Adaptive Average Pooling은 입력되는 3D 또는 4D array(tensor)가 target array의 크기로 변환되도록 average pooling을 한다. 일반적인 average pooling은 kernel(window) 크기와 stride에 의해 연산이 되지만, Adaptive Average Pooling은 작동방식이 좀 다르다. target의 크기는 입력의 크기보다 작을 수도 있고 클 수도 있다.

```
torch.nn.AdaptiveAvgPool1d(output_size)
torch.nn.AdaptiveAvgPool2d(output_size)

tfa.layers.AdaptiveAveragePooling1D(output_size,
                                   data_format='channels_last')
tfa.layers.AdaptiveAveragePooling2D(output_size,
                                   data_format='channels_last')
```

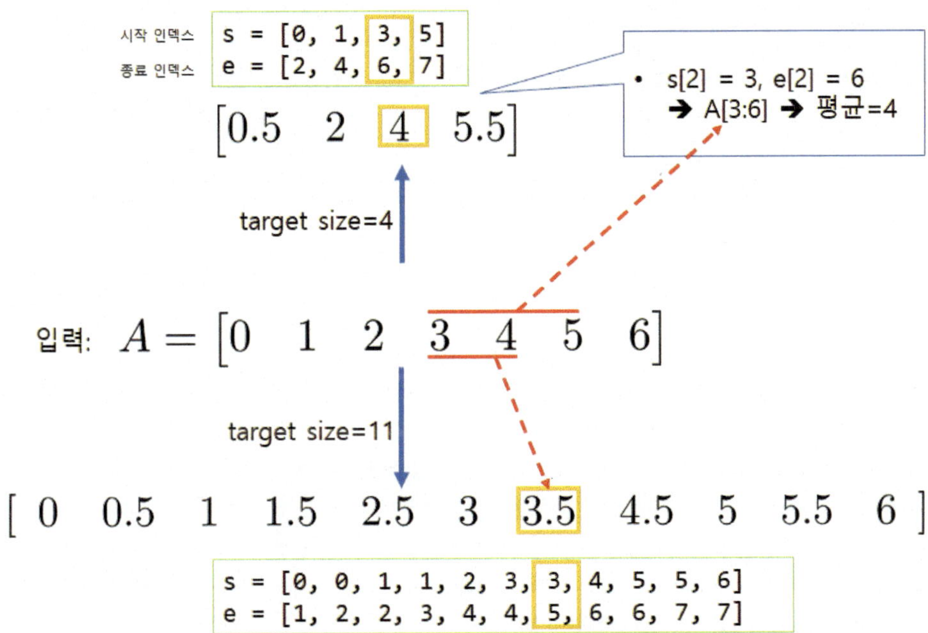

그림 7.37: 1D Adaptive Average Pooling
target의 크기가 4인 경우와 11인 경우의 adaptive average pooling 결과이다. target의 크기가 4인 경우에 시작 인덱스(e), 종료 인덱스(s)가 각각 4개씩 구해졌다. 구해진 구간에서 평균을 취한다.

코드 7.40: **[Pytorch]** 1D Adaptive Average Pooling

```
def adaptive_average_pooling_1d(inputs, target_size):
    # inputs: pytorch Tensor (N,C,D)
    s = (torch.arange(target_size, dtype=torch.float32) * (inputs.size(-1) / target_size)).long()
    e = ((torch.arange(target_size, dtype=torch.float32)+1) * (inputs.size(-1) / target_size)).ceil().long()
    pooled = []
    for idx in range(target_size):
        pooled.append(torch.mean(inputs[:, :, s[idx]:e[idx]], dim=-1,keepdim=True))
    pooled = torch.cat(pooled, -1)
    return pooled

input_size = 7
target_size = 11

x = np.random.randn(2,3,input_size).astype(np.float32) # (batch_size,num_channels,input_size)
x = torch.tensor(np.transpose(x, (0, 2, 1)))
y1 = adaptive_average_pooling_1d(x, target_size)

L = torch.nn.AdaptiveAvgPool1d(target_size)
y2 = L(x)

print(np.allclose(y1.numpy(),y2.numpy())) # True
```

- 코드 7.40과 그림 (7.37)은 Adaptive Average Pooling의 동작 원리를 보여주고 있다.
- 시작 인덱스, 종료 인덱스를 각각 구한 후, 평균을 취하는 방식이다.

7.4.4 Feature Extraction - Pytorch

torchvision의 Pre-trained Model에서 모델 구조를 살펴보기 위해서 `model.childrun()`을 사용한다. `model.childrun()`은 layer가 선언된 순서대로 return한다. forward propagation이 적용되는 순서가 아니다. 예를 들어 layer 중간에 `torch.flatten()`이 적용되는 경우, 선언된 layer가 아니기 때문에 `model.childrun()`에서는 알 수가 없다[29].

다음 API를 이용해서 원하는 feature(또는 feature map)을 추출하는 모델을 생성할 수 있다. torchvision에서 제공하는 모델뿐만 아니라 사용자 정의 모델에서도 사용가능하다.

29 그림 (7.36)를 참고하면 된다.

```
torchvision.models.feature_extraction.get_graph_node_names(model)
torchvision.models.feature_extraction.create_feature_extractor(model,
                                                      return_nodes)
```

코드 7.41: **[Pytorch]** Featue Extraction

```
import torchvision.models as models
from torchvision.models.feature_extraction import get_graph_node_names
from torchvision.models.feature_extraction import create_feature_extractor

model = models.resnet18(weights=None, progress=True)
train_nodes, eval_nodes = get_graph_node_names(model) # layer 이름 확인

my_nodes = { 'layer1': 'layer1zz', 'layer4': 'layer4aa'}
A = create_feature_extractor(model, return_nodes=my_nodes)
#############
x = torch.randn(2,3,224,224)
y = A(x) # y: dict
for a in y.keys():
    print(a, y[a].shape)

'''
layer1zz torch.Size([2, 64, 56, 56])
layer4aa torch.Size([2, 512, 7, 7])
'''
```

7.5 Image Transfer Learning

CNN 기반의 이미지 분류 모델은 Convolution Layer로 구성된 전반부와 FC Layer로 구성된 후반부로 나누어진다. Convolution Layer의 역할은 이미지의 feature를 추출하는 역할을 하고, FC Layer는 최종적으로 분류하는 역할을 한다. 전반부를 Feature Extractor, 후반부를 Classifier로 부르기도 한다. Pre-trained Model은 주어진 task에 맞게 훈련되어 있는데, 그중 Classifier는 분류 대상 이미지의 class가 몇 개인지를 반영하여 구성되어 있다. 이미지의 class 개수가 달라진다면 그에 맞게 수정되어야 한다.

Transfer Learning(전이학습)은 이미 훈련된 모델 전반부(Feature Extractor)의 구조를 그대로 가져오기 때문에 훈련된 weight도 가져올 수 있다. 그리고 주어진 task의 class 개수에 맞게 새롭게 구성한 Classifier를 결합해서 모델을 구성하고 훈련한다.

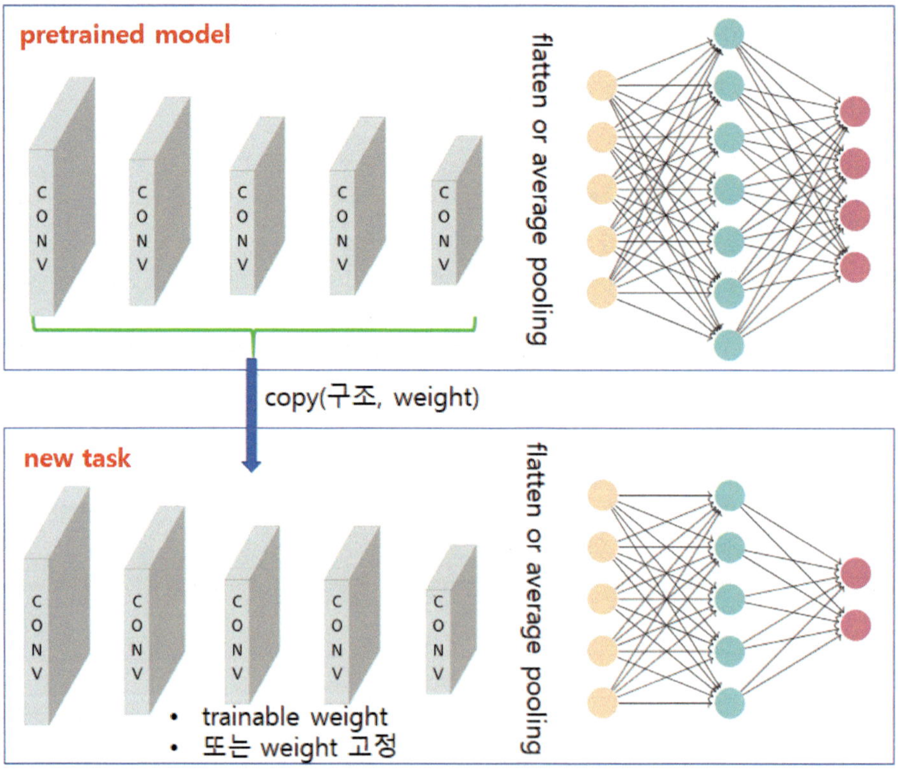

그림 7.38: Transfer Learning
Convolution으로 구성된 Feature Extractor 부분의 weight를 Pre-trained Model의 weight로 초기화한다. 초기화 이후, weight는 train을 통해 update될 수도 있고, 고정(frozen)하여 train에서 제외할 수도 있다.

- Feature Extractor: 이미 훈련된 모델의 구조와 weight값을 가져온다. CNN은 입력 이미지

크기에 의존하지 않고 Feature를 추출하기 때문에, 훈련될 때 사용한 이미지 크기와 새로운 task의 입력 이미지 크기가 달라도 상관없다.

- Classifier: 주어진 task의 이미지 class 개수에 맞게 새로 구성한다. 예를 들어 ImageNet의 1,000개 class로 훈련된 모델로부터 Cifar-10 이미지 분류 모델로 훈련하기 위해서는 10개 class를 분류할 수 있도록 classifier를 변형해야 한다.
- Feature Extractor를 통과한 tensor는 (배치 차원을 포함해서) 4D tensor이고 Classifer에는 2D tensor가 들어가야 한다. 그렇기 때문에 4D tensor를 2D tensor로 변환하는 과정이 필요하다. 이 변환 과정에서 Adaptive Average Pooling, Global Average Pooling, Flatten 등이 사용된다.

Transfer Learning은 NLP(자연어 처리) 분야에서도 많이 활용된다. 대형 Corpus을 사용해서 잘 훈련된 언어 모델들이 추출한 단어들의 feature를 이용하여 모델의 훈련 속도 및 성능을 향상시킬 수 있다.

7.5.1 Fine Tuning

Fine Tuning은 다음과 같이 2가지 의미로 사용한다.

- Feature Extractor 부분의 weight를 고정하고 Classifier 부분만 훈련하는 것을 Transfer Learning이라고 한다면, Fine Tuning은 Feature Extractor와 Classifier 모두를 훈련하는 방식을 의미한다.
- 앞의 정의와 달리 Fine Tuning을 Transfer Learning과 같은 의미로 사용하는 경우도 있다. Feature Extractor을 고정하는 경우와 고정하지 않는 경우 모두를 Transfer Learning 훈련 방식으로 간주하고, 이런 훈련 기법을 Fine Tuning이라 부른다.

여기서는 Fine Tuning의 의미를 후자로 보고 아래의 3가지 Fine Tuning 기법을 살펴보자.

① Feature Extractor 고정: 새로운 task의 데이터가 소규모이고 Pre-trained Model에 사용한 데이터와 유사한 경우에는 Extrator를 고정하면 훈련 속도가 빨라진다.

② Feature Extractor 비고정: 새로운 task의 데이터가 대규모이거나 유사도가 낮은 경우에는 모델 weight의 초기값만 Pre-trained Model에서 가져오고, 모델 전체를 훈련하는 방식이 있을 수 있다.

③ Feature Extractor 일부 고정: 데이터가 충분하고 유사도도 높은 경우 Feature Extractor를 전반부/후반부로 나눈다. Extractor의 전반부는 고정하고 후반부만 훈련할 수 있다.

지금까지 살펴본 3가지 Fine Tuning 기법 외에도 더 다양한 방법이 있을 수 있다.

- 기법 1. 예를 들어 첫 10 epoch은 Feature Extractor 부분을 고정한 채 훈련한 후, 추가 10 epoch은 learning rate을 좀 낮추고 Feature Extractor 부분도 같이 훈련하는 방법이다.
- 기법 2. 모델 전체를 훈련하되, 각 부분별로 learning rate을 달리하는 기법이다. Feature Extractor 부분은 낮은 learning rate을 적용하고 Classifier 부분은 좀 더 높은 learning rate을 적용하는 것이다. 또한 Feature Extactor 부분도 더 세분화하여 learning rate을 달리 적용할 수도 있다.

7.5.2 Transfer Learning - Pytorch

7.2절에서 소개했던 hymenoptera 데이터를 이용하여 transfer learning으로 모델을 훈련해 보자.

코드 7.42: **[Pytorch]** hymenoptera 데이터 loading

```
train_data_dir = './hymenoptera_data/train'
val_data_dir = './hymenoptera_data/val'

train_data_transforms = transforms.Compose([
    transforms.RandomResizedCrop(size=(256,256),scale=(0.7, 1.0),ratio=(0.9,1.1)),
    transforms.RandomHorizontalFlip(p=0.5),
    transforms.CenterCrop(224),
    transforms.ToTensor(), #(H,W,C) --> (C,H,W)
    transforms.Normalize([0.485, 0.456, 0.406], [0.229, 0.224, 0.225])
])

val_data_transforms = transforms.Compose([
    transforms.Resize(256),
    transforms.CenterCrop(224),
    transforms.ToTensor(), #(H,W,C) --> (C,H,W)
    transforms.Normalize([0.485, 0.456, 0.406], [0.229, 0.224, 0.225])
])

train_dataset = datasets.ImageFolder(train_data_dir, train_data_transforms)
val_dataset = datasets.ImageFolder(val_data_dir, val_data_transforms)

class_names = train_dataset.classes
print(class_names) # ['ants', 'bees']

train_dataloader = torch.utils.data.DataLoader(train_dataset,
                                              batch_size=64,shuffle=True)
val_dataloader = torch.utils.data.DataLoader(val_dataset, batch_size=8,shuffle=False)
```

- train data에는 Image Augmentation을 적용한 반면, validation data에는 적용하지 않았다.

Pre-trained Model로 torchvision의 resnet18을 사용해 보자.

코드 7.43: **[Pytorch]** resnet18 모델에서 weight고정 & classifier 교체

```
import torchvision.models as models

transfer_flag = True
model = models.resnet18(pretrained=transfer_flag, progress=True)

if transfer_flag:
    for layer_weight in model.parameters():
        layer_weight.requires_grad = False

n_features = model.fc.in_features # 512
model.fc = torch.nn.Linear(n_features,2) # hymenoptera는 2개 class
```

- `models.resnet18(pretrained=True)`인 경우에 훈련된 weight로 초기화된 모델이 생성된다.
- resnet18의 마지막에 있는 classifier인 `model.fc`를 새로운 FC Layer로 교체했다. 데이터의 크기가 작기 때문에, Feature Extrator 부분을 고정했다.

코드 7.44: **[Pytorch]** transfer learning 훈련 코드

```
device = torch.device("cuda:0" if torch.cuda.is_available() else "cpu")
print(device)
model.to(device)
loss_fn = torch.nn.CrossEntropyLoss()
optimizer = optim.SGD(model.parameters(), lr=0.1,momentum=0.9, weight_decay=5e-4)

num_epochs = 10
s_time = time.time()

train_loss_history = []; val_loss_history = []
train_acc_history = []; val_acc_history = []

for epoch in range(num_epochs): # loop for epoch
    running_loss = []
    acc = 0; total = 0
    model.train()
    for i, data in enumerate(train_dataloader):
        inputs, labels = data
        inputs = inputs.to(device)
        labels = labels.to(device)
        # zero the parameter gradients
        optimizer.zero_grad()

        # forward + backward + optimize
        outputs = model(inputs)
        loss = loss_fn(outputs, labels)
        loss.backward()
        optimizer.step()
```

```

        _, pred = outputs.max(axis=-1)
        acc += (pred==labels).float().sum().item()
        total += len(labels)

        running_loss.append(loss.item())
    train_loss_history.append(np.mean(running_loss))
    train_acc_history.append(acc/total)
    print('[epoch: %d] loss: %.3f, train acc: %.3f elapsed: %.2f' % (epoch + 1,
        np.mean(running_loss), acc/total , time.time()-s_time))

    # validation
    running_loss = []
    acc = 0; total = 0;
    model.eval()
    with torch.no_grad():
        for i, data in enumerate(val_dataloader):
            inputs, labels = data
            inputs = inputs.to(device)
            labels = labels.to(device)
            outputs = model(inputs)
            loss = loss_fn(outputs, labels)

            _, pred = outputs.max(axis=-1)
            acc += (pred==labels).float().sum().item()
            total += len(labels)
            running_loss.append(loss.item())

    val_loss_history.append(np.mean(running_loss))
    val_acc_history.append(acc/total)
    print('val loss: %.3f, val acc: %.3f' % (np.mean(running_loss), acc/total))

print('Finished Training')
```

훈련 결과는 그림(7.39)에서 확인할 수 있다. transfer learning의 결과가 random weight로 훈련한 것보다 월등한 것을 확인할 수 있다.

train from scratch

```
[epoch: 1] loss: 3.393, train acc: 0.520 elapsed: 3.94
val loss: 605.253, val acc: 0.458
[epoch: 2] loss: 3.342, train acc: 0.545 elapsed: 10.00
val loss: 8645.627, val acc: 0.542
[epoch: 3] loss: 3.048, train acc: 0.561 elapsed: 16.04
val loss: 18260.411, val acc: 0.542
[epoch: 4] loss: 1.447, train acc: 0.516 elapsed: 22.08
val loss: 99.159, val acc: 0.549
[epoch: 5] loss: 0.959, train acc: 0.516 elapsed: 28.13
val loss: 6.481, val acc: 0.647
[epoch: 6] loss: 0.764, train acc: 0.582 elapsed: 34.17
val loss: 44.879, val acc: 0.575
[epoch: 7] loss: 1.024, train acc: 0.537 elapsed: 40.14
val loss: 36.713, val acc: 0.614
[epoch: 8] loss: 0.916, train acc: 0.668 elapsed: 46.13
val loss: 11.438, val acc: 0.647
[epoch: 9] loss: 0.677, train acc: 0.680 elapsed: 52.09
val loss: 2.870, val acc: 0.529
[epoch: 10] loss: 0.606, train acc: 0.672 elapsed: 58.11
val loss: 0.865, val acc: 0.660
Finished Training
```

transfer learning

```
[epoch: 1] loss: 3.185, train acc: 0.561 elapsed: 2.64
val loss: 0.601, val acc: 0.876
[epoch: 2] loss: 1.012, train acc: 0.857 elapsed: 7.38
val loss: 0.461, val acc: 0.961
[epoch: 3] loss: 0.607, train acc: 0.910 elapsed: 12.08
val loss: 0.799, val acc: 0.928
[epoch: 4] loss: 0.842, train acc: 0.914 elapsed: 16.83
val loss: 0.710, val acc: 0.948
[epoch: 5] loss: 0.582, train acc: 0.943 elapsed: 21.55
val loss: 0.868, val acc: 0.954
[epoch: 6] loss: 0.146, train acc: 0.984 elapsed: 26.26
val loss: 1.110, val acc: 0.935
[epoch: 7] loss: 0.320, train acc: 0.975 elapsed: 30.97
val loss: 0.986, val acc: 0.941
[epoch: 8] loss: 0.172, train acc: 0.971 elapsed: 35.72
val loss: 0.766, val acc: 0.948
[epoch: 9] loss: 0.071, train acc: 0.988 elapsed: 40.48
val loss: 0.966, val acc: 0.948
[epoch: 10] loss: 0.474, train acc: 0.951 elapsed: 45.21
val loss: 1.478, val acc: 0.928
Finished Training
```

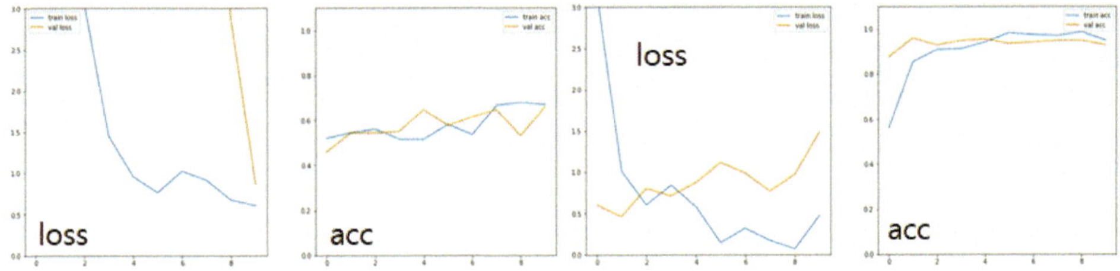

그림 7.39: hymenoptera - Transfer Learning 결과 비교
왼쪽은 transfer learning을 사용하지 않고 random weight로 훈련한 결과이고 오른쪽은 transfer learning을 사용한 것이다. 10 epoch 훈련 결과의 최고 validation accuracy는 각각 66.0%, 96.1%로 transfer learning이 월등하다.

마지막으로 learning rate을 달리 적용하여 훈련할 수 있는 방법을 알아보자. 먼저 그림(7.40)에서 torchvision의 resent18의 layer 이름을 확인할 수 있다.

```
for i, (name, layer_weight) in enumerate(model.named_parameters()):
    print(i, name)
```

```
0 conv1.weight
1 bn1.weight
2 bn1.bias
3 layer1.0.conv1.weight
4 layer1.0.bn1.weight
5 layer1.0.bn1.bias
6 layer1.0.conv2.weight
7 layer1.0.bn2.weight
8 layer1.0.bn2.bias
9 layer1.1.conv1.weight
10 layer1.1.bn1.weight
11 layer1.1.bn1.bias
12 layer1.1.conv2.weight
13 layer1.1.bn2.weight
14 layer1.1.bn2.bias
15 layer2.0.conv1.weight
16 layer2.0.bn1.weight
17 layer2.0.bn1.bias
18 layer2.0.conv2.weight
19 layer2.0.bn2.weight
20 layer2.0.bn2.bias
21 layer2.0.downsample.0.weight
22 layer2.0.downsample.1.weight
23 layer2.0.downsample.1.bias
24 layer2.1.conv1.weight
25 layer2.1.bn1.weight
26 layer2.1.bn1.bias
27 layer2.1.conv2.weight
28 layer2.1.bn2.weight
29 layer2.1.bn2.bias
```

params_group_1

```
30 layer3.0.conv1.weight
31 layer3.0.bn1.weight
32 layer3.0.bn1.bias
33 layer3.0.conv2.weight
34 layer3.0.bn2.weight
35 layer3.0.bn2.bias
36 layer3.0.downsample.0.weight
37 layer3.0.downsample.1.weight
38 layer3.0.downsample.1.bias
39 layer3.1.conv1.weight
40 layer3.1.bn1.weight
41 layer3.1.bn1.bias
42 layer3.1.conv2.weight
43 layer3.1.bn2.weight
44 layer3.1.bn2.bias
45 layer4.0.conv1.weight
46 layer4.0.bn1.weight
47 layer4.0.bn1.bias
48 layer4.0.conv2.weight
49 layer4.0.bn2.weight
50 layer4.0.bn2.bias
51 layer4.0.downsample.0.weight
52 layer4.0.downsample.1.weight
53 layer4.0.downsample.1.bias
54 layer4.1.conv1.weight
55 layer4.1.bn1.weight
56 layer4.1.bn1.bias
57 layer4.1.conv2.weight
58 layer4.1.bn2.weight
59 layer4.1.bn2.bias
```

params_group_2

```
60 fc.weight
61 fc.bias
```

params_group_3

그림 7.40: torchvision resnet18 layer 이름

그림 (7.40) 에서처럼 resnet18을 3개 그룹으로 나누어 learning rate을 달리 적용해 보자.

코드 7.45: **[Pytorch]** Multi Learning Rate 적용 방법

```
model = models.resnet18(pretrained=True, progress=True)

# model.fc.in_features = 512, hymenoptera는 2개 class
model.fc = torch.nn.Linear(model.fc.in_features,2)

params_group_1 = [] # etc
params_group_2 = [] # layer3, layer4
params_group_3 = [] # classifier

for name, param in model.named_parameters():
    if 'fc' in name:
        params_group_3.append(param)
    elif name.find('layer3') >= 0 or name.find('layer4') >= 0:
        params_group_2.append(param)
    else:
        params_group_1.append(param)
```

```
device = torch.device("cuda:0" if torch.cuda.is_available() else "cpu")
print(device)
model.to(device)
loss_fn = torch.nn.CrossEntropyLoss()
optimizer = optim.SGD([{'params': params_group_1, 'lr': 1e-5 },
                       {'params': params_group_2, 'lr': 1e-4 },
                       {'params': params_group_3, 'lr': 1e-3 }], momentum=0.9)
```

- `name.find('layer3')`는 `name`에 `'layer3'`가 포함되어 있으면 위치를 return한다. 만약 포함되어 있지 않으면 −1을 return한다. 따라서 0보다 같거나 크다는 것은 찾는 문자열을 발견했다는 것을 의미한다.
- optimizer에서 파라메터별로 다른 learning rate을 지정할 수 있다[30].

훈련은 코드 7.44와 동일하다.

7.5.3 Transfer Learning - Tensorflow

앞서 Pytorch로 구현한 Transfer Learning은 약 46M의 hymenoptera 데이터를 사용했다. 이제 Tensorflow로 Transfer Learning을 해보자. 사용할 데이터는 약 755M의 Oxford-IIIT Pet Dataset[31]이다. 이 데이터는 37종의 개(25종), 고양이(12종) 품종에 대한 것이다. 각 품종별로 약 200개 정도의 이미지 파일이 있으며, 전체 파일 개수는 모두 7,390개이다.

hymenoptera 데이터는 규모가 작아서 Feature Extractor 부분을 고정했는데, Oxford-IIIT Pet Dataset은 상대적으로 규모가 크기 때문에 Feature Extractor 부분을 고정하지 않는 훈련 방식을 사용해 보자.

먼저 데이터 준비 과정을 살펴보자. 데이터를 받아보면, 디렉토리별로 구분되어 있지 않고 하나의 디렉토리에 모여 있다. 품종은 파일 이름에 포함되어 있다. 데이터를 디렉토리별로 구분할 필요가 있다. 다음 코드는 파일을 디렉토리별로 옮기는 작업을 한다.

코드 7.46: 품종별 디렉토리를 생성하고 파일을 옮긴다.

```
import os,glob,shutil
def move_files_to_subdirectory(base_dir):
    # 하나의 디렉토리에 모여 있는 파일을 각각의 sub directory로 이동
    category =['Abyssinian', 'Bengal', 'Birman', 'Bombay', 'British_Shorthair',
               'Egyptian_Mau', 'Maine_Coon', 'Persian', 'Ragdoll', 'Russian_Blue',
               'Siamese', 'Sphynx', 'american_bulldog', 'american_pit_bull_terrier',
               'basset_hound', 'beagle', 'boxer', 'chihuahua', 'english_cocker_spaniel',
```

30 https://pytorch.org/docs/stable/optim.html#per-parameter-options

31 https://www.robots.ox.ac.uk/~vgg/data/pets/

```
            'english_setter', 'german_shorthaired', 'great_pyrenees', 'havanese',
            'japanese_chin', 'keeshond', 'leonberger', 'miniature_pinscher',
            'newfoundland', 'pomeranian', 'pug', 'saint_bernard', 'samoyed',
            'scottish_terrier', 'shiba_inu', 'staffordshire_bull_terrier',
            'wheaten_terrier', 'yorkshire_terrier']

    # 디렉토리 만들기
    for c in category:
        dir_name = os.path.join(base_dir,c)
        os.makedirs(dir_name,exist_ok=True)

    all_files = glob.glob(os.path.join(base_dir,"*.jpg"))

    print("num of files: ", len(all_files))

    # 파일 이동
    for f in all_files:
        basename = os.path.basename(f)
        # basset_hound_103.jpg --> ['basset', 'hound', '103.jpg']
        c = '_'.join(basename.split('_')[:-1])
        if os.path.exists(os.path.join(base_dir,c)):
            shutil.move(f,os.path.join(base_dir,c))

base_dir ='./images'
move_files_to_subdirectory(base_dir)
```

- 파일 이름을 추출할 때 유용한 glob 라이브러리를 이용했다. 파일 이동은 shutil을 사용했다.

이제 image_dataset_from_directory을 이용해서 tf.data.Dataset을 만들어보자.

코드 7.47: [**Tensorflow**] train/validation 데이터 생성

```
seed = 123
train_dataset = tf.keras.preprocessing.image_dataset_from_directory(
  base_dir,
  validation_split=0.2,
  subset="training",
  seed=seed,
  image_size=(256, 256),
  batch_size=None)

val_dataset = tf.keras.preprocessing.image_dataset_from_directory(
  base_dir,
  validation_split=0.2,
  subset="validation",
  seed=seed,
  image_size=(256, 256),
  batch_size=None)

class_names = train_dataset.class_names

n_class = len(class_names)
```

```
print('n_class: ', n_class)
print(class_names)
```

Output:

```
n_class:  37
['Abyssinian', 'Bengal', 'Birman', 'Bombay', 'British_Shorthair', 'Egyptian_Mau', 'Maine_Coon',
'Persian', 'Ragdoll', 'Russian_Blue', 'Siamese', 'Sphynx', 'american_bulldog',
'american_pit_bull_terrier', 'basset_hound', 'beagle', 'boxer', 'chihuahua',
'english_cocker_spaniel','english_setter', 'german_shorthaired', 'great_pyrenees', 'havanese',
'japanese_chin', 'keeshond', 'leonberger', 'miniature_pinscher', 'newfoundland', 'pomeranian',
'pug', 'saint_bernard', 'samoyed', 'scottish_terrier', 'shiba_inu', 'staffordshire_bull_terrier',
'wheaten_terrier', 'yorkshire_terrier']
```

- validation_split을 이용하여 train/validation 데이터를 8 : 2로 분할했다. seed를 주어 항상 같은 데이터가 생성될 수 있도록 했다.
- 이미지 크기를 (256, 256)으로 한 이유는 crop을 통해서 (224, 224) 크기로 잘라내기 전에 이미지를 좀 크게 만들기 위해서이다.

코드 7.48: [**Tensorflow**] map을 통해 이미지 augmentation을 했고 Tensorflow resnet50의 preprocessing도 적용했다.

```
model_preprocessing = tf.keras.applications.resnet50.preprocess_input

def preprocessing(image,model_preprocessing=None,train_flag=True):
    # image: Tensorflow Tensor
    if train_flag:
        image = tf.image.random_flip_left_right(image) # 확률 0.5로 고정되어 있음.
        image = tf.image.random_brightness(image, max_delta=0.3)
        image = tf.image.random_saturation(image, lower=0.5, upper=1.5) # 채도 조절

        image = tf.image.random_crop(image,(224,224,3)) # random crop
    else:
        image = tf.image.central_crop(image,0.875) # 256 x 0.875 = 224

    if model_preprocessing:
        return model_preprocessing(image)
    else:
        return image

train_dataset_batch = train_dataset
                    .map(lambda x,y: (preprocessing(x,model_preprocessing),y))
                    .shuffle(buffer_size=1000).batch(64)
val_dataset_batch = val_dataset
                    .map(lambda x,y: (preprocessing(x,model_preprocessing,False),y))
                    .batch(8)
```

- Pre-trained Model의 weight를 사용해야 하기 때문에, Pre-trained Model 훈련에 사용한 preprocessing을 적용해야 한다. 우리는 resnet50 모델을 사용할 예정이므로, `resnet50.preprocess_input()`을 적용해 주면 된다.

코드 7.49: [**Tensorflow**] transfer learning에 사용할 Tensorflow resnet50 모델 생성

```
from tensorflow.keras.applications import resnet

pretrained_frozen_flag = False # False이면 Feature Extractor 비고정
transfer_flag = True

# weights=None 또는 weights='imagenet'
if transfer_flag: # transfer learning
    base_model = resnet.ResNet50(weights='imagenet',include_top=False)
else: # random weight initialization
    base_model = resnet.ResNet50(weights=None,include_top=False)

if pretrained_frozen_flag:
    base_model.trainable = False # Trainable params: 75,813 vs 23,610,405

model = tf.keras.Sequential([base_model,tf.keras.layers.GlobalAveragePooling2D(),
                             tf.keras.layers.Dense(n_class)])
```

- `include_top=False` 옵션을 주어, Pre-trained Model의 classifier를 포함하지 않도록 했다.
- `base_model`과 classifier 사이를 `GlobalAveragePooling2D`을 사용해서 연결시켰다.
- 마지막에 FC Layer를 붙여 분류 모델이 될 수 있도록 했다.

다음은 모델 훈련 코드이다.

코드 7.50: [**Tensorflow**] transfer learning 훈련 코드

```
print('gpu available check:', tf.config.list_physical_devices('GPU'))
initial_learning_rate = 0.001
optimizer = tf.keras.optimizers.SGD(learning_rate=initial_learning_rate,momentum=0.9)

model.compile(optimizer,
              loss=tf.keras.losses.SparseCategoricalCrossentropy(from_logits=True),
              metrics=['accuracy'])
model_filename = "Epoch-{epoch:02d}-{val_accuracy:.4f}"
checkpoint_path = os.path.join('./models_tf_resent50/', model_filename)
cp_callback = tf.keras.callbacks.ModelCheckpoint(filepath=checkpoint_path,
                             save_weights_only=True,verbose=1,mode='auto',
                             save_best_only=True,monitor='val_accuracy')

n_epochs = 10
history = model.fit(train_dataset_batch,epochs=n_epochs,
                    validation_data=val_dataset_batch,validation_freq=1,
                    verbose=1,callbacks=[cp_callback],initial_epoch=0)
```

- 훈련 결과는 그림(7.41)에서 확인할 수 있다.

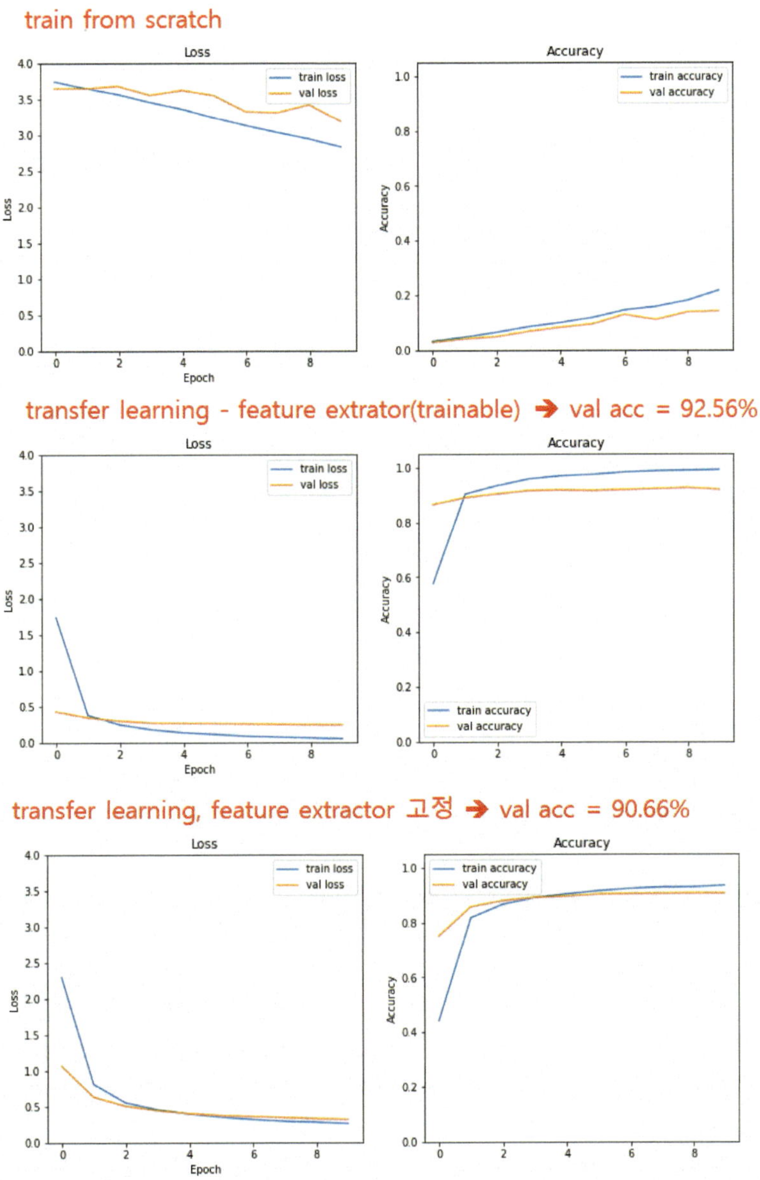

그림 7.41: Oxford Pet data - transfer learning 결과

1. 상단은 random weight로 훈련한 결과이다. 10 epoch으로는 부족하다. 더 많은 epoch의 훈련이 필요하다.
2. 가운데는 transfer learning의 결과이다. 10 epoch 훈련 후, validation accuracy 92.56%에 도달했다.
3. 하단은 transfer learning에서 feature extractor 부분의 weight를 고정하여 classifier 부분만 훈련한 결과이다. 10 epoch 훈련 후, validation accuracy 90.66%까지 나왔다.

딥러닝

제 8 장

RNN & NLP

8.1 단어 Embedding

언어에서 단어들 사이에는 서로 연관성이 있다. 단어들의 연관성은 정도가 각기 다르다. 단어를 단순히 one hot vector로만 변환하면 서로의 연관성 정도가 반영되지 않는다. 각 단어(token)를 수치화된 벡터로 변환하는 것을 word embedding이라 한다. word embedding을 통해 각 단어들을 벡터화하면서 단어들 간의 연관성이 벡터에 반영되도록 하는 것이 목적이다.

간단한 예를 위해 {i, you, like, love} 4(vocab_size)개 단어만 주어져 있다고 하자.

단어(token)	token ID	one hot encoding	word embedding
i	0	$(1,0,0,0)$	$(w_{11}, w_{12}, w_{13}, w_{14}, w_{15})$
you	1	$(0,1,0,0)$	$(w_{21}, w_{22}, w_{23}, w_{24}, w_{25})$
like	2	$(0,0,1,0)$	$(w_{31}, w_{32}, w_{33}, w_{34}, w_{35})$
love	3	$(0,0,0,1)$	$(w_{41}, w_{42}, w_{43}, w_{44}, w_{45})$

표 8.1: 5-dim word embedding

`"i love you"`라는 문장을 토큰 ID로 변환하면 $X = [0,3,1]$이 되고, 다시 one hot encoding으로 변환할 수 있다. one hot vector($\overline{X}$)를 (예를 들어) 5차원 벡터로 변환하기 위해 4×5 크기의

E 행렬 (embedding matrix) 을 도입하자.

$$\overline{X} = \begin{pmatrix} 1 & 0 & 0 & 0 \\ 0 & 0 & 0 & 1 \\ 0 & 1 & 0 & 0 \end{pmatrix}, \quad E = \begin{pmatrix} w_{01} & w_{02} & w_{03} & w_{04} & w_{05} \\ w_{11} & w_{12} & w_{13} & w_{14} & w_{15} \\ w_{21} & w_{22} & w_{23} & w_{24} & w_{25} \\ w_{31} & w_{32} & w_{33} & w_{34} & w_{35} \end{pmatrix}$$

E의 크기를 일반화하면 (vocab_size, embedding_dim) 이 되고, $\overline{X}$의 크기는 (문장길이, vocab_size) 가 된다. 이제 $\overline{X}$와 E를 곱하면 각각의 token은 embedding vector로 변환이 된다.

$$\begin{aligned} \overline{X}E &= \begin{pmatrix} 1 & 0 & 0 & 0 \\ 0 & 0 & 0 & 1 \\ 0 & 1 & 0 & 0 \end{pmatrix} \begin{pmatrix} w_{01} & w_{02} & w_{03} & w_{04} & w_{05} \\ w_{11} & w_{12} & w_{13} & w_{14} & w_{15} \\ w_{21} & w_{22} & w_{23} & w_{24} & w_{25} \\ w_{31} & w_{32} & w_{33} & w_{34} & w_{35} \end{pmatrix} \\ &= \begin{pmatrix} w_{01} & w_{02} & w_{03} & w_{04} & w_{05} \\ w_{31} & w_{32} & w_{33} & w_{34} & w_{35} \\ w_{11} & w_{12} & w_{13} & w_{14} & w_{15} \end{pmatrix} \end{aligned} \tag{8.1}$$

정리하면,

$$\begin{aligned} \texttt{"i love you"} &\longrightarrow [0,3,1] \\ &\longrightarrow \begin{pmatrix} 1 & 0 & 0 & 0 \\ 0 & 0 & 0 & 1 \\ 0 & 1 & 0 & 0 \end{pmatrix} \\ &\longrightarrow \begin{pmatrix} w_{01} & w_{02} & w_{03} & w_{04} & w_{05} \\ w_{31} & w_{32} & w_{33} & w_{34} & w_{35} \\ w_{11} & w_{12} & w_{13} & w_{14} & w_{15} \end{pmatrix} \end{aligned}$$

word embedding 행렬 E는 주어진 task 처리를 위해 모델이 훈련되는 과정에서 같이 훈련된다. 언어 속의 단어들을 좋은 vector로 embedding하기 위해서는 대형 corpus가 있어야 한다. NLP task를 처리하기 위해서는 주어진 (비교적 작은) 데이터만으로 좋은 word embedding을 찾기 어려운 경우가 많다. 그래서 Pre-trained Model을 사용한다. 대형 corpus로 word embedding을 찾는 것을 목적으로 훈련한 모델이다. Pre-trained Model로는 다음과 같은 것들이 유명하다.

- BERT(Bidirectional Encoder Representations from Transformers)[1]
- GPT(Generative Pre-trained Transformer)[2]
- ELECTRA(Efficiently Learning an Encoder that Classifies Token Replacements Accurately)[3]

Pre-trained Model로부터 word embedding을 받아서 transfer learning으로 주어진 task의 모델을 훈련할 수 있다.

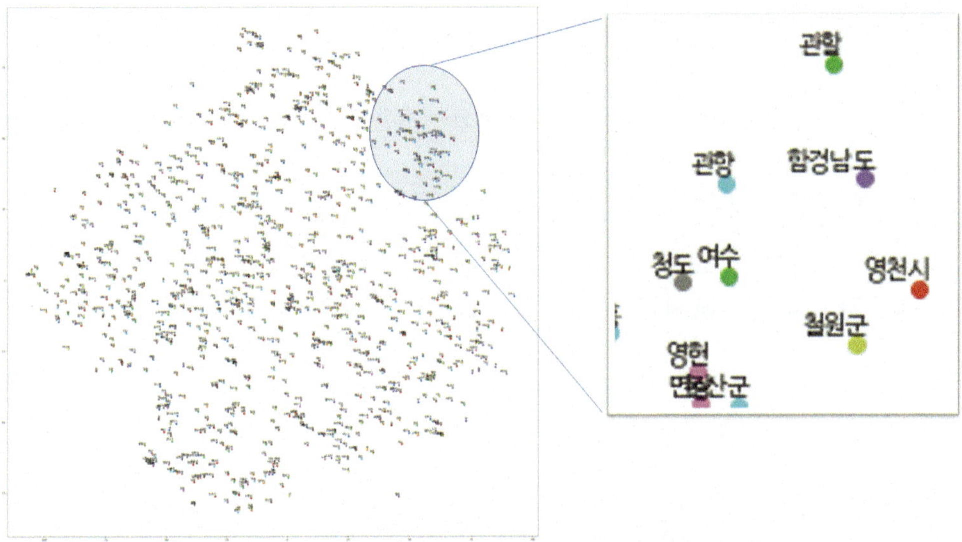

그림 8.1: 차원 축소 기법인 t-sne로 embedding matrix를 2차원으로 축소하여 시각화
우측 상단에 지명을 나타내는 단어들이 모여 있다. 지명이 문장 속에서 유사한 의미로 사용된다는 것을 말해주고 있다.

word embedding vector는 주로 고차원으로 생성되기 때문에 시각화해서 볼 수가 없다. 시각화를 위해서는 차원 축소 기법을 사용해야 한다. 대표적인 차원 축소 기법으로 PCA, t-sne[4]가 있다. 그림 (8.1)은 t-sne로 2차원 벡터를 만들어서 시각화하고 있다.

1 https://arxiv.org/abs/1810.04805

2 https://s3-us-west-2.amazonaws.com/openai-assets/research-covers/language-unsupervised/language_understanding_paper.pdf

3 https://arxiv.org/abs/2003.10555

4 t-Stochastic Neighbor Embedding

8.1.1 Word Embedding - Tensorflow

word embedding을 하기 위해서는 hyper parameter로 embedding dimension(D)을 정해야 한다. batch size N, padding[5] 처리된 문장의 길이가 T이면 token화된 데이터의 shape은 (N, T)가 된다. (N, T) shape의 데이터를 embedding하면 (N, T, D) shape이 된다.

코드 8.1: [**Tensorflow**] Word Embedding

```
vocab_size = 100
embedding_dim = 128
batch_size = 2
length = 8

X = tf.random.uniform((batch_size,length),
                      maxval=vocab_size,dtype=tf.int32) # (batch_size,length)
embedding = tf.keras.layers.Embedding(vocab_size, embedding_dim)

out = embedding(X) # (batch_size,length,embedding_dim)
```

- `tf.keras.layers.Embedding` API로 배치 단어 sequence `X`를 word embedding으로 벡터화 할 수 있다.

외부에서 주어진 weight로 embedding weight(matrix)를 초기화할 수도 있다.

코드 8.2: [**Tensorflow**] Word Embedding weight 초기화

```
from tensorflow.keras.initializers import Constant
init = np.arange(vocab_size*embedding_dim).reshape(vocab_size,-1)
embedding2 = tf.keras.layers.Embedding(vocab_size, embedding_dim,
                               embeddings_initializer=Constant(init)) # trainable=True

out2 = embedding2(X) # (batch_size,length,embedding_dim)
```

- default로 `embedding2.trainable = True`로 설정된다. `embedding2.trainable = False`로 설정하여 embedding matrix를 고정할 수 있다.

5 4.4, 4.5절에서 padding 처리를 다루었다.

8.1.2 Word Embedding - Pytorch

코드 8.3에서 Pytorch Word Embedding 예시를 보여주고 있다.

코드 8.3: **[Pytorch]** Word Embedding

```
vocab_size = 100
embedding_dim = 128
batch_size = 2
length = 8

X = torch.randint(vocab_size,size=(batch_size,length))
embedding = torch.nn.Embedding(vocab_size, embedding_dim, padding_idx=0)

out = embedding(X) # (batch_size,length,embedding_dim)
```

- `torch.nn.Embedding()`에서 `padding_idx`를 padding token으로 지정하면, padding에 대한 embedding vector는 gradient가 계산되지 않고, 영벡터로 고정된다. shape `(vocab_size,embedding_dim)`인 `embedding`의 id 0에 해당하는 `embedding.weight[0]`을 확인해 보면 모두 0으로 되어 있다.

Tensorflow에서와 같이 Pytorch에서도 외부에서 주어진 weight로 embedding weight(matrix)를 초기화할 수 있다.

코드 8.4: **[Pytorch]** Word Embedding weight 초기화

```
init = torch.arange(vocab_size*embedding_dim).reshape(vocab_size,-1).float()
embedding2 = torch.nn.Embedding.from_pretrained(init,freeze=False)

out2 = embedding2(X) # (batch_size,length,embedding_dim)
```

- default로 `freeze=True`로 설정되어 embedding vector가 고정된다. `freeze=False`로 설정하여 훈련 가능하게 할 수 있다.

8.1.3 Word Embedding - From Scratch

word embedding을 계산할 때, 식 (8.1)과 같이 sparse(희소) 행렬[6]인 one hot 행렬 $\overline{X}$와 embedding 행렬 E를 곱하는 것은 비효율적이다.

Numpy Array나 Pytorch Tensor는 Embedding 행렬을 advanced indexing해서 Embedding

6 sparse 행렬은 구성 원소가 대부분 0인 행렬을 말한다.

vector를 추출할 수 있다. Tensorflow Tensor에서는 비연속적인 index slicing이 되지 않기 때문에, `tf.gather()`를 이용하면 된다.

코드 8.5: [**Numpy, Pytorch**] Embedding 추출

```
vocab_size=5 # word token(단어) 개수
embedding_dim = 2 # embedding 차원
E = np.arange(vocab_size*embedding_dim,dtype=np.float32)
      .reshape(vocab_size,embedding_dim)

sentence = [2,3,1,0,0,0]
print(E[sentence,:]) # shape: (T,embedding_dim)

# batch data
batch_sentence = [[2,3,1,0,0,0],[4,2,3,3,1,2]] # (N,T)=(2,6)
print(E[batch_sentence,:]) # shape (N,T,embedding_dim)

# Pytorch Tensor Embedding
E1 = torch.arange(vocab_size*embedding_dim,dtype=torch.float32)
          .reshape(vocab_size,embedding_dim)

print(E1[sentence,:]) # shape: (T,embedding_dim)
print(E1[batch_sentence,:]) # shape (N,T,embedding_dim)
```

- Numpy Array와 Pytorch Tensor는 다루는 방법이 유사하기 때문에 indexing하는 방법도 비슷하다.

Output:

```
Embedding:
tensor([[0., 1.],
        [2., 3.],
        [4., 5.],
        [6., 7.],
        [8., 9.]])
```

```
batch Embedding 결과:
tensor([[[4., 5.],
         [6., 7.],
         [2., 3.],
         [0., 1.],
         [0., 1.],
         [0., 1.]],

        [[8., 9.],
         [4., 5.],
         [6., 7.],
         [6., 7.],
         [2., 3.],
         [4., 5.]]])
```

그림 (8.2)는 `tf.gather()`의 동작 방식을 보여주고 있다. 코드 8.6에서는 `tf.gather()`를 이용해서 word embedding을 수행하고 있다.

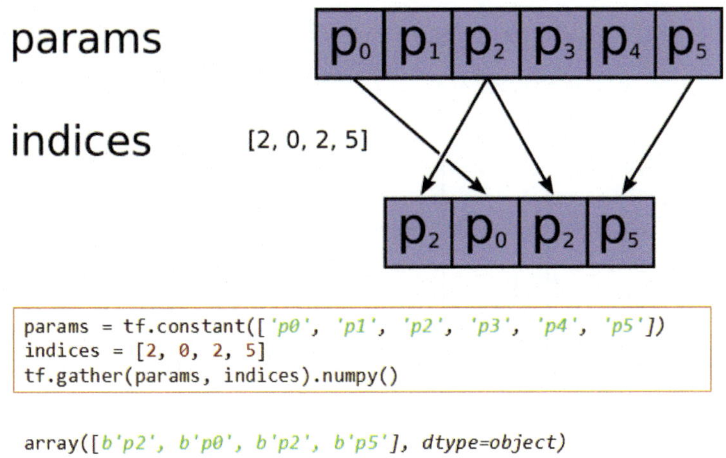

그림 8.2: Tensorflow gather
출처: https://www.tensorflow.org/api_docs/python/tf/gather

코드 8.6: **[Tensorflow]** Embedding 추출

```
vocab_size=5 # word token(단어) 개수
embedding_dim = 2 # embedding 차원
E2 = tf.reshape(tf.range(vocab_size*embedding_dim,dtype=tf.float32),
                (vocab_size,embedding_dim))

sentence = [2,3,1,0,0,0]
print(tf.gather(E2,sentence))

batch_sentence = [[2,3,1,0,0,0],[4,2,3,3,1,2]] # (N,T)=(2,6)
print(tf.gather(E2,batch_sentence))
```

8.1.4 Word Embedding Back Propagation

이제 Word Embedding Matrix의 gradient를 구하는 과정을 살펴보자. 그림 (8.3)은 Word Embedding의 forward/backward 과정을 보여주고 있다. Y 의 (upstream) gradient dY 가 주어져 있을 때, 같은 token id끼리 더해 주면 된다. 예를 들어 token id 0과 1은 데이터에 없기 때문에 gradient가 $(0.0, 0.0)$ 이 된다. token id 3은 두 번 나오는데, 각각의 gradient $(0.3, 0.4), (0.7, 0.8)$ 을 더해서 token id 3의 gradient는

$$(0.3, 0.4) + (0.7, 0.8) = (1.0, 1.2)$$

로 계산된다.

같은 token id에 해당하는 upstream gradeint를 더하는 것은 Numpy에서 `np.add.at()`을 이용하면 된다. 다음은 그림 (8.3)을 구현한 코드이다.

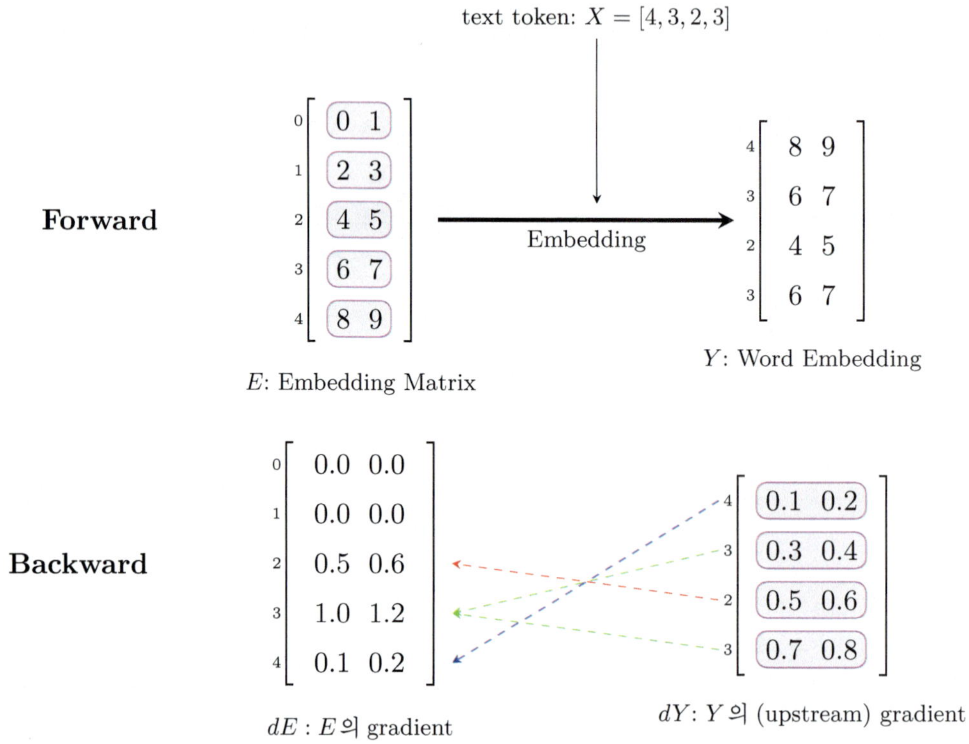

그림 8.3: Word Embedding에서 gradient 계산
embedding dim = 2로 가정하고 embedding matrix E와 upstream gradient dY는 임의로 설정하였다.

```
dE = np.zeros([5,2])
X = np.array([4,3,2,3])
dY = np.array([[0.1,0.2],[0.3,0.4],[0.5,0.6],[0.7,0.8]])
np.add.at(dE,X,dY)
```

- E를 (vocab_size, embedding_dim)= (V, D) 크기의 embeddding matrix라고 하자.
- dE는 E의 gradient이다. 0으로 초기화한다.
- X는 입력 데이터인 문장의 token id에 해당한다. X를 구성하는 token id인 정숫값들은 vocab_size보다 작아야 한다.
- dY는 데이터 embedding의 (upsteam) gradient이다.
- E, dE의 shape이 (V, D), X의 shape이 $(T,)$ 라고 하면 Y, dY의 shape은 (T, D)가 된다.
- 배치 처리: E, dE의 shape이 (V, D), X의 shape이 (N, T) 라고 하면 dY의 shape은 (N, T, D)가 된다.

8.2 RNN

RNN(Recurrent Neural Network, 순환신경망)은 순차 데이터(Sequential Data)를 다루는 모델이다. 말 그대로 순서가 있는 데이터를 말한다. 순차 데이터의 대표적인 예는 시계열 데이터(Time Series Data)이다. 시계열 데이터는 시간 순서의 데이터이다. 순차 데이터의 예로 다음과 같은 것들이 있다.

- 일자별 주가: 주식의 종가는 일자별로 주어지기 때문에 시계열 데이터이다.
- 일자별 기온: 시계열 데이터이다.
- 문장: 문장은 단어의 나열인데, 순서가 있다. 단어의 순서가 바뀌면 의미가 달라질 수 있다.

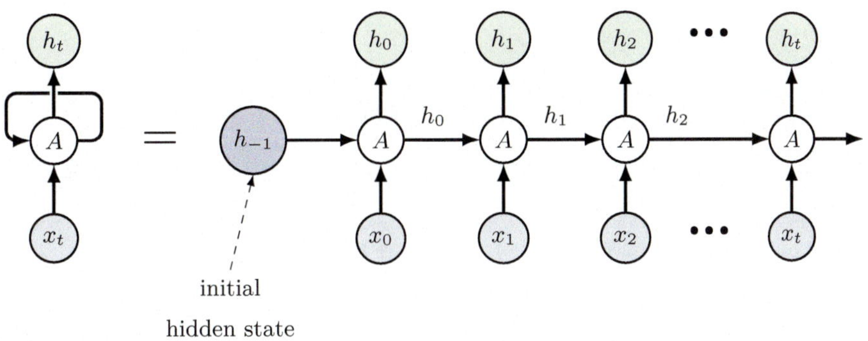

그림 8.4: RNN 기본 구조
A를 cell이라 부른다. 그림에서 cell A들은 서로 다른 것이 아니라 같은 cell이 반복되는 것이다. 그렇기 때문에 cell A의 weight가 공유된다고 볼 수도 있다. x_t는 입력 데이터이다. 예를 들어, 문장의 단어가 들어갈 때에는 word embedding을 거친 vector가 입력된다. RNN 모델의 훈련은 cell A의 weight를 update하는 것을 말한다.

그림(8.4)는 RNN 모델의 구조를 보여주고 있다. cell A가 모든 time step에서 공유되기 때문에 왼쪽 그림처럼 그리기도하고, 오른쪽처럼 펼쳐서 그리기도 한다. 여기서 공유의 의미는 trainable weight가 모든 time step에서 공유된다는 것을 말한다.

8.2.1 Vanilla RNN

Vanilla RNN은 RNN의 기본 모델을 말한다[7]. RNN 모델을 설계하기 위해서는 hyper parameter로 hidden dimension D_h가 우선 정해져야 한다. 입력 데이터 X의 shape이 (N, T, D_x) = (batch_size, length, input_dim)이라고 하자. 그러면 t번째 데이터 $x_t = X[:, t, :]$의 shape은 (N, D_x)가 된다.

7 plain vanilla 아이스크림은 가장 평범한 기본 아이스크림이다. 기본형을 plain vanilla라 부른다.

훈련되는 trainable weight로 W_{hh}, W_{xh}, b가 필요한데, 각각의 shape을 $(D_h, D_h), (D_x, D_h), (D_h,)$ 라 하자. 이로부터 RNN 모델은 다음의 관계로 설계된다. $t = 0, \cdots, T-1$에 대하여,

$$\begin{aligned} h_t &= \tanh(x_t W_{xh} + h_{t-1} W_{hh} + b) \quad \longrightarrow \text{shape: } (N, D_h) \\ &= \tanh\left(\left[\begin{array}{c|c} x_t & h_{t-1} \end{array} \right] \left[\begin{array}{c} W_{xh} \\ \hline W_{hh} \end{array} \right] + b \right), \qquad 0 \le t \le T-1 \end{aligned} \tag{8.2}$$

여기서 h_{-1}는 주어져야 한다. 이렇게 계산되는 h_t를 hidden state라고 부른다. h_{t-1}은 time step $t-1$까지의 정보를 압축하여 time step t로 전달한다. h_{t-1}은 데이터 x_t와 결합하여 time step t까지의 정보를 h_t에 압축한다.

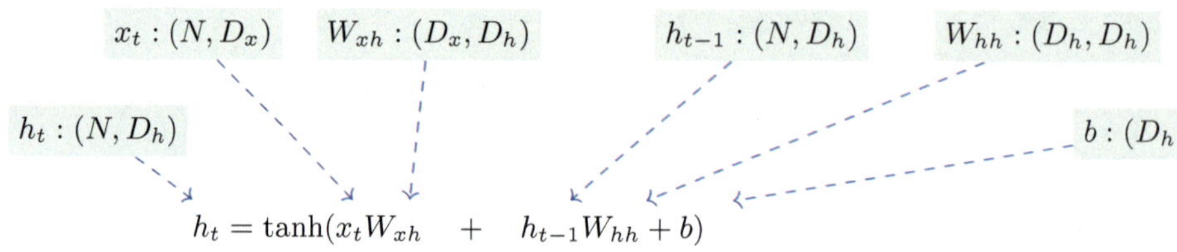

그림 8.5: Vanilla RNN의 행렬 크기

그림 (8.5)에서는 곱해지는 Tensor들의 shape을 보여주고 있다. 식 (8.2)에서처럼 x_t, h_{t-1}을 concat하고 W_{xh}, W_{hh}를 concat하여 행렬곱하면 좀 더 효율적인 연산이 된다.

입력 데이터 X의 shape은 (N, T, D_x) = (batch_size, length, input_dim)으로 주어졌다고 했다. 길이가 다른 데이터 N개를 모아 padding을 통해 같은 길이 T로 만들어 주어야 한다. 훈련을 위해 mini-batch를 만들 때, 길이 T는 매번 달라질 수 있다. RNN의 trainable weight들은 데이터 길이 T에 의존하는 것이 없다.

입력 데이터의 shape을 보는 다른 관점을 하나 더 살펴보자. batch first 방식과 batch last 방식인데, 다음과 같다.

- batch first: 지금까지 우리가 기술한 방법은 데이터 행렬의 shape이 (N, D_x)로, batch size가 먼저 오는 방식이었다.
- batch last: RNN 모델을 기술할 때, 대부분이 batch last 방식으로 데이터 행렬의 shape이 (D_x, N)이고 다음과 같이 모델을 설명한다.

$$h_t = \tanh(W_{xh} x_t + W_{hh} h_{t-1} + b) \quad \longrightarrow \text{shape: } (D_h, N)$$

하지만 이 batch last 방식은 모델을 코드로 구현할 때 많이 사용하는 batch first 방식과 맞지 않다.

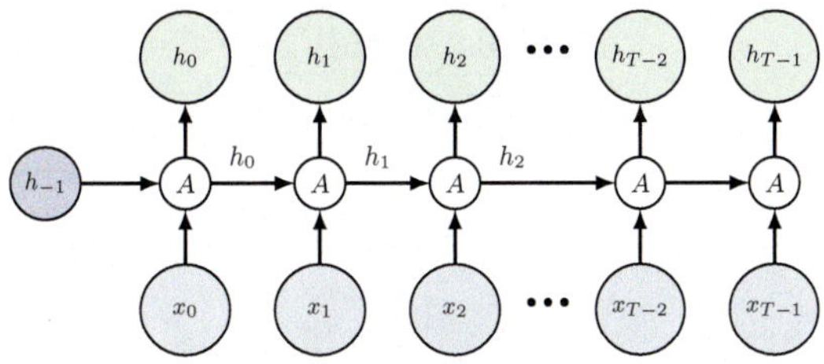

(a) many-to-many

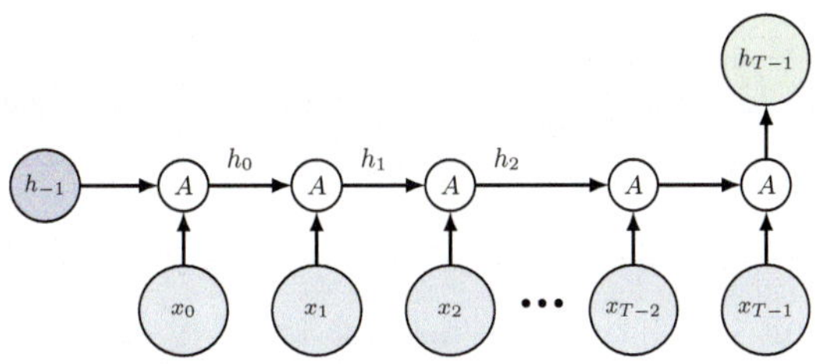

(b) many-to-one

그림 8.6: RNN 모델 형태
제시한 many-to-many, many-to-one 외에도 one-to-many 등이 더 있을 수 있다.

그림 (8.6) 에서 보여주는 것과 같이, RNN 모델을 입력, 출력 sequence의 길이 관계로 다음과 같이 분류할 수 있다. 입력 데이터 $(x_0, x_1, \cdots, x_{T-1})$ 이 주어져 있다고 하자.

- many-to-many: 길이 T 인 입력에 대하여 target 데이터의 길이도 동일한 T 인 경우에 hidden state
  $(h_0, h_1, \cdots, h_{T-1})$ 모두가 target 값을 예측하는 데 사용된다.
- many-to-one: target 데이터가 1개 (길이 1) 인 경우로, 마지막 hidden state h_{T-1} 만을 이용하여 target 값을 예측한다. 즉 h_{T-1} 을 FC Layer에 넣어 target에 대한 예측을 만든다. many-to-one의 예로 문장을 입력받아 분류하는 모델이 있다.

8.2.2 Vanilla RNN Back Propagation

Vanilla RNN의 back propagation에서 gradient가 구해지는 과정을 살펴보자. 구체적인 과정을 살펴보기 위해 알파벳 (대소문자 구분, 구두점 등 포함) 단위로 문장을 생성하는 character-level language model[8]을 도입하자. 알파벳 단위로 문장을 생성하기 때문에 성능이 좋지는 못하다. 하지만 간단하기 때문에 scratch 구현을 통해 RNN 모델의 작동 원리를 이해하기 좋다.

8 http://karpathy.github.io/2015/05/21/rnn-effectiveness/

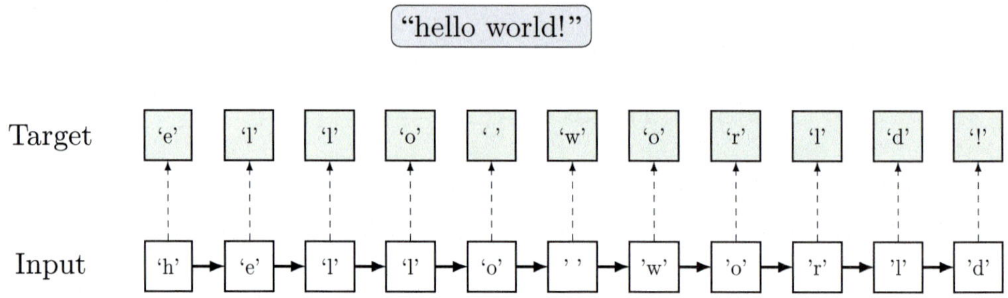

그림 8.7: 주어진 문자열로부터 Input, Target 데이터 생성
sequence length를 지정하여 sequence length 만큼씩 단순히 자르면 된다. character 단위로 다음 character가 target이 된다.

그림(8.7)에서는 Input 데이터와 Taget 데이터의 예를 보여주고 있다. corpus에서 sequence length만큼씩 잘라서 Input 데이터와 Target 데이터를 만들면 된다.

다음은 셰익스피어의 작품 중 'The Tragedy of Coriolanus'를 corpus로 사용하여 Input과 Target 데이터를 만드는 구체적인 예시를 보여주고 있다.

셰익스피어의 'The Tragedy of Coriolanus'에서 sequence length=25로 생성한 데이터

```
First Citizen:
Before we proceed any further, hear me speak.

All:
Speak, speak.
...

input[0]: 'First Citizen: Before we '
target[0]: 'irst Citizen: Before we p'

input[1]: 'proceed any further, hear'
target[1]: 'roceed any further, hear '

input[2]: ' me speak.  All: Speak, s'
target[2]: 'me speak.  All: Speak, sp'
```

그림(8.8)은 모델 구조를 보여주고 있다. 모델에 필요한 hyper parameter는 다음과 같다.

- N: batch size
- D_v: vocab size, 데이터에 있는 알파벳을 포함한 모든 character 개수
- D_e: embedding dim
- D_h: RNN의 hidden dim

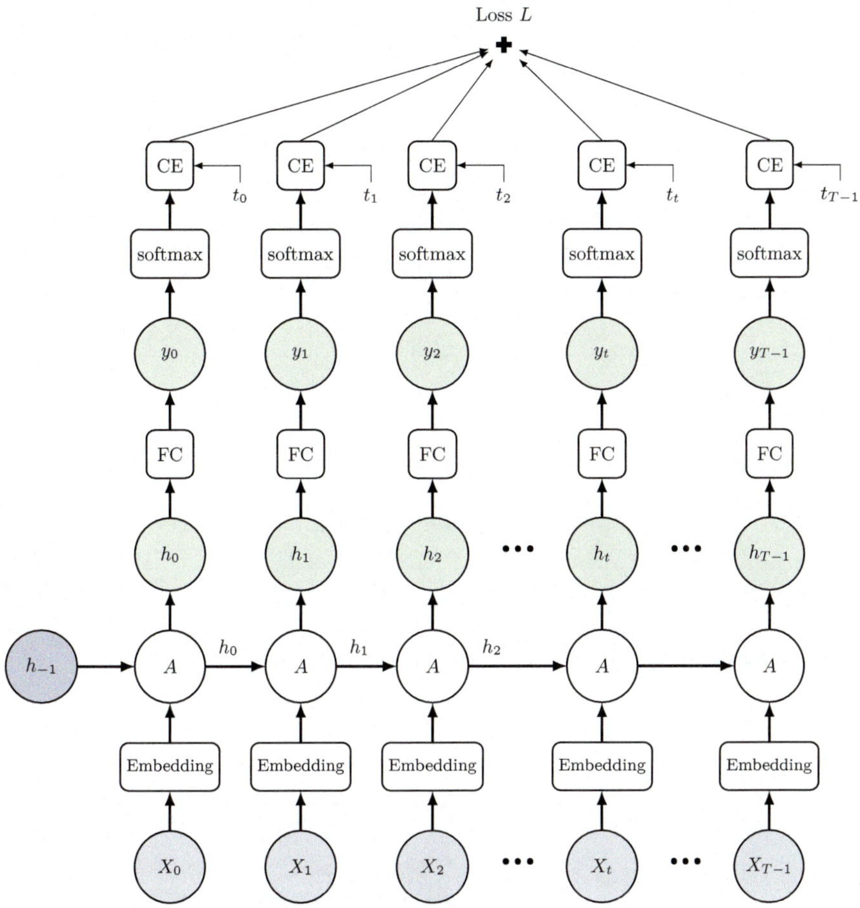

그림 8.8: character-level language model
RNN cell A가 weight를 공유하는 것과 동일하게 FC Layer도 weight를 공유하는 하나의 layer이다.

$X = (X_0, X_1, \cdots, X_{T-1})$를 입력 데이터라 하자. 입력 데이터는 $X_i \in \{0, 1, 2, \cdots, D_v - 1\}$인 정숫값이다. 여기서 데이터 길이 T는 mini batch마다 달라질 수도 있지만, 구현의 편의를 위해 고정하기도 한다. X의 shape을 (N, T)라 하자. target data인 $Y = (Y_0, Y_1, \cdots, Y_{T-1})$는 one-hot 형태로 주어져 있기 때문에 shape이 (N, T, D_v)가 된다. 모델의 구조는 다음과 같다.

$$
\begin{aligned}
x_t &= \text{Embedding}(X_t) && \longleftarrow (N, D_e) \\
z_t &= x_t W_{xh} + h_{t-1} W_{hh} + b_h && \longleftarrow (N, D_h) \\
h_t &= \tanh(z_t) && \longleftarrow (N, D_h) \\
y_t &= h_t W_{hy} + b_y && \longleftarrow (N, D_v) \\
p_t &= \text{Softmax}(y_t) && \longleftarrow (N, D_v)
\end{aligned}
$$

입력 데이터와 trainable weight들의 shape은 다음과 같다.

Tensor	Shape	Tensor	Shape
X	입력, (N, T)	Y	target(one hot), (N, T, D_v)
X_t	$(N,)$	Y_t	(N, D_v)
W_e	Embedding matrix, (D_v, D_e)	x_t	Embedded vector, (N, D_e)
W_{xh}	(D_e, D_h)	W_{hh}	(D_h, D_h)
b_h	$(D_h,)$	b_y	$(D_v,)$
W_{hy}	(D_h, D_v)		

Forward	Backward
Y_t: target data(one hot) $p_t = \text{Softmax}(y_t)$	$dy_t = p_t - Y_t$
$y_t = h_t W_{hy} + b_y$	$db_y = \sum_t \sum_{\text{axis}=0} dy_t$ $dW_{hy} = \sum_t h_t^T dy_t$ $dh_t = dy_t W_{hy}^T + dh_t^{\text{next}}$
$h_t = \tanh(z_t)$	$dz_t = (1 - h_t^2) \circ dh_t$
$z_t = x_t W_{xh} + h_{t-1} W_{hh} + b_h$	$db_h = \sum_t \sum_{\text{axis}=0} dz_t$ $dW_{hh} = \sum_t h_{t-1}^T dz_t$ $dW_{xh} = \sum_t x_t^T dz_t$ $dx_t = dz_t W_{xh}^T$ $dh_{t-1}^{\text{next}} = dz_t W_{hh}^T$
$x_t = \text{Embedding}(X_t)$	`np.add.at`(dW_e, X_t, dx_t) for all t

표 8.2: character-level language model의 forward, backward propagation

표 (8.2) 에서 모델의 forward, backward propagation을 대비해서 보여주고 있다[9].

- logit y_t 의 cross entropy loss에 대한 미분은 식 (4.1) 에 의해 $p_t - Y_t$ 가 된다.

9 식 전개에서 T 가 time step인 경우도 있고 transpose를 뜻하는 경우도 있어 혼동을 야기할 수 있다. 위 첨자인 경우는 transpose를 나타낸다.

- bias b_h 에 대한 gradient는 식 (2.11) 에 따라 batch data 방향 (axis=0) 으로 upstream gradient를 더했다.
- dh_t 는 다음과 같이 2개 부분으로 나누어져 있다. hidden state h_t 는 위쪽 방향의 FC Layer로 넘어가기도 하고, 오른쪽의 다음 time step으로도 넘어간다.

$$dh_t = \underbrace{dy_t W_{hy}^T}_{\text{위쪽 upstream gradient}} + \underbrace{dh_t^{\text{next}}}_{\text{오른쪽 upsteam gradient}}$$

h_t 의 gradient는 두 방향에서 넘어오는 upstream gradient를 합쳐주면 된다. 가장 오른쪽의 마지막 time step $t = T - 1$ 에서의 $dh_{T-1}^{\text{next}} = 0$ 으로 설정하면 된다[10].

- 일반적으로 RNN에서 weight 행렬의 gradient를 back propagation을 통해서 구하는 과정을 BPTT(Back Propagation Through Time)이라고 한다.

8.2.3 Gradient Vanishing & Exploding

표 (8.2) 에서 $[dh_{T-1}^{\text{next}} \to dh_{T-2}^{\text{next}} \to \cdots \to dh_t^{\text{next}} \to dh_{t-1}^{\text{next}} \to \cdots]$ 의 gradient가 계산되는 과정을 보면, W_{hh}^T 가 반복해서 곱해지는 부분이 포함되어 있다. 같은 형렬을 계속 곱해나가면 어떤 현상이 발생할까?

행렬 A 의 eigenvalue λ, eigenvector x 가 있다면, $Ax = \lambda x, A^2x = \lambda^2 x, \ldots$ 가 된다. $\lambda > 1$ 이면 exploding gradient가 되고, $\lambda < 1$ 이면 vanishing gradient 현상이 나타난다.

이런 문제를 해결하기 위해서 다음과 같은 방법을 사용한다. 하지만 부분적으로 도움이 될 뿐 완전히 해결된다고 볼 수는 없다.

- Truncated-BPTT: back propagation에서 gradient를 왼쪽으로 계속 보내지 않고, 일정 step까지만 보낸다. 예를 들어, step k 만큼만 gradient를 전파한다고 하면, time step t 에서의 gradient는 time step $t-1, t-2, \cdots, t-k$ 까지만 전달해 준다.
- Gradient Clipping: gradient의 절댓값이 일정한 값 이하가 되도록 강제 조정해 준다.
- Vanillla RNN 대신 LSTM이나 GRU를 활용한다[11].

8.2.4 RNN 모델에서 생성

RNN에서 입력 데이터로 훈련을 할 때와 훈련된 모델로 sequence를 생성할 때는 데이터 처리 방식이 다르다. 훈련할 때에는 $(X_0, X_1, \cdots, X_{T-1})$ 이 모두 주어져 있다. 반면, 생성 (추론) 할 때에는 X_0 를

10 hidden state와 같은 shape(N, D_h) 으로 된 0 행렬이다.

11 LSTM, GRU는 이 절 후반부에서 다룬다.

이용해서 X_1을 생성하고, 다시 X_1을 이용해서 X_2를 생성하는 방식으로 진행된다.

- teacher forcing: RNN을 훈련시킬 때 입력으로 ground truth[12] 데이터를 입력한다. 모델의 예측값은 loss 계산에만 사용하고 모든 time step의 입력값은 주어진 ground truth를 입력한다.
- without teacher forcing: RNN 모델의 훈련을 마치고, 문장을 생성할 때는 ground truth가 없는 상태이다. 이런 경우에는 하나의 time step에서 예측한 값을 다음 time step의 입력으로 넣어주어야 한다. 그림 (8.9)는 이런 과정을 보여주고 있다.

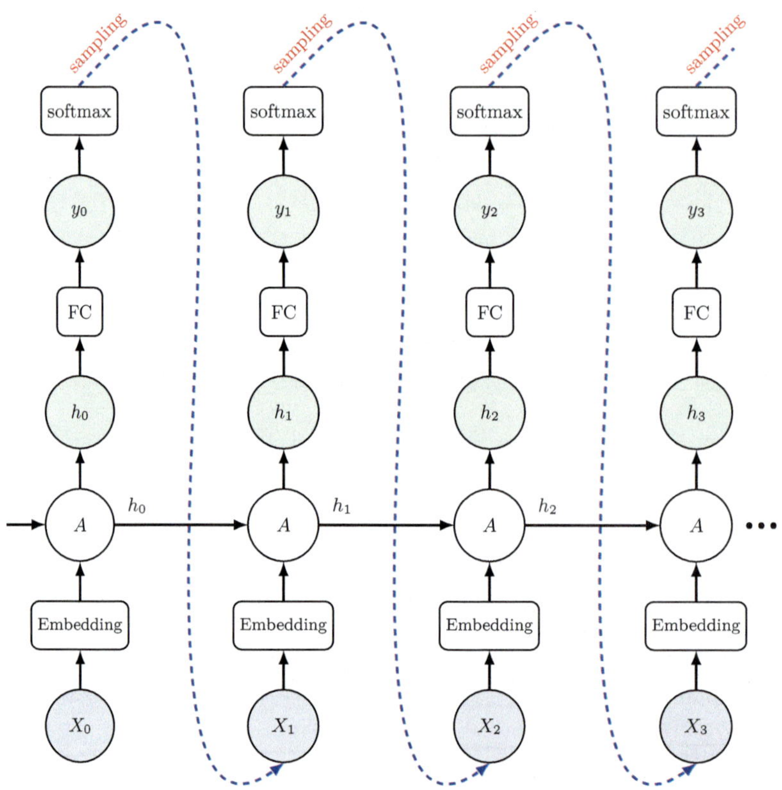

그림 8.9: RNN에서 추론(문자 생성)
훈련에서와 달리, 1개 time step씩 문자를 생성해야 한다. 첫 번째 step에서 생성된 문자를 두 번째 step의 입력으로 넣어주는 방식을 시작으로 각각의 time step을 진행하면 된다.

12 ground truth는 실제 데이터에서의 정답으로, 모델이 예측해 주기를 바라는 값을 의미한다.

time step t에서 모델이 예측한 확률이 $(p_0, p_1, \cdots, p_{M-1})$[13]인 경우에, 다음 time step $t+1$의 입력을 생성하는 방식으로 Greedy Sampling과 Stochastic Sampling이 대표적이다.

- Greedy Sampling: 다음과 같이 argmax를 이용하여, 가장 높은 확률을 가지는 문자(단어)를 다음 time step $t+1$의 입력으로 한다.

$$\text{argmax}(p_0, p_1, \cdots, p_{M-1})$$

- Stochastic Sampling: $(p_0, p_1, \cdots, p_{M-1})$을 multinomial distribution의 확률로 보고, 이로부터 random sampling을 한다.

8.2.5 Character Level Model 구현 - From Scratch

먼저 RNN 모델에서 stateful에 대해서 알아보자. 일반적으로 모델을 훈련할 때 mini-batch 데이터들은 서로 독립적임을 가정한다. 문장 같은 sequence 데이터는 길이가 긴 경우도 있다. mini-batch의 shape이 (N, T) =(batch_size, seq_length) 일 때 T가 너무 길면 효율이 떨어진다. 그래서 mini-batch를 RNN 모델에 넣었을 때, 마지막 hidden state를 다음 mini-batch의 initial hidden state로 사용하는 방법이 있다. 이런 방식을 stateful이라 한다. 다시 말해, stateful에서는 hidden state가 여러 mini-batch에 걸쳐서 계속 전달되는 방식이다.

훈련을 위한 데이터로 셰익스피어의 'The Tragedy of Coriolanus'를 사용하자. stateful 방식에 맞게 `batch_size`로 크게 나눈 후, 다시 `seq_length` 크기로 잘라서 mini-batch 데이터를 만드는 방식을 사용하자.

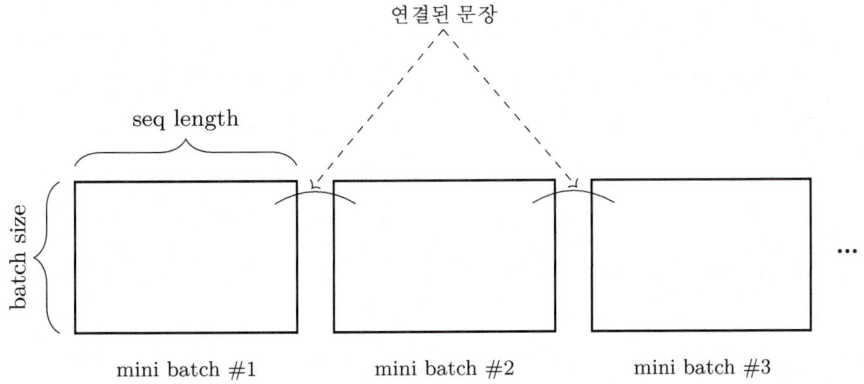

그림 8.10: corpus에서 연결된 문장으로 mini batch 만들기

13 $M = D_v$: vocab size

코드 8.7: RNN 모델에 필요한 텍스트 데이터 준비

```
with open('shakespeare-Tragedy of Coriolanus.txt', 'r', encoding='utf-8') as f:
    text=f.read()

chars = list(set(text))

char_to_int = { ch:i for i,ch in enumerate(chars) }
int_to_char = { i:ch for i,ch in enumerate(chars) }

print (f'데이터 길이: {len(text)}, 문자수: {len(chars)}' ) # 데이터길이: 1115394, 문자수: 65

text_integers = np.array([char_to_int[c] for c in text],dtype=np.int32)

batch_size = 64
seq_length = 100
num_blocks = int(len(text_integers)/(batch_size*seq_length))
if len(text) < num_blocks*batch_size*seq_length:
    num_bocks = num_blocks -1

x = text_integers[0:num_blocks*batch_size*seq_length]
y = text_integers[1:num_blocks*batch_size*seq_length+1]

train_x = np.split(x,batch_size)
train_y = np.split(y,batch_size)

train_x = np.stack(train_x)
train_y = np.stack(train_y)
print(f'train_x shape: {train_x.shape}, train_y shape: {train_y.shape}')#train_x: (64, 17400),train_y: (64, 17400)
```

- batch_size, seq_length가 주어진 상태에서 num_blocks이 몇 개인지를 계산한다. num_blocks은 전체 데이터로부터 만들어지는 mini batch 개수이다.
- 계산된 num_blocks을 이용해서 그림 (8.10) 처럼 데이터를 만들 수 있다.

이제 만들어진 train_x, train_y를 seq_length 단위로 잘라주는 작업을 하는 generator를 만들자.

코드 8.8: mini-batch 데이터 만들기

```
def make_mini_batch(train_x, train_y, seq_length):
    # 데이터의 총 길이(length)를 seq_length 만큼씩 잘라 mini-batch를 만든다.
    batch_size, length = train_x.shape
    num_blocks = int(length/seq_length)
    for i in range(num_blocks):
        yield (train_x[:, i*seq_length: (i+1)*seq_length], train_y[:, i*seq_length: (i+1)*seq_length])

# test
for i, (input, target) in enumerate(make_mini_batch(train_x, train_y, seq_length)):
```

```
    print(input.shape, target.shape) # (64, 100) (64, 100)
    if i>1: break
```

코드 8.9: [**Numpy**] RNN 모델 class 구현

```
class CharacterLevelModel:
    def __init__(self,embedding_dim,hidden_dim,vocab_size,lr=0.001):
        # vanilla RNN
        self.embedding_dim = embedding_dim
        self.hidden_dim = hidden_dim
        self.vocab_size = vocab_size
        self.lr = lr

        self.E = np.random.randn(vocab_size,embedding_dim)*0.01
        self.Wxh = np.random.randn(embedding_dim, hidden_dim)/np.sqrt(embedding_dim) #
            input to hidden
        self.Whh = np.random.randn(hidden_dim, hidden_dim)/np.sqrt(hidden_dim) #
            hidden to hidden
        self.Why = np.random.randn(hidden_dim, vocab_size)/np.sqrt(hidden_dim) #
            hidden to output
        self.bh = np.zeros((hidden_dim)) # hidden bias
        self.by = np.zeros((vocab_size)) # output bias

    def reset_hidden_state(self,batch_size):
        self.prev_hs = np.zeros((batch_size,self.hidden_dim))

    def train_step(self,inputs,targets):
        # inputs,targets: (N,T)

        # forward
        N,T = inputs.shape[:2]
        hs, y, p = {}, {}, {}
        loss = 0.
        hs[-1] = self.prev_hs
        x = self.E[inputs,:] # (N,T,embedding_dim)
        for t in range(T):
            hs[t] = np.tanh(np.dot(x[:,t,:],self.Wxh) + np.dot(hs[t-1], self.Whh) +
                self.bh) #(N,hidden_dim)
            y[t] = np.dot(hs[t],self.Why) + self.by # FC --> (N,vocab_size)
            p[t] = np.exp(y[t]) / np.sum(np.exp(y[t]),axis=-1,keepdims=True) # softmax
                --> (N,vocab_size)
            loss += -np.log(p[t][np.arange(N),targets[:,t]]).mean()
        self.prev_hs = hs[T-1]

        # backward
        dE = np.zeros_like(self.E)
        dWxh, dWhh, dWhy = np.zeros_like(self.Wxh), np.zeros_like(self.Whh),
            np.zeros_like(self.Why)
        dbh, dby = np.zeros_like(self.bh), np.zeros_like(self.by)
        dhnext = np.zeros_like(hs[0])
        for t in reversed(range(T)):
            dy = np.copy(p[t])
            dy[np.arange(N),targets[:,t]] -= 1
```

```
            dby += np.sum(dy,axis=0)
            dWhy += np.dot(hs[t].T, dy)

            dh = np.dot(dy, self.Why.T) + dhnext
            dz = (1 - hs[t] * hs[t]) * dh

            dbh += np.sum(dz,axis=0)

            dWhh += np.dot(hs[t-1].T, dz)
            dWxh += np.dot(x[:,t,:].T, dz)

            dx = np.dot(dz, self.Wxh.T)
            dhnext = np.dot(dz, self.Whh.T)
            np.add.at(dE,inputs[:,t],dx)

        for param, dparam in zip([self.Wxh, self.Whh, self.Why,
                    self.bh, self.by, self.E], [dWxh, dWhh, dWhy, dbh, dby, dE]):
                np.clip(dparam, -5, 5, out=dparam)
                param += -self.lr * dparam

        return loss/T

    def generate_sequence(self,seed_text,length=100,top_n=1):
        text_to_ints = [char_to_int[c] for c in seed_text]
        new_chars = copy.copy(text_to_ints)
        self.reset_hidden_state(1)
        hs = self.prev_hs
        for c in text_to_ints:
            x = self.E[c,:][None] # batch --> (1,embedding_dim)
            hs = np.tanh(np.dot(x,self.Wxh) + np.dot(hs, self.Whh) + self.bh)
                #(N=1,hidden_dim)

        for _ in range(length):
            c = new_chars[-1]
            x = self.E[c,:][None] # batch --> (1,embedding_dim)
            hs = np.tanh(np.dot(x,self.Wxh) + np.dot(hs, self.Whh) + self.bh)
                #(N=1,hidden_dim)
            y = np.dot(hs,self.Why) + self.by # FC --> (N,vocab_size)
            p = np.exp(y) / np.sum(np.exp(y),axis=-1,keepdims=True) # softmax -->
                (N=1,vocab_size)
            p = p[0]
            p[np.argsort(p)[:-top_n]]= 0
            p = p / p.sum()
            new_char_id = np.random.choice(self.vocab_size,size=1,p=p)[0]
            new_chars.append(new_char_id)

        return ''.join([int_to_char[c] for c in new_chars])
```

- 구현은 그림(8.9)의 구조대로 충실하게 구현되었다. `train_step()`에서 forward 부분과 backward 부분이 구현되어 있는데, backward는 표(8.2)와 비교해 보면 어렵지 않게 이해할 수 있다.

- 표(8.2)에서

$$dy_t = p_t - Y_t$$

의 Y_t는 one-hot encoding된 target 데이터이다. 구현에서는 **targets**는 one-hot으로 변환되지 않은 vector이다. 그래서 one-hot으로 변환하지 않고 다음과 같이 구현되었다.

```
dy = np.copy(p[t])
dy[np.arange(N),targets[:,t]] -= 1
```

- stateful로 구현하기 위해, hidden state를 **self.prev_hs**에 저장하여 다음 mini batch 데이터에서 initial hidden state가 될 수 있도록 하였다.

- SGD로 weight를 업데이트하기 전에, gradient clipping을 적용했다.

```
np.clip(dparam, -5, 5, out=dparam)
```

- **generate_sequence()**에서는 **top_n**에 따라 stochastic sampling이 될 수 있도록 구현했다.

코드 8.10: RNN 모델 훈련 코드

```
embedding_dim = 64
hidden_dim=128
vocab_size = len(chars)

model = CharacterLevelModel(embedding_dim,hidden_dim,vocab_size)

n_epochs = 100
for epoch in range(n_epochs):
    model.reset_hidden_state(batch_size)
    loss_all = []
    for i, (input, target) in enumerate(make_mini_batch(train_x, train_y, seq_length)):
        loss = model.train_step(input,target)
        loss_all.append(loss)

    print(f'{epoch+1}/{n_epochs}: loss = {np.mean(loss_all):.3f}')
    print (f'----\n {model.generate_sequence("We are ",top_n=2)} \n----')
```

- `"We are "`를 seed text로 테스트 문장을 epoch마다 생성하고 있다.

- 생성 결과를 보면, 그럴듯하지만 잘못된 단어들도 있다. Vanilla RNN을 LSTM 같은 모델로 교체하거나 모델 구조를 바꾸어서 시도해 볼 수도 있다. 예를 들어, character 단위 구조는 유지하되 50개 character를 입력받아 다음 character 1개만 예측하는 구조(many-to-one[14])로 변경해 볼 수 있다.

14 many-to-one은 RNN에서 마지막 time step의 hidden state로 예측값 1개만 생성하는 방식이다.

Output:

```
We are host this bring the come is son in so so shame been, and he hath should haviness, and thou
art to sour should say you strong tell hear to beaten in so a stild to his soons.

CLARENCE:
All will say your son, so a witness to hath stood of
This hour his head of her still breast the house to have too she hath so and shall be him is as
this is strown of heaven in him so so wilt to see the head, so stand of his sooner shall be so
as some hand so a stand so a sit in the course assured to since a come t
----
We are Eyfucciags is she shall be a would show true so as the come, the coming a seem thee
As I will say your secus'd in the seent them, sir, sir.

CAPULET:
Aloned and all and a betch'd in the still, and, to her somes should be so which then, they she
have be soul the state, sir, and so what this here of her house, the word to be him of the
sensemy some stay is a sity'd Of heaven ours in him.

LUCENTIO:
And show thy better the strong state.
Ah so store the seence, but some some how his brow have here
----
We are hole is, so an are be she should here be he she should be holds thy soul, and hath she
should so welcome, the way and she sound to see the stay a better she hath the hours so a state,
too muling in this brow, and he have you in hand as said to have head the seems as I have both
as the care in her heavian: All, sit this show this so with hast think your soons the confer is
 see her better and this commotly so show you so should saw his hand, That so stop of him.
This is the heart shall beaten'd th
----
We are Eybly stand of this hand so shall no come to see him of his seem the children and straight.

PROSPERO:
If you strange is so what thou was shownest shall bear of she hath too stay a shall so an are the
world, sir, the sir; she have be shame his soul'd to him stay, should bear the heir shall not not
should both stoop an are heart, And she die and a will have his bold him of hard, the worster of
her stay is a straints and should be shall I with him of the stand, to be honesty and shall be a
walk it
----
```

8.2.6 LSTM

Vanilla RNN의 gradient vanishing을 줄이는 데 효과가 있는 LSTM(Long Short Term Memory) 모델에 대해 알아보자. LSTM은 cell state를 도입하여 장기 기억(long term memory)을 담당하게 한다. 그림 (8.11) 에서 LSTM의 모델 구조를 보여주고있다. LSTM의 수식적인 표현은 다음과 같다.

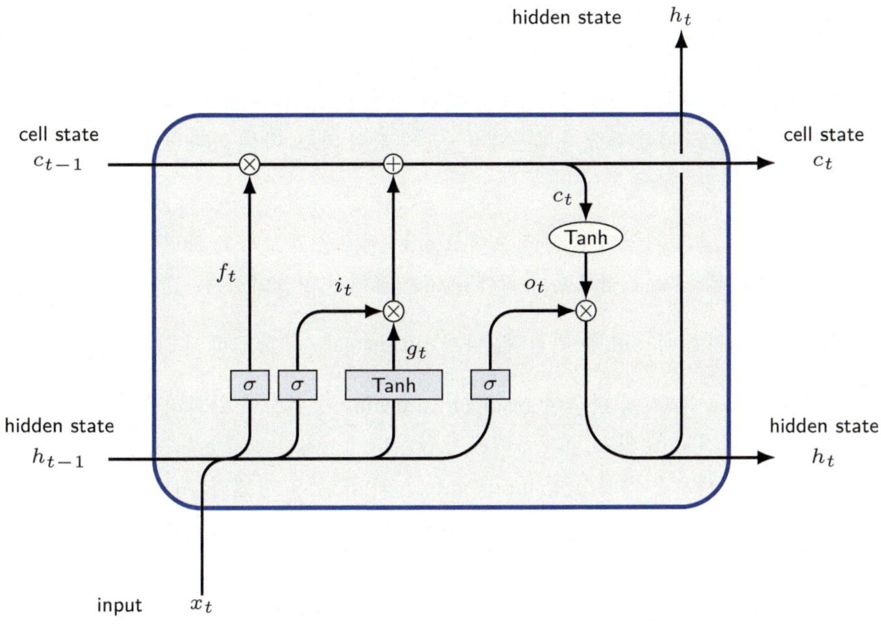

그림 8.11: LSTM cell 구조

$$
\begin{aligned}
f_t &= \sigma(x_t W^f_{xh} + h_{t-1} W^f_{hh} + b^f_h) \longleftarrow \text{forget gate} \\
i_t &= \sigma(x_t W^i_{xh} + h_{t-1} W^i_{hh} + b^i_h) \longleftarrow \text{input gate} \\
o_t &= \sigma(x_t W^o_{xh} + h_{t-1} W^o_{hh} + b^o_h) \longleftarrow \text{output gate} \\
g_t &= \tanh(x_t W^g_{xh} + h_{t-1} W^g_{hh} + b^g_h) \longleftarrow \text{block input} \\
c_t &= f_t \circ c_{t-1} + i_t \circ g_t \longleftarrow \text{cell state} \\
h_t &= o_t \circ \tanh(c_t) \longleftarrow \text{hidden state}
\end{aligned}
$$

여기까지가 LSTM 구조이다. 여기에 다음과 같이 FC Layer를 붙여서 분류 모델을 완성할 수 있다.

$$
\begin{aligned}
y_t &= h_t W_{hy} + b_y \\
p_t &= \text{Softmax}(y_t)
\end{aligned}
$$

Tensor의 크기를 정리하면 다음과 같다.

N	batch size	x_t	(N, D_x)
$W^f_{xh}, W^i_{xh}, W^o_{xh}, W^g_{xh}$	(D_x, D_h)	$W^f_{hh}, W^i_{hh}, W^o_{hh}, W^g_{hh}$	(D_h, D_h)
$b^f_h, b^i_h, b^o_h, b^g_h$	$(D_h,)$	$f_t, i_t, o_t, g_t, c_t, h_t$	(N, D_h)
W_{hy}	(D_h, D_v)	b_y	$(D_v,)$
h_t, c_t	(N, D_h)	y_t, p_t	(N, D_v)

- LSTM 모델의 수식에서 sigmoid 함수를 취하는 것들은 gate라고 하는데, gate는 밸브와 같다고 보면 된다. sigmoid를 취했기 때문에 $0 \sim 1$의 값이 되고, 다른 식과 곱(hadamard product)해져서 정보의 양을 조절해 준다.

- cell state c_t는 장기 기억에 관한 정보이고 g_t는 새로운 정보라고 보면 된다. c_t는 전 단계의 장기 기억 c_{t-1}과 새로운 정보 g_t 각각에 gate를 곱해서 만들어진다.

- 이렇게 만들어진 c_t에 tanh를 취한 후, 다시 output gate o_t를 곱해서 최종 h_t를 만들어 낸다.

- LSTM이 vanilla RNN에 비하여 gradient vanishing이 현상이 완화되는 이유: cell state c_t를 계산할 때 이전 state인 c_{t-1}과 곱해지지 않는다. forget gate를 c_{t-1}에 곱하여 과거 정보의 양을 조절하고 새로운 정보 g_t를 input gate i_t와 곱한 후 더했다. 이런 방식에서는 행렬을 반복적으로 곱해지는 것으로 인한 gradient vanishing이 발생하지 않는다.

trainable weight를 모아 다음과 같이 정의하면 구현할 때, 행렬곱을 한번에 처리할 수 있다.

$$W_{xh} := \left(W^f_{xh} \mid W^i_{xh} \mid W^o_{xh} \mid W^g_{xh}\right) \longrightarrow \text{shape: } (D_x, 4D_h)$$
$$W_{hh} := \left(W^f_{hh} \mid W^i_{hh} \mid W^o_{hh} \mid W^g_{hh}\right) \longrightarrow \text{shape: } (D_h, 4D_h)$$
$$b := \left(b^f_h \mid b^i_h \mid b^o_h \mid b^g_h\right) \longrightarrow \text{shape: } (4D_h,)$$

이제, f_t, i_t, o_t, g_t를 다음과 같이 동시에 구할 수 있고, back propagation에서 gradient 계산도 단순해진다.

$$\left(f_t \mid i_t \mid o_t \mid g_t\right) = x_t W_{xh} + h_{t-1} W_{hh} + b$$

character level model을 LSTM으로 구현하면 다음과 같다.

코드 8.11: **[Numpy]** character level model - LSTM 구현

```python
class CharacterLevelLSTMModel:
    def __init__(self,embedding_dim,hidden_dim,vocab_size,lr=0.001):
        self.embedding_dim = embedding_dim
        self.hidden_dim = hidden_dim
        self.vocab_size = vocab_size
```

```
        self.lr = lr

        self.E = np.random.randn(vocab_size,embedding_dim)*0.01
        self.Wxh = np.random.randn(embedding_dim, 4*hidden_dim)/np.sqrt(embedding_dim) # input to hidden
        self.Whh = np.random.randn(hidden_dim, 4*hidden_dim)/np.sqrt(hidden_dim) # hidden to hidden
        self.Why = np.random.randn(hidden_dim, vocab_size)/np.sqrt(hidden_dim) # hidden to output
        self.bh = np.zeros((4*hidden_dim)) # hidden bias
        self.by = np.zeros((vocab_size)) # output bias

    def reset_hidden_state(self,batch_size):
        self.prev_hs = np.zeros((batch_size,self.hidden_dim))
        self.prev_cs = np.zeros((batch_size,self.hidden_dim))

    def train_step(self,inputs,targets):
        # inputs,targets: (N,T)

        # forward
        N,T = inputs.shape[:2]
        hs, cs, y, p = {}, {}, {}, {}
        f, i, o, g = {}, {}, {}, {}
        loss = 0.
        hs[-1] = self.prev_hs
        cs[-1] = self.prev_cs
        x = self.E[inputs,:] # (N,T,embedding_dim)
        H = self.hidden_dim
        for t in range(T):
            A = np.dot(x[:,t,:],self.Wxh) + np.dot(hs[t-1], self.Whh) + self.bh
            f[t] = sigmoid(A[:,:H])
            i[t] = sigmoid(A[:,H:2*H])
            o[t] = sigmoid(A[:,2*H:3*H])
            g[t] = np.tanh(A[:,3*H:])

            cs[t] = f[t]*cs[t-1] + i[t]*g[t]
            hs[t] = o[t]*np.tanh(cs[t])

            y[t] = np.dot(hs[t],self.Why) + self.by # FC --> (N,vocab_size)
            p[t] = np.exp(y[t]) / np.sum(np.exp(y[t]),axis=-1,keepdims=True) # softmax --> (N=1,vocab_size)
            loss += -np.log(p[t][np.arange(N),targets[:,t]]).mean()
        self.prev_hs = hs[T-1]
        self.prev_cs = cs[T-1]

        # backward
        dE = np.zeros_like(self.E)
        dWxh, dWhh, dWhy = np.zeros_like(self.Wxh), np.zeros_like(self.Whh), np.zeros_like(self.Why)
        dbh, dby = np.zeros_like(self.bh), np.zeros_like(self.by)
        dhnext = np.zeros_like(hs[0])
        dcnext = np.zeros_like(cs[0])
        for t in reversed(range(T)):
            dy = np.copy(p[t])
```

```
            dy[np.arange(N),targets[:,t]] -= 1

            dby += np.sum(dy,axis=0)
            dWhy += np.dot(hs[t].T, dy)

            dh = np.dot(dy, self.Why.T) + dhnext

            temp = np.tanh(cs[t])
            do = dh*temp
            dc = o[t]*dh*(1-temp*temp) + dcnext

            df = dc*cs[t-1]
            dcnext = f[t]*dc
            di = dc*g[t]
            dg = dc*i[t]
            dA = np.concatenate((df*f[t]*(1-f[t]),di*i[t]*(1-i[t]),do*o[t]*(1-o[t]),
                                  dg*(1-g[t]*g[t])),axis=1)

            dbh += np.sum(dA,axis=0)

            dWhh += np.dot(hs[t-1].T, dA)
            dWxh += np.dot(x[:,t,:].T, dA)

            dx = np.dot(dA, self.Wxh.T)
            dhnext = np.dot(dA, self.Whh.T)

            np.add.at(dE,inputs[:,t],dx)

        for param, dparam in zip([self.Wxh, self.Whh, self.Why, self.bh, self.by,
             self.E],
                                  [dWxh, dWhh, dWhy, dbh, dby, dE]):
            np.clip(dparam, -5, 5, out=dparam)
            param += -self.lr * dparam

        return loss/T

    def generate_sequence(self,seed_text,length=100,top_n=1):
        text_to_ints = [char_to_int[c] for c in seed_text]
        new_chars = copy.copy(text_to_ints)
        self.reset_hidden_state(1)
        hs = self.prev_hs
        cs = self.prev_cs
        H = self.hidden_dim
        for c in text_to_ints:
            x = self.E[c,:][None] # batch --> (1,embedding_dim)
            A = np.dot(x,self.Wxh) + np.dot(hs, self.Whh) + self.bh
            f = sigmoid(A[:,:H])
            i = sigmoid(A[:,H:2*H])
            o = sigmoid(A[:,2*H:3*H])
            g = np.tanh(A[:,3*H:])

            cs = f*cs + i*g
            hs = o*np.tanh(cs)
```

```
        for _ in range(length):
            c = new_chars[-1]
            x = self.E[c,:][None] # batch --> (1,embedding_dim)
            A = np.dot(x,self.Wxh) + np.dot(hs, self.Whh) + self.bh
            f = sigmoid(A[:,:H])
            i = sigmoid(A[:,H:2*H])
            o = sigmoid(A[:,2*H:3*H])
            g = np.tanh(A[:,3*H:])

            cs = f*cs + i*g
            hs = o*np.tanh(cs)

            y = np.dot(hs,self.Why) + self.by # FC --> (N,vocab_size)
            p = np.exp(y) / np.sum(np.exp(y),axis=-1,keepdims=True) # softmax --> (N,vocab_size)
            p = p[0]
            p[np.argsort(p)[:-top_n]]= 0
            p = p / p.sum()
            new_char_id = np.random.choice(self.vocab_size,1,p=p)[0]
            new_chars.append(new_char_id)

        return ''.join([int_to_char[c] for c in new_chars])
```

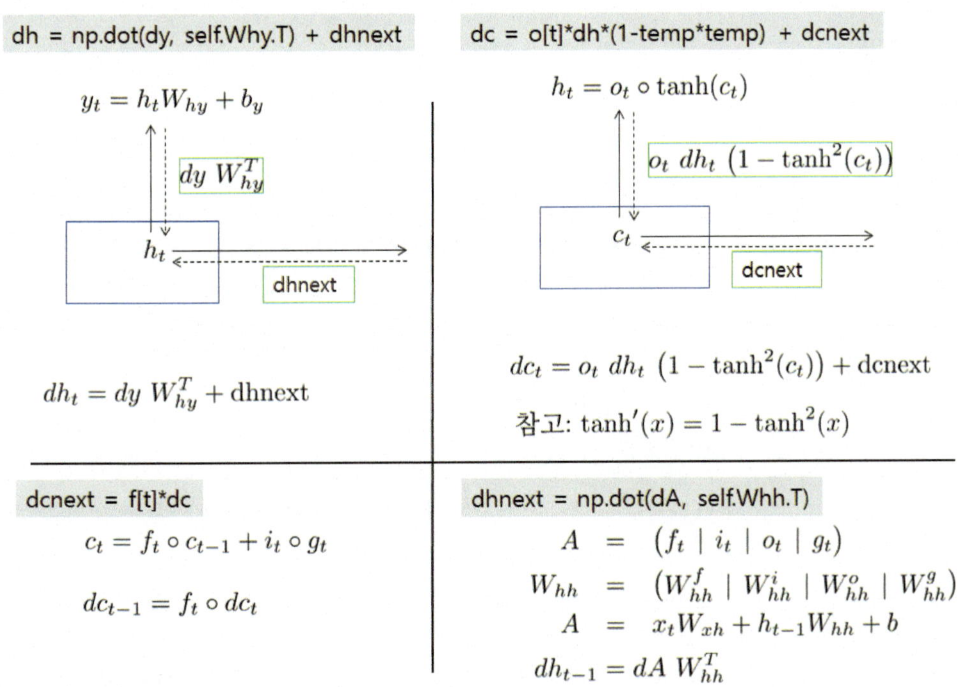

그림 8.12: LSTM Backpropagation
time step t에서 h_t, c_t의 gradient. h_{t-1}, c_{t-1}의 gradient는 time step $t-1$로 넘어간다.

- forward 부분은 LSTM 모델 구조에 따라 구현되었기 때문에 충분히 이해할 수 있다.
- backward 부분은 좀 복잡하게 느낄 수도 있다. 그림 (8.12) 에서 핵심적인 부분을 설명하고 있다.

코드 8.8에서 구현한 `make_mini_batch()`를 이용해서 모델을 훈련하는 코드는 다음과 같다.

코드 8.12: **[Numpy]** LSTM 훈련 코드

```
embedding_dim = 64
hidden_dim=128
vocab_size = len(chars)

model = CharacterLevelLSTMModel(embedding_dim,hidden_dim,vocab_size)

n_epochs = 100
for epoch in range(n_epochs):
    model.reset_hidden_state(batch_size)
    loss_all = []
    for i, (input, target) in enumerate(make_mini_batch(train_x, train_y, seq_length)):
        loss = model.train_step(input,target)
        loss_all.append(loss)

    print(f'{epoch+1}/{n_epochs}: loss = {np.mean(loss_all):.3f}')
    print (f'----\n {model.generate_sequence("We are ",top_n=2)} \n----')
```

8.2.7 GRU

GRU(Gated Recurrent Unit)[15]는 LSTM에 비해 trainable weight 수는 적지만 성능은 상당히 양호한 모델이라 할 수 있다. 모델 파라메터를 줄일 필요가 있을 때 LSTM의 대안으로 활용 가능하다.

그림 (8.13) 에서는 GRU 모델 구조를 보여주고 있다. GRU의 구체적인 수식은 다음과 같다.

$$
\begin{aligned}
r_t &= (x_t W^r_{xh} + h_{t-1} W^r_{hh} + b^r_h) \longleftarrow \text{reset gate} \\
z_t &= (x_t W^z_{xh} + h_{t-1} W^z_{hh} + b^z_h) \longleftarrow \text{update gate} \\
\tilde{h}_t &= \tanh\left(x_t W_{xh} + r_t \circ (h_{t-1} W_{hh}) + b_h\right) \longleftarrow \text{candidate hidden} \\
h_t &= (1 - z_t) \circ h_{t-1} + z_t \circ \tilde{h}_t \longleftarrow \text{hidden state}
\end{aligned}
$$

- LSTM과 비교하여 cell state, hidden state로 나누어져 있지 않고 hidden state만 있다.
- LSTM의 forget gate, input gate의 역할을 update gate 혼자서 담당하고 있다.

15 https://arxiv.org/abs/1406.1078

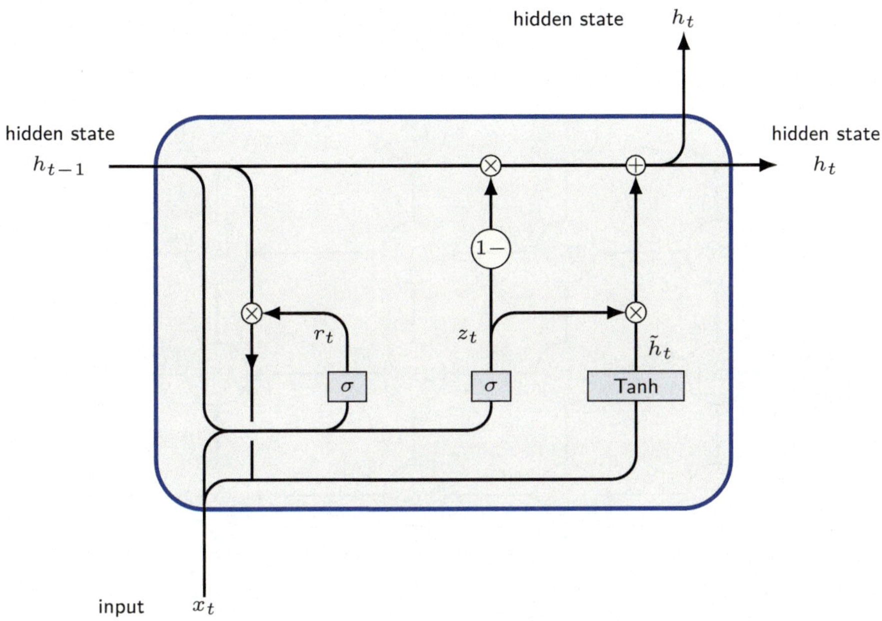

그림 8.13: GRU

candidate hidden state에 reset gate를 적용하는 방식에 따라 reset before, reset after 2가지 방식이 있다.

- reset after 방식:

$$\tilde{h}_t = \tanh\Big(x_t W_{xh} + r_t \circ (h_{t-1} W_{hh}) + b_h\Big)$$

  Tensorflow에서는 다음과 같이 옵션으로 조절이 가능하다.

```
tf.keras.layers.GRUCell(..., reset_after=True,...)
```

  Pytorch에서는 reset after 방식이 사용된다.

- reset before 방식:

$$\tilde{h}_t = \tanh\Big(x_t W_{xh} + (r_t \circ h_{t-1}) W_{hh} + b_h\Big)$$

8.2.8 Multi-Layer RNN

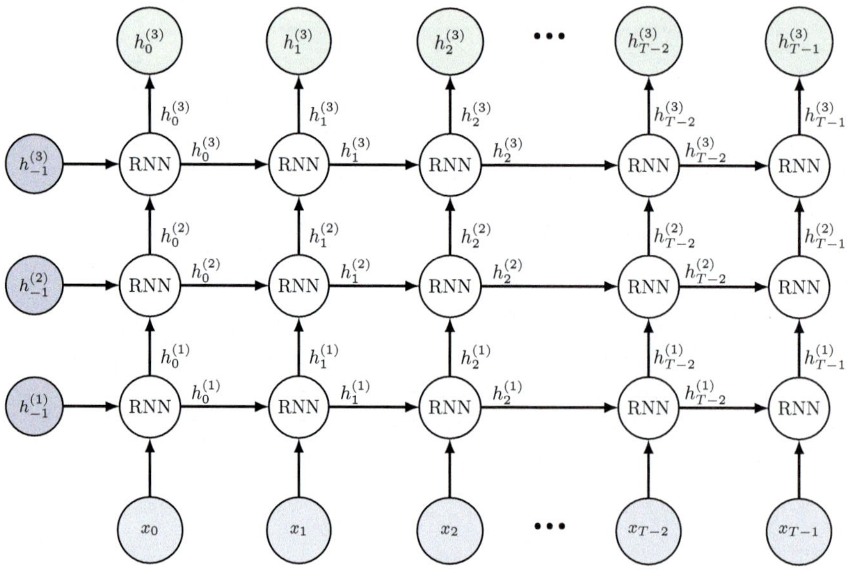

그림 8.14: 3-layer RNN 모델 구조

딥러닝 모델에서는 여러 층의 layer를 쌓아 다양한 feature를 추출 가능하게 한다. RNN에서도 그림(8.14)처럼 layer를 여러 층 쌓아 모델의 표현력을 높일 수도 있다. Multi-Layer RNN은 앞으로 나올 Tensorflow, Pytorch API를 이용해서 쉽게 구현할 수 있다.

8.3 RNN API

8.3.1 Tensorflow RNN API

아래와 같이 2가지 방식으로 RNN 모델을 만들 수 있다.

① 방법 1: Tensorflow에서 RNN Layer는 cell 형태의 API를 list형태로 묶은 후, `tf.keras.layers.RNN`에 넘기는 방식

```
tf.keras.layers.SimpleRNNCell (units,activation='tanh',...)
tf.keras.layers.LSTMCell (units,activation='tanh',...)
tf.keras.layers.GRUCell(units,activation='tanh',...)

# cell들을 쌓아 multi-layer로 만들 수 있다.
tf.keras.layers.StackedRNNCells(cells,...)

tf.keras.layers.RNN(cell,return_sequences=False,
                    return_state=False,...)
```

② 방법 2: cell들을 명시적으로 생성하지 않고 직접적으로 RNN layer를 만드는 방식. 제공되는 대표적인 RNN layer들은 다음과 같다.

```
tf.keras.layers.SimpleRNN(units,return_sequences=False,
                          return_state=False,...)
tf.keras.layers.LSTM(units,return_sequences=False,
                          return_state=False,...)
tf.keras.layers.GRU(units,return_sequences=False,
                          return_state=False,...)
```

- `return_sequences=True`이면 return되는 output의 shape은 (N, T, D) 형태가 된다.
- `return_sequences=False`이면 return되는 output의 shape은 (N, D) 형태가 된다.
- `return_state=True`이면 다음과 같이 list가 return된다.

[output, 첫 번째 rnn cell의 마지막 hidden state,
두 번째 rnn cell의 마지막 hidden state, ...]

코드 8.13: [**Tensorflow**] RNN 모델

```
batch_size = 3
seq_length = 5
input_dim = 7
hidden_dim = 4

cells = [tf.keras.layers.SimpleRNNCell(hidden_dim),tf.keras.layers.LSTMCell(hidden_dim*2)]
cells = tf.keras.layers.StackedRNNCells(cells)

zero_initial_flag = True
if zero_initial_flag:
    initial_state = cells.get_initial_state(inputs=None, batch_size=batch_size,dtype=tf.float32)
else:
    initial_state = [tf.random.normal(shape=(batch_size,hidden_dim)),
                    [tf.random.normal(shape=(batch_size,hidden_dim*2)), # LSTM hidden state
                     tf.random.normal(shape=(batch_size,hidden_dim*2))]] # LSTM cell state

print("initial_state: ", initial_state)
inputs = tf.random.normal([batch_size, seq_length, input_dim])

state = initial_state
output_all = []
for i in range(seq_length):
    output, state = cells(inputs[:,i,:],state)
    output_all.append(output)

output_all = tf.stack(output_all,axis=1) # [[3, 8],[3, 8],...,[3, 8]] ==> (3,5,8)
print("output: ", output_all)
print('='*20)

# return_state=True ==> return되는 output의 list의 길이는 cells의 개수 + 1
rnn = tf.keras.layers.RNN(cells,return_sequences=True,return_state=False)
output_all2 = rnn(inputs,initial_state) # rnn(inputs)와 동일

print("output: ", output_all2)
print("All Close: ", np.allclose(output_all,output_all2))
```

- cell들을 list로 만들어 `tf.keras.layers.StackedRNNCells`에 넘겨서 multi-layer로 만든다.
- initial (hidden) state를 만드는 2가지 방법을 제시하고 있다.

  ① `get_initial_state()` method를 이용하면 0으로 된 initial state를 만들 수 있다. 0으로 된 initial state는 명시적으로 넘기지 않아도 된다.

  ② multi-layer를 구성하는 각각의 cell의 initial state를 원하는 대로 구성할 수 있다. initial state를 주어진 Tensor로 초기화할 때 사용하면 된다.

- `return_state=True`이면, list가 return된다. 첫 번째는 output이고 그다음부터 cell들의 마지막 hiddent state들이다.
- time step에 대해서 loop로 계산을 할 수도 있고 `tf.keras.layers.RNN`를 이용할 수도 있다. 계산 결과가 동일함을 확인할 수 있다.

자연어 처리에서 길이가 다른 문장들을 mini-batch로 만드려면 padding으로 길이를 같게 만들어야 한다. padding된 부분을 가리기 위해 masking이 필요하다. `tf.sequence_mask()` API로 mask를 만들 수 있다.

```
tf.sequence_mask(lengths,maxlen=None,dtype=tf.dtypes.bool,name=None)
```

코드 8.14에서 `tf.sequence_mask()`를 사용하는 예를 보여주고 있다.

코드 8.14: [**Tensorflow**] sequence mask을 사용한 RNN

```
batch_size = 3; seq_length = 5
input_dim = 7; hidden_dim = 4

inputs = tf.random.normal([batch_size, seq_length, input_dim])
mask = tf.sequence_mask([4, 3, 5], 5)
# [[True,True,True,True,False],
    [True,True,True,False,False],[True,True,True,True,True]]

cells = tf.keras.layers.SimpleRNNCell(hidden_dim)
rnn1 = tf.keras.layers.RNN(cells,return_sequences=True,return_state=True)
initial_state = rnn1.get_initial_state(inputs)

output, h = rnn1(inputs,initial_state)
output2, h2 = rnn1(inputs,initial_state,mask=mask) # mask에서 True 부분만 유효하다.

print(output, h)
print(output2, h2)
```

- `tf.sequence_mask` API를 이용해서 입력에서 padding된 부분을 masking할 수 있다. 그림 (8.15)에서 mask가 적용된 결과를 확인할 수 있다.

without mask

```
tf.Tensor(
[[[-0.90224695 -0.31046668  0.8859014   0.99004185]
  [-0.9243976  -0.34390655  0.22401546 -0.07071749]
  [-0.01033177 -0.23450342 -0.3568077   0.74109167]
  [-0.52240217  0.39664152 -0.36635923  0.27721742]
  [-0.98120505  0.40641215 -0.99092877  0.4605387 ]]

 [[-0.24687456  0.4683218  -0.4366699  -0.44947216]
  [-0.70323277 -0.94932866 -0.9453324  -0.5643365 ]
  [ 0.7655554  -0.93402857  0.74586916  0.40736526]
  [-0.7292088   0.9584838  -0.96272403  0.9680745 ]
  [ 0.91252226 -0.9572271   0.9299726  -0.99375844]]

 [[-0.76268184  0.88758457 -0.991526    0.89920807]
  [-0.24943793  0.740663   -0.9636252  -0.9434204 ]
  [-0.25840536  0.4408148   0.8162668   0.8549615 ]
  [-0.9882278   0.36317447  0.1060611   0.33393487]
  [-0.98362064 -0.7341023  -0.8685437  -0.41699824]]],
 shape=(3, 5, 4), dtype=float32)

tf.Tensor(
[[-0.98120505  0.40641215 -0.99092877  0.4605387 ]
 [ 0.91252226 -0.9572271   0.9299726  -0.99375844]
 [-0.98362064 -0.7341023  -0.8685437  -0.41699824]],
 shape=(3, 4), dtype=float32)
```

with mask

```
tf.Tensor(
[[[-0.90224695 -0.31046668  0.8859014   0.99004185]
  [-0.9243976  -0.34390655  0.22401546 -0.07071749]
  [-0.01033177 -0.23450342 -0.3568077   0.74109167]
  [-0.52240217  0.39664152 -0.36635923  0.27721742]
  [-0.52240217  0.39664152 -0.36635923  0.27721742]]

 [[-0.24687456  0.4683218  -0.4366699  -0.44947216]
  [-0.70323277 -0.94932866 -0.9453324  -0.5643365 ]
  [ 0.7655554  -0.93402857  0.74586916  0.40736526]
  [ 0.7655554  -0.93402857  0.74586916  0.40736526]
  [ 0.7655554  -0.93402857  0.74586916  0.40736526]]

 [[-0.76268184  0.88758457 -0.991526    0.89920807]
  [-0.24943793  0.740663   -0.9636252  -0.9434204 ]
  [-0.25840536  0.4408148   0.8162668   0.8549615 ]
  [-0.9882278   0.36317447  0.1060611   0.33393487]
  [-0.98362064 -0.7341023  -0.8685437  -0.41699824]]],
 shape=(3, 5, 4), dtype=float32)

tf.Tensor(
[[-0.52240217  0.39664152 -0.36635923  0.27721742]
 [ 0.7655554  -0.93402857  0.74586916  0.40736526]
 [-0.98362064 -0.7341023  -0.8685437  -0.41699824]],
 shape=(3, 4), dtype=float32)
```

그림 8.15: Tensorflow RNN API에서 mask 적용
1. mask를 적용하지 않은 경우, 가장 마지막 time step의 state에 값들이 모여 있다.
2. mask를 적용한 경우, mini-batch 내에서 데이터의 길이에 따른 state가 return된다.

8.3.2 Pytorch RNN API

- Pytorch RNN cell:

```
torch.nn.RNNCell(input_size, hidden_size, ...)
torch.nn.LSTMCell(input_size, hidden_size, ...)
torch.nn.GRUCell(input_size, hidden_size, ...)
```

Pytorch의 RNN cell API는 RNN Layer의 변형이 필요한 경우에 사용할 수 있다. 예를 들면, 8.5절에 나오는 Attention Machanism을 구현할 때 사용 가능하다. 대부분은 아래에 나오는 RNN Layer API를 사용하면 된다.

- Pytorch RNN Layer:

```
torch.nn.RNN(input_size,hidden_size,num_layers,
             batch_first=False,num_layers=1,...)
torch.nn.LSTM(input_size,hidden_size,num_layers,
             batch_first=False,num_layers=1,...)
torch.nn.GRU(input_size,hidden_size,num_layers,
             batch_first=False,num_layers=1,...)
```

batch_first=False가 default 값이다. RNN Layer를 몇 단으로 쌓을 것인지는 num_layers를 지정해 주면 된다. num_layers에 따라 hidden state의 shape이 결정된다.

구분	batch_first=False	batch_first=True
입력 shape	(T, N, D_x)	(N, T, D_x)
출력 shape	(T, N, D_h)	(N, T, D_h)
hidden state shape	(num_layers, N, D_h)	

표 8.3: Pytorch RNN API 입출력
N: batch_size, T: sequence_length, D_x: input_dim, D_h: hidden_dim

코드 8.15에서 Pytorch RNN API의 동작 방식을 확인할 수 있다.

코드 8.15: Pytorch RNN

```
import torch
import torch.nn as nn

batch_size = 7
input_size = 3 # embedding dim
hidden_size = 4 # hidden dim
num_layers = 2
T = 5 # seq length
batch_first = True

rnn = nn.LSTM(input_size=input_size, hidden_size=hidden_size,
     num_layers=num_layers,batch_first=batch_first )

if batch_first:
    input = torch.randn(batch_size, T, input_size)
else:
    input = torch.randn(T, batch_size, input_size)
h0 = torch.randn(num_layers,batch_size,hidden_size)
c0 = torch.randn(num_layers,batch_size,hidden_size)

output, (hn, cn) = rnn(input, (h0, c0))
```

```

print(f'batch_first: {batch_first}')
print(output.shape, hn.shape, cn.shape) #(batch_size,T,hidden_dim),
    h(num_layers,batch_size,hidden_dim), c(num_layers,batch_size,hidden_dim)
```

8.3.3 Pytorch Packed Sequence

RNN의 입력 데이터의 길이가 일정하지 않은 때에 padding을 통해 같은 길이로 만든 후, mini-batch로 만들어진다. padding된 부분은 계산이 필요 없는 불필요한 부분이기 때문에 Pytorch에서는 Packed Sequence로 변환해서 RNN API에 입력할 수 있다.

```
torch.nn.utils.rnn.pack_padded_sequence(input, lengths,
                         batch_first=False, enforce_sorted=True)
torch.nn.utils.rnn.pad_packed_sequence(sequence, batch_first=False,
                         padding_value=0.0, total_length=None)
```

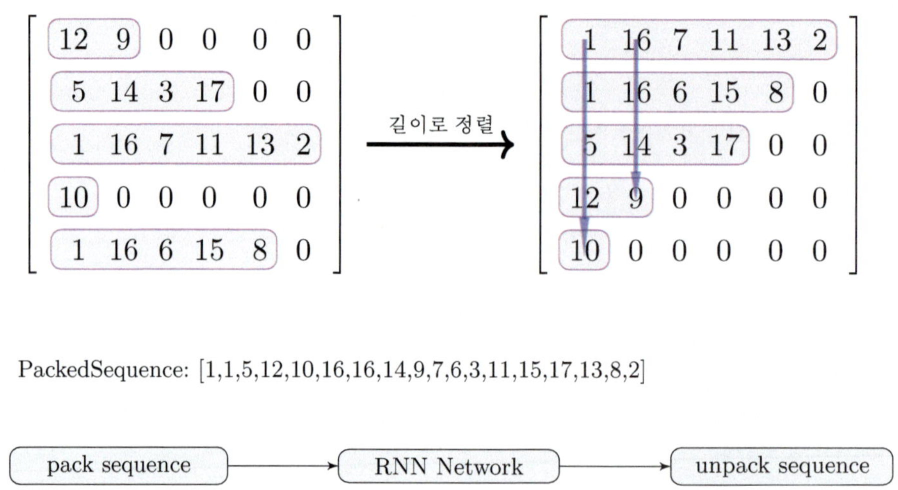

그림 8.16: Pytorch Packed Sequence

- `pack_padded_sequence`: padding된 sequence를 packed sequence로 변환한다. 그림 (8.16) 에서 변환된 packed squence의 예시를 볼 수 있다.
- 입력 Tensor가 길이로 내림차순 정렬되어 있으면, `enforce_sorted=True`로 하면 된다. 정렬되지 않은 경우에는 `enforce_sorted=False`로 해야 한다.

- pad_packed_sequence: RNN API가 return한 packed sequence를 padding이 있는 sequence로 되돌린다.

코드 8.16: **[Pytorch]** Packed Sequence 기초

```
input= torch.tensor([[ 12, 9, 0, 0,  0,  0],
                     [ 5, 14,  3, 17,  0,  0],
                     [ 1, 16,  7, 11, 13,  2],
                     [ 10,  0,  0,  0,  0,  0],
                     [ 1, 16,  6, 15,  8,  0],])

batch_size = input.size(0)
input_lengths = torch.LongTensor([torch.max(input[i, :].data.nonzero())+1 for i in range(batch_size)]) # tensor([2, 4, 6, 1, 5])
input_lengths_sorted, sorted_indices = input_lengths.sort(0, descending=True) # tensor([6, 5, 4, 2, 1]), tensor([2, 4, 1, 0, 3])
input_lengths_sorted = input_lengths_sorted.tolist() # CPU tensor 또는 list
input_sorted = input[sorted_indices] # 데이터를 길이순으로 내림차순 정렬

unsorted_indices = list(range(len(input_sorted))) # 원래 순서로 되돌리기 위해 필요
unsorted_indices = sorted(unsorted_indices, key=lambda k: sorted_indices[k]) # input_sorted[unsorted_indices]

print("sorted input: \n", input_sorted)

packed_input = torch.nn.utils.rnn.pack_padded_sequence(input_sorted, input_lengths_sorted, batch_first=True)
packed_input2 = torch.nn.utils.rnn.pack_padded_sequence(input, input_lengths, batch_first=True,enforce_sorted=False)

print("packed input: \n", packed_input)
print("packed input2: \n", packed_input2) # packed_input과 동일한 결과

print(f"sorted_indices: {sorted_indices}, unsorted_indices: {unsorted_indices}") # sorted_indices, unsorted_indices
```

- 데이터의 input에서 (padding을 제외한) 길이를 구하기 위해, padding token이 0이라는 사실을 이용해서 구했다.
- 길이 순서대로 정렬되지 않은 데이터를 pack_padded_sequence(...,enforce_sorted=False)로 처리한 것과 직접 정렬하여 pack_padded_sequence(...,enforce_sorted=True)로 처리한 결과를 비교하고 있다.

코드 8.17: **[Pytorch]** Packed Sequence & RNN

```
embedding_dim = 3
hidden_size = 2
emb = torch.nn.Embedding(50, embedding_dim, padding_idx=0) #(batch_size, T, embedding_dim)
```

```
rnn = torch.nn.RNN(input_size=embedding_dim, hidden_size=hidden_size, batch_first=True)

embed=emb(input_sorted)
packed_input = torch.nn.utils.rnn.pack_padded_sequence(embed, input_lengths_sorted, batch_first=True)

out,h=rnn(packed_input)
out, output_lengths = torch.nn.utils.rnn.pad_packed_sequence(out, batch_first=True) # out(N,T,D)

# 원래 순서로 되돌리기
out = out[unsorted_indices] # 또는 out.index_select(0, torch.tensor(unsorted_indices))
h[0] = h[0][unsorted_indices]

# without packed
embed_=emb(input)
out2,h2=rnn(embed_)
print(f'out: {out}')
print(f'out2: {out2}') # padding 부분도 계산되어, garbage가 들어 있다. (N,T,D)

print('All Close(out, out2): ', np.allclose(out.detach().numpy(),
      out2.detach().numpy())) # False <- padding영역 때문에

print('='*20)
# mask를 씌워서 padding 영역을 0으로
def sequence_mask(lengths, maxlen=None, dtype=torch.bool): # tf.sequence_mask.
    if maxlen is None:
        maxlen = lengths.max()
    row_vector = torch.arange(0, maxlen, 1)
    matrix = torch.unsqueeze(lengths, dim=-1)
    mask = row_vector < matrix
    mask = mask.type(dtype)
    return mask

mask = sequence_mask(input_lengths) # mask = torch.arange(maxlen)[None, :] < input_lengths[:, None]
out2 = out2 * mask.unsqueeze(-1) # mask(N,T) unsqueeze --> (N,T,1)
print("masked out2: ", out2)
print('All Close(out, masked out2): ', np.allclose(out.detach().numpy(),out2.detach().numpy())) # True
print('All Close(h): ', np.allclose(h.detach().numpy(), out2[range(batch_size),input_lengths-1].detach().numpy()))

# sorting 하지 않고, enforce_sorted=False로 처리
embed_=emb(input)
packed_input3 = torch.nn.utils.rnn.pack_padded_sequence(embed_, input_lengths, batch_first=True,enforce_sorted=False)
out3,h3=rnn(packed_input3)
out3, output_lengths = torch.nn.utils.rnn.pad_packed_sequence(out3, batch_first=True)
print("out3(enforce_sorted=False): ", out3)

print('All Close(out, out3): ', np.allclose(out.detach().numpy(),out3.detach().numpy())) # True
```

- RNN 적용 후 다시 되돌리기 위해서 코드 8.16에서 구해 놓은 `unsorted_indices`를 이용했다.
- `rnn`을 적용해서 얻은 `out`을 `rnn.pad_packed_sequence()` API로 되돌렸다(unpack).
- sequence mask를 만드는 방법은 여러 가지가 있을 수 있다. 함수로 구현한 `sequence_mask()`는 유효한 부분이 True, padding 부분이 False인 mask를 만든다. sequence mask를 다음과 같이 만들 수도 있다.

```
mask = torch.arange(maxlen)[None, :] < input_lengths[:, None]
```

Tensorflow에서는 `tf.sequence_mask` API가 있다.

```
tf.sequence_mask(lengths,maxlen=None,dtype=tf.dtypes.bool)
```

- `out2`로부터 미니 배치의 길이에 따라 직접 추출할 수도 있다. 그림(4.8)에서 설명한 Advanced Indexing을 사용했다.

```
out2[range(batch_size),input_lengths-1].detach().numpy()
```

- 길이로 정렬하지 않고 packed sequence를 만들어서 RNN API에 넣어도 동일한 결과가 나온다. `out3`의 길이는 `input_lengths`의 최댓값에 맞춰진다.
- 다음 조각 코드의 결과를 보면, 입력(`input`)의 길이는 6이지만, 출력(`out`)의 길이는 [3, 4]의 최댓값인 4가 된다.

```
input= torch.tensor([[ 12, 9, 4, 0,  0,  0],
                     [ 5, 14,  3, 17,  0,  0]])
packed_input = torch.nn.utils.rnn.pack_padded_sequence(input, [3,4],
                                 batch_first=True,enforce_sorted=False)
out, output_lengths = torch.nn.utils.rnn.pad_packed_sequence(
                                 packed_input, batch_first=True)

input.shape, out.shape, output_lengths
# (torch.Size([2,6]), torch.Size([2,4]), tensor([3,4]))
```

- Pytorch의 RNN에서는 packed sequence로 변환해서 padding 부분을 제외하고 계산할 수 있다. Tensorflow에서는 RNN API에 mask를 넣어주면 된다(코드 8.14).

8.3.4 Tensorflow Sequence Loss

RNN의 모델의 output logit의 shape이 (N, T, D)=(batch_size, seq_length, vocab_size)이고 target의 shape이 (N, T)라고 하자. 이때 cross entropy loss는 $N \times T$개가 계산된다. 이 중에서

padding된 부분의 loss을 제외하고 계산하는 방법을 살펴보자.

코드 8.18: **[Tensorflow]** Sequence Loss

```
import tensorflow_addons as tfa

batch_size = 2; seq_length = 5; vocab_size= 3
logit = np.array([[[ 0.66, 0.85, -1.2 ],
                   [-0.13, 0.34, -0.92],
                   [-0.87, 0.82, 1.37],
                   [ 0.83, -1.52, -0.62],
                   [-0.71, 0.76, -0.12]],

                   [[-1.77, -0.31, -0.94],
                   [ 2.44, 1.08, -2.53],
                   [-0.84, -1.11, 1.22],
                   [ 0.24, 0.92, 0.23],
                   [ 1.38, 1.18, 0.13]]])

target = np.array([[1, 2, 2, 0, 0],
                  [2, 1, 1, 2, 0]])

length = np.array([3, 4])

prob = tf.nn.softmax(logit).numpy()
log_softmax = tf.nn.log_softmax(logit).numpy()

loss_fn = tf.keras.losses.SparseCategoricalCrossentropy(from_logits=True)

print('loss(length 미반영): ', loss_fn(target,logit).numpy()) # 1.2807

weights = tf.sequence_mask(length,seq_length,dtype=tf.float64) # (batch_size,
     seq_length)
print('weights: ', weights)
print('loss(length 미반영, weight): ', loss_fn(target,logit,weights).numpy()) # 0.981

print('loss(length 반영): ',
        tfa.seq2seq.sequence_loss(logit,target,weights).numpy()) # 1.401
```

- `SparseCategoricalCrossentropy` API는 padding된 부분을 고려하지 않고 단순 평균으로 cross entropy loss를 계산해 준다.
- `SparseCategoricalCrossentropy`에 weights(mask)를 넣었을 경우에 padding된 부분의 loss를 0으로 처리하지만 평균을 구할 때에는 반영이 된다.
- Tensorflow Addons[16]에 `tfa.seq2seq.sequence_loss()` API를 이용해서 loss를 계산하면 padding을 제외한 loss의 평균값을 구할 수 있다.

16 https://www.tensorflow.org/addons/overview

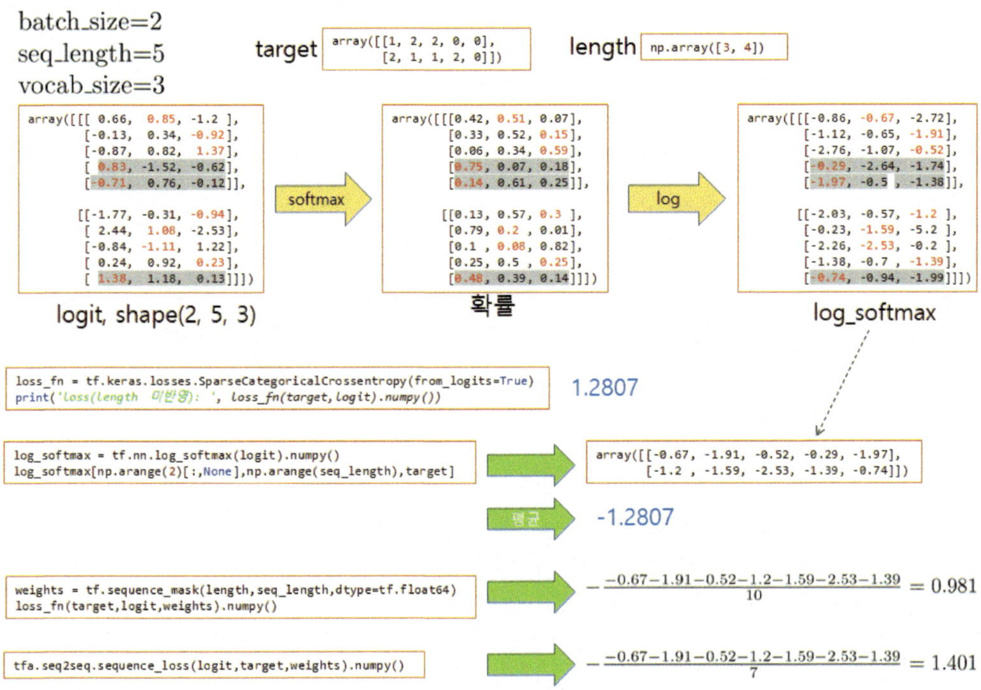

그림 8.17: Sequence Loss

- 그림 (8.17) 에서 loss 계산하는 방식에 따른 결과의 차이를 확인할 수 있다.

Output:

```
loss(length 미반영):  1.2807080745697021
weights:  tf.Tensor(
[[1. 1. 1. 0. 0.]
 [1. 1. 1. 1. 0.]], shape=(2, 5), dtype=float64)
loss(length 미반영, weight):  0.9809958338737488
loss(length 반영):  1.4014225922639139
```

8.3.5 Pytorch Sequence Loss

Pytorch에서 Sequence Loss를 API를 이용해서 계산하기 전에, mask를 만들어 직접 계산해 보자.

코드 8.19: **[Pytorch]** Sequence Loss

```
# sequence loss를 구하기 위해서는, (N,seq_length,vocab_size)가 아닌,
# (N,vocab_size,seq_length)형태로 logit을 변형하여 loss_fn에 넣어 주어야 한다.
# target(N,seq_length)
```

```
batch_size = 2; seq_length = 5; vocab_size= 3

loss_fn = torch.nn.CrossEntropyLoss(reduction = 'none') # keep dim

logit = torch.tensor([[[ 0.66, 0.85, -1.2 ],
                    [-0.13, 0.34, -0.92],
                    [-0.87, 0.82, 1.37],
                    [ 0.83, -1.52, -0.62],
                    [-0.71, 0.76, -0.12]],

                    [[-1.77, -0.31, -0.94],
                    [ 2.44, 1.08, -2.53],
                    [-0.84, -1.11, 1.22],
                    [ 0.24, 0.92, 0.23],
                    [ 1.38, 1.18, 0.13]]])

target = torch.tensor([[1, 2, 2, 0, 0],
                      [2, 1, 1, 2, 0]])

length = torch.tensor([3, 4])

# logit: (N,seq_length,vocab_size) -> (N,vocab_size,seq_length)
loss = loss_fn(torch.transpose(logit,1,2), target) # --> (batch_size,seq_length)

print('loss: ', loss)
print('loss mean: ', loss.mean().item()) # 1.2807081937789917

mask = (torch.arange(seq_length)[None, :] < length[:, None]).float()
print("mask: ",mask)

masked_loss = torch.sum(loss*mask)/torch.sum(mask)
print('masked loss: ', masked_loss.item()) # 1.4014226198196411
```

- `torch.nn.CrossEntropyLoss`를 `reduction = 'none'`으로 생성하면, 평균을 취하지 않고 logit과 동일한 shape의 결과가 return된다.
- mask를 만들기 위해서는 코드 8.17에서 구현한 방식을 사용해도 된다.

Output:

```
loss:  tensor([[0.6707, 1.9064, 0.5208, 0.2851, 1.9676],
        [1.1981, 1.5940, 2.5327, 1.3872, 0.7444]])
loss mean:  1.2807081937789917
mask:  tensor([[1., 1., 1., 0., 0.],
        [1., 1., 1., 1., 0.]])
masked loss:  1.4014226198196411
```

torch.nn.CrossEntropyLoss에 class별 weight를 주어 sequence loss를 계산할 수도 있다.

```
class_weight = torch.ones(vocab_size)
class_weight[0] = 0.0 # padding_id = 0
loss_fn2 = torch.nn.CrossEntropyLoss(class_weight)
loss_fn2(torch.transpose(logit,1,2), target) # 1.4014
```

8.3.6 Bidirectional RNN

RNN의 입력 데이터와 target 데이터는 모두 순차 데이터(Sequential Data)이지만 차이가 있다. target 데이터는 추론 단계에서는 주어지는 것이 아니라 생성해야 되는 것이다. 반면 입력 데이터는 훈련 단계나 추론 단계 모두에서 데이터가 주어져 있다고 가정한다. 입력 데이터에서 정보를 추출하는 encoder에서는 입력 데이터 전체를 볼 수 있다. 따라서 정방향으로 데이터를 흘려보내 정보를 추출할 수도 있지만, 역방향으로 데이터를 흘려보내 정보를 추출할 수도 있다. 정방향이 $[x_0 \to x_1 \to \cdots]$라면 역방향은 $[x_{T-1} \to x_{T-1} \to \cdots]$라고 할 수 있다. Bidirectional(양방향) RNN에서는 정방향 RNN의 hidden state와 역방향 RNN의 hidden state를 concat하여 최종적인 hidden state를 얻어 낸다.

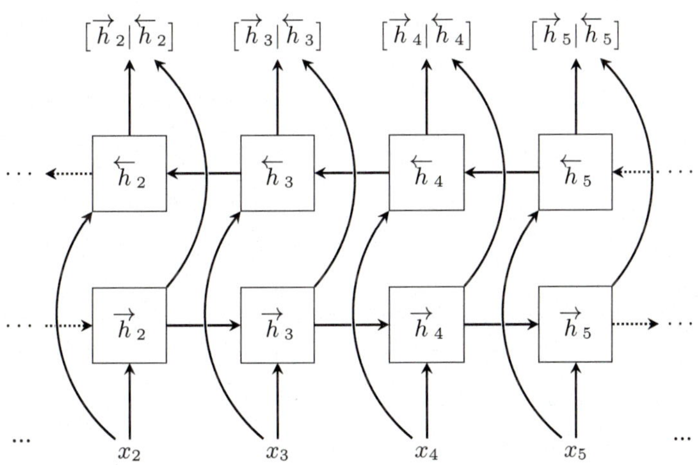

그림 8.18: Bidirectional RNN

Encoder에서 양방향 RNN을 사용하여 효과적으로 입력 데이터의 feature를 추출할 수 있다. 하지만 Decoder에서는 양방향 RNN을 사용할 수 없다[17].

17 Encoder, Decoder는 8.5절에서 자세히 다룬다.

```
tf.keras.layers.Bidirectional(layer,backward_layer=None,...)
```

코드 8.20: Tensorflow Bidirectional RNN

```
batch_size = 3; seq_length = 5
input_dim = 7; hidden_dim = 2
mask = tf.sequence_mask([4, 3, 5], seq_length)
forward_layer = tf.keras.layers.LSTM(hidden_dim,
     return_sequences=True,return_state=True)

mode = 1
if mode==1:
    backward_layer = tf.keras.layers.LSTM(3, activation='relu', return_sequences=True,
                                          return_state=True, go_backwards=True)
    rnn = tf.keras.layers.Bidirectional(layer=forward_layer,
                                        backward_layer=backward_layer)
    init_state = [tf.zeros((batch_size, hidden_dim)),
                  tf.zeros((batch_size, hidden_dim)),
                  tf.zeros((batch_size, 3)),tf.zeros((batch_size, 3))]
elif mode==2 :
    # backward는 forward와 같은 구조를 자동으로 넣어준다.
    rnn = tf.keras.layers.Bidirectional(layer=forward_layer)
    init_state = [tf.zeros((batch_size, hidden_dim)) for i in range(4)]

inputs = tf.random.normal([batch_size, seq_length, input_dim])

outputs, f_h, f_c, b_h, b_c = rnn(inputs,init_state,mask=mask)
# SimpleRNN: output, f_h, b_h LSTM: output, f_h,f_c, b_h, b_c

print(outputs)
```

- 2가지 방식으로 구현이 가능하다.

  ① mode=1인 경우는 backward_layer에 RNN Layer를 구체적으로 넘기는 방식.

  ② mode=2는 backward_layer=None으로 처리하는 방식. 이렇게 하면 forward_layer와 같은 구조의 RNN Layer가 Backward Layer로 잡힌다.

Pytorch에서는 bidirectional=True로 설정해 주면 된다.

```
torch.nn.RNN(...,bidirectional=False,...)
torch.nn.LSTM(...,bidirectional=False,...)
torch.nn.GRU(...,bidirectional=False,...)
```

8.3.7 Tensorflow User Defined RNN Cell(RNN Wrapper)

Tensorflow에서 사용자 정의 RNN Cell을 만들어 보자. 그림 (8.19) 에서 보여주는 것과 같이 필요한 구조로 RNN Cell을 변경할 수 있다. 코드 8.21에서는 RNN Cell 입력 전에 FC Layer를 거치는 구조를 설계하고 있다[18].

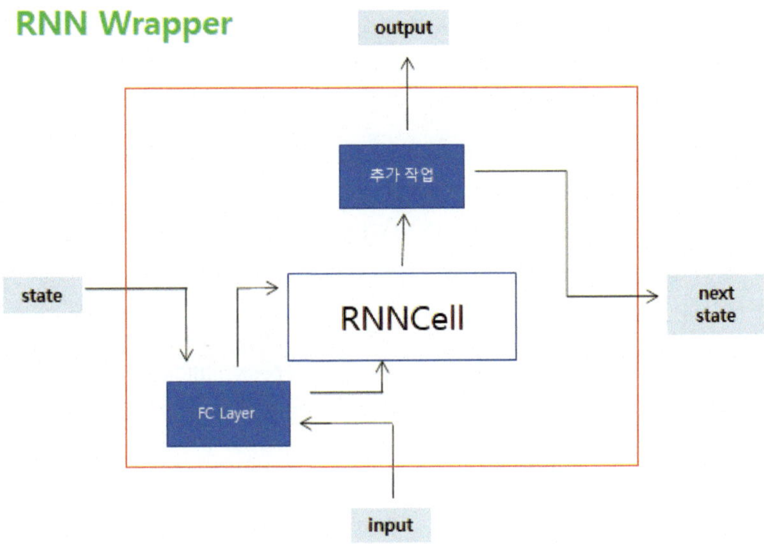

그림 8.19: RNN Wrapper

코드 8.21: [**Tensorflow**] InputProjection RNN Cell

```
class InputProjectionCell(tf.keras.layers.Layer):
    # Input Projection cell
    def __init__(self, projection_dim, rnn_cell):
        super(InputProjectionCell, self).__init__(name='')
        self.projection_dim = projection_dim
        self.rnn_cell = rnn_cell
        self.dense = tf.keras.layers.Dense(projection_dim, activation='relu')

        self.state_size = self.rnn_cell.state_size
        self.output_size = self.rnn_cell.output_size

    def call(self, inputs, states,training=None):
        x = self.dense(inputs)
        output, states = self.rnn_cell(x,states)
        return output,states

    def get_initial_state(self, inputs=None, batch_size=None, dtype=None):
```

18 코드 8.21에서는 그림 (8.19) 에 있는 추가 작업은 생략되어 있다.

```
        return self.rnn_cell.get_initial_state(inputs, batch_size, dtype)

projection_dim = 64
hidden_dim = 128
cell_ = tf.keras.layers.LSTMCell(hidden_dim)
cell = InputProjectionCell(projection_dim,cell_)
```

- `self.state_size`, `self.output_size`를 정의해 주어야 하고 `get_initial_state()` method를 반드시 구현해야 한다.

이런 RNN Wrapper는 왜 필요한 것일까? 8.5절에 나오는 Encoder-Decoder 구조의 Encoder에서는 RNN Cell에 입력값을 넣기 전에 FC Layer를 거쳐서 넣으면 굳이 RNN Wrapper를 만들 필요가 없을 수도 있다. 하지만 Decoder에서는 RNN Wrapper가 필요하다. 앞으로 나올 `BasicDecoder`, `Sampler` API를 사용하기 위해서는 FC Layer와 RNN Cell을 결합하여 RNN Wrapper를 만들어야 하는 경우가 생긴다[19].

Tensorflow에서는 `tf.nn.RNNCellResidualWrapper`, `tf.nn.RNNCellDropoutWrapper` 등을 API로 제공하고 있다.

19 페이지 454, `tfa.seq2seq.AttentionWrapper` 참고.

8.4 Sentiment Analysis

8.4.1 영화평 감성 분석 RNN 모델

NSMC[20] 데이터를 사용해서 감성 분석(sentiment analysis)을 해보자. NSCM 데이터는 우리말로 된 영화평이 긍정(1)인지 부정(0)인지 labeling 되어 있다.

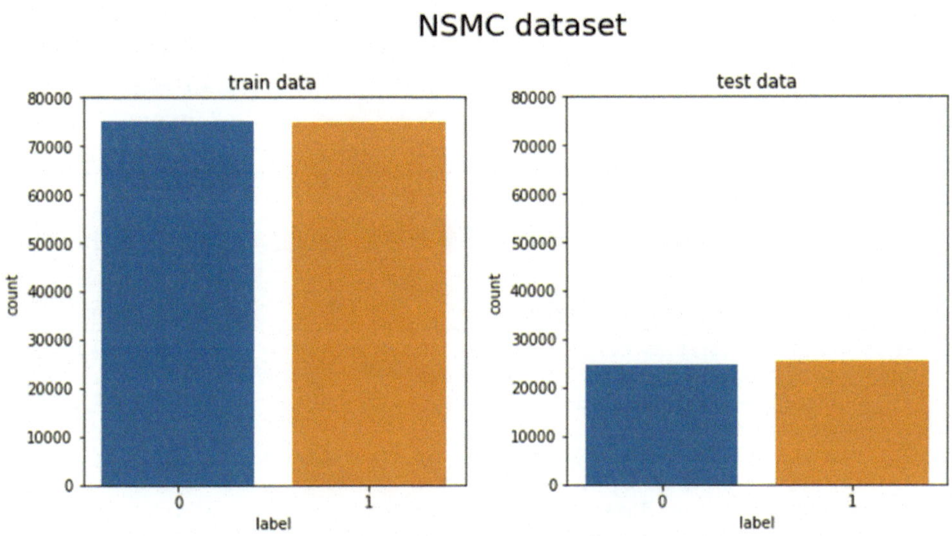

그림 8.20: NCMC 데이터셋 label별 분포
긍정(1)/부정(0) 비율은 거의 동일하다.

4.5절에서 만든 Pytorch Dataset class인 `NSMCDataset`[21]를 이용해서 이진 분류 모델을 RNN으로 구현해서 훈련해 보자.

코드 8.22: **[Pytorch]** NSMC 데이터셋 준비. MyTokenizer, NSMCDataset, MinPaddingSampler는 각각 코드 4.29, 4.31, 4.36에 구현되어 있다.

```
tokenizer = MyTokenizer(min_count=5)

if os.path.exists("vocab.pickle"):
   tokenizer.load_vocab("vocab.pickle")
else:
   tokenizer.make_vocab("ratings_train.txt")

train_dataset = NSMCDataset("ratings_train.txt",tokenizer)
test_dataset = NSMCDataset("ratings_test.txt",tokenizer)
```

20 Naver Sentiment Movie Corpus, `https://github.com/e9t/nsmc`

21 코드 4.31에 구현되어 있다.

```
train_data_length = [len(a[0]) for a in train_dataset]

def my_collate_fn(batch):
    # batch: 길이가 batch size인 list <--- [(x1,y1),(x2,y2),...]
    x, y = zip(*batch) # --> [x1,x2,...], [y1,y2,...]
    seq_length = [len(a) for a in x]
    return pad_sequence(x,batch_first=True,padding_value=0), torch.IntTensor(seq_length), torch.stack(y)

batch_sampler = MinPaddingSampler(train_data_length,batch_size=8,n_buffer=8)
train_dataloader = DataLoader(train_dataset,batch_sampler=batch_sampler,collate_fn = my_collate_fn )

test_dataloader = DataLoader(test_dataset,batch_size=8,shuffle=False,collate_fn=my_collate_fn)
```

다음 코드 8.23에서 Sentiment Analysis를 위한 이진 분류 모델을 LSTM으로 구현하고 있다.

코드 8.23: **[Pytorch]** Sentiment Analysis 모델 정의

```
class SentimentRNN(torch.nn.Module):
    def __init__(self,vocab_size, embeddiing_dim, hidden_dim,num_layers=1,drop_rate=0.5):
        super(SentimentRNN, self).__init__()
        self.embedding = torch.nn.Embedding(vocab_size, embeddiing_dim,padding_idx=0)
        self.lstm = torch.nn.LSTM(embeddiing_dim, hidden_dim,num_layers,batch_first=True)
        self.dropout = torch.nn.Dropout(p=drop_rate)
        self.fc = torch.nn.Linear(hidden_dim,1)

    def forward(self,x,seq_length=None):
        # 가정: x가 길이 순서로 정렬되어 있다.
        emb = self.embedding(x)
        if seq_length is not None:
            packed = torch.nn.utils.rnn.pack_padded_sequence(emb,seq_length, batch_first=True)
            outputs, (h, c) = self.lstm(packed)
        else:
            outputs, (h, c) = self.lstm(emb)
        outputs = self.dropout(h[-1]) # num_layers 중에서 마지막 hidden_state
        logits = self.fc(outputs)
        return logits.reshape(-1) # (N,1) --> (N,)
```

- h의 표 (8.3)에서 설명한 대로 shape이 (num_layers,N,hidden_dim)인 각 RNN layer의 마지막 hidden state들이다. 그림 (8.6)에서 설명한 many-to-one 방식으로 마지막 hidden state를 사용했다.

- LSTM에 입력하기 전에 `pack_padded_sequence()`로 입력 데이터를 변환했다.

훈련을 위한 코드를 함수로 만들어보자. 코드 4.20을 일부 수정해서 만들었다.

코드 8.24: **[Pytorch]** RNN 이진 분류 모델을 훈련하기 위한 함수

```
def train_pytorch_model(model,optimizer,loss_fn,train_dl, valid_dl,n_epochs,device):
    s_time = time.time()
    model.to(device)
      history = {'train_acc': [], 'val_acc': []}
    for epoch in range(n_epochs): # loop over the dataset multiple times
        running_loss = []
        acc = 0
        total = 0
        model.train()
        for i, data in enumerate(train_dl):
            # get the inputs
            inputs, input_lengths, labels = data

            input_lengths, sorted_idx = input_lengths.sort(0, descending=True)
            # ---> 정렬된 길이, 인덱스
            inputs = inputs[sorted_idx] # ---> 길이순으로 정렬
            labels = labels[sorted_idx]

            inputs = inputs.to(device)
            labels = labels.to(device)
            # zero the parameter gradients
            optimizer.zero_grad()

            # forward + backward + optimize
            logits = model(inputs,input_lengths)
            loss = loss_fn(logits, labels)
            loss.backward()
            optimizer.step()

            pred = torch.where(logits > 0,1,0) # sigmoid(0) = 0.5
            acc += (pred==labels).float().sum().item()
            total += len(labels)

            # print statistics
            running_loss.append(loss.item())
        print(f'[epoch: {epoch+1}] loss: {np.mean(running_loss):.4f}, train acc: {acc/total:.4f} elapsed: {time.time()-s_time:.2f}sec\t',end='')
        history['train_acc'].append(acc/total)

        acc = 0
        total=0
        model.eval()
        with torch.no_grad():
            for i, data in enumerate(valid_dl):
                inputs, input_lengths, labels = data

                input_lengths, sorted_idx = input_lengths.sort(0, descending=True)
                inputs = inputs[sorted_idx]
                labels = labels[sorted_idx]

```

```
                inputs = inputs.to(device)
                logits = model(inputs,input_lengths)

                pred = torch.where(logits > 0,1,0) # sigmoid(0) = 0.5
                acc += (pred.cpu()==labels).float().sum().item()
                total += len(labels)
            print(f'val acc: {acc/total:.4f}')
            history['val_acc'].append(acc/total)

    print('Finished Training')
    return history
```

- 데이터를 모델에 넣기 전에 길이 순서로 정렬했다.

코드 8.25: **[Pytorch]** 훈련 실행 코드

```
device = torch.device('cuda' if torch.cuda.is_available() else 'cpu')
print("deive: ", device)

embedding_dim = 256
hidden_dim = 256
num_layers = 1
drop_rate = 0.5

model =
    SentimentRNN(tokenizer.vocab_size,embedding_dim,hidden_dim,num_layers,drop_rate)
loss_fn = torch.nn.BCEWithLogitsLoss()
optimizer = torch.optim.Adam(model.parameters(), lr=0.001)

n_epochs = 5
train_pytorch_model(model,optimizer,loss_fn,train_dataloader,
    test_dataloader,n_epochs,device)
```

Output:

```
[epoch: 1] loss: 0.3692, train acc: 0.8340 elapsed: 82.74sec        val acc: 0.8587
[epoch: 2] loss: 0.2783, train acc: 0.8839 elapsed: 170.81sec        val acc: 0.8684
[epoch: 3] loss: 0.2357, train acc: 0.9042 elapsed: 259.38sec        val acc: 0.8713
[epoch: 4] loss: 0.2045, train acc: 0.9183 elapsed: 347.69sec        val acc: 0.8674
[epoch: 5] loss: 0.1819, train acc: 0.9287 elapsed: 435.68sec        val acc: 0.8675
Finished Training
```

테스트 데이터에 대한 정확도가 약 87% 정도까지 나왔다. 정확도를 더 올리는 방법으로 대형 corpus로 훈련된 Pre-trained Model을 이용해서 transfer learning을 해 볼 수 있다[22].

22 8.11절 참조.

8.4.2 감성 분석 모델 테스트

훈련된 모델에 영화평을 입력하여 테스트 해보자.

코드 8.26: **[Pytorch]** 영화평을 입력하여 모델 테스트

```
device = torch.device("cuda:0" if torch.cuda.is_available() else "cpu")
model.to(device)
def movie_comment(text):
    token = torch.tensor(tokenizer.encode(text),dtype=torch.int64)
               .reshape(1,-1).to(device)
    model.eval()
    pred = model(token).detach().cpu()
    prob = torch.sigmoid(pred).numpy()[0]
    print(f'부정 확률= {1-prob:.2%}, 긍정 확률 = {prob:.2%}')
    if pred > 0.5:
        print('긍정 평가')
    else:
        print('부정 평가')

comments = ['다시 보고 싶다', '혼신의 연기', '발연기', '돈이 아깝다']

for c in comments:
    print(c)
    movie_comment(c)
    print('='*10)
```

Output:

```
다시 보고 싶다
부정 확률 = 1.58%, 긍정 확률 = 98.42%
긍정 평가
==========
혼신의 연기
부정 확률 = 13.96%, 긍정 확률 = 86.04%
긍정 평가
==========
발연기
부정 확률 = 99.58%, 긍정 확률 = 0.42%
부정 평가
==========
돈이 아깝다
부정 확률 = 99.89%, 긍정 확률 = 0.11%
부정 평가
==========
```

코드 8.27: **[Pytorch]** 모델이 잘못 예측한 데이터 추출

```
device = torch.device("cuda:0" if torch.cuda.is_available() else "cpu")
def find_all_fallacy():
    model.to(device)
    s_time = time.time()
    model.eval()
    result_all = []
    for i, (x,input_lengths,y) in enumerate(test_dataloader):
        x = x.to(device)

        input_lengths, sorted_idx = input_lengths.sort(0, descending=True)
        # ---> 정렬된 길이, 인덱스

            x = x[sorted_idx] # ---> 길이순으로 정렬
        y = y[sorted_idx]

        logits = model(x,input_lengths).cpu()

        # torch.where이 tuple을 return하기 때문에 마지막에 [0]
            fallacy_index = torch.where((logits > 0).long() != y)[0]

        x = x.cpu().numpy()

        # (영화평, label, 긍정 확률)
        temp = [ (tokenizer.decode(x[j][x[j]!=0]), y[j].int().item(),
                  torch.sigmoid(logits[j]).cpu().item() ) for j in fallacy_index ]
        result_all.append(temp)

        if i%1000==0:
            print(f'{i}/{len(test_dataloader)} Done')
    return result_all

result = find_all_fallacy()
print(len(result))
```

- `fallacy_index`는 mini-batch에서 모델이 잘못 예측한 데이터의 인덱스를 구하고 있다.
- `x[j][x[j]!=0]`은 padding이 아닌 부분을 추출하고 있다. padding을 제거한 후 `tokenizer.decode()`에 넣어 문장으로 변환했다.
- `result_all`는 (영화평, label, 긍정 확률)이 tuple로 묶여서 모인 list이다.

Output:

```
(영화평, label, 모델 예측 긍정 확률)

[('[SOS] 아이 [UNK] 다 상관없 음 [EOS]', 1, 0.30783534049987793),
 ('[SOS] 100 점 만점 에 13 점 [EOS]', 0, 0.7809008359909058),
 ('[SOS] [UNK] 의 필요 성 [EOS]', 1, 0.2550695538520813),
 ('[SOS] 내생 의 최고 의 영화 ㅋㅋ 실력 이 02 정도 [UNK] 한 느낌 이 드 는 건 저 뿐 인가요 [EOS]', 0,
   0.8934262990951538),
 ('[SOS] 완 전 러 블 리 [EOS]', 1, 0.08216013014316559),
 ('[SOS] 진부 한 액션 이 라니 대체 어떤 액션 영화 를 보 고 봐야 이게 진부 하 냐 [EOS]', 1,
   0.02873644232749939),
 ('[SOS] 보 고 나 면 얻어맞 은 기분 [EOS]', 1, 0.3314621150493622),
 ('[SOS] ㅋ 스킨 [UNK] [UNK] [UNK] 나온다 신기 하 다 [EOS]', 1, 0.3196811079978943),
 ('[SOS] 제일 좋 아 하 는 영화 입니다 [EOS]', 0, 0.9954047203063965),
 ('[SOS] 5 5 점 부터 시작 [EOS]', 0, 0.7409434914588928)]
```

모델이 잘못 예측한 테스트 데이터를 보면, 긍정/부정이 모호한 것들도 있고 labeling이 잘못되어 있어 보이는 것도 있다.

8.5 Seq2Seq Model

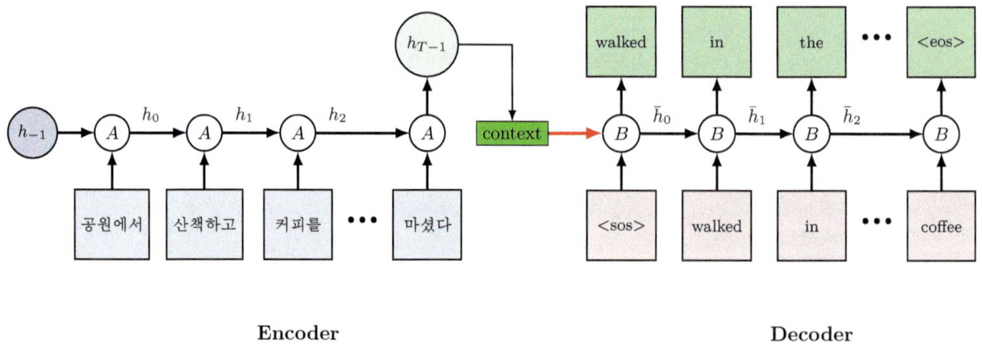

그림 8.21: Seq2Seq Model 구조
"공원에서 산책하고 커피를 마셨다" → "<sos> walked in the park and had coffee <eos>"와 같이, 한국어를 영어로 번역하는 Seq2Seq Model을 보여주고 있다. 왼쪽 RNN이 encoder이고 오른쪽 RNN이 decoder이다. Encoder-Decoder Model이라 부르기도 한다.

Seq2Seq(Sequence to Sequence) 모델은 입력 sequence로부터 target sequence를 생성하는 모델이다. 대표적으로 Seq2Seq가 적용될 수 있는 task로 기계번역(Machine Translation)과 챗봇(Chatbot)이 있다.

8.5.1 Attention Mechanism

그림(8.21)에서 볼 수 있듯이 encoder에서 입력 sequence의 모든 정보가 context vector로 압축되어 decoder의 initial hidden state(context)로 전달된다. 이런 구조에서는 context에 모든 정보를 압축해야 하기 때문에 정보의 손실이 발생한다. 이를 보완하기 위해 나온 방법으로 Attention Mechanism(기법)이 있다.

Attention Mechanism에서 Query, Key, Value의 일반적인 개념을 먼저 살펴보자. T개의 key, value 쌍으로 된 $\{(k_i, v_i)\}_{i=0}^{T-1}$ dict가 있다고 하자. 이때 query q_j 가 주어지면 key값 중에서 q_j 와 일치하는 key(k_i)에 해당하는 value v_i 를 구해주는 것이다[23]. encoder가 key, value를 만들어 내는 역할을 하고, decoder가 query를 만들어 낸다고 보면 된다.

Encoder-Decoder 모델에서는 이런 일반적인 Query, Key, Value 방식에서 조금 변형이 있다. 주어진 query가 모든 key $(k_0, k_1, \cdots, k_{T-1})$와 연산하여 가중치(weight)들을 만들어 내고, 그 가중치들로 value $(v_0, v_1, \cdots, v_{T-1})$들을 일차 결합(weighted sum)하여 context vector를 만들어 낸다.

그림(8.21)에서 decoder의 입력 단어 `'walked'`가 encoder hidden state $\{h_0, h_1, \cdots, h_{T-1}\}$ 중

23 $q_j = k_i$ 인 인덱스 i를 찾은 후, v_i 를 구했다.

에서 어떤 hidden state에 더 많은 가중치를 부여해야 할지 계산해보는 것이 필요하다. 모델이 잘 훈련되었다면, '산책하고'에 해당하는 hidden state의 가중치(weight, score)가 높게 나와야 할 것이다.

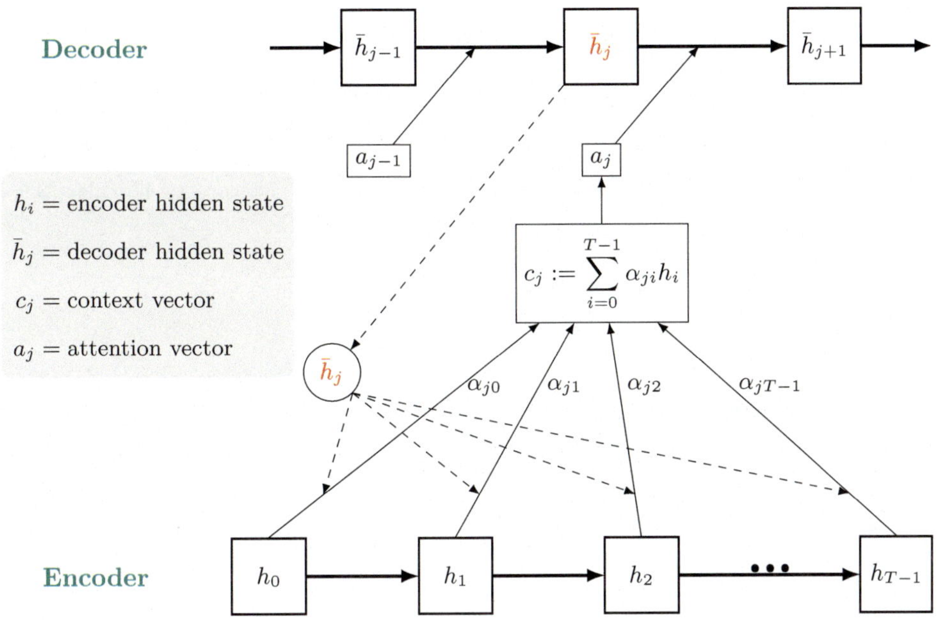

그림 8.22: Attention Mechanism

명확히 하기 위해 행렬과 벡터의 크기를 표(8.4)에서 정리했다.

T	encoder length	S	decoder length
D_e	encoder hidden dim	D_d	decoder hidden dim
h_i	encoder hidden state, $(D_e,)$	$\bar{h}_j$	decoder hidden state, $(D_d,)$
D_a	attention depth (Bahdanau Attention)	D_l	attention layer size
W_q	(D_d, D_a)	W_m	(D_e, D_a)
v_a	$(D_a,)$	W_a	$(D_d + D_e, D_l)$
Y_a	Luong attention kernel, (D_e, D_d)		

표 8.4: Attention Mechanism에 필요한 hyper-parameter와 trainable weights
$h_i, \bar{h}_j, v_a$는 행벡터이다. 행벡터를 행렬로 보기 위해서는 각각의 shape을 $(1, D_e), (1, D_d), (1, D_a)$로 보면 된다.

- Key(Memory), Value: encoder의 모든 hidden state가 Key이면서 동시에 Value가 된다. encoder는 모든 time step의 hidden state $h_0, h_1, \cdots, h_{T-1}$이 먼저 계산된다.

- Query: decoder의 time step은 순차적으로 계산이 이루어진다. decoder time step j의 hidden state $\bar{h}_j$(query)가 구해지고 이로부터 attention vector a_j를 계산한다.

$$\left.\begin{array}{ll}\text{Encoder:} & \{h_0, h_1, \cdots, h_{T-1}\} \\ \text{Decoder:} & \{\bar{h}_0, \bar{h}_1, \cdots, \bar{h}_j\}\end{array}\right\} \Longrightarrow \text{attention vector: } a_j$$

- a_j가 계산되는 구체적인 과정을 살펴보자. decoder hidden state $\bar{h}_j$(query)가 encoder hidden state(key) $\{h_0, h_1, \cdots, h_{T-1}\}$ 각각과 연산하여 score $\{e_{j1}, e_{j2}, \cdots, e_{jT-1}\}$를 계산한다. score를 계산하는 구체적인 방법은 아래에서 설명한다. 여기서 score e_{ji}는 scalar(실숫값)이다.

- score $e_j := \{e_{j1}, e_{j2}, \cdots, e_{jT-1}\}$를 softmax 취하면 alignment가 된다.

$$\begin{array}{ll} & \text{score: } \{e_{j1}, e_{j2}, \cdots, e_{jT-1}\} \\ \xrightarrow{\text{Softmax}} & \text{alignment: } \alpha_j := \{\alpha_{j1}, \alpha_{j2}, \cdots, \alpha_{jT-1}\}, \quad \sum_{i=0}^{T-1} \alpha_{ji} = 1\end{array}$$

- context vector: alignment를 weight로하여 encoder hidden state(value)들을 일차 결합해서 구한다.

$$c_j := \sum_{i=0}^{T-1} \alpha_{ji} h_i \tag{8.3}$$

- attention vector: 다음과 같이 2가지 방식이 가능하다.

  ① context vector를 attention vector로 본다.

  ② context vector와 decoder hidden state를 concat한 후, FC Layer를 통과시켜 필요한 크기로 변환한다.

$$a_j := \begin{cases} c_j & \text{또는} \\ [\bar{h}_j | c_j] W_a, & \text{여기서 } W_a \text{의 shape은 } (D_d + D_e, D_l)\end{cases} \tag{8.4}$$

이제 score를 계산하는 방식에 대해서 알아보자. score를 계산하는 방법으로 dot product attention, general dot product attention, additive attention 3가지 방식이 있다.

① **dot product attention:** dot product는 내적을 의미한다. score e_{ji}를 다음과 같이 벡터의 내적으로 정의할 수 있다.

$$e_{ji} := h_i \cdot \bar{h}_j = h_i \bar{h}_j^T, \quad i = 0, 1, \cdots, T-1$$

여기서 내적이 정의되기 위해서는 h_i와 $\bar{h}_j$의 차원이 같아야 한다. 내적으로 score를 계산하는 것은 (벡터의 크기를 무시하면) 코사인 유사도 (cosine similarity) 를 계산하는 방식과 동일하다. dot product attention 이 사용되는 대표적인 모델이 Transformer[24] 이다.

② **general dot product attention**(Luong[25]): h_i 와 $\bar{h}_j$ 의 차원이 같지 않은 경우에도 연산이 가능하게 만들기 위해 중간에 행렬을 하나 끼워서 차원을 같게 만든 후, score를 정의한다.

$$e_{ji} := \left(h_i Y_a\right) \cdot \bar{h}_j = h_i Y_a \bar{h}_j^T$$

이때 Y_a 는 shape 이 (D_e, D_d) 인 trainable weight 이다.

③ **additive attention**(Bahdanau[26]): hidden state의 크기에 상관없이 사용할 수 있는 가장 일반적인 방법이다.

$$e_{ji} = \begin{cases} \tanh\left(\underbrace{\bar{h}_j W_q}_{\text{processed query}} + \underbrace{h_i W_m}_{\text{processed key(memory)}}\right) v_a^T, & \text{if normalize=False(default)} \\ \frac{g}{\|v_a\|} \tanh\left(\bar{h}_j W_q + h_i W_m + b_a\right) v_a^T, \quad b_a, g \in \mathbb{R} & \text{if normalize=True, } L_2\text{-norm} \end{cases} \tag{8.5}$$

여기서 b_a, g 는 trainable variable 이다.

Key(Memory)	$h_0, h_1, \cdots, h_{T-1}$
Value	$h_0, h_1, \cdots, h_{T-1}$
Query	decoder time step j 인 경우에 $\bar{h}_j$ 가 query가 된다.
Score	dot product, Luong, Bahdanau attention
Alignment	Score를 Softmax 취해서 구한다.
Context Vector	encoder hidden vector들의 weighted sum
Attention Vector	c_j 또는 $[\bar{h}_j \vert c_j]W_a$

표 8.5: Attention Mechanism의 주요 개념

최종적으로 구해진 time step j 에서의 attention vector a_j 는 다음과 같이 활용될 수 있다.

- decoder hidden state $\bar{h}_j$ 를 대신하여 time step j 의 output 이 될 수도 있다.

24 https://arxiv.org/abs/1706.03762

25 https://arxiv.org/abs/1508.04025

26 https://arxiv.org/abs/1409.0473

- a_j 는 time step $j+1$ 의 입력 데이터와 결합(concat) 해서 time step $j+1$ 에서 RNN의 입력이 된다.

dot product attention은 훈련 모드에서 모든 decoder hidden state $[\bar{h}_0, \bar{h}_1, \cdots, \bar{h}_{S-1}]$ 의 context vector를 배치로 처리할 수 있다. 구체적인 방법은 페이지 457에서 다룬다.

8.5.2 Tensorflow Attention API

Tensorflow Attention API는 Addons[27] 에서 제공된다.

```
tfa.seq2seq.BahdanauAttention(units, normalize: bool = False, ...)
tfa.seq2seq.LuongAttention(units, ...)

tfa.seq2seq.AttentionWrapper(
    cell,
    attention_mechanism,
    attention_layer_size:,
    alignment_history: bool = False,
    ...
)
```

- `tfa.seq2seq.BahdanauAttention`의 `units`는 표(8.4)와 식(8.5)에서 v_a 의 차원인 D_a 이다.
- `tfa.seq2seq.LuongAttention`의 `units`는 decoder hidden dim D_d 를 지정해 주어야 한다. 내부에서 Y_a 가 만들어진다.
- `tfa.seq2seq.AttentionWrapper`의 `attention_layer_size`는 표(8.4)와 식(8.4)의 D_l 을 의미한다.

27 https://www.tensorflow.org/addons/api_docs/python/tfa/seq2seq

다음 조각 코드는 attention mechanism class 객체와 AttentionWrapper 객체를 사용하는 방법을 보여주고 있다.

```
if attention_type=='bahdanau':
    attention_mechanism = tfa.seq2seq.BahdanauAttention(units=11,
                                    memory=None, memory_sequence_length=None)
elif attention_type=='luong'
    attention_mechanism = tfa.seq2seq.LuongAttention(units=hidden_dim,
                                    memory=None, memory_sequence_length=None)

decoder_cell = tf.keras.layers.LSTMCell(hidden_dim)
decoder_attention_cell = tfa.seq2seq.AttentionWrapper(decoder_cell,
                                attention_mechanism, attention_layer_size=13,
                                output_attention=True,alignment_history=True)

encoder_outputs = ...
encoder_sequence_length = ...

attention_mechanism.setup_memory(memory=encoder_outputs,
                              memory_sequence_length=encoder_sequence_length)
```

- `setup_memory`에서 `memory_sequence_length`를 지정하면, padding 영역의 attention weight(alignment)가 0이 되도록 한다.

8.5.3 Tensorflow Decoder & Sampler

페이지 408에서 설명한 teacher forcing이나 greedy sampling을 구현한 API가 Tensorflow Addons에 있다.

```
tfa.seq2seq.TrainingSampler(time_major: bool = False)


tfa.seq2seq.GreedyEmbeddingSampler(
                    embedding_fn: Optional[Callable] = None)
```

`tfa.seq2seq.TrainingSampler`는 teacher forcing을 위한 API이고 `tfa.seq2seq.GreedyEmbeddingSampler`는 inference(추론)에서 사용할 수 있는 greedy sampling을 위한 API이다.

Tensorflow에서 RNN cell과 Sampler를 묶는 역할을 하는 API가 `tfa.seq2seq.BasicDecoder` API이다.

```
tfa.seq2seq.BasicDecoder(
    cell: tf.keras.layers.Layer,
    sampler: tfa.seq2seq.Sampler,
    output_layer: Optional[tf.keras.layers.Layer] = None,
    **kwargs
)
```

- output_layer에는 RNN의 결과를 변형하는 FC Layer를 넣어주면 된다.

지금까지 나온 API를 결합해서 코드로 구현해 보자.

코드 8.28: **[Tensorflow]** Attention Mechanism, Sampler, Decoder

```
import tensorflow_addons as tfa

vocab_size = 6; SOS_token = 0; EOS_token = 5

x_data = np.array([[SOS_token,3,1,4,3,2],[SOS_token,3,4,2,3,1],
                   [SOS_token,1,3,2,2,1]], dtype=np.int32)
y_data = np.array([[3,1,4,3,2,EOS_token],[3,4,2,3,1,EOS_token],
                   [1,3,2,2,1,EOS_token]],dtype=np.int32)
print("data shape(batch_size, decoder_length): ", x_data.shape)
# ---> (batch_size, decoder_length) = (3,6)

batch_size = len(x_data)
hidden_dim =7

decoder_length = x_data.shape[1]
embedding_dim = 8

embedding = tf.keras.layers.Embedding(vocab_size, embedding_dim,trainable=True)

# units = D_a
monotonic_attention_flag = True
if monotonic_attention_flag:
   attention_mechanism = tfa.seq2seq.BahdanauMonotonicAttention(units=11)
else:
   attention_mechanism = tfa.seq2seq.BahdanauAttention(units=11)

decoder_cell = tf.keras.layers.LSTMCell(hidden_dim,dropout=0.2)
decoder_cell = tfa.seq2seq.AttentionWrapper(decoder_cell, attention_mechanism,
               attention_layer_size=13,output_attention=True,alignment_history=True)
projection_layer = tf.keras.layers.Dense(vocab_size)

# decoder init state:
init_state = [tf.zeros((batch_size,hidden_dim)), tf.zeros((batch_size,hidden_dim))]

# Sampler
```

```
train_sampler = tfa.seq2seq.sampler.TrainingSampler()
test_sampler = tfa.seq2seq.GreedyEmbeddingSampler()

# Decoder
train_decoder = tfa.seq2seq.BasicDecoder(decoder_cell, train_sampler,
                                            output_layer=projection_layer)
test_decoder = tfa.seq2seq.BasicDecoder(decoder_cell, test_sampler,
                          output_layer=projection_layer, maximum_iterations=40)

training = True

n_iterations = 10
for i in range(n_iterations):
    # train step iteration
    # encoder length=20, encoder_dim= 30
    encoder_outputs = tf.random.normal(shape=(batch_size, 20, 30))
    encoder_sequence_length = [10,20,15] # mini batch에서 padding을 제외한 encoder의 길이

    attention_mechanism.setup_memory(memory=encoder_outputs,
                     memory_sequence_length=encoder_sequence_length, memory_mask=None)
    attention_init_state = decoder_cell.get_initial_state(inputs=None,
                     batch_size=batch_size, dtype=tf.float32)
    attention_init_state = attention_init_state.clone(cell_state=init_state )

    if training:
        decoder_input = embedding(x_data)
        # cell에 dropout이 있을 수도 있기 때문에, training=True로 지정
        outputs, last_state, last_sequence_lengths = train_decoder(decoder_input,
                      initial_state=attention_init_state,
                      sequence_length=[decoder_length]*batch_size,training=True)

        logits = outputs.rnn_output
        loss = tfa.seq2seq.sequence_loss(logits,y_data,tf.ones_like(y_data,tf.float32))
        # ---> (logits,targets,weights)

        # logits(batch_size, decoder_length, vocab_size)
            print(i, logits.shape, loss.numpy())


    else:
        if not embedding.built: # 꼭 필요한 부분
            embedding.build((vocab_size, embedding_dim))

        outputs, last_state, last_sequence_lengths = test_decoder(embedding.weights,
                                     initial_state=attention_init_state,
                                     start_tokens=tf.fill([batch_size], SOS_token),
                                     end_token=EOS_token,training=False)

alignment_stack = last_state.alignment_history.stack().numpy()
# ---> (decoder_length, batch_size, encoder_length)
print("alignment_history(decoder_length, batch_size, encoder_length): ",
          alignment_stack.shape)

plt.figure(figsize=(15,5))
```

```
for i in range(batch_size):
    plt.subplot(1,3,i+1)
    # 세로축(decoder step), 가로축(encoder step)
    plt.imshow(alignment_stack[:,i,:],interpolation='none',origin='lower')
    plt.xlabel('encoder')
    plt.ylabel('decoder')
plt.show()
```

- 훈련과 추론을 모두 처리하기 위해서 `Sampler`와 `BasicDecoder`를 각각 2개씩 생성했다.
- `test_decoder`에는 `SOS_token`을 batch 크기만큼 생성해서 넣어 주고, `end_token=EOS_token`을 지정했다. `end_token`이 생성될 때까지 decoder time step이 loop로 돌아간다. 모델이 `end_token`을 생성하지 못하면 무한 루프에 빠질 수 있다. 이런 상황을 방지하지 위해 `BasicDecoder`에 `maximum_iterations`을 지정하면 된다.
- `end_token`은 mini batch의 각 데이터마다 생성되는 time step이 다를 수 있기 때문에, mini batch의 모든 데이터에서 한 번씩 생성될 때까지 loop가 돌아간다.
- Deferred restorations[28]: Tensorflow에서 weight를 지연 방식으로 복구(restoration)하기 때문에, `embedding.built`로 checkpoint로부터 weight를 읽어왔는지 확인할 수 있다.
- `last_state.alignment_history.stack()`으로 alignment를 가져올 수 있다.
- 추론에서 `end_token`이 생성된 위치는 mini batch 내에서 서로 다르기 때문에, 생성된 길이 정보를 `last_sequence_lengths`로 알 수 있다.
- RNN Cell A가 `tfa.seq2seq.AttentionWrapper`로 넘어가서 새로운 RNN Cell B가 만들어진다. 만들어진 RNN Cell B는 `tfa.seq2seq.BasicDecoder`로 넘어간다. 기본적으로 Embedding을 거친 후 RNN Cell A로 넘어간다. 만약 Embedding과 RNN Cell A사이에 FC Layer를 추가하려고 한다면 FC Layer와 A를 결합해서 RNN Wrapper(A')를 만들어서 `tfa.seq2seq.AttentionWrapper`로 넘기면 된다.

그림 (8.23)은 코드 8.28의 결과로 나온 훈련되지 않은 alignment이다. 그림 (8.24)는 TTS(Text To Speech) 모델인 Tacotron[29]에서 훈련된 alignment 결과이다. TTS는 입력된 문장을 음성으로 변환하는 것이기 때문에 훈련이 잘 된 경우에 우상향[30]하는 alignment가 만들어진다. 번역 모델같은 경우는 어순이 다르기 때문에 우상향(좌하향)하는 alignment가 나오지 않는다.

28 https://www.tensorflow.org/guide/checkpoint#deferred_restorations

29 https://arxiv.org/abs/1703.10135

30 기준점의 위치에 따라 좌하향하는 그림이 그려질 수도 있다.

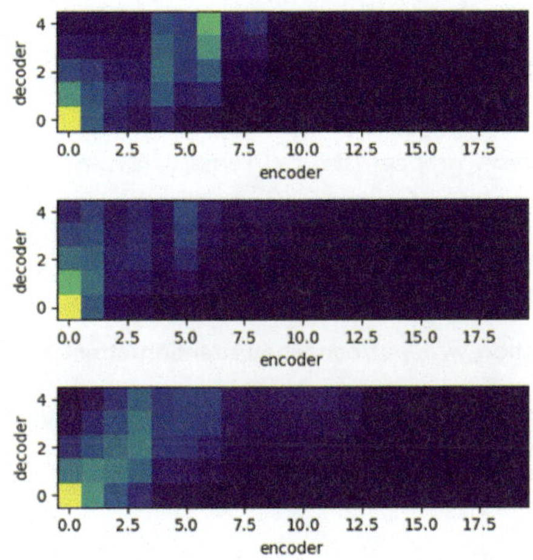

그림 8.23: BahdanauMonotonicAttention
훈련되지 않은 alignment 예시를 보여주고 있다(maximum_iterations=5).

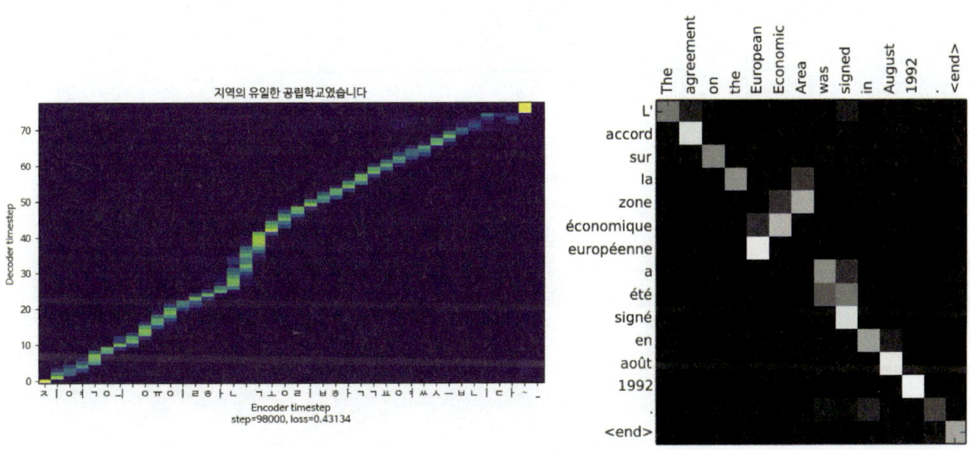

그림 8.24: TTS(Text To Speech) 모델인 Tacotron(좌)과 영어를 불어로 번역하는 모델(우)에서 훈련된 alignment 예시

다음의 조각 코드는 코드 8.28에서 AttentionWrapper `decoder_cell`의 trainable weight들을 출력해 보는 코드이다. 출력의 결과는 그림(8.25)에서 확인할 수 있다.

```
for w in decoder_cell.trainable_weights:
    print(w.name, w.shape)
```

그림(8.26)에서 AttentionWrapper의 구조를 보여주고 있다. 각 time step에서 계산된 attention 은 다음 time step의 입력과 concat되어 RNN Cell의 입력으로 들어간다. 그래서 그림(8.26)에서 W_{xh}의 shape이 $(D_l + D_k, 4D_d)$가 된다.

$D_e = 30, D_d = 7, D_l = 13,$
$D_k = 8; D_a = 11$

basic_decoder/decoder/attention_wrapper/attention_layer/kernel:0 (37, 13) $W_a : (D_e + D_d, D_l)$

basic_decoder/decoder/attention_wrapper/lstm_cell/kernel:0 (21, 28) $W_{xh} : (D_l + D_k, 4D_d)$

basic_decoder/decoder/attention_wrapper/lstm_cell/recurrent_kernel:0 (7, 28) $W_{hh} : (D_d, 4D_d)$

basic_decoder/decoder/attention_wrapper/lstm_cell/bias:0 (28,) $b : (4D_d,)$

basic_decoder/decoder/attention_wrapper/BahdanauAttention/attention_v:0 (11,) $v_a : (D_a,)$

basic_decoder/decoder/attention_wrapper/BahdanauAttention/kernel:0 (7, 11) $W_q : (D_d, D_a)$

BahdanauAttention/memory_layer/kernel:0 (30, 11) $W_m : (D_e, D_a)$

그림 8.25: Tensorflow AttentionWrapper의 trainable weights
W_{xh}, W_{hh} 에서 4가 곱해져 있는 것은 LSTM이기 때문이다.

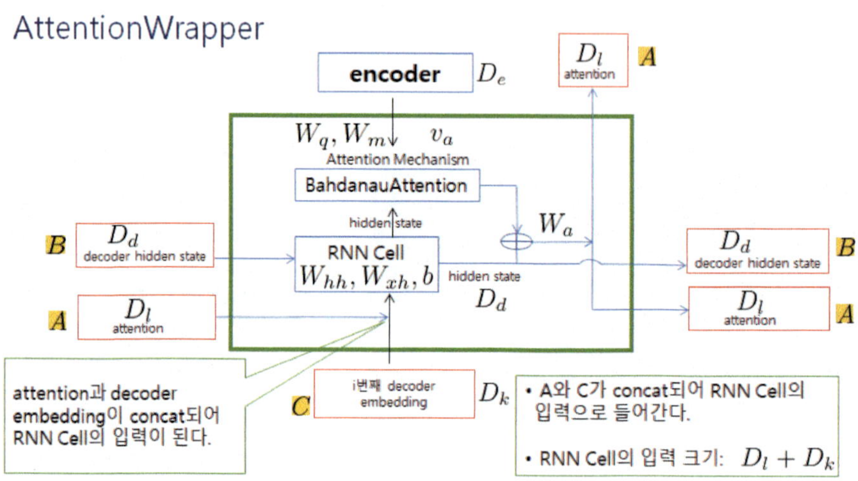

그림 8.26: Tensorflow AttentionWrapper 구조

8.5.4 Attention Batch 처리

식 (8.5)를 Tensorflow API에서는 batch 형태로 처리하고 있다. batch 처리를 직접하는 방법을 살펴보자. tensor들의 shape에 주목하여 살펴보아야 한다.

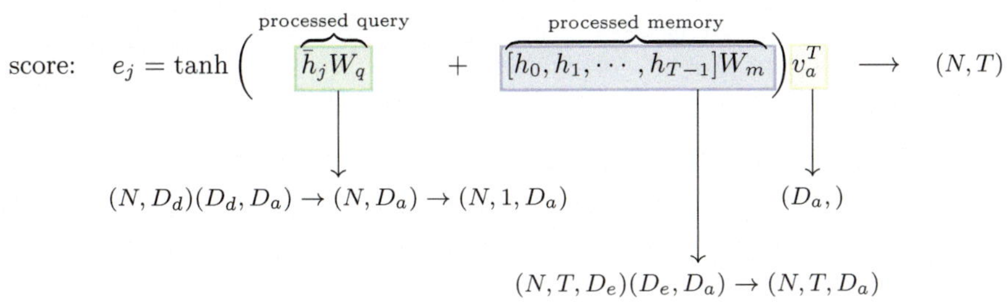

$\bar{h}_j W_q$(processed query)가 broadcasting 되어 $[h_0, h_1, \cdots, h_{T-1}]W_m$(processed memory)과 더해진다. 그리고 v_a^T와 내적이 되면, e_j의 shape은 (N, T)가 된다.

```
N=2; T=5; Da = 5
processed_query = np.random.randn(N,Da) # h̄_j W_q
processed_memory = np.random.randn(N,T,Da) # [h_0, h_1, ..., h_{T-1}]W_m
va = np.random.randn(Da) # v_a

#(N,1,Da) ---> (N,T,Da)로 broadcasting
processed_query = np.expand_dims(processed_query,1)

score = np.tanh(processed_query + processed_memory).dot(va) # (N,T)
```

이제 context vector를 계산하는 식 (8.3)을 batch로 처리하는 방법을 살펴보자. 배치화되면, alignment $\alpha_j = \{\alpha_{j1}, \alpha_{j2}, \cdots, \alpha_{jT-1}\}$의 shape이 (N, T), encoder hidden state $[h_0, h_1, \cdots, h_{T-1}]$의 shape이 (N, T, D_e)인 상태가 된다. alignment의 차원을 하나 늘려 shape이 $(N, 1, T)$로 변경 후, encoder hidden state와 곱하면 shape이 $(N, 1, D_e)$가 된다. squeeze하여 차원을 하나 줄여 shape (N, D_e)인 context c_j를 구할 수 있다.

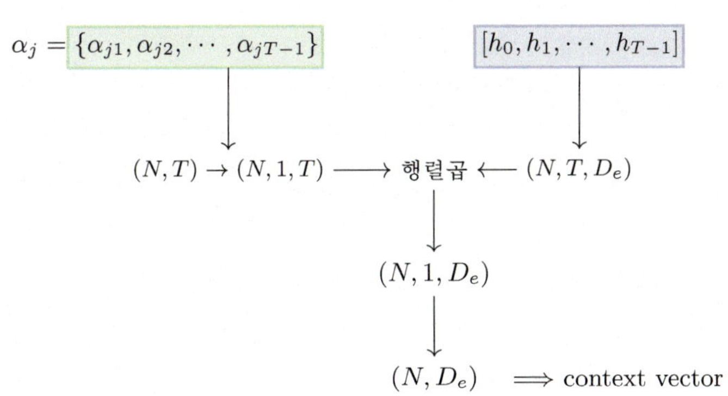

```
N=2; T=5; De=20
alignment = np.random.randn(N,T)
encoder_hidden = np.random.randn(N,T,De)

alignment = np.expand_dims(alignment,1) # (N,1,T)

context = np.matmul(alignment,encoder_hidden) # (N,1,T)(N,T,De) --> (N,1,De)
context = context.squeeze(1) # (N,1,De) --> (N,De)
```

8.6 날짜 형식 변환 모델 - Tensorflow

날짜를 나타내는 형식 (format) 은 여러 가지가 있다. 표 (8.6) 에서 '2022년 8월 3일'을 여러 가지 형식으로 보여주고 있다.

Format	날짜
full	Wednesday, August 3, 2022
long	August 3, 2022
medium	Aug 3, 2022
short	8/3/22
MMMM d YYYY	August 3 2022
MMMM d, YYYY	August 3, 2022
d MM YY	3 08 22
d MMM YYYY	3 Aug 2022
d MMM, YYYY	3 Aug, 2022
d MMMM YYYY	3 August 2022
d MMMM, YYYY	3 August, 2022
dd MMM YYYY	03 Aug 2022
dd, MMM YYYY	03, Aug 2022
dd.MM.YY	03.08.22
dd.MM.YYYY	03.08.2022
YYYY.MM.dd	2022.08.03
YYYY.M.d	2022.8.3
YY.M.d	22.8.3
YY-M-d	22-8-3
YYYY-M-d	2022-8-3
YYYY-MM-d	2022-08-3
YYYY-M-dd	2022-8-03
YYYY-MM-dd	2022-08-03

표 8.6: 여러 가지 날짜 형식

full, long, medium, short이 기본 형식이고 나머지는 d, dd, MM, MMM, YY, YYYY과 콤마, 마침표, 공백으로 조합하면 된다. 예시로 보여준 것 외에도 더 다양한 조합이 있을 수 있다.

31 pip install faker

여기서는 여러 가지 포맷으로 된 날짜 형식을 'YYYY-MM-DD' 형태로 변환하는 neural network를 Seq2Seq 모델로 만들어 보자. 모델을 훈련하기 위해서는 여러 가지 형태의 날짜 데이터가 필요한데, Python 라이브러리 faker와 babel을 이용해서 생성할 수 있다. faker[31]를 이용해서 1970-01-01부터 현재까지의 날짜를 random하게 생성할 수 있다. babel은 날짜를 여러 가지 포맷으로 변형해 주는 함수(format_date())를 가지고 있다.

코드 8.29: 여러 가지 형태의 날짜

```
from faker import Faker
from babel.dates import format_date
import datetime

formats = [ 'full','long','medium','short','MMMM d YYYY','MMMM d, YYYY','d MM YY',
            'd MMM YYYY','d MMM, YYYY','d MMMM YYYY','d MMMM, YYYY','dd MMM YYYY',
            'dd, MMM YYYY','dd.MM.YY','dd.MM.YYYY','YYYY.MM.dd','YYYY.M.d','YY.M.d',
            'YY-M-d','YYYY-M-d', 'YYYY-MM-d', 'YYYY-M-dd', 'YYYY-MM-dd']
dt = datetime.date(2022,8,3)

for ff in formats:
    print(f"{ff:<15} \t-->\t {format_date(dt, format=ff,locale='en_US')}")
```

다음의 코드 8.30은 훈련용 데이터를 생성하여 date.txt 파일에 저장하는 코드이다.

코드 8.30: 훈련용 데이터 생성 → date.txt

```
def generate(filename='date.txt',num_data=50000):
    formats = [ 'full','long','medium','short','MMMM d YYYY','MMMM d, YYYY','d MM YY',
                'd MMM YYYY','d MMM, YYYY','d MMMM YYYY','d MMMM, YYYY','dd MMM YYYY',
                'dd, MMM YYYY','dd.MM.YY','dd.MM.YYYY','YYYY.MM.dd','YYYY.M.d','YY.M.d',
                'YY-M-d','YYYY-M-d', 'YYYY-MM-d', 'YYYY-M-dd', 'YYYY-MM-dd']
    fake = Faker()
    text_width = 29
    with open(filename, "w") as output:
        for i in range(num_data):
            dt = fake.date_object()
            ff = np.random.choice(formats)
            formatted = format_date(dt, format=ff,locale='en_US')
            if len(formatted) <= text_width:
                data = f"{formatted:<{text_width}}_{dt}"
                output.write(data+'\n')

generate('date.txt')
```

- 날짜 형식은 random하게 선택되고 있다.
- 여러 가지 형태의 날짜(입력 데이터)와 'YYYY-MM-DD' 형식(target 데이터) 사이의 구분자로 '_'가 사용되었다.

- 입력 데이터의 길이로 29가 될 수 있도록 공백을 더해서 만들었다.

date.txt

```
1978.11.17              _1978-11-17
21 January, 2020        _2020-01-21
3 May 1973              _1973-05-03
3 02 96                 _1996-02-03
15.06.06                _2006-06-15
December 13, 1979       _1979-12-13
1981.12.01              _1981-12-01
16 August 2022          _2022-08-16
June 1 1971             _1971-06-01
75.12.6                 _1975-12-06
...
```

8.6.1 Hyper Parameter 정의

데이터 로딩과 모델 구현에 앞서 먼저 hyper parameter를 정의하자. hyper parameter 관리를 위해, **hparams** package[32]를 이용해 보자.

코드 8.31: hyper parameter 정의

```
from hparams import HParams # pip install hparams
hp = HParams(
    data_filename='date.txt',
    vocab_filename = 'vocab.pickle',
    model_save_dir = './saved_model_tf',
    checkpoint_name = 'model_ckpt',
    MAX_LEN = 29,

    # train parameters
    batch_size = 32,
    num_epochs = 10, # 누적epochs
    learning_rate = 0.001,

    # model parameters
    embedding_dim=64,
    encoder_hidden_dim=64,
    decoder_hidden_dim=128,

    attention_dim = 64,
    attention_layer_size=64,
    drop_rate = 0.5,
    mask_rate = 0.2
)
assert hp['decoder_hidden_dim'] == 2*hp['encoder_hidden_dim']
```

32 pip install hparams

8.6.2 날짜 데이터 로딩 & Dataset 생성

코드 8.32: [**Tensorflow**] 날짜 데이터 파일로부터 loading

```
from tensorflow.keras.preprocessing.text import Tokenizer
from tensorflow.keras import preprocessing
import pandas as pd
import pickle
import numpy as np

GO_TOKEN = '<sos>'; END_TOKEN = '<eos>'; PAD = '<pad>'; UNK = '<unk>'

def load_data(hp,filename=None,train_flag=True):
    if filename is None:
        filename = hp['data_filename']

    train_data = pd.read_csv(filename, header=None, delimiter='_' )
    if train_data.shape[1] == 1:
        inputs = train_data[0].tolist()
        inputs = [[c for c in ' '.join(x.lower().split())] for x in inputs]
        inputs_length = [len(x) for x in inputs]
    else:
        inputs, targets = train_data[0].tolist(), train_data[1].tolist()
        inputs = [[c for c in ' '.join(x.lower().split())] for x in inputs]
        inputs_length = [len(x) for x in inputs]
        targets = [[GO_TOKEN] + [c for c in x.lower().strip()] + [END_TOKEN] for x in
            targets]

    if train_flag:
        tokenizer = Tokenizer(lower=True, oov_token=UNK)
        tokenizer.fit_on_texts(inputs+targets) # 전체 character 분석

        # character를 숫자로 변환
        # ----> [[25, 13, 31, 26, 13, 24, ...],[1, 2, 19, 14, 1, 19, 4, ...], ... ]
        inputs = tokenizer.texts_to_sequences(inputs)
        targets = tokenizer.texts_to_sequences(targets)

        inputs = preprocessing.sequence.pad_sequences(inputs, maxlen=hp['MAX_LEN'],
                                padding='post',truncating='post')

        word_to_index = tokenizer.word_index # 0에는 아무것도 할당하지 않는다.
        word_to_index[PAD] = 0 # PAD를 0에 할당
        index_to_word = dict(map(reversed, word_to_index.items()))
        VOCAB_SIZE = len(word_to_index)
        INPUT_LENGTH = len(inputs[0])
        OUTPUT_LENGTH = len(targets[0])-1 # END_TOKEN 제외

        with open(hp['vocab_filename'], 'wb') as f:
            pickle.dump({'word_to_index': word_to_index,
                         'index_to_word': index_to_word,
                         'tokenizer': tokenizer}, f)

        return np.array(inputs,dtype=np.int32), np.array(inputs_length,dtype=np.int32),
            np.array(targets,dtype=np.int32), word_to_index, index_to_word,
```

```
            VOCAB_SIZE,INPUT_LENGTH,OUTPUT_LENGTH

    else:
        with open(hp['vocab_filename'],'rb') as f:
            data_loaded = pickle.load(f)
            word_to_index = data_loaded['word_to_index']
            index_to_word = data_loaded['index_to_word']
            tokenizer = data_loaded['tokenizer']

        inputs = tokenizer.texts_to_sequences(inputs)
        inputs = preprocessing.sequence.pad_sequences(inputs, maxlen=hp['MAX_LEN'],
                                            padding='post',truncating='post')
        VOCAB_SIZE = len(word_to_index)
        INPUT_LENGTH = len(inputs[0])
        return np.array(inputs,dtype=np.int32), np.array(inputs_length,dtype=np.int32),
            word_to_index, index_to_word, VOCAB_SIZE, INPUT_LENGTH
```

- 4.4절에서 구현한 코드 4.22를 참고하면 된다.
- 텍스트로 된 데이터 파일(date.txt)를 읽어오기 위해 pandas의 read_csv API를 이용했다. date.txt에는 입력/출력 데이터가 '_'로 구분되어 있기 때문에 delimiter='_'로 지정했다.
- 훈련 데이터는 입력/출력으로 구성되어 있지만, 추론에는 입력 데이터만 있다. 구분을 위해 load_data에서 train_flag 파라메터를 받아들인다.
  - train_flag==True인 경우, hp['vocab_filename']을 생성한다.
  - train_flag==False인 경우, hp['vocab_filename']을 로드하여 tokenizer, word_to_index, index_to_word를 가져온다.
- 중복된 공백을 제거하기 위해 입력 데이터를 공백으로 분리했다가 다시 결합했다.

```
' '.join(x.lower().split())
```

- dict인 word_to_index의 key, value를 반대로 하기 위해 다음과 같이 처리했다.

```
dict(map(reversed, word_to_index.items()))
```

이제 데이터를 로드한 후, Dataset을 생성해 보자.

코드 8.33: [**Tensorflow**] Dataset 생성

```
inputs,seq_lengths, targets, word_to_index, index_to_word, VOCAB_SIZE, INPUT_LENGTH,
    OUTPUT_LENGTH = load_data(hp)

train_input, test_input,train_seq_length, test_seq_length, train_target, test_target
    = train_test_split(inputs,seq_lengths, targets, test_size=0.1, random_state=1234)

print(f'train_input: {train_input.shape},test_input: {test_input.shape},\
train_seq_length: {train_seq_length.shape},test_seq_length {test_seq_length.shape},\
train_target: {train_target.shape},test_target: {test_target.shape}')

# hp['MAX_LEN'] == INPUT_LENGTH
print(f'INPUT_LENGTH: {INPUT_LENGTH}, OUTPUT_LENGTH: {OUTPUT_LENGTH}')
print(f'VOCAB_SIZE: {VOCAB_SIZE}')

batch_size = hp['batch_size']
train_dataset = tf.data.Dataset.from_tensor_slices(((train_input,train_seq_length),
                                                    train_target))
train_dataset = train_dataset.shuffle(buffer_size=5000)
train_dataset = train_dataset.batch(batch_size,drop_remainder=True)

batch_size_val = len(test_input)
valid_dataset = tf.data.Dataset.from_tensor_slices(((test_input,test_seq_length),
                                                    test_target))
valid_dataset = valid_dataset.batch(batch_size_val) # 전체 데이터를 batch 하나로
```

8.6.3 Encoder-Decoder Model & Attention

그림 (8.27) 에서 구현할 Encoder-Decoder 모델 구조를 보여주고 있다.

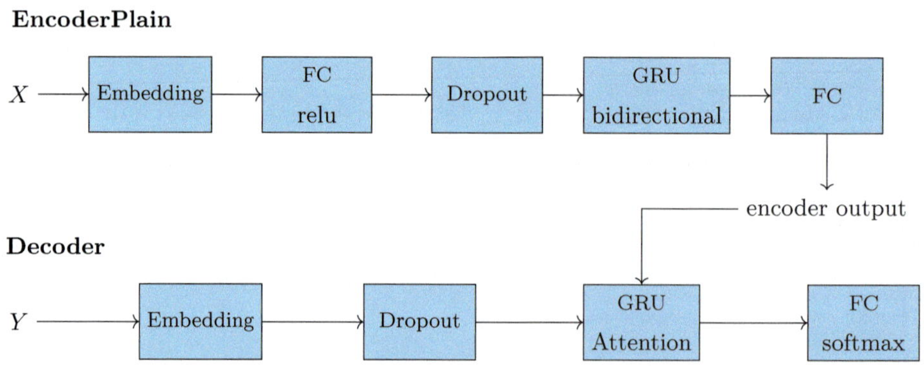

그림 8.27: Encoder-Decoder 모델 구조

코드 8.34: [**Tensorflow**] Encoder-Decoder Model

```
class EncoderPlain(tf.keras.Model):
    def __init__(self,vocab_size,embedding_dim,hidden_dim,drop_rate=0.4):
        super(EncoderPlain, self).__init__()

        self.embedding = tf.keras.layers.Embedding(vocab_size, embedding_dim)
        self.pre_dense = tf.keras.layers.Dense(hidden_dim,activation='relu')
        self.dropout = tf.keras.layers.Dropout(drop_rate)
        self.forward_layer = tf.keras.layers.GRU(hidden_dim, return_sequences=True,
                                                  return_state=True)
        self.rnn = tf.keras.layers.Bidirectional(layer=self.forward_layer)
        self.dense = tf.keras.layers.Dense(hidden_dim)

    def call(self,x,seq_length,training=False):
        T = tf.shape(x)[1]
        mask = tf.sequence_mask(seq_length, T)
        x = self.embedding(x)
        x = self.pre_dense(x)
        x = self.dropout(x,training)

        encoder_outputs, forward_hidden, backward_hidden = self.rnn(x,mask=mask)
        encoder_outputs = self.dense(encoder_outputs)

        return encoder_outputs, tf.concat([forward_hidden, backward_hidden],-1)

class Encoder(tf.keras.Model):
    def __init__(self,vocab_size,embedding_dim,hidden_dim,mask_rate=0.2):
        super(Encoder, self).__init__()
        self.mask_rate = mask_rate

        self.embedding = tf.keras.layers.Embedding(vocab_size, embedding_dim)
        self.pre_dense = tf.keras.layers.Dense(hidden_dim,activation='relu')
        self.forward_layer = tf.keras.layers.GRU(hidden_dim, return_sequences=True,
                                                  return_state=True)
        self.rnn = tf.keras.layers.Bidirectional(layer=self.forward_layer)
        self.dense = tf.keras.layers.Dense(hidden_dim)

    def call(self,x,seq_length,training=False):
        T = tf.shape(x)[1] # input sequence length

        if training:
            input_mask = tf.cast(tf.random.uniform(x.shape,maxval=1,dtype=tf.float32) >
                self.mask_rate,tf.int32)
            x = x * input_mask
        x = self.embedding(x)
        x = self.pre_dense(x)

        seq_mask = tf.sequence_mask(seq_length, T)
        encoder_outputs, forward_hidden, backward_hidden = self.rnn(x,mask=seq_mask)
        encoder_outputs = self.dense(encoder_outputs)

        return encoder_outputs, tf.concat([forward_hidden, backward_hidden],-1)

class Decoder(tf.keras.Model):
```

```
    def __init__(self,vocab_size,embedding_dim,hidden_dim,attention_dim,
                 attention_layer_size,drop_rate,sos_token,eos_token):

        super(Decoder, self).__init__()

        self.sos_token = sos_token
        self.eos_token = eos_token
        self.vocab_size = vocab_size
        self.embedding_dim = embedding_dim

        self.embedding = tf.keras.layers.Embedding(vocab_size, embedding_dim)
        self.dropout = tf.keras.layers.Dropout(drop_rate)

        self.decoder_cell = tf.keras.layers.GRUCell(hidden_dim)

        self.attention_mechanism = tfa.seq2seq.BahdanauAttention(units=attention_dim,
                             memory=None, memory_sequence_length=None,normalize=True)
        self.attention_cell = tfa.seq2seq.AttentionWrapper(self.decoder_cell,
                                   self.attention_mechanism,
                                   attention_layer_size=attention_layer_size,
                                   output_attention=True,alignment_history=True)
        self.projection_layer = tf.keras.layers.Dense(vocab_size)


        train_sampler = tfa.seq2seq.sampler.TrainingSampler()
        test_sampler = tfa.seq2seq.GreedyEmbeddingSampler()

        self.train_decoder = tfa.seq2seq.BasicDecoder(self.attention_cell,
                            train_sampler,output_layer=self.projection_layer)
        self.test_decoder = tfa.seq2seq.BasicDecoder(self.attention_cell,
                           test_sampler,output_layer=self.projection_layer,
                           maximum_iterations=100)

    def call(self,encoder_outputs, encoder_states,encoder_sequence_length,
             decoder_inputs=None,decoder_sequence_length=None,training=False):
        # decoder_inputs: 추론에서는 들어오지 않는다.
        batch_size = tf.shape(encoder_outputs)[0]

        self.attention_mechanism.setup_memory(memory=encoder_outputs,
                   memory_sequence_length=encoder_sequence_length,memory_mask=None)

        init_state = self.attention_cell.get_initial_state(batch_size = batch_size,
                                                           dtype=tf.float32)
        init_state = init_state.clone(cell_state=encoder_states)

        if training:
            y = self.embedding(decoder_inputs)
            y = self.dropout(y)
            outputs, last_state, last_sequence_lengths = self.train_decoder(y,
                                                initial_state=init_state,
                                                sequence_length=decoder_sequence_length,
                                                training=True)

        else:
            if not self.embedding.built:
```

```
            self.embedding.build((self.vocab_size, self.embedding_dim))

        outputs, last_state, last_sequence_lengths = self.test_decoder(
                                self.embedding.weights,
                                start_tokens=tf.tile([self.sos_token], [batch_size]),
                                end_token=self.eos_token,training=False)

    return outputs, last_state, last_sequence_lengths
```

- Encoder를 class **EncoderPlain**과 **Encoder** 두가지 방식으로 구현했다.
- class **EncoderPlain**는 Dropout Layer를 포함하고 있다.
- class **Encoder**는 Dropout Layer가 없고, 입력 데이터 일부를 확률 **mask_rate**으로 직접 mask 하는 방식으로 모델을 구현했다.

```
input_mask = tf.cast(
  tf.random.uniform(x.shape,maxval=1,dtype=tf.float32) > self.mask_rate,tf.int32)

x = x * input_mask
```

- 2개 모델의 성능을 비교해 보면, **EncoderPlain**보다 **Encoder**가 더 낫다.
- Decoder 구현은 코드 8.28을 참고하면 된다.

코드 8.35: [**Tensorflow**] 모델 선언 & checkpoint로부터 loading

```
vanilla_encoder_flag = True
if vanilla_encoder_flag:
    encoder = EncoderPlain(VOCAB_SIZE,hp['embedding_dim'],
                          hp['encoder_hidden_dim'],hp['drop_rate'])
else:
    encoder = Encoder(VOCAB_SIZE,hp['embedding_dim'],
                     hp['encoder_hidden_dim'],hp['mask_rate'])

decoder = Decoder(VOCAB_SIZE,hp['embedding_dim'],hp['decoder_hidden_dim'],
                 hp['attention_dim'],hp['attention_layer_size'],hp['drop_rate'],
                 word_to_index[GO_TOKEN], word_to_index[END_TOKEN])

optimizer = tf.keras.optimizers.Adam(hp['learning_rate'])
train_loss = tf.keras.metrics.Mean(name='train_loss')

# character accuracy
train_accuracy = tf.keras.metrics.SparseCategoricalAccuracy(name='train_accuracy')

epoch_trained = tf.Variable(0)
ckpt = tf.train.Checkpoint(model=[encoder,decoder],optimizer = optimizer,
                          epochs = epoch_trained)
ckpt_manager = tf.train.CheckpointManager(ckpt,hp['model_save_dir'],
```

```
                          checkpoint_name=hp['checkpoint_name'] ,max_to_keep=2)

# if a checkpoint exists, restore the latest checkpoint.
if ckpt_manager.latest_checkpoint:
    ckpt.restore(ckpt_manager.latest_checkpoint)
    start_epoch = ckpt.epochs.numpy()
    print ('Latest checkpoint restored!! {}, epochs = {}'
            .format(ckpt_manager.latest_checkpoint, start_epoch))
else:
    start_epoch = 0
    print("Initializing from scratch.")
```

- `vanilla_encoder_flag`를 조절하여 2개 Encoder 중에 선택할 수 있다.
- 저장된 checkpoint가 있으면, 로드 후 훈련을 이어갈 수 있게 했다.
- `train_loss`, `train_accuracy` 2개의 metric을 정의했다. `train_accuracy`는 예측된 날짜에서 글자 단위로 정확도를 측정한다.
- `epoch_trained`를 설정하여 저장되는 checkpoint가 몇 epoch 훈련된 상태인지를 같이 저장한다.

8.6.4 모델 훈련

y: **<sos>2018-07-13<eos>**

decoder input $y[:-1]$	<sos>	2	0	1	8	–	0	7	–	1	3
decoder target $y[1:]$	2	0	1	8	–	0	7	–	1	3	<eos>

그림 8.28: Decoder에서의 입력과 출력(target)
그림 (8.7) 에서의 입출력 구조와 동일하다.

코드 8.36: [**Tensorflow**] 모델 훈련을 위한 train_step, validation_step 정의

```
INPUT_MAX_LENGTH = hp['MAX_LEN']
batch_size = hp['batch_size']
tar_length = tf.convert_to_tensor([OUTPUT_LENGTH]*batch_size,dtype=tf.int32)

train_step_signature =
            [tf.TensorSpec(shape=(batch_size, INPUT_MAX_LENGTH), dtype=tf.int32),
             tf.TensorSpec(shape=(batch_size), dtype=tf.int32),
             tf.TensorSpec(shape=(batch_size, OUTPUT_LENGTH+1), dtype=tf.int32)]

@tf.function(input_signature=train_step_signature)
def train_step(x,seq_length,y):
```

```
    decoder_inputs = y[:, :-1]
    decoder_outputs = y[:, 1:]

    with tf.GradientTape() as tape:
        encoder_outputs, hidden_state = encoder(x,seq_length,training=True)
        outputs,_,_ = decoder(encoder_outputs,hidden_state,seq_length,
                              decoder_inputs,tar_length,training=True)

        loss = tfa.seq2seq.sequence_loss(outputs.rnn_output,decoder_outputs,
                                         tf.ones_like(decoder_outputs,tf.float32))

    trainable_variables = encoder.trainable_variables + decoder.trainable_variables
    gradients = tape.gradient(loss, trainable_variables)
    optimizer.apply_gradients(zip(gradients, trainable_variables))

    train_loss(loss)
    train_accuracy(decoder_outputs, outputs.rnn_output)

validation_step_signature =
             [tf.TensorSpec(shape=(batch_size_val,INPUT_MAX_LENGTH),dtype=tf.int32),
              tf.TensorSpec(shape=(batch_size_val),dtype=tf.int32),
              tf.TensorSpec(shape=(batch_size_val,OUTPUT_LENGTH+1),dtype=tf.int32)]

@tf.function(input_signature=validation_step_signature)
def validation_step(x,seq_length,y):
    decoder_inputs = y[:, :-1]
    decoder_outputs = y[:, 1:]

    encoder_outputs, hidden_state = encoder(x,seq_length,training=False)
    outputs,_,_ = decoder(encoder_outputs,hidden_state,seq_length,
                          decoder_inputs=decoder_inputs,training=False)

    # 모델이 true label보다 더 긴 길이로 예측할 수도 있다.
    T = tf.shape(decoder_outputs)[1]
    predictions = tf.argmax(outputs.rnn_output,axis=-1,output_type=tf.int32)[:,:T]
    compared = tf.equal(decoder_outputs, predictions)

    char_accuracy = tf.reduce_mean(tf.cast(compared,tf.float32))
    seq_accuracy = tf.reduce_mean(tf.cast(tf.reduce_all(compared,axis=-1),tf.float32))

    return char_accuracy, seq_accuracy
```

- 2가지 accuracy: character 단위로 정확도를 측정하는 `char_accuracy`와 예측 결과 전체가 일치하는 경우에만 정답으로 하는 `seq_accuracy`를 계산했다.
- `tf.equal()`에서 비교할 때 dtype이 동일해야 하기 때문에, `tf.argmax()`에서 int32 type으로 return되게 했다.

코드 8.37: [Tensorflow] 훈련 실행 코드

```
num_epochs = hp['num_epochs']
step_count = 0

print(tf.config.list_physical_devices('GPU'))
print(f'epochs: {num_epochs}')

s_time = time.time()

for epoch in range(start_epoch+1, num_epochs+1):
    for i, ((x,seq_length), y) in enumerate(train_dataset):
        step_count += 1
        train_step(x,seq_length,y)

        if step_count % 1000==0:
            print(f'epoch: {epoch:>2}/{num_epochs}, step: {step_count:>5}, loss:
                {train_loss.result():8.4f}, char_accuracy:
                {train_accuracy.result():8.4f}, elapsed: {int(time.time()-s_time):>6}')

    print(f'epoch: {epoch:>2}/{num_epochs}, step: {step_count:>5}, loss:
        {train_loss.result():8.4f}, char_accuracy: {train_accuracy.result():8.4f},
        elapsed: {int(time.time()-s_time):>6}', end='\t')

    # epoch마다 loss, accuracy reset.
    train_loss.reset_state()
    train_accuracy.reset_state()

    if epoch % 1 == 0:
        for _, ((x,seq_length), y) in enumerate(valid_dataset):
            char_accuracy, seq_accuracy = validation_step(x,seq_length,y)
            print(f'validation --- char_accuracy: {char_accuracy:10.4f}, seq_accuracy:
                {seq_accuracy:10.4f}')

    if epoch % 5 == 0:
        epoch_trained.assign(epoch)
        ckpt_save_path = ckpt_manager.save(checkpoint_number = epoch)
        print (f'Saving checkpoint for epoch {epoch} at {ckpt_save_path}')
```

8.6.5 모델 테스트

코드 8.38: [Tensorflow] 테스트 데이터 로딩

```
inputs, seq_lengths, word_to_index, index_to_word, VOCAB_SIZE, INPUT_LENGTH =
    load_data(hp,'test_data.txt',train_flag=False)

print(word_to_index)
print(f'test_input: {inputs.shape}')
print(f'INPUT_LENGTH : {INPUT_LENGTH}')

raw_data = []
pad_token = word_to_index[PAD]
```

```
print('='*10,)
for i,d in enumerate(inputs):
    raw_data.append(''.join([index_to_word[x] for x in d if x != pad_token]))
    print(raw_data[-1])

print('='*10,'\n\n')
test_dataset = tf.data.Dataset.from_tensor_slices((inputs,seq_lengths))
test_dataset = test_dataset.batch(len(inputs),drop_remainder=False)
```

- 코드 8.32에서 구현한 `load_data()`를 이용했다. 테스트 데이터는 target이 없기 때문에, `train_flag=False`로 지정했다. 이미 만들어진 `vocab.pickle`을 읽어들여 `word_to_index`, `index_to_word`, `VOCAB_SIZE`를 가져온다.
- 읽어들인 데이터로 `test_dataset`을 `Dataset`으로 생성했다.

코드 8.39: alignment plot

```
def plot_attention_weights_all(index_to_word,attentions, sentences, results):
    fig = plt.figure(figsize=(16, 8))

    batch_size = len(attentions)
    cols = 5
    rows = batch_size//5 +1
    for id in range(batch_size):

        # batch중에서 id에 해당하는 것. (N,decoder_length, encoder_length)
        attention = attentions[id]
        sentence = sentences[id]
        result = results[id]

        ax = fig.add_subplot(rows, cols, id+1)

        ax.matshow(attention, cmap='coolwarm') # coolwarm, viridis
        fontdict = {'fontsize': 8}
        sentence = [index_to_word[i] for i in sentence]

        # 최대 길이 제한
        sentence = [a if a!='<pad>' else ' ' for a in sentence][:attention.shape[1]]

        ax.set_xticks(range(len(sentence)))
        ax.set_yticks(range(len(result)))

        ax.set_ylim(len(result)-1.5, -0.5) # 결과의 마지막 <eos>가 보이지 않게 만든다.

        ax.set_xticklabels(sentence, fontdict=fontdict, rotation=0)
        ax.set_yticklabels([index_to_word[i] for i in result], fontdict=fontdict)

        ax.grid(color='white', linestyle='-', linewidth=0.3, )
        ax.set_xlabel('data {}'.format(id+1))
```

```

    plt.tight_layout()
    plt.savefig('alignment.png')
    plt.show()

def plot_attention_weights(index_to_word,attention, sentence, result,id=0):
    fig = plt.figure(figsize=(16, 8))

    # attention (N,decoder_length, encoder_length)중에서 id에 해당하는 것
    attention = attention[id]
    sentence = sentence[id]
    result = result[id]

    ax = fig.add_subplot(1, 1, 1)
    ax.matshow(attention, cmap='coolwarm')
    fontdict = {'fontsize': 20}
    sentence = [index_to_word[i] for i in sentence]
    sentence = [a if a!='<pad>' else ' ' for a in sentence][:attention.shape[1]]

    ax.set_xticks(range(len(sentence)))
    ax.set_yticks(range(len(result)))

    ax.set_ylim(len(result)-1.5, -0.5) # 결과의 마지막 <eos>가 보이지 않게 만든다.

    ax.set_xticklabels(sentence, fontdict=fontdict, rotation=0)
    ax.set_yticklabels([index_to_word[i] for i in result], fontdict=fontdict)

    ax.grid(color='white', linestyle='-', linewidth=0.3, )

    plt.tight_layout()
    plt.savefig('alignment-single.png')
    plt.show()
```

- `plot_attention_weights_all()`는 배치 데이터 전체의 alignment를 plot한다.
- `plot_attention_weights()`는 배치 데이터 중에서 지정한 id에 해당하는 것 하나만 plot한다.

코드 8.40: [**Tensorflow**] 모델로부터 추론

```
def evaluate(inp,inp_length):
    encoder_outputs, hidden_state = encoder(inp,inp_length,training=False)
    outputs, last_state, last_sequence_lengths = decoder(encoder_outputs,
                                hidden_state,inp_length,training=False)
    predictions = tf.argmax(outputs.rnn_output,axis=-1) # outputs.sample_id
    attention_weights= last_state.alignment_history.stack().numpy()

    #(decoder_length,N,decoder_length) --> (N,decoder_length,decoder_length)
    return predictions.numpy(), attention_weights.transpose([1,0,2])

result_tokens = []
```

```
result_all = []

for _, (inp,inp_length) in enumerate(test_dataset):
    predictions, attention_weights = evaluate(inp,inp_length)

    for p in predictions:
        result_tokens.append(p.tolist())
        output = ''.join([index_to_word[x] for x in p if index_to_word[x] !=
            END_TOKEN])
        result_all.append(output)

    # id: batch data중에서 몇 번째를 그릴 것인가?
    plot_attention_weights(index_to_word,attention_weights, inp.numpy(),
                          result_tokens,id=10)

     plot_attention_weights_all(index_to_word,attention_weights, inp.numpy(),
                               result_tokens)

for x,y in zip(raw_data,result_all):
    print('{:<30} ==> {}'.format(x,y))
```

- 21개 테스트 데이터는 알파벳의 철자가 잘못된 것을 포함하고 있다.
- Encoder는 1개, EncoderPlain은 3개를 잘못 예측했다.
- 두 개 모델 모두 잘못 예측한 data20의 연도가 2194년으로 훈련 데이터에는 없는 연도이다. 훈련 데이터는 1970년에서 2022년까지의 연도만 구성되어 있었다. 훈련 데이터에 나오지 않는 연도에 대한 예측이 잘 되지 않는 이유는 날짜 형식 중에 short format[33]이 있기 때문이다.
- 예를 들어, 1990년을 90으로 표기하거나 2013년을 13으로만 표기한 데이터가 있기 때문에 모델이 모든 4자리 연도를 다 잘 처리할 수 없는 한계를 가지고 있다.
- 8.7절에서는 연도의 범위를 1000년~9999년으로 넓혀서 훈련 데이터를 생성해 보자.

33 4자리 수인 연도를 2자리로만 표기하는 방식이다. 1921, 2021이 모두 21로만 표기된다.

Output:

```
                                          Encoder          EncoderPlain
data1:  january 01 , 1996            ==> 1996-01-01       1996-01-11*
data2:  february 27, 1994            ==> 1994-02-27       1994-02-27
data3:  ebruary 27, 1994             ==> 1994-02-27       1994-02-27
data4:  3/10/93                      ==> 1993-03-10       1993-03-10
data5:  march 11, 1986               ==> 1986-03-11       1986-03-11
data6:  april 3, 1996                ==> 1996-04-03       1996-04-03
data7:  may 18, 1980                 ==> 1980-05-18       1980-05-18
data8:  jun 17, 2013                 ==> 2013-06-17       2013-06-17
data9:  july 27, 2000                ==> 2000-07-27       2000-07-27
data10: august 27, 1988              ==> 1988-08-27       1988-08-27
data11: auust 19, 2003               ==> 2003-08-19       2003-09-19*
data12: ugust 19, 2013               ==> 2013-08-19       2013-08-19
data13: september 27, 1994           ==> 1994-09-27       1994-09-27
data14: setember 27, 2020            ==> 2020-09-27       2020-09-27
data15: eptember 27, 2022            ==> 2022-09-27       2022-09-27
data16: tuesday, september 25, 1984  ==> 1984-09-25       1984-09-25
data17: october 24, 1974             ==> 1974-10-24       1974-10-24
data18: 10/31/90                     ==> 1990-10-31       1990-10-31
data19: 10/5/15                      ==> 2015-10-05       2015-10-05
data20: november 03, 2194            ==> 2004-11-03*      1994-11-03*
data21: december 5, 1971             ==> 1971-12-05       1971-12-05
```

마지막으로 attention weight를 그림으로 나타낸 결과를 살펴보자.

- 그림 (8.29), (8.30)은 각각 모델 **Encoder**, **EncoderPlain**의 결과이다. 그림 (8.31)은 data11의 alignment를 확대해서 보여주고 있다.
- **Encoder**는 data20를 제외하고 나머지는 모두 정확하게 예측했다. **EncoderPlain**은 data1, data11, data20에서 잘못된 예측을 했다.
- 전체적인 alignment를 보면 연도, 월, 날짜 각각에 해당하는 부분에 높은 weight를 주고 있는 것을 확인할 수 있다.
- 훈련 데이터가 1970년~2022년 사이의 날짜로만 구성되어 있기 때문에 연도의 앞 2자리는 19 또는 20이다. 그래서 연도의 앞 2자리에는 attention weight가 상대적으로 약하다. 그림 (8.33)과 비교해보면 그 차이가 확연히 보인다.
- 모델 **EncoderPlain**의 결과인 그림 (8.30)에서 8월에 해당하는 데이터인 data10, data12의 월에 해당하는 **8**의 alignment를 보면 알파벳 g에 높은 가중치를 두고 있다.
  data11(`auust 19, 2003`)은 알파벳 g가 빠져 있다. 모델 **EncoderPlain**은 data11에 대해 잘못된 예측을 했다.

- 모델 `Encoder`는 입력 데이터 자체를 masking하는 구조를 가지고 있다. 월을 나타내는 알파벳 중 일부도 masking될 수 있는 구조이기 때문에, 잘못된 철자에도 비교적 정확한 예측을 하고 있다.

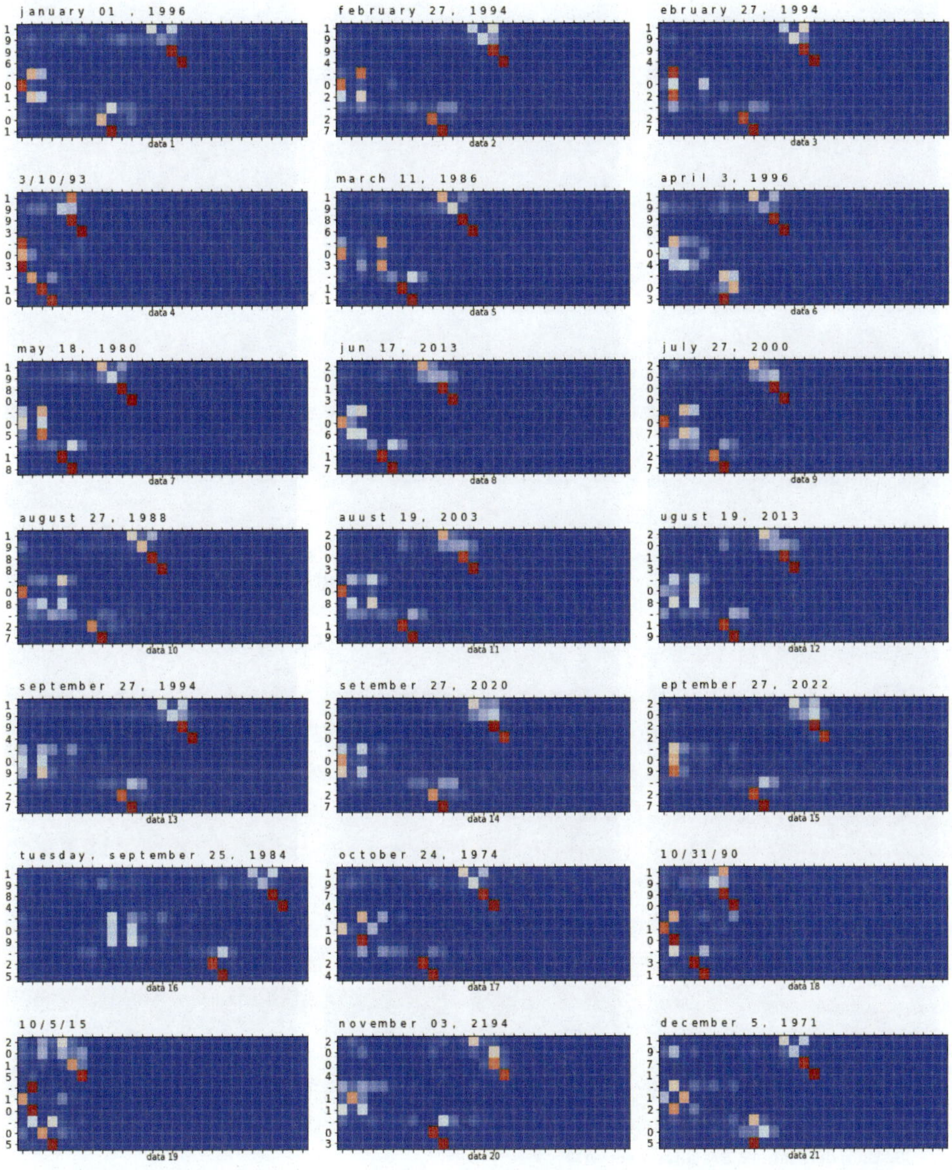

그림 8.29: Encoder 모델의 alignment 결과

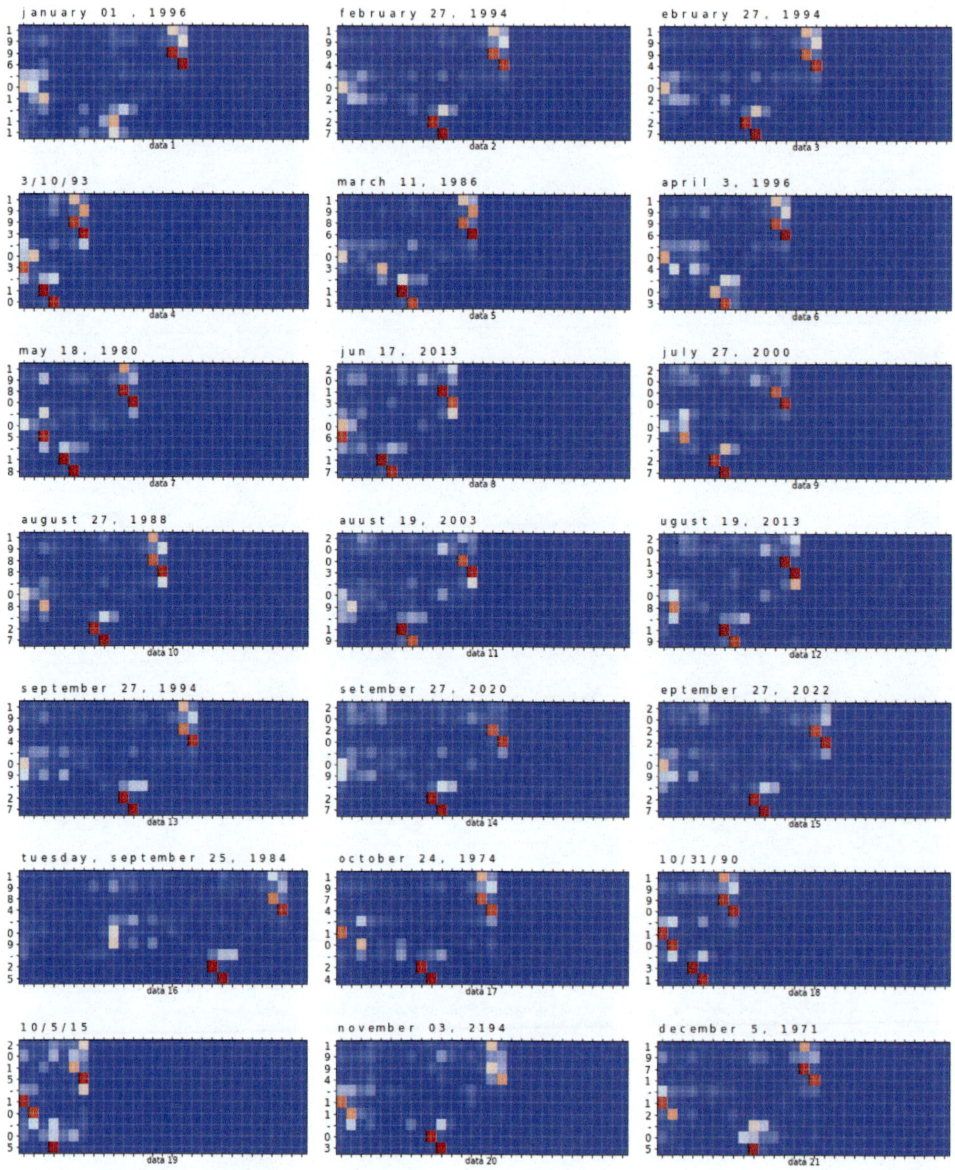

그림 8.30: EncoderPlain 모델의 alignment 결과

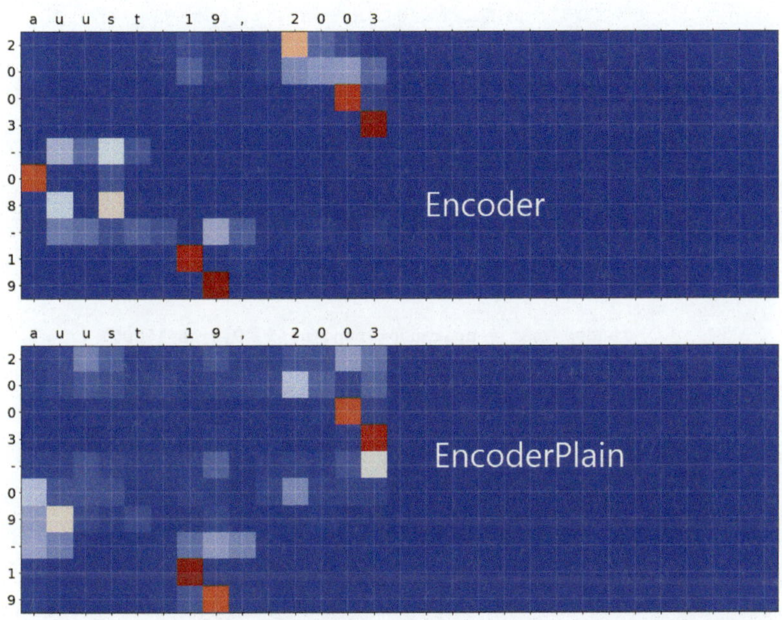

그림 8.31: Encoder, EncoderPlain의 alignment 비교
그림(8.29), (8.30)에서 data11의 결과를 비교했다. 모델 EncoderPlain은 월을 잘못 예측하고 있다.

8.7 날짜 형식 변환 모델 - Pytorch

8.7.1 훈련용 날짜 데이터 생성

코드 8.30을 수정하여 4 자릿수 연도가 모두 가능할 수 있게 수정해 보자.

코드 8.41: 날짜 데이터 Augmentation

```
def generate_advanced(filename='date.txt',num_data=50000,augmentation_flag=False):
    formats = [ 'full','long','medium','short','MMMM d YYYY','MMMM d, YYYY','d MM YY',
                'd MMM YYYY','d MMM, YYYY','d MMMM YYYY','d MMMM, YYYY','dd MMM YYYY',
                'dd, MMM YYYY','dd.MM.YY','dd.MM.YYYY','YYYY.MM.dd','YYYY.M.d','YY.M.d',
                'YY-M-d','YYYY-M-d', 'YYYY-MM-d', 'YYYY-M-dd', 'YYYY-MM-dd']
    fake = Faker()
    text_width = 29
    with open(filename, "w") as output:
        for i in range(num_data):
            dt = fake.date_object()
            ff = np.random.choice(formats)
            if augmentation_flag and ff != 'short' and ff.count('Y')!=2:
                valid_flag = True
                while valid_flag:
                    try:
                        random_year = np.random.randint(1000,high=10000)
                        dt = datetime.date(random_year, dt.month, dt.day)

                        valid_flag = False
                    except:
                        continue
            formatted = format_date(dt, format=ff,locale='en_US')
            if len(formatted) <= text_width:
                data = f"{formatted:<{text_width}}_{dt}"
                output.write(data+'\n')

generate_advanced('date_aug.txt',num_data=100000,augmentation_flag=True)
```

- 생성되는 연도의 범위를 1000 년에서 9999 년까지 했다. `fake`로 날짜 생성 후, 연도를 강제로 수정했다.
- 연도를 강제로 수정하면 2월이 윤달인 경우 29 일에서 문제가 생길 수 있다. 그래서 `datatime.date()`에 유효하지 않은 날짜가 들어가면 에러가 나기 때문에 `try-except`를 이용했다.

8.7.2 Hyper Parameter 정의 & Dataset 생성

코드 8.42: hyper parameter 정의

```
from hparams import HParams # pip install hparams
hp = HParams(
    data_filename='date_aug.txt',
    vocab_filename = 'vocab_torch.pickle',
    model_save_dir = './saved_model_torch',
    checkpoint_name = 'model.pt',
    MAX_LEN = 29,

    # train parameters
    batch_size = 32,
    num_epochs = 10, # 누적 epochs
    learning_rate = 0.001,

    # model parameters
    embedding_dim=64,
    encoder_hidden_dim=64,
    decoder_hidden_dim=128,

    attention_dim = 64,
    attention_layer_size=64,

    drop_rate = 0.5,
    mask_rate = 0.2
)
assert hp['decoder_hidden_dim'] == 2*hp['encoder_hidden_dim']

os.makedirs(hp['model_save_dir'] ,exist_ok=True)
```

텍스트 데이터 preprocessing을 지원하는 **torchtext** library[34]를 이용해서 데이터를 로딩해 보자.

코드 8.43: **[Pytorch]** torchtext의 vocab을 이용하여 날짜 데이터 로딩

```
from collections import Counter
from torchtext.vocab import vocab
import pandas as pd
import pickle
import numpy as np

GO_TOKEN = '<sos>'; END_TOKEN = '<eos>'; PAD = '<pad>'; UNK = '<unk>'

def load_data_torch(hp,filename=None,train_flag=True):
    if filename is None:
        filename = hp['data_filename']

```

34 pip install torchtext>=0.13

```
    train_data = pd.read_csv(filename, header=None, delimiter='_' )
    if train_data.shape[1] == 1:
        inputs = train_data[0].tolist()
        inputs = [[c for c in ' '.join(x.lower().split())] for x in inputs]
        inputs_length = [len(x) for x in inputs]
    else:
        inputs, targets = train_data[0].tolist(), train_data[1].tolist()
        inputs = [[c for c in ' '.join(x.lower().split())] for x in inputs]
        inputs_length = [len(x) for x in inputs]
        targets = [[GO_TOKEN] + [c for c in x.lower().strip()] + [END_TOKEN] for x in targets]

    if train_flag:
        counter = Counter()
        for (a,b) in zip(inputs,targets):
            counter.update(a + b)

        vocabulary = vocab(counter,specials=(PAD, GO_TOKEN, END_TOKEN,UNK),special_first=True)
        vocabulary.set_default_index(vocabulary[UNK])

        inputs = [vocabulary.lookup_indices(x) for x in inputs]
        targets = [vocabulary.lookup_indices(x) for x in targets]

        # hp['MAX_LEN'] 길이로 padding
        inputs = np.stack([np.pad(x,(0,hp['MAX_LEN']-len(x))) for x in inputs])

        word_to_index = vocabulary.get_stoi() # dict
        index_to_word = vocabulary.get_itos()

        VOCAB_SIZE = len(word_to_index)
        INPUT_LENGTH = len(inputs[0])
        OUTPUT_LENGTH = len(targets[0])-1 # END_TOKEN 제외

        with open(hp['vocab_filename'], 'wb') as f:
            pickle.dump({'word_to_index': word_to_index,
                         'index_to_word': index_to_word, 'vocab': vocabulary}, f)

        return np.array(inputs,dtype=np.int32), np.array(inputs_length,dtype=np.int32),
               np.array(targets,dtype=np.int32), word_to_index, index_to_word,
               VOCAB_SIZE,INPUT_LENGTH,OUTPUT_LENGTH

    else:
        with open(hp['vocab_filename'],'rb') as f:
            data_loaded = pickle.load(f)
            word_to_index = data_loaded['word_to_index']
            index_to_word = data_loaded['index_to_word']
            vocabulary = data_loaded['vocab']

        inputs = [vocabulary.lookup_indices(x) for x in inputs]
        inputs = np.stack([np.pad(x,(0,hp['MAX_LEN']-len(x))) for x in inputs])

        VOCAB_SIZE = len(word_to_index)
        INPUT_LENGTH = len(inputs[0])
```

```
        return np.array(inputs,dtype=np.int32), np.array(inputs_length,dtype=np.int32),
                word_to_index, index_to_word, VOCAB_SIZE, INPUT_LENGTH

def load_vocab_file(filename):
    with open(filename,'rb') as f:
        data_loaded = pickle.load(f)
        word_to_index = data_loaded['word_to_index']
        index_to_word = data_loaded['index_to_word']
        vocabulary = data_loaded['vocab']

        VOCAB_SIZE = len(word_to_index)
        return word_to_index, index_to_word, VOCAB_SIZE
```

- Tensorflow의 Tokenizer를 사용한 코드 8.32의 load_data()와 비교해서 코드를 살펴보면 좋다.

- torchtext의 vocab을 이용하는 것이 핵심이다. vocab에 넘기기 위해 collection의 Counter를 이용해서 character의 빈도를 먼저 구했다.

```
counter = Counter()
for (a,b) in zip(inputs,targets):
    counter.update(a + b)
```

- 추가하고 싶은 token을 specials로 넘겼다. specials에 넘어가는 token의 순서대로 token id가 부여된다. PAD에 0, GO_TOKEN에 1, 이런 식으로 id가 부여된다.

```
vocabulary = vocab(counter,specials=(PAD, GO_TOKEN, END_TOKEN,UNK),
                   special_first=True)
```

- token을 id로 변환하기 위해 vocabulary.lookup_indices() API를 이용했다.

- vocabulary.get_stoi, vocabulary.get_itos()을 이용해서 word_to_index, index_to_word dict를 구했다.

- load_vocab_file()은 데이터 없이 vocab (pickle) file로부터 필요한 정보를 loading하는 역할을 한다.

코드 8.44: **[Pytorch]** Dataset, DataLoader 생성

```
inputs,seq_lengths, targets, word_to_index, index_to_word, VOCAB_SIZE, INPUT_LENGTH,
    OUTPUT_LENGTH = load_data_torch(hp)

train_input, test_input,train_seq_length, test_seq_length, train_target, test_target
    = train_test_split(inputs,seq_lengths, targets, test_size=0.1, random_state=1234)
print(f'train_input: {train_input.shape},test_input: {test_input.shape},\
```

```
train_seq_length: {train_seq_length.shape},test_seq_length {test_seq_length.shape},\
train_target: {train_target.shape},test_target: {test_target.shape}')

# hp['MAX_LEN'] == INPUT_LENGTH
print(f'INPUT_LENGTH: {INPUT_LENGTH}, OUTPUT_LENGTH: {OUTPUT_LENGTH}')

print(f'VOCAB_SIZE: {VOCAB_SIZE}')

train_dataset = TensorDataset(torch.LongTensor(train_input),
                torch.LongTensor(train_seq_length), torch.LongTensor(train_target))
valid_dataset = TensorDataset(torch.LongTensor(test_input),
                torch.LongTensor(test_seq_length), torch.LongTensor(test_target))

train_dataloader = DataLoader(train_dataset, batch_size=hp['batch_size'],
                              shuffle=True,drop_last=False)

batch_size_val = len(test_input)
valid_dataloader = DataLoader(valid_dataset, batch_size=batch_size_val,
                              shuffle=False,drop_last=False)
```

8.7.3 Bahdanau Attention Pytorch 구현

코드 8.45에서 Tensorflow Addons의 `tfa.seq2seq.BahdanauAttention`과 유사하게 Bahdanau Attention을 Pytorch로 구현하고 있다.

코드 8.45: **[Pytorch]** Bahdanau Attention

```
class BahdanauAttention(torch.nn.Module):
    # tensorflow Addons의 BahdanauAttention과 유사하게 구현.

    def __init__(self, encoder_dim, decoder_dim, num_units, normalize=False):
        super().__init__()

        self.encoder_dim = encoder_dim
        self.decoder_dim = decoder_dim
        self.num_units = num_units # attention dim
        self.v = torch.nn.Parameter(torch.rand(self.num_units)) # v_a
        self.query_layer = torch.nn.Linear(self.decoder_dim,
                                           self.num_units,bias=False) # W_q
        self.key_layer = torch.nn.Linear(self.encoder_dim,
                                         self.num_units,bias=False) # W_m

        self.normalize = normalize

        if normalize:
            self.attention_g = torch.nn.Parameter(
                torch.tensor(1.0/self.num_units).sqrt())
            self.attention_b = torch.nn.Parameter(torch.zeros(self.num_units))

    def set_memory(self,encoder_output,lengths=None):
```

```
        # encoder_output: (N,Te,encoder_dim)
        #              = (batch_size, encoder_length, encoder_dim)
        # mask(boolean) 할 부분이 True가 될 수 있도록 만든다.
        self.device = encoder_output.device
        self.memory = encoder_output
        self.proj_key = self.key_layer(encoder_output) # processed key
        if lengths is not None:
            maxlen = encoder_output.size(1) # Te: encoder_length
            self.mask = torch.arange(maxlen)[None, :].to(lengths.device) >= lengths[:, None] #(N,Te)
            self.mask = self.mask.to(self.device)
        else:
            self.mask = None

    def forward(self,queries):
        '''
            queries: [N,1,decoder_dim] <---- dedocer hidden
            broadcasting을 위해 reshape이 되어 있는 tensor를 입력받는다. (N,1,decoder_dim]
        '''
        if self.normalize:
            weights = self.query_layer(queries) + self.proj_key + self.attention_b
            weights = self.attention_g * (torch.tanh(weights) @ self.v) / self.v.norm()
        else:
            weights = self.query_layer(queries) + self.proj_key # --> [N,Te, num_units]
            # [Te, num_units]@ [num_units] ==> [Te]
            weights = torch.tanh(weights) @ self.v

        if self.mask is not None:
            weights.data.masked_fill_(self.mask,-float('inf'))

        alignments = F.softmax(weights, dim=-1) # [N,Te]

        contexts = torch.bmm(alignments.unsqueeze(dim=1), self.memory).squeeze(dim=1)
        return contexts, alignments
```

- `torch.nn.Parameter`를 통해 trainable weight를 만들 수 있다. 이렇게 선언된 변수는 `model.parameters()`에 자동으로 포함된다.
- `torch.nn.Parameter`로 만들어진 변수는 식 (8.5)의 v_a, b_a, g이다.
- 식 (8.5)의 processed key(memory)는 반복 계산을 피하기 위해 `set_memory()`로 분리해서 계산한다. `forward()`를 call 하기 전에 `set_memory()`를 먼저 call하면 된다.
- masking할 부분을 softmax를 취하기 전에 $-\infty$를 넣어 softmax를 취하면 0이 될 수 있도록 한다.

```
weights.data.masked_fill_(self.mask,-float('inf'))
```

- 페이지 457에서 설명한 Attention Batch 처리를 참고하면 이해하기 쉽다.

8.7.4 Encoder-Decoder Pytorch 구현

코드 8.46에서 class **EncoderTorch**, **DecoderTorch**는 코드 8.34에서 Tensorflow로 구현한 것과 같은 구조를 Pytorch로 구현했다.

코드 8.46: [**Pytorch**] Encoder-Decoder 구현

```
class EncoderTorch(torch.nn.Module):
    def __init__(self, vocab_size,embedding_dim,hidden_dim,mask_rate=0.2):
        super(EncoderTorch, self).__init__()
        self.mask_rate = mask_rate

        self.embedding = torch.nn.Embedding(vocab_size, embedding_dim)
        self.pre_dense = torch.nn.Linear(embedding_dim,hidden_dim)

        self.gru = torch.nn.GRU(hidden_dim, hidden_dim,batch_first=True,
                                bidirectional=True)
        self.dense = torch.nn.Linear(2*hidden_dim,hidden_dim)

    def forward(self,x,seq_length):
        self.device = x.device
        if self.training:
            input_mask = (torch.rand(*x.shape) > self.mask_rate).long().to(self.device)
            x = x * input_mask
        embedded = self.embedding(x)
        y = self.pre_dense(embedded)
        y = F.relu(y)

        packed_y = torch.nn.utils.rnn.pack_padded_sequence(y, seq_length,
                                 batch_first=True,enforce_sorted=False)

        encoder_outputs, encoder_hidden = self.gru(packed_y)
        encoder_outputs , _ = torch.nn.utils.rnn.pad_packed_sequence(encoder_outputs,
                                                                  batch_first=True)
        out = self.dense(encoder_outputs)

        # (forward, baward) concat
        return out, torch.cat([encoder_hidden[0],encoder_hidden[1]],dim=-1)

class DecoderTorch(torch.nn.Module):
    def __init__(self,vocab_size,embedding_dim,encoder_dim,decoder_dim, attention_dim,
                 attention_layer_size,projection_size,drop_rate,sos_token,eos_token):
        super(DecoderTorch, self).__init__()
        self.sos_token = sos_token
        self.eos_token = eos_token
        self.vocab_size = vocab_size
        self.embedding_dim = embedding_dim
        self.attention_layer_size = attention_layer_size

        self.embedding = torch.nn.Embedding(vocab_size, embedding_dim)
        self.dropout = torch.nn.Dropout(p=drop_rate)

        self.decoder_cell = torch.nn.GRUCell(attention_layer_size + embedding_dim,
```

```
                                          decoder_dim)
        self.attention = BahdanauAttention(encoder_dim, decoder_dim, attention_dim,
                                         normalize = True)
        self.attention_layer = torch.nn.Linear(decoder_dim + encoder_dim,
                                            attention_layer_size, bias=False) # W_a
        self.projection_layer = torch.nn.Linear(attention_layer_size, projection_size)

    def forward(self,encoder_outputs,encoder_states,encoder_sequence_length,
               decoder_inputs=None,maximum_iterations=None):
        self.device = encoder_outputs.device
        batch_size = encoder_outputs.shape[0]

        if self.training: # training mode
            attention_vector = torch.zeros(batch_size,self.attention_layer_size)
                                     .to(self.device)
            outputs, alignments,_,_ = self.forward_step(encoder_outputs,encoder_states,
                               encoder_sequence_length,decoder_inputs,attention_vector)
        else: # inference mode
            decoder_inputs = torch.LongTensor([self.sos_token] * batch_size)
                                   .view(batch_size, 1).to(self.device) # inputs(N,1)
            attention_vector = torch.zeros(batch_size,self.attention_layer_size)
                                     .to(self.device)
            decoder_hidden = encoder_states

            # greedy embedding
            outputs_all = []; alignments_all = []


            for s in range(maximum_iterations):
                outputs, alignments, attention_vector, decoder_hidden =
                               self.forward_step(encoder_outputs,decoder_hidden,
                               encoder_sequence_length,decoder_inputs,attention_vector)

                # (N,1,attention_layer_size)->(N,attention_layer_size)
                attention_vector = attention_vector.squeeze(1)

                # (N,1,projection_size) -> (N,projection_size)
                outputs = outputs.squeeze(1)
                outputs_all.append(outputs)
                alignments_all.append(alignments.squeeze(1))

                # (N,projection_size) -> (N,1)
                decoder_inputs = torch.argmax(outputs,axis=-1,keepdim=True)

            outputs = torch.stack(outputs_all,axis=1)
            alignments = torch.stack(alignments_all,axis=1)

        return outputs, alignments

    def forward_step(self,encoder_outputs,encoder_states,encoder_sequence_length,
                    decoder_inputs,attention_vector):
        # decoder_inputs: (N,S)
        batch_size, S = decoder_inputs.shape
        decoder_hidden = encoder_states
```

```

        embedded = self.embedding(decoder_inputs)
        embedded = self.dropout(embedded)
        self.attention.set_memory(encoder_outputs, encoder_sequence_length)

        alignments_all = []
        attention_vector_all = []

        for s in range(S):
            # (N, embedding_dim + attention_layer_size)
            y = torch.cat([embedded[:,s,:],attention_vector],axis=-1)
            decoder_hidden = self.decoder_cell(y,decoder_hidden)

            # (N,encoder_dim), (N,max_encoder_length)
            contexts , alignments = self.attention(decoder_hidden.unsqueeze(1))

            # (N,attention_layer_size)
            attention_vector = self.attention_layer(
                                    torch.cat([decoder_hidden, contexts],axis=-1))

            attention_vector_all.append(attention_vector)
            alignments_all.append(alignments)

        # (N,S,attention_layer_size)
        attentions = torch.stack(attention_vector_all,axis=1)
        alignments_all = torch.stack(alignments_all,axis=1) # (N,S,max_encoder_length)

        projected_outputs = self.projection_layer(attentions) # (N,S,projection_size)

        return projected_outputs, alignments_all, attentions, decoder_hidden
```

- `DecoderTorch`에서는 코드 8.34에서의 `tfa.seq2seq.BasicDecoder`가 하는 역할도 구현해야 한다.
- `self.decoder_cell`에서 GRU의 입력이 `attention_layer_size + embedding_dim`이 되는 것은 그림 (8.26) 에서와 동일한 방식이기 때문이다.
- `self.attention_layer`는 식 (8.4) 에서 W_a를 구현하고 있다.
- `forward_step()`에서 decoder S개 step을 처리할 수 있다.
  - inference mode: $S = 1$로 `decoder_inputs`을 만들어서 `forward_step()`을 반복적으로 call 한다.
  - training mode: $S \geq 1$로 한 번만 `forward_step()`을 call 한다.

다음 코드 8.47에서는 모델을 선언하고 저장된 모델이 있으면 weight를 loading한다.

코드 8.47: **[Pytorch]** 모델 선언 & Load

```
def load_checkpoint(checkpoint_path, encoder, decoder, optimizer,device):
    print(f'loding to {device} ...')
    checkpoint = torch.load(checkpoint_path, map_location=device)
    encoder.load_state_dict(checkpoint['encoder'])
    decoder.load_state_dict(checkpoint['decoder'])
    optimizer.load_state_dict(checkpoint['optimizer'])
    return checkpoint['epoch'] #몇 epoch까지 훈련된 모델인지

def get_last_checkpoint(model_save_dir):
    filepath = os.path.join(model_save_dir,'*.pt')
    all_files = sorted(glob.glob(filepath))
    if all_files:
        return all_files[-1]
    else: return None

# model 선언과 restoration
device = torch.device("cuda:0" if torch.cuda.is_available() else "cpu")

print(f'device: {device}')
encoder = EncoderTorch(VOCAB_SIZE,hp['embedding_dim'],hp['encoder_hidden_dim'],
                       hp['mask_rate'])
decoder = DecoderTorch(VOCAB_SIZE,hp['embedding_dim'],hp['encoder_hidden_dim'],
                      hp['decoder_hidden_dim'],hp['attention_dim'],
                      hp['attention_layer_size'],VOCAB_SIZE,hp['drop_rate'],
                      word_to_index[GO_TOKEN], word_to_index[END_TOKEN])

optimizer = torch.optim.Adam(
              itertools.chain(encoder.parameters(),decoder.parameters()),
              lr = hp['learning_rate'])

checkpoint_path = get_last_checkpoint(hp['model_save_dir'])
if checkpoint_path:
    start_epoch = load_checkpoint(checkpoint_path, encoder, decoder, optimizer,device)
    print ('Latest checkpoint restored!! {}, epochs = {}'.format(checkpoint_path,
           start_epoch))
else:
    start_epoch = 0
    print("Initializing from scratch.")

class_weights = torch.ones(VOCAB_SIZE).to(device)
class_weights[word_to_index[PAD]] = 0
loss_fn = torch.nn.CrossEntropyLoss(class_weights)
```

- `load_checkpoint()`는 코드 8.48에서 `checkpoint`를 저장한 pt 파일에서 모델 가중치를 loading하는 역할을 한다.
- `get_last_checkpoint()`에서는 가장 마지막에 저장된 pt 파일 이름을 가져온다.
- `encoder.parameters()`와 `encoder.parameters()`의 trainable weight를 합치기 위해, 코드 6.15에서 사용했던 `itertools`를 사용했다.

8.7.5 모델 훈련

코드 8.48: [Pytorch] 모델 훈련을 위한 함수 구현

```
def train_pytorch_model(encoder,decoder,optimizer,loss_fn,train_dl, valid_dl,
                        start_epoch,num_epochs,device):
    print(f'device: {device}')
    s_time = time.time()
    encoder.to(device); decoder.to(device)

    for epoch in range(start_epoch+1, num_epochs+1):
        running_loss = []
        acc = 0; seq_acc = 0
        total_seq_length = 0; total = 0

        encoder.train(); decoder.train()
        for i, (x,seq_length,y) in enumerate(train_dl):
            x = x.to(device)
            #seq_length = seq_length.to(device)
            y = y.to(device)
            decoder_input = y[:,:-1]
            decoder_target = y[:,1:]

            optimizer.zero_grad() # zero the parameter gradients

            encoder_outputs, encoder_hidden = encoder(x,seq_length)

            outputs, alignments = decoder(encoder_outputs,encoder_hidden,
                                          seq_length, decoder_input)

            loss = loss_fn(outputs.permute(0,2,1), decoder_target)

            loss.backward()
            optimizer.step()

            predictions = outputs.argmax(axis=-1)
            acc += (predictions == decoder_target).float().sum().item()
            seq_acc += (predictions == decoder_target).prod(axis=-1)
                    .float().sum().item()
            total += len(y)
            total_seq_length += decoder_target.numel() # numel = number of elements

            running_loss.append(loss.item())
        print(f'epoch: {epoch:>5}, loss: {np.mean(running_loss):5.4f}, char acc:
            {acc/total_seq_length:3.4f}, seq acc: {seq_acc/total:5.4f}, elapsed:
            {time.time()-s_time:.2f}sec',end='\t')

        acc = 0; seq_acc = 0
        total_seq_length = 0; total = 0

        encoder.eval(); decoder.eval()
        with torch.no_grad():
            for i, (x,seq_length,y) in enumerate(valid_dl):
                x = x.to(device)
```

```
            y = y.to(device)
            decoder_input = y[:,:-1]
            decoder_target = y[:,1:]

            encoder_outputs, encoder_hidden = encoder(x,seq_length)
            outputs, alignments = decoder(encoder_outputs,encoder_hidden,
                                 seq_length, maximum_iterations=OUTPUT_LENGTH)

            predictions = outputs.argmax(axis=-1)
            acc += (predictions == decoder_target).float().sum().item()
            seq_acc += (predictions == decoder_target).prod(axis=-1)
                        .float().sum().item()
            total += len(y)
            total_seq_length += decoder_target.numel() # numel = number of elements
        print(f'validation ---- char acc: {acc/total_seq_length:3.4f}, seq acc:
            {seq_acc/total:5.4f}')

    if epoch%5 == 0:
        checkpoint = {
            'epoch': epoch,
            'encoder': encoder.state_dict(),
            'decoder': decoder.state_dict(),
            'optimizer': optimizer.state_dict()
        }
        filename = os.path.splitext(hp['checkpoint_name'])
        ckpt_save_path = os.path.join(hp['model_save_dir'],
                                 f'{filename[0]}-{epoch:0>3}{filename[1]}')
        torch.save(checkpoint,ckpt_save_path)
        print (f'Saving checkpoint for epoch {epoch} at {ckpt_save_path}')

print('Finished Training')
```

코드 8.49: **[Pytorch]** 훈련 실행

```
device = torch.device("cuda:0" if torch.cuda.is_available() else "cpu")
train_pytorch_model(encoder, decoder, optimizer,loss_fn, train_dataloader,
                    valid_dataloader, start_epoch, hp['num_epochs'], device )
```

8.7.6 모델 테스트

코드 8.50: **[Pytorch]** 테스트 데이터 로딩

```
inputs, seq_lengths, word_to_index, index_to_word, VOCAB_SIZE, INPUT_LENGTH =
                    load_data_torch(hp,'test_data.txt',train_flag=False)

print(len(word_to_index), word_to_index, index_to_word)
print(f'test_input: {inputs.shape}')
print(f'INPUT_LENGTH : {INPUT_LENGTH}')

raw_data = []
pad_token = word_to_index[PAD]

print('='*10,)
for i,d in enumerate(inputs):
   raw_data.append(''.join([index_to_word[x] for x in d if x != pad_token]))
   print(i+1, raw_data[-1])

print('='*10,'\n\n')
test_dataset = TensorDataset(torch.LongTensor(inputs), torch.LongTensor(seq_lengths))
test_dataloader = DataLoader(test_dataset, batch_size=len(inputs),
                        shuffle=False,drop_last=False)
```

코드 8.51: **[Pytorch]** 모델로부터 추론

```
def evaluate_torch_model(inp,inp_length):
   encoder_outputs, encoder_hidden = encoder(inp,inp_length)
   outputs, alignments = decoder(encoder_outputs,encoder_hidden, inp_length,
        maximum_iterations=20)

   predictions = outputs.argmax(axis=-1)
   return predictions.detach().cpu().numpy(), alignments.detach().cpu().numpy()

result_tokens = []; result_all = []

encoder.eval(); decoder.eval()
for _, (inp,inp_length) in enumerate(test_dataloader):
   inp = inp.to(device)
   predictions, attention_weights = evaluate_torch_model(inp,inp_length)

   for p in predictions:
      try: # END_TOKEN이 처음 나오는 위치
         k = min(np.where(p==word_to_index[END_TOKEN])[0])
      except:
         k = len(p)
      output = ''.join([index_to_word[x] for x in p[:k]])
      result_tokens.append(p.tolist()[:k+1])
      result_all.append(output)

   # id: batch data중에서 몇 번째를 그릴 것인가?
   plot_attention_weights(index_to_word,attention_weights,
```

```
                                inp.cpu().numpy(), result_tokens,id=10)
    plot_attention_weights_all(index_to_word,attention_weights,
                                inp.cpu().numpy(), result_tokens)

for x,y in zip(raw_data,result_all):
    print('{:<30} ==> {}'.format(x,y))
```

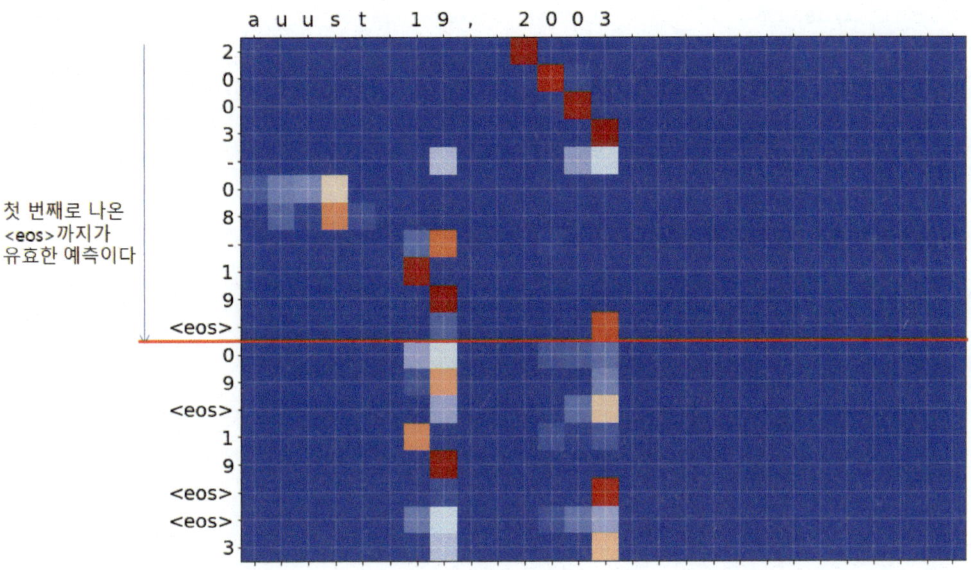

그림 8.32: 모델의 예측에서 유효한 영역
maximum_iterations=20으로 했을 경우, 첫 번째로 예측된 <eos>까지가 유효한 예측이다.

- `evaluate_torch_model()`에서 `maximum_iterations`를 20으로 지정했다. 테스트 데이터만 주어진 상태에서는 target 데이터가 없기 때문에 `OUTPUT_LENGTH`가 11인 것을 알 수가 없기 때문이다.

- 훈련된 모델로 예측했을 때, `END_TOKEN`이 나오지 않을 수도 있고, 여러 번 나올 수도 있다. 그림 (8.32)에서 보여주는 것과 같이 `END_TOKEN`이 여러 번 예측된 경우, 가장 먼저 나온 `END_TOKEN`까지만 유효한 예측으로 보면 된다.

- 그래서 코드 8.51에서 `try-except`가 필요하다.

- `plot_attention_weights()`, `plot_attention_weights_all()`은 코드 8.39에 있는 함수로, Tensorflow로 구현한 모델을 테스트할 때 사용했다.

이제 테스트 데이터에 대한 예측 결과를 확인해 보자. 다음은 8.6절의 코드 8.38에서 사용했던 것과 동일한 데이터로 테스트한 결과이다.

Output:

```
data1:  january 01 , 1996     ==> 1996-01-01    data12: ugust 19, 2013                ==> 2013-08-19
data2:  february 27, 1994     ==> 1994-02-27    data13: september 27, 1994            ==> 1994-09-27
data3:  ebruary 27, 1994      ==> 1994-02-27    data14: setember 27, 2020             ==> 2020-09-27
data4:  3/10/93               ==> 1993-03-10    data15: eptember 27, 2022             ==> 2022-09-27
data5:  march 11, 1986        ==> 1986-03-11    data16: tuesday, september 25, 1984 ==> 1984-09-25
data6:  april 3, 1996         ==> 1996-04-03    data17: october 24, 1974              ==> 1974-10-24
data7:  may 18, 1980          ==> 1980-05-18    data18: 10/31/90                      ==> 1990-10-31
data8:  jun 17, 2013          ==> 2013-06-17    data19: 10/5/15                       ==> 2015-10-05
data9:  july 27, 2000         ==> 2000-07-27    data20: november 03, 2194             ==> 2194-11-03
data10: august 27, 1988       ==> 1988-08-27    data21: december 5, 1971              ==> 1971-12-05
data11: auust 19, 2003        ==> 2003-08-19
```

- 모든 테스트 데이터를 정확하게 예측했다.
- 훈련 데이터에서 연도의 범위가 1000년에서 9999년이었기 때문에, data20에서 2194년를 정확하게 예측했다.
- attention alignment는 그림 (8.33)에서 확인할 수 있다.

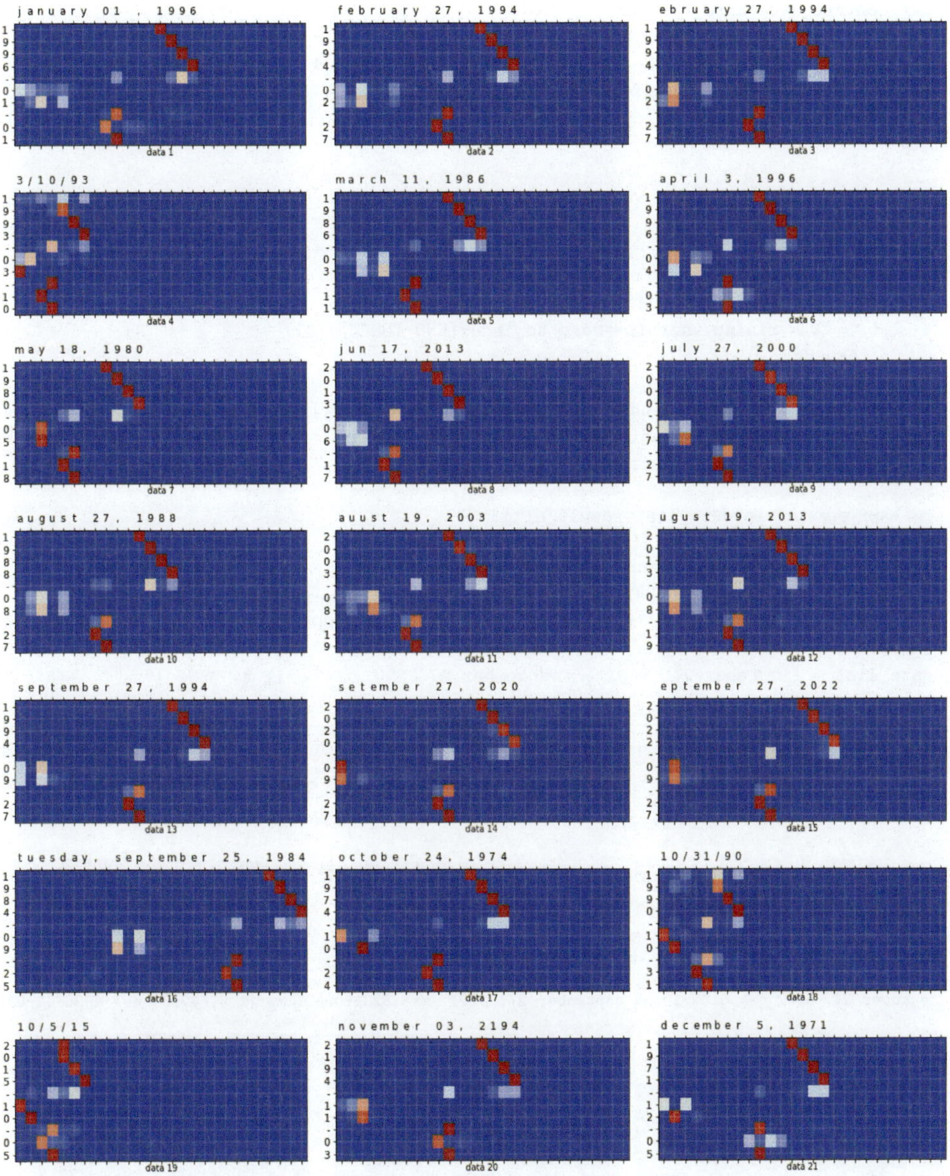

그림 8.33: 연도의 범위가 넓혀진 데이터(augmented data)로 훈련한 모델

날짜 문자열을 직접 입력하여 YYYY-MM-DD 형식으로 변환하는 함수를 구현해 보자.

코드 8.52: **[Pytorch]** 문자열로 된 날짜를 YYYY-MM-DD로 변환

```
def convert_date(date_list):
    unk_id = word_to_index[UNK]
    inp = [[word_to_index.get(s,unk_id) for s in d] for d in data_list]
    inp_length = torch.LongTensor([len(s) for s in inp])
    inp = torch.LongTensor(np.stack([np.pad(s,(0,hp['MAX_LEN']-len(s))) for s in inp]))
            .to(device)

    predictions, attention_weights = evaluate_torch_model(inp,inp_length)
    result_all = []
    result_tokens = []
    for p in predictions:
        try: # END_TOKEN이 처음 나오는 위치
            k = min(np.where(p==word_to_index[END_TOKEN])[0])
        except:
            k = len(p)
        output = ''.join([index_to_word[x] for x in p[:k]])
        result_tokens.append(p.tolist()[:k+1])
        result_all.append(output)

    for x,y in zip(date_list,result_all):
        print('{:<30} ==> {}'.format(x,y))

    plot_attention_weights_all(index_to_word,attention_weights,
                               inp.cpu().numpy(), result_tokens)

data_list = ['october 24, 5102', 'september 27, 3201', 'april 3, 4996']
convert_date(data_list)
```

- 변환하려는 날짜 데이터를 간단히 list로 만들어 convert_date()에 넘기면 된다.
- 변환 결과의 attention alignment는 그림(8.34)에서 확인할 수 있다.

Output:

```
october 24, 5102 ==> 5102-10-24 september 27, 3201  ==> 3201-09-27 april 3, 4996  ==> 4996-04-03
```

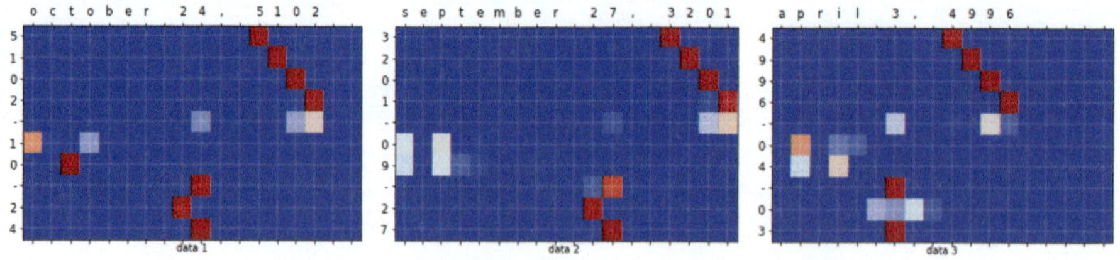

그림 8.34: 문자열로부터 one-shot 변환 결과(attention alignment)

8.8 Transformer

지금까지 Encoder-Decoder는 RNN과 Attention Mechanism을 결합한 구조였다. Transformer[35]는 RNN을 사용하지 않고 Attention Mechanism만을 사용하여 Encoder와 Decoder를 구성하는 모델이다.

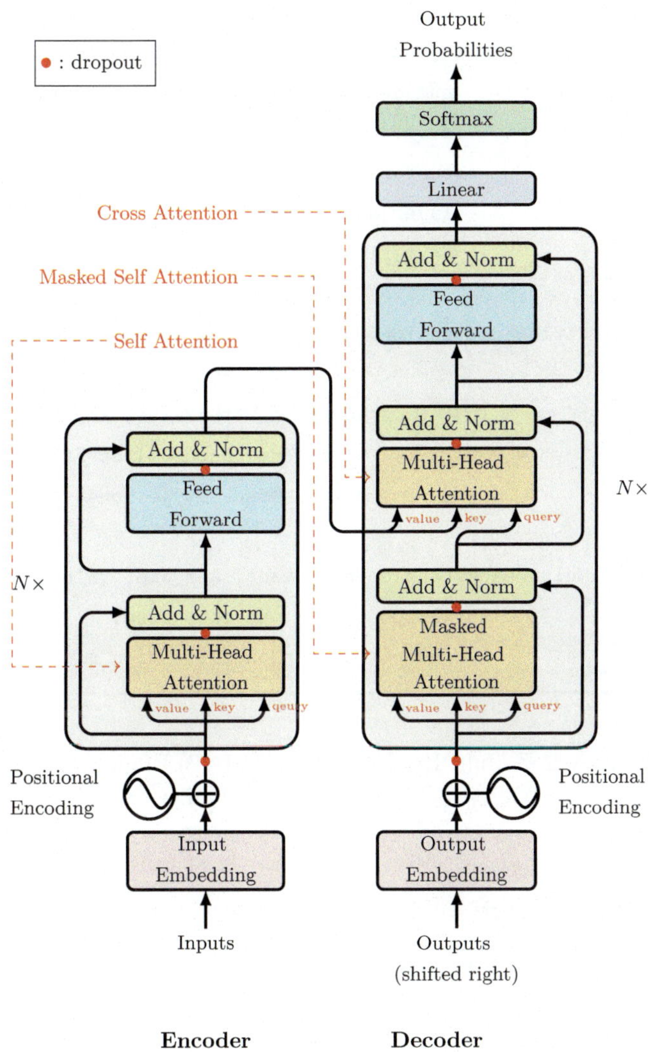

그림 8.35: Transformer 모델 구조

35 Attention Is All You Need, `https://arxiv.org/abs/1706.03762`

- Pytorch의 Transformer API로 `torch.nn.Transformer`가 제공되고 있다.
- Tensorflow에서는 Layer로 `tf.keras.layers.MultiHeadAttention` API가 제공된다. Tensorflow Tutorial 중에 Transformer를 이용한 Neural machine translation[36]에서 이 API를 이용하고 있다. 이 절에서 Transformer의 Tensorflow 구현 코드는 이 Tutorial을 기반으로 하고 있다.

```
CLASS torch.nn.Transformer(d_model=512, nhead=8, num_encoder_layers=6,
                           num_decoder_layers=6, dim_feedforward=2048,
                           dropout=0.1, activation=<function relu>,
                           custom_encoder=None, custom_decoder=None,
                           layer_norm_eps=1e-05, batch_first=False,
                           norm_first=False, device=None, dtype=None)

CLASS torch.nn.MultiheadAttention(embed_dim, num_heads, dropout=0.0,
                                  bias=True, add_bias_kv=False,
                                  add_zero_attn=False, kdim=None,
                                  vdim=None, batch_first=False,
                                  device=None, dtype=None)

tf.keras.layers.MultiHeadAttention(num_heads, key_dim, value_dim=None,
                                   dropout=0.0, use_bias=True,
                                   output_shape=None,attention_axes=None,...)
```

- Tensorflow, Pytorch 모두 Multi Head Attention API에서 Dropout이 적용 가능하게 되어 있다. 이때 Dropout은 attention weight(alignment)에 적용된다.

8.8.1 Transformer 모델 구조

이제 Transformer 모델의 대략적인 구조를 살펴보자.

- RNN으로 된 Encoder에서는 각 time step에서의 정보를 정방향(왼쪽에서 오른쪽)으로 보낸다. Bidirectional RNN에서는 역방향(오른쪽에서 왼쪽)으로 정보를 보내는 방식을 더해 양방향으로 정보를 통합한다. 또는 RNN을 대신하여 1D-Convolution을 이용하여 time step 간의 정보를 결합할 수도 있다.

36 https://www.tensorflow.org/text/tutorials/transformer

- 예를 들어보자. 그림(8.36)은 음성합성 모델인 Tacotron의 Encoder 구조를 보여주고 있다. RNN(GRU)과 1D-Convolution으로 time step 간의 정보를 통합하여 feature를 추출하고 있다. 모델 중간에 있는 FC Layer는 같은 weight로 time step별로 각각 적용되기 때문에, time step 간의 정보 교환은 없다.

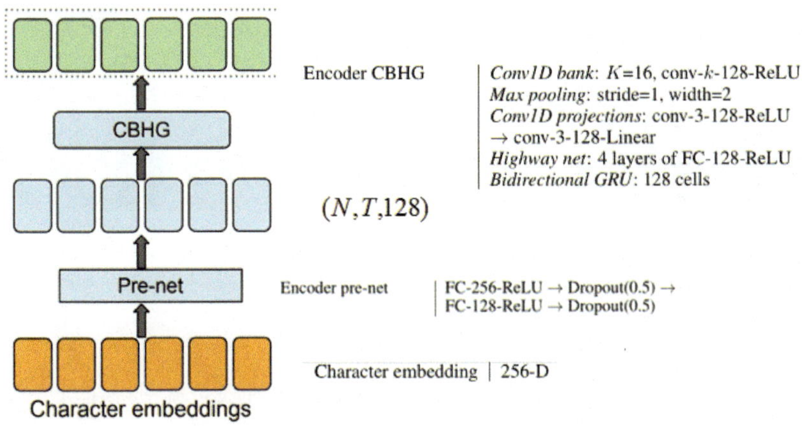

그림 8.36: Tacotron Encoder

- RNN이나 Conv1D와 대비하여 Transformer에서는 time step 간의 정보 교환(통합)은 오로지 (Dot Product) Attention만으로 이루어진다. 페이지 446에서 설명한 Attention Mechanism의 Query(Q), Key(V), Value(V) 개념이 사용된다.
  - Self Attention: Encoder의 입력 데이터의 feature를 추출하는 과정에서 적용하는 Attention이다. 입력 데이터인 문장의 단어들 사이의 관계를 분석하여 attention을 구한다. 그림(8.37)에서는 다음 2개 문장에서 self attention 예시를 보여주고 있다.

    문장1: The animal didn't cross the street because it was to tired.
    문장2: The animal didn't cross the street because it was to wide.

    문장1, 2에서 단어 `it`에 대한 self attention을 그림에서 보여주고 있다. 문장1에서의 it에 대한 attention은 `animal`에 가장 높은 값을 주는 반면, 문장2에서는 `street`에 가장 높은 값을 주고 있다.
  - Masked Self Attention: Decoder에서 self attention은 Encoder와 다르다. Decoder에서는 추론할 때 순차적으로 단어를 생성해야 한다. 예를 들어, 문장1이 Decoder에서의 입력이라고 하자. 이때 `it`의 attention은 'The', 'animal', 'didn't', 'cross', 'the', 'street', 'because', 'it'까지 주어질 수 있고, 'was', 'to', 'tired'에는 주어질 수 없다. 따라서 훈련 단계에서는 자신보다 나중에 나오는 단어들에는 attention이 갈 수 없도록 masking을 해주어야 한다. 그래서 Decoder의 attention은 Masked Self Attention이라 한다. 뒤쪽

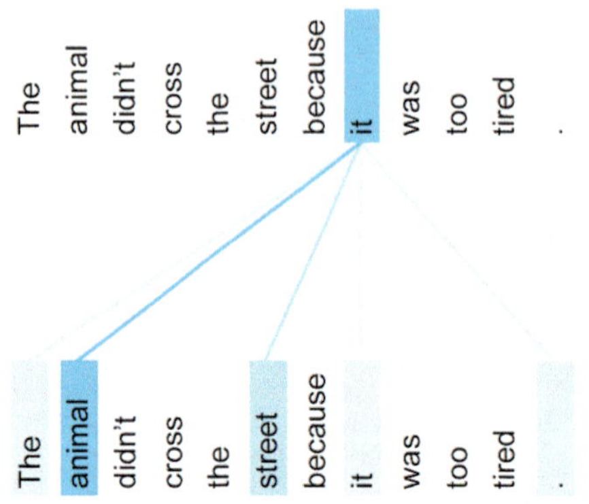

그림 8.37: Encoder Self Attention 예시
출처: Google AI Blog[2]

에 나오는 단어가 앞쪽 단어의 생성에 영향을 미치지 못하게 한다의 의미에서 casual mask[37]라고도 부른다.

- self attention에서는 $Q = K = V$가 되고, cross attention에서는 $K = V$는 encoder state, Q는 decoder state가 사용된다.

- Multi-Head Attention: Attention weight를 여러 개 계산하여 다양한 Attention이 구해지도록 한다. 이때 Attention 계산을 병렬로 처리하여 계산 속도를 높일 수 있다.

- Layer Normalization: Transformer에서 사용하는 Normalization은 식 (3.5)와 그림 (3.29)에서 설명한 Layer Normalization이다.

- Encoder, Decoder Stack: 그림 (8.35)의 Encoder, Decoder를 보면, $\times N$이 표시되어 있다. 이는 Encoder, Decoder를 여러 층으로 쌓아서 모델을 구성했다는 것이다. 논문에서는 그림 (8.38)에서 보여주는 것과 같이 $N = 6$을 적용했다.

8.8.2 Text Embedding & Positional Encoding

입력, 출력 데이터에 대한 embedding은 일반적인 방식을 사용한다. RNN에서는 데이터를 time step 순서대로 처리하기 때문에 별도의 순서(위치) 정보를 추가하지 않는다. Transformer에서는 데이터에 대한 순서 정보를 관리하기 위해 Positional Encoding을 사용한다.

37 causal은 인과관계를 뜻한다.

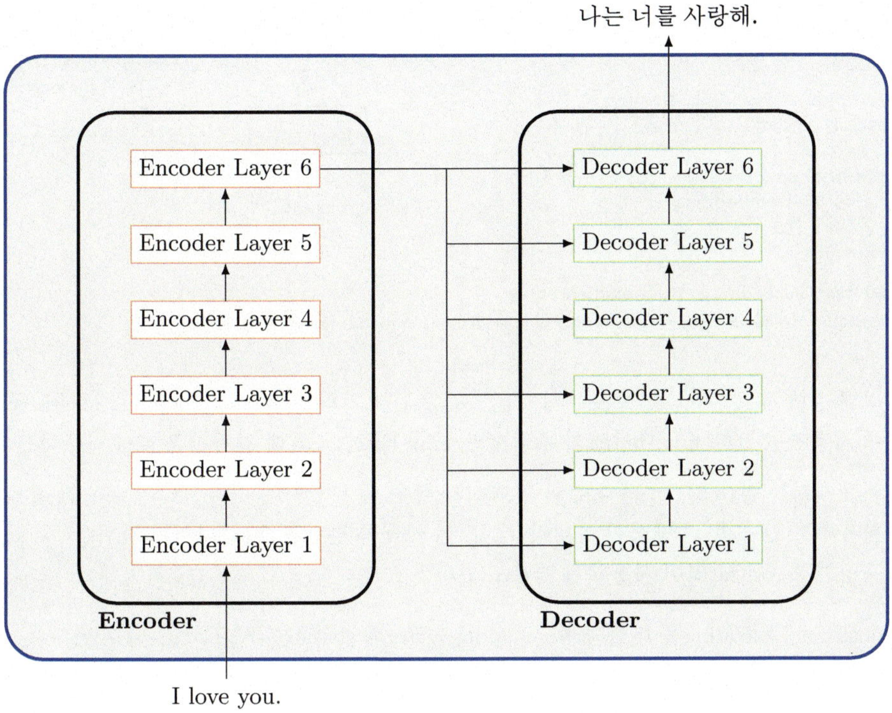

그림 8.38: Transformer의 Layer Stack 구조

- 먼저 hyper parameter d_{model}을 정해야 한다. d_{model}은 Transformer 모델에서 tensor들의 크기를 정하는 중요한 parameter이다.
- input text에 대한 embedding은 보통의 embedding과 동일하다. embedding vector에 $\sqrt{d_{\text{model}}}$을 곱해 scale을 조정한 후, positional encoding과 더해준다. $d_{\text{model}} =$ embedding-dim이고, scale 조정은 encoder, decoder 모두에 각각 적용된다. embedding vector의 값이 position encoding 값에 비해 작기 때문에 scale 조정이 필요하다[38]. RNN에서의 time, 즉 text position에 대한 정보를 encoding해서 text embedding 결과에 더해준다. BERT[39]에서는 position encoding 대신 position embedding을 사용한다.
- sinusoidal positional encoding: $d_{\text{model}} =$ embedding dim 이어야 한다.

$$PE_{(pos,2i)} = \sin\left(\frac{pos}{10000^{2i/d_{\text{model}}}}\right), \quad 0 \le pos < T,\ 0 \le 2i < d_{\text{model}} \tag{8.6}$$

$$PE_{(pos,2i+1)} = \cos\left(\frac{pos}{10000^{2i/d_{\text{model}}}}\right), \quad 0 \le pos < T,\ 0 \le 2i+1 < d_{\text{model}} \tag{8.7}$$

38 https://datascience.stackexchange.com/questions/87906/transformer-model-why-are-word-embeddings-scaled-before-adding-positional-encod

39 8.11절에서 다룬다.

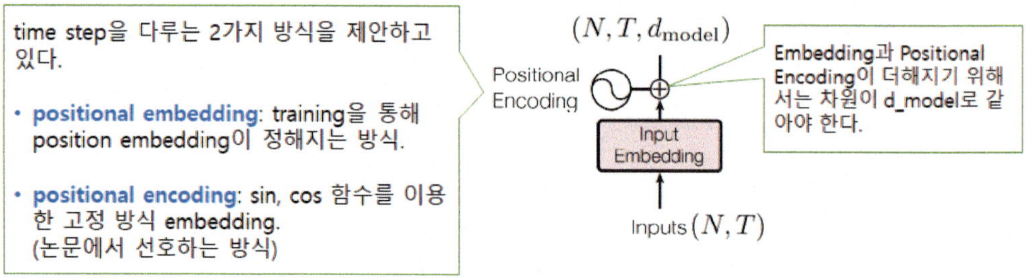

그림 8.39: text embedding & positional encoding
참고로 BERT에서는 positional encoding방식 대신 positional embedding을 사용한다.

최대 길이 T_{max}와 d_{model}으로부터 $(T_{\text{max}}, d_{\text{model}})$ 크기의 positional encoding matrix를 만들어 사용하면 된다. mini-batch가 주어지면, mini-batch의 최대 길이만큼 잘라 사용하면 된다.

논문에서는 식 (8.6), (8.7)과 같이 인덱스가 짝수, 홀수인지에 따라 sine, cosine값을 번갈아 사용하고 있다. 이런 방식이 아니라 d_{model}의 아래쪽 절반은 sine, 나머지 절반은 cosine으로 구성한 후, concat하여 사용하는 경우도 있다[40].

- positional encoding을 더한 최종 encoding vector의 shape은 (N, T, d_{model})이 된다.

코드 8.53: **[Tensorflow]** Positional Encoding

```
def positional_encoding(position, d_model):
    positions = np.arange(position)[:, np.newaxis] # (pos, 1)
    depths = 2*(np.arange(d_model)[np.newaxis, :]//2)/d_model # (1, depth)

    angle_rates = 1 / (10000**depths)   # (1, depth)
    angle_rads = positions * angle_rates # (pos, 1)(1, depth) --> (pos, depth)

    # 짝수 index
    angle_rads[:, 0::2] = np.sin(angle_rads[:, 0::2])

    # 홀수 index
    angle_rads[:, 1::2] = np.cos(angle_rads[:, 1::2])

    pos_encoding = angle_rads[np.newaxis, ...] # (1,position=T_max,d_model)

    return tf.cast(pos_encoding, dtype=tf.float32)

def positional_encoding2(position, d_model):
    d_model = d_model/2

    positions = np.arange(position)[:, np.newaxis] # (seq, 1)
    depths = np.arange(d_model)[np.newaxis, :]/d_model # (1, depth)

    angle_rates = 1 / (10000**depths)   # (1, depth)
```

40 https://www.tensorflow.org/text/tutorials/transformer#define_the_embedding_and_positional_encoding

```
    angle_rads = positions * angle_rates # (pos, depth)

    pos_encoding = np.concatenate([np.sin(angle_rads),
                                   np.cos(angle_rads)],axis=-1)[np.newaxis, ...]

    return tf.cast(pos_encoding, dtype=tf.float32)

# Test Code
T_max = 2018; d_model=512
pos_encoding = positional_encoding(T_max, d_model) # (1, T_max, d_model)

pos_encoding = pos_encoding[0]
print(pos_encoding.shape) # (T_max, d_model)

pos_encoding = pos_encoding.numpy()

plt.figure(figsize=(15,5))
plt.subplot(1,2,1)
plt.pcolormesh(pos_encoding.T)

plt.ylabel('Depth')
plt.xlabel('Position')
plt.colorbar()
plt.title('positional encoding')

plt.subplot(1,2,2)
pos_encoding_norm = pos_encoding / np.linalg.norm(pos_encoding,axis=1,keepdims=True)
corr = tf.matmul(pos_encoding_norm,pos_encoding_norm.T)
plt.pcolormesh(corr)
plt.colorbar()
plt.title('dot product')

plt.savefig('Positional Encoding')
```

- `positional_encoding2()`에서는 식(8.7)을 변형해서 적용했다.

8.8.3 Multi Head Attention & Masking

표(8.7)에서는 Q, K, V의 크기를 보여주고 있다. self attention에서는 $Q = K = V$로 사용되고, cross attention에서는 $K = V$로 사용된다.

- **Self Attention:** input text(encoder 입력), output text(decoder의 입출력)를 자체적으로 encoding하기 위해 attention을 사용한다. self attention이 필요한 이유는 한 문장 내에서 단어 간의 연관성을 구하기 위해서이다.
- **Multi-Head Attention:** 하나의 single attention으로 처리하지 않고, h(논문에서는 8)개의 attention으로 나누어 병렬처리 가능하게 만든다. Q, K, V를 linear projection(FC Layer) 한

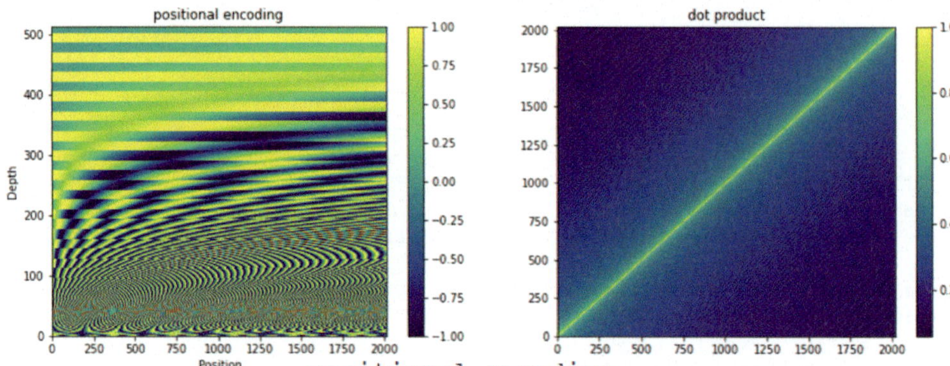

positional_encoding

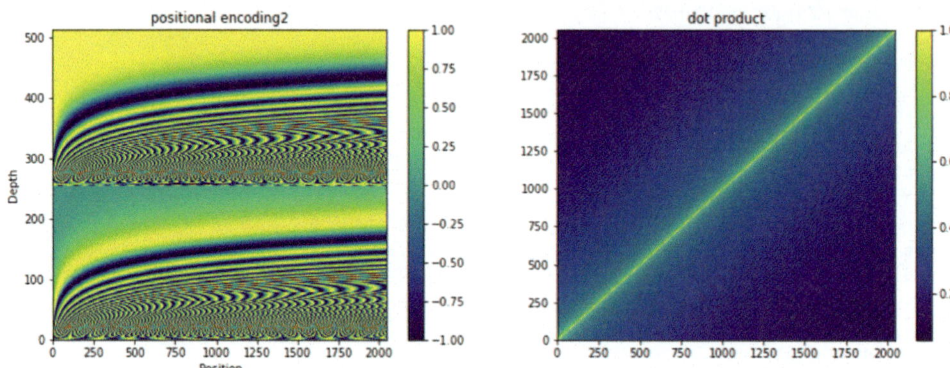

positional_encoding2

그림 8.40: Positional Encoding
오른쪽 그림은 positon의 encoding들 사이의 내적을 그려놓았다. 가까운 position일수록 더 높은 값이 된다는 것을 확인할 수 있다.

구분	Q	K	V	attention vector
일반적 attention	(N, S, D)	(N, T, D)	(N, T, D')	(N, S, D')
encoder self attention	(N, T, D)	(N, T, D)	(N, T, D)	(N, T, D)
decoder self attention	(N, S, D)	(N, S, D)	(N, S, D)	(N, S, D)
cross attention	(N, S, D)	(N, T, D)	(N, T, D)	(N, S, D)

표 8.7: Attention 벡터 크기
N: batch size, T: encoder length, S: decoder length, D: hidden dim, D': attention dim

후 분할하면, 각각 d_k, d_k, d_v 차원의 vector가 된다.

$$d_k = d_v = d_{\text{model}}/h$$

memory(key), query, value를 h개로 나누어 attention vector를 h개 만들어 낸 후, 다시 합친다는 것이 핵심적인 Idea이다.

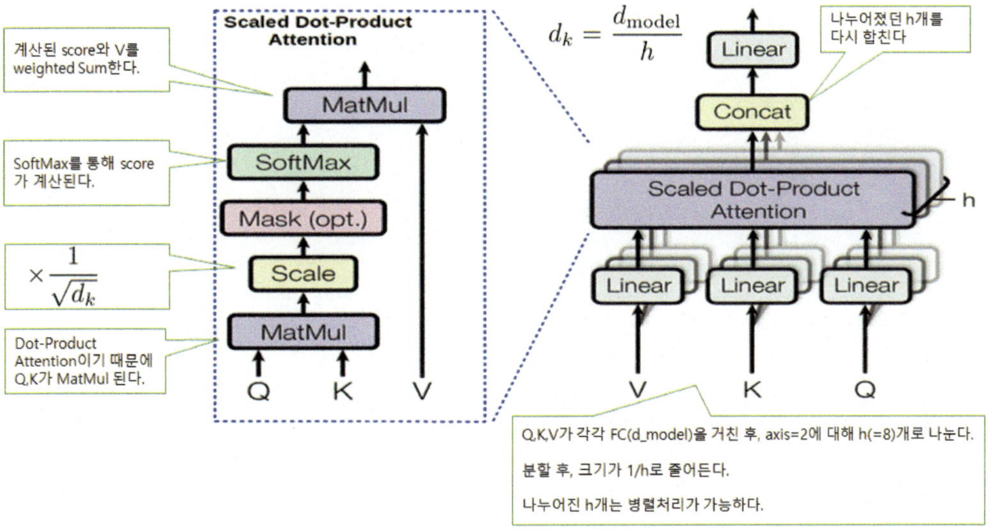

그림 8.41: Multi-Head Attention
8개의 Head로 나누어($d_{model}/8$크기의 vector), 병렬처리가 가능하다. Multi-Head의 장점은 encoding을 8가지로 할 수 있기 때문에, 다양한 encoding이 가능하다. scale factor로 $\frac{1}{\sqrt{d_k}}$이 곱해지는데, 이는 softmax를 취해 확률로 변환되기 전에 logit 값들의 편차를 줄여 gradient vanishing을 방지하는 효과가 있다.

영어를 한글로 번역하는 Task

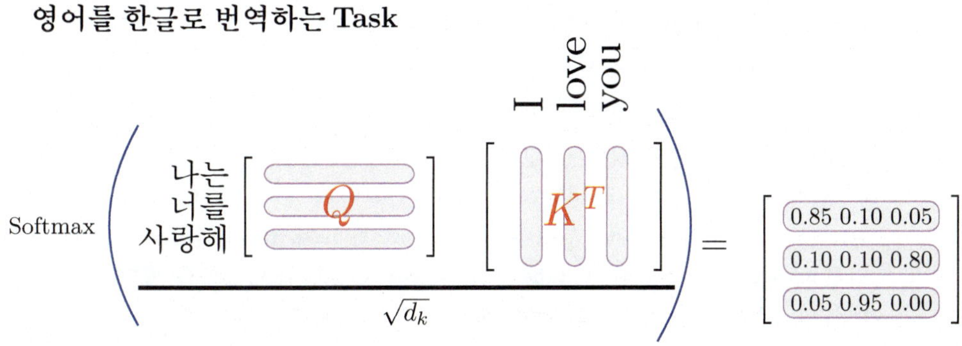

$Q : T \times d_k$, decoder output
$K = V : S \times d_k$, encoder output
$\text{Attention}(Q, K, V) = \text{softmax}\left(\frac{QK^T}{\sqrt{d_k}}\right)V \longleftarrow T \times d_k$

그림 8.42: Scaled Dot-Product (Cross) Attention
T: Encoder Length, S: Decoder Length

그림 (8.42) 에서는 영어를 한글로 번역하는 작업에서 cross attention에서 alignment 계산을 시각적으로 보여주고 있다. 다음 조각 코드는 cross attention Numpy 연산만으로 구현했다.

```
# Dot Product Attention
import numpy as np
from scipy.special import softmax

T = 5; S=7 # T: encoder length, S: decoder length
N = 2; D=3; DD=4
Q = np.random.randn(N,S,D)
K = np.random.randn(N,T,D)
V = np.random.randn(N,T,DD) # transformer에서는 V=K를 사용한다.

score = np.matmul(Q,K.transpose(0,2,1))
print('score shape: ', score.shape) # (N,S,T) = (2, 7, 5)
alignment = softmax(score,axis=-1)

context = np.matmul(alignment, V)
print('context shape: ', context.shape) # (N,S,DD) = (2, 7, 4)
```

- **Masking**

① Encoder Masking: encoder self attention에서 입력의 padding된 부분에 attention이 갈 수 없도록 masking한다.

② Causal Masking: decoder self attention에 적용. Decoder는 새로운 문장을 만들 때 단어를 하나씩 순차적으로 생성하기 때문에, self attention이 자신보다 앞쪽 position에만 attention을 줄 수 있도록 해야 한다. 자신의 위치보다 더 뒤에 있는 position에는 $-\infty$ 값을 부여하여, softmax를 취하면 0이 될 수 있도록 한다.

페이지 435에서 encoder는 양방향 RNN이 가능하지만, decoder에서는 양방향 RNN을 사용할 수 없다고 했다. Transformer의 decoder에서 Causal Masking이 필요한 이유가 양방향 RNN을 사용할 수 없는 이유와 같다.

`tf.keras.layers.MultiHeadAttention`에서는 attention weight가 부여될 부분은 True, attention weight가 부여되지 않은 영역은 False로 된 mask를 만들어서 넘겨주어야 한다. 이런 mask를 만들기 위해 `tf.linalg.band_part()` API를 이용할 수 있다. 그림 (8.43)에서 이 API의 동작 원리를 보여주고 있다.

③ Memory Masking: decoder의 2번째 Multi-Head Attention인 cross attention에 적용된다. encoder의 입력에서 padding된 부분에 attention이 갈 수 없도록 masking해 준다.

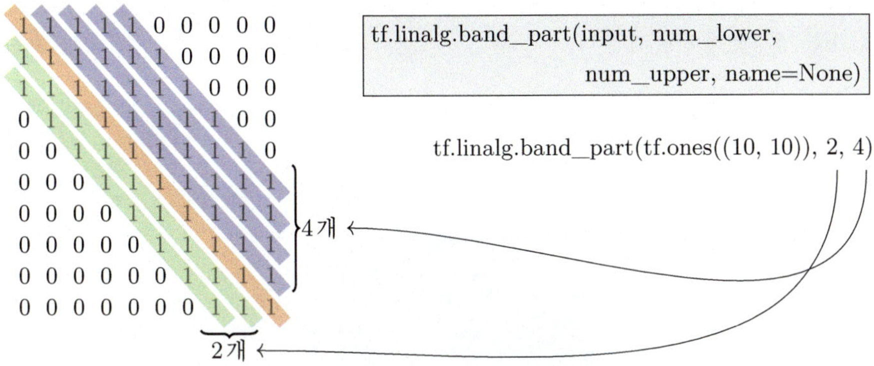

그림 8.43: tf.linalg.band_part() 동작 방식
tf.linalg.band_part()는 대각 원소 아래로 num_lower개, 위로 num_upper개를 제외하고 나머지 모두를 0으로 채워준다. -1로 했을 때는 모두 제외되어 0으로 채워지는 부분이 없다. tf.linalg.band_part(tf.ones((T, T)), -1, 0)은 하삼각(lower triangular) 행렬을 만든다.

코드 8.54: [**Tensorflow**] Causal Mask & MultiHeadAttention

```
from pkg_resources import parse_version

T = 5 # decoder length
D = 3 # decoder hidden dim
num_heads = 4
batch_size = 2

layer = tf.keras.layers.MultiHeadAttention(num_heads=num_heads,
                                           key_dim=D,value_dim=13)

target = tf.random.normal((batch_size,T,D)) # decoder tensor

if parse_version(tf.__version__) >= parse_version('2.10'):
   # use_causal_maks --> TF 2.10 이상 필요.
   output_tensor, weights = layer(query=target, value=target, key=target,
                            use_causal_mask = True, return_attention_scores=True)
else:
   causal_mask = tf.cast(tf.linalg.band_part(tf.ones((T, T)), -1, 0),tf.bool) # (T,T)
   causal_mask = tf.tile(causal_mask[None,:,:],[batch_size,1,1]) # (N,T,T)
   output_tensor, weights = layer(query=target, value=target, key=target,
                        attention_mask=causal_mask, return_attention_scores=True)

print(output_tensor.shape) # (N,T,D) = (2, 5, 3)
print(weights.shape) # (N,num_heads,T,T) = (2, 4, 5, 5)

plt.imshow(weights[0,0])
plt.title('batch #1')
plt.colorbar()
```

- Tensorflow 버전 2.10 이상에서는 `use_causal_mask = True`로 지정하면 내부적으로 causal mask를 생성해서 적용해 준다.
- `tf.linalg.band_part(tf.ones((T, T)), -1, 0)`으로 causal mask를 직접 생성해서 넘겨 줄 수도 있다.

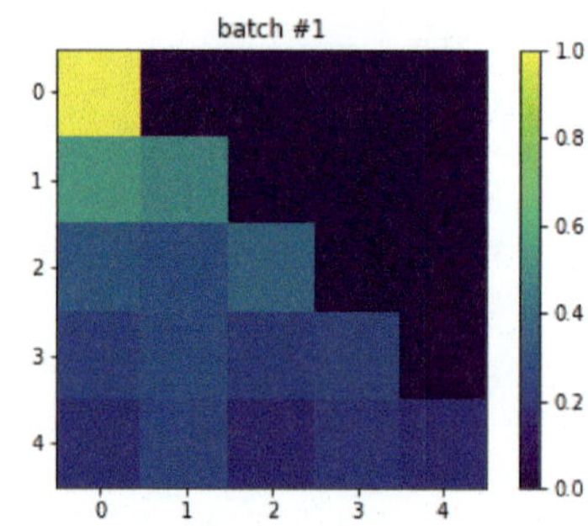

그림 8.44: Causal Mask 예시

코드 8.55: **[Tensorflow]** Padding Mask

```
T = 5 # decoder length
S = 7 # encoder length
D = 3 # hidden dim
num_heads = 4
batch_size = 2

layer = tf.keras.layers.MultiHeadAttention(num_heads=num_heads,
                                           key_dim=D,value_dim=13)

target = tf.random.normal((batch_size,T,D)) # decoder tensor
source = tf.random.normal((batch_size,S,D)) # encoder tensor

enc_mask = np.array([[ True, True, True, True, True, True, False],
                     [ True, True, True, False, False, False, False]]) # (N,S)

attention_mask = tf.tile(enc_mask[:,None,:],[1,T,1]) # (N,S) --> (N,T,S)

output_tensor, weights = layer(query=target, value=source, key=source,
                     attention_mask = attention_mask, return_attention_scores=True)

print(output_tensor.shape) # (N,T,D) = (2, 5, 3)
print(weights.shape) # (N,num_heads,T,S) =(2, 4, 5, 7)

plt.figure(figsize=(15,5))
plt.subplot(1,2,1)
plt.imshow(weights[0,0]) # batch 0, head 0
plt.title('batch #1')
plt.colorbar()

```

```
plt.subplot(1,2,2)
plt.imshow(weights[1,2]) # batch 1, head 2
plt.title('batch #2')
plt.colorbar()
```

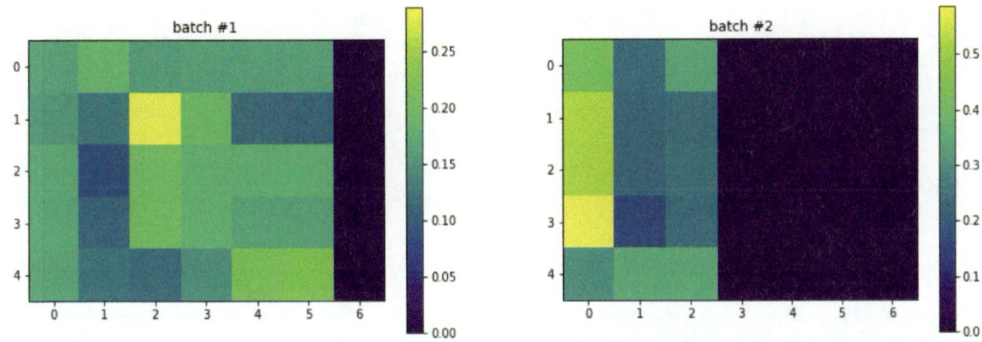

그림 8.45: Padding Mask 예시
padding 영역에는 weight가 0으로 부여되었다.

8.8.4 Position-wise Feed Forward Networks

(Position-wise) Feed Forward Network(FFN)은 논문에 다음과 같이 수식으로 표현되어 있다.

$$\mathrm{FFN}(x) = \max\left(0, xW_1 + b_1\right)W_2 + b2$$

이 식은 FC Layer를 2단 연결한 구조이다. FC Layer 사이의 activation function은 Relu이다. FFN은 모든 time-step에 모두 적용되고, weight를 공유한다. 다시 말해, Encoder Layer마다 하나의 FFN만 존재한다. FFN의 입력, 출력의 크기는 d_{model} 이다. 중간 layer의 크기 (d_{ff})는 hyper parameter로 정해 주어야 한다. 보통 d_{model} 의 4배로 한다.

8.9 Transformer Tensorflow 구현

8.9.1 Hyper Parameters & Dataset 생성

훈련용 데이터는 코드 8.41에서 생성한 date_aug.txt를 사용해 보자.

코드 8.56: hyper parameter 정의

```
from hparams import HParams # pip install hparams

hp = HParams(
    data_filename='date_aug.txt',
    vocab_filename = 'transformer_vocab_tf.pickle',
    model_save_dir = './transformer_saved_model_tf',
    checkpoint_name = 'model_ckpt',
    MAX_LEN = 29,
    batch_size = 32,
    num_epoch = 10,

    num_layers = 6,
    d_model = 32,
    dff = 128, # d_model의 4배. --> Transformer 논문에서 d_model=512, dff= 4x512=2048
    num_heads = 8,
    drop_rate = 0.1,
    mask_rate = 0.2,
)
```

훈련용 Dataset 생성은 코드 8.33과 동일하다. 코드 8.32에서 구현한 load_data()를 동일하게 사용한다.

코드 8.57: [**Tensorflow**] 훈련용 Dataset 생성

```
GO_TOKEN = '<sos>'; END_TOKEN = '<eos>'; PAD = '<pad>'; UNK = '<unk>'

inputs,seq_lengths, targets, word_to_index, index_to_word, VOCAB_SIZE, INPUT_LENGTH,
    OUTPUT_LENGTH = load_data(hp,train_flag=True)

train_input, test_input,train_seq_length, test_seq_length, train_target, test_target
    = train_test_split(inputs,seq_lengths, targets, test_size=0.1, random_state=1234)

print(f'train_input: {train_input.shape},test_input: {test_input.shape},\
train_seq_length: {train_seq_length.shape},test_seq_length {test_seq_length.shape},\
train_target: {train_target.shape},test_target: {test_target.shape}')

print(f'INPUT_LENGTH: {INPUT_LENGTH}, OUTPUT_LENGTH: {OUTPUT_LENGTH}')
print(f'VOCAB_SIZE: {VOCAB_SIZE}')

batch_size = hp['batch_size']
train_dataset = tf.data.Dataset.from_tensor_slices(((train_input,train_seq_length),
    train_target))
```

```
train_dataset = train_dataset.shuffle(buffer_size=5000)
train_dataset = train_dataset.batch(batch_size,drop_remainder=True)

batch_size_val = len(test_input)
valid_dataset = tf.data.Dataset.from_tensor_slices(((test_input,test_seq_length),
    test_target))
valid_dataset = valid_dataset.batch(batch_size_val) # 전체 데이터를 batch 하나로...
```

8.9.2 Transformer Encoder

그림 (8.38) 에 있는 것처럼 Encoder Layer를 먼저 구현한 후, 구현한 Encoder Layer를 쌓아서 Encoder를 구현한다.

코드 8.58: [**Tensorflow**] Transformer Encoder

```
def point_wise_feed_forward_network(d_model, dff):
    return tf.keras.Sequential([
        tf.keras.layers.Dense(dff, activation='relu'), # (batch_size, seq_len, dff)
        tf.keras.layers.Dense(d_model) # (batch_size, seq_len, d_model)
    ])

class EncoderLayer(tf.keras.layers.Layer):
    def __init__(self, d_model, num_heads, dff, rate=0.1):
        super(EncoderLayer, self).__init__()

        self.mha = tf.keras.layers.MultiHeadAttention(num_heads,key_dim=d_model,
                                                      value_dim=d_model)
        self.ffn = point_wise_feed_forward_network(d_model, dff)

        self.layernorm1 = tf.keras.layers.LayerNormalization(epsilon=1e-6)
        self.layernorm2 = tf.keras.layers.LayerNormalization(epsilon=1e-6)

        self.dropout1 = tf.keras.layers.Dropout(rate)
        self.dropout2 = tf.keras.layers.Dropout(rate)

    def call(self, x, training, mask):
        # x: (batch_size, input_seq_len, d_model)
        # mask: (N,input_seq_len,input_seq_len)
        attn_output = self.mha(x, x, x, attention_mask=mask,training=training)
        attn_output = self.dropout1(attn_output, training=training)
        out1 = self.layernorm1(x + attn_output) # (batch_size, input_seq_len, d_model)

        ffn_output = self.ffn(out1) # (batch_size, input_seq_len, d_model)
        ffn_output = self.dropout2(ffn_output, training=training)

        # (batch_size, input_seq_len, d_model)
        out2 = self.layernorm2(out1 + ffn_output)

        return out2

```

```
class Encoder(tf.keras.layers.Layer):
    def __init__(self, num_layers, d_model, num_heads, dff, input_vocab_size,
                 maximum_position_encoding, drop_rate=0.1, mask_rate=0.1):
        super(Encoder, self).__init__()

        self.mask_rate = mask_rate
        self.d_model = d_model
        self.num_layers = num_layers

        self.embedding = tf.keras.layers.Embedding(input_vocab_size, d_model)
        self.pos_encoding = positional_encoding(maximum_position_encoding,
                                                self.d_model) #(1,T,D)

        self.enc_layers = [EncoderLayer(d_model, num_heads, dff, drop_rate) for _ in range(num_layers)]

        self.dropout = tf.keras.layers.Dropout(drop_rate)

    def call(self, x, training, mask):
        seq_len = tf.shape(x)[1]

        if training:
            input_mask = tf.cast(tf.random.uniform(x.shape,maxval=1,dtype=tf.float32) > self.mask_rate,tf.int32)
            x = x * input_mask

        # (batch_size, input_seq_len) --> (batch_size, input_seq_len, d_model)
        x = self.embedding(x)

        x *= tf.math.sqrt(tf.cast(self.d_model, tf.float32))
        x += self.pos_encoding[:, :seq_len, :]

        x = self.dropout(x, training=training)

        for i in range(self.num_layers):
            x = self.enc_layers[i](x, training, mask)

        return x # (batch_size, input_seq_len, d_model)
```

- EncoderLayer는 그림 (8.35)에서 보여주는 모델 구조에 충실하게 구현되었다.
- Encoder는 EncoderLayer를 num_layers만큼 쌓아서 만든다.
- positional_encoding()은 코드 8.53에 구현되어 있다. 앞에서 설명한 대로, embedding vector에 position encoding을 더해지기 전에 $\sqrt{d_{\text{model}}}$을 곱했다.
- Encoder에서 코드 8.34에서와 동일하게 input_mask를 적용했다.

8.9.3 Transformer Decoder

Encoder와 동일하게 Decoder Layer를 먼저 구현한 후, Decoder를 구현한다.

코드 8.59: [**Tensorflow**] Transformer Decoder

```
class DecoderLayer(tf.keras.layers.Layer):
    def __init__(self, d_model, num_heads, dff, rate=0.1):
        super(DecoderLayer, self).__init__()

        self.mha1 = tf.keras.layers.MultiHeadAttention(num_heads,key_dim=d_model,
                                                        value_dim=d_model)
        self.mha2 = tf.keras.layers.MultiHeadAttention(num_heads,key_dim=d_model,
                                                        value_dim=d_model)

        self.ffn = point_wise_feed_forward_network(d_model, dff)

        self.layernorm1 = tf.keras.layers.LayerNormalization(epsilon=1e-6)
        self.layernorm2 = tf.keras.layers.LayerNormalization(epsilon=1e-6)
        self.layernorm3 = tf.keras.layers.LayerNormalization(epsilon=1e-6)

        self.dropout1 = tf.keras.layers.Dropout(rate)
        self.dropout2 = tf.keras.layers.Dropout(rate)
        self.dropout3 = tf.keras.layers.Dropout(rate)

    def call(self, x, enc_output, training, look_ahead_mask, padding_mask):
        # x: (batch_size, target_seq_len, d_model)
        # enc_output.shape: (batch_size, input_seq_len, d_model)
        # look_ahead_mask: causal mask
        attn1, attn_weights_block1 = self.mha1(x, x, x,
                  attention_mask = look_ahead_mask,return_attention_scores=True,
                  training=training) # (batch_size, target_seq_len, d_model)
        attn1 = self.dropout1(attn1, training=training)
        out1 = self.layernorm1(attn1 + x)

        attn2, attn_weights_block2 = self.mha2(out1, enc_output, enc_output,
                  attention_mask = padding_mask,return_attention_scores=True,
                  training=training) # (batch_size, target_seq_len, d_model)

        attn2 = self.dropout2(attn2, training=training)
        out2 = self.layernorm2(attn2 + out1) # (batch_size, target_seq_len, d_model)

        ffn_output = self.ffn(out2) # (batch_size, target_seq_len, d_model)
        ffn_output = self.dropout3(ffn_output, training=training)

        # (batch_size, target_seq_len, d_model)
        out3 = self.layernorm3(ffn_output + out2)

        # attn_weights_block2: (N,num_heads,target_seq_len,input_seq_len)
        return out3, attn_weights_block1, attn_weights_block2

class Decoder(tf.keras.layers.Layer):
    def __init__(self, num_layers, d_model, num_heads, dff, target_vocab_size,
```

```
                maximum_position_encoding, rate=0.1):
        super(Decoder, self).__init__()

        self.d_model = d_model
        self.num_layers = num_layers

        self.embedding = tf.keras.layers.Embedding(target_vocab_size, d_model)
        self.pos_encoding = positional_encoding(maximum_position_encoding, d_model)

        self.dec_layers = [DecoderLayer(d_model, num_heads, dff, rate) for _ in
            range(num_layers)]
        self.dropout = tf.keras.layers.Dropout(rate)

    def call(self, x, enc_output, training,look_ahead_mask, padding_mask):
        seq_len = tf.shape(x)[1]
        attention_weights = {}

        x = self.embedding(x) # (batch_size, target_seq_len, d_model)
        x *= tf.math.sqrt(tf.cast(self.d_model, tf.float32))
        x += self.pos_encoding[:, :seq_len, :]

        x = self.dropout(x, training=training)

        for i in range(self.num_layers):
            x, block1, block2 = self.dec_layers[i](x, enc_output, training,
                                            look_ahead_mask, padding_mask)

            # Decoder Self Attention weight
            attention_weights[f'decoder_layer{i+1}_block1'] = block1
            # Decoder Cross Attention weight
                attention_weights[f'decoder_layer{i+1}_block2'] = block2

        return x, attention_weights # x.shape: (batch_size, target_seq_len, d_model)
```

- `DecoderLayer`는 2개의 `MultiHeadAttention`을 가지고 있다. 2개의 `MultiHeadAttention`이 있기 때문에, 2개의 mask를 입력으로 받았다.
- `look_ahead_mask`는 Decoder의 self attention에서 필요한 causal mask이고 `padding_mask`는 cross attention에서 사용할 Encoder에 대한 mask이다.
- `Decoder`는 `Encoder`와 동일하게 `DecoderLayer`를 `num_layers`만큼 쌓아서 만들었다.

8.9.4 Transformer: Encoder, Decoder 통합

이미 구현한 Encoder, Decoder를 결합하여 Transformer를 구현한다.

코드 8.60: [**Tensorflow**] Transformer class 구현

```
class Transformer(tf.keras.Model):
    def __init__(self, num_layers, d_model, num_heads, dff, input_vocab_size,
              target_vocab_size, pe_input, pe_target, drop_rate=0.1,
              mask_rate=0.1,batch_size=None):
        super(Transformer, self).__init__()

        self.encoder = Encoder(num_layers, d_model, num_heads, dff, input_vocab_size,
                               pe_input, drop_rate, mask_rate)

        self.decoder = Decoder(num_layers, d_model, num_heads, dff, target_vocab_size,
                               pe_target, drop_rate)

        self.final_layer = tf.keras.layers.Dense(target_vocab_size)

        # signature
        self.train_step_signature =
                        [tf.TensorSpec(shape=(batch_size, pe_input), dtype=tf.int32),
                         tf.TensorSpec(shape=(batch_size,), dtype=tf.int32),
                         tf.TensorSpec(shape=(batch_size, pe_target+1), dtype=tf.int32),]

        self.validation_step_signature =
                        [tf.TensorSpec(shape=(None, pe_input), dtype=tf.int32),
                         tf.TensorSpec(shape=(None,), dtype=tf.int32),
                         tf.TensorSpec(shape=(None, pe_target+1), dtype=tf.int32),]

        # metrics
        self.train_loss = tf.keras.metrics.Mean(name='train_loss')
        self.train_accuracy = tf.keras.metrics
           .SparseCategoricalAccuracy(name='train_accuracy') # character accurary

        self.debug = False # True이면 debugging mode
        self._apply_all_signatures()

    def call(self, inp, tar, training, enc_padding_mask,
            look_ahead_mask, dec_padding_mask):

        # (batch_size, inp_seq_len, d_model)
        enc_output = self.encoder(inp, training, enc_padding_mask)

        # dec_output.shape == (batch_size, tar_seq_len, d_model)
        dec_output, attention_weights = self.decoder(tar, enc_output, training,
                                        look_ahead_mask, dec_padding_mask)

        # (batch_size, tar_seq_len, target_vocab_size)
        final_output = self.final_layer(dec_output)

        return final_output, attention_weights
```

```

    def _apply_signature(self, function, signature):
        if self.debug:
            return function
        else:
            return tf.function(input_signature=signature)(function)

    def _apply_all_signatures(self):
        self.train_step = self._apply_signature(self._train_step,
                                self.train_step_signature)
        self.validation_step = self._apply_signature(self._validation_step,
                                self.validation_step_signature)

    def _train_step(self, inp, seq_length, tar):
        # compile(optimizer = optimizer,loss = loss_function)
        # --> self.optimizer, self.loss가 지정되었다.
        tar_inp = tar[:, :-1]
        tar_real = tar[:, 1:]

        enc_padding_mask, combined_mask, dec_padding_mask =
                                        create_masks(inp, seq_length, tar_inp)

        with tf.GradientTape() as tape:
            predictions, _ = self.call(inp, tar_inp, True, enc_padding_mask,
                                    combined_mask, dec_padding_mask)
            loss = self.loss(tar_real, predictions)

        gradients = tape.gradient(loss, self.trainable_variables)
        self.optimizer.apply_gradients(zip(gradients, self.trainable_variables))

        self.train_loss(loss)
        # (y_true, y_ped), character accurary
        self.train_accuracy(tar_real, predictions)

    def _validation_step(self, inp, seq_length, tar):
        tar_inp = tar[:, :-1]
        tar_real = tar[:, 1:]

        enc_padding_mask, combined_mask, dec_padding_mask =
                                        create_masks(inp, seq_length, tar_inp)

        predictions, _ = self.call(inp, tar_inp, False, enc_padding_mask,
                                    combined_mask, dec_padding_mask)
        predictions = tf.argmax(predictions,axis=-1)

        # 비교하려면, tf.int32로 변환되어야 한다. tf.int64는 안 된다.
        compared = tf.equal(tf.cast(tar_real,tf.int32),tf.cast(predictions,tf.int32))
        char_accuracy = tf.reduce_mean(tf.cast(compared,tf.float32))

        seq_accuracy =
            tf.reduce_mean(tf.cast(tf.reduce_all(compared,axis=-1),tf.float32))

        return char_accuracy,seq_accuracy

```

```
def create_masks(inp, seq_length, tar):
    S = tf.shape(inp)[1] # encoder length
    T = tf.shape(tar)[1] # decoder length

    enc_mask = tf.sequence_mask(seq_length,S) # (N,S)

    # Encoder padding mask
    enc_padding_mask = tf.tile(enc_mask[:,None,:],[1,S,1]) # (N,S,S)

    # Decoder의 2번째 Multi-Head-Attention에 적용할 encoder padding
    # (N,T,S) cross attention mask
    dec_padding_mask = tf.tile(enc_mask[:,None,:],[1,T,1])

    batch_size = tf.shape(inp)[0]
    causal_mask = tf.cast(tf.linalg.band_part(tf.ones((T, T)), -1, 0),tf.bool) # (T,T)
    causal_mask = tf.tile(causal_mask[None,:,:],[batch_size,1,1]) # (N,T,T)

    return enc_padding_mask, causal_mask, dec_padding_mask # (N,S,S), (N,T,T), (N,T,S)
```

- 5.5절에서 설명한 대로, `tf.function` decorator를 이용해서 Graph Mode 훈련하면 실행 속도가 빨라진다.
- Graph Mode에서는 debugging이 안 되기 때문에, `self.debug=True`로 설정하여 debugging이 가능하게 구현했다.
- `create_masks()`는 Encoder, Decoder에 있는 3개의 Multi-Head-Attention에서 사용할 mask를 생성하는 함수이다.

8.9.5 Loss Function & Learning Rate Scheduler

논문에서는 learing rate을 다음과 같이 제안하고 있다.

$$\text{learing rate} = d_{\text{model}}^{-0.5} \times \min\left(\text{step\_num}^{-0.5}, \text{step\_num} \times \text{warmup\_steps}^{-1.5}\right).$$

$\text{warmup_steps} = 4000$을 사용했다고 되어 있다.

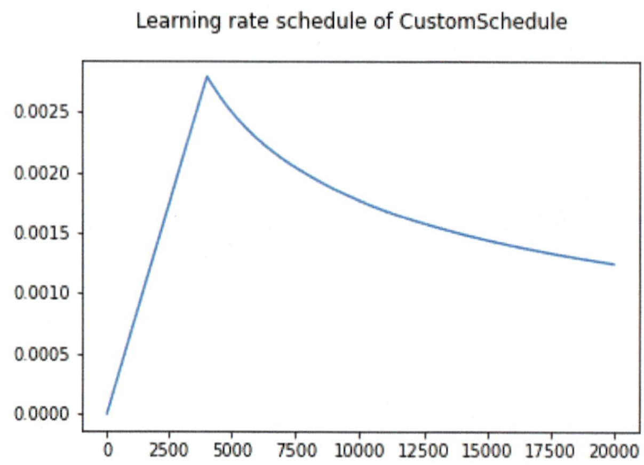

그림 8.46: $d_{\text{model}} = 32$ 인 경우, step에 따른 learning rate 변화

코드 8.61: [**Tensorflow**] Loss Function, Learning Rate Scheduler

```
loss_object = tf.keras.losses.SparseCategoricalCrossentropy(from_logits=True,
                                                            reduction='none')

def loss_function(y_true, y_pred):
    mask = tf.math.logical_not(tf.math.equal(y_true, 0))
    loss_ = loss_object(y_true, y_pred)

    mask = tf.cast(mask, dtype=loss_.dtype)
    loss_ *= mask
    return tf.reduce_sum(loss_)/tf.reduce_sum(mask)

class CustomSchedule(tf.keras.optimizers.schedules.LearningRateSchedule):
    # 논문에서 제시한 learning rate scheduler
    def __init__(self, d_model, warmup_steps=4000):
        super(CustomSchedule, self).__init__()

        self.d_model = tf.cast(d_model, tf.float32)
        self.warmup_steps = warmup_steps

    def __call__(self, step):
        arg1 = tf.math.rsqrt(tf.cast(step,tf.float32))
        arg2 = step * (self.warmup_steps ** -1.5)

        return tf.math.rsqrt(self.d_model) * tf.math.minimum(arg1, arg2)
```

- padding된 부분에 대한 loss는 반영하지 않기 위해, 사용자 정의 loss 함수를 만들었다[41]. 5.5절에서 설명한 대로 (`y_true, pred`) 순으로 argument가 정의되어야 한다.

41 사실 우리가 다루는 날짜 변환에서는 decoder의 target 데이터에는 padding이 없다.

8.9.6 모델 훈련

코드 8.62: [**Tensorflow**] Transformer 훈련

```
def train():
    ############ DATA
    inputs,seq_lengths, targets, word_to_index, index_to_word, VOCAB_SIZE, INPUT_LENGTH, OUTPUT_LENGTH = load_data(hp,train_flag=True)
    print(word_to_index)
    print()

    ############ Hyper parameters
    hp['vocab_size'] = VOCAB_SIZE
    batch_size = hp['batch_size']
    encoder_length= INPUT_LENGTH # = hp['MAX_LEN']
    decoder_length = OUTPUT_LENGTH
    num_layers = hp['num_layers']
    hidden_dim = hp['d_model']
    dff = hp['dff']
    num_heads = hp['num_heads']
    num_epochs = hp['num_epoch']
    drop_rate = hp['drop_rate']
    mask_rate = hp['mask_rate']

    model_save_dir = hp['model_save_dir']
    checkpoint_name = hp['checkpoint_name']


    train_input, test_input,train_seq_length, test_seq_length, train_target, test_target = train_test_split(inputs,seq_lengths, targets, test_size=0.1, random_state=1234)
    print(f'train_input: {train_input.shape},test_input: {test_input.shape},train_seq_length: {train_seq_length.shape}, test_seq_length {test_seq_length.shape},train_target: {train_target.shape},test_target: {test_target.shape}')

    print(f'INPUT_LENGTH: {INPUT_LENGTH}, OUTPUT_LENGTH: {OUTPUT_LENGTH}')
    print(f'VOCAB_SIZE: {VOCAB_SIZE}')

    train_dataset = tf.data.Dataset.from_tensor_slices(((train_input,train_seq_length), train_target))
    train_dataset = train_dataset.shuffle(buffer_size=20000)
    train_dataset = train_dataset.batch(batch_size,drop_remainder=True)

    valid_dataset = tf.data.Dataset.from_tensor_slices(((test_input,test_seq_length), test_target))
    valid_dataset = valid_dataset.batch(len(test_input),drop_remainder=True)

    ############ MODEL
    transformer = Transformer(num_layers=num_layers, d_model=hidden_dim,
                    num_heads=num_heads, dff=dff, input_vocab_size=VOCAB_SIZE,
                    target_vocab_size=VOCAB_SIZE, pe_input=encoder_length,
                    pe_target=decoder_length, drop_rate=drop_rate,
```

```
                            mask_rate=mask_rate,batch_size=batch_size)

    learning_rate = CustomSchedule(hidden_dim)

    optimizer = tf.keras.optimizers.Adam(learning_rate, beta_1=0.9, beta_2=0.98,
                                         epsilon=1e-9)

    epochs_trained = tf.Variable(0)

    ckpt = tf.train.Checkpoint(transformer=transformer,optimizer=optimizer,
                               epochs = epochs_trained)
    ckpt_manager = tf.train.CheckpointManager(ckpt, model_save_dir,
                               checkpoint_name=checkpoint_name ,max_to_keep=5)

    # if a checkpoint exists, restore the latest checkpoint.
    if ckpt_manager.latest_checkpoint:
        ckpt.restore(ckpt_manager.latest_checkpoint)

        start_epoch = epochs_trained.numpy()
        step_count = start_epoch * (len(train_input)// batch_size)
        print('Latest checkpoint restored!! {}, epochs = {}, step_count = {}'
            .format(ckpt_manager.latest_checkpoint, start_epoch, step_count))

    else:
        step_count = 0
        start_epoch = 0
        print("Initializing from scratch.")

    s_time = time.time()

    transformer.compile(optimizer = optimizer,loss = loss_function)

    for epoch in range(start_epoch+1, num_epochs+1):
        for i, ((encoder_inputs,seq_length), targets) in enumerate(train_dataset):
            step_count += 1

            transformer.train_step(encoder_inputs, seq_length, targets)

            if step_count % 500==0:
                print (f'Epoch {epoch:>3} step {step_count:>5}, \
Loss {transformer.train_loss.result():10.4f}, Char. Accuracy \
{transformer.train_accuracy.result():10.4f}, Elapsed: {int(time.time()-s_time):>10}')

        # epoch마다 loss, accuracy reset.
        transformer.train_loss.reset_state()
        transformer.train_accuracy.reset_state()

        if epoch % 1== 0:
            for _, ((encoder_inputs,seq_length),targets) in enumerate(valid_dataset):
                char_accuracy,seq_accuracy = transformer.validation_step(encoder_inputs,
                                                                seq_length, targets)
                print('validation - char_accuracy: {:10.4f}, seq_accuracy: \
{:10.4f}'.format(char_accuracy,seq_accuracy))
```

```
        if epoch % 5==0:
            epochs_trained.assign(epoch)
            ckpt_save_path = ckpt_manager.save(checkpoint_number = epoch)
            print ('Saving checkpoint for epoch {} at {}'.format(epoch+1,ckpt_save_path))

train()
```

Output:

```
Initializing from scratch.
Epoch   1 step   500, Loss    2.2408, Char. Accuracy     0.3652, Elapsed:        21
Epoch   1 step  1000, Loss    1.6817, Char. Accuracy     0.4756, Elapsed:        34
Epoch   1 step  1500, Loss    1.3823, Char. Accuracy     0.5586, Elapsed:        47
Epoch   1 step  2000, Loss    1.1553, Char. Accuracy     0.6292, Elapsed:        60
Epoch   1 step  2500, Loss    1.0023, Char. Accuracy     0.6765, Elapsed:        73
validation - char_accuracy:    0.9927, seq_accuracy:     0.9428

...

validation - char_accuracy:    0.9989, seq_accuracy:     0.9916
Epoch  10 step 25500, Loss    0.2454, Char. Accuracy     0.9023, Elapsed:       701
Epoch  10 step 26000, Loss    0.2465, Char. Accuracy     0.9013, Elapsed:       715
Epoch  10 step 26500, Loss    0.2461, Char. Accuracy     0.9013, Elapsed:       728
Epoch  10 step 27000, Loss    0.2465, Char. Accuracy     0.9012, Elapsed:       741
Epoch  10 step 27500, Loss    0.2457, Char. Accuracy     0.9012, Elapsed:       754
Epoch  10 step 28000, Loss    0.2449, Char. Accuracy     0.9014, Elapsed:       767
validation - char_accuracy:    0.9988, seq_accuracy:     0.9906
Saving checkpoint for epoch 11 at ./transformer_saved_model_tf/model_ckpt-10
```

8.9.7 모델 테스트

코드 8.63: [**Tensorflow**] Transformer 모델 테스트

```
def plot_attention_weights_multi_head(index_to_word,attention, sentence,
                                       result, layer,id=0):
    fig = plt.figure(figsize=(8, 12))

    # batch중에서 id번째 data에 해당하는 것
    # (num_heads,decoder_length, encoder_length) ---> 추출
    attention = attention[layer][id]
    sentence = sentence[id]
    result = result[id]

    sentence = [index_to_word[i] for i in sentence]

    # 최대 길이 제한
    sentence = [a if a!='<pad>' else ' ' for a in sentence][:attention.shape[2]]
```

```python

    for head in range(attention.shape[0]):
        ax = fig.add_subplot(4, 2, head+1)

        # plot the attention weights
        ax.matshow(attention[head], cmap='viridis')

        fontdict = {'fontsize': 12}

        ax.set_xticks(range(len(sentence)))
        ax.set_yticks(range(len(result)))

        ax.set_ylim(len(result)-1.5, -0.5) # 결과의 마지막 <eos>가 보이지 않게 만든다.

        ax.set_xticklabels(sentence, fontdict=fontdict)
        ax.set_yticklabels([index_to_word[i] for i in result], fontdict=fontdict)

        ax.grid(color='white', linestyle='-', linewidth=0.3, )

        ax.set_xlabel('Head {}'.format(head+1))

        ax.set_aspect(2)

    fig.tight_layout()
    fig.subplots_adjust(hspace=0.4)
    plt.show()

def test():
    inputs, seq_lengths, word_to_index, index_to_word, VOCAB_SIZE, INPUT_LENGTH = load_data(hp,'test_data.txt',train_flag=False)
    print(word_to_index)
    print('train_input: {}'.format(inputs.shape))
    print('INPUT_LENGTH: {}'.format(INPUT_LENGTH))

    raw_data = []
    pad_token = word_to_index[PAD]
    for i,d in enumerate(inputs):
        raw_data.append(''.join([index_to_word[x] for x in d if x != pad_token]))

    test_dataset = tf.data.Dataset.from_tensor_slices((inputs,seq_lengths))
    test_dataset = test_dataset.batch(len(inputs),drop_remainder=False)

    ########## Hyper parameters
    hp['vocab_size'] = VOCAB_SIZE
    encoder_length= INPUT_LENGTH # = hp['MAX_LEN']
    decoder_length = 11
    num_layers = hp['num_layers']
    hidden_dim = hp['d_model']
    dff = hp['dff']
    num_heads = hp['num_heads']
    num_epoch = hp['num_epoch']
    drop_rate = hp['drop_rate']
    mask_rate = hp['mask_rate']

```

```
    model_save_dir = hp['model_save_dir']
    checkpoint_name = hp['checkpoint_name']

    transformer = Transformer(num_layers=num_layers, d_model=hidden_dim,
                              num_heads=num_heads, dff=dff, input_vocab_size=VOCAB_SIZE,
                              target_vocab_size=VOCAB_SIZE, pe_input=encoder_length,
                              pe_target=decoder_length, drop_rate=drop_rate,
                              mask_rate = mask_rate)

    ckpt = tf.train.Checkpoint(transformer=transformer)
    ckpt_manager = tf.train.CheckpointManager(ckpt, model_save_dir,
                                 checkpoint_name=checkpoint_name ,max_to_keep=1)

    # checkpoint가 있으면, 마지막 checkpoint 복원
    if ckpt_manager.latest_checkpoint:
        ckpt.restore(ckpt_manager.latest_checkpoint).expect_partial()
        print ('Latest checkpoint restored!!', ckpt_manager.latest_checkpoint)

    else:
        print(f'No Model Found at {model_save_dir}')
        return

    def evaluate(encoder_inputs, seq_length):
        # inp_sentences: batch_data.

        batch_size = len(encoder_inputs)
        decoder_inputs_init = np.array([word_to_index[GO_TOKEN]]*batch_size)
                                       .reshape(-1,1)
        decoder_inputs = decoder_inputs_init
        for i in range(decoder_length):
            enc_padding_mask, combined_mask, dec_padding_mask =
                create_masks(encoder_inputs, seq_length, decoder_inputs)

            # predictions.shape == (batch_size, seq_len, vocab_size)
            predictions, attention_weights = transformer(encoder_inputs,
                                                         decoder_inputs, False,
                                                         enc_padding_mask, combined_mask,
                                                         dec_padding_mask)

            predictions = tf.cast(tf.argmax(predictions, axis=-1), tf.int32)

            decoder_inputs = tf.concat([decoder_inputs_init, predictions], axis=-1)

        return predictions, attention_weights

    result_tokens = []
    result_all = []
    end_token = word_to_index[END_TOKEN]
    for _, (encoder_inputs,seq_length) in enumerate(test_dataset):
        predictions, attention_weights = evaluate(encoder_inputs,seq_length)
        for p in predictions:
            result_tokens.append(p.numpy())
            output = ''.join([index_to_word[x] for x in p.numpy() if x != end_token])
            result_all.append(output)
```

```
        plot_attention_weights_multi_head(index_to_word,attention_weights,
                               encoder_inputs.numpy(), result_tokens,
                               'decoder_layer6_block2',id=0) # 1,2,..., num_layers

    for x,y in zip(raw_data,result_all):
        print('{:<30} ==> {}'.format(x,y))

test()
```

- 모델이 저장된 checkpoint 파일에는 optimizer를 포함해서 다른 것들도 저장되어 있다. 추론을 위해서는 훈련에 필요한 저장값들은 불필요하다. `expect_partial()`을 이용해서 필요한 weight만 loading한다.

Output:

```
data1:  january 01 , 1996    ==> 1996-01-01
data2:  february 27, 1994    ==> 1994-02-27
data3:  ebruary 27, 1994     ==> 1994-02-27
data4:  3/10/93              ==> 1993-03-10
data5:  march 11, 1986       ==> 1986-03-11
data6:  april 3, 1996        ==> 1996-04-03
data7:  may 18, 1980         ==> 1980-05-18
data8:  jun 17, 2013         ==> 2013-06-17
data9:  july 27, 2000        ==> 2000-07-27
data10: august 27, 1988      ==> 1988-08-27
data11: auust 19, 2003       ==> 2003-08-19
data12: ugust 19, 2013                 ==> 2013-08-19
data13: september 27, 1994             ==> 1994-09-27
data14: setember 27, 2020              ==> 2020-09-27
data15: eptember 27, 2022              ==> 2022-09-27
data16: tuesday, september 25, 1984 ==> 1984-09-25
data17: october 24, 1974               ==> 1974-10-24
data18: 10/31/90                       ==> 1990-10-31
data19: 10/5/15                        ==> 2015-10-05
data20: november 03, 2194              ==> 2194-11-03
data21: december 5, 1971               ==> 1971-12-05
```

- 21개의 테스트 데이터에 대해 모두 정확한 예측을 했다.

- 그림 (8.47)에서는 `'decoder_layer6_block2'`의 multi-head attention을 결과를 보여주고 있다.

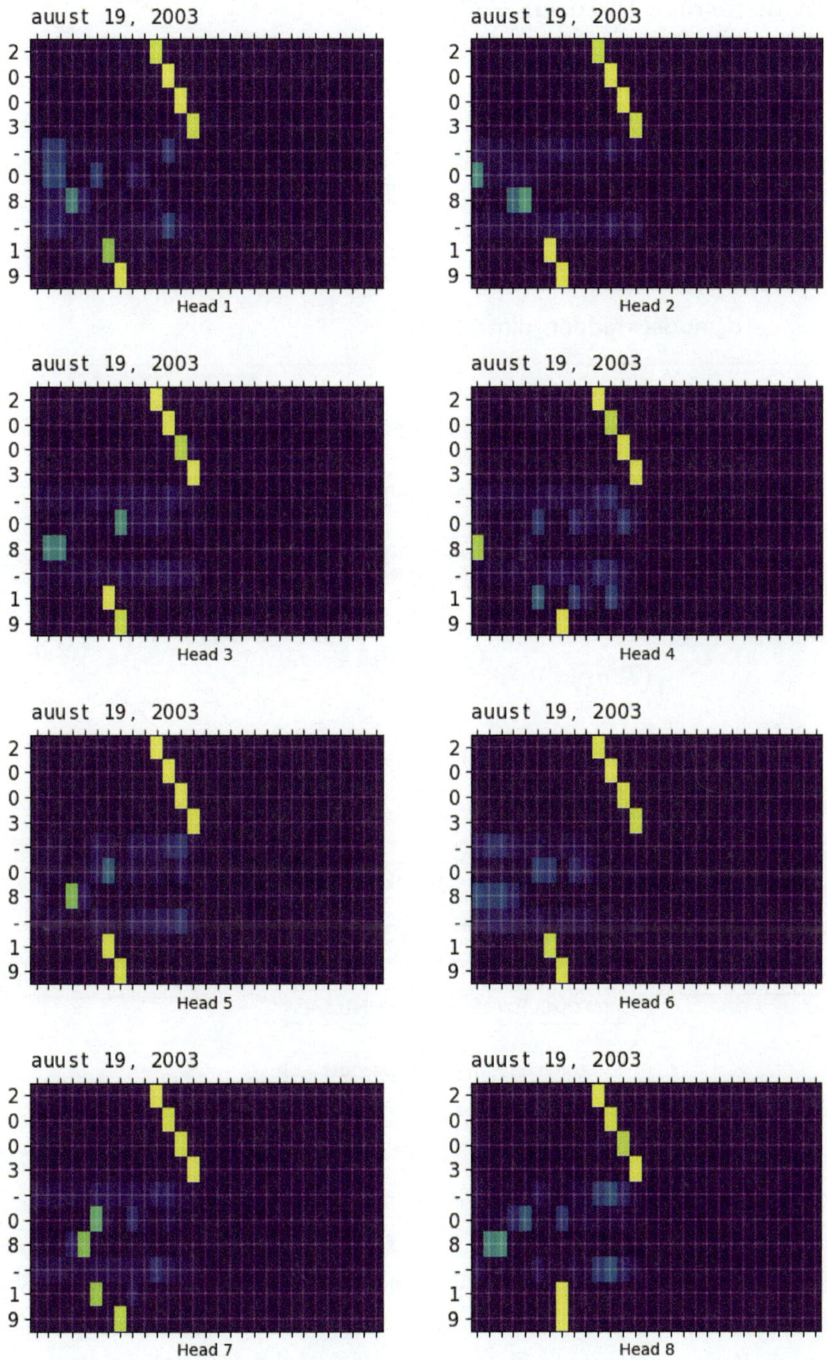

그림 8.47: Multi-Head Attention weight 결과

8.10 Transformer Pytorch 구현

`torch.nn.Transformer` API를 활용해서 날짜 변환 모델을 구현해 보자. tensor의 입력 형식은 `batch_first=False`가 default이다.

8.10.1 torch.nn.Transformer API

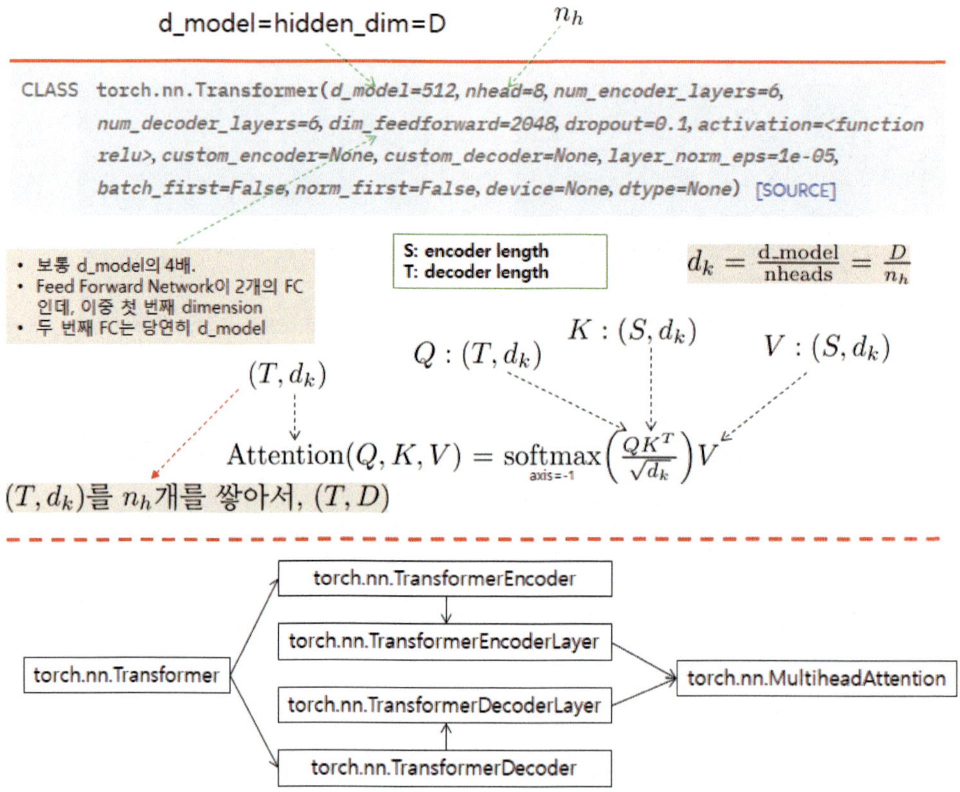

그림 8.48: torch.nn.Transformer API

그림 (8.48)에서 보여주는 것과 같이, `torch.nn.Transformer` 내부에서 `torch.nn.TransformerEncoder`, `torch.nn.TransformerEncoderLayer`를 이용해서 Encoder 부분을 구성하고 `torch.nn.TransformerDecoder`, `torch.nn.TransformerDecoderLayer`로 Decoder를 구성한다. `torch.nn.TransformerEncoderLayer`, `torch.nn.TransformerDecoderLayer` 내부에서 `torch.nn.MultiheadAttention`를 사용한다. 정밀한 제어를 필요한 경우에는 `torch.nn.Transformer`를 바로 사용하지 않고 하부 API로 모델을 구성해야 한다.

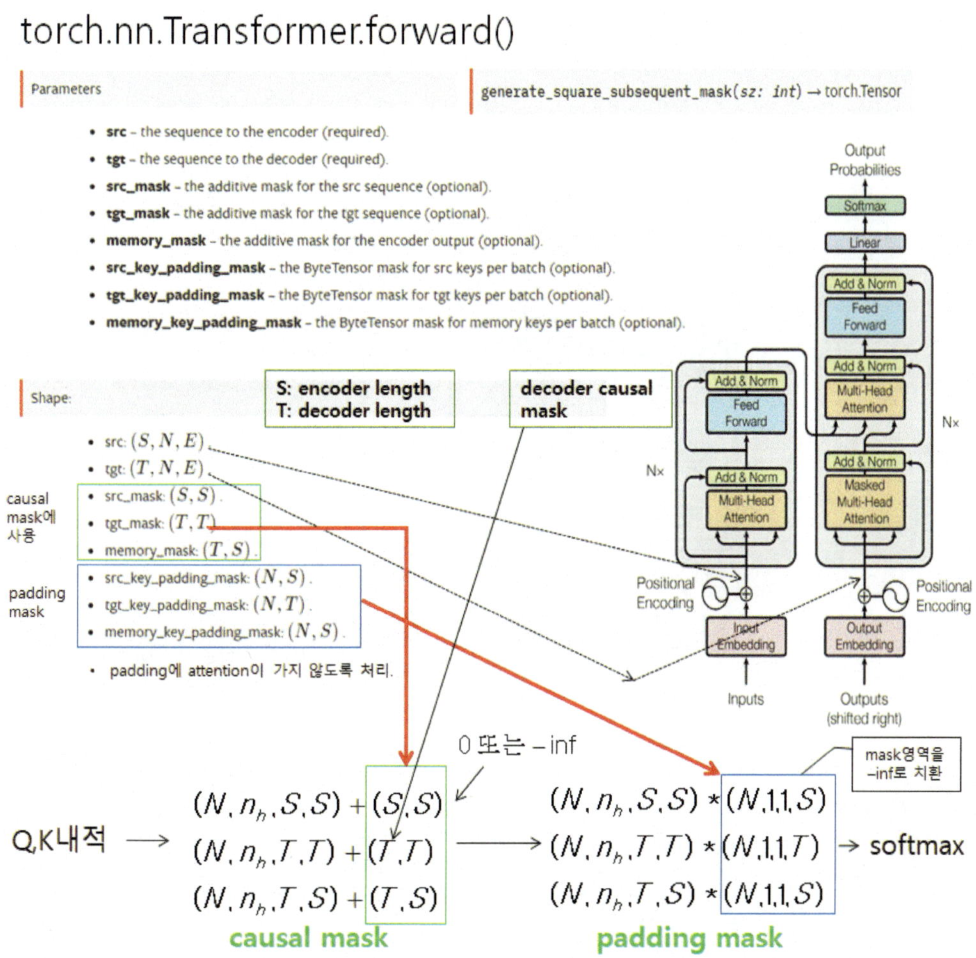

그림 8.49: torch.nn.Transformer.forward()

1. encoder input data의 padding 부분에 attention이 가지 않도록 하려면, src_key_padding_mask를 넣어주면 된다.
2. batch_first=False(default) 방식이면, 입력 data의 shape이 (S, N, E)이다. batch_first=True이면, (N, S, E). 여기서 E는 d_{model}이다.
3. src, tgt는 positional encoding을 거친 입력 data이다. trainable weight 중에 입력 길이에 의존하는 것은 없다. 미니 배치마다 데이터의 길이는 달라져도 된다.

- `torch.nn.MultiheadAttention`은 attention weight를 return하지만, `torch.nn.Transformer`의 내부에서 버리고 밖으로 내보내지 않는다[42].
- `torch.nn.Transformer`에 dropout을 지정하면, `torch.nn.MultiheadAttention`에도 같은 값이 넘어간다.

42 https://github.com/pytorch/pytorch/blob/master/torch/nn/modules/transformer.py#L739

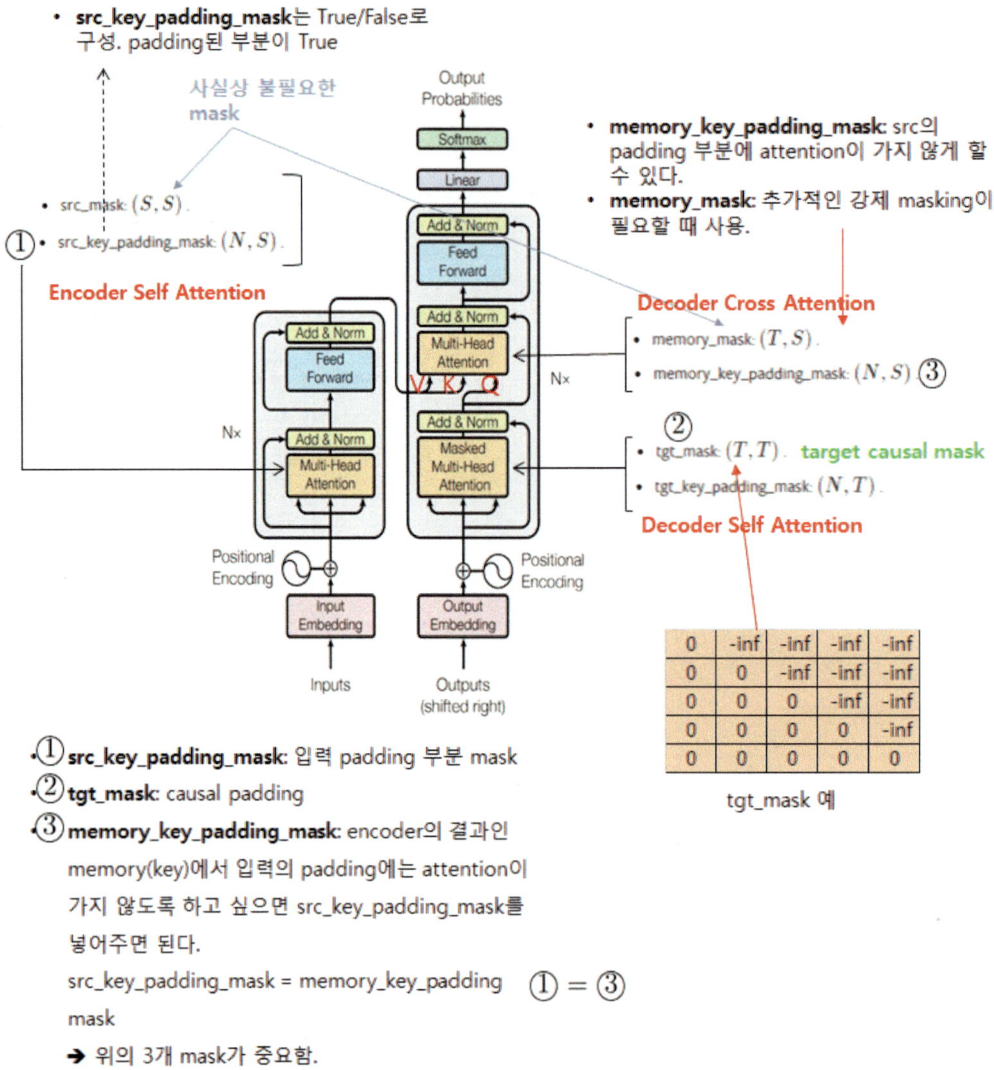

그림 8.50: torch.nn.Transformer API mask

1. src__key__padding__mask(padding), tgt__mask(causal), memory__key__padding__mask. 이 3개가 중요하다.
2. tgt__mask는 nn.Transformer.generate__square__subsequent__mask(input__length)로 생성할 수 있는데, 0 또는 -inf로 구성된다.
3. src__key__padding__mask는 True/False로 구성되며, padding부분이 True이다.

- 예를 들어 `torch.nn.MultiheadAttention`에는 `dropout`을 적용하지 않으려면, `torch.nn.Transformer`를 사용하지 않고 하부 API들로 모델을 직접 구성해야 한다.

- 여기서는 간단한 구현을 위해, `torch.nn.Transformer`만 사용해서 모델을 구현해 보자.

- 그림 (8.49), (8.50) 에서는 `torch.nn.Transformer` API에서 mask가 어떻게 작동하는지 설명하고 있다.
- `src_key_padding_mask`, `tgt_mask`, `memory_key_padding_mask` 3개의 mask가 중요하다.
- `torch.nn.Transformer`의 method인 `generate_square_subsequent_mask()`로 causal mask를 생성할 수 있다.

```
transformer_model = torch.nn.Transformer(nhead=16, num_encoder_layers=12)
transformer_model.generate_square_subsequent_mask(5)

'''
tensor([[0., -inf, -inf, -inf, -inf],
       [0., 0., -inf, -inf, -inf],
       [0., 0., 0., -inf, -inf],
       [0., 0., 0., 0., -inf],
       [0., 0., 0., 0., 0.]])
'''
```

8.10.2 Hyper Parameters

훈련용 데이터는 코드 8.41에서 생성한 `date_aug.txt`를 사용해 보자.

코드 8.64: hyper parameter 정의

```
from hparams import HParams # pip install hparams

hp = HParams(
    data_filename = 'date_aug.txt',
    vocab_filename = 'transformer_vocab_torch.pickle',
    model_save_dir = './pytorch_transformer_saved_model_batch_first',
    checkpoint_name = 'model_ckpt.pt',

    batch_size = 32,
    num_epoch = 15,

    MAX_LEN = 29,
    OUTPUT_LENGTH = 11,

    lr = 0.001,
    drop_rate = 0.1,
    mask_rate = 0.2,
    d_model = 32,
    nhead = 8,
    num_encoder_layers = 6,
    num_decoder_layers = 6,
    dim_feedforward = 128,

    batch_first = True,
```

```
    custum_scheduler_flag = False,
)

if not os.path.exists(hp['model_save_dir']):
    os.makedirs(hp['model_save_dir'])
```

8.10.3 Learning Rate Scheduler

코드 8.61에서 Tensorflow로 구현했던 Scheduler를 Pytorch로 구현해 보자.

코드 8.65: **[Pytorch]** Learning Rate Scheduler

```
class CustomScheduler:
    def __init__(self, d_model, warmup_steps=4000):
        self.d_model = d_model
        self.warmup_steps = warmup_steps

    def __call__(self, step):
        if step <=0: step=1
        arg1 = step ** -0.5
        arg2 = step * (self.warmup_steps ** -1.5)

        return 1.0/math.sqrt(self.d_model) * min(arg1, arg2)

# Test Code
model = torch.nn.Linear(2,3)
optimizer = torch.optim.Adam(model.parameters(),lr=1)

scheduler = torch.optim.lr_scheduler.LambdaLR(optimizer,
                                              lr_lambda = CustomScheduler(32))

X = []
Y = []
for i in range(20000):
    X.append(i)
    Y.append(scheduler.get_last_lr())
    optimizer.step()
    scheduler.step()

plt.plot(X,Y)
```

- Pytorch에서 사용자 정의 Learning Rate Scheduler를 만들 수 있는 방법은 다양하다.
- 그중에서 간단한 방법은 `torch.optim.lr_scheduler.LambdaLR`을 이용하는 것이다.
- `torch.optim.lr_scheduler.LambdaLR`에 넘겨줄 함수를 구현해 주면 된다. 추가 parameter가 없으면, 단순 함수로 구현해서 `torch.optim.lr_scheduler.LambdaLR`의 `lr_lambda`에 넘기면 된다.

- parameter `d_model`, `warmup_steps`이 있기 때문에 class로 구현했다.
  `def __call__(self, step)`만 구현해 주면 되기 때문에 class로 `CustomScheduler`를 만들었다.

- 코드 8.61에 있는 Tensorflow Scheduler와 비교해 보면 좋다.

8.10.4 Transformer 구현

코드 8.66: **[Pytorch]** Transformer 구현

```
class PositionalEncoding(nn.Module):
    # https://pytorch.org/tutorials/beginner/transformer_tutorial.html
    def __init__(self, d_model, dropout=0.1, max_len=5000,batch_first=False):
        super(PositionalEncoding, self).__init__()
        self.batch_first = batch_first
        self.dropout = nn.Dropout(p=dropout)

        pe = torch.zeros(max_len, d_model)

        # position: (max_len,1)
        position = torch.arange(0, max_len, dtype=torch.float).unsqueeze(1)
        div_term = torch.exp(torch.arange(0, d_model, 2).float() * (-math.log(10000.0) / d_model)) # (d_model//2)

            # position * div_term: (max_len,1)(d_model//2) --> (max_len,d_model//2)
            pe[:, 0::2] = torch.sin(position * div_term)
        pe[:, 1::2] = torch.cos(position * div_term)
        if self.batch_first == False:
            pe = pe.unsqueeze(1) # (max_len,1,d_model) <- batch_first=False
        self.register_buffer('pe', pe) # self.pe가 생성된다.

    def forward(self, x):
        if self.batch_first:
            x = x + self.pe[:x.size(1), :] # x(N,T,d_model) + pe(T,d_model)
        else:
            x = x + self.pe[:x.size(0), :] # x(T,N,d_model) + pe(T,1,d_model)

        return self.dropout(x)

class Transformer(nn.Module):
    def __init__(self,hp,vocab_size,padding_id=None, device=None):
        super(Transformer,self).__init__()

        if device is None:
            self.device = torch.device('cuda' if torch.cuda.is_available() else 'cpu')
        else:
            self.device = device

        self.batch_first = hp['batch_first']
        self.padding_id = padding_id
        self.d_model = hp['d_model']
```

```
        nhead = hp['nhead']
        num_encoder_layers = hp['num_encoder_layers']
        num_decoder_layers = hp['num_decoder_layers']
        dim_feedforward = hp['dim_feedforward']
        drop_rate = hp['drop_rate']
        self.mask_rate = hp['mask_rate']
        input_length = hp['MAX_LEN']
        output_length = hp['OUTPUT_LENGTH']

        self.embedding = nn.Embedding(vocab_size, self.d_model) # encoder, decoder 공유
        self.encoder_positional_encoding =
            PositionalEncoding(self.d_model,drop_rate,input_length,self.batch_first)
        self.decoder_positional_encoding =
            PositionalEncoding(self.d_model,drop_rate,output_length,self.batch_first)

        self.transformer_model = nn.Transformer(d_model=self.d_model, nhead=nhead,
                                                num_encoder_layers=num_encoder_layers,
                                                num_decoder_layers=num_decoder_layers,
                                                dim_feedforward=dim_feedforward,
                                                dropout=drop_rate,
                                                batch_first=self.batch_first)

        self.out_linear = nn.Linear(self.d_model, vocab_size)
        torch.nn.init.zeros_(self.out_linear.bias)

        self.loss_fn = nn.CrossEntropyLoss()

        self.tgt_mask = self.transformer_model.
                            generate_square_subsequent_mask(output_length).to(self.device)

    def forward(self,ecoder_inputs, decoder_inputs,input_length=None):
        if self.training:
            input_mask = (torch.rand(*ecoder_inputs.shape) >
                self.mask_rate).long().to(self.device)
            ecoder_inputs_masked = ecoder_inputs * input_mask
        else:
            ecoder_inputs_masked = ecoder_inputs

        x = self.embedding(ecoder_inputs_masked) * math.sqrt(self.d_model)
        x = self.encoder_positional_encoding(x)
        y = self.embedding(decoder_inputs) * math.sqrt(self.d_model)
        y = self.decoder_positional_encoding(y)
        if input_length: # inference mode에서 사용
            tgt_mask = self.transformer_model.
                            generate_square_subsequent_mask(input_length).to(self.device)
        else:
            # training mode
            tgt_mask = self.tgt_mask

        if self.padding_id is not None:
            src_key_padding_mask = torch.eq(ecoder_inputs,self.padding_id)
                                        .to(self.device)
            if not self.batch_first:
                src_key_padding_mask = src_key_padding_mask.T # (Te,N) -> (N,Te)
```

```
        else:
            src_key_padding_mask = None

        outputs = self.transformer_model(x,y,src_mask=None,
             tgt_mask=tgt_mask,src_key_padding_mask=src_key_padding_mask)
        outputs = self.out_linear(outputs) # (T,N,vocab_size)
        return outputs
```

- `self.embedding`를 Encoder, Decoder가 공유한다[43].
- `forward()`에서 `seq_length`를 받지 않는다. `seq_length` 없이 padding mask를 생성하기 위해, 생성자에서 `padding_id`를 넘겨 받았다.

8.10.5 모델 훈련

코드 8.67: **[Pytorch]** 모델 훈련

```
GO_TOKEN = '<sos>'; END_TOKEN = '<eos>'; PAD = '<pad>'; UNK = '<unk>'

def train():
    inputs,seq_lengths, targets, word_to_index, index_to_word, VOCAB_SIZE,
         INPUT_LENGTH, OUTPUT_LENGTH = load_data_torch(hp)

    train_input, test_input,train_seq_length, test_seq_length, train_target,
         test_target = train_test_split(inputs,seq_lengths, targets, test_size=0.1,
         random_state=1234)
    print(f'train_input: {train_input.shape},test_input:
         {test_input.shape},train_seq_length: {train_seq_length.shape},\
    test_seq_length {test_seq_length.shape},train_target:
         {train_target.shape},test_target: {test_target.shape}')

    print(f'INPUT_LENGTH: {INPUT_LENGTH}, OUTPUT_LENGTH: {OUTPUT_LENGTH}')

    print(f'VOCAB_SIZE: {VOCAB_SIZE}')

    train_dataset = TensorDataset(torch.LongTensor(train_input),
                    torch.LongTensor(train_seq_length), torch.LongTensor(train_target))
    valid_dataset = TensorDataset(torch.LongTensor(test_input),
                     torch.LongTensor(test_seq_length), torch.LongTensor(test_target))

    train_dataloader = DataLoader(train_dataset, batch_size=hp['batch_size'],
                                  shuffle=True,drop_last=False)

    batch_size_val = len(test_input)
    valid_dataloader = DataLoader(valid_dataset, batch_size=batch_size_val,
                                  shuffle=False,drop_last=False)

```

43 코드 8.58, 8.59의 Tensorflow 구현에서는 Encoder, Decoder에서는 Embedding을 각각 생성했다.

```
    padding_id = word_to_index[PAD]
    batch_first = hp['batch_first']
    model = Transformer(hp,vocab_size=VOCAB_SIZE,padding_id = padding_id).to(device)

    if hp['custum_scheduler_flag']:
        optimizer = optim.Adam(model.parameters(),lr=1.0)
        scheduler = torch.optim.lr_scheduler.LambdaLR(optimizer,
                                lr_lambda = CustomScheduler(hp['d_model']))
    else:
        optimizer = optim.Adam(model.parameters(),lr=hp['lr'])
        scheduler = None

    num_epoch = hp['num_epoch']
    start_epoch=1
    saved_model = get_last_checkpoint(hp['model_save_dir'])
    if saved_model:
        checkpoint = torch.load(saved_model,map_location=device)

        model.load_state_dict(checkpoint['model'])
        optimizer.load_state_dict(checkpoint['optimizer'])

        start_epoch = checkpoint['epoch']
        step_count = start_epoch * len(train_dataloader)

        print(f'Model Found at {saved_model}. epochs = {start_epoch}.')
    else:
        print("Initializing from scratch.")
        start_epoch = 0
        step_count = 0

    print(f"batch_size: {hp['batch_size']}, num_epoch: {num_epoch}, batch_first:
         {batch_first}")

    s_time = time.time()

    for epoch in range(start_epoch+1, num_epoch+1):
        model.train()
        for i, (x,_,target) in enumerate(train_dataloader):
            step_count += 1
            optimizer.zero_grad()

            x = x.to(device) # (N,29)
            target = target.to(device)

            if batch_first:
                encoder_inputs = x # (N,29)
                decoder_inputs = target[:,:-1] # (N,OUTPUT_LENGTH)
                outputs = model(encoder_inputs,decoder_inputs) # (T,N,D)
            else:
                encoder_inputs = x.T # (29,N)
                decoder_inputs = target[:,:-1].T # (OUTPUT_LENGTH,N)

                # (T,N,D) --> (N,T,D)
                outputs = model(encoder_inputs,decoder_inputs).permute(1,0,2)
```

```

            # CrossEntropyLoss에는 (N,D,T), target에는 (N,T)를 넘겨야 한다.
            # outputs: (N,T,D) ---> (N,D,T)
            loss = model.loss_fn(outputs.permute(0,2,1), target[:,1:])
            loss.backward()
            optimizer.step()
            if scheduler is not None: scheduler.step()

            if step_count % 500 == 0:
                print('')
                print(f'epoch: {epoch:>3}, setp: {step_count:>5}, loss: {loss.item():8.4f}, elapsed: {int(time.time()-s_time):>8},', end='\t')
                predict = torch.argmax(outputs,-1).detach() # predict: (N,T), target: (N,T)
                print(f'seq_acc: {(target[:,1:]==predict).prod(dim=1).float().mean().item():8.4f},', end='\t')

        if (epoch)%1==0:
            model.eval()
            with torch.no_grad():
                for _, (x,_,target) in enumerate(valid_dataloader):
                    x = x.to(device) # (N,29)
                    target = target.to(device)
                    if batch_first:
                        encoder_inputs = x # (N,29)
                        decoder_inputs = target[:,:-1] # (N,OUTPUT_LENGTH)
                        outputs = model(encoder_inputs,decoder_inputs) # (T,N,D)
                    else:
                        encoder_inputs = x.T # (29,N)
                        decoder_inputs = target[:,:-1].T # (OUTPUT_LENGTH,N)

                        # (T,N,D) --> (N,T,D)
                        outputs = model(encoder_inputs,decoder_inputs).permute(1,0,2)

                    # predict: (N,T), target: (N,T)
                    predict = torch.argmax(outputs,-1).detach()

                    valid_loss = model.loss_fn(outputs.permute(0,2,1), target[:,1:])
                    character_accuracy = (target[:,1:]==predict).float().mean().item()
                    sequence_accuracy = (target[:,1:]==predict).prod(dim=1)
                                                                .float().mean().item()

                    print(f'valid_loss: {valid_loss:8.4f},val char_acc: {character_accuracy:8.4f}, val seq_acc: {sequence_accuracy:8.4f}',end='\t')

        if (epoch)%5==0:
            checkpoint = {
                'epoch': epoch,
                'model': model.state_dict(),
                'optimizer': optimizer.state_dict()
            }
```

```
            filename = os.path.splitext(hp['checkpoint_name'])
            ckpt_save_path = os.path.join(hp['model_save_dir'],
                                          f'{filename[0]}-{epoch:0>3}{filename[1]}')
            torch.save(checkpoint,ckpt_save_path)
            print (f'\nSaving checkpoint for epoch {epoch} at {ckpt_save_path}')

device = torch.device('cuda' if torch.cuda.is_available() else 'cpu')
print(f'device: {device}, available: {torch.cuda.is_available()}')

train()
```

Output:

```
epoch:   1, setp:   500, loss:   1.2737, elapsed:      22,        seq_acc:   0.0000,
epoch:   1, setp:  1000, loss:   1.0565, elapsed:      44,        seq_acc:   0.0000,
epoch:   1, setp:  1500, loss:   1.0473, elapsed:      69,        seq_acc:   0.0000,
epoch:   1, setp:  2000, loss:   0.9978, elapsed:      91,        seq_acc:   0.0312,
epoch:   1, setp:  2500, loss:   0.9311, elapsed:     113,        seq_acc:   0.0000,
valid_loss:   0.6763,val char_acc:   0.7295, val seq_acc:   0.0112

...

epoch:  14, setp: 37000, loss:   0.2665, elapsed:    1636,        seq_acc:   0.3438,
epoch:  14, setp: 37500, loss:   0.3090, elapsed:    1658,        seq_acc:   0.1875,
epoch:  14, setp: 38000, loss:   0.2773, elapsed:    1680,        seq_acc:   0.2500,
epoch:  14, setp: 38500, loss:   0.2533, elapsed:    1702,        seq_acc:   0.3438,
epoch:  14, setp: 39000, loss:   0.2322, elapsed:    1724,        seq_acc:   0.3438,
valid_loss:   0.0064,val char_acc:   0.9987, val seq_acc:   0.9916
epoch:  15, setp: 39500, loss:   0.2539, elapsed:    1746,        seq_acc:   0.2188,
epoch:  15, setp: 40000, loss:   0.3102, elapsed:    1768,        seq_acc:   0.2500,
epoch:  15, setp: 40500, loss:   0.2454, elapsed:    1789,        seq_acc:   0.3125,
epoch:  15, setp: 41000, loss:   0.2221, elapsed:    1811,        seq_acc:   0.3125,
epoch:  15, setp: 41500, loss:   0.2465, elapsed:    1833,        seq_acc:   0.3750,
epoch:  15, setp: 42000, loss:   0.2411, elapsed:    1855,        seq_acc:   0.3750,
valid_loss:   0.0052,val char_acc:   0.9990, val seq_acc:   0.9917
Saving checkpoint for epoch 15 at ./pytorch_transformer_saved_model_batch_first/model_ckpt-015.pt
```

- loss가 감소하는 속도를 보면, Tensorflow 구현보다 느리다. 이유는 `MultiheadAttention`에 dropout이 적용되었기 때문이다.

8.10.6 모델 테스트

코드 8.68: [**Tensorflow**] 모델 테스트

```
def test():
    inputs, seq_lengths, word_to_index, index_to_word, VOCAB_SIZE, INPUT_LENGTH =
        load_data_torch(hp,'test_data.txt',train_flag=False)

    print(len(word_to_index), word_to_index, index_to_word)
    print(f'test_input: {inputs.shape}')
    print(f'INPUT_LENGTH : {INPUT_LENGTH}')

    raw_data = []
    padding_id = word_to_index[PAD]
    sos_id = word_to_index[GO_TOKEN]

    print('='*10,)
    for i,d in enumerate(inputs):
        raw_data.append(''.join([index_to_word[x] for x in d if x != padding_id]))
        print(i+1, raw_data[-1])

    print('='*10,'\n\n')
    test_dataset = TensorDataset(torch.LongTensor(inputs),
        torch.LongTensor(seq_lengths))
    test_dataloader = DataLoader(test_dataset,
        batch_size=len(inputs),shuffle=False,drop_last=False)

    batch_first = hp['batch_first']
    model = Transformer(hp,vocab_size=VOCAB_SIZE,padding_id = padding_id).to(device)

    model.eval()
    saved_model = get_last_checkpoint(hp['model_save_dir'])
    if saved_model:
        checkpoint = torch.load(saved_model,map_location=device)

        model.load_state_dict(checkpoint['model'])
        start_epoch = checkpoint['epoch']
        print(f'Model Found at {saved_model}. epochs = {start_epoch}.')
    else:
        print(f"No Model Found at {hp['model_save_dir']}")
        return

    result_all = []

    for _, (x,_) in enumerate(test_dataloader):
        x = x.to(device)
        batch_size = len(x)
        decoder_inputs_init = torch.tensor([sos_id] * batch_size).to(device)

        if batch_first:
            decoder_inputs_init = decoder_inputs_init.reshape(batch_size,1)
            concat_axis = 1
            encoder_inputs = x
        else:
```

```python
            decoder_inputs_init = decoder_inputs_init.reshape(1,batch_size)
            concat_axis = 0
            encoder_inputs = x.T

        decoder_inputs = decoder_inputs_init
        for i in range(hp['OUTPUT_LENGTH']):
            outputs = model(encoder_inputs, decoder_inputs,input_length=i+1)
            outputs = torch.argmax(outputs,-1)
            decoder_inputs = torch.cat([decoder_inputs_init,outputs],concat_axis)

        if batch_first == False:
            outputs = outputs.T

        for prediction in outputs.cpu().numpy():
            try:
                # END_TOKEN이 처음 나오는 위치 구하기
                k = min(np.where(prediction==word_to_index[END_TOKEN])[0])
            except:
                k = len(prediction)

            result_all.append(''.join([index_to_word[x] for x in prediction[:k]]))

    for x,y in zip(raw_data,result_all):
        print('{:<30} ==> {}'.format(x,y))

device = torch.device('cuda' if torch.cuda.is_available() else 'cpu')
print(f'device: {device}, available: {torch.cuda.is_available()}')
test()
```

Output:

```
data1:  january 01 , 1996     ==> 1996-01-01
data2:  february 27, 1994     ==> 1994-02-27
data3:  ebruary 27, 1994      ==> 1994-02-27
data4:  3/10/93               ==> 1993-03-10
data5:  march 11, 1986        ==> 1986-03-11
data6:  april 3, 1996         ==> 1996-04-03
data7:  may 18, 1980          ==> 1980-05-18
data8:  jun 17, 2013          ==> 2013-06-17
data9:  july 27, 2000         ==> 2000-07-27
data10: august 27, 1988       ==> 1988-08-27
data11: auust 19, 2003        ==> 2003-08-19
data12: ugust 19, 2013                ==> 2013-08-19
data13: september 27, 1994            ==> 1994-09-27
data14: setember 27, 2020             ==> 2020-09-27
data15: eptember 27, 2022             ==> 2022-09-27
data16: tuesday, september 25, 1984 ==> 1984-09-25
data17: october 24, 1974              ==> 1974-10-24
data18: 10/31/90                      ==> 1990-10-31
data19: 10/5/15                       ==> 2015-10-05
data20: november 03, 2194             ==> 2194-11-03
data21: december 5, 1971              ==> 1971-12-05
```

- Pytorch 모델에서도 21개의 테스트 데이터에 대해 모두 정확한 예측을 했다.

8.11 Hugging Face Transformers - BERT

BERT(Bidirectional Encoder Representations from Transformers)[44]는 2018년 구글이 공개한 논문에서 제시한 Pre-Trained Language Model로 다음의 2단계로 구분할 수 있다.

- Pre-Training: 대형 말뭉치(corpus)를 이용해서 unsupervised 방식으로 훈련하여 단어의 의미와 문장의 문맥을 파악하는 과정이다. Pre-Training은 많은 GPU를 비롯한 하드웨어와 대용량의 말뭉치가 필요하기 때문에 이미 공개되어 있는 모델의 가중치(weight)와 Vocabulary를 다운받아서 사용하는 경우가 많다.
- Fine-Tuning: Pre-Training된 결과(model의 weight)를 초기값으로 해서, 새로운 작업(task)을 위한 훈련을 하는 과정이다. 전이학습(Transfer Learning)으로 학습하는 것이다.

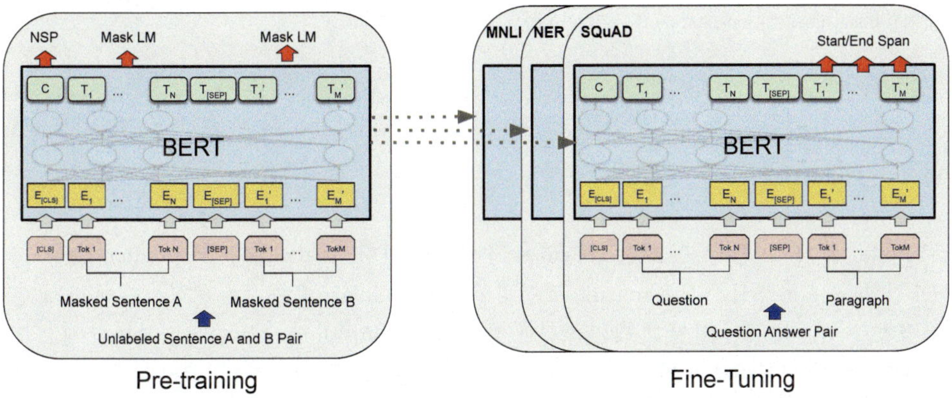

그림 8.51: BERT의 Pre-Training & Fine-Tuning
출처: BERT 논문

BERT의 구현 코드는 google-research github[45]에서 구할 수 있는데, Tensorflow 1.x 버전으로 구현되어 있다. Tensorflow 2.x 버전의 코드는 Hugging Face transformers[46] 라이브러리에서 구할 수 있다. 이 라이브러리에서는 Pytorch 모델도 제공하고 있다.

```
from transformers import BertModel, TFBertModel

model_torch = BertModel.from_pretrained("bert-base-uncased")

model_tf = TFBertModel.from_pretrained("bert-base-uncased")
```

44 https://arxiv.org/abs/1810.04805

45 https://github.com/google-research/bert

46 pip install transformers로 설치하면 된다. 8.8절에서 다룬 transformer와 구분해야 한다. transformers라는 라이브러리 이름을 transformer에서 차용해 왔지만, 단수/복수형 차이가 있으니 구분해야 한다.

표(8.8)에 BERT의 유형별 모델 크기를 정리했다. BERT Large 모델은 GTX-1080ti 같은 작은 용량의 GPU에서는 batch size를 1로 해도, GPU 메모리 부족으로 돌지 않는다. BERT Base 모델은 batch size 32까지 돌릴 수 있다[47].

구분	$L(=N)$ layer 개수 (transformer block)	$H(=d_{\text{model}})$ hidden size	$A(=h)$ attention head 개수	d_{ff}
transformer 기본	6	512	8	$4H$
BERT Base	12	768	12	$4H$
BERT Large	24	1024	16	$4H$

표 8.8: BERT 모델 크기
L은 그림(8.35)에서 N으로 표기되어 있다. transformer 논문에서 제시한 모델의 크기와 비교해서 BERT는 아주 큰 모델이다. BERT Base, Large의 parameter 개수는 각각 110M, 340M이다.

8.11.1 Tokenizer

Pre-Traning을 하기 위해서는 먼저 Tokenizer가 있어야 한다. Tokenizer는 Vocabulary(단어 또는 token 집합)을 이용해서 문장을 token으로 분리한다. Vocabulary의 개수는 제한적인 데 반해, 문장에 등장할 수 있는 단어는 훨씬 더 많기 때문에 잘 만들어진 Vocabulary로 단어를 분리할 필요가 있다. 그림(8.52)에서 보여주는 것과 같이, Vocabulary에 없는 단어를 어떻게 처리하느냐가 Tokenizer에서 중요하다.

BERT에서 Vocabulary는 BPE(Byte Pair Encoding)이라는 기법으로 만든다. BPE을 사용할 수 있는, 구글이 만든 파이썬 라이브러리로 sentencepiece[48]가 있다. BPE는 많이 등장하는 subword를 분리해 내는 방식이다. 예를 들면, '사람이', '사람으로', '사람을', '사람은'과 같은 단어들이 있으면, 중복해서 많이 등장하는 '사람'을 하나의 token으로 분리한다.

BERT의 Vocabulary에는 다음과 같이 5개 특수 token(special token)이 포함된다.

[PAD], [UNK], [CLS], [SEP], [MASK]

BPE로 Vocabulary를 만든 후에, BERT에서는 token을 변형해서 사용한다. 그림(8.53)을 보면, sentencepiece는 Unicode 9601 character '▁'을 어절의 시작을 나타내는 표시로 사용한다. 반면,

47 max_seq_length=128

48 `https://pypi.org/project/sentencepiece/`

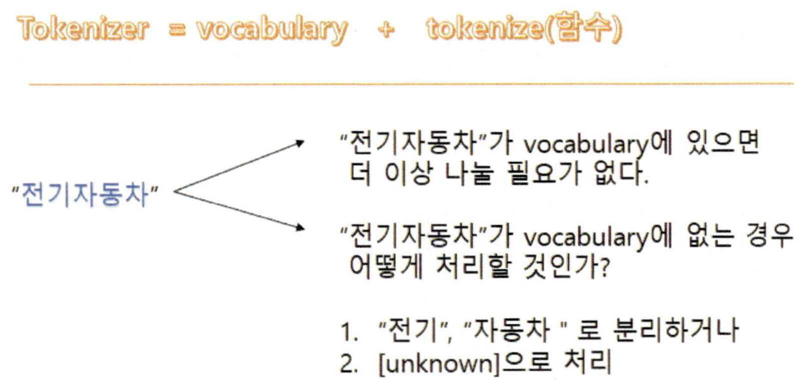

그림 8.52: Tokenizer
Tokenizer는 token 집합인 Vocabulary와 주어진 어절을 Vocabulary에 있는 token으로 분리하는 tokenize 함수로 구성된다.

BERT에서는 '##'을 '어절의 시작이 아님'을 나타내는 표시로 사용하고 있다.

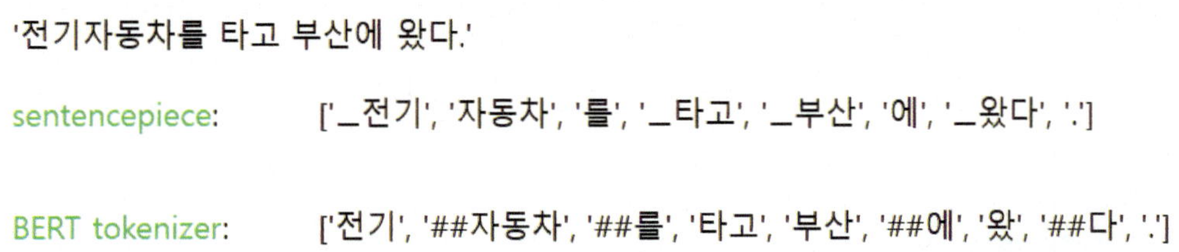

그림 8.53: sentencepiece vs. BERT tokenize(class FullTokenizer)

google-research의 BERT 구현에서는 class `FullTokenizer`[49]에서 다음의 2단계로 문장을 분리한다.

① 먼저 class `BasicTokenizer`[50]를 이용해서 어절[51], 구두점 단위로 나눈다. 그림(8.54)에서 한글과 영어 문장에 대한 예시를 보여주고 있다.

② `BasicTokenizer`로 분리된 각각의 어절을 class `WordpieceTokenizer`[52]에서 BPE방식을 사

49 `https://github.com/google-research/bert/blob/master/tokenization.py#L161`. transformers에서는 `BertTokenizer`라는 이름으로 된 API를 제공하고 있다.

50 `https://github.com/google-research/bert/blob/eedf5716ce1268e56f0a50264a88cafad334ac61/tokenization.py#L185`

51 띄어쓰기의 단위

52 `https://github.com/google-research/bert/blob/eedf5716ce1268e56f0a50264a88cafad334ac61/tokenization.py#L300`

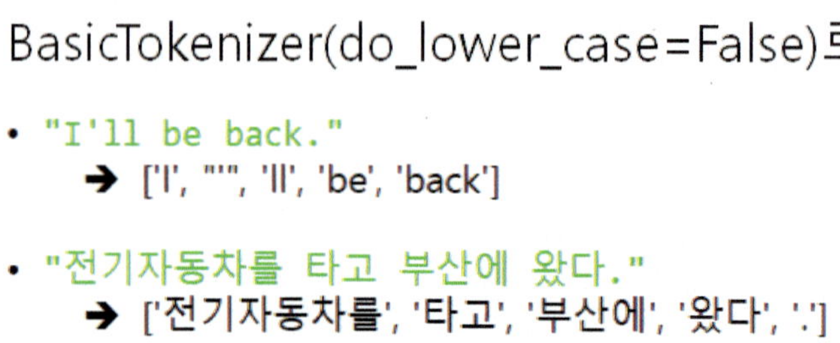

그림 8.54: BasicTokenizer
한글 문장을 띄어쓰기, 구두점 단위로 분리해 준다. 주의할 점은 BasicTokenizer(do_lower_case=False)로 객체를 만들어야 한다. do_lower_case=True인 경우, 유니코드 정규화(normalize) 과정에서 한글이 초/중/종성으로 분해되는 문제가 발생한다.

용하여 token으로 나눈다. 그림 (8.55)에서는 어절을 Vocabulary에 있는 token으로 분리하는 예시를 보여주고 있다.

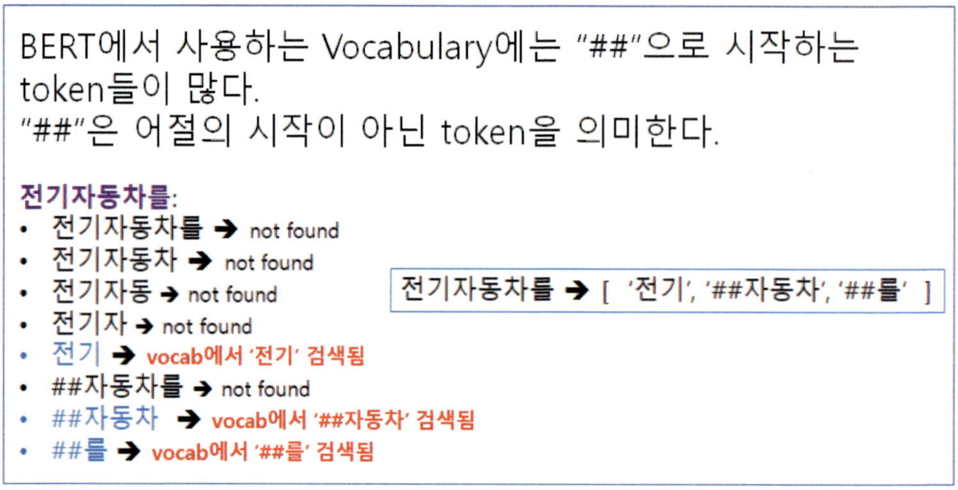

그림 8.55: WordpieceTokenizer.tokenize() 함수의 동작 예시

앞에서 언급한 대로, 직접 좋은 Vocabulary를 만들기 어려우니 만들어져 있는 Vocabulary를 활용해 보자. Hugging Face에 올려져 있는 klue/bert-base[53]에서 `vocab.txt` 파일을 다운받아서 살펴보자. 파일은 열어보면 모두 32,000개의 단어(token)로 되어 있는 것을 확인할 수 있다.

Hugging Face의 transformers 라이브러리의 Tokenizer를 사용해서 다음과 같이 문장을 분리할 수 있다.

53 https://huggingface.co/klue/bert-base

```
from transformers import BertTokenizer, BasicTokenizer
tokenizer = BertTokenizer.from_pretrained("klue/bert-base")

s = '전기자동차를 타고 부산에 왔다.'
print(tokenizer.tokenize(s))

######
basic_tokenizer = BasicTokenizer(do_lower_case=False)
print(basic_tokenizer.tokenize(s))
```

위 조각 코드의 실행 결과는 그림(8.53)과 그림(8.54)에 있다.

다음 조각 코드는 sentencepiece로 Vocabulary를 직접 생성한다.

```
import sentencepiece as spm
parameter = '--input={} --model_prefix={} --vocab_size={} \
--model_type={} --user_defined_symbols={}'

input_file = 'wiki_kor_single_line.txt' # 'corpus1.txt,corpus2.txt'
vocab_size = 32000
prefix = 'sentpiece_bpe'
model_type = 'bpe'
user_defined_symbols = '[PAD],[UNK],[CLS],[SEP],[MASK]'
cmd = parameter.format(input_file, prefix, vocab_size,
                       model_type,user_defined_symbols)

spm.SentencePieceTrainer.Train(cmd)
```

- corpus 파일이 여러 개인 경우는 공백 없이 콤마로 연결하면 된다.

8.11.2 Pre-Training

BERT는 모델로 transformer의 encoder를 사용한다. GPT(Generative Pre-trained Transformer[54])가 trnasformer decoder를 사용하는 것과 대비된다. transformer encoder는 decoder에 비해, 입력 문장을 양방향으로 encoding한다. GPT는 다음 단어(token)을 예측하는 방식으로 훈련하기 때문에, 양방향 encoding을 사용할 수 없다. BERT는 transformer encoder로 다음 단어를 예측하는 방식이 아닌 새로운 방식을 사용한다. 새로운 방식으로 MLM과 NSP 2가지를 제시했다.

- BERT의 훈련용 데이터는 2개 문장을 연결해서 만들어진다. 그림(8.56)에서 첫 번째 문장, 두 번째 문장 2개를 말한다.

54 https://s3-us-west-2.amazonaws.com/openai-assets/research-covers/language-unsupervised/language_understanding_paper.pdf

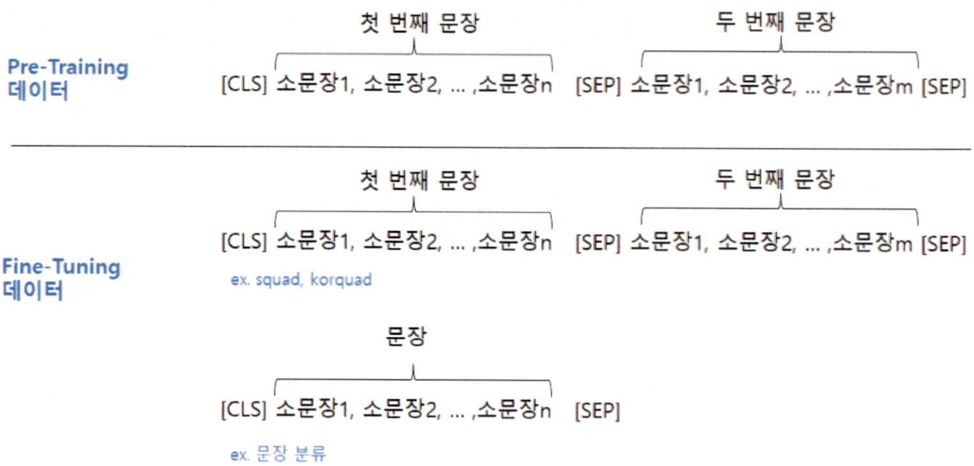

그림 8.56: 훈련용 문장 만들기
일반적으로 문장은 '.', '?', '!' 같은 문장 부호로 끝나는 단위를 말한다. 여기서는 여러 (소)문장이 연결된 것도 문장(sentence)이라 한다. Fine-Tuning에서는 두 번째 문장이 없을 수도 있다. [CLS]로 시작하고 중간과 끝에 [SEP]가 더해진다.

- MLM(Masked Language Model): 다음 단어를 예측하는 방식이 아니고, 일부 단어를 [MASK]로 치환하고 원래의 단어를 예측하는 방식이다. 그림(8.57)에서 masking 방식을 설명하고 있다.

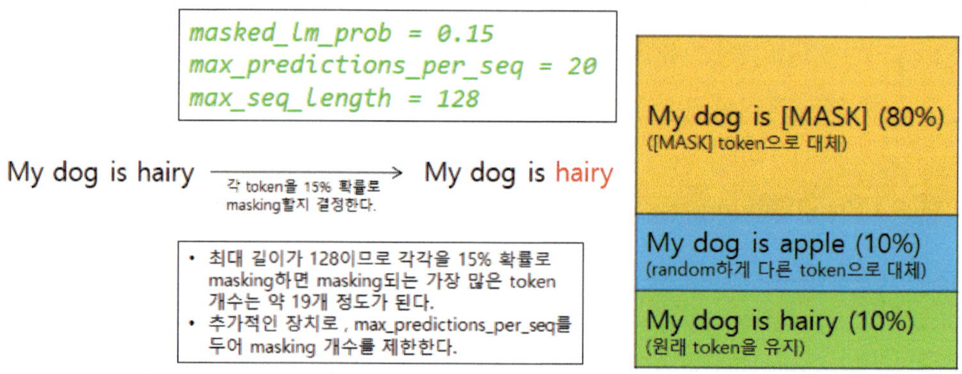

그림 8.57: BERT Masking
각각의 token을 대상으로 15%(masked_lm_prob) 확률로 masking 여부를 결정한다. masking 대상으로 선택되었으면, 80% 확률로 [MASK] token으로 대체하고, 10% 확률로 random token으로 대체한다. 나머지 10%는 원래 token을 그대로 둔다.

- NSP(Next Sentence Prediction): 연결된 두 문장이 정상적으로 연결된 문장(next sentence)인지, 아니면 연관성이 없는 문장(random sentence)인지 판별한다. 정상적으로 연결된 문장을 수반(entailment) 관계라고 한다. 그림(8.58)에서 수반 관계 예시를 보여주고 있다. BERT

에서는 마지막에 sigmoid를 취하여 수반 관계인지 아닌지를 판별하는 True/False 문제가 아닌, softmax를 취하여 2 class 분류 문제로 처리했다[55].

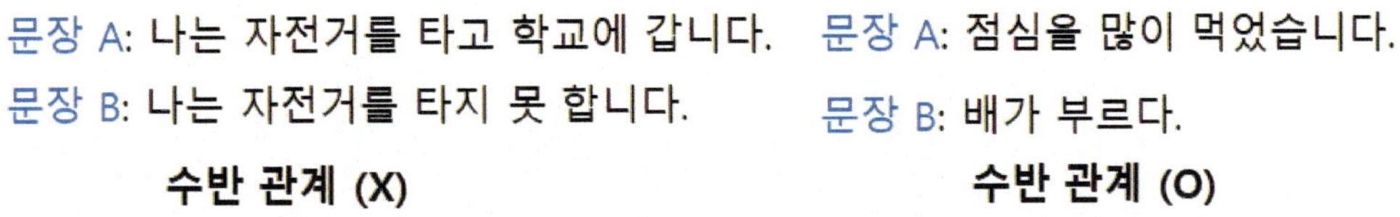

그림 8.58: 문장의 수반 관계 예시

- NSP를 위해 50%(`nsp_prob`)는 정상적으로 연결되는 문장으로 만들고, 나머지 50%는 random하게 2개 문장을 연결한다.
- `short_seq_prob = 0.1` 확률로 `max_seq_length`보다 짧은 데이터를 만든다.
- 훈련 데이터 문장은 [CLS]로 시작하고 문장 분리/종결을 알리는 [SEP]로 끝난다. mask token [MASK]로 일부 단어를 masking한다.

```
훈련용 문장 예시:
[CLS] my dog is [MASK] . his name is choco . [SEP] he likes paying ##ing . [SEP]
```

- MLM, NSP 각각의 loss를 계산해서 합하면 전체 loss가 된다.

Google Reseach의 BERT 구현 코드[56]에서 데이터를 만드는 과정을 살펴보자. 그림 (8.59), (8.60)에서는 입력 데이터를 만드는 구체적인 예시를 보여주고 있다[57]. `tokenize()` 후, 각각의 token에 대해서 15% 확률로 masking을 한다. 예시에서는 8개가 masking 대상으로 선정되었다. `[CLS]`, `[SEP]` token은 masking 대상에서 제외되고 masking 후, padding으로 길이를 동일하게 만든다.

---

55 페이지 173 참조.

56 `https://github.com/google-research/bert/blob/master/create_pretraining_data.py`

57 그림 (8.59)에서 예시로 가져온 문장을 보면, 맞춤법에 맞지 않다. 잘 정제되지 않은 데이터셋에는 이런 문장들이 많이 포함되어 있다.

index	masking 전	masking 후
0	'[CLS]',	'[CLS]',
1	'순',	'순',
2	'##풍',	'[MASK]',
3	'##산',	'##산',
4	'##부인',	'##부인',
5	'##과',	'##과',
6	'미달',	'미달',
7	'##이가',	'[MASK]',
8	'감정이',	'감정이',
9	'##입이',	'##입이',
10	'되서',	'되서',
11	'정말',	'정말',
12	'보면서',	'습니까',
13	'##도',	'##도',
14	'죄',	'죄',
15	'##를',	'##를',
16	'짓는',	'짓는',
17	'느낌이',	'느낌이',
18	'##습',	'##습',
19	'##니',	'##니',
20	'##다',	'##다',
21	'.',	'.',
22	'.',	'.',
23	'.',	'.',
24	'.',	'.',
25	'이건',	'이건',
26	'무슨',	'무슨',

index	masking 전	masking 후
27	'느낌',	'느낌',
28	'##일까',	'##일까',
29	'##요',	'##요',
30	'?',	'?',
31	'[SEP]',	'[SEP]',
32	'마지막에',	'마지막에',
33	'보면서',	'보면서',
34	'숨',	'[MASK]',
35	'참다',	'[MASK]',
36	'##가',	'##가',
37	'나도',	'나도',
38	'모르게',	'모르게',
39	'아',	'아',
40	'~',	'~',
41	'하고',	'하고',
42	'큰',	'큰',
43	'##숨을',	'##숨을',
44	'내',	'[MASK]',
45	'##쉬',	'##쉬',
46	'##게',	'##게',
47	'한',	'한',
48	'영화',	'영화',
49	'##콜린퍼스',	'##콜린퍼스',
50	'연기',	'연기',
51	'너무',	'너무',
52	'좋았음',	'좋았음',
53	'[SEP]'	'[SEP]'

masking 전:
[CLS] 순풍산부인과 미달이가 감정이입이 되서 정말 보면서도 죄를 짓는 느낌이습니다.... 이건 무슨 느낌일까요? [SEP] 마지막에 보면서 숨 참다가 나도 모르게 아 ~ 하고 큰숨을 내쉬게 한 영화콜린퍼스 연기 너무 좋았음 [SEP]

masking 후:
[CLS] 순 [MASK]산부인과 미달 [MASK] 감정이입이 되서 정말 습니까도 죄를 짓는 느낌이습니다.... 이건 무슨 느낌일까요? [SEP] 마지막에 보면서 [MASK] [MASK]가 나도 모르게 아 ~ 하고 큰숨을 [MASK]쉬게 한 영화콜린퍼스 연기 너무 좋았음 [SEP]

- 54개 token 중 8개가 masking 대상으로 선정되었다.
- 8개 중 5개가 [MASK]로 대체.
- 8개 중 1개가 다른 token으로 대체.
- 8개 중 2개가 원래 token을 유지.

그림 8.59: 영화평 데이터셋인 NSMC에 있는 문장을 데이터로 만든 예시
이 예시는 앞 문장과 뒷 문장이 수반 관계가 아닌 경우이다.

```
max_seq_length = 128          max_predictions_per_seq = 20

'input_ids' (max_seq_length=128)
array([    2, 30589,     4,   817, 11761,   403, 12266,     4, 18282,
       16949,  3303,   687,  5268,   228, 30786,  4564, 23927, 10852,
        6255,   904,    22, 30280, 30280, 30280, 30280,  1648,  2948,
        1926, 26979,   317, 30333,     3,  4834,  1822,     4,     4,
          49,  3894, 21857, 30291, 30345,    41, 30843, 18979,     4,
        2840,   475, 30295,     6, 23625,   326,    23, 24310,     3,
           0,     0,     0,     0,     0,     0,     0,     0,     0,
           0,     0,     0,     0,     0,     0,     0,     0,     0,
           0,     0,     0,     0,     0,     0,     0,     0,     0,
           0,     0,     0,     0,     0,     0,     0,     0,     0,
           0,     0,     0,     0,     0,     0,     0,     0,     0,
           0,     0,     0,     0,     0,     0,     0,     0,     0,
           0,     0,     0,     0,     0,     0,     0,     0,     0,
           0,     0,     0,     0,     0,     0,     0,     0,     0,
           0,     0])

'input_mask': padding영역 구분
array([1, 1, 1, 1, 1, 1, 1, 1, 1, 1, 1, 1, 1, 1, 1, 1, 1, 1, 1, 1, 1, 1,
       1, 1, 1, 1, 1, 1, 1, 1, 1, 1, 1, 1, 1, 1, 1, 1, 1, 1, 1, 1, 1, 1,
       1, 1, 1, 1, 1, 1, 1, 1, 1, 1, 0, 0, 0, 0, 0, 0, 0, 0, 0, 0, 0, 0,
       0, 0, 0, 0, 0, 0, 0, 0, 0, 0, 0, 0, 0, 0, 0, 0, 0, 0, 0, 0, 0, 0,
       0, 0, 0, 0, 0, 0, 0, 0, 0, 0, 0, 0, 0, 0, 0, 0, 0, 0, 0, 0, 0, 0,
       0, 0, 0, 0, 0, 0, 0, 0, 0, 0, 0, 0, 0, 0, 0, 0, 0, 0])

'segment_ids': 앞 문장(0), 뒷 문장(1)  → padding된 곳도 0
array([0, 0, 0, 0, 0, 0, 0, 0, 0, 0, 0, 0, 0, 0, 0, 0, 0, 0, 0, 0, 0, 0,
       0, 0, 0, 0, 0, 0, 0, 0, 0, 0, 1, 1, 1, 1, 1, 1, 1, 1, 1, 1, 1, 1,
       1, 1, 1, 1, 1, 1, 1, 1, 1, 1, 0, 0, 0, 0, 0, 0, 0, 0, 0, 0, 0, 0,
       0, 0, 0, 0, 0, 0, 0, 0, 0, 0, 0, 0, 0, 0, 0, 0, 0, 0, 0, 0, 0, 0,
       0, 0, 0, 0, 0, 0, 0, 0, 0, 0, 0, 0, 0, 0, 0, 0, 0, 0, 0, 0, 0, 0,
       0, 0, 0, 0, 0, 0, 0, 0, 0, 0, 0, 0, 0, 0, 0, 0, 0, 0])

'masked_lm_positions': Mask된 위치
array([ 2,  7, 12, 30, 34, 35, 40, 44,  0,  0,  0,  0,
        0,  0,  0,  0,  0,  0,  0,  0])

'masked_lm_weights':
array([1., 1., 1., 1., 1., 1., 1., 1., 0., 0., 0., 0.,
       0., 0., 0., 0., 0., 0., 0., 0.], dtype=float32)

'masked_lm_ids': Mask되기 전 정답
array([ 1324, 14051,  1822, 30333, 30853, 23930, 30345,
       30337,     0,     0,     0,     0,     0,     0,
           0,     0,     0,     0,     0,     0])

'next_sentence_labels': 정상적인 연결 문장(0), random(1)
array([1])
```

id	0	1	2	3	4	...
token	[PAD]	[UNK]	[CLS]	[SEP]	[MASK]	...

그림 8.60: 데이터 상세: 7개 형태의 데이터가 만들어진다.

1. input_ids, input_mask: 모델(transformer encoder) 입력에 사용. input_mask는 transformers에서는 attention_mask라고 한다.
2. segment_ids: segment embedding에 사용. transformers에서는 token_type_ids라고 한다.
3. masked_lm_positions, masked_lm_weights: MLM loss 계산에 사용.
4. masked_lm_ids, next_sentence_labels: MLM, NSP의 각각의 target label.

BERT의 입력 데이터 embedding에 대해서 알아보자. 그림 (8.61)은 입력 데이터 embedding 과정을 설명하고 있다. BERT에서는 Transformer의 입력 데이터 embedding과 조금 달라진 부분이 있다.

- Token Embeddings: 8.1절에서 다룬 일반적인 word embedding이다. 페이지 499에서 언급한 $\sqrt{d_{\text{model}}}$을 곱해 scale을 조정하는 부분은 빠진다.
- Segment Embeddings: 앞 문장, 뒷 문장을 구분하기 위한 embedding이다. 앞 문장은 0, 뒷 문장은 1로 하여 [0,1] 두 개 값에 대해 embedding을 한다.
- Position Embeddings: transformer에서는 Position Encoding을 사용했다. BERT에서는 Position Embedding을 사용한다.

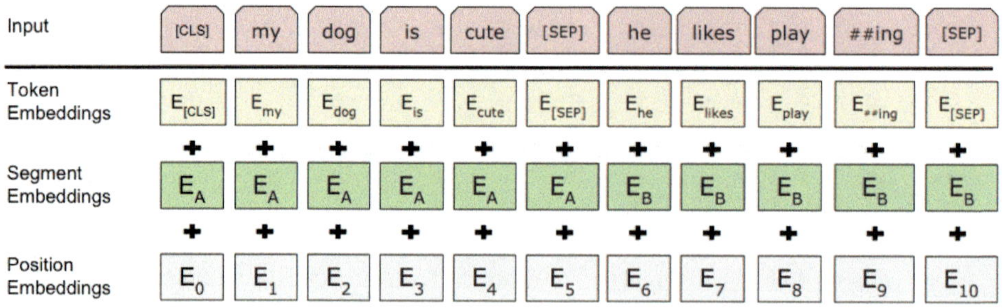

그림 8.61: BERT 입력 Embedding
segment embedding은 앞문장/뒷문장 2개로만 구성되어 있기 때문에, 2 type에 대한 embedding이다. Transformer 원 논문에서는 Positional Encoding을 사용하지만, BERT에서는 Positional Embedding을 사용한다. Position Embedding 은 trainable하다. Embedding 가능한 최대 길이로 max_position_embeddings가 hyper parameter로 주어져야 한다. 출처: BERT 논문

BERT에서 사용하는 transformer encoder에서 달라지는 점이 하나 더 있다. 활성 함수로 Relu 대신 Gelu를 사용한다. 참고로, transformer encoder에서 activation function이 사용되는 곳은 Feed Forward Network뿐이다.

그림 (8.62)에서는 BERT Pre-Training 모델 구조를 보여주고 있다.

- 입력 데이터가 transformer encoder를 통과하고 나면, shape (N, T, H) 인 `sequence_output`이 만들어진다.
- MLM, NSP의 logit은 Transformer 모델의 `sequence_output`(shape: N, T, H)의 일부만 선택하거나, 약간의 추가적인 layer를 더해 만들어진다. NSP에서는 `sequence_output[:,0,:]`을 추출한 후,

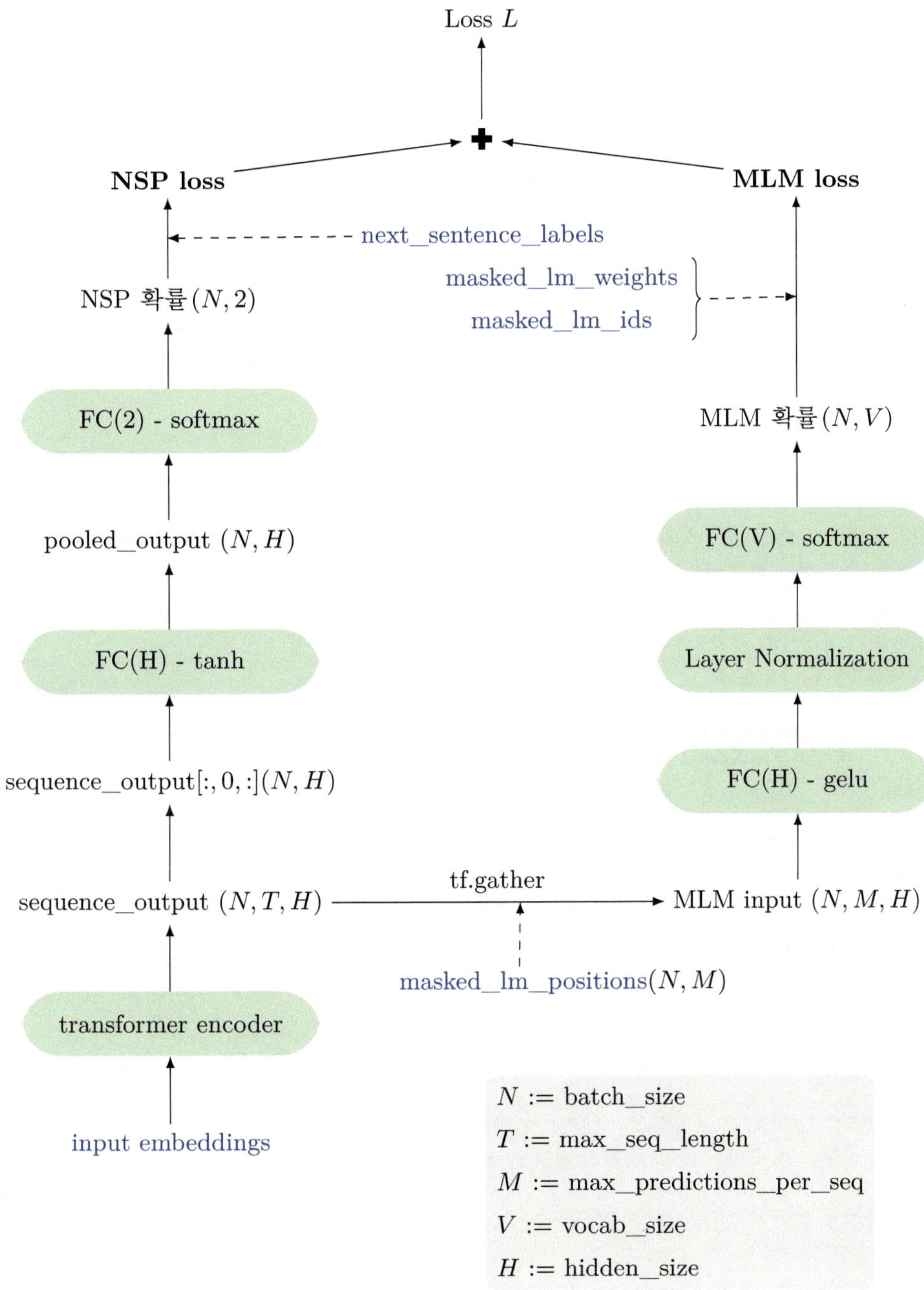

그림 8.62: BERT Pre-Training 모델 구조

sequence_output[:,0,:] → FC(H) → tanh → FC(2) → softmax

를 거쳐서 NSP을 수행한다. 다시 정리하면, [CLS] 위치에 해당하는 output의 첫 번째 값을 추출하여 classification을 수행한다. 여기서 FC(H) → tanh를 거친 결과를 `pooled_output`이라 부르고, 이것을 classification downstream task에 사용한다[58].

- MLM에서는 `sequence_output`에서 `masked_lm_positions`에 해당하는 값들만 추출한다. 이후, FC Layer를 2번 더해서 최종적인 확률을 구한다.
- 그림 (8.60) 에서 볼 수 있듯이 `masked_lm_positions`의 모두가 [MASK] token으로 대체된 것이 아니기 때문에, `masked_lm_weights`가 loss 계산에 사용된다.

8.11.3 Pre-Training(transformers API 활용, Tensorflow, from scratch)

먼저 훈련에 사용할 말뭉치를 만들어 보자. 대규모의 말뭉치를 만드는 것은 쉽지 않기 때문에, 1G byte 정도의 한글 위키피디아[59] 말뭉치를 다운로드받은 후, 전처리해 보자.

코드 8.69: 한글 위키피디아 말뭉치 다운로드, 전처리

```
!wget https://dumps.wikimedia.org/kowiki/latest/kowiki-latest-pages-articles.xml.bz2

!python KorWikiExtractor.py kowiki-latest-pages-articles.xml.bz2 --outfile_name
    wiki_kor_single_line.txt --single_line
```

- `KorWikiExtractor.py`는 WikiExtractor 라이브러리[60] 코드를 일부 수정해서 만들었다. 한자, 일본어 등을 제거하는 전처리를 추가했다.
- `--single_line` 옵션을 주면, 1개 주제가 1줄로 만들어진다. 그림 (8.63) 에서 오른쪽에 예시가 있다.
- 전처리 후, 만들어지는 `wiki_kor_single_line.txt` 파일 크기는 1G byte 정도 된다.
- 만들어진 파일을 살펴보면, 군데군데 제거되어야 할 부분이 남아있다. 이런 것들을 완벽히 제거하는 전처리는 많은 노력이 필요하다.
- 참고로 한국어 말뭉치를 제공받을 수 있는 Korpora[61] 라이브러리가 있다.

58 참고로 Electra에서도 BERT를 사용하는데, `sequence_output[:,0,:]`을 `pooled_output`으로 사용한다.

59 https://ko.wikipedia.org/wiki

60 https://pypi.org/project/wikiextractor/

61 https://ko-nlp.github.io/Korpora/

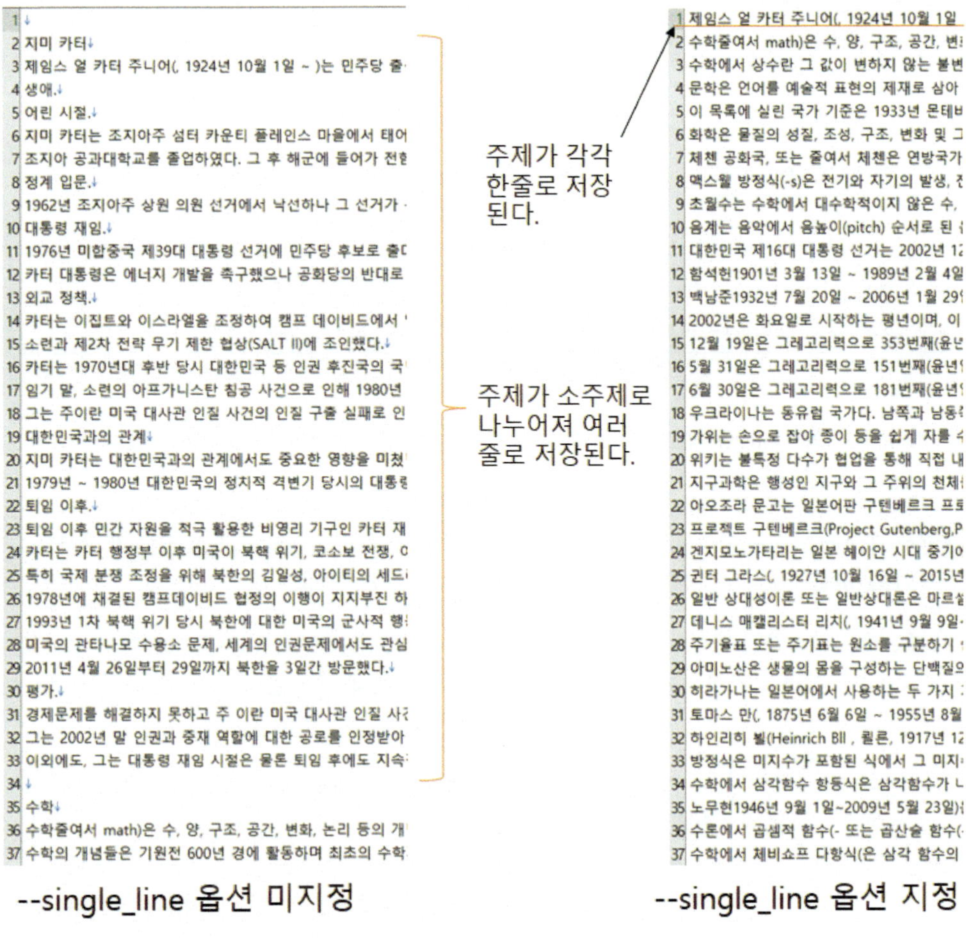

그림 8.63: 한국어 위키피디아 전처리 결과

잘 만들어진 Tokenizer를 사용할 수도 있지만 다루는 분야가 법률, IT와 같은 특수한 분야라면 새로운 Tokenizer를 만들 필요가 있다. 여기서는 만들어진 `wiki_kor_single_line.txt` 파일을 이용해서 Tokenizer를 만들어보자. Tokenizer에는 Vocabulary가 포함된다.

코드 8.70: **[Hugging Face]** 한국어 wiki 말뭉치로 Tokenizer 생성

```python
from transformers import AutoTokenizer

filename = 'wiki_kor_single_line.txt'
with open(filename,'r') as f:
    all_texts_wiki_kor = f.readlines()
all_texts_wiki_kor = [line.strip() for line in all_texts_wiki_kor if
    len(line.strip())>0]
print(f'lines: {len(all_texts_wiki_kor)}') # lines: 609693
```

```python

tokenizer_batch_size = 256
def batch_iterator_kor():
    for i in range(0, len(all_texts_wiki_kor), tokenizer_batch_size):
        yield all_texts_wiki_kor[i : i + tokenizer_batch_size]

old_tokenizer_kor = AutoTokenizer.from_pretrained("klue/bert-base")
# --> BertTokenizerFast

new_tokenizer_kor = old_tokenizer_kor.train_new_from_iterator(batch_iterator_kor(),
                                                              vocab_size=32000) # 6분 소요

new_tokenizer_kor.save_pretrained('./tokenizer_kor_single_line')
```

- Tokenizer의 config를 정보가 필요하기 때문에, 이미 만들어져 있는 Tokenizer를 가져와 `vocal_size=32000`으로 `old_tokenizer_kor`를 만들었다.
- `AutoTokenizer`는 생성할 때 넘겨지는 모델 이름에 따라 자동으로 Tokenizer를 생성해 준다. `"klue/bert-base"`인 경우는 `BertTokenizerFast`가 생성된다.
- 말뭉치로 훈련하기 위해, `train_new_from_iterator()` API를 이용하면 된다. 여기서의 훈련은 모델 weight를 찾아가는 훈련과는 다르다. 훈련을 통해 단어를 token(subword)로 나누고 통계적인 방법으로 많이 나타나는 token을 선택하는 과정을 거치게 된다.
- 훈련 후, Tokenizer를 저장했다. 4개 파일로 저장되지만, `vocab.txt`, `tokenizer_config.json` 2개 파일만 있으면 충분하다.

여기서 잠시 주제를 벗어나 Fast Tokenizer에 대해서 알아보자. Fast Tokenizer와 대비해서 기존의 Tokenizer를 Slow Tokenizer라 부르기도 한다.

	Fast Tokenizer	Slow Tokenizer
batched=True	10.8s	4min41s
batched=False	59.2s	5min3s

표 8.9: Fast Tokenizer
Fast Tokenizer는 Rust라는 프로그래밍 언어로 만들어졌다. 단일 문장에서는 Fast, Slow의 속도 차이가 나지 않을 수도 있다.
출처: `https://huggingface.co/course/chapter6/3`

다시 주제로 돌아와, Tokenizer가 만들어졌으니 이제 본격적인 Pre-Training을 해보자. 우선 BERT 모델에 넣을 수 있는 데이터를 본격적으로 만들기 전에, 필요한 hyper parameter를 다음과 같이 정의하자.

코드 8.71: hyper parameters

```
max_seq_length = 128 # 최대 token 개수
max_num_tokens = max_seq_length - 3 # [CLS],[SEP],[SEP]
short_seq_prob = 0.1
nsp_prob = 0.5
masked_lm_prob = 0.15

use_full_data_flag = False
batch_size = 32
learning_rate = 0.0001
n_epochs = 2

model_dir = 'model_directory'
```

Tokenizer를 만들 때 사용한 말뭉치와 Pre-Training에 사용할 말뭉치가 같을 필요는 없다. 여기서는 같은 말뭉치를 사용하자. 지금부터 하고자 하는 것은 말뭉치를 이용하여 그림(8.60)에서와 같은 훈련용 데이터를 만드는 것이다. 실제 구현 과정에서는 그림(8.60)에서의 7개 형태의 데이터를 그대로 만들지 않고 조금 다른 형태로 만든다. 그림(8.64)에서 지금부터 해야 하는 데이터 생성 작업을 요약해서 보여주고 있다.

`wiki_kor_single_line.txt` 파일을 Hugging Face의 `datasets` 라이브러리의 `load_dataset()` API[62]로 로드할 수 있다.

62 `https://huggingface.co/docs/datasets/nlp_load`

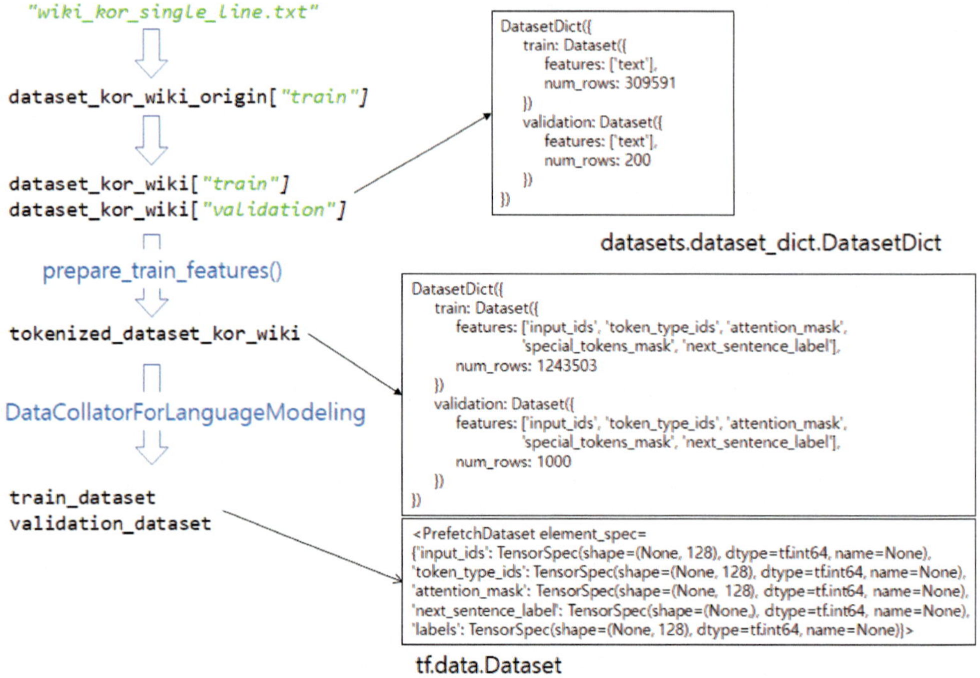

그림 8.64: Hugging Face API를 활용한 데이터 생성

1. 코드 8.72에서 dataset_kor_wiki_origin을 데이터 파일로부터 만든 후, dataset_kor_wiki를 만들어 train/validation으로 분리한다.
2. prepare_train_features()는 코드 8.74에 구현되어 있다. 훈련에 필요한 feature를 생성한다.
3. transformers.DataCollatorForLanguageModeling() API로 masking 과정을 거쳐 최종적으로 train_dataset, validation_dataset을 만든다.

코드 8.72: **[Hugging Face]** datasets.load_dataset()으로 텍스트 파일 로드

```
import datasets # pip install datasets
from datasets import load_dataset

dataset_kor_wiki_origin = load_dataset('text',
                            data_files={"train": ["wiki_kor_single_line.txt"]})
data_size = len(dataset_kor_wiki_origin["train"])
print(f'data size: {data_size}') # data size: 609693

dataset_kor_wiki = datasets.DatasetDict()
index_list = list(range(0,data_size))
random.shuffle(index_list)

if not use_full_data_flag:
    data_size = data_size//2 # 메모리가 부족한 경우

dataset_kor_wiki["train"] = dataset_kor_wiki_origin["train"]
                                .select(index_list[200:data_size])
```

```
dataset_kor_wiki["validation"] = dataset_kor_wiki_origin["train"]
                                 .select(index_list[:200])

print(f'train data size: {len(dataset_kor_wiki["train"])}') # train data size: 609493
print(f'validation data size: {len(dataset_kor_wiki["validation"])}') # validation data size: 200
```

- `load_dataset()`의 `data_files`에는 복수의 corpus 파일이 넘겨질 수 있다. 모든 파일을 읽어 들인 후, cache 파일을 만든다. 기본적으로 데이터 전체를 메모리에 올리는 것은 아니다.
- 데이터를 로드하여 `dataset_kor_wiki_origin`를 만든 다음, `datasets.DatasetDict`를 이용해서 데이터를 train, valiation 데이터로 분리했다. `select()`[63] 메소드를 이용하면 된다.
- `dataset_kor_wiki_origin`, `dataset_kor_wiki` 모두 type은 `datasets.dataset_dict.DatasetDict`이다.

코드 8.70에서 저장해 놓은 tokenizer를 불러오자.

코드 8.73: **[Hugging Face]** 저장된 파일로부터 tokenizer 불러오기

```
from transformers import BertTokenizer

tokenizer_config = json.load(
        open('tokenizer_kor_single_line/tokenizer_config.json','r',encoding='UTF8'))
tokenizer = BertTokenizer('tokenizer_kor_single_line/vocab.txt',**tokenizer_config)
```

코드 8.72에서 만들어 놓은 `dataset_kor_wiki`는 단순 텍스터 데이터일 뿐이다. token id로 변환하는 것을 포함해서 데이터 feature를 생성할 함수 `prepare_train_features()`를 코드 8.74에서 구현해 보자.

코드 8.74: **[Hugging Face]** 데이터 전처리 (feature 생성)

```
def prepare_train_features(examples, tokenizer):
    # Inspired by: https://keras.io/examples/nlp/pretraining_BERT/

    examples["document"] = [d.strip() for d in examples["text"] if len(d) > 0]

    # 문장 분리
    examples["sentences"] = [ nltk.tokenize.sent_tokenize(document) for document in examples["document"] ]
    # tokenizer로 각 문장을 token화
    examples["tokenized_sentences"] = [[tokenizer.tokenize(sent) for sent in doc] for doc in examples["sentences"]]

```

63 https://huggingface.co/docs/datasets/process#sort-shuffle-select-split-and-shard

```
    # Define the outputs
    examples["input_ids"] = []
    examples["token_type_ids"] = []
    examples["attention_mask"] = []
    examples["next_sentence_label"] = []

    for doc_index, document in enumerate(examples["tokenized_sentences"]):
        current_chunk = []
        current_length = 0
        i = 0

        target_seq_length = max_num_tokens

        if random.random() < short_seq_prob:
            target_seq_length = random.randint(2, max_num_tokens)

        while i < len(document):
            segment = document[i]
            current_chunk.append(segment)
            current_length += len(segment)
            if i == len(document) - 1 or current_length >= target_seq_length:
                if current_chunk:
                    a_end = 1
                    if len(current_chunk) >= 2:
                        a_end = random.randint(1, len(current_chunk) - 1)

                    tokens_a = []
                    for j in range(a_end):
                        tokens_a.extend(current_chunk[j])

                    tokens_b = []

                    if len(current_chunk) == 1 or random.random() < nsp_prob:
                        is_random_next = True
                        target_b_length = target_seq_length - len(tokens_a)

                        for _ in range(10):
                            random_document_index = random.randint(0,
                                len(examples["tokenized_sentences"]) - 1)
                            if random_document_index != doc_index:
                                break

                        random_document =
                            examples["tokenized_sentences"][random_document_index]
                        random_start = random.randint(0, len(random_document) - 1)
                        for j in range(random_start, len(random_document)):
                            tokens_b.extend(random_document[j])
                            if len(tokens_b) >= target_b_length:
                                break

                        num_unused_segments = len(current_chunk) - a_end
                        i -= num_unused_segments
                    else:
                        is_random_next = False
```

```
                    for j in range(a_end, len(current_chunk)):
                        tokens_b.extend(current_chunk[j])

                input_encoded =
                    tokenizer.encode_plus(text=tokens_a,text_pair=tokens_b,
                            padding='max_length',max_length=max_seq_length,
                            is_split_into_words=False,return_special_tokens_mask=True,
                            truncation = 'longest_first')

                examples["input_ids"].append(input_encoded["input_ids"])
                examples["token_type_ids"].append(input_encoded["token_type_ids"]) #
                    segment_ids
                examples["attention_mask"].append(input_encoded["attention_mask"])
                examples["next_sentence_label"].append(1 if is_random_next else 0)
                current_chunk = []
                current_length = 0
        i += 1

    # 불필요한 부분 삭제
    del examples["document"]
    del examples["sentences"]
    del examples["text"] # map에서 remove_columns=["text"]
    del examples["tokenized_sentences"]

    return examples

tokenized_dataset_kor_wiki = dataset_kor_wiki.map(
       lambda ex: prepare_train_features(ex,tokenizer), batched=True, num_proc=4)

# features: ['input_ids','token_type_ids','attention_mask','next_sentence_label']
print(tokenized_dataset_kor_wiki)
```

- map()[64] 함수로 prepare_train_features()를 적용해서 만들어지는 것은 2개 문장을 연결하고 padding 처리하여 길이가 max_seq_length로 된 데이터이다. 2개 문장을 연결하는 것은 NSP task를 위한 데이터이다. 정상적으로 연결되는 문장과 random으로 연결되는 문장을 확률 nsp_prob로 만들고 있다.

- 그림 (8.65) 에서 확인할 수 있듯이 input_ids, token_type_ids, attention_mask, next_sentence_label 4개 feature가 만들어졌다.

- tokenizer.encode_plus()가 input_ids, token_type_ids, attention_mask 3개 feature를 만들어 준다. 코드 8.75에서 사용할 DataCollatorForLanguageModeling을 사용하기 위해, return_special_tokens_mask=True로 설정했다. [CLS], [SEP] 같은 특수 token의 위치를 파악해서 masking 대상에서 제외하기 위함이다.

- map(...,batched=True)로 처리하면, 데이터를 배치로 처리한다. batch_size(default=1000)

64 datasets.Dataset.map(). https://huggingface.co/docs/datasets/process#map

를 지정할 수 있다.

- map(...,num_proc=4)와 같이 num_proc을 지정하면 멀티프로세싱으로 생성 속도가 향상된다.

- 여기서 한 가지 주목할 점이 있다. 만들어진 데이터가 Tensorflow Tensor가 아니라 단순한 list 형태의 데이터라는 것이다.

```
input_ids: [2, 2205, 12585, 3493, 6442, 8091, 6863, 6523, 16922, 18, 3, 7896, 12846, 7191, 12, 22047, 3914, 13,
7103, 7498, 3815, 2079, 19026, 25981, 16, 73, 3732, 7404, 8283, 3528, 15188, 12305, 16, 14984, 10092, 3473,
28750, 6436, 8828, 12848, 9505, 7201, 7770, 11970, 1562, 4167, 1812, 6372, 18, 14984, 10092, 3473, 22047, 3914,
10255, 3455, 7228, 12298, 3554, 7770, 3808, 3458, 7535, 15675, 10189, 6366, 26506, 1812, 7424, 16, 2307, 10189,
3452, 7170, 14257, 3231, 19571, 21953, 16, 1207, 12697, 60, 3449, 16663, 11274, 7243, 3627, 7600, 3567, 15233,
8455, 18, 28750, 3567, 12298, 3554, 7770, 11970, 6456, 10189, 6821, 187, 7613, 9427, 3606, 1812, 14184, 16,
14526, 10092, 3488, 9733, 187, 7613, 8485, 6378, 13172, 29144, 6740, 8455, 18, 6699, 7091, 12, 6655, 1190,
15897, 3]

token_type_ids: [0, 0, 0, 0, 0, 0, 0, 0, 0, 0, 0, 1, 1, 1, 1, 1, 1, 1, 1, 1, 1, 1, 1, 1, 1, 1, 1, 1, 1, 1, 1, 1,
1, 1, 1, 1, 1, 1, 1, 1, 1, 1, 1, 1, 1, 1, 1, 1, 1, 1, 1, 1, 1, 1, 1, 1, 1, 1, 1, 1, 1, 1, 1, 1, 1, 1, 1, 1, 1,
1, 1, 1, 1, 1, 1, 1, 1, 1, 1, 1, 1, 1, 1, 1, 1, 1, 1, 1, 1, 1, 1, 1, 1, 1, 1, 1, 1, 1, 1, 1, 1, 1, 1, 1, 1, 1,
1, 1, 1, 1, 1, 1, 1, 1, 1, 1, 1, 1, 1, 1, 1, 1, 1, 1, 1, 1, 1, 1]
attention_mask: [1, 1, 1, 1, 1, 1, 1, 1, 1, 1, 1, 1, 1, 1, 1, 1, 1, 1, 1, 1, 1, 1, 1, 1, 1, 1, 1, 1, 1, 1, 1, 1,
1, 1, 1, 1, 1, 1, 1, 1, 1, 1, 1, 1, 1, 1, 1, 1, 1, 1, 1, 1, 1, 1, 1, 1, 1, 1, 1, 1, 1, 1, 1, 1, 1, 1, 1, 1, 1, 1,
1, 1, 1, 1, 1, 1, 1, 1, 1, 1, 1, 1, 1, 1, 1, 1, 1, 1, 1, 1, 1, 1, 1, 1, 1, 1, 1, 1, 1, 1, 1, 1, 1, 1, 1, 1, 1, 1,
1, 1, 1, 1, 1, 1, 1, 1, 1, 1, 1, 1, 1, 1, 1, 1, 1, 1, 1, 1]

next_sentence_label: 1

special_tokens_mask: [1, 0, 0, 0, 0, 0, 0, 0, 0, 0, 1, 0, 0, 0, 0, 0, 0, 0, 0, 0, 0, 0, 0, 0, 0, 0, 0, 0, 0, 0,
0, 0, 0, 0, 0, 0, 0, 0, 0, 0, 0, 0, 0, 0, 0, 0, 0, 0, 0, 0, 0, 0, 0, 0, 0, 0, 0, 0, 0, 0, 0, 0, 0, 0, 0, 0, 0,
0, 0, 0, 0, 0, 0, 0, 0, 0, 0, 0, 0, 0, 0, 0, 0, 0, 0, 0, 0, 0, 0, 0, 0, 0, 0, 0, 0, 0, 0, 0, 0, 0, 0, 0, 0, 0,
0, 0, 0, 0, 0, 0, 0, 0, 0, 0, 0, 0, 0, 0, 0, 0, 0, 0, 0, 0, 0, 0, 0, 1]

=====================================================

tokens: ['[CLS]', '용', '##소리', '##는', '다음', '지역에', '위치한', '대한민국의', '리이다', '.', '[SEP]', '디지털',
'권리', '관리', '(', 'DR', '##M', ')', '으로', '보호', '##된', '어', '##도비', 'PDF', ',', 'e', '##P', '##ub',
'파일', '##과', '호환', '##하므로', ',', '소니', '리더', '##의', '소유자', '##들은', '수많은', '나라의', '도서관',
'##으로부터', '전자', '##책을', '빌', '##릴', '수', '있다', '.', '소니', '리더', '##의', 'DR', '##M', '규칙', '##에',
'따르면', '구매', '##한', '전자', '##책', '##은', '최대', '6개의', '장치', '##에서', '읽을', '수', '있는데', ',',
'이', '장치', '##들', '가운데', '적어도', '한', '대가', '윈도', ',', '맥', 'OS', 'X', '##을', '구동', '중인', '개인',
'##용', '컴퓨터', '##가', '있으면', '가능하다', '.', '소유자', '##가', '구매', '##한', '전자', '##책을', '다른',
'장치', '##들과', '계', '##정에', '공유', '##할', '수', '없지만', ',', '5개의', '리더', '##를', '단일', '계',
'##정에', '등록', '##하여', '책을', '공유하는', '것은', '가능하다', '.', '2006년', '모델', '(', '2007년', '말',
'단종', '[SEP]']

decode: [CLS] 용소리는 다음 지역에 위치한 대한민국의 리이다. [SEP] 디지털 권리 관리 ( DRM ) 으로 보호된 어도비 PDF, ePub
파일과 호환하므로, 소니 리더의 소유자들은 수많은 나라의 도서관으로부터 전자책을 빌릴 수 있다. 소니 리더의 DRM 규칙에 따르면
구매한 전자책은 최대 6개의 장치에서 읽을 수 있는데, 이 장치들 가운데 적어도 한 대가 윈도, 맥 OS X을 구동 중인 개인용
컴퓨터가 있으면 가능하다. 소유자가 구매한 전자책을 다른 장치들과 계정에 공유할 수 없지만, 5개의 리더를 단일 계정에
등록하여 책을 공유하는 것은 가능하다. 2006년 모델 ( 2007년 말 단종 [SEP]
```

그림 8.65: 코드 8.74의 tokenized_dataset_kor_wiki 데이터 예시

다음은 코드 8.74의 `tokenized_dataset_kor_wiki` 데이터를 확인해 보는 조각 코드이다. 결과는 그림(8.65)에 있다.

```
for i,data in enumerate(tokenized_dataset_kor_wiki['train']):
    print(i)
    print(f"input_ids: {data['input_ids']}")
    print(f"token_type_ids: {data['token_type_ids']}")
    print(f"attention_mask: {data['attention_mask']}")
    print(f"next_sentence_label: {data['next_sentence_label']}")
    print(f"special_tokens_mask: {data['special_tokens_mask']}")

    x = data['input_ids']
    print(f"tokens: {[tokenizer._convert_id_to_token(t) for t in x]}")
    print(f"decode: {tokenizer.decode(x)}")
    print('======')
    if i>2: break
```

이제 남은 작업은 MLM task를 위해서 일부 token을 `[MASK]` token으로 바꿔주는 일이다. transformers `DataCollatorForLanguageModeling`[65], `datasets.arrow_dataset.Dataset.to_tf_dataset()`[66] API가 이 작업을 쉽게 할 수 있게 해준다.

코드 8.75: **[Hugging Face]** masking 생성, batch 데이터, tensor 변환

```
from transformers import DataCollatorForLanguageModeling

collater = DataCollatorForLanguageModeling(tokenizer=tokenizer, mlm=True,
     mlm_probability=masked_lm_prob, return_tensors="tf")

train_dataset = tokenized_dataset_kor_wiki["train"].to_tf_dataset(
    columns=["input_ids", "token_type_ids", "attention_mask","labels",
        "next_sentence_label"],
    batch_size=batch_size,
    shuffle=True,
    collate_fn=collater)

validation_dataset = tokenized_dataset_kor_wiki["validation"].to_tf_dataset(
    columns=["input_ids", "token_type_ids", "attention_mask","labels",
        "next_sentence_label"],
    batch_size=batch_size,
    shuffle=False,
    collate_fn=collater)
```

- `DataCollatorForLanguageModeling`에서 `return_tensors="tf"`로 설정하면 Tensorflow

65 `https://huggingface.co/docs/transformers/v4.25.1/en/main_classes/data_collator#transformers.DataCollatorForLanguageModeling`

66 `https://huggingface.co/docs/datasets/main/en/package_reference/main_classes#datasets.Dataset.to_tf_dataset`

Tensor가 된다. "pt" 또는 "np"로 설정하면 각각 Pytorch Tensor, Numpy Array로 데이터가 만들어진다.

- mlm_probability로 각 토큰의 making 확률을 지정할 수 있다.
- 그림 (8.57) 에서 설명한 확률 [80%,10%,10%] 는 API 내부에 고정되어 있다.
- 생성되는 train_dataset, validation_dataset은 tf.data.Dataset 객체이다. 이들이 만드는 dict형 데이터에는 'labels' feature가 하나 더 추가된다.
- 배치 형태의 데이터로 만들어진다.

다음 조각 코드로 코드 8.75에서 만든 Dataset을 확인해 볼 수 있다. 그 결과는 그림 (8.66) 에서 확인할 수 있다.

```
for data in validation_dataset.take(1):
    print(data.keys())
    print('input_ids shape:', data['input_ids'].shape)
    print('attention_mask(input_mask) shape: ', data['attention_mask'].shape)
    print('token_type_ids(segment_ids) shape: ',
        data['token_type_ids'].shape)
    print('labels shape: ', data['labels'].shape)
    print('next_sentence_label shape: ',data['next_sentence_label'].shape)
    print(f"data['labels'][0]: {data['labels'][0]}")
```

- 그림 (8.60) 에서 'masked_lm_positions', 'masked_lm_weights', 'masked_lm_ids' 3개의 feature가 표현한 정보가 'labels' 하나에 압축된다.
- 'labels'를 보면, masking되지 않은 tokens은 −100 으로 되어 있다.
- −100은 앞으로 사용할 BERT model class인 TFBertForPreTraining과 약속된 값이다. TFBertForPreTraining에서 MLM loss를 −100이 아닌 값에 대해서만 계산한다[67].

67 https://github.com/huggingface/transformers/blob/v4.26.1/src/transformers/models/bert/modeling_tf_bert.py#L115

```
dict_keys(['input_ids', 'token_type_ids', 'attention_mask', 'next_sentence_label', 'labels'])
input_ids shape: (32, 128)
attention_mask(input_mask) shape:  (32, 128)
token_type_ids(segment_ids) shape:  (32, 128)
labels shape:  (32, 128)
next_sentence_label shape:  (32,)

data['input_ids'][0]:
[    2   788  9547 28154 27470  6523  7394     4 10360    18     4  7009
  6365    16 17307 29283  7631  3567 18762  2722  3664  3528 23432  3488
  3231 17252  7826  9614     4  3539     4 13701     4     4   632     4
  3471 10088  2287  3528     4 10782  3488  2969  4098  6380    18     3
  9155 10445  3482  3737 24877  8994 15284 10197    13  2278 29895  3595
     4 11419  3455  7715 24609  7059  3528 10825  9306  8217  6374  7735
  6368    18 15284 10197  6526 12946  8683  6550     4  3473     4  7735
     4 19926  1812  7732    16 13272  9155  6366 10695     4  8842  3455
  9155  3473  3231  7735  6368    18 10361 24609  3583 11927 26749  3449
 12367    16 21556  3583 19788 10647  6376  6586 10028  6596 12729 25807
  6372    18  8693  9155  3473  7735  6640     3]

data['labels'][0]:
[ -100  -100  -100  -100  -100  -100  -100    18  -100  -100 18784  -100
  -100  -100  -100  -100  -100  -100  -100  -100  -100  -100  -100  -100
  -100  -100  -100  -100   788  -100    12  -100  3578    13  -100  1737
  -100  -100  -100  -100 12440  -100  -100  -100  -100  -100  -100  -100
  -100  -100  -100  -100  -100  -100  -100  -100  -100  2278  -100  -100
 21556  -100  -100  7715  -100  -100  -100  -100  -100  -100  -100  -100
  -100  -100  -100  -100  -100  -100  -100  -100 24588  -100  3231  -100
  6551  -100  -100  -100  -100  -100  -100  -100  -100  7735  -100  -100
  -100  -100  -100  -100  -100  -100  -100  -100  -100  -100  -100  -100
  -100  -100  -100  -100  -100  -100  -100  -100  -100  -100  -100  -100
  -100  -100  -100  -100  -100  -100  -100  -100]
```

그림 8.66: masking 데이터 생성 결과

이제 마지막으로 모델을 생성하고 훈련을 해보자.

코드 8.76: **[Hugging Face, Tensorflow]** Pre-Training 모델 생성

```python
from transformers import BertConfig, TFBertForPreTraining

if os.path.exists(os.path.join(model_dir,'config.json')):
    model = TFBertForPreTraining.from_pretrained(model_dir) # 저장된 모델이 있는 경우.
    print(f"model found: {os.path.join(model_dir,'config.json')}")
else:
    config_bert_tiny = json.load(open('config_bert_tiny.json','r',encoding='UTF8'))
    bert_config = BertConfig(**config_bert_tiny)
    model = TFBertForPreTraining(bert_config)
    print('model not found. training from scratch.')

for data in train_dataset.take(1):
    output = model(**data)
    print(f'loss: {output.loss[0]}') # loss: 11.129406929016113

    # MLM을 위한 logit, (32, 128, 32000)
    print(f'logit shape: {output.prediction_logits.shape}')

    # NSP를 위한 logit, (32, 2)
```

```
        print(f'seq_relationship_logits shape: {output.seq_relationship_logits.shape}')


optimizer = tf.keras.optimizers.Adam(learning_rate=learning_rate)
model.compile(optimizer=optimizer)

model.fit(train_dataset, validation_data=validation_dataset, epochs=n_epochs)
model.save_pretrained(model_dir) # config.json, tf_model.h5 2개 파일 생성
```

- `config_bert_tiny.json` 파일은 BERT Tiny Model을 설정하는 파일이다. `google/bert_uncased_L-2_H-256_A-4`[68]에서 `config.json` 파일을 다운로드받아, `vocab_size`를 32000으로 수정했다[69].
- `TFBertForPreTraining`은 transformers에서 제공하는 Tensorflow로 구현된 BERT Pre-Training 모델이다. 다음과 같은 class hierarchy(계층 구조)를 가지고 있다.

> tf.keras.Model ⟶ TFPreTrainedModel
> ⟶ TFBertPreTrainedModel ⟶ TFBertForPreTraining

- `TFPreTrainedModel` class에서 `train_step()`이 재정의되어 있다[70]. `train_dataset`이 만들어 내는 dict형 데이터를 받아들여 output을 만들어낸다.
- `train_step()`의 재정의로 `model.fit()`이 잘 동작한다.

`use_full_data_flag = False`로 데이터를 절반만 사용하는 경우 - `KorWikiExtractor`로 wiki 데이터 추출에 14분, Tokenizer 생성에 6분, `tokenized_dataset_kor_wiki` 생성에 20분 소요된다. 이런 상황에서 colab(gpu)에서 1 epoch 훈련에 50분 정도 소요된다. `use_full_data_flag = True`로 데이터 전체를 사용하면 colab에서는 메모리 부족으로 실행되지 않는다.

1G 정도의 corpus와 BERT tiny 크기의 작은 모델임에도 훈련 시간이 많이 소요된다. 대형 corpus로 Large BERT을 훈련하려면 아주 많은 리소스가 필요하다.

68 https://huggingface.co/google/bert_uncased_L-2_H-256_A-4/blob/main/config.json

69 코드 8.70에서 vocab_size=32000으로 Tokenizer를 만들었다.

70 https://github.com/huggingface/transformers/blob/v4.26.1/src/transformers/modeling_tf_utils.py#L1476

8.11.4 Pre-Training(transformers API 활용, Pytorch)

여기서는 이미 훈련되어 공개된 모델을 다운로드받아서 우리가 준비한 데이터를 넣어보자. 앞서 언급한 klue/bert-base[71]를 활용해 보자. klue/bert-base는 Pytorch로 된 모델을 제공한다. 앞에서 다른 Tensorflow 모델과 달라지는 점은 다음과 같다.

- 이미 훈련된 모델의 weight를 가져오기 때문에, 모델과 같이 제공되는 Tokenizer(Vocabulary 포함)를 사용해야 한다.
- Tensorflow API인 `TFBertForPreTraining` 대신 Pytorch API `BertForPreTraining`을 사용한다.

코드 8.77: **[Hugging Face, Pytorch]** klue/bert-base로부터 Tokenizer, BertForPreTraining 객체 생성

```
from transformers import BertConfig, BertForPreTraining, BertTokenizer

tokenizer = BertTokenizer.from_pretrained("klue/bert-base")

# from scratch model --> 모델 설정값만 가져온다.
model_a = BertForPreTraining(BertConfig.from_pretrained("klue/bert-base"))

# trained model --> 훈련된 weight를 포함해서 가져온다.
model_b = BertForPreTraining.from_pretrained("klue/bert-base")
```

- 2가지 모델을 생성했다. `model_a`는 klue/bert-base와 모델 설정만 동일하고 weight는 가져오지 않았다.
- `model_b`는 klue/bert-base가 제공하는 훈련된 weight를 가져왔다.

코드 8.78: **[Hugging Face, Pytorch]** Pytorch 모델에 필요한 DataLoader 생성

```
from torch.utils.data import DataLoader

tokenized_dataset_kor_wiki = dataset_kor_wiki.map(lambda ex:
    prepare_train_features(ex,tokenizer),
                                              batched=True, num_proc=4)

collater = DataCollatorForLanguageModeling(tokenizer=tokenizer, mlm=True,
                                       mlm_probability=masked_lm_prob,
                                            return_tensors="pt")

train_dl = DataLoader(tokenized_dataset_kor_wiki["train"],
                    shuffle=True,batch_size=batch_size,collate_fn=collater)
```

71 https://huggingface.co/klue/bert-base

```
validation_dl = DataLoader(tokenized_dataset_kor_wiki["validation"],
                          shuffle=False,batch_size=batch_size,collate_fn=collater)
```

- dataset_kor_wiki는 코드 8.72에서 만든 것이고, prepare_train_features()는 코드 8.74에서 정의된 것이다. 단지 넘겨지는 tokenizer만 다르다.
- DataCollatorForLanguageModeling(...,return_tensors="pt")로 설정하면, Pytorch Tensor로 데이터를 만들어 준다.
- train_dl, validation_dl는 Pytorch에서 DataLoader를 만드는 전형적인 방식으로 생성되었다.

코드 8.79: **[Hugging Face, Pytorch]** model_a, model_b Loss 비교

```
for d in train_dl:
    # model_a
    out_a = model_a(d['input_ids'],d['attention_mask'], d['token_type_ids'],
                    labels=d['labels'], next_sentence_label = d['next_sentence_label'])
    print(f'scratch model --- loss: {out_a.loss}, mlm logits shape:
        {out_a.prediction_logits.shape}, \
                    nsp logits shape: {out_a.seq_relationship_logits.shape}')

    # model_b
    out_b = model_b(d['input_ids'],d['attention_mask'], d['token_type_ids'],
                    labels=d['labels'], next_sentence_label = d['next_sentence_label'])
    print(f'pretrained model --- loss: {out_b.loss}, logits shape:
        {out_b.prediction_logits.shape}, \
                   nsp logits shape: {out_b.seq_relationship_logits.shape}')

    break
```

Output:

```
scratch model --- loss: 11.24999, mlm logits shape: torch.Size([32, 128, 32000]),
                                  nsp logits shape: torch.Size([32, 2])
pretrained model --- loss: 4.26883, logits shape: torch.Size([32, 128, 32000]),
                                    nsp logits shape: torch.Size([32, 2])
```

이미 훈련된 모델인 model_b의 loss가 model_a보다 더 낮은 것을 확인할 수 있다.

72 Naver Sentiment Movie Corpus, https://github.com/e9t/nsmc

8.11.5 Fine-Tuning(NSMC, 영화평 감성 분석, Pytorch)

8.4절에서 NSMC[72] 데이터셋을 이용한 영화평 감성 분석(sentiment analysis) 모델을 RNN으로 만들었다. 여기서는 Pre-Trained 모델인 klue/bert-base를 이용해서 Fine-Tuning으로 영화평 감성 분석 모델을 만들어 보자.

hyper parameter, tokenizer, model을 다음과 같이 정의히자.

코드 8.80: hyper parameters, tokenizer, model

```
from transformers import BertTokenizer, BertForSequenceClassification

max_seq_length = 128 # 최대 token 개수

batch_size = 32
learning_rate = 0.0001
n_epochs = 3

model_dir = 'nsmc-finetuning'

#########

tokenizer = BertTokenizer.from_pretrained("klue/bert-base")

model = BertForSequenceClassification.from_pretrained("klue/bert-base",num_labels=2)
```

tokenizer를 먼저 만드는 이유는 데이터를 만드는 과정에 tokenizer가 필요하기 때문이다.

`ratings_train.txt`, `ratings_test.txt` 2개 파일을 준비하자[73]. 코드 8.72에서 사용했던 `datasets.load_dataset()` API를 이용해 보자.

코드 8.81: **[Hugging Face]** NSMC 데이터 로드

```
from datasets import load_dataset
from torch.utils.data import DataLoader
from transformers import DataCollatorWithPadding

nsmc_dataset = load_dataset("csv", data_files={"train": "ratings_train.txt","test":
    "ratings_test.txt"},delimiter="\t").filter(lambda example:
    type(example['document']) is str )

nsmc_dataset = nsmc_dataset.map(lambda examples:
    tokenizer(examples["document"],truncation=True, max_length=max_seq_length),
    batched=True,remove_columns=["id","document"])

collater = DataCollatorWithPadding(tokenizer=tokenizer, padding=True,
    return_tensors="pt")
```

73 4.5절 참조.

```
train_dl = DataLoader(nsmc_dataset["train"],shuffle=True,
                      batch_size=batch_size,collate_fn=collater)
test_dl = DataLoader(nsmc_dataset["test"],shuffle=False,
                      batch_size=batch_size,collate_fn=collater)
```

- 2개 파일을 한번에 넘겨 train, test 데이터를 동시에 만들었다.
- 코드 4.31에서 설명한 것처럼 텍스트가 없는 데이터 (null string) 가 포함되어 있기 때문에, `filter()`를 적용했다.
- `tokenizer(examples["document"],truncation=True,max_length=max_seq_length)`로 처리하여 최대 길이를 `max_seq_length` 이하로 제한한다. `max_seq_length`가 커지면, 모델 훈련에 더 많은 메모리와 시간이 소요된다. 그리고 여기서는 padding을 하지 않았다. 여기서 padding을 하면 모든 데이터의 길이가 동일해지고, mini-batch의 길이도 동일해진다. 불필요한 padding을 줄이기 위해, 다음 단계인 `DataCollatorWithPadding`에서 padding을 한다.

Output:

```
nsmc_dataset:

DatasetDict({
    train: Dataset({
        features: ['label', 'input_ids', 'token_type_ids', 'attention_mask'],
        num_rows: 149995
    })
    test: Dataset({
        features: ['label', 'input_ids', 'token_type_ids', 'attention_mask'],
        num_rows: 49997
    })
})
```

- `DataCollatorWithPadding()`[74] API로 padding을 할 수 있다.
  - `DataCollatorWithPadding(...,padding='max_length',max_length=128)`: `max_length` 크기로 padding.
  - `DataCollatorWithPadding(...,padding='max_length')`: `max_length`를 지정하지 않으며, `tokenizer.model_max_length` 크기로 padding.
  - `DataCollatorWithPadding(...,padding=True)`: mini-batch 데이터에서 가장 긴 데이터의 길이로 padding.

74 https://huggingface.co/docs/transformers/v4.25.1/en/main_classes/data_collator#transformers.DataCollatorWithPadding

- 생성되는 `train_dl`, `test_dl`에서 feature 이름이 `'label'`에서 `'labels'`로 변경된다[75].

```
feature name: 'input_ids', 'attention_mask', 'token_type_ids', 'labels'
```

- 참고로 `DatasetDict`의 column 이름을 변경하는 API가 있다.

```
nsmc_dataset = nsmc_dataset.rename_column('label','labels')
```

다음의 코드 8.82는 코드 8.24를 수정해서 만든 모델 훈련 코드이다. 1 epoch에 약 35분 정도 소요[76]되기 때문에 tqdm 라이브러리로 진행 표시줄(progress bar)이 나오게 했다.

코드 8.82: **[Pytorch]** NSMC fine-tuning 모델 훈련 코드

```python
from tqdm import tqdm

def train_pytorch_model_classification(model,optimizer,train_dl, valid_dl,n_epochs, device):
    s_time = time.time()
    model.to(device)
    history = {'train_loss': [],'val_loss': [],'train_acc': [], 'val_acc': []}
    n_step = len(train_dl)
    n_step_val = len(valid_dl)
    for epoch in range(n_epochs): # loop over the dataset multiple times
        running_loss = []; acc = 0; total = 0
        model.train()
        with tqdm(total=n_step,ncols=100) as pbar:
            for i, data in enumerate(train_dl):
                data = {k: v.to(device) for k, v in data.items()}
                # zero the parameter gradients
                optimizer.zero_grad()

                # forward + backward + optimize
                out = model(**data)
                out.loss.backward()
                optimizer.step()

                pred = out.logits.argmax(axis=-1)
                acc += (pred==data['labels']).float().sum().item()
                total += len(data['labels'])

                # print statistics
                running_loss.append(out.loss.item())
                pbar.set_description(f'[epoch: {epoch+1}/{n_epochs}] loss: {np.mean(running_loss):.4f}, acc: {acc/total:.4f}')
                pbar.update(1)
            history['train_acc'].append(acc/total)
```

75 https://github.com/huggingface/transformers/blob/v4.26.1/src/transformers/data/data_collator.py#L256

76 colab gpu 환경.

```
            history['train_loss'].append(np.mean(running_loss))

        running_loss = []; acc = 0; total=0
        model.eval()
        with torch.no_grad():
            with tqdm(total=n_step_val,ncols=100) as pbar:
                for i, data in enumerate(valid_dl):
                    data = {k: v.to(device) for k, v in data.items()}

                    out = model(**data)

                    pred = out.logits.argmax(axis=-1)
                    acc += (pred==data['labels']).float().sum().item()
                    total += len(data['labels'])

                    running_loss.append(out.loss.item())
                    pbar.set_description(f'[validation] val loss:
                        {np.mean(running_loss):.4f}, val acc: {acc/total:.4f}')
                    pbar.update(1)
                history['val_acc'].append(acc/total)
                history['val_loss'].append(np.mean(running_loss))

    print('Finished Training')
    return history
```

- loss function이 model 내부에 정의되어 있기 때문에, 정의하지 않아도 된다.

코드 8.83: **[Pytorch]** 훈련(Fine-Tuning) 실행

```
optimizer = torch.optim.AdamW(model.parameters(), lr=learning_rate)

device = torch.device("cuda:0" if torch.cuda.is_available() else "cpu")
print(f'device: {device}')
history = train_pytorch_model_classification(model, optimizer, train_dl,
     test_dl,n_epochs, device )
```

- optimizer로 AdamW를 사용했다. AdamW는 Adam의 weight decay 방식을 변형한 optimizer이다. AdmaW는 BERT를 비롯한 NLP에서 많이 사용된다.

그림(8.67)을 보면, 3-epoch 훈련에 validation accuracy가 90.48%로 나왔다. 페이지 442에 나오는 RNN 모델의 결과보다 우수하다.

```
device: cuda:0
[epoch: 1/3] loss: 0.2853, acc: 0.8788: 100%|██████████| 2344/2344 [33:03<00:00,  1.18it/s]
[validation] val loss: 0.2501, val acc: 0.8931: 100%|██████████| 782/782 [04:02<00:00,  3.22it/s]
[epoch: 2/3] loss: 0.2104, acc: 0.9148: 100%|██████████| 2344/2344 [32:57<00:00,  1.19it/s]
[validation] val loss: 0.2405, val acc: 0.9029: 100%|██████████| 782/782 [04:04<00:00,  3.20it/s]
[epoch: 3/3] loss: 0.1634, acc: 0.9366: 100%|██████████| 2344/2344 [32:59<00:00,  1.18it/s]
[validation] val loss: 0.2542, val acc: 0.9048: 100%|██████████| 782/782 [04:04<00:00,  3.20it/s]
```

그림 8.67: Fine-Tuning 모델 3-epoch 훈련 진행 과정

8.12 Hugging Face Transformers - ELECTRA

ELMO	2018.03	Allen Institute
GTP	2018.06	OpenAI
BERT	2018.10	Google AI Language
XLNet	2019.06	Carnegie Mellon University, Google Brain
Roberta	2019.07	University of Washington, Facebook AI
BART	2019.10	Facebook AI
ELECTRA	2020.03	Google Brain

표 8.10: 주요 NLP 언어 모델

표 (8.10) 에 BERT 전후의 주요 NLP 논문을 정리했다. 이번 절에서는 ELECTRA에 대해서 살펴보자.

ELECTRA[77]는 2020년 구글 리서치팀에서 나온 논문으로 BERT와는 다른 방식으로 Pre-Trained Language Model을 훈련시키는 방법을 제시했다. 제시된 기법은 replaced token detection 이라는 방법이다. BERT에서는 token의 15%만을 masking하기 때문에 masking 되지 않은 token 들이 loss에 기여하지 못한다. ELECTRA는 일부 tokens을 [MASK] token으로 대체하지만, 모든 token에 대해서 대체된 token인지를 예측한다. 따라서 모든 token이 loss 계산에 기여한다. 같은 크기의 BERT와 비교하면, 같은 양의 데이터로도 더 효율적인 훈련이 가능하다.

먼저 모델 설명에 필요한 hyper parameter를 표 (8.11) 에 정의했다.

N	batch_size	E	embedding_size
T	max_seq_length	L	target_length
M	max_predictions_per_seq	V	vocab_size
H_g	generator_hidden_size	H_d	discriminator_hidden_size

표 8.11: ELECTRA hyper parameter
L은 데이터 생성에 사용되는 가변 값으로 hyper parameter는 아니다.

77 **E**fficiently **L**earning an **E**ncoder that **C**lassifies **T**oken **R**eplacements **A**ccurately, https://arxiv.org/abs/2003.10555

8.12.1 Pre-Train을 위한 tfrecord 파일 만들기

Tensorflow 1.x로 구현된 공식 구현 코드[78]를 기준으로 살펴보자. 훈련용 데이터를 tfrecord[79] 형식으로 저장한다. 언어 모델 훈련에 사용되는 corpus는 대용량이기 때문에 메모리에 올릴 수 없는 경우가 많다. 디스크에 저장된 파일을 훈련 중에 반복적으로 로드하기 위해서 이진(binary) 형식인 tfrecord로 저장한다.

- 지금부터의 설명은 ELECTRA 구현 코드 중 `build_pretraining_dataset.py`[80]을 기반으로 한다.
- Tokenizer(Vocabulary 포함)는 미리 만들어져 있어야 한다. Google Electra에서는 BERT에서와 동일하게 FullTokenizer를 사용했다. tfrecord를 만드는 단계에서 tokenizing을 하여 token을 정수(index)로 변환한다. token masking은 tfrecord 파일을 만드는 단계에서 하지 않고, train 단계에서 매번 random하게 이루어진다(dynamic token masking).
- T은 pre-trained weight와는 무관하다. 훈련용 데이터(tfrecord 파일) 생성에 관여하는 hyper parameter이다. fine-tuning 단계에서 data를 만들 때의 T은 pre-trained 과정에서 사용된 값과 달라도 상관없다. pre-trained weight를 다운로드받아, pre-train을 이어가는 경우에도 T은 달라져도 된다.
- 참고로 `max_seq_length`, T와 달리 `max_position_embeddings`[81]는 동일하게 유지되어야 한다.
- L(`target_length`)은 확률 95%로 T이 된다. 5%확률로 rand$(5, T)$에서 선택된다. L은 데이터마다 달라진다.
- 그림(8.68)을 살펴보자. 여러 line을 읽어 token length 합이 L를 넘을 때까지 모은 후, `first_segment`, `second_segment`로 나눈다. 이때 **1개 line을 sentence**라 한다. sentence에는 여러 개의 문장(마침표 단위)이 들어있을 수 있다. 즉, sentence를 모아서 token 길이(개수) 합이 L를 넘어갈 때까지 모아서 2개 segment로 나누는 작업을 한다. token을 모으는 과정에서 입력data에서 삽입된 빈줄을 경계로 할지 option을 줄 수 있다(`blanks_separate_docs`). 모아진 token들을 2개(first, second segment)로 나누는 구체적인 방법은 다음과 같다.
  - `first_segment`의 길이는 확률 90%로 $l_1 := (L-3)/2$로 하고, 나머지 10% 확률로 T보

78 `https://github.com/google-research/electra`

79 tfrecord는 직렬화(serialization)하여 이진 형식으로 지정하는 파일 포맷이다. 직렬 형식으로 저장하기 때문에 random access에는 적합하지 않고 대용량 데이터 스트리밍에 적합하다.

80 `https://github.com/google-research/electra/blob/master/build_pretraining_dataset.py`

81 그림8.61 참조.

Line 1: North Atlantic right whales are one of the most endangered animals on earth. Historically exploited by commercial whaling, the current population of about 500 whales is critically low.
Line 2: Right whales are particularly vulnerable to being fatally struck by ships and entangled in fishing nets or ropes because they are slow swimmers and spend the majority of their time near the surface.
Line 3: They are also difficult for mariners to spot because of their dark colour and lack of a dorsal fin.
Line 4: ~~~
Line 5: ~~~
Line 6: ~~~
Line 7: ~~~

Line 8 As a result, 83 per cent of right whales have scars from encounters with boats or fishing gear. The risks that human activities pose to right whales have become even more apparent this summer after a record-breaking
Line 9: To date, at least nine carcasses have been found dead in a little over a month – the largest mortality event of right whales in North America. Nearly two per cent of their already small population has died in little over
Line 10: Although the incidents of this summer have been tragic, the future holds promise for a more balanced, protected and healthy marine environment. Find out more about reducing bycatch and join Oceana Canada

그림 8.68: ELECTRA 훈련 데이터 만들기

1. 각 line은 여러 개의 문장을 가지고 있어도 된다. 'Line 7', 'Line 8' 사이에는 빈 줄이 삽입되어 있다.
2. 여러 line을 읽어 token 길이의 합이 T를 넘어갈 때까지 모은다. 그림에서는 4개 line의 tokens 개수 합이 T를 넘었다고 가정한다. 이렇게 4개 line을 모은 후, first/second segment로 나눈다. 같은 line에 속한 token은 한 묶음으로 나누어지지는 않는다.
3. 이렇게 example(train data 1개)을 생성하고 나면, 'Line 5'부터 동일한 작업을 반복한다. blank_separate_docs 옵션에 따라 'Line 7', 'Line 8'이 하나의 example에 들어갈지가 결정된다.
4. (주의) 주어진 data 대부분의 line 길이가 T를 넘어간다면, first segment만으로 example이 만들어지기 때문에 바람직하지 않다. line이 너무 긴 경우에는 여러 line으로 쪼개는 것이 좋다.

다 길게 설정한다. 이런 이유로, `second_segment` 없이 `first_segment`만으로 구성되는 경우가 있다. −3은 [CLS], [SEP], [SEP] 때문이다.

- `first_segment`에 최소 1개의 sentence는 들어간다. 하나 들어가는 sentence가 길면, l_1을 넘어갈 수도 있다.
- `first_segment` 구성에서 확률 50%로 l_1를 넘어가도록 sentence를 연결한다.
- 이로부터, ([CLS] `first_segment` [SEP] `second_segment` [SEP]) 또는 ([CLS] `first_segment` [SEP])로 데이터를 만든다. 이렇게 만들어진 것을 example이라 부른다.

- 마지막으로 padding을 해서 길이 T로 만든다. 10% 확률로 T보다 길게 만들어진 것은 잘라내어 길이 T로 만든다. 여러 sentence를 읽어 데이터를 만들기 때문에, padding이 많이 발생하지 않는다. padding은 파일의 마지막 짜투리 때문에 발생하거나, 확률 5%로 L이 T보다 짧을 때 발생한다.

- 이렇게 만들어진 데이터는 다음과 같이 3개의 feature로 구성된다. feature의 shape은 모두 $(T,)$이다. 나중에 mini batch로 묶으면, (N,T)가 된다.

- `input_ids`: int64. token에 대한 ids.
- `input_mask`: int64. token이면 1, pad이면 0.
- `segment_ids`: int64. `first_segment`이면 0, `second_segment`이면 1, pad이면 0.

8.12.2 Masked Data

이제 masking에 대해서 알아보자. 최대 masking 개수 `max_predictions_per_seq`(M)은 hyper parameter이지만, 다음과 같이 정해질 수도 있다.

```
max_predictions_per_seq = int((mask_prob + 0.005) * max_seq_length)
```

- `mask_prob` 확률로 선정된 mask 대상 중에서 85%만 실제 [MASK]로 대체된다. 나머지 15%는 원래 token을 유지한다.
- dynamic token masking: masking은 데이터를 생성하는 단계에서 하지 않고, 훈련 중에 random하게 이루어진다.
- `input_ids`, `input_mask`, `segment_ids`에 `masked_lm_positions`, `masked_lm_ids`, `masked_lm_weights`이 추가된다.
  - `masked_lm_positions`: mask된 위치.
  - `masked_lm_ids`: mask된 위치의 원래 token id.
  - `masked_lm_weights`: padding이 더해진 sequence는 mask position의 개수가 적다. mask가 되지 않은 곳은 0, 실제 mask된 곳은 0.

[CLS] close radio shack plans to close nearly 200 of its remaining 1 , 500 stores , according to its latest filing . usa today sale signs greet customers walking to the radio shack at valley view plaza in marion , ind . , on feb . 20 , 2015 .
(photo : jeff more ##head , ap) [SEP]
electronics retailer radios ##ha ##ck has filed for its second bankruptcy in two years
and will close 187 more stores this month , about 9 % of its 1 , 94 ##3 locations . the chain , based in fort worth , texas , previously filed for bankruptcy in 2015 , resulting in about 2 , 400 store closing ##s . subsequently , general wireless , [SEP]

masked_lm_positions: [27, 96, 74, 35, 50, 2, 71, 13, 15, 115, 3, 116, 63, 30, 9, 97, 28, 48, 29]

[CLS] close [MASK] [MASK] plans to close nearly 200 [MASK] its remaining 1 [MASK] 500 stores , according to its latest filing . usa today sale signs [MASK] [MASK] walking [MASK] the radio shack at valley view plaza in marion , ind . , on feb . 20 , 2015 [MASK]
(photo : jeff more ##head , ap) [SEP]
electronics retailer [MASK] ##ha ##ck has filed for its second [MASK] in two [MASK]
and will close 187 more stores this month , about 9 % of its 1 , 94 ##3 locations . the [MASK] [MASK] based in fort worth , texas ,
previously filed for bankruptcy in 2015 , resulting in about [MASK] [MASK] 400 store closing ##s . subsequently , general wireless , [SEP]

position	token
2	radio
3	shack
9	of
13	,
15	stores
27	greet
28	customers
29	walking
30	to
35	valley
48	,
50	.
63	radios
71	bankruptcy
74	years
96	chain
97	based
115	2
116	,

그림 8.69: 데이터 masking 예
max-seq-length=128 가정. train 단계에서 masking이 이루어진다. 위 예에서는 19($\approx$ 128 $\times$ 0.15, mask_prob=0.15) token이 masking 대상으로 선정되었다. 그중 4곳(15% 확률)은 [MASK]로 치환되지 않고 원래 token이 그대로 있다. 정리하면, mask_prob 확률로 masking 여부를 결정한 후, 그중에서 85%만 [MASK]로 대체된다.

8.12.3 ELECTRA 모델 구조

ELECTRA 모델 구조를 살펴보자. 그림 (8.70)에서 보여주는 것과 같이 Generator와 Discriminator로 구성된다.

- Generator, Discriminator 모두 BERT를 사용한다. BERT가 Transformer Encoder를 사용하므로, Electra는 Transformer Encoder를 사용한다고 보면 된다.
- 보통 Transformer에서는 `hidden_size`(H_g, H_d)와 `embedding_size`(E)가 동일하지만, ELECTRA에서는 다르게 설정했다. 그래서, embedding 이후 FC Layer를 한 번 거쳐서 dimension을 맞춰준다. 다르게 설정하는 이유는 Generator/Discriminator의 모델 size가 다를 수 있지만, embedding weight는 공유할 수도 있기 때문이다[82].

82 `https://github.com/google-research/electra/blob/master/model/modeling.py#L225`

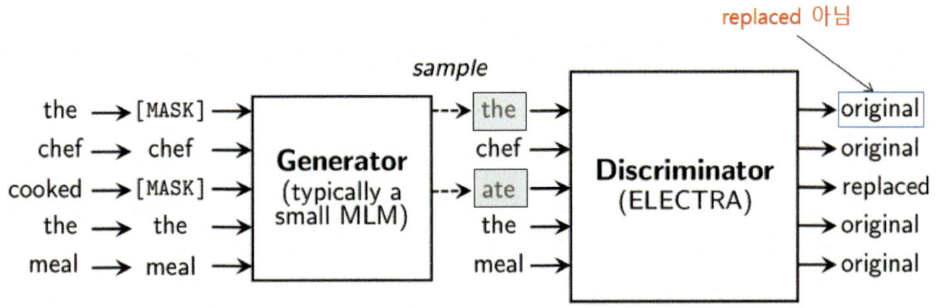

그림 8.70: ELECTRA 모델 구조
Generator와 Discriminator는 크기가 다를 수는 있지만 모두 transformer encoder 구조이다.

1. Generator에서는 masked position에 대한 token을 예측한다. Generator가 예측한 확률(logit)을 이용해서 masked position에 대한 fake token을 생성한다. mask되지 않은 token은 변하지 않는다. 이렇게 만들어진 fake token을 포함한 (N, L) 형태의 sequence가 Discriminator로 들어간다. fake token이 원래 token과 일치할 수도 있다. 그림에서 'the'가 이에 해당한다. Discriminator는 모든 token에 대해서 original/replaced 여부를 판별한다.
2. 그림에서 주목할 점이 하나 더 있다. Generator의 모델 크기가 Discriminator보다 작다는 것이다. 같은 크기로 할 수도 있지만, 적당히 작을 때 더 좋은 성능이 나온다.
3. Pre-Training 종료 후, downstream task에서는 Generator는 사용하지 않고 Discriminator만 활용한다.

  - shape (N, T)의 masked input(X)을 Transformer에 입력하면, output의 shape은 (N, T, D_g)이 된다. 이것으로부터 masked position만 추출하면 (N, M, D_g) 형태가 된다.
  - 이후 다음 과정을 거치게 된다.

$$\text{FC(E)} \to \text{layer-normal}$$
$$\to \text{matmul(embedding-matrix-transpose)} + \text{bias} \to \text{logits}$$

  - 이때 얻어지는 logits의 shape은 (N, M, V)이다. 이것과 `masked_lm_ids`를 결합하여 cross-entropy-loss를 계산할 수 있다.

- Discriminator를 위한 입력 Data(Fake Data): Generator에 넣었던 X를 다르게 masking해서 Discriminator에 입력한다.
  - X의 mask된 position에 대해서만 fake token을 생성해서 넣는다. fake token은 Generator 생성한 logit 확률에 기반하여 random하게 생성한다.
  - random하게 생성하다 보면, 생성된 fake token이 원래 정답 token과 일치할 수도 있다. Generator가 정답을 잘 예측하여 정답에 대한 확률이 높은 경우에 그렇게 될 가능성이 높다.
- Discriminator: Transformer의 output shape은 (N, T, H_d)이다. 추가적으로 몇 layer를 더 거쳐 loss를 계산한다.

- $(N, T, H_d) \to \text{FC}(H_d) \to \text{FC}(1) \to \text{Loss}$
- Downstream Task에서는 Transformer의 output (N, T, H_d)를 받아서 처리한다고 보면 된다.
- Classification Downstream Task에서는 output (N, T, H_d)의 [CLS] token에 해당하는 부분을 추출해서 사용하는 데, pretrain할 때 이 [CLS] token에 정보가 모일 수 있도록 train한 것이 없다. 따라서 fine tuning이 될 때, [CLS] token에 정보가 모이도록 훈련이 된다고 볼 수 있다.

• Weight Sharing: 표(8.12)에서 볼 수 있듯이 Generator, Discriminator가 모든 weight를 공유했을 때에 결과가 가장 좋다. 하지만 이렇게 되기 위해서는 Generator, Discriminator 모델 크기가 동일해야 한다. Generator가 좀 더 작을 때 더 효율적이기 때문에, token embedding만 공유하는 것이 바람직하다.

no weight tying	83.6
tying token embeddings	84.3
tying all weights	84.4

표 8.12: Generator, Discriminator Weight 공유별 GLUE socores(500k step 진행)
출처: ELECTRA 논문

• Smaller Generators: Generator-Discriminator 모델 크기를 동일하게 하면, BERT에 비해 2배 크기가 된다. Generator 크기를 줄이는 실험을 했을 때, Discriminator에 비해 1/4 이나 1/2인 경우에 결과가 가장 좋다.

• Training Algorithms: Generator, Discriminator를 분리해서 훈련할 수도 있고, 같이 훈련할 수도 있다. 결과는 같이 훈련했을 때에 가장 좋다.

8.12.4 SQuAD & KorQuAD

ELECTRA로 question answering task를 처리해 보자. 훈련에 필요한 SQuAD[83](The Stanford Question Answering Dataset), KorQuAD[84] 데이터셋에 대해서 알아보자.

• SQuAD 1.1을 살펴보자. SQuAD 1.1은 현재 공식적으로는 제공되지 않고, 2.0이 제공된다. 1.1은 kaggle dataset[85]에서 다운로드할 수 있다.

83 `https://rajpurkar.github.io/SQuAD-explorer/`

84 `https://korquad.github.io/`

85 `https://www.kaggle.com/datasets/stanfordu/stanford-question-answering-dataset`

Architecturally, the school has a Catholic character. Atop the Main Building's gold dome is a golden statue of the Virgin Mary. Immediately in front of the Main Building and facing it, is a copper statue of Christ with arms upraised with the legend "Venite Ad Me Omnes". Next to the Main Building is the Basilica of the Sacred Heart. Immediately behind the basilica is the Grotto, a Marian place of prayer and reflection. It is a replica of the grotto at Lourdes, France where the Virgin Mary reputedly appeared to Saint Bernadette Soubirous in 1858. At the end of the main drive (and in a direct line that connects through 3 statues and the Gold Dome), is a simple, modern stone statue of Mary.

Q. To whom did the Virgin Mary allegedly appear in 1858 in Lourdes France?
A. Saint Bernadette Soubirous

zero based

- answer_start = 515
- answers: Saint Bernadette Soubirous

➔

- start_position = 90
- end_position = 92

그림 8.71: SQuAD dataset 예
json파일 형태로 되어 있다. 정답의 시작 위치(character 단위)와 정답이 있다. 정답의 위치를 token의 위치로 변환해야 한다. 이때 token 단위로 처리되기 때문에 마침표같이 정답에는 없어도 될 것들도 포함된다. 그런데, 이 위치도 tokenizing 하는 과정에서 다시 수정된다. 띄어쓰기 단위로 tokenizing이 되는 것이 아니기 때문이다. 최종 입력은 ([CLS] Question tokens [SEP] doc tokens [SEP]) 형태로 바뀌기 때문에 위치 정보는 재계산되어야 한다.

- 2개의 json 파일 **train-v1.1.json, dev-v1.1.json**으로 되어 있다.

- 442개 주제(paragraph)로 나누어져 있고, 각 주제는 5 ~ 149(평균 42)개 정도의 context로 나누어져 있다. context는 모두 18,896개이다. 하나의 context에는 1 ~ 25(평균 4.6)개 정도의 질문이 있다.

- answer는 복수 개를 저장하는 구조이다. train dataset은 복수 개를 가지는 구조이지만, 데이터들은 정답을 1개만 가지고 있다. dev. dataset에는 복수 개의 정답을 가지는 데이터가 있다. 같은 정답을 여러 개 가지고 있는 경우도 있고, 다른 정답을 가진 경우도 있다.

- KorQuAd는 SQuAD의 한국어 버전으로 볼 수 있다. 2개의 json 파일로 되어 있다.

  `KorQuAD_v1.0_train.json,    KorQuAD_v1.0_dev.json`

- (context, question, answer) 쌍이 하나의 train data가 되며, 모두 87,599개이다. 하나의 context에 여러 개의 질문이 있기 때문에 context는 중복이 된다.

- **answer_start**는 character 단위의 위치인데 train을 위해서는 token 단위의 위치로 변환해서 데이터를 만들어야 한다. context 속에 있는 정답을 token의 위치로 나타내는데, context를 token화하는 과정에서 정답이 깨끗하게 분리되지 않을 수 있다. 예를 들어, 정답이 '서울특별시'인 경우,

  `['서울', '특별시', '에서']`

로 token화된다면 문제가 없지만,

['서울', '특별시에서']

로 token화된다면 train data가 정교하게 만들어지지 않는다.

- context(document)가 너무 긴 경우에는 doc_stride(e.g 128)만큼씩 띄어서 context를 쪼갠다. 이때 쪼개진 document에 정답의 시작과 끝이 모두 포함되지 않을 경우에는 정답의 start/end position을 0([CLS])으로 설정해 버린다.

SQuAD, KorQuAD 모두 Hugging Face `datasets.load_dataset()` 얻을 수 있다.

```
from datasets import load_dataset

squad_dataset = load_dataset('squad')
korquad_dataset = load_dataset('squad_kor_v1')
```

8.12.5 Fine Tuning - KorQuAD

그림(8.72)는 ELECTRA의 Discriminator에 Question-Answer Task에 필요한 Classfier를 붙인 구조를 보여주고 있다.

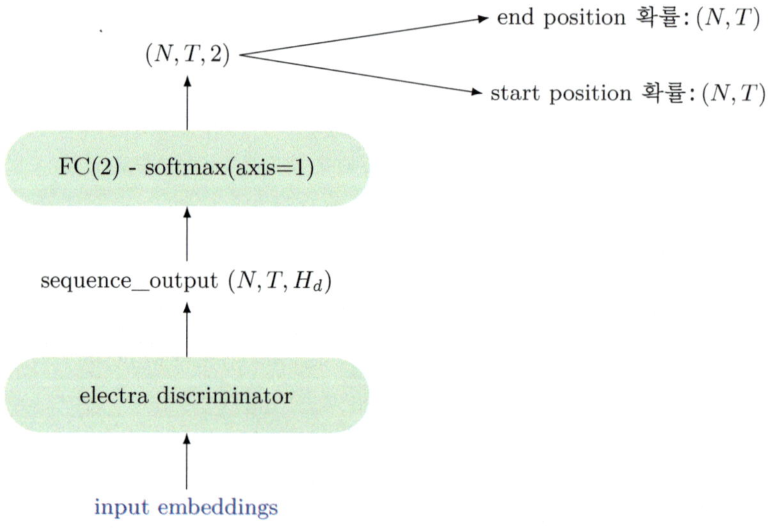

그림 8.72: SQUAD/KorQuAD Fine-Tuning 모델 구조
softmax의 axis가 1임에 주의하자.

Hugging Face에서 받을 수 있는 한국어로 훈련된 ELECTRA 모델로는

monologg/koelectra-small-v3-discriminator,
monologg/koelectra-base-v3-discriminator

가 있다[86]. 이 모델들은 Pytorch로 되어 있다.

KorQuAD 데이터를 훈련용 데이터로 가공하는 작업부터 시작해 보자. Fine-Tuning 작업에 필요한 hyper parameter를 다음과 같이 정의하자.

코드 8.84: hyper parameters

```
max_seq_length = 384 # 최대 token 개수

batch_size = 16
learning_rate = 0.00001
n_epochs = 3

model_dir = 'korquad-finetuning'

model_name = "monologg/koelectra-base-v3-discriminator"
#model_name = "monologg/koelectra-small-v3-discriminator"
```

코드 8.85: **[Hugging Face]** KorQuAD 데이터 로드

```
from datasets import load_dataset

korquad_dataset = load_dataset('squad_kor_v1')

for i, data in enumerate(korquad_dataset['train']):
    print(i, data)
    if i>=10: break
```

- 코드 8.85의 실행 결과는 그림 (8.73) 에서 확인할 수 있다.

86 https://huggingface.co/models?sort=downloads&search=koelectra

korquad_dataset

```
DatasetDict({
    train: Dataset({
        features: ['id', 'title', 'context', 'question', 'answers'],
        num_rows: 60407
    })
    validation: Dataset({
        features: ['id', 'title', 'context', 'question', 'answers'],
        num_rows: 5774
    })
})
```

tokenized_korsquad

```
DatasetDict({
    train: Dataset({
        features: ['input_ids', 'token_type_ids', 'attention_mask', 'start_positions', 'end_positions'],
        num_rows: 60407
    })
    validation: Dataset({
        features: ['input_ids', 'token_type_ids', 'attention_mask', 'start_positions', 'end_positions'],
        num_rows: 5774
    })
})
```

```
0 {'id': '6566495-0-0', 'title': '파우스트_서곡', 'context': '1839년 바그너는 ... 하는 의견도 있다.',
   'question': '바그너는 괴테의 파우스트를 읽고 무엇을 쓰고자 했는가?', 'answers': {'text': ['교향곡'], 'answer_start': [54]}}
1 {'id': '6566495-0-1', 'title ': '파우스트_서곡', 'context ': '1839년 바그너는 ... 하는 의견도 있다.',
   'question ': '바그너는 교향곡 작곡을 어디까지 쓴 뒤에 중단했는가?', 'answers': {'text ': ['1악장'], 'answer_start': [421]}}
2 {id': '6566495-0-2', 'title ': '파우스트_서곡', 'context ': '1839년 바그너는 ... 하는 의견도 있다.',
   'question ': '바그너가 파우스트 서곡을 쓸 때 어떤 곡의 영향을 받았는가?', 'answers ': {'text ': ['베토벤의 교향곡 9번'], 'answer_start': [194]}}
3 {id': '6566518-0-0', 'title ': '파우스트_서곡', 'context ': '1839년 바그너는 ... 하는 의견도 있다.', '
   question ': '1839년 바그너가 교향곡의 소재로 쓰려고 했던 책은?', 'answers ': {'text ': ['파우스트'], 'answer_start': [15]}}
4 {id': '6566518-0-1', 'title ': '파우스트_서곡', 'context ': '1839년 바그너는 ... 하는 의견도 있다.',
   'question ': '파우스트 서곡의 라단조 조성이 영향을 받은 베토벤의 곡은?', 'answers ': {'text ': ['합창교향곡'], 'answer_start': [354]}}
5 {id': '5917067-0-0', 'title ': '파우스트_서곡', 'context ': '1839년 바그너는 ... 하는 의견도 있다.',
   'question ': '바그너가 파우스트를 처음으로 읽은 년도는?', 'answers ': {'text ': ['1839'], 'answer_start': [0]}}
6 {id': '5917067-0-1', 'title ': '파우스트_서곡', 'context ': '1839년 바그너는 ... 하는 의견도 있다.',
   'question ': '바그너가 처음 교향곡 작곡을 한 장소는?', 'answers ': {'text ': ['파리'], 'answer_start': [410]}}
7 {id': '5917067-0-2', 'title ': '파우스트_서곡', 'context ': '1839년 바그너는 ... 하는 의견도 있다.',
   'question ': '바그너의 1악장의 초연은 어디서 연주되었는가?', 'answers ': {'text ': ['드레스덴'], 'answer_start': [534]}}
8 {id': '6566495-1-0', 'title ': '파우스트_서곡', 'context ': '한편 1840년부터 ... 구절을 인용하고 있다.',
   'question ': '바그너의 작품을 시인의 피로 쓰여졌다고 극찬한 것은 누구인가?', 'answers ': {'text ': ['한스 폰 뷜로'], 'answer_start': [402]}}
9 {id': '6566495-1-1', 'title ': '파우스트_서곡', 'context ': '한편 1840년부터 ... 구절을 인용하고 있다.',
   'question ': '잊혀져 있는 파우스트 서곡 1악장을 부활시킨 것은 누구인가?', 'answers ': {'text ': ['리스트'], 'answer_start': [23]}}
10 {id': '6566495-1-2', 'title ': '파우스트_서곡', 'context ': '한편 1840년부터 ... 구절을 인용하고 있다.',
   'question ': '바그너는 다시 개정된 총보를 얼마를 받고 팔았는가?', 'answers ': {'text ': ['20루이의 금'], 'answer_start': [345]}}
```

그림 8.73: KorQuAD(korquad_dataset) 데이터 예시

같은 context에 여러 개의 question이 있다. answers의 answer_start는 공백 포함한 글자 단위의 위치이다. tokenizer로 분리하면 token 위치로 수정되어야 한다. 가운데 있는 tokenized_korsquad는 코드 8.86에서 생성된 것이다.

코드 8.74에서처럼 map()에 넘길 전처리 함수를 만들고, Pytorch 모델에 넘길 DataLoader를 생성하자.

코드 8.86: **[Hugging Face]** KorQuAD 데이터 전처리

```
from transformers import ElectraTokenizerFast
from transformers import DefaultDataCollator
from torch.utils.data import DataLoader

def preprocess_function(examples, tokenizer):
    # https://huggingface.co/docs/transformers/tasks/question_answering
    questions = [q.strip() for q in examples["question"]]
    contexts = [q.strip() for q in examples["context"]]
    inputs = tokenizer(
        text = questions,
        text_pair = contexts,
        max_length=max_seq_length,
        truncation="only_second", # context를 잘라낸다.
        return_offsets_mapping=True, # token 위치 파악
        padding="max_length") # padding

    offset_mapping = inputs.pop("offset_mapping") # 'offset_mappling' 제거
    answers = examples["answers"]
    start_positions = []
    end_positions = []

    for i, offset in enumerate(offset_mapping):
        answer = answers[i] # {'text': ['교향곡'], 'answer_start': [54]}
        start_char = answer["answer_start"][0] # 54
        end_char = answer["answer_start"][0] + len(answer["text"][0]) # 57
        sequence_ids = inputs.sequence_ids(i) # text(0), text_pair(1), [CLS],[SEP]은
            None

        # Find the start and end of the context
        idx = 0
        while sequence_ids[idx] != 1:
            idx += 1
        context_start = idx
        while sequence_ids[idx] == 1: # None을 만날 때까지
            idx += 1
        context_end = idx - 1

        # If the answer is not fully inside the context, label it (0, 0)
        if offset[context_start][0] > end_char or offset[context_end][1] < start_char:
            start_positions.append(0)
            end_positions.append(0)
        else:
            # Otherwise it's the start and end token positions
            idx = context_start
            while idx <= context_end and offset[idx][0] <= start_char:
                idx += 1
            start_positions.append(idx - 1)

            idx = context_end
```

```
            while idx >= context_start and offset[idx][1] >= end_char:
                idx -= 1
            end_positions.append(idx + 1)

    inputs["start_positions"] = start_positions
    inputs["end_positions"] = end_positions
    return inputs

tokenizer = ElectraTokenizerFast.from_pretrained(model_name)

tokenized_korsquad = korquad_dataset.map(lambda ex: preprocess_function(ex,tokenizer),
                     batched=True, remove_columns=korquad_dataset["train"].column_names)

collater = DefaultDataCollator(return_tensors="pt")

train_dl = DataLoader(tokenized_korsquad["train"],shuffle=True,
                          batch_size=batch_size,collate_fn=collater)
test_dl = DataLoader(tokenized_korsquad["validation"],shuffle=False,
                          batch_size=batch_size,collate_fn=collater)
```

- 전처리 함수 `preprocess_function()`의 핵심적인 역할은 데이터로 주어진 answer의 위치를 token으로 분해 후의 위치로 변환해 주는 것이다.
- `map()`에서 batch 처리를 위해, Fast Tokenizer인 `ElectraTokenizerFast`를 `tokenizer`로 생성했다.
- `tokenizer(...,return_offsets_mapping=True)`: 각 token의 question, context에서의 위치를 `offset_mapping` feature로 구해준다.
- `tokenizer(...,padding="max_length")`: padding이 이루어진다. 참고로, 코드 8.81에서는 padding 옵션을 넘기지 않았기 때문에 padding이 되지 않았다.
- padding은 `tokenize()`에서 처리되었기 때문에 `DefaultDataCollator(return_tensors="pt")`는 데이터를 Pytorch Tensor로 변환하는 역할만 한다. 참고로 표(8.13)에 주요 Data Collator[87]에 대해서 정리해 놓았다.

마지막으로 모델을 정의하고 훈련을 해보자.

코드 8.87: **[Hugging Face, Pytorch]** KorQuAD Fine-Tuning 모델 정의

```
from transformers import ElectraForQuestionAnswering

model = ElectraForQuestionAnswering.from_pretrained(model_name)
optimizer = torch.optim.AdamW(model.parameters(), lr=learning_rate)
```

87 https://huggingface.co/docs/transformers/v4.25.1/en/main_classes/data_collator#data-collator

Data Collator	설 명
DefaultDataCollator	Tensorflow, Pytorch Tensor로 변환만 해 준다.
DataCollatorWithPadding	tokenizer에서 처리되지 않은 padding이 있는 경우, padding 처리를 해준다.
DataCollatorForLanguageModeling	`'input_ids'`에 대한 [MASK]를 생성한다.
DataCollatorForTokenClassification	`'labels'`에 대한 padding을 해 준다.

표 8.13: transformers Data Collator

- `transformers.ElectraForQuestionAnswering`이 transformers가 제공하는 Question-Answer Task를 위한 Fine-Tuning API이다.

코드 8.88: **[Pytorch]** KorQuAD Fine-Tuning 훈련 코드

```
def train_pytorch_model_qa(model,optimizer,train_dl, valid_dl,n_epochs,device):
    s_time = time.time()
    model.to(device)
    history = {'train_loss': [],'val_loss': [], 'train_em': [], 'val_em': [],
               'train_acc_start': [], 'val_acc_start': [],'train_acc_end': [],
                   'val_acc_end': []}
    n_step = len(train_dl)
    n_step_val = len(valid_dl)
    for epoch in range(n_epochs): # loop over the dataset multiple times
        running_loss = []; em = 0; acc_start = 0; acc_end = 0; total = 0
        model.train()
        with tqdm(total=n_step,ncols=120) as pbar:
            for i, data in enumerate(train_dl):
                data = {k: v.to(device) for k, v in data.items()}
                # zero the parameter gradients
                optimizer.zero_grad()

                # forward + backward + optimize
                out = model(**data)
                out.loss.backward()
                optimizer.step()

                pred_start = out.start_logits.argmax(axis=-1)
                acc_start += (pred_start==data['start_positions']).float().sum().item()
                pred_end = out.end_logits.argmax(axis=-1)
                acc_end += (pred_end==data['end_positions']).float().sum().item()
                em += ((pred_start==data['start_positions']).float() *
                    (pred_end==data['end_positions']).float()).sum().item()

                total += len(data['start_positions'])

                # print statistics
                running_loss.append(out.loss.item())
                pbar.set_description(f'[epoch: {epoch+1}/{n_epochs}] loss:
```

```
                     {np.mean(running_loss):.4f}, em: {em/total:.4f}, acc_start:
                     {acc_start/total:.4f}, acc_end: {acc_end/total:.4f}')
                pbar.update(1)
            history['train_acc_start'].append(acc_start/total)
            history['train_acc_end'].append(acc_end/total)
            history['train_em'].append(em/total)
            history['train_loss'].append(np.mean(running_loss))

        running_loss = []; em = 0; acc_start = 0; acc_end = 0; total = 0
        model.eval()
        with torch.no_grad():
            with tqdm(total=n_step_val,ncols=120) as pbar:
                for i, data in enumerate(valid_dl):
                    data = {k: v.to(device) for k, v in data.items()}

                    out = model(**data)
                    pred_start = out.start_logits.argmax(axis=-1)
                    acc_start +=
                         (pred_start==data['start_positions']).float().sum().item()
                    pred_end = out.end_logits.argmax(axis=-1)
                    acc_end += (pred_end==data['end_positions']).float().sum().item()
                    em += ((pred_start==data['start_positions']).float() *
                         (pred_end==data['end_positions']).float()).sum().item()
                    total += len(data['start_positions'])

                    running_loss.append(out.loss.item())
                    pbar.set_description(f'[validation] val loss:
                         {np.mean(running_loss):.4f}, em: {em/total:.4f}, val_acc_start:
                         {acc_start/total:.4f}, val_acc_end: {acc_end/total:.4f}')
                    pbar.update(1)
                history['val_acc_start'].append(acc_start/total)
                history['val_acc_end'].append(acc_end/total)
                history['val_em'].append(em/total)
                history['val_loss'].append(np.mean(running_loss))

    print('Finished Training')
    return history

device = torch.device("cuda:0" if torch.cuda.is_available() else "cpu")
print(f'device: {device}')
history = train_pytorch_model_qa(model, optimizer, train_dl, test_dl,n_epochs, device
    )
```

- `model()`이 return하는 out은 `out.loss`, `out.start_logits`, `out.end_logits` 3가지를 가지고 있다.

- `start_positions`, `end_positions` 각각에 대한 accuracy 외에 2개 모두 정답인 경우의 정확도인 exact match(em)가 추가되었다.

koelectra-base

```
device: cuda:0
[epoch: 1/3] loss: 0.8255, em: 0.7201, acc_start: 0.8125, acc_end: 0.7790: 100%|█| 3776/3776 [1:09:35<00:00,  1.11s/it]
[validation] val loss: 0.4588, em: 0.8145, val_acc_start: 0.8822, val_acc_end: 0.8521: 100%|█| 361/361 [02:17<00:00,  2.
[epoch: 2/3] loss: 0.3920, em: 0.8310, acc_start: 0.8972, acc_end: 0.8706: 100%|█| 3776/3776 [1:09:28<00:00,  1.10s/it]
[validation] val loss: 0.4245, em: 0.8291, val_acc_start: 0.8952, val_acc_end: 0.8639: 100%|█| 361/361 [02:16<00:00,  2.
[epoch: 3/3] loss: 0.2829, em: 0.8658, acc_start: 0.9230, acc_end: 0.8990: 100%|█| 3776/3776 [1:09:17<00:00,  1.10s/it]
[validation] val loss: 0.4695, em: 0.8207, val_acc_start: 0.8853, val_acc_end: 0.8561: 100%|█| 361/361 [02:16<00:00,  2.
```

koelectra-small

```
device: cuda:0
[epoch: 1/3] loss: 1.9499, em: 0.4599, acc_start: 0.5888, acc_end: 0.5548: 100%|███| 3776/3776 [14:02<00:00,  4.48it/s]
[validation] val loss: 0.9400, em: 0.6846, val_acc_start: 0.7792, val_acc_end: 0.7471: 100%|█| 361/361 [00:27<00:00, 13.
[epoch: 2/3] loss: 0.8630, em: 0.6871, acc_start: 0.7815, acc_end: 0.7509: 100%|███| 3776/3776 [13:54<00:00,  4.53it/s]
[validation] val loss: 0.6707, em: 0.7629, val_acc_start: 0.8346, val_acc_end: 0.8085: 100%|█| 361/361 [00:27<00:00, 13.
[epoch: 3/3] loss: 0.6702, em: 0.7405, acc_start: 0.8229, acc_end: 0.7960: 100%|███| 3776/3776 [13:48<00:00,  4.56it/s]
[validation] val loss: 0.6189, em: 0.7773, val_acc_start: 0.8474, val_acc_end: 0.8209: 100%|█| 361/361 [00:27<00:00, 13.
```

그림 8.74: KorQuAD Fine-Tuning 모델 3-epoch 훈련 진행 과정

small 모델보다 base 모델의 결과가 더 좋다. base 모델의 validation exact match(em) 가 82.91%까지 나왔다.

딥러닝

제 9 장

Audio

9.1 Audio Data 다루기

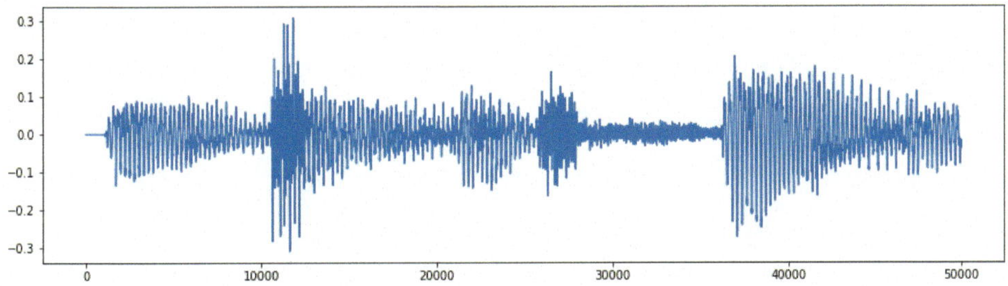

그림 9.1: waveform 예시

소리는 공기를 통해 전해지는 파동(음파)이다. 아날로그 신호인 소리는 마이크를 통해 디지털 신호로 변환되어 저장된다. 그림(9.1)은 디지털화되어 저장된 소리를 보여주고 있다. 이런 형태의 소리를 waveform이라 부른다. x축은 시간이고 y축은 음압(sound pressure)의 세기로 진폭(amplitude)이라 한다.

아날로그 신호를 디지털화하기 위해서 필요한 개념들을 정리해 보자.

- Sampling Rate[1]: 1초에 몇 개의 데이터를 저장 또는 추출할 것인가를 결정하는 값이다. Sampling Rate 또는 Sample Rate으로 불린다. 그림(9.2)에서는 Sampling Rate이 낮은 경우와

1 https://en.wikipedia.org/wiki/Sampling_(signal_processing)#Sampling_rate

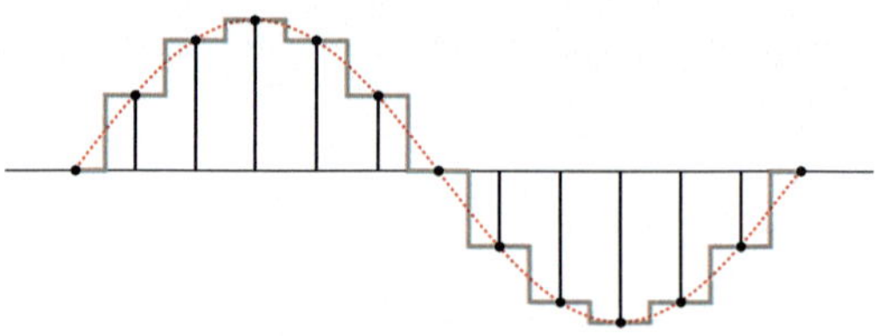

(a) 낮은 sampling rate

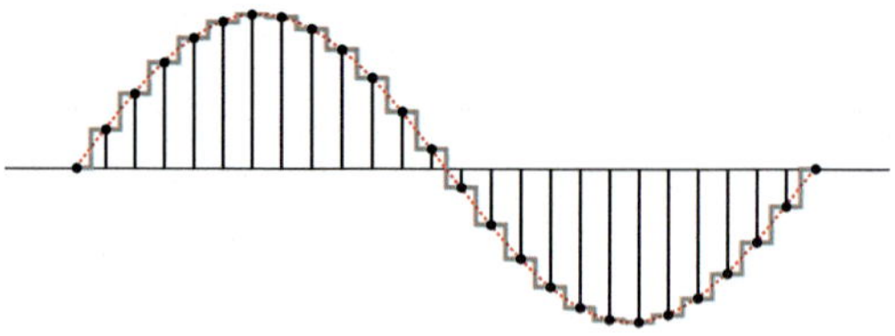

(b) 높은 sampling rate

그림 9.2: Sampling Rate 예시
Sampling Rate은 시간축에 대한 해상도로 볼 수 있다.

높은 경우를 대비해서 보여주고 있다.

- Quantization(양자화)[2]: 연속적인 측정값(아날로그)을 이산적(디지털)으로 데이터화하는 것을 말한다. 그림(9.3)에서 y축 값은 모든 실숫값을 가지는 것이 아니고, 정해진 이산적인 값들만 가진다. 이산적인 값을 얼마나 세분하느냐를 결정하는 것이 Bit Depth이다.

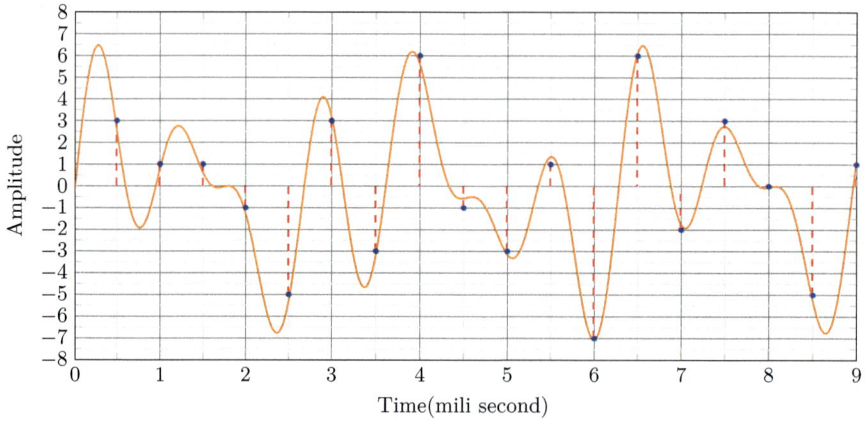

그림 9.3: Quantization(양자화)
Amplitude(진폭)을 가까운 정숫값으로 대체한다. 파란색 점이 곡선 위에 있지 않고, 정숫값 위에 있다. bit depth가 높을수록 정숫값의 범위가 넓어진다.

---

2 https://en.wikipedia.org/wiki/Quantization_(signal_processing)

- Bit Depth: 저장할 값을 어느 정도 세분화해서 양자화할 것인가를 결정하는 값이다. bit depth 가 n 이면 값의 범위가 다음과 같다.

$$[-2^{n-1}, 2^{n-1} - 1] \quad \text{사이의 정숫값}$$

  그림 (9.3) 에서는 측정된 실숫값을 정숫값으로 대응시키는 것을 확인할 수 있다. 정숫값을 2^{n-1} 으로 나누어 $[-1, 1]$ 사잇값으로 변환할 수도 있다.

- 그림 (9.1) 에서 Sampling Rate은 x축의 해상도라고 할 수 있고, Bit Depth는 y축의 해상도라고 할 수 있다.

- Bit Rate: 초당 얼마나 많은 bit를 가지고 있는지를 나타내는 값이다. 예를 들어, CD audio는 2-channel, 16 bit(Quantization, bit depth), sampling rate 44,100이다. 이로부터 bit rate을 계산해 보면 다음과 같다.

$$16 \times 2 \times 44100 = 1,411,200 \text{ bit}$$

  Windows 10 환경에서 파일 속성을 보면, 그림 (9.4) 에서처럼 bit rate을 확인할 수 있다.

- Nyquist Frequency[3]: smapling rate이 sr 일 때, 측정할 수 있는 최대 주파수는 $\frac{\text{sr}}{2}$ 이라는 이론이다.

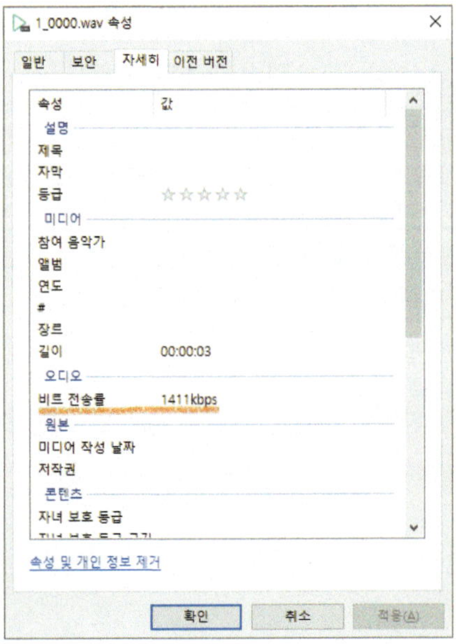

그림 9.4: Windows 10 환경의 파일 속성에서 bit rate

3 https://en.wikipedia.org/wiki/Nyquist_frequency

sox(Sound eXchange)[4] library를 이용해서 오디오 파일 정보를 확인할 수 있다.

코드 9.1: wav 파일 정보 확인

```
filename = 'LJ001-0001.wav' # 'kss_1_0000.wav'
print(f'sampling rate: {sox.file_info.sample_rate(filename)}') # 22050, 44100, ...
print(f'bit depth: {sox.file_info.bitdepth(filename)}') # 16
print(f'channels: {sox.file_info.channels(filename)}') # 1 또는 2
print(f'bit rate: {sox.file_info.bitrate(filename)}')

sr = sox.file_info.sample_rate(filename);
bit_depth = sox.file_info.bitdepth(filename)
n_channels = sox.file_info.channels(filename)
print(f'bit rate(manual): {n_channels*bit_depth*sr}')
```

9.1.1 Audio File Loading

오디오 파일을 Numpy Array 형태의 데이터로 불러올 수 있는 Library는 여러 가지가 있다. 그중에서 대표적인 몇 가지를 살펴보자.

- **librosa:** 음악이나 오디오를 분석할수 있는 Python 패키지이다.
- **soundfile:** 오디오 파일을 분석할 수 있는 Python 모듈이다.
- **scipy:** `scipy.io.wavfile.read()` API를 사용할 수 있다. wav 파일의 포맷에 따라 출력의 data type과 값의 범위가 달라진다[5].

라이브러리	sampling rate	값 범위	return shape
librosa	사용자 지정 (default sr=22050,mono=True)	$[-1, 1]$	(ch,length), (length,)
soundfile	파일 고윳값	$[-1, 1]$	(length,ch), (length,)
scipy.io.wavefile	파일 고윳값	정숫값 또는 $[-1, 1]$	(length,ch), (length,)

표 9.1: 오디오 라이브러리 비교

```
audio_filename = 'kss_1_0000.wav'

# sr=22050(default), mono=True(default)
```

4 `https://sourceforge.net/projects/sox/`. 여기서 파일을 다운받아 설치할 수 있다. 설치 후, pip install sox

5 `https://docs.scipy.org/doc/scipy/reference/generated/scipy.io.wavfile.read.html`

```
y, sr = librosa.load(audio_filename,sr=22050, mono=True)
print(f'librosa: sr = {sr}, shape={y.shape}')
y, sr = soundfile.read(audio_filename)
print(f'soundfile: sr = {sr}, shape={y.shape}')
sr, y = scipy.io.wavfile.read(audio_filename)
print(f'scipy.io.wavfile: sr = {sr}, shape={y.shape}')

'''
librosa: sr = 22050, shape=(77760,)
soundfile: sr = 44100, shape=(155520, 2)
scipy.io.wavfile: sr = 44100, shape=(155520, 2)
'''
```

- librosa loading에서 `mono=True`인 경우에, 채널에 대한 평균값을 읽어온다[6].
- 위의 조각 코드에서 읽어들인 wav 파일의 길이를 계산해 보면 다음과 같다.

$$\frac{\text{len(y)}}{\text{sr}} = \frac{77760}{22050} = \frac{155520}{44100} = 3.5265 \text{ sec}$$

9.1.2 Fourier Series(푸리에 급수)

임의의 주기함수를 다음과 같이 sine, cosine 함수들로 근사하는 것을 Fourier Series라 한다.

$$\{\cos(kx)\}_{k=0}^{n}, \quad \{\sin(kx)\}_{k=1}^{n} \tag{9.1}$$

$\left[-\frac{T}{2}, \frac{T}{2}\right]$에서 정의된 주기 함수 $f(x)$를

$$f(x) \approx a_0 + \sum_{k=1}^{n} a_n \cos(kx) + \sum_{k=1}^{n} b_n \sin(kx)$$

로 나타내는 것이다. 여기서 $a_0, a_1, \cdots, a_n, b_1, \cdots, b_n$을 다음의 공식으로 구할 수 있다.

$$\begin{aligned} a_0 &= \frac{1}{T}\int_{-\frac{T}{2}}^{\frac{T}{2}} f(x)dx \\ a_k &= \frac{2}{T}\int_{-\frac{T}{2}}^{\frac{T}{2}} f(x)\cos(kx)dx, \quad k = 1, \cdots, n \\ b_k &= \frac{2}{T}\int_{-\frac{T}{2}}^{\frac{T}{2}} f(x)\sin(kx)dx, \quad k = 1, \cdots, n \end{aligned}$$

n이 커질수록 오차는 줄어든다. 그림 (9.5)는 square wave[7]를 Fourier Series로 근사한 예시를 보여주고 있다.

---

6 `https://librosa.org/doc/main/_modules/librosa/core/audio.html#load`에서 `to_mono()` 참조.

7 `https://en.wikipedia.org/wiki/Square_wave`

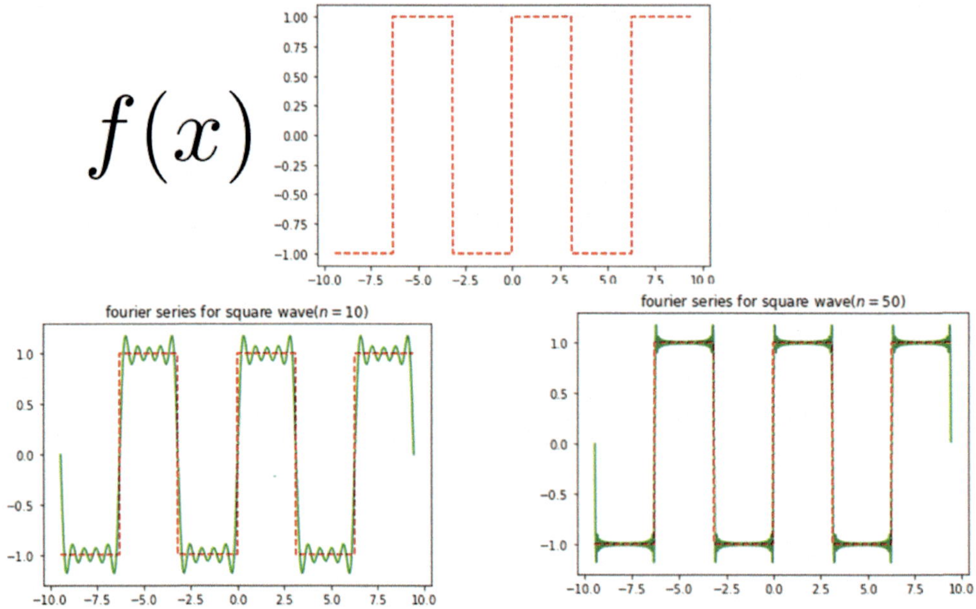

그림 9.5: 푸리에 급수 근사
square wave라 불리는 주기함수를 푸리에 급수로 근사한 예시를 보여주고 있다. n이 클수록 오차가 줄어든 것을 확인할 수 있다.

9.1.3 Discrete Fourier Transform

푸리에 변환(Fourier Transform)은 푸리에 급수를 연속적인 버전으로 일반화한 것으로 함수에서 각각의 주파수 성분을 추출하는 변환이다. 주파수 성분을 추출한다는 것은 푸리에 급수에서 a_k, b_k를 구하는 것에 해당한다. 일반적인 푸리에 변환은 (시간) 함수를 주파수 함수[8]로 변환한다.

우리가 다루는 오디오 신호는 Sampling을 통해 얻은 이산(Discrete) 데이터이다. 이산 데이터를 푸리에 변환하는 방법에는 이산 시간 푸리에 변환(Discrete Time Fourier Transform, DTFT)과 이산 푸리에 변환(Discrete Fourier Transform, DTF)이 있다.

- Fourier Transform: 음파를 비롯한 시간에 대한 신호(함수)를 주파수 성분으로 분해할 수 있게 해준다. 주어진 신호를 (서로 다른 주기를 가진) 주기함수들의 결합으로 분해한다. 여기서 사용되는 주기함수는 복소 주기함수($\{e^{-i2\pi\xi}\}$)들로 구성된다. 이 복소 주기함수는 식(9.1)의 sine, cosine 함수에 대응되는 함수이며 ξ[9]는 연속적인 실숫값이다.
- Discrete Time Fourier Transform(DTFT): 컴퓨터에서 처리할 수 있는 데이터는 이산적이다.

8 연속적인 주파수

9 ξ는 그리스 문자로 xi(사이) 또는 ksi(크사이)로 읽는다.

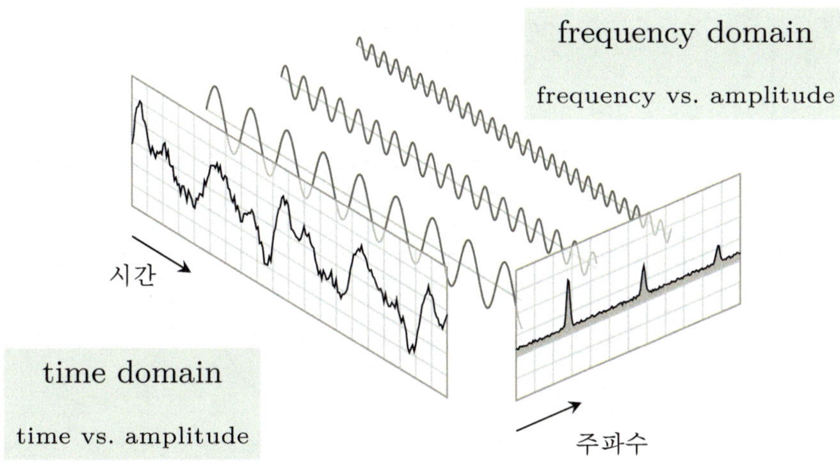

그림 9.6: Fourier Transform
Time Domain 시그널을 Frequency Domain으로 변환한다. 시간에 따른 amplitude를 주파수별 amplitude로 변환하는 것이다.

N개의 이산 데이터가 다음과 같이 주어져 있다고 하자.

$$x(0), x(1), \cdots, x(N-1)$$

이때 DTFT는 실수값 ξ에 대하여 다음과 같이 정의된다.

$$X(\xi) \quad := \quad \sum_{n=0}^{N-1} x(n) \exp\big(-i\xi n\big)$$

정의된 연속 함수 $X(\xi)$는 복소수 값을 가진다. 우리는 주로 구해진 복소수의 절댓값을 취해서 사용한다. 또한 DTFT는 2π 주기를 가지는 특성이 있기 때문에 $[-\pi, \pi]$ 또는 $[0, 2\pi]$ 범위만 고려하면 된다. 그림 (9.7)의 DTFT 예시에서 2π 주기성을 확인할 수 있다.

- Discrete Fourier Transform(DFT): DTFT의 $[0, 2\pi]$ 구간에서 다음과 같이 등간격으로 N개 sampling한 것이 DTF이다.

$$\left[\frac{2\pi k}{N}\right]_{k=0}^{N-1} \quad = \quad \left[0, \frac{2\pi}{N}, \frac{2\times 2\pi}{N}, \cdots, \frac{(N-1)\times 2\pi}{N}\right]$$

따라서 DFT는 다음과 같이 정의된다.

$$X(k) \quad := \quad \sum_{n=0}^{N-1} x(n) \exp\Big(-i\frac{2\pi kn}{N}\Big), \qquad k = 0, 1, \cdots, N-1$$

- FFT(Fast Fourier Transform): 중복 계산을 줄여서 DFT을 좀 더 효율적으로 계산할 수 있게 해주는 알고리즘이다. FFT의 Numpy API로 `numpy.fft.fft()`가 있다.

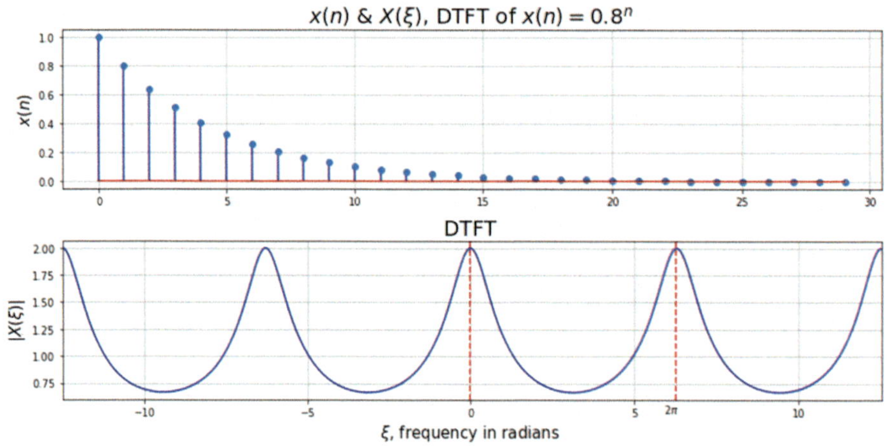

그림 9.7: $x(n) = 0.8^n$ 에 대한 DTFT
2π 주기를 가지는 특성이 보인다.

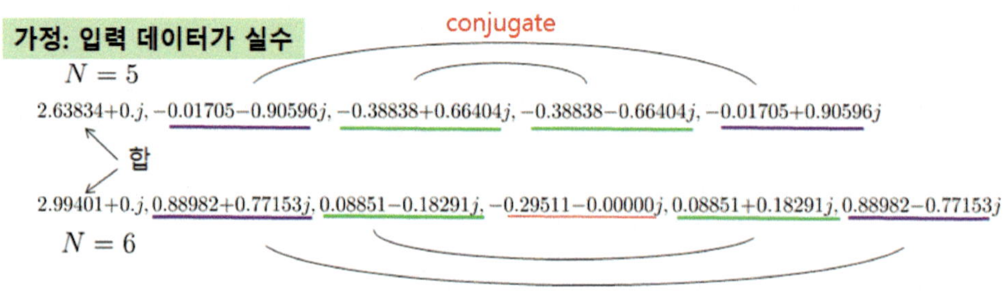

그림 9.8: FFT의 결과(데이터가 실수인 경우)
첫 번째 값은 데이터의 합이 되고, 그 이후의 값들은 서로 대칭적인 conjugate 관계이다. 참고로, Python에서는 수학에서의 허수단위 $i = \sqrt{-1}$를 j로 표시한다.

- 그림 (9.8)은 FFT의 결과를 예시로 보여주고 있다. 실수 데이터에 대한 FFT 결과는 켤레 복소수(conjugate)로 대칭을 이루고 있다[10].

- DTF가 DTFT의 sampling이므로, DFT도 복수소로 이루어진 벡터가 된다. 복소수를 다루기 어렵기 때문에 절댓값이나 절댓값의 제곱을 취하는 것이 일반적이다.

- 그림 (9.9) 에서는 주기(주파수)가 다른 사인파를 다른 비율로 결합하여 가상의 waveform을 생성하고 있다. `np.fft.fft()`를 사용해서 DFT를 계산할 수 있다. 그림 (9.10) 에서는 생성된 waveform에 DFT를 적용한 결과를 보여주고 있다. DFT의 결과는 복소수이기 때문에, 절댓값을 취하여 그래프로 그렸다.

---

10 복소수 데이터에 대한 결과는 켤레 복소수로 된 대칭이 아니다.

- 대칭적인 결과에서 절반은 불필요할 수도 있기 때문에, `np.fft.rfft()`를 이용하여 절반만 계산할 수 있다.

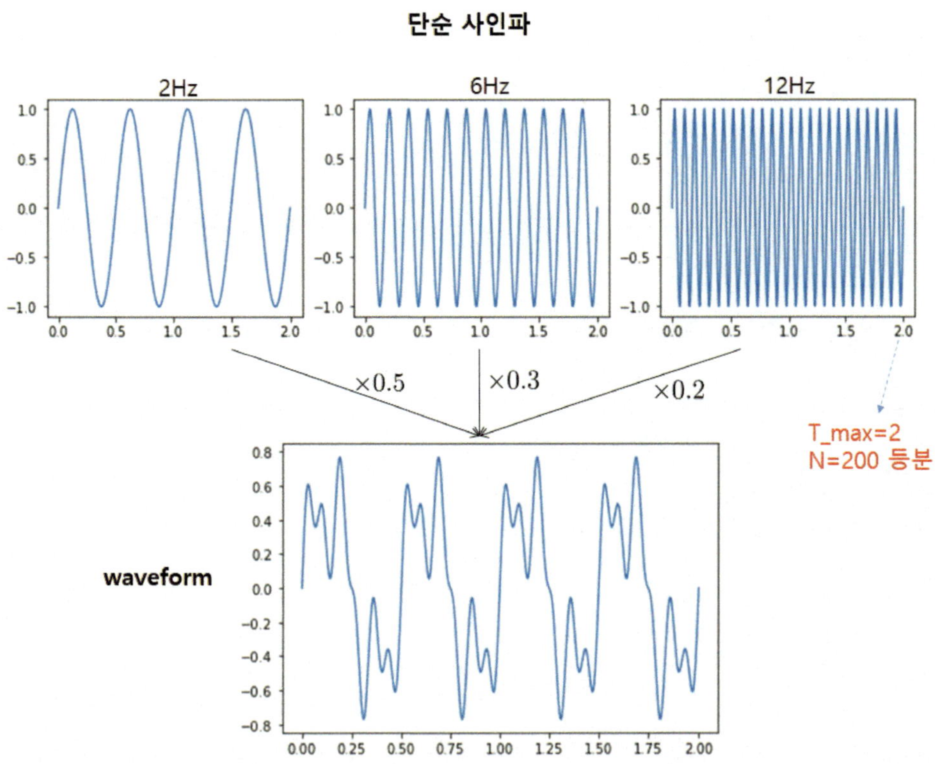

그림 9.9: Sine파의 결합
Sound(음파)는 단순 Sine파의 결합으로 볼 수 있다. 이 음파(waveform)가 어떤 단순파의 결합으로 만들어진 것인지 분석할 수 있게 해주는 것이 Fourier Transform이다. 이런 과정을 time domain(음파)을 frequency domain으로 변환한다고 한다. 그림에서는 각기 다른 주파수의 sine파가 5 : 3 : 2로 결합된 음파를 보여주고 있다. Fourier Transform을 통해 어떤 주파수의 성분이 얼마나 결합되어 있는지 알아낼 수 있다. 이산 데이터를 다루어야 하기 때문에, Discrete Fourier Transform을 사용한다.

코드 9.2: [**Numpy**] DFT

```
from matplotlib.ticker import AutoMinorLocator

N = 200; T_max = 2.0
x = np.linspace(0.0, T_max, N)
y1 = np.sin(2*2.0*np.pi*x)
y2 = np.sin(6*2.0*np.pi*x)
y3 = np.sin(12*2.0*np.pi*x)

plt.figure(figsize=(12,3))
plt.subplot(1,3,1)
plt.plot(x,y1)

plt.subplot(1,3,2)
plt.plot(x,y2)

plt.subplot(1,3,3)
plt.plot(x,y3)
plt.show()
############
y = 0.5*y1 + 0.3*y2 + 0.2*y3
plt.plot(x,y)
plt.title('synthesis')
plt.show()
############
yf = np.fft.fft(y)
plt.figure(figsize=(15,4))
plt.subplot(1,2,1)
plt.plot(np.abs(yf))
plt.xticks([])
plt.subplot(1,2,2)
freq = np.fft.fftfreq(N,T_max/N) # (N,)
plt.plot(freq,np.abs(yf))
plt.title('Fourier Transform')
plt.show()
############
yf = np.fft.rfft(y)
freq = np.fft.rfftfreq(N,T_max/N) # (N//2+1,) --> [0,...,sr/2]
fig, ax = plt.subplots()
ax.plot(freq[:30], np.abs(yf)[:30])
ax.xaxis.set_minor_locator(AutoMinorLocator())
ax.tick_params(which='both', width=1)
ax.tick_params(which='major', length=5)
ax.tick_params(which='minor', length=4, color='g')
ax.grid(visible=True, which='major', color='k', linestyle='-')
ax.grid(visible=True, which='minor', color='g', linestyle='--')
plt.show()
```

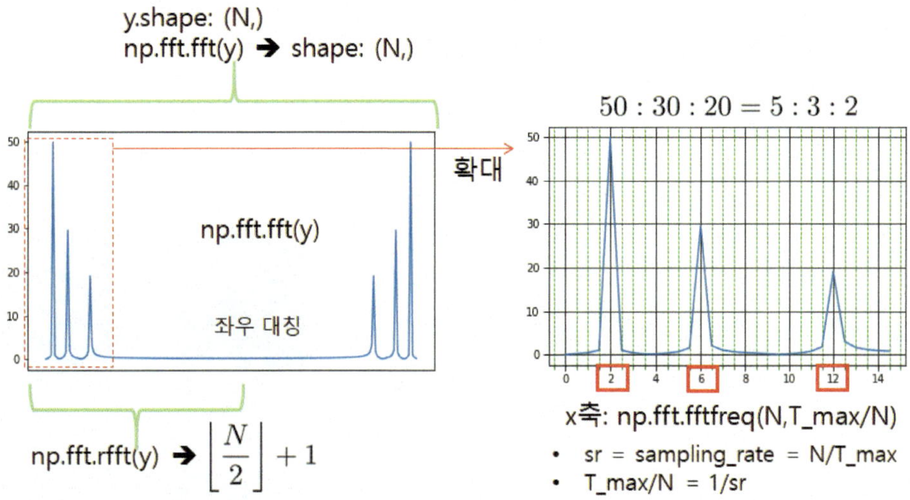

그림 9.10: Discrete Fourier Transform 결과

1. x축의 주파수는 np.fft.fftfreq() API로 구할 수 있다. 정확한 주파수 값이 아니더라도 상대적인 비율만을 보는 것도 가능하다.
2. y축 값을 보면, 50, 30, 20이다. 합성의 비율은 5 : 3 : 2임을 알 수 있다.

9.1.4 Short Time Fourier Transform

우리가 다루어야 하는 음성이나 음악은 하나의 발음이나 음이 계속되는 것이 아니라 시간에 따라 변한다. 그렇기 때문에 음파 데이터 전체에 DTF를 한 번만 적용하지 않는다. 음파를 일정 시간 간격으로 나누어서 각각에 DFT를 적용하는 것을 STFT(Short Time Fourier Transform)라 한다.

- 자르는 단위를 frame-length(또는 window-length)라 한다. 잘라진 부분을 window(frame)이라 부른다.
- window를 자를 때, 겹쳐지도록 자르는 것이 일반적이다. 겹쳐지기 때문에 window를 이동시킨다는 표현을 사용한다. window를 이동시키는 간격을 hop-length라 한다. 이때 hop-length가 window-length보다 작으면, window가 겹치게 된다.
- 각각의 window에 DFT를 적용해서 얻은 결과를 모아놓은 것이 STFT가 된다.
- 그림(9.11)에서는 STFT 과정을 보여주고 있다. STFT에서 필요한 parameter는 다음과 같다.
  - window(frame) length: 데이터(신호)를 자르는 길이. 가청 주파수(20kHz)의 2배 또는 CD 음질의 sampling rate인 44100을 넘지 않는다.
  - hop length: window를 이동시키는 길이. 보통 $\frac{25}{1000}$초(=25ms) 정도로 잡는다.

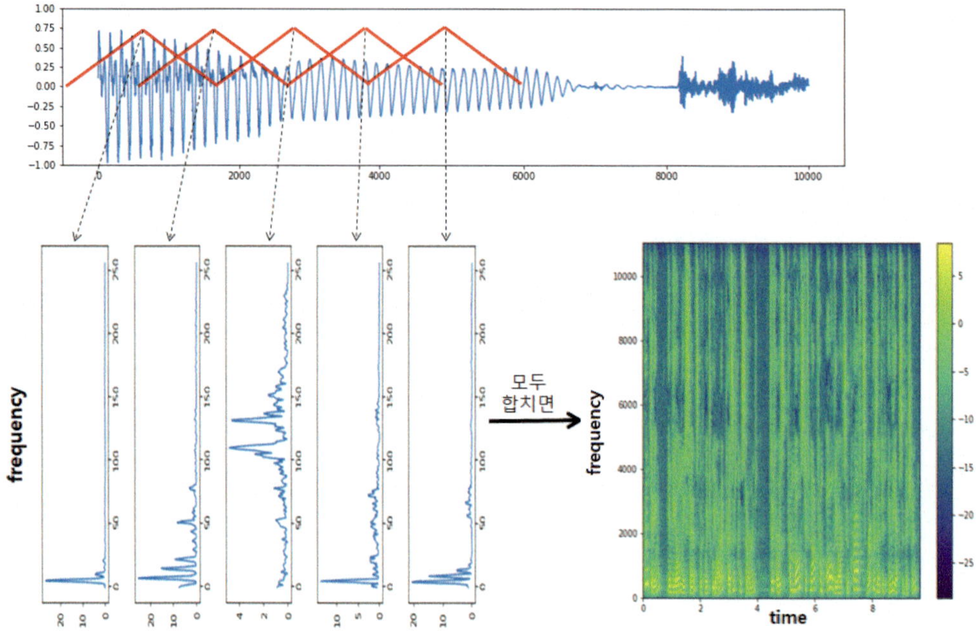

그림 9.11: STFT

- n_fft: STFT에서 주파수의 출력 크기(해상도). 출력의 정확한 크기는 그림(9.12)에서 보여주고 있다. 보통 window length와 같은 값으로 설정한다.

- STFT의 결과는 (주파수, 시간)으로 구성된 2차원 배열이다. 값은 주파수 성분의 진폭(amplitude)을 나타낸다. 이 STFT의 결과를 Spectrogram이라 부른다. 각각의 시간 frame에 대한 주파수 Spectrum을 모아 놓은 것이 Spectrogram이다.

- 복소수로 된 STFT 결과를 절댓값 취한 것을 magnitude spectrogram, 다시 제곱한 것을 power spectrogram이라 한다.

- time-frequency tradeoff: window size를 크게 할수록 frequency bins(주파수 해상도)가 올라간다[11]. 하지만 긴 time 영역을 가져가기 때문에 time resolution은 떨어진다.

그림(9.12), (9.13)에서 `librosa.stft()` API의 동작 원리를 설명하고 있다[12]. `librosa.stft()`에서 return되는 결과의 shape에 주목해 볼 필요가 있다.

11 보통 window_length = n_fft, hop_length도 winodw_length에 비례하게 잡는다.

12 설명 과정에 나오는 Hann Window에 대한 설명은 페이지 599에 있다.

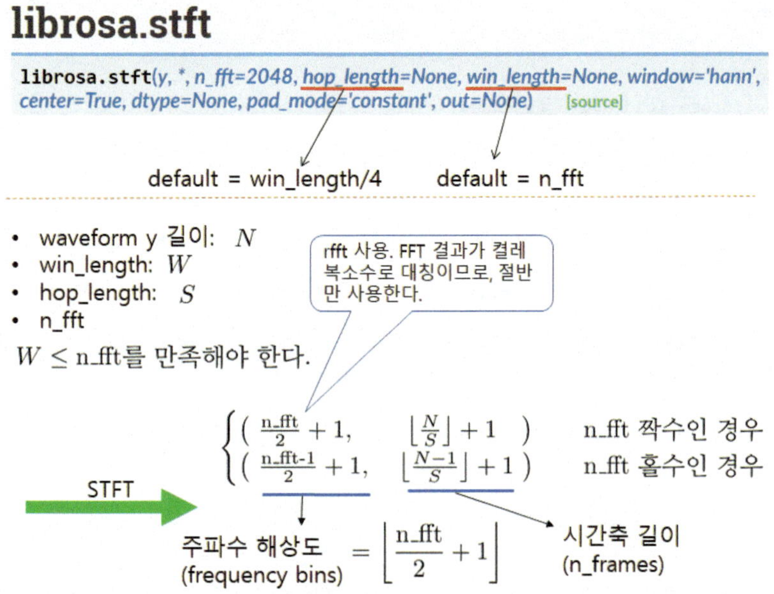

그림 9.12: librosa.stft()에서 parameter와 결과의 관계

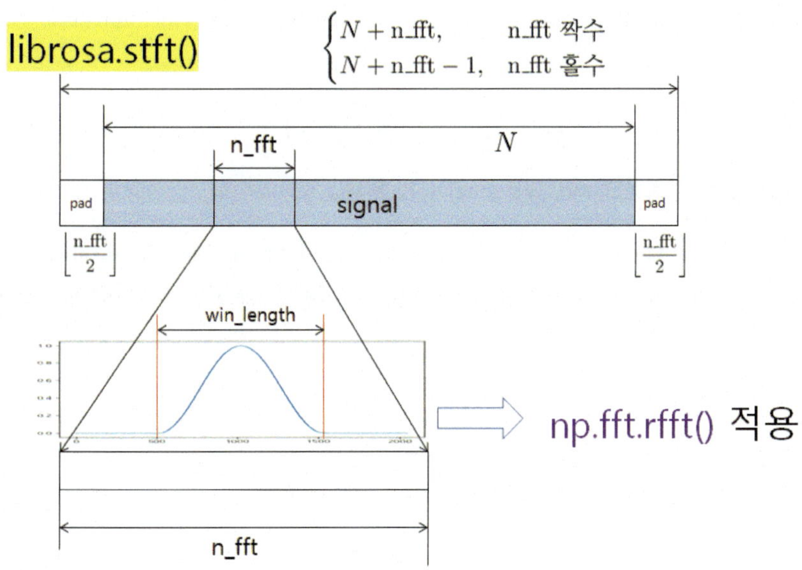

그림 9.13: librosa.stft()

입력 data의 길이가 N이면, 양쪽에 padding을 붙여 $(N + \text{n\_fft})$ 또는 $(N + \text{n\_fft} - 1)$ 크기로 바꾸어서 STFT가 적용된다. frame의 크기는 n_fft 만큼 생성되고, hann windows가 곱해지면서 실질적으로 win_length 만큼만 남기는 역할을 한다. 이때 win_length 크기의 hann windows는 (뒤쪽 우선) 좌우 padding으로 n_fft 크기로 만들어진 후, frame과 곱해진다.

코드 9.3: STFT

```
audio_filename= 'doremi-c4.wav' # 'doremi-c4.wav', 'LJ001-0001.wav'
sr = 22050
y, sr = librosa.load(audio_filename,sr=sr, mono=True)
n_fft = 512; hop_length=128
stft = librosa.stft(y, n_fft=n_fft, hop_length=hop_length) # (n_fft//2+1,n_frames)

power = 2 # 1 or 2
mag_spectrogram = librosa.magphase(stft,power=power)[0] # (magnitude,phsase)[0]
if power==1:
    log_spectrogram = librosa.amplitude_to_db(mag_spectrogram,ref=np.max)
else:
    log_spectrogram = librosa.power_to_db(mag_spectrogram,ref=np.max)
y_coords = librosa.fft_frequencies(sr=sr, n_fft=n_fft)
librosa.display.specshow(log_spectrogram,y_axis='log',x_axis='time',
                         sr=sr,hop_length=hop_length,y_coords=y_coords,cmap = 'coolwarm')
plt.colorbar()
plt.title('log spectrogram(ref=np.max)')
```

- `librosa.magphase()`에서 `power=1`이면 magnitude spectrogram, `power=2`이면 power spectrogram을 구해준다.

- `librosa.power_to_db()`: power spectrogram을 데시벨 단위 (decibel unit)로 변환한다. $x = S^2$=power spectrogram이라고 하면,

$$y = 10\log_{10}\left(\frac{x}{\text{ref}}\right) = 10\log_{10}\left(\frac{S^2}{\text{ref}}\right) = 20\log_{10}\left(\frac{S}{\text{ref}}\right)$$

  `ref=np.max`로 설정하면 `ref` 값은 $\max(S)$가 된다.

- `librosa.amplitude_to_db()`: magnitude spectrogram을 데시벨 단위 (decibel unit)로 변환한다. 제곱하지 않는 magnitude spectrogram을 입력하면 내부에서 제곱해서 처리한다.

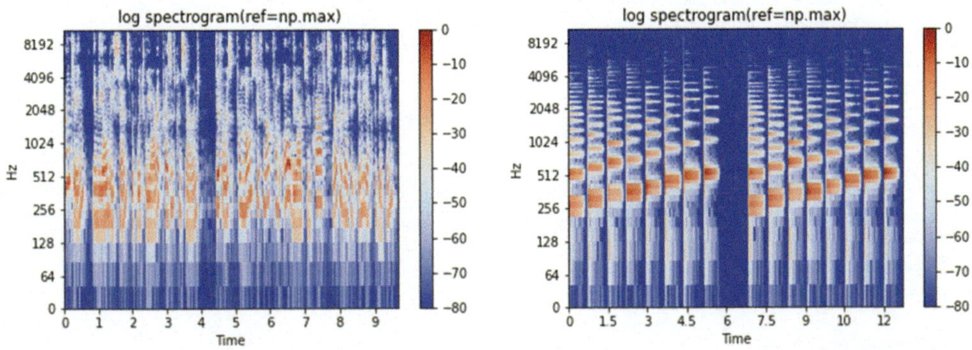

음성(영어) 　　　　　 피아노 소리(도레미파솔라시도)

그림 9.14: log-spectrogram
sr = 22050, n_fft = 512, hop_length=128, power=2. y축(주파수)에서 보여지는 숫자는 librosa.fft_frequencies()로 생성되었다. y축의 데이터 개수는 $\frac{\text{n_fft}}{2}+1$이다.

9.1.5 Hann Window, Hamming Window

Hann[13] window: 각 frame(크기 M)의 처음과 끝에서의 불연속을 최소화하기 위해, 각각의 frame(window)에 Hann window function을 곱해서 STFT를 구한다. Hann window function은 다음과 같다.

$$w(n) = 0.5\left(1 - \cos\left(\frac{2\pi n}{M-1}\right)\right), \quad 0 \le n \le M-1$$

Hann window을 hanning이라 부르기도 한다.

Hamming[14] window는 Hann window의 변형으로 다음과 같다.

$$w(n) = 0.54 - 0.46\cos\left(\frac{2\pi n}{M-1}\right), \quad 0 \le n \le M-1$$

그림(9.13)에서 설명한 것과 같이, Hann/Hamming window function을 각각의 frame에 곱한 후에 STFT를 구한다.

코드 9.4: **[Numpy]** Hann Window 적용 예시

```
audio_filename = 'kss_1_0000.wav'
y, sr = librosa.load(audio_filename,sr=22050, mono=True)

win_length = 2048
window = y[15000:15000+win_length]
hann_window = np.hanning(win_length)
```

13 Julius von Hann은 오스트리아의 기상학자이다.

14 Richard Wesley Hamming

```python
hamming_window = np.hamming(win_length)
plt.figure(figsize=(12,6))

plt.subplot(2,2,1)
plt.plot(hann_window,label='hanning')
plt.plot(hamming_window,label='hamming')
plt.legend()
plt.title('hann-hamming window')

plt.subplot(2,2,3)
plt.plot(window)
plt.title('signal')

plt.subplot(2,2,4)
plt.plot(window*hann_window)
plt.title('signal * hann window')

plt.tight_layout()
plt.savefig('hann_window.png')
```

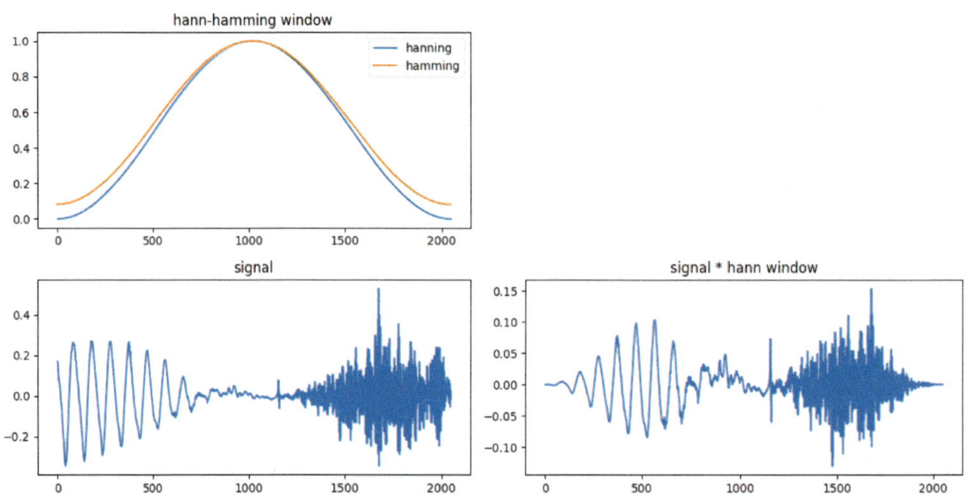

그림 9.15: Hann Window

9.1.6 Mel Spectrogram

예를 들어, STFT에서 n_fft=2048로 설정한 경우, 출력 feature의 차원이 1025가 된다. 높은 차원을 좀 더 줄이는 방법으로 Mel Spectrogram이 사용된다. 인간의 귀는 낮은 주파수대에서 높은 resolution(민감도)을 가지고, 높은 주파수대에서 낮은 resolution을 갖는다. 이러한 이유로 주파수

15 mel은 melody의 줄임말이다. mel scale 변환식에는 여러 가지 변형이 있다.

를 log scale 변환하여 사용할 필요가 있다. 주파수의 scale을 다음 식으로 변환하는 것을 mel sacel 변환[15]이라 한다.

$$m = 2595 \log_{10}\left(1 + \frac{f}{700}\right) \tag{9.2}$$

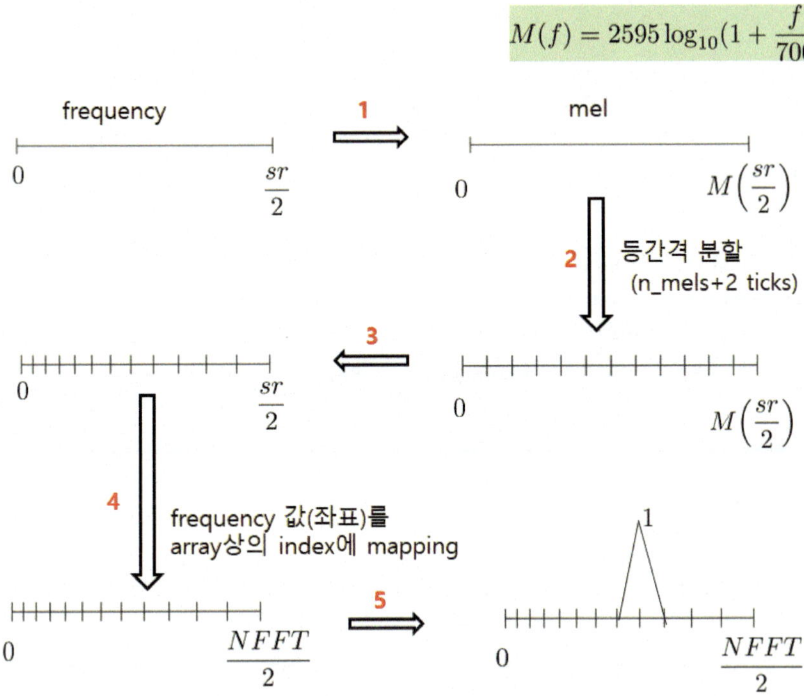

그림 9.16: mel filter bank(mel basis matrix) 생성 과정
4번째 과정에서 선택된 주파수는 끝점 포함해서 (n_mels+2) 개이고, array index는 0부터 NFFT/2까지 있다. 따라서 $0, 1, 2, \cdots$, NFFT/2 중에서 (n_mels+2) 개 만큼의 index만 선택된다. index 중에서 선택된 곳에서는 0 또는 1의 값을 가지게 하고, 그 외의 index들에 대한 값은 (Λ) 모양의 직선상에 있게 값을 잡아 줄 수 있다. 그리고 처음에 최대 주파수를 지정해 주어야 되는데, default로 sampling-rate의 절반(Nyquist Frequency)을 사용한다.

- mel scale로 변환하기 위해서 mel filter bank(mel basis) 행렬이 필요하다. mel filter bank를 구하기 위해서 hyper parameter로 n_mels[16]를 정해야 한다. mel filter bank의 shape은 다음과 같다.

$$\left(\text{n\_mels}, \left\lfloor \frac{\text{n\_fft}}{2} + 1 \right\rfloor\right)$$

- mel filter bank와 power spectrogram (또는 magnitude spectrogram)을 행렬곱하면, mel spectrogram이 구해진다.

16 n_mels로 보통 20 ~ 80 정도를 사용한다.

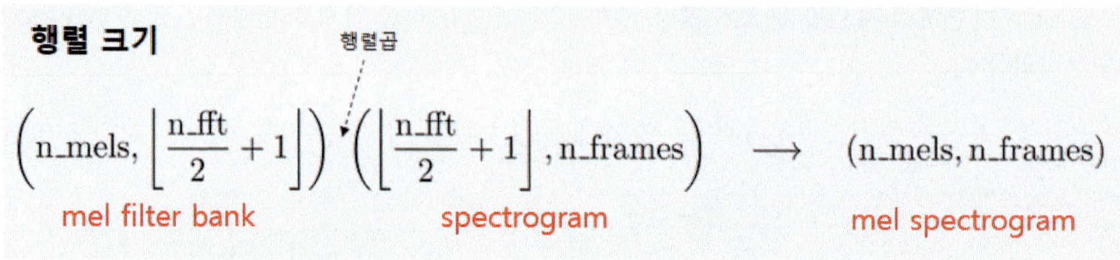

그림 9.17: 행렬곱으로 본 mel spectrogram
mel filter bank와 spectrogram을 행렬곱하여 mel spectrogram을 구한다.

- 그림 (9.16) 에서는 mel filter bank를 구하는 과정을 개략적으로 설명하고 있다.

librosa에서 mel filter bank를 구할 수 있는 API는 다음과 같다.

```
librosa.filters.mel(sr, n_fft, n_mels=128, fmin=0.0,
                    fmax=None, htk=False, norm='slaney',
                    dtype=<class 'numpy.float32'>)
```

- 그림 (9.19) 에서 `htk=False/True` 차이를 보여주고 있다.
- 그림 (9.18) 에서 `norm='slaney'`로 normalization되는 효과를 보여주고 있다.

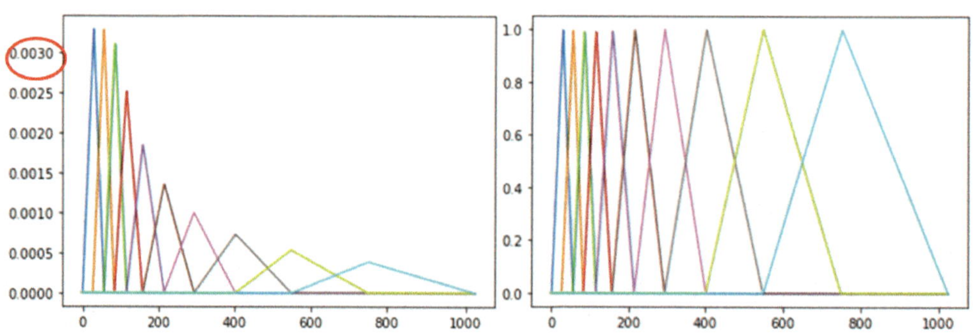

그림 9.18: librosa.filters.mel()

1. 왼쪽: norm=1(default)로 하면, band의 폭(삼각형의 밑변 길이)으로 값을 나누어 준다(area normalization). 이 경우는 filter weight의 합이 동일하다.
2. 오른쪽: norm=None. normalization이 되지 않았기 때문에, mel spectrogram을 구하면 값이 크다. 주로 normalization을 적용한 melspectrogram을 사용한다.

코드 9.5에서 mel spectrogram을 3가지 방식으로 구현해서 비교하고 있다.

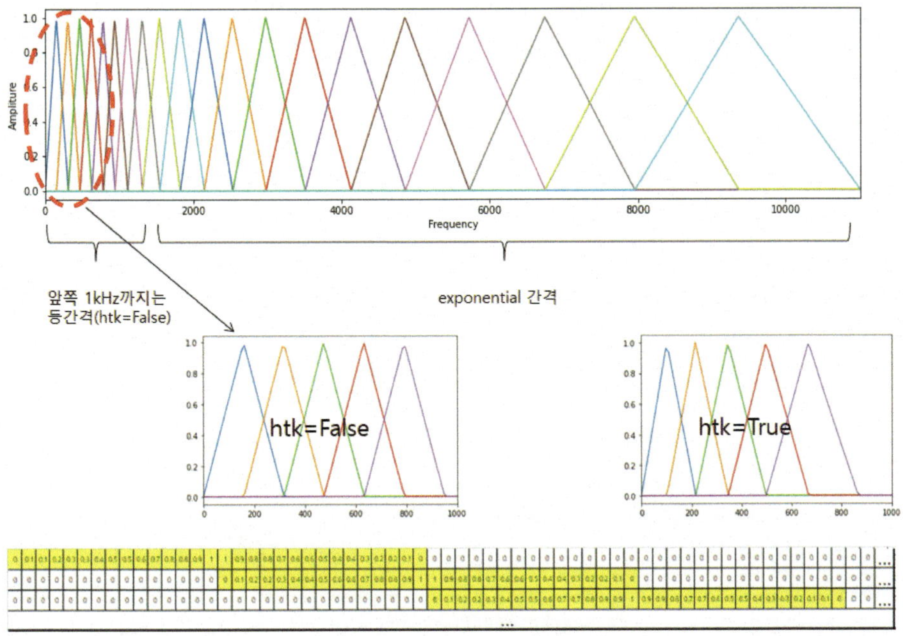

그림 9.19: mel filter bank 예시

1kHz까지는 선형적이고 그 이상에서는 exponential scale이 된다. librosa에서 default로 1kHz까지는 선형적으로 처리한다. 식 (9.2)로 처리하려면 librosa.filters.mel(...,htk=True)로 처리하면 된다.

코드 9.5: Mel Spectrogram

```
# melspectrogram를 한번에 구하는 것과, mel filter bank를 거쳐서 구한 것의 결과가 동일하다.
n_mels = 90; hop_length = 256; n_fft = 1024
power = 2 # 1 or 2

audio_filename= 'doremi-c4.wav' # 'doremi-c4.wav', 'LJ001-0001.wav'

y, sr = librosa.load(audio_filename)
mel_spectrogram = librosa.feature.melspectrogram(y=y, sr=sr, n_fft=n_fft,
             hop_length=hop_length, n_mels=n_mels,power=power) # (n_mels,n_frames)

# mel basis를 계산하여 행렬곱으로 계산
stft = librosa.stft(y, n_fft=n_fft, hop_length=hop_length) # (n_fft//2+1,n_frames)
filter_banks = librosa.filters.mel(n_fft=n_fft, sr=sr, n_mels=n_mels) # mel bais
mag_spectrogram = librosa.magphase(stft,power=power)[0] # (magnitude,phase)[0]
mel_spectrogram2 = np.matmul(filter_banks,mag_spectrogram) # (n_mels,n_frames)

# spectrogram을 넘겨 구하기
mel_spectrogram3 = librosa.feature.melspectrogram(S=mag_spectrogram, sr=sr,
                                                  n_mels=n_mels)

print(np.allclose(mel_spectrogram,mel_spectrogram2)) # True
print(np.allclose(mel_spectrogram,mel_spectrogram3)) # True
```

- `librosa.filters.mel()` API로 mel filter bank(mel basis)를 구할 수 있다.
- `power`가 1이면 mangnitude spectrogram, 2(librosa default)이면 power spectrogram을 사용하여 mel spectrogram을 구한다.
- `librosa.feature.melspectrogram()`으로 구한 결과와 mel basis(mel filter bank)를 통해서 구한 결과가 일치함을 알 수 있다.

코드 9.6에서 편의 함수 `plot_spectrogram()`, `get_log_spectrogram()`를 구현한다.

코드 9.6: Spectrogram Plot

```
def plot_spectrogram(wav_filename,sr=22050,n_fft=2048,hop_length=512,power=2,
                     n_mels=90,ref=1):

    cmap = 'coolwarm'
    y, sr = librosa.load(wav_filename,sr=sr)

    print(f'waveform max: {np.max(y)}, min: {np.min(y)}')
    stft = librosa.stft(y, n_fft=n_fft, hop_length=hop_length)
    mag_spectrogram = librosa.magphase(stft,power=power)[0] # (magnitude,phsase)[0]

    mel_spectrogram = librosa.feature.melspectrogram(y=y, sr=sr, n_fft=n_fft,
                                  hop_length=hop_length, n_mels=n_mels,power=power)
    if power ==1:
        log_spectrogram = librosa.amplitude_to_db(mag_spectrogram,ref=ref)
        log_mel_spectrogram = librosa.amplitude_to_db(mel_spectrogram,ref=ref)
    else:
        log_spectrogram = librosa.power_to_db(mag_spectrogram,ref=ref)
        log_mel_spectrogram = librosa.power_to_db(mel_spectrogram,ref=ref)

    plt.figure(figsize=(15,5))
    plt.subplot(1,2,1)

    y_coords = librosa.fft_frequencies(sr=sr, n_fft=n_fft)
    librosa.display.specshow(log_spectrogram,y_axis='log',x_axis='time',cmap=cmap,
                             sr=sr, hop_length=hop_length,y_coords=y_coords)
    plt.title('log spectrogram')
    plt.colorbar()

    plt.subplot(1,2,2)
    librosa.display.specshow(log_mel_spectrogram,y_axis='mel',x_axis='time',cmap=cmap,
                             sr=sr, hop_length=hop_length)
    plt.title('log mel spectrogram')
    plt.colorbar()
    plt.savefig('spectrogram.png')
    plt.show()

def get_log_spectrogram(wav_filename,sr=22050,n_fft=2048,hop_length=512,
                        power=2,n_mels=90,ref=1):

    y, sr = librosa.load(wav_filename,sr=sr)
```

```
    stft = librosa.stft(y, n_fft=n_fft, hop_length=hop_length)
    mag_spectrogram = librosa.magphase(stft,power=power)[0] # (magnitude,phsase)[0]
    mel_spectrogram = librosa.feature.melspectrogram(y=y, sr=sr, n_fft=n_fft,
                            hop_length=hop_length, n_mels=n_mels,power=power)

    if power==1:
        log_spectrogram = librosa.amplitude_to_db(mag_spectrogram,ref=ref)
        log_mel_spectrogram = librosa.amplitude_to_db(mel_spectrogram,ref=ref)
    else:
        log_spectrogram = librosa.power_to_db(mag_spectrogram,ref=ref)
        log_mel_spectrogram = librosa.power_to_db(mel_spectrogram,ref=ref)
    y_coords = librosa.fft_frequencies(sr=sr, n_fft=n_fft)
    return log_spectrogram, log_mel_spectrogram, y_coords

plot_spectrogram('doremi-c4.wav',sr=22050,n_fft=2048,hop_length=512,power=2,
            n_mels=90,ref=np.max)
```

- `plot_spectrogram()`의 예시가 그림 (9.20) 에 있다.

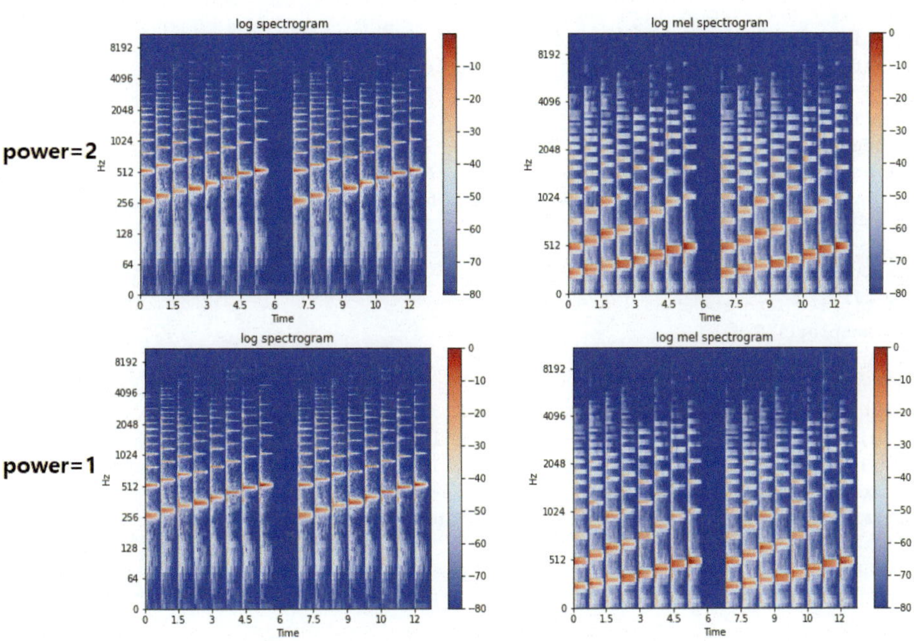

그림 9.20: log spectrogram vs. log mel-spectrogram
'도레미파솔라시도' 가 두 번 나오는 사운드에 대한 spectrogram. 배음 구조 (fundamental frequency의 정수배) 와 주파수가 올라가는 구조가 잘 보인다. 오른쪽의 mel spectrogram은 차원을 줄이면서도 spectrogram의 특징을 잘 반영하고 있다. 다음에 나오는 MFCC는 더 압축되는 방식이기 때문에, 이런 특징이 시각적으로 잘 보이지 않는다. power가 1인 경우와 2인 경우에 결과 차이는 많이 없다. 참고로 TTS(Tacotron, WaveGlow) 모델에서는 power=1로 log-melspectrogram을 구하여 사용했다.

9.1.7 Fundamental Frequency

그림 (9.21) 에서는 피아노 건반 각각의 주파수를 보여주고 있다. 피아노 음은 하나의 주파수로만 된 단순 사인파가 아니다. 그림에서 보여주고 있는 주파수는 각 피아노 음의 기본 주파수 (fundamental frequency) 이다. 기본 주파수는 F_0 로 표시된다[17]. 악기의 음은 기본주파수와 기본주파수의 정수배 주파수들의 결합으로 이루어져 있다. 그림 (9.21)을 보면, 도$_4$ = (C_4)의 기본 주파수는 261.626Hz 이다. 그림 (9.14) 에서 도$_4$의 주파수가 대략 261.626Hz 임을 보여주고 있다. 그리고 $261.626 \times 2 = 523.252$, $261.626 \times 3 = 784.878, \cdots$ Hz 영역에서 높은 값을 가지는 것도 확인할 수 있다. 이런 주파수 구조를 배음 (overtone)이라 한다.

도$_4$ = (C_4)음의 주파수가 실제로 그렇게 구성되어 있는지 코드 9.7에서 확인해 보자.

코드 9.7: 피아노 음에 대한 주파수 분석

```
sr=22050; n_fft=2048; hop_length=512;
log_spectrogram, log_mel_spectrogram, y_coords = get_log_spectrogram('doremi-c4.wav',
            sr=sr,n_fft=n_fft,hop_length=hop_length,power=2,n_mels=90,ref=np.max)

max_time = 0.7; target_time = 0.3
max_time_index = int(max_time*sr/hop_length)
target_time_index = int(target_time*sr/hop_length)

plt.figure(figsize=(15,5))
plt.subplot(1,2,1)
librosa.display.specshow(log_spectrogram[:,:max_time_index],y_axis='log',
      x_axis='time',cmap='coolwarm',sr=sr, hop_length=hop_length,y_coords=y_coords)

# plt.vlines(x, ymin, ymax,...)
plt.vlines(target_time, 0, 8000, color='g', linestyle='solid', linewidth=3)
plt.title('piano sound do')
plt.subplot(1,2,2)
plt.plot(y_coords,log_spectrogram[:,target_time_index])
c4 = 261.626
for i in range(7):
    plt.vlines(c4*(i+1), -80, 0, color='r', linestyle='solid', linewidth=1)
    plt.text(c4*(i+1),0,str(round(c4*(i+1),2)),horizontalalignment='center')
plt.xlim(0,2000)
plt.title(f'frequency of time step {target_time_index}({target_time}sec)')
plt.savefig('harmonic.png')
plt.show()
```

- 도 ($C4$) 에 대한 분석을 위해 `target_time=0.3`초 지점을 선택했다.
- $C4$의 주파수 261.626Hz의 정수배에 해당하는 주파수에서 높은 값이 관측되고 있다.

17 기본 주파수 F_0 와 포먼트 (formant) 를 나타내는 $F_1, F_2, \cdots$ 는 다른 기호이다.

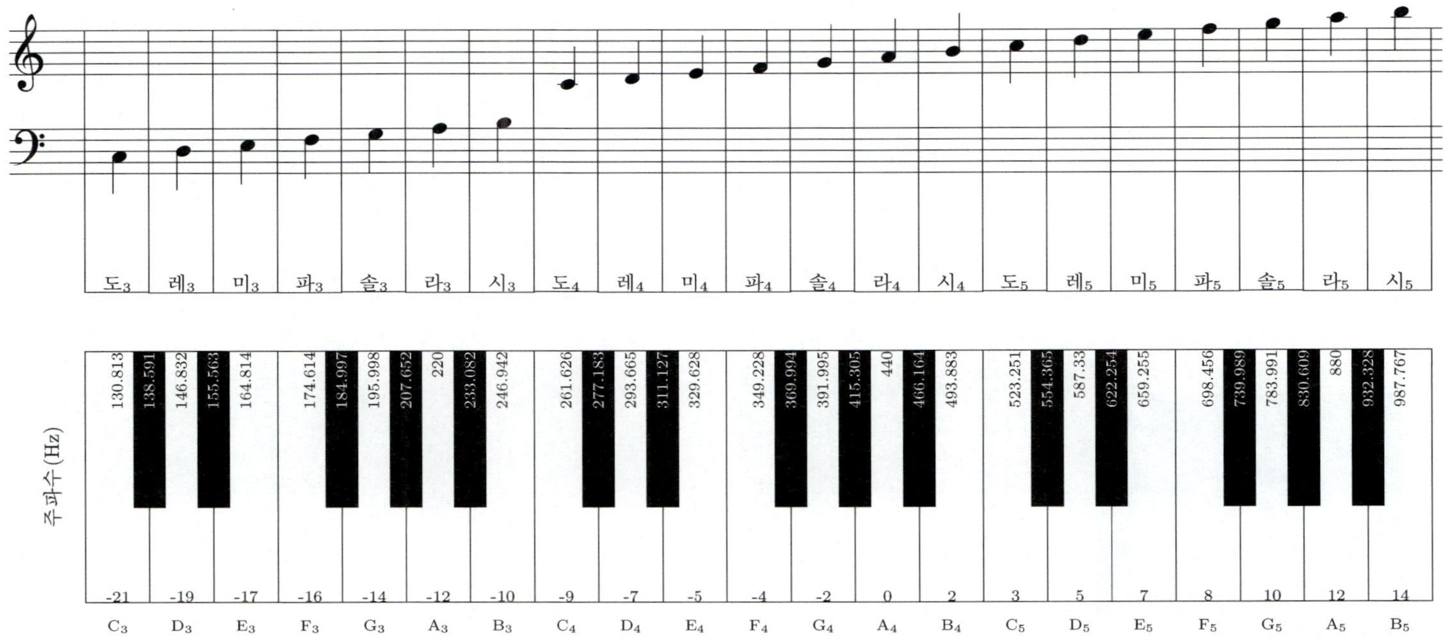

그림 9.21: 피아노 음반과 주파수

피아노의 12음계는 $\{C, C\#, D, D\#, E, F, F\#, G, G\#, A, A\#, B\}$ 이다. 주파수 440Hz인 A_4 를 중심으로 $440 \times 2^{\frac{i}{12}}$ 로 계산된다. 예를 들어, C_5 에서는 $i = 3$ 이 되고, $D_4\#$ 에서는 $i = -6$ 이 된다. 12음계가 1 옥타브이므로, 1옥타브 사이의 주파수는 2배가 된다.

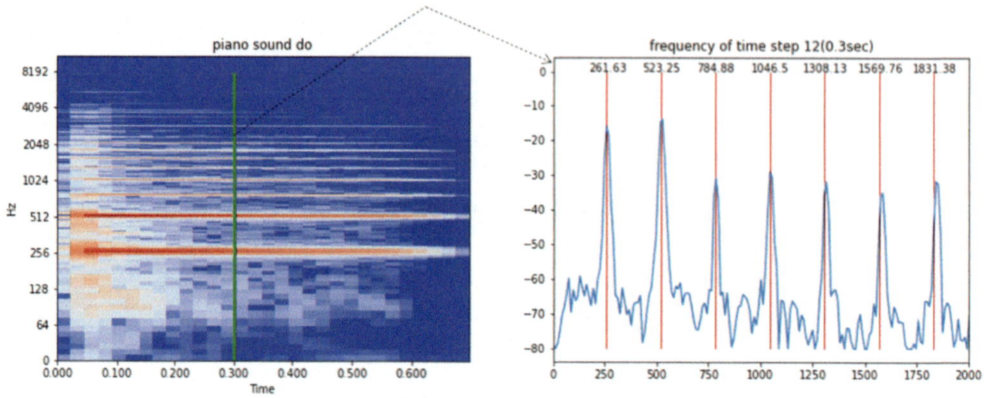

그림 9.22: 피아노 '도'음에 대한 주파수 분석
C4의 주파수인 261.626Hz의 정수배에 해당하는 주파수들의 성분이 높은 값을 가지는 것을 확인할 수 있다.

다음 코드 9.8에서는 `librosa.pyin()`[18]을 이용해서 fundamental frequency를 구하고 있다.

코드 9.8: librosa.pyin()으로 fundamental frequency를 구하기

```
y, sr = librosa.load('doremi-c4.wav') # kss_1_0000, doremi-c4.wav
f0, voiced_flag, voiced_probs =
     librosa.pyin(y,fmin=librosa.note_to_hz('C2'),fmax=librosa.note_to_hz('C7'))
times = librosa.times_like(f0)

D = librosa.amplitude_to_db(np.abs(librosa.stft(y)), ref=np.max)
fig, ax = plt.subplots()
img = librosa.display.specshow(D, x_axis='time', y_axis='log', ax=ax)
ax.set(title='pYIN fundamental frequency estimation')
fig.colorbar(img, ax=ax, format="%+2.f dB")
ax.plot(times, f0, label='f0', color='cyan', linewidth=3)
ax.legend(loc='upper right')
```

- 결과는 그림 (9.23) 에서 확인할 수 있다.
- 남자, 여자 목소리의 기본 주파수 차이가 있음을 확인할 수 있다.
- 피아노 소리에서는 기본 주파수가 관측되지만, 드럼이나 기차 소리에서는 관측되지 않는다.

18 https://librosa.org/doc/main/generated/librosa.pyin.html

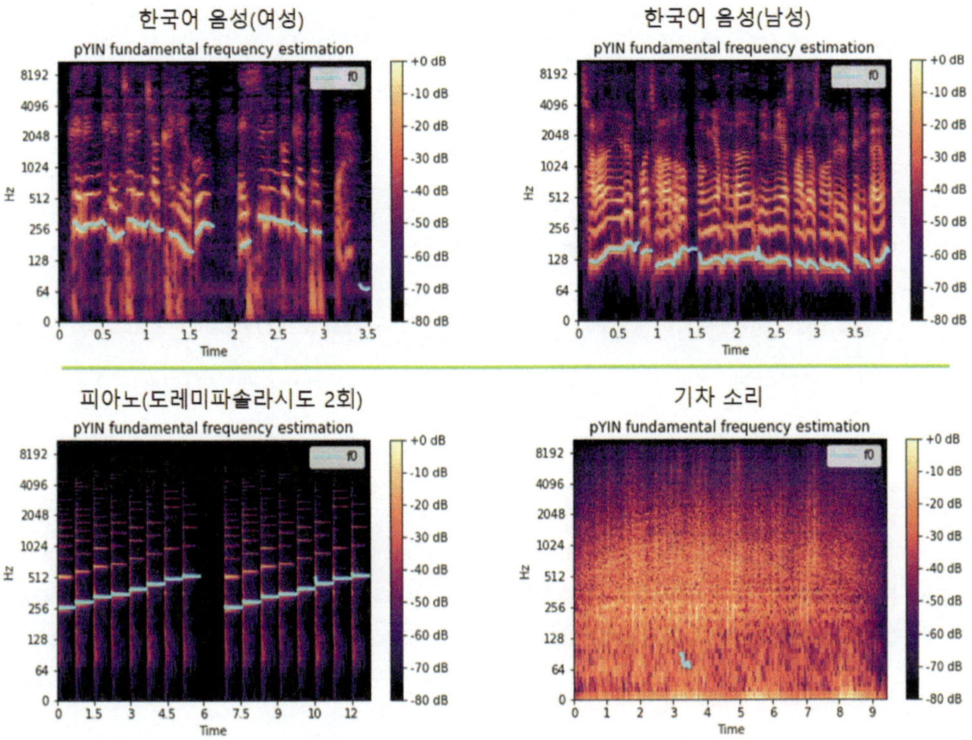

그림 9.23: librosa.pyin() 으로 구한 fundamental frequency 예시

1. 남성, 여성의 fundamental frequency 차이가 잘 보인다.
2. 피아노 소리 (또는 관악기) 에서는 fundamental frequency가 관측되지만, 기차 소리 (또는 타악기) 에서는 fundamental frequency가 관측되지 않는다.

다음 코드 9.9에서 사람 목소리의 fundamental frequency와 배음 구조를 분석해 보자.

코드 9.9: 사람 목소리에 대한 fundamental frequency

```
audio_filename= 'kss_1_0000.wav'
sr=22050; n_fft=2048; hop_length=512;
y, sr = librosa.load(audio_filename)
log_spectrogram, log_mel_spectrogram, y_coords = get_log_spectrogram(audio_filename,
            sr=sr,n_fft=n_fft,hop_length=hop_length,power=2,n_mels=90,ref=np.max)

fundamental_frequency, voiced_flag, _ = librosa.pyin(y,sr=sr, frame_length=n_fft,
                    fmin=librosa.note_to_hz('C2'),fmax=librosa.note_to_hz('C7'))

max_time = 1; target_time = 0.4
max_time_index = int(max_time*sr/hop_length)
target_time_index = int(target_time*sr/hop_length)

plt.figure(figsize=(15,5))
plt.subplot(1,2,1)
```

```
librosa.display.specshow(log_spectrogram[:,:max_time_index],y_axis='log',
                         x_axis='time',cmap='coolwarm',sr=sr,
                         hop_length=hop_length,y_coords=y_coords)
plt.vlines(target_time, 0, 8000, color='g', linestyle='solid', linewidth=3)
plt.title('human voice')

if voiced_flag[target_time_index]:
    plt.subplot(1,2,2)
    plt.plot(y_coords,log_spectrogram[:,target_time_index])
    f0 = fundamental_frequency[target_time_index]
    for i in range(7):
        plt.vlines(f0*(i+1), -80, 0, color='r', linestyle='solid', linewidth=1)
        plt.text(f0*(i+1),0,str(round(f0*(i+1),2)),horizontalalignment='center')
    plt.xlim(0,2000)
    plt.title(f'frequency of time step {target_time_index}({target_time}sec)')
    plt.savefig('harmonic.png')
    plt.show()
else:
    print(f'human voice not detected at target time {target_time}.')
```

- 모든 frame에서 기본 주파수가 관측되지는 않는다. 관측 여부는 `librosa.pyin()`가 return 하는 `voiced_flag`에서 확인할 수 있다.

- 분석 결과는 그림 (9.24) 에서 확인할 수 있다.

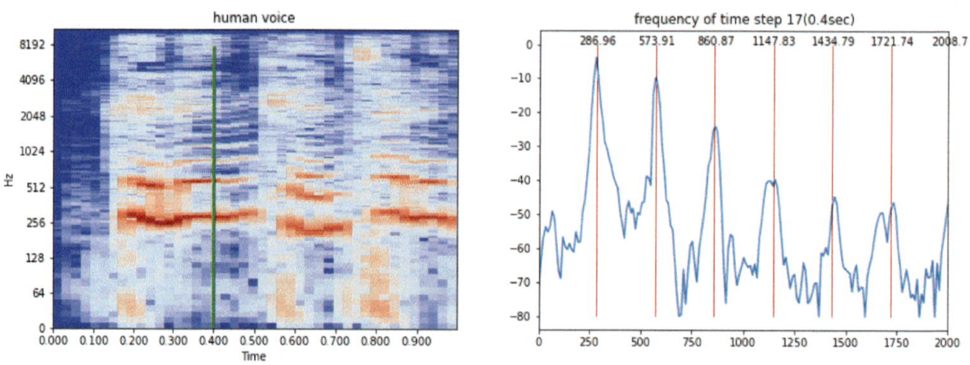

그림 9.24: 사람의 목소리의 배음 구조

9.1.8 MFCC

STFT 결과를 Mel Spectrogram으로 차원을 줄였다. 하지만 Mel Spectrogram feature 성분들 간의 상관관계(correlation)는 높은 편이다. feature 성분들 간의 상관계수가 높으면 머신러닝 모델들의 훈련을 방해하는 요소가 된다. Mel-Frequency Cepstral Coefficient(MFCC)는 Mel Spectrogram에 Inverse Fourier Transform이나 Discrete Cosine Transform을 취해 feature 성분들의 상관관계를 낮추는 역할을 한다. STFT를 통해 time domain을 frequency domain으로 변환했다. MFCC로 frequency domain을 새로운 domain으로 변환하는데, 이를 quefrency domain이라 부르기도 한다.

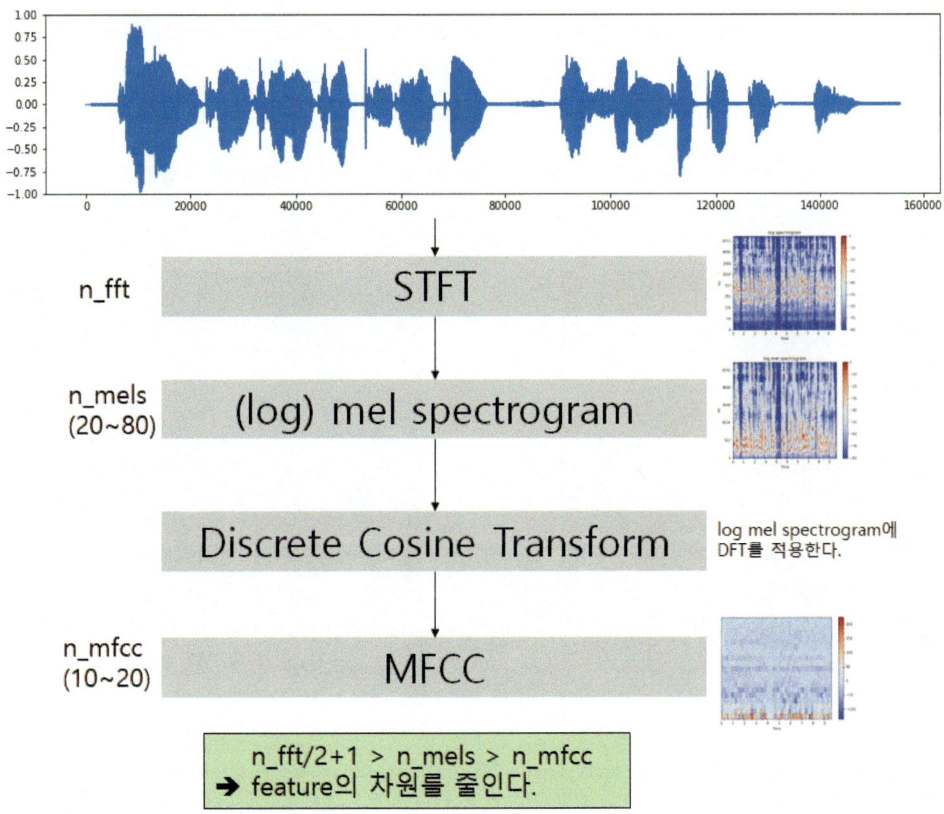

그림 9.25: 오디오 feature 추출 과정

- MFCC(Mel Frequency Cepstral Coefficients)는 Spectrum of Spectrum이라 할 수 있다. 주파수 정보에 다시 Inverse DFT(또는 Discrete Cosine Transform)을 적용하기 때문이다.
- Spectrum of Spectrum은 주파수의 스펙트럼인데, 주파수의 변화를 의미한다. MFCC 결과의 앞쪽 성분은 주파수의 큰 변화를 나타내고 뒤쪽 성분은 세세한 변화를 나타낸다. 그렇기 때

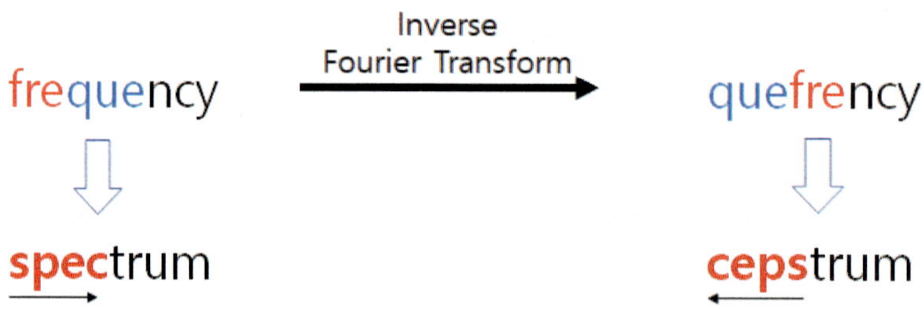

그림 9.26: spectrum vs. cepstrum

문에 전체 MFCC의 결과에서 앞쪽만 살리고 뒷쪽은 버린다. log mel-spectrogram의 feature dimension이 n이면, DCT를 적용해도 n차원이 된다. 이 중 앞부분에서 필요한 만큼 선택하면 된다.

- 첫 번째 feature는 값(데이터의 합)이 너무 작아(음수) 다른 feature에 악영향을 주기 때문에 제거하는 경우도 있다.

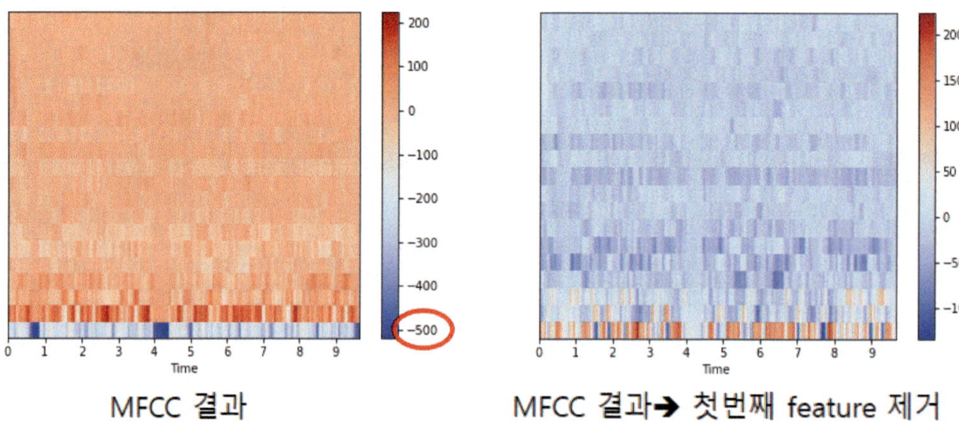

그림 9.27: MFCC
MFCC의 첫 번째 feature는 입력 데이터의 합이다(Fourier/Cosine Transform의 첫 번째 값은 data의 합). 첫 번째 feature 제거 전/후 비교를 비교해보자. 제거 전인 왼쪽 그림에서는 제일 아래쪽 라인의 값이 너무 작아서 다른 값들이 의미를 가지지 못하게 된다.

- 딥러닝이 활성화되기 이전의 머신러닝에서는 Feature의 선택이 중요했기 때문에, mel filter bank에 기인하여 나타나는 Feature 간의 상관관계를 줄이기 위해서 MFCC가 활용되었다. GMM(Gaussian Mixture Model) 같은 모델에서는 이런 상관관계가 제거된 Feature가 유용하게 활용된다.

- 딥러닝이 출현한 이후에는 Feature 간의 비선형 관계를 제거해 버리는 MFCC의 중요성이

낮아졌다.

- MFCC의 장점
  - spectrum의 디테일은 무시하고, 크게 보는 feature이다.
  - 배음 구조를 잘 파악한다.
  - 음정(pitch, 높고 낮음)의 차이는 무시한다[19]. 음정을 무시해도 되는 task에 적합하다. 악보를 그리는 것과 같은 task에는 적합하지 않다.
  - formant[20] 구조를 잘 파악한다.
- MFCC의 단점
  - 노이즈(noise)에 약하다.
  - 음성합성에 적합하지 않다. 압축성이 강한 MFCC로부터 audio를 생성하거나 복원하는 것이 어렵다.

코드 9.10: MFCC

```
from scipy.fftpack import dct

y, sr = librosa.load('LJ001-0001.wav')
n_mfcc = 20

# hop_length=512,n_fft=2048, n_mels(default=128) 크기로 생성 후,
# 앞쪽 return --> (n_mfcc,n_frames)
mfcc = librosa.feature.mfcc(y=y,sr=sr,n_mfcc=n_mfcc)

# n_mels(default=128) 크기로 생성 후, 앞쪽 80개 return
mfcc_ = librosa.feature.mfcc(y=y,sr=sr,n_mfcc=80,hop_length=512,n_fft=2048)

# default: n_fft=2048, hop_length=512, n_mels=128, power=2
mel_spectrogram = librosa.feature.melspectrogram(y=y, sr=sr)
print(f'mel spectrogram: {mel_spectrogram.shape}')
log_mel_spectrogram = librosa.power_to_db(mel_spectrogram)

# output shape, min(n_mels, n_mfcc)
mfcc2 = librosa.feature.mfcc(S=log_mel_spectrogram,sr=sr,n_mfcc=n_mfcc)

print(mfcc.shape,mfcc2.shape)
print("2가지 mfcc 결과 비교: ", np.allclose(mfcc,mfcc2)) # True

mfcc3 = dct(log_mel_spectrogram, type=2, axis=0, norm='ortho')[:n_mfcc, :]
print(mfcc3.shape)
print("직접 구한 결과와 비교: ", np.allclose(mfcc,mfcc3)) # True
```

19 음악의 3요소: 리듬, 멜로디, 하모니. 박자(길고 짧음), 리듬(강약), 음정(높고 낮음).

20 https://en.wikipedia.org/wiki/Formant

- `librosa.feature.mfcc(y,n_mfcc=20)`: waveform을 넘기면 내부에서 log-mel-spectrogram으로 변환 후, mfcc를 만든다.
  내부적으로는 `librosa.feature.melspectrogram(power=2,n_mels=128)`로 파라메터가 고정되고 `librosa.magphase(power=2)`도 `power=2`로 고정된다.
- return되는 shape은 `(n_mfcc,n_frames)`이 된다.
- `librosa.feature.mfcc()`에 waveform 대신에 직접 계산한 log-mel-spectrogram을 넘겨서 구할 수도 있다.
- librosa로 구한 mfcc와 scipy의 discrete consine transform API인 `scipy.fftpack.dct()`로 구한 mfcc가 일치한다.

9.1.9 Formant

딥러닝이나 머신러닝 모델에서는 많이 사용하지 않지만, 전통적인 음성학에서 모음을 분석할 때 Formant 개념을 사용한다. 인간 성대의 공명에서 발생하는 스펙트럼의 local maximum을 말한다. fundamental frequency와 배음들의 조합이 성대에서 만들어지고, 이후 성도(vocal tract)를 통과하면서 증폭되어 배음들의 세기 순서가 바뀐다. 이 변형은 특정 주파수($F_1, F_2, \ldots$)에 가까운 배음들을 증폭시키는 과정이라 할 수 있다. F_1, F_2 2개가 모음을 분석하는 데 중요하게 사용된다.

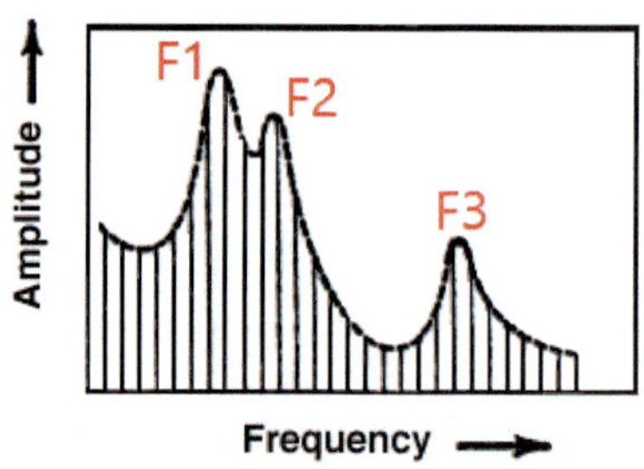

그림 9.28: formant
출처: https://www.sfu.ca/sonic-studio-webdav/handbook/Formant.html

- 오디오 분석 프로그램 Praat[21]을 이용해서 다양한 분석을 할 수 있다. 그림 (9.30)에서 보여주는 것과 같이, formant($F1, F2$)도 추정할 수 있다.
- `librosa.lpc()`를 이용해서 formant를 직접 구해볼 수 있다. 하지만 오디오 신호처리에 대한 지식이 필요한 부분으로 이 책에서는 더 이상 다루지 않는다.

21 https://www.fon.hum.uva.nl/praat/

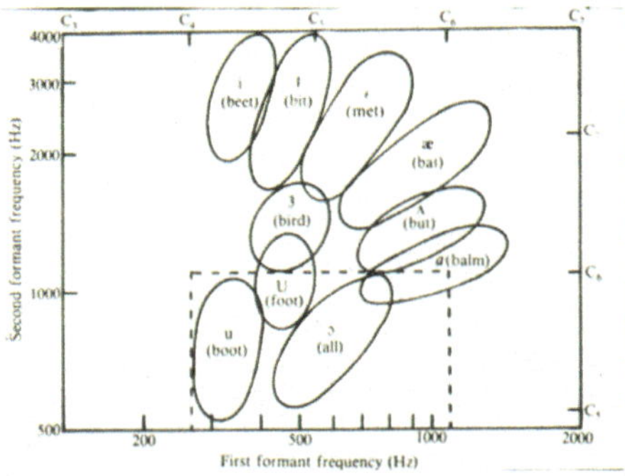

Target	F1 [Hz]		F2 [Hz]	
	male	female	male	female
/a/	803	887	1175	1358
/i/	217	238	2318	2980
/ɯ/	284	468	1549	1787
/u/	268	356	876	1065
/e/	482	592	2064	2518
/ɛ/	484	663	2067	2517
/ɔ/	590	707	857	1138
/o/	373	444	666	743

서울에 사는 30대 남녀 평균 formant

그림 9.29: 모음의 formant

출처: https://www.physics.umd.edu/deptinfo/facilities/lecdem/services/avmats/slides/thumbs.php?title=H6, https://www.internationalphoneticassociation.org/icphs-proceedings/ICPhS2011/OnlineProceedings/RegularSession/Igeta/Igeta.pdf

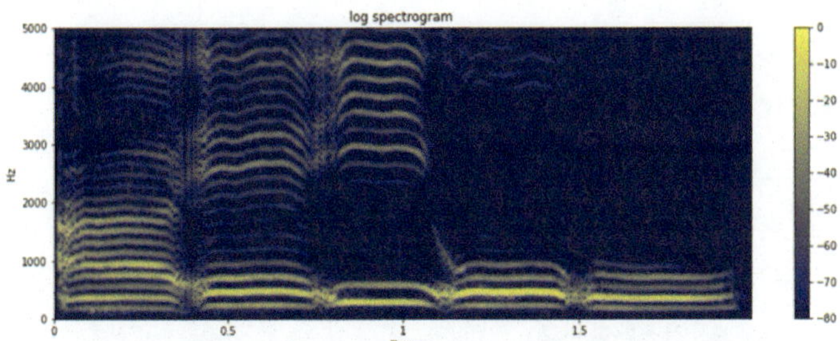

- 위: spectrogram plot에서 F1, F2을 구분하는 것은 어렵다.
- 아래: Praat으로 formant 분석을 할 수 있다.

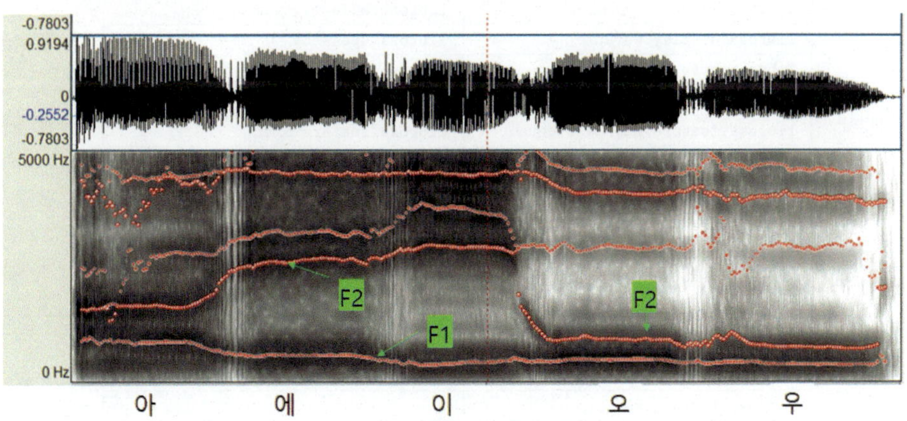

그림 9.30: 한국어 음성(아에이오우)에 대한 formant 분석 결과

9.2 Audio Feature & Librosa API

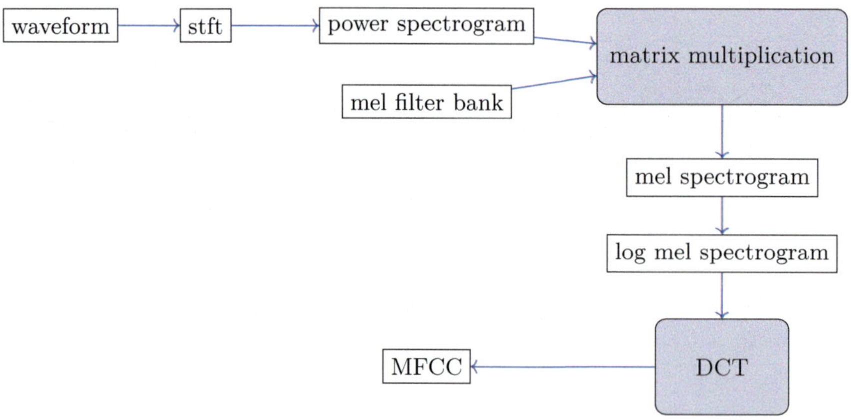

구분	librosa	Tacotron
sampling rate	22,050	24,000
n_fft	2,048	2,048
win_length	n_fft = 2,048	1,200
hop_length	(win_length)×0.25 = 512	300

표 9.2: lirosa default 값과 Tacotron 모델에서 사용한 값 비교

`librosa.load`	`librosa.effects.trim`
`librosa.display.waveplot`	`librosa.specshow`
`librosa.stft`	`librosa.display.power_to_db`
`librosa.amplitude_to_db`	`librosa.core.magphase`
`librosa.feature.melspectrogram`	`librosa.feature.mfcc`
`librosa.feature.delta`	`librosa.cqt`
`librosa.feature.chroma_stft`	`librosa.feature.chroma_cqt`
`librosa.feature.spectral_centroid`	`librosa.feature.spectral_bandwidth`
`librosa.feature.spectral_rolloff`	`librosa.effects.hpss`
`librosa.effects.harmonic`	`librosa.effects.percussive`
`librosa.beat.beat_track`	`librosa.beat.tempo`
`librosa.feature.rms`	`librosa.frames_to_time`
`librosa.onset.onset_detect`	`librosa.fft_frequencies`
`librosa.times_like`	

표 9.3: librosa 주요 API
`https://librosa.org/doc/latest/feature.html`

- `librosa.load()`: wav 파일을 Numpy Array로 읽어온다. $-1 \sim 1$ 사이 값. duration(sec)을 옵션으로 줄 수 있다. duration이 주어지면, min(duration, data-length) 만큼만 읽어온다.
  - `res_type`(resample type) 옵션에 따라 실행 속도가 달라진다. `'polyphase'`, `'kaiser_fast'`, `'kaiser_best'`(default) 순으로 빠르다[22]. 입력된 wav 파일의 sampling rate과 sr이 일치하면 resampling이 이루어지지 않기 때문에 처리 속도가 빠르다.
  - resampling 과정에서 artifact(인공적인 왜곡)가 발생할 수도 있다[23].
  - `librosa.resample()`을 이용해서 sampling rate을 변경할 수 있다.
  - `scipy.io.wavfile.read(filename)`: 파일이 가지고 있는 sampling rate대로 읽어 온다. return 값은 bit depth에 따라 float32 또는 int32이다[24].
- `librosa.effects.trim()`: 오디오의 앞, 뒤 침묵 구간을 잘라낸다.
- `librosa.display.waveshow(y,sr,alpha=0.5)`: `sample_rate`을 넣어줌으로써, x축이 시간축으로 보여진다. `alpha`로 선명도를 조절할 수 있다.

코드 9.11: **[librosa]** librosa.load()

```python
audio_filename = librosa.ex('choice') # A short drum and bass loop.
y, sr = librosa.load(audio_filename,sr=22050)

# (trimmed signal, the interval of y corresponding to the non-silent region)
y = librosa.effects.trim(y)[0]
y = librosa.util.normalize(y) # 입력되는 y값은 [-1,1]사이 값이어야 한다. default norm=inf
plt.figure(figsize=(15,4))
librosa.display.waveshow(y,sr=sr, alpha=0.4) # waveplot(하위버전) -> waveshow
```

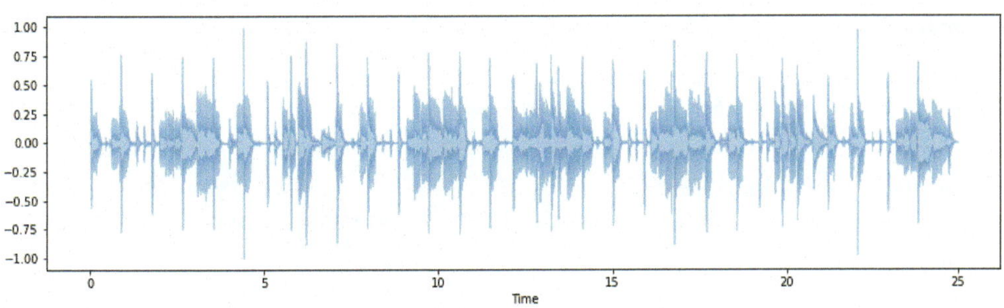

그림 9.31: librosa.display.waveshow()로 그린 waveform

22 librosa version 0.9에서는 `'kaiser_best'`가 default이지만, version 0.10에서는 `'soxr_hq'`가 default.

23 `https://pytorch.org/tutorials/beginner/audio_resampling_tutorial.html`

24 `https://docs.scipy.org/doc/scipy/reference/generated/scipy.io.wavfile.read.html`

- `librosa.stft()` $\Longrightarrow$ $(\lfloor \frac{\text{n\_fft}}{2} + 1 \rfloor$, # of frames)
  - `n_fft` $\geq$ `win_length` 이어야 한다. 보통 `n_fft`를 지정하고, `win_length` = `n_fft`를 사용한다.
  - 내부적으로 `np.fft.rfft()`를 사용한다.
  - frame의 크기는 `win_length`가 아니고, `n_fft` 크기로 만들어진다. 여기에 hann window를 곱한다. 당연히 hann window의 크기도 `n_fft`이지만, 가운데 `win_length` 만큼만 살아있기 때문에, 계산에 반영되는 부분은 `win_length` 크기 만큼이다[25].
- `librosa.display.specshow()`: 세로축(axis=0, 아래에서 위)은 주파수를 나타내고, 가로축(axis=1, 왼쪽에서 오른쪽)은 시간축이다.
  - x축: `sample_rate, hop_length`을 넣어주면 시간이 표시된다.
  - y축: `y_axis='log'`로 설정하면, log scale로 보여진다. y축 값은 0 ~ 8000 정도의 값으로, 입력되는 data에 상관없이 표시된다. `y_coords`를 넣어주면 y축 눈금이 맞게 표시된다. `librosa.fft_frequencies(sr=sr, n_fft=n_fft)`로 `y_coords`를 구할 수 있다.
- librosa 외 다른 package API:
  - `plt.specgram()`: signal(waveform) data를 넣으면, `librosa.display.specshow()`과 유사한 그림을 그려주고 stft 결과(spectrogram)를 return한다. `librosa.display.specshow()`은 spectrogram을 넣어야 한다.
  - `scipy.signal.spectrogram()`: spectrogram을 계산해 준다.

코드 9.12: plt.specgram, scipy.signal.spectrogram

```python
import scipy

y, sr = librosa.load('LJ001-0001.wav')
nfft = 2048; hop_length = 512; sr=22050 # sampling rate
plt.figure(figsize=(15,5))
plt.subplot(121)
noverlap = nfft - hop_length
spectrum, freqs, t, im = plt.specgram(y, NFFT=nfft, Fs=sr, Fc=0,noverlap=noverlap,
                sides='default', mode='magnitude', scale='dB') # NFFT=256(default)
plt.colorbar()
plt.ylabel('Frequency [Hz]')
plt.xlabel('Time [sec]')
plt.title('plt.specgram')

print(spectrum.shape,freqs.shape,t.shape) # (1025, 412) (1025,) (412,)

```

25 그림(9.13) 참고.

```
f, t, spec = scipy.signal.spectrogram(y, fs=sr, window='hann', nperseg=nfft,
                        noverlap=noverlap,mode='magnitude',return_onesided=True)
print(f.shape, t.shape,spec.shape) # (1025,) (412,) (1025, 412)
plt.subplot(122)
plt.pcolormesh(t, f, 20*np.log10(spec))
plt.colorbar()
plt.ylabel('Frequency [Hz]')
plt.xlabel('Time [sec]')
plt.title('scipy.signal.spectrogram')
plt.show()
```

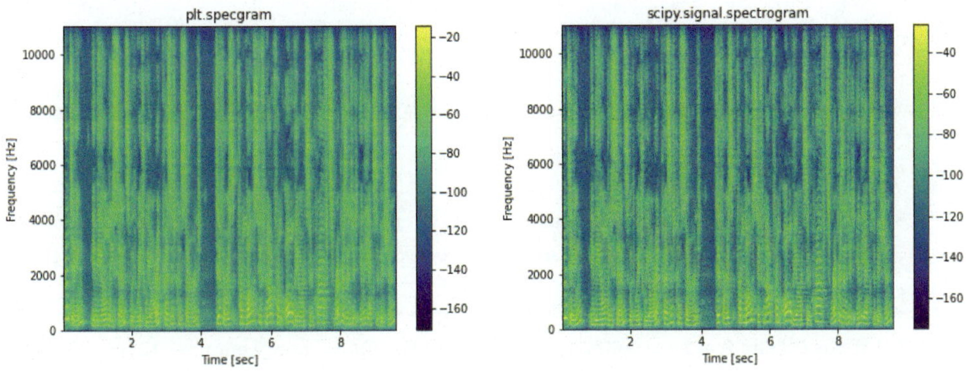

그림 9.32: plt.specgram(), scipy.signal.spectrogram()으로 구한 spectrogram
옵션 등의 차이로 결과가 수치적으로 완전히 일치하지 않는다.

9.2.1 Time-Domain Audio Features

Time-Domain Feature들은 전통적인 머신러닝 분야에서 많이 활용되었으나, 딥러닝이 활성화되면서 활용도가 낮아졌다.

- Amplitude Envelope: 각 frame의 최댓값을 모아 놓은 것.
- RMS(Root Mean Square Energy): 각 frame에서 제곱값의 평균에 root를 취한 값. 각각의 frame마다 계산된다. 간단한 계산이니, 직접 계산할 수도 있고 `librosa.feature.rms()`를 이용해도 된다.
- Zero Crossing Rate: 각 frame에서 시그널 값의 부호가 바뀌는 비율.
  - `librosa.zero_crossings()`: 시그널 값의 부호가 바뀌는 point를 잡아낸다. sample 길이 크기의 boolean 값이 return된다. 예를 들어, 그림 (9.33)에서처럼 [False False True False True False True True]를 return한다.

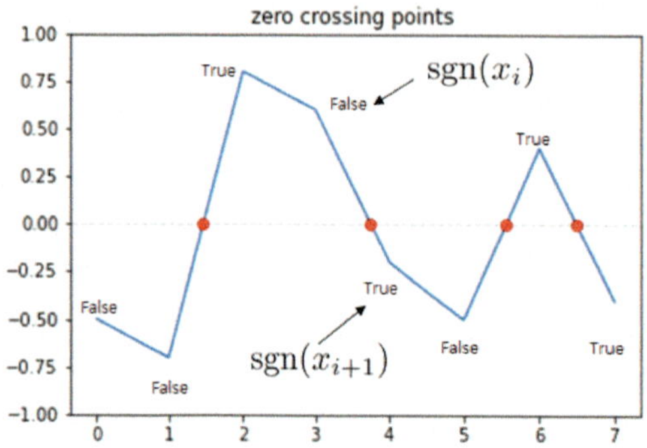

zero_pos=True인 경우:

$$\mathrm{sgn}(x) = \begin{cases} 1 & \text{if } x \geq 0 \\ -1 & \text{else: } x < 0 \end{cases}$$

zero_pos=False인 경우:

$$\mathrm{sgn}(x) = \begin{cases} 1 & \text{if } x > 0 \\ 0 & \text{if } x = 0 \\ -1 & \text{else: } x < 0 \end{cases}$$

그림 9.33: librosa.zero_crossings()
x_i, x_{i+1} 에서 sgn 함수 값이 바뀌면 True, 바뀌지 않으면 False. 실제 구현 코드는 padding을 비롯한 다른 옵션이 있어 좀 더 복잡하다.

- `librosa.feature.zero_crossing_rate(y, frame_length=2048, hop_length=512)`: 각 frame에서 zero crossing 비율을 계산한다. frame 개수 크기의 output이 return된다.

```
librosa.feature.rms(y=None, frame_length=2048, hop_length=512, ...)
librosa.zero_crossings(y, ...)
librosa.feature.zero_crossing_rate(y, frame_length=2048,
                                   hop_length=512, ...)
```

9.2.2 Frequency-Domain Audio Features

지금까지 STFT, Mel-Spectrogram, MFCC 같은 Frequency Feature를 살펴보았다. 전통적인 머신러닝 모델에서 사용하는 그 외의 Frequency Domain Feature를 살펴보자.

- librosa.feature.delta(mfcc, order=1, axis=-1): delta of mfcc(1차 미분), delta delta of mfcc(2차 미분)를 구할 때 사용한다. 미분값을 구하는 과정에서 사비츠키-골레이(Savitzky-Golay) 필터[26]가 사용된다. 사비츠키-골레이 필터는 데이터를 n차 다항식에 근사시켜서 smoothing 하는 필터이다.
- `librosa.cqt()`: Constant Q-Transform[27]은 Fourier Transform의 변형이고, Morlet wavelet transform과도 관련 있다. 음악을 분석하는 데 적합한 것으로 알려져 있다. 결론적으로는 mel-

26 `scipy.signal.savgol_filter()`. `https://en.wikipedia.org/wiki/Savitzky_filter`
27 `https://en.wikipedia.org/wiki/Constant-Q_transform`

spectrogram과 유사하다.

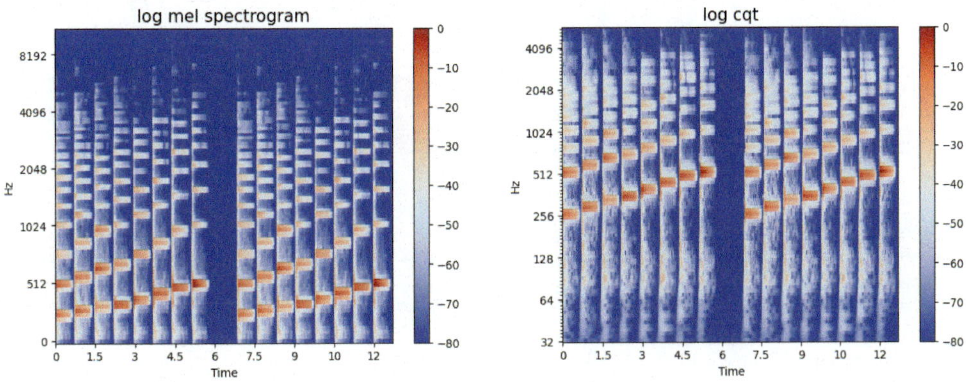

그림 9.34: log-mel-spectrogram(n_mels=90) vs. Constant Q-transform(n_bins=90)

- `librosa.feature.chroma_stft()`: Chromagram[28]은 power spectrogram을 octave에 상관없이 12(n_chroma)음정에 mapping(대응)시킨다.

- `librosa.feature.chroma_cqt()`: Constant-Q transform 결과를 octave에 상관없이 12(n_chroma)음정에 mapping시킨다.

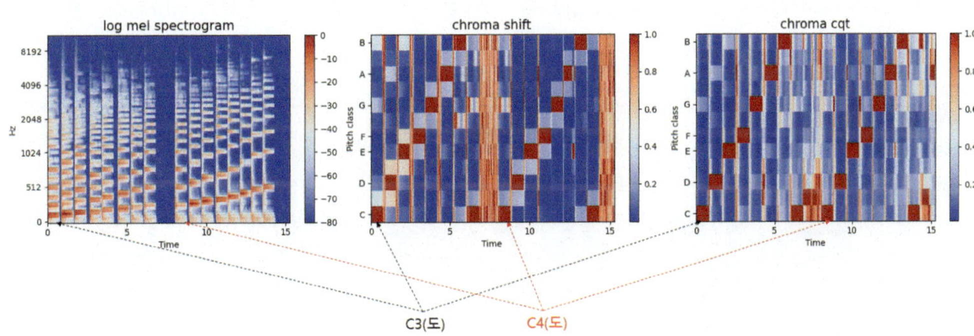

그림 9.35: Chromagram
scale(음계) $[C_3, D_3, E_3, F_3, G_3, A_3, B_3, C_4, \quad C_4, D_4, E_4, F_4, G_4, A_4, B_4, C_5]$(도레미파솔라시도, 도레미파솔라시도)를 chroma shift, chroma cqt로 변환한 결과이다. C_3, C_4가 모두 C로 변환되고 있음을 확인할 수 있다.

- `librosa.feature.spectral_centroid()`: STFT의 결과에 절댓값을 취한 magnitude spectrogram에서 각 frame별로 가중평균 주파수를 계산한다. 수식으로 표현해보자. i번째 frame의 (주파수) j번째 magnitude spectrogram을 $S(i, j)$라 하자. 그리고 j번째 주파수를 $f(j)$라

28 `https://en.wikipedia.org/wiki/Chroma_feature`

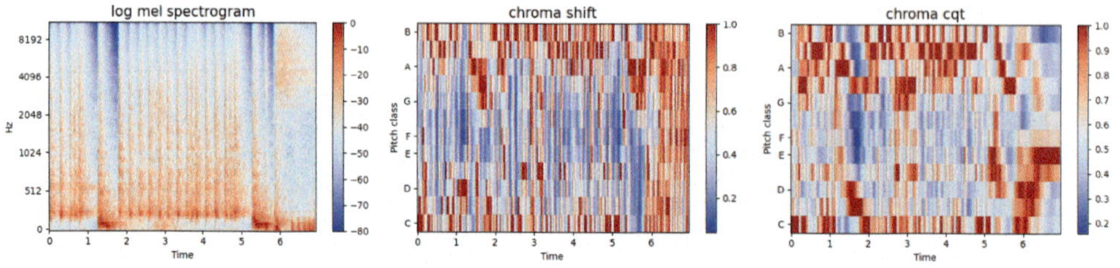

그림 9.36: 타악기 소리의 chromagram
드럼(타악기) 소리를 chromagram으로 변환한 경우. 멜로디(가락)를 표현할 수 없기 때문에 피아노 소리의 chromagram과 확연히 다르다.

하면, spectral centroid $C(i)$는 다음과 같이 정의된다.

$$C(i) = \frac{\sum_j S(i,j)f(j)}{\sum_j S(i,j)} = \sum_j \frac{S(i,j)}{A_i} f(j), \quad A_i = \sum_j S(i,j)$$

여기서 $\{f(j)\}$는 구간$[0, \frac{\text{sr}}{2}]$를 $\frac{\text{n\_fft}}{2}$ 등분하면 양끝점을 포함해서 $\frac{\text{n\_fft}}{2} + 1$ 개의 frequency가 구해진다. 다음과 같이 librosa API로 구할 수 있다.

`librosa.fft_frequencies()` $\longrightarrow \{f(j)\}$

spectral centroid는 소리의 brightness를 측정한다. brightness는 음색(timbre)를 파악하는데 사용한다. 계산식을 보면 주파수의 가중 평균값이다.

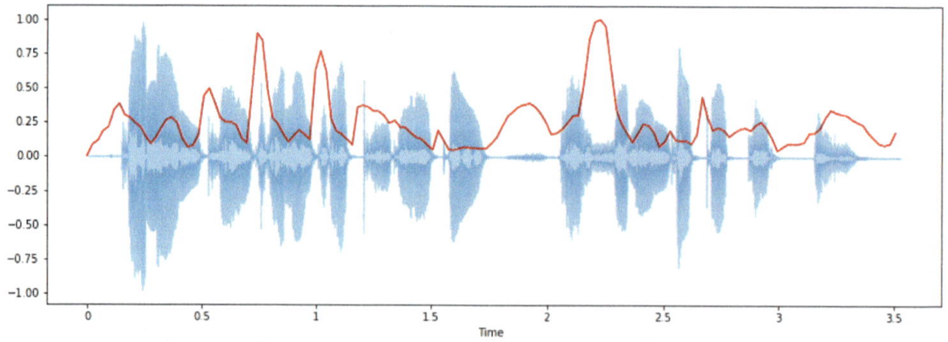

그림 9.37: spectral centroid를 nomalize하여, waveform과 같이 그린 그림

- `librosa.feature.spectral_bandwidth()`: 각 frame i에 대하여,

$$\left[\sum_j \frac{S(i,j)}{A_i} |f(j) - C(i)|^p\right]^{\frac{1}{p}}, \quad A_i = \sum_j S(i,j)$$

librosa API에서 default로 $p = 2$이고, `norm=False`로 설정하면 A_i로 나누어주는 부분은 빠질 수도 있다(default `norm=True`). 주파수의 분산으로 해석할 수 있다.

- `librosa.feature.spectral_rolloff`: 각 frame별로 magnitude spectrogram의 누적 합이 지정한 값 이상이 되는 주파수를 구해준다. 그림 (9.38) 에서 85%를 넘어서는 주파수를 구하고 있다.

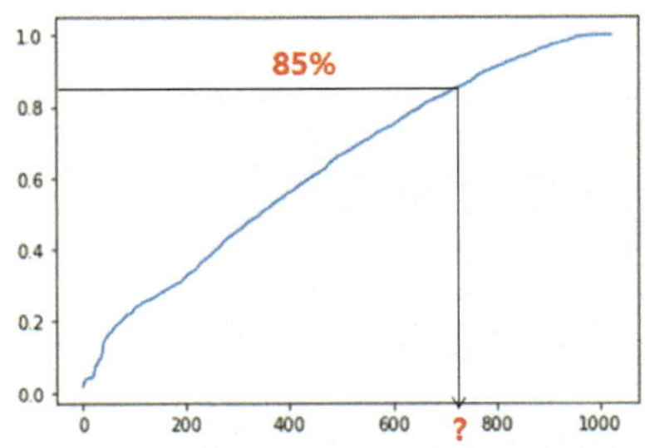

그림 9.38: spectral_rolloff() 예시
각각의 frame에 대하여 magnitude(not power) spectrogram의 누적합이 85%를 넘어가는 frequency 구한다. 이때 frequency의 x축 값은 spectral centroid에서의 $\{f(j)\}$이다.

코드 9.13: rolloff 주파수

```
y, sr = librosa.load(librosa.ex('trumpet'))
n_fft=2048; hop_length=512
rolloff = librosa.feature.spectral_rolloff(y=y, sr=sr, n_fft=n_fft,
                               hop_length=hop_length, roll_percent=0.85)[0]
stft = librosa.stft(y,n_fft=n_fft, hop_length=hop_length)
mag_spectrogram = librosa.magphase(stft,power=1)[0]
plt.figure(figsize=(7,5))
librosa.display.specshow(librosa.amplitude_to_db(mag_spectrogram, ref=np.max),
                         y_axis='log', x_axis='time', sr=sr,cmap='coolwarm')
t = librosa.times_like(rolloff,sr=sr, hop_length=512)
plt.plot(t, rolloff, label='Roll-off frequency (0.85)', c='r',linewidth=3)
```

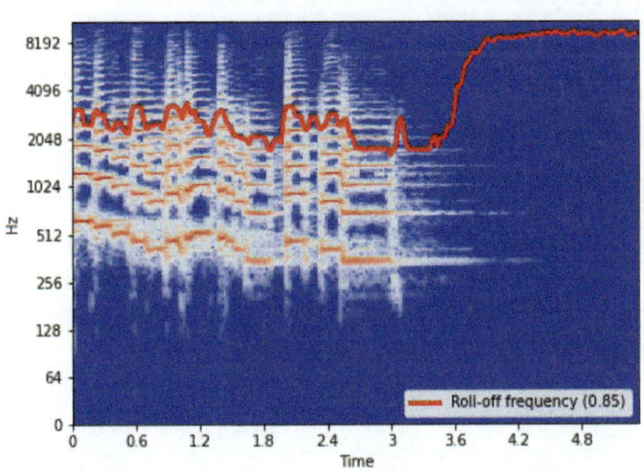

그림 9.39: spectrogram과 85% rolloff 주파수

- `librosa.effects.hpss()`: harmonic-percussive source separation. 악기 소리나 음악 장르 분류에 가장 중요한 feature이다.

```
librosa.effects.harmonic() + librosa.effects.percussive()
```

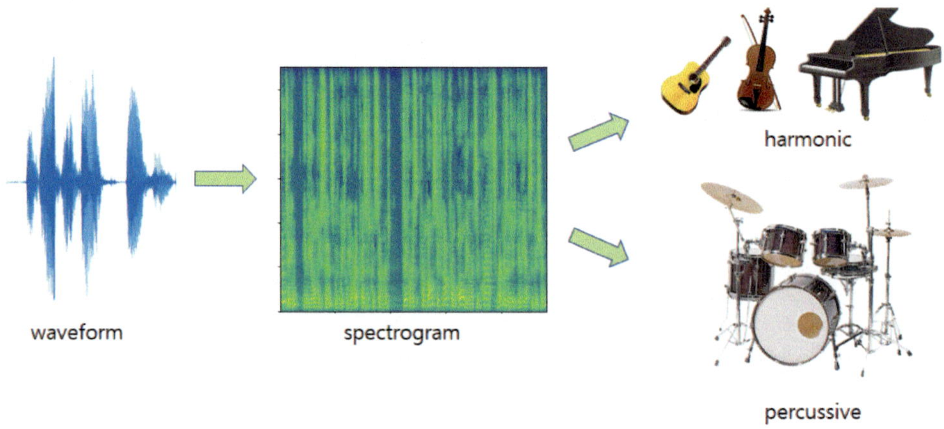

그림 9.40: harmonic percussive source separation

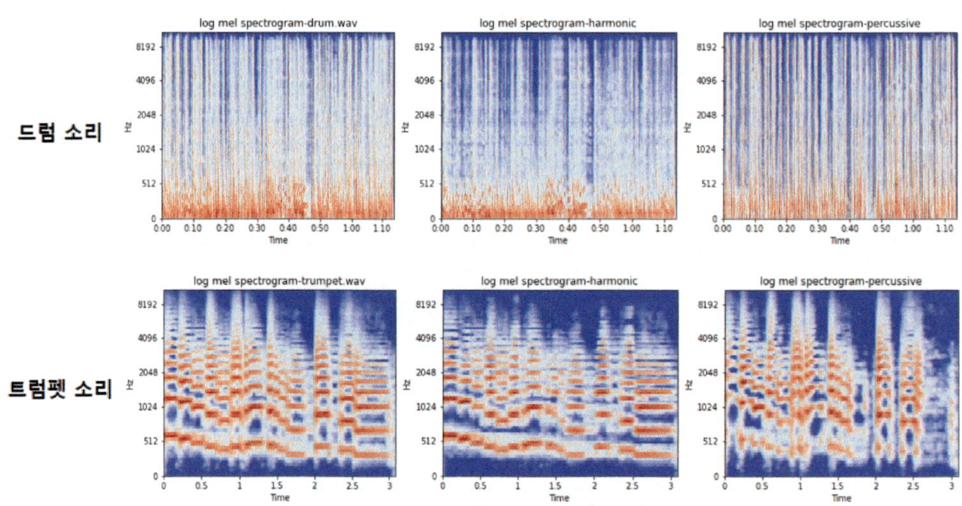

그림 9.41: 리듬 악기인 드럼 소리와 멜로디 악기인 트럼펫 소리를 hpss로 분리

- `librosa.beat.beat_track()`: `tempo`와 `beats`를 return한다. 비트(beat, 박)는 음악에서 시간적인 측면에서의 기본 단위이고 박이 모여서 박자가 된다. 박과 박 사이의 간격을 tempo로

측정한다. `beats`는 beat가 발생한 frame 위치이고, tempo값은 1분에 beat가 관측된 회수이다. `tempo`는 `librosa.beat.tempo()` API로 구할 수도 있다.

코드 9.14: beat & tempo

```
y, sr = librosa.load(librosa.ex('choice'), duration=10)

o_env = librosa.onset.onset_strength(y=y, sr=sr,aggregate=np.median) # (230,)
times = librosa.times_like(o_env, sr=sr)
# beat가 관측된 frame index
tempo, beat_frames = librosa.beat.beat_track(onset_envelope=o_env, sr=sr)
print(f'tempo: {tempo}, beat_frames shape: {beat_frames.shape}')
D = np.abs(librosa.stft(y))
fig, ax = plt.subplots(nrows=2, sharex=True, figsize=(10, 8))
librosa.display.specshow(librosa.amplitude_to_db(D, ref=np.max),x_axis='time',
                         y_axis='log', ax=ax[0])
ax[0].set(title='Power spectrogram')
ax[0].label_outer()
ax[1].plot(times, o_env, label='Onset strength')
ax[1].vlines(times[beat_frames], 0, o_env.max(), color='r', alpha=0.9,linestyle='--',
             label='Beats')
ax[1].legend()
```

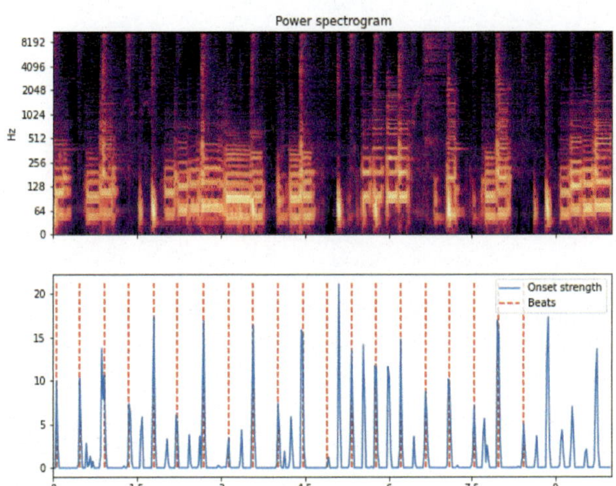

그림 9.42: 관측된 beat 예시

마지막으로 Numpy Array로 된 waveform을 파일로 저장하는 API에 대해서 알아보자. 현재[29] librosa의 파일 저장 API `librosa.output.write_wav('sound.wav', data, sr)`는 더 이상 제공되지 않는다. `soundfile.write()` API로 파일로 저장할 수 있다.

```
import soundfile
sr = 22050
data = ...

# Write out audio as 24bit PCM WAV
soundfile.write('stereo_file.wav', data, sr, subtype='PCM_24')

# Write out audio as 24bit Flac
soundfile.write('stereo_file.flac', data, sr, format='flac',
     subtype='PCM_24')

# Write out audio as 16bit OGG
soundfile.write('stereo_file.ogg', data, sr, format='ogg', subtype='vorbis')
```

29 2022년 11월 기준으로 librosa 0.9.2 버전이 최신 버전이다.

9.3 음악 장르 분류

GTZAN[30]은 음악 장르(Genre) 분류를 위한 데이터셋으로 소리의 MNIST(MNIST of sounds)로 불린다. Dataset은 다음과 같은 10개 장르에 약 30초짜리 오디오 파일이 100개씩 있다. 22,050Hz, 16비트, 모노 형식이다.

[blues, classical, country, disco, hiphop, jazz, metal, pop, reggae, rock]

- 30초 내외의 wav 파일이 10개 디렉토리로 나누어져 있다[31]. 27.38~30.64초의 길이를 가진다. 30초 이하 길이를 가지는 파일은 모두 10개가 있다.
- mel spectrogram이 이미지 형태(432,288,4)로 저장되어 있다. RGB 채널 외에 alpha 채널이 더해져 있다. 마지막 alpha 채널에는 모두 255가 들어 있다[32].
- `features_30_sec.csv`: 각각의 wav 파일에 대한 feature들. 1,000개의 데이터로 구성되어 있다.
- `features_3_sec.csv`: 30초 길이의 각 파일을 10개로 나누어 3초 길이의 오디오에서 추출한 feature들. 9,990개의 데이터로 구성되어 있다.
- 표(9.4)에서 보여주는 것과 같이, 모두 60개 feature로 되어 있다.

filename	rolloff_mean	mfcc1_mean
length	rolloff_var	mfcc1_var
chroma_stft_mean	zero_crossing_rate_mean	mfcc2_mean
chroma_stft_var	zero_crossing_rate_var	mfcc2_var
rms_mean	harmony_mean	⋮
rms_var	harmony_var	mfcc19_mean
spectral_centroid_mean	perceptr_mean	mfcc19_var
spectral_centroid_var	perceptr_var	mfcc20_mean
spectral_bandwidth_mean	tempo	mfcc20_var
spectral_bandwidth_var		label

표 9.4: features_3_sec.csv 파일에 있는 60개 feature들

30 `https://www.kaggle.com/andradaolteanu/gtzan-dataset-music-genre-classification`. 압축 파일의 크기가 약 1G정도 된다.

31 `jazz.00054.wav` 파일에는 손상이 있어, 정상적으로 열리지 않는다.

32 의미 없는 alpha 채널이 왜 포함되어 있는지는 알 수 없지만, 제거하면 된다.

코드 9.15: GTZAN 데이터 길이 확인

```
data_path = 'Data/genres_original'
all_filenames = glob.glob(os.path.join(data_path, '*/*.wav'))
print("# of files: ", len(all_filenames))

lengths = []
for i, f in enumerate(all_filenames):
    try:
        y, sr = librosa.load(f,sr=22050, mono=True)
    except:
        print(f'Error: {f}')
    lengths.append(len(y))

counter = collections.Counter(lengths)
counter = dict(sorted(counter.items(), key=lambda item: item[0])) # 길이순 정렬
print(counter)
```

Output:

```
# of files:  1000
{660000: 1, 661100: 1, 661344: 2, 661408: 5, 661500: 1, 661504: 295, 661676: 4, 661760: 4,
 661794: 640, 661980: 1, 662112: 1, 663080: 1, 663300: 2, 663520: 2, 663740: 1, 664180: 1,
 664400: 1, 665060: 1, 665280: 3, 665940: 1, 666160: 1, 666820: 2, 667480: 1, 667700: 1,
 667920: 3, 668140: 2, 668800: 1, 669240: 3, 669460: 1, 669680: 3, 670120: 1, 670340: 1,
 672100: 1, 672282: 1, 675808: 10}
```

- 데이터셋 설명과 달리 모두 정확히 30초 길이의 데이터가 아니다.

9.3.1 Dataset 만들기

이미 만들어져 있는 feature를 제공하는 `features_3_sec.csv` 파일을 로드하여 `tf.data.Dataset`을 만들어 보자.

코드 9.16: **[Tensorflow]** GTZAN, 훈련용 데이터 생성

```
import pandas as pd
from sklearn.preprocessing import LabelEncoder,MinMaxScaler
from sklearn.model_selection import train_test_split

def load_csv_data(csv_filename,start_col):
    data = pd.read_csv(csv_filename)
    X = data.values[:,start_col:-1].astype(np.float32) # 앞 부분과 제일 마지막 label 제외

    min_max_scaler = MinMaxScaler()
    X = min_max_scaler.fit_transform(X)

    le = LabelEncoder()
```

```
    Y = le.fit_transform(data['label']) # 0,..,9로 변환.
    mapping_table = le.classes_

    return X, Y,mapping_table

X,Y,mapping_table = load_csv_data('Data/features_3_sec.csv',start_col=2)
print(mapping_table)
x_train, x_val, y_train, y_val = train_test_split(X, Y,
        test_size=0.1,stratify=Y,random_state=123)
print(x_train.shape, y_train.shape, x_val.shape, y_val.shape)
# --> (8991, 57) (8991,) (999, 57) (999,)

np.random.seed(123); tf.random.set_seed(123)
train_dataset = tf.data.Dataset.from_tensor_slices((x_train,y_train))
                                .shuffle(buffer_size=5000).batch(32)
validation_dataset = tf.data.Dataset.from_tensor_slices((x_val,y_val)).batch(32)
```

- `pandas.read_csv()`로 csv 파일을 로드했다. 데이터의 첫 번째, 두 번째 값은 `filename`, `length`이므로 `start_col=2`로 설정하여 제외했다. 그리고 마지막 값은 label이므로 target label(`Y`)로 만들었다.

- sklearn의 `MinMaxScaler`로 normalization을 feature별로 적용했다. min-max normalization은 데이터 $X = \{X_i\}$에 대하여 다음의 식으로 적용된다.

$$X_i^{\text{scaled}} = \frac{X_i - \min(X)}{\max(X) - \min(X)}$$

- 문자열로 된 label을 정숫값으로 변환하기 위해 sklearn의 `LabelEncoder`를 이용했다.

```
['blues', 'classical', 'country', 'disco', 'hiphop', 'jazz', 'metal',
 'pop', 'reggae', 'rock']
⟹ [0,1,2,3,4,5,6,7,8,9]
```

- `train_test_split()`으로 데이터를 분할할 때, `stratify=Y`를 적용했다. label별로 분할하기 위해서는 random으로 분할하는 것보다 골고루 분할이 된다. 다음 조각 코드로 분할된 결과를 확인할 수 있다.

```
import collections
c = collections.Counter(y_val)
print(c)

'''
Counter({7: 100,
        0: 100,
        1: 100,
        6: 100,
        2: 99,
        8: 100,
        5: 100,
        9: 100,
        4: 100,
        3: 100})
'''
```

9.3.2 MLP Model - Tensorflow

코드 9.17에서 간단한 MLP 모델을 만들어 보자.

코드 9.17: [**Tensorflow**] GTZAN 음악 분류 MLP 모델 및 훈련

```
np.random.seed(123); tf.random.set_seed(123)

drop_rate = 0.25
n_class = len(mapping_table)
model = tf.keras.Sequential([
        tf.keras.layers.Dense(512, activation='relu'),
        tf.keras.layers.Dropout(drop_rate),
        tf.keras.layers.Dense(256, activation='relu'),
        tf.keras.layers.Dropout(drop_rate),
        tf.keras.layers.Dense(64, activation='relu'),
        tf.keras.layers.Dropout(drop_rate),
        tf.keras.layers.Dense(10, activation='softmax')
])

optimizer = tf.keras.optimizers.Adam(learning_rate=0.001)
model.compile(optimizer=optimizer, loss='sparse_categorical_crossentropy',
              metrics=['accuracy'])

history = model.fit(train_dataset, epochs=300,verbose=1,
                    validation_data=validation_dataset,validation_freq=1)
```

- 모델은 단순하게 MLP 형태로 만들었다. FC Layer와 Dropout 만으로 구성되었다. Dropout 은 overfitting 방지를 위해 중요하다.

다음은 모델의 훈련 결과 확인을 위한 코드이다.

코드 9.18: [**Tensorflow**] 훈련 결과 확인을 위한 코드

```
import seaborn as sns
from sklearn.metrics import confusion_matrix, accuracy_score

def plot_history(history,title=None,save_name=None):
    fig, axs = plt.subplots(1,2,figsize=(12, 5))

    axs[0].plot(history.history["accuracy"], label="train accuracy")
    axs[0].plot(history.history["val_accuracy"], label="val accuracy")
    axs[0].set_ylim([0,1])
    axs[0].set_ylabel("Accuracy")
    axs[0].set_xlabel("Epoch")
    axs[0].legend(loc="lower right")
    axs[0].set_title("Accuracy",fontsize=15)

    axs[1].plot(history.history["loss"], label="train loss")
    axs[1].plot(history.history["val_loss"], label="val loss")
    axs[1].set_ylim([0,2])
    axs[1].set_ylabel("Loss")
    axs[1].set_xlabel("Epoch")
    axs[1].legend(loc="upper right")
    axs[1].set_title("Loss",fontsize=15)
    if title:
        plt.suptitle(title,fontsize=20)

    plt.tight_layout()
    if save_name:
        plt.savefig(save_name)
    plt.show()

def plot_confusion_matrix(true_label,pred,label_names,model_name,save_fig):
    confusion_mtx = confusion_matrix(true_label, pred)
    ticklabels = label_names
    plt.figure(figsize=(8, 6))
    sns.set(font_scale=1.0)
    sns.heatmap(confusion_mtx,
                xticklabels=ticklabels,
                yticklabels=ticklabels,
                annot=True, fmt='g')
    plt.xlabel('Prediction')
    plt.ylabel('Label')
    plt.title(model_name,fontsize=15)
    plt.tight_layout()
    plt.savefig(save_fig)
    plt.show()

sns.set_theme() # plot 스타일을 seaborn 스타일로 변경
```

```
plot_history(history)

mlp_pred = tf.argmax(model.predict(x_val),axis=-1)
mlp_acc = round(accuracy_score(y_val, mlp_pred), 5)
print(f'MLP Test Accuracy: {mlp_acc}')
plot_confusion_matrix(y_test,mlp_pred,mapping_table,
                      f'MLP({mlp_acc:.2\%})','music_genre_mlp_confusion.png')
```

- 정확도 (accuracy) 계산을 위해, sklearn의 `accuracy_score()`를 사용했다.
- Confusion Matrix는 코드 5.4에서 이미 사용한 적이 있는 sklearn의 `confusion_matrix()`를 사용했다.
- 결과는 그림 (9.43)과 그림 (9.44)에서 확인할 수 있다. validation accuracy가 92.39% 정도로 나왔다.

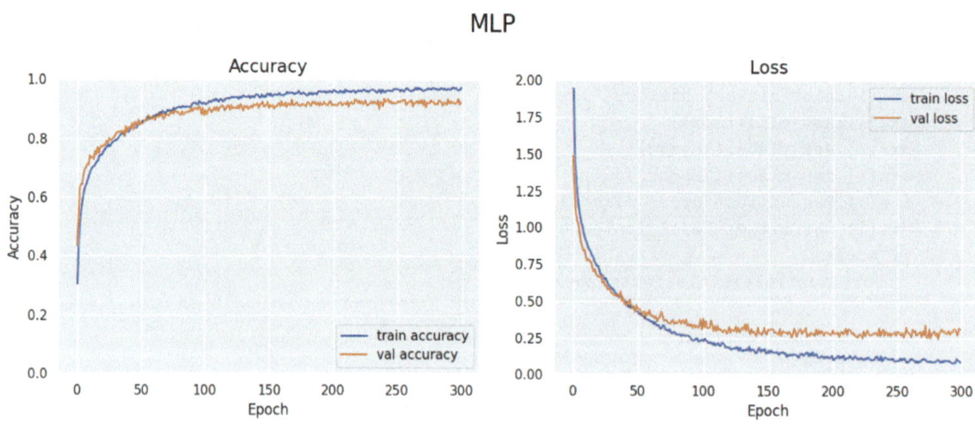

그림 9.43: 음악 장르 분류 MLP Model 훈련 loss와 accuracy를 보여주고 있다.

9.3.3 XGBoost

XGBoost는 정형 데이터 (Structured Data)[33]에 적용한 경우에 좋은 성능을 보인다. 특히 Kaggle에서 우승한 모델 중에 XGBoost로 만들어진 것들이 많다.

33 표준화된 형식을 가지고 있으며, 주로 데이터베이스에 저장된다. 행과 열을 가지는 표형식으로 표현되며 tabular data라고도 한다. 이와 대비되는 비정형 데이터에는 이미지, 텍스트, 오디오 등이 포함된다.

XGBoost는 결정 트리(Decision Tree)와 Ensemble(앙상블)[34] 기법을 결합한 방법이다. XG-Boost로 음악 장르 분류를 해보자. 라이브러리를 이용하면 구현은 간단하다.

코드 9.19: XGBoost 음악 장르 분류 모델

```
from xgboost import XGBClassifier

xgb = XGBClassifier(n_estimators=1000, learning_rate=0.1, random_state=123)
xgb.fit(x_train, y_train)

xgb_pred = xgb.predict(x_val)
xgb_acc = round(accuracy_score(y_val, xgb_pred), 5) # xgb.score(x_val,y_val)
print(f'XGBoost Val Accuracy: {xgb_acc}')
plot_confusion_matrix(y_val,xgb_pred,mapping_table,
                      f'XGBoost({xgb_acc:.2%})','music_genre_xgb_confusion.png')
```

- `xgboost` 라이브러리에 있는 `XGBClassifier`를 사용했다. learning rate에 따라 훈련 결과가 달라진다.
- 그림(9.44)에서 확인할 수 있듯이 validation accuracy가 92.29% 정도로 나왔다.

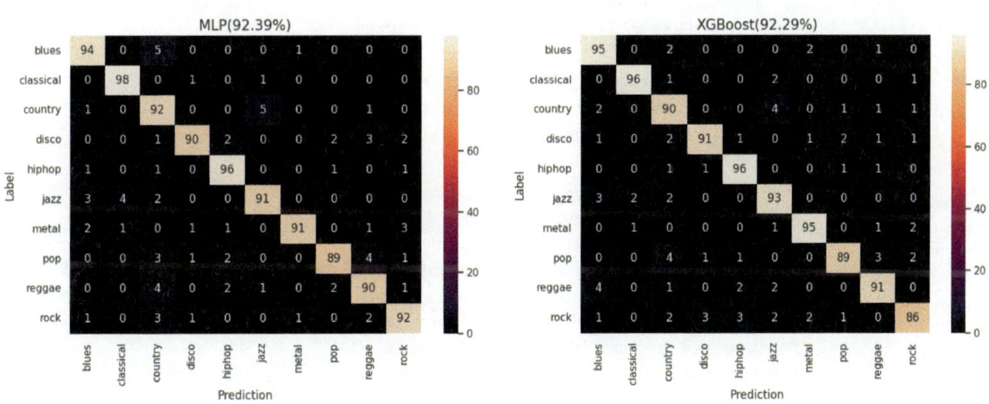

그림 9.44: 음악 장르 분류 모델의 Confusion Matrix

34 앙상블에는 배깅(Bagging, Bootstrap Aggregating)과 부스팅(Boosting)이 있다. 부스팅에는 AdaBoost, Gradient Boosting 등이 있다.

9.3.4 Mel-Spectrogram, MFCC 데이터 생성

앞에서는 미리 만들어서 제공되고 있는 오디오 feature를 활용하는 MLP 모델을 구현했었다. 이번에는 wav 파일로부터 spectrogram, mel-spectrogram, mfcc를 추출하여 데이터셋을 만들어 보자.

코드 9.20: 오디오 feature 추출

```
from sklearn.preprocessing import LabelEncoder
import pickle

def make_audio_features(all_filenames,num_segment, feature='sepctrogram'):
    # feature: 'spectrogram', 'mel-spectrogram', 'mfcc'
    labels = []
    feature_all = []
    sr = 22050
    seg_length = 30*sr//num_segment
    for i, f in enumerate(all_filenames):
        base_name = os.path.basename(f)
        label = base_name.split('.')[0] # hiphop.00003.wav --> hiphop

        y, _ = librosa.load(f, mono=True, duration=30)
        if len(y) != sr*30:
            y = np.pad(y,(0,sr*30-len(y)))
        for k in range(num_segment):
            y_segment = y[k*seg_length:(k+1)*seg_length]

            stft = librosa.stft(y=y_segment,n_fft=2048)
            mag_spectrogram = librosa.magphase(stft,power=2)[0]
            log_spectrogram = librosa.power_to_db(mag_spectrogram,ref=np.max)

            if feature == 'spectrogram':
                feature_all.append(log_spectrogram.T)
            elif feature == 'mel-spectrogram':
                mel_spectrogram = librosa.feature.melspectrogram(S=mag_spectrogram,
                        sr=sr,n_mels=80)
                log_mel_spectrogram = librosa.power_to_db(mel_spectrogram,ref=np.max)
                feature_all.append(log_mel_spectrogram.T)
            elif feature == 'mfcc':
                mfcc = librosa.feature.mfcc(y=y_segment, sr=sr,n_mfcc=40)
                feature_all.append(mfcc.T)
            labels.append(label)
        if i%100==0:
            print(f'{i}/{len(all_filenames)} done')
    le = LabelEncoder()
    labels = le.fit_transform(labels)
    label_names = le.classes_
    return {'features': np.array(feature_all), 'labels': np.array(labels),
        'label-names': label_names}

#feature = 'spectrogram'; pickle_name = 'music_sepctrogram.pickle'
feature = 'mel-spectrogram'; pickle_name = 'music_mel_spectrogram.pickle'
#feature = 'mfcc'; pickle_name = 'music_mfcc.pickle'

```

```
if feature == 'mfcc':
    data = make_audio_features(all_filenames,num_segment=10, feature = 'mfcc')
    # --> mfcc: 7분, 203M
elif feature == 'spectrogram':
    data = make_audio_features(all_filenames,num_segment=10, feature = 'spectrogram')
    # --> n_fft=2048, 5G
elif feature == 'mel-spectrogram':
    data = make_audio_features(all_filenames,num_segment=10,
                              feature = 'mel-spectrogram') # --> 6분, 406M

with open(pickle_name, 'wb') as f:
    pickle.dump(data, f)

print(f'completed: {feature}')
```

- pickle 파일로 저장하여 필요할 때, 불러와서 사용할 수 있도록 했다.
- spectrogram의 경우 `n_fft=2048`이면 pickle 파일 크기가 약 5G 정도 된다[35]. 이렇게 생성되는 데이터 파일의 크기가 너무 큰 경우에는 Tensorflow, Pytorch의 데이터 공급 단계에서 반복적으로 메모리에 로드하는 방식을 사용해야 한다[36].
- `num_segment=10`이면, 30초 길이의 audio가 10개로 나누어져 각각 3초 길이의 데이터가 된다. 모두 10,000개의 데이터가 만들어진다.
- 데이터의 shape이 (n_frames,feature_dim) 형식이 되도록 transpose하여 저장했다.
- 코드 9.16에서와 같이 `LabelEncoder`를 이용해서 label을 정숫값으로 변환했다.

코드 9.21: **[Tensorflow]** pickle 파일을 로드하여 Dataset 생성

```
pickle_filename = 'music_mel_spectrogram.pickle' # 'music_mel_spectrogram.pickle', 'music_mfcc.pickle'
with open(pickle_filename,'rb') as f:
    data=pickle.load(f)

if pickle_filename == 'music_mfcc.pickle':
    input_shape = (None,130,40,1)
elif pickle_filename == 'music_mel_spectrogram.pickle':
    input_shape = (None,130,80,1)

x_train, x_val, y_train, y_val = train_test_split(data['features'][...,None], data['labels'], test_size=0.1,stratify=data['labels'],random_state=123)
print(x_train.shape, y_train.shape, x_val.shape, y_val.shape)
# --> (9000, 130, 80, 1) (9000,) (1000, 130, 80, 1) (1000,)
```

35 Google Colab에서는 메모리 부족으로 생성되지 않는다.

36 페이지 212, 코드 9.39 참고.

```
np.random.seed(123); tf.random.set_seed(123)
train_dataset = tf.data.Dataset.from_tensor_slices((x_train,y_train))
                       .shuffle(buffer_size=300).batch(128)
validation_dataset = tf.data.Dataset.from_tensor_slices((x_val,y_val)).batch(128)
```

9.3.5 CNN 모델

spectrogram, mel-spectrogram, mfcc는 2차원 형태의 데이터이다. 코드 9.20에서 생성한 mel-spectrogram, mfcc는 각각 $(N, 130, 80)$, $(N, 130, 40)$ 의 shape을 가진다[37]. 이미지 형태로 만들기 위해 channel 차원을 추가해 주면 $(N, 130, 80, 1)$, $(N, 130, 40, 1)$ 이 된다[38].

코드 7.5를 수정하여 간단한 CNN 모델을 만들어 보자.

코드 9.22: [**Tensorflow**] 음악 분류를 위한 CNN 모델

```
class SimpleCNN(tf.keras.Model):
    def __init__(self, n_class, flatten=False):
        super(SimpleCNN, self).__init__()
        self.drop_rate = 0.3

        self.L1 = tf.keras.models.Sequential()
        self.L1.add(tf.keras.layers.Conv2D(32, kernel_size=3,
            padding='same',activation='relu')) # (28,28,32)
        self.L1.add(tf.keras.layers.MaxPool2D(pool_size=2, strides=2)) # (14,14,32)
        self.L1.add(tf.keras.layers.Dropout(self.drop_rate))

        self.L2 = tf.keras.models.Sequential()
        self.L2.add(tf.keras.layers.Conv2D(64, kernel_size=3,
            padding='same',activation='relu')) #(14,14,64)
        self.L2.add(tf.keras.layers.MaxPool2D(pool_size=2, strides=2)) # (7,7,64)
        self.L2.add(tf.keras.layers.Dropout(self.drop_rate))

        self.L3 = tf.keras.models.Sequential()
        self.L3.add(tf.keras.layers.Conv2D(128, kernel_size=3,
            padding='same',activation='relu')) # (7,7,128)
        self.L3.add(tf.keras.layers.MaxPool2D(pool_size=2, strides=2,padding='same'))
            # (4,4,128)
        self.L3.add(tf.keras.layers.Dropout(self.drop_rate))

        self.L4 = tf.keras.models.Sequential()
        if flatten:
            self.L4.add( tf.keras.layers.Flatten())
        else:
            self.L4.add(tf.keras.layers.GlobalAveragePooling2D()) #
                tf.keras.layers.Flatten()
```

37 `n_mels`=80, `n_mfcc`=40.

38 Pytorch에서는 channel first 방식이기 때문에 $(N, 1, 130, 80)$, $(N, 1, 130, 40)$ 으로 만들어 주어야 한다. 참고로, 페이지 278에서는 1D Convolution을 적용하는 방식으로 처리했다.

```
        self.L4.add(tf.keras.layers.Dense(512,activation='relu'))
        self.L4.add(tf.keras.layers.Dropout(self.drop_rate))

        self.L5 = tf.keras.layers.Dense(n_class,activation=None)

    def call(self, x, training=None):
        # x: (N,28,28,1)
        out = self.L1(x,training)
        out = self.L2(out,training)
        out = self.L3(out,training)
        out = self.L4(out,training)
        out = self.L5(out)
        return out
```

- flatten=True/False에 따라 모델 크기 차이가 많이 난다. tf.keras.layers.Flatten()을 사용하면, 그다음의 FC Layer의 trainable parameter가 모두 10,486,272가 되어, 전체 모델 파라메터(10,584,074)의 대부분을 차지한다.
- tf.keras.layers.GlobalAveragePooling2D()를 사용하면, 66,048개밖에 되지 않는다.

코드 9.23의 모델의 훈련 코드는 간단하다.

코드 9.23: **[Tensorflow]** CNN 모델 훈련

```
n_class = 10
model_cnn_small = SimpleCNN(n_class, flatten=False)
optimizer = tf.keras.optimizers.Adam(learning_rate=0.001)
loss_fn = tf.keras.losses.SparseCategoricalCrossentropy(from_logits=True)
model_cnn_small.compile(optimizer=optimizer, loss=loss_fn, metrics=['accuracy'])
history_cnn_small = model_cnn_small.fit(train_dataset, epochs=50,verbose=1,
                    validation_data=validation_dataset,validation_freq=1)

plot_history(history_cnn_small,'SimpleCNN(Mel-Spectrogram)-small',
                           'simplecnn-mel-spectrogram-small.png')
```

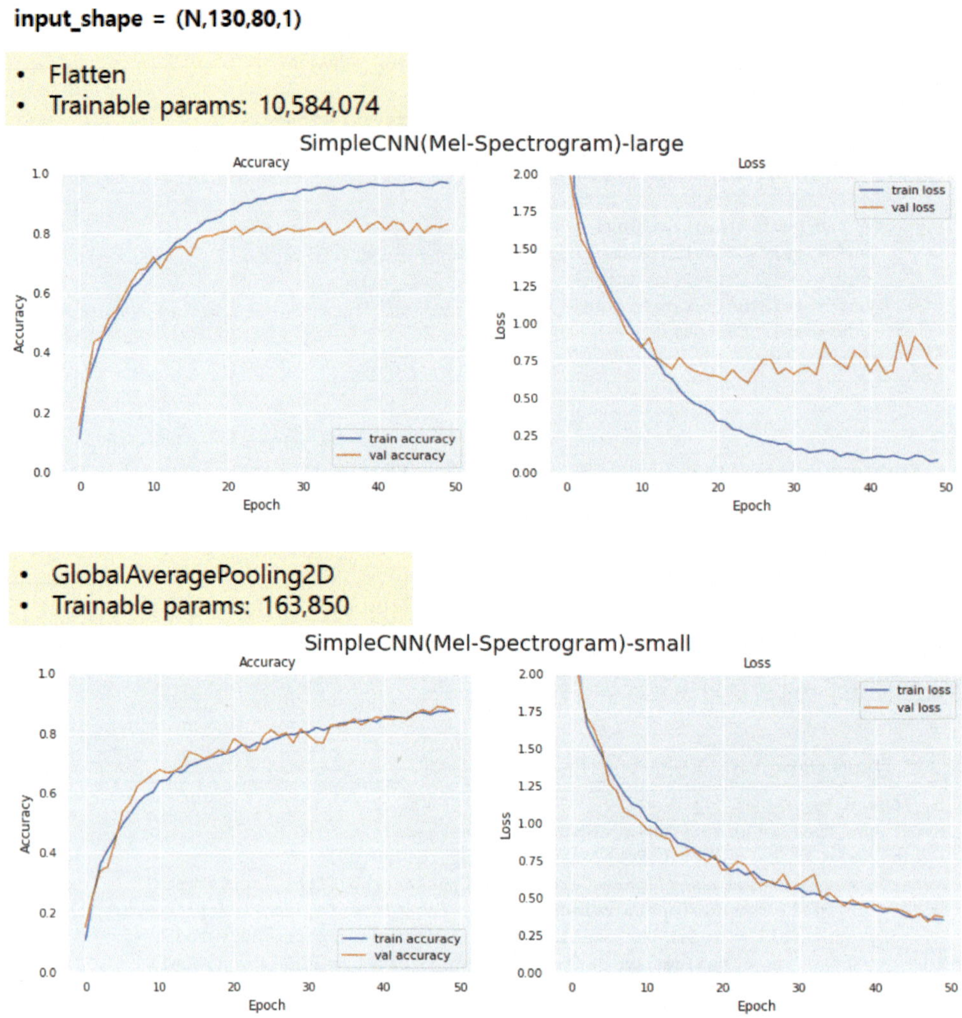

그림 9.45: CNN 모델 비교
mel-spectrogram의 input_shape $= (N, 130, 80, 1)$이다. 큰 모델은 작은 모델보다 65배 크다. 훈련 결과는 작은 모델이 더 우수하다. 작은 모델에서는 overfitting이 거의 없다. 50 epoch의 최대 validation accuracy가 84%, 89% 정도로 나온다.

9.3.6 Audio Feature 생성

mel-spectrogram을 이용한 CNN 모델과 제공된 audio feature[39]를 이용한 MLP 모델의 validation accuracy는 각각 89%, 92.39%로 나왔다. audio feature를 이용한 모델의 성능이 좀 더 우수하다. accuracy를 좀 더 올리기 위해 제공된 feature를 직접 다시 만들어서 모델을 훈련해 보자.

39 `features_3_sec.csv`

코드 9.24: audio feature 생성

```
def make_audio_features_advanced(DATASET_PATH, output_filename, num_segments):
    header = 'filename chroma_stft_mean chroma_stft_var rmse_mean rmse_var'
    header += ' spectral_centroid_mean spectral_centroid_var'
    header += ' spectral_bandwidth_mean spectral_bandwidth_var rolloff_mean'
    header += ' rolloff_var zero_crossing_rate_mean zero_crossing_rate_var'
    header += ' harmony_mean harmony_var percussive_mean percussive_var tempo'

    n_mfcc=20

    for i in range(1, n_mfcc+1):
        header += f' mfcc{i}_mean mfcc{i}_var'
    header += ' label'
    header = header.split()
    file = open(output_filename, 'w', newline='')
    with file:
        writer = csv.writer(file)
        writer.writerow(header)
    genres = 'blues classical country disco hiphop jazz metal pop reggae rock'.split()
    sr = 22050
    s_time = time.time()
    with open(output_filename, 'a', newline='') as file:
        writer = csv.writer(file)
        seg_length = 30*sr//num_segments
        for g in genres:
            all_filename = sorted(glob.glob(os.path.join(DATASET_PATH,g,'*.wav')))
            for filename in all_filename:
                y, sr = librosa.load(filename, mono=True, duration=30)
                if len(y) != sr*30:
                    y = np.pad(y,(0,sr*30-len(y)))

                for d in range(num_segments):
                    # 1. filename + segment ---> blues.00000.0.wav
                    segment_filename = os.path.splitext(filename)
                    # --> ('blues.00000', '.wav')
                    segment_filename = segment_filename[0]+'.'+str(d)+segment_filename[1]

                    y_segment = y[d*seg_length:(d+1)*seg_length]

                    # 2. chroma_shift
                    chroma_stft = librosa.feature.chroma_stft(y=y_segment, sr=sr)

                    # 3. rmse
                    rms = librosa.feature.rms(y=y)

                    # 4. spectral_centroid
                    spec_cent = librosa.feature.spectral_centroid(y=y_segment, sr=sr)

                    # 5. spectral_bandwidth
                    spec_bw = librosa.feature.spectral_bandwidth(y=y_segment, sr=sr)

                    # 6. rolloff
                    rolloff = librosa.feature.spectral_rolloff(y=y_segment, sr=sr)

```

```
                    # 7. zero_crossing_rate
                    zcr = librosa.feature.zero_crossing_rate(y_segment)


                    #8,9 harmony,
                    harmonic,percussive = librosa.effects.hpss(y_segment)
                    tempo, _ = librosa.beat.beat_track(y=y, sr=sr)

                    # 8-27. mfcc개(20)
                    mfcc = librosa.feature.mfcc(y=y_segment, sr=sr,n_mfcc=20)

                    to_append = f'{segment_filename} {np.mean(chroma_stft)}'
                    to_append += f' {np.var(chroma_stft)} {np.mean(rms)} {np.var(rms)}'
                    to_append += f' {np.mean(spec_cent)} {np.var(spec_cent)}'
                    to_append += f' {np.mean(spec_bw)} {np.var(spec_bw)}'
                    to_append += f' {np.mean(rolloff)} {np.var(rolloff)} {np.mean(zcr)}'
                    to_append += f' {np.var(zcr)} {np.mean(harmonic)} {np.var(harmonic)}'
                    to_append += f' {np.mean(percussive)} {np.var(percussive)} {tempo}'

                    # 20개의 mfcc 계수에 대하여, 모든 frame에 대한 평균/분산을 계산한다.
                    for e in mfcc:
                        to_append += f' {np.mean(e)} {np.var(e)}'

                    to_append += f' {g}'

                    writer.writerow(to_append.split())
            print(f'{g} done ......{time.time() - s_time:.2f}sec')
    print(f'completed: {output_filename}')

DATASET_PATH = r'Data/genres_original'
output_filename = 'audio_features_3_sec.csv' # 300초 x 10개 = 50분 소요.
num_segments = 10

make_audio_features_advanced(DATASET_PATH,output_filename,num_segments)
```

- 새롭게 생성한 feature에는 features_3_sec.csv와 달리 length 항목이 포함되어 있지 않다.
- csv 파일 생성을 위해 csv 라이브러리를 사용했다.

코드 9.25: **[Tensorflow]** Audio Feature Dataset

```
X,Y,mapping_table = load_csv_data('audio_features_3_sec.csv',start_col=1)
print(mapping_table)
x_train, x_val, y_train, y_val = train_test_split(X, Y,
     test_size=0.1,stratify=Y,random_state=123)
print(x_train.shape, y_train.shape, x_val.shape, y_val.shape)

np.random.seed(123); tf.random.set_seed(123)
batch_size = 128
train_dataset = tf.data.Dataset.from_tensor_slices((x_train,y_train))
                                .shuffle(buffer_size=5000).batch(batch_size)
```

```
validation_dataset = tf.data.Dataset.from_tensor_slices((x_val,y_val))
                                     .batch(batch_size)
```

- 코드 9.16의 `load_csv_data()` 함수를 사용했다. `start_col=1`로 설정하여 `filename` 항목을 제외했다.

코드 9.17에서 만든 MLP 모델로 훈련하여 그림 (9.46) 에서 보여주는 결과를 얻었다. 그림 (9.43) 에 있는 결과보다 더 좋다는 것을 알 수 있다. validation accuracy가 94.5%이다.

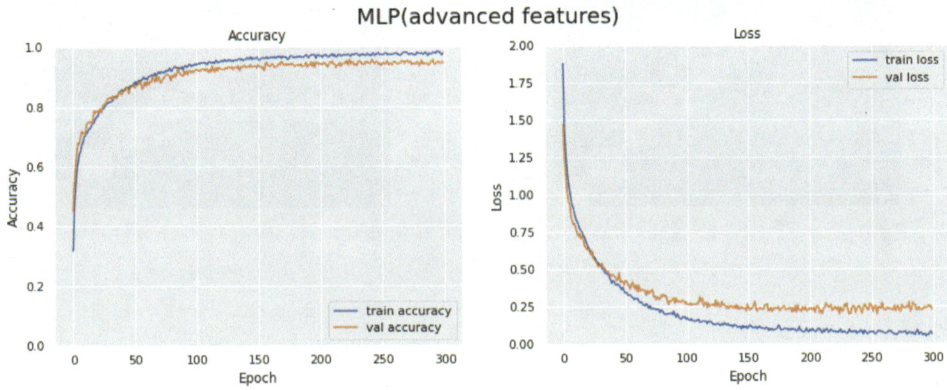

그림 9.46: 직접 생성한 feature들을 MLP 모델로 훈련한 loss와 accuracy

9.3.7 LightGBM

LightGBM(Light Gradient-Boosting Machine)은 XGBoost와 더불어 Kaggle에서 많이 사용되는 Boosting 알고리즘이다. XGBoost는 tree를 만들 때 level-wise 방식인 데 반해, LightGBM은 leaf-wise 방식을 사용한다. 더 자세한 설명을 이 책에서는 다루지 않는다.

lightgbm 라이브러리를 사용하면 구현이 간단하다.

코드 9.26: LightGBM 음악 장르 분류 모델

```
import lightgbm as lgb

lgb_classifier = lgb.LGBMClassifier(n_estimators=1000,
    learning_rate=0.05,random_state=123)
lgb_classifier.fit(x_train, y_train)

lgb_preds = lgb_classifier.predict(x_val)
lgb_acc = round(accuracy_score(y_val, lgb_preds), 5)
# lgb_acc = lgb_classifier.score(x_val,y_val)
```

```
print(f'LightGBM Val Accuracy: {lgb_acc}')
plot_confusion_matrix(y_val,lgb_preds,mapping_table,
                      f'LightGBM({lgb_acc:.2%})','music_genre_lgb_confusion.png')
```

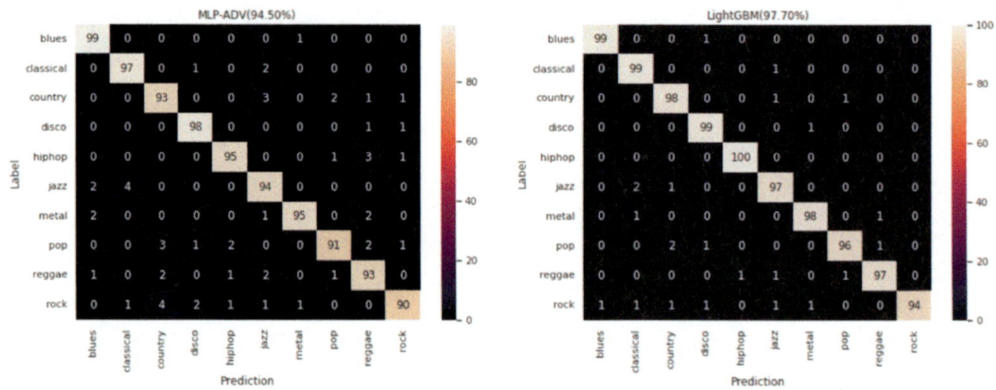

그림 9.47: MLP vs. LightGBM
직접 생성한 feature로 훈련한 모델의 validation 데이터에 대한 Confusion Matrix이다.

- `x_train`, `y_train`은 코드 9.25에서 생성한 것이다.
- lightgbm 라이브러리에 있는 `LGBMClassifier`를 사용했다. learning rate에 따라 훈련 결과가 달라진다.
- 그림 (9.47) 에서 확인할 수 있듯이 validation accuracy가 97.7% 정도로 나왔다.

9.3.8 음악 장르 분류 모델 정리

지금까지 다룬 음악 장르 분류 모델에서 얻은 교훈을 종합하면 다음과 같다.

- 주어진 데이터를 미리 살펴보는 것이 필요하다. 데이터셋의 설명대로 실제 데이터도 그렇게 되어 있는지 살펴보아야 한다. 오디오 데이터는 실제 들어보거나 waveform을 그려보는 방법 등으로 관찰해 보아야 한다. 다양한 방법으로 데이터셋을 살펴보는 것을 EDA(Exploratory Data Analysis, 탐색적 데이터 분석)라고 한다.
- 주어진 데이터의 규모에 맞게 모델의 크기도 결정되어야 한다. 큰 모델이라고 무조건 좋은 것은 아니다.

- 그림(9.48)은 Resnet 모델로 훈련했을 때, validation loss, accuracy가 진동(Oscillation)하는 현상을 보여주고 있다. 이런 현상의 원인은 Resnet이 가지고 있는 Batch Normalization 때문이다. 데이터의 규모가 작은 경우에 Batch Normalization에서 발생하는 부작용이다.
- 모델 구조 못지 않게 좋은 feature를 만드는 것이 중요하다. 오디오 데이터를 다룰 때 mel-spectrogram이나 mfcc만 사용할 것이 아니라, 다양한 feature를 생성하면 더 좋은 결과를 얻을 수 있다.

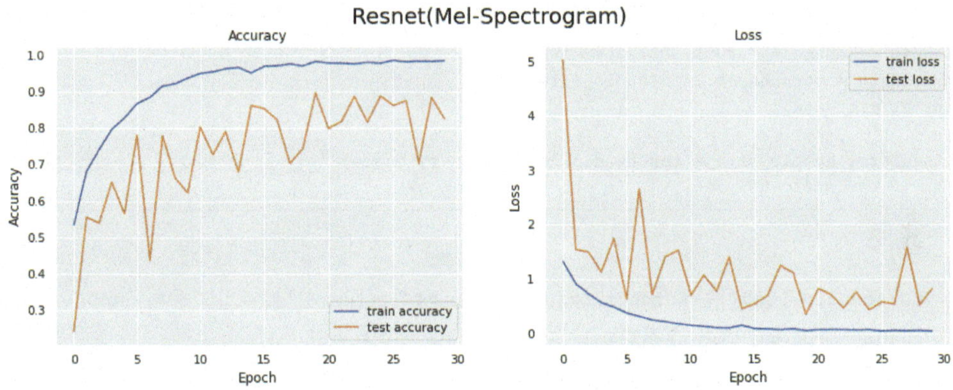

그림 9.48: Resnet Oscillation

9.4 Torchaudio

torchaudio[40]는 Pytorch에서 오디오 데이터를 다룰 수 있는 해주는 라이브러리 (library) 이다. Windows 환경에서는 일부 기능을 사용할 수 없다.

코드 9.1에서 sox로 확인한 오디오 파일 정보를 torchaudio.info() API로 확인할 수 있다.

코드 9.27: [**Torchaudio**] torchaudio info(), load()

```
import torchaudio
audio_filename = "LJ001-0001.wav" #"LJ001-0001.wav", "kss_1_0000.wav"
metadata = torchaudio.info(audio_filename)
print(metadata)

waveform, sample_rate = torchaudio.load(audio_filename)
# --> torch.float32, [-1,1], (n_channels, length)
```

- torchaudio.load()는 torch.float32로 된 tensor를 return한다. 파일 고유의 sampling rate, channel을 그대로 loading한다.
- 읽어온 waveform의 shape은 $(1, t)$ 또는 $(2, t)$ 이다.

9.4.1 Spectrogram & Mel Spectrogram

4.1절에서 이미지를 변환할 때 torchvision.transforms을 사용했었다. 오디오 feature 생성을 위해서 torchaudio.transforms을 사용할 수 있다. 대표적으로 Resample, Spectrogram, MFCC, MelSpectrogram 등이 있다.

코드 9.28: [**Torchaudio**] Resampling, Spectrogram, Mel Spectrogram

```
import torchaudio
import torchaudio.transforms as T
import torch

sr=22050; n_fft=2048; hop_length=512;
win_length = n_fft
n_mels = 90

audio_filename = "kss_1_0000.wav"
waveform, sample_rate = torchaudio.load(audio_filename) # (ch,length)
waveform_mono = torch.mean(waveform, dim=0)

# Define transforms
```

40 https://pytorch.org/audio/stable/index.html

```
# 1. resample --> sampling rate change
resample = T.Resample(orig_freq = sample_rate, new_freq= sr)

# 2. spectrogram
spectrogram = T.Spectrogram(
    n_fft=n_fft,
    win_length=win_length,
    hop_length=hop_length,
    center=True,
    pad_mode="reflect",
    power=2.0,
)

# 3. mel spectrogram
mel_spectrogram = T.MelSpectrogram(
    sample_rate=sr,
    n_fft=n_fft,
    win_length=win_length,
    hop_length=hop_length,
    center=True,
    pad_mode="reflect",
    power=2.0,
    norm="slaney",
    onesided=True,
    n_mels=n_mels,
    mel_scale="slaney",
)

y = resample(waveform_mono)
spec = spectrogram(y) # (n_fft/2+1, frame_length)
mel_spec = mel_spectrogram(y) #(n_mels,frame_length)

plt.figure(figsize=(15,5))

plt.subplot(121)
plt.imshow(librosa.power_to_db(spec), origin="lower", aspect="auto")
plt.colorbar()
plt.xlabel('frames')
plt.ylabel('frequency')
plt.title('log-spectrogram')

plt.subplot(122)
plt.imshow(librosa.power_to_db(mel_spec), origin="lower", aspect="auto")
plt.colorbar()
plt.xlabel('frames')
plt.ylabel('mel')
plt.title('log-mel-spectrogram')

plt.show()
```

- `spectrogram()`에 채널이 있는 2d tensor가 입력되면, 3d tensor가 return된다. 채널이 없는 1d tensor가 입력되면 2d tensor가 return된다.

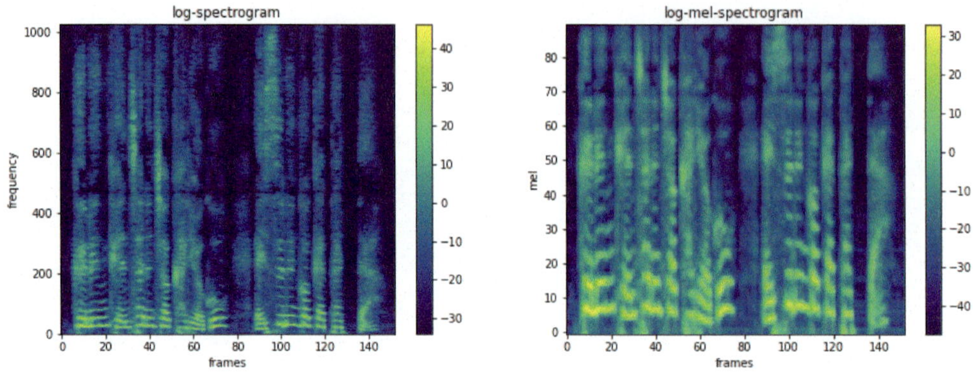

그림 9.49: torchaudio로 생성한 spectrogram, mel-spectrogram

- 배치 처리도 가능하다. (N,ch,t) 형태로 입력되면, (N,ch,frequency_bins,n_frames) 형태의 tensor가 return된다.

```
audio_filename = "kss_1_0000.wav"
waveform, sample_rate = torchaudio.load(audio_filename) # (2,length)
spectrogram(waveform) # (2, n_fft/2+1, frame_length)
```

9.4.2 torchaudio mel filter bank

다음은 torchaudio에서 제공하는 mel filter bank API이다.

```
torchaudio.functional.melscale_fbanks(n_freqs: int, f_min: float,
                f_max: float, n_mels: int, sample_rate: int,
                norm: Optional[str] = None, mel_scale: str = 'htk')

torchaudio.functional.linear_fbanks(n_freqs: int, f_min: float,
                f_max: float, n_filter: int, sample_rate: int)
```

코드 9.29: [**Torchaudio**] mel filter bank

```
import torchaudio.functional as F

sample_rate = 22050; nfilt = 20; n_fft = 2048

mel_filter = F.melscale_fbanks(
    n_freqs=int(n_fft // 2 + 1),
    n_mels=nfilt,
    f_min=0.0, f_max=sample_rate / 2.0,
    sample_rate=sample_rate, norm=None, # "slaney"
    mel_scale = 'slaney') # default = 'htk'

linear_filter = F.linear_fbanks(
    n_freqs=int(n_fft // 2 + 1),
    f_min=0.0, f_max=sample_rate / 2.0,
    n_filter=nfilt, sample_rate=sample_rate)

plt.figure(figsize=(10,8))
plt.subplot(2,1,1)
plt.plot(mel_filter.numpy())
plt.title('Mel Filter Bank(torchaudio)')
plt.subplot(2,1,2)
plt.plot(linear_filter.numpy())
plt.title('Linear Filter Bank(torchaudio)')

plt.tight_layout()
plt.savefig('torchaudio-filter-bank.png')
plt.show()
```

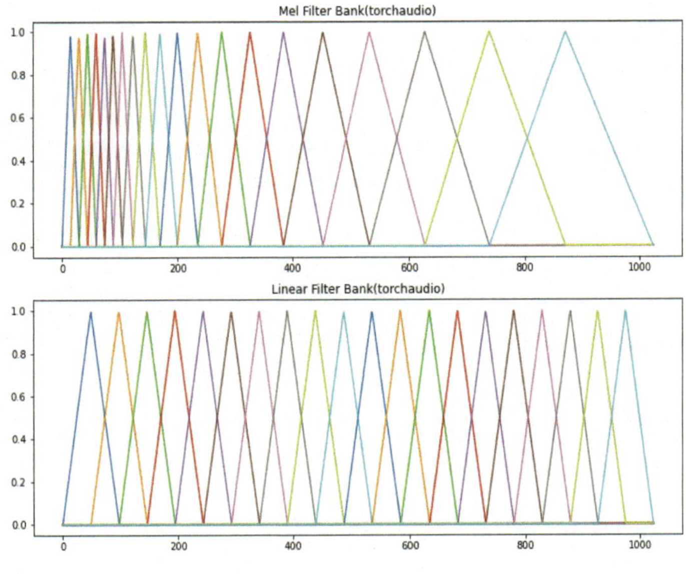

그림 9.50: torchaudio mel filter bank

9.4.3 Audio Data Augmentation

오디오 데이터에 변형를 줄 수 있는 가장 간단한 방법으로 다음과 같은 것들이 있다.

- noise를 직접 더해준다.
- time shift: 주어진 데이터를 오른쪽 또는 왼쪽으로 이동시키고 이동된 부분에 padding을 해준다.

이외에 좀 더 고수준의 augmentation을 위해 다음 API가 제공되고 있다.

```
torchaudio.sox_effects.apply_effects_tensor()
```

이 API로 sox에서 제공하는 다양한 오디오 조작 방법을 사용할 수 있다[41]. 몇 가지만 살펴보면 다음과 같은 방법이 있다.

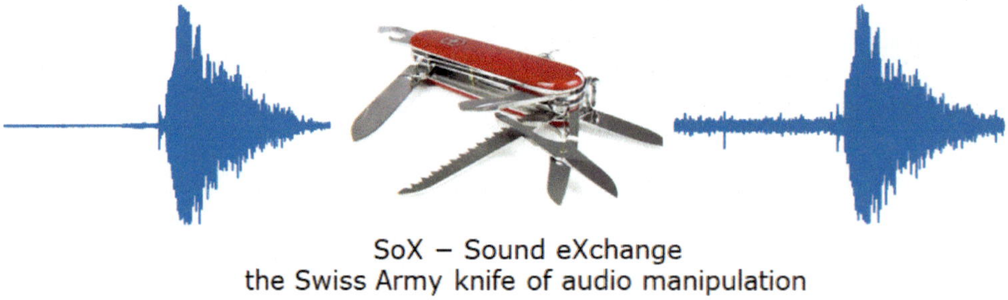

그림 9.51: SoX
sox로 오디오에 변형을 가하는 것을 스위스 군용칼을 사용하는 것에 비유하고 있다.

- lowpass/highpass: 주파수 필터를 적용할 수 있다.
- speed: 빠르게 또는 느리게 속도를 조절할 수 있다[42].
- trim/pad: 일부를 잘라내거나 silence를 더할 수 있다.
- rate: sampling rate을 조절할 수 있다.
- pitch: pitch shift를 할 수 있다.

41 https://sox.sourceforge.net/sox.html
42 참고: librosa.effects.time_stretch()

다음 코드에서 pitch shift를 적용해 보자. pitch를 많이 올림으로써 남성의 목소리가 여성의 목소리처럼 변형된다. 오디오 augmentation을 위해서는 $[-10, 10]$ 정도의 pitch 변화를 주는 것이 좋다.

코드 9.30: [**Torchaudio**] pitch shift

```
waveform1, sample_rate1 = torchaudio.load('go.wav')
plt.figure(figsize=(15,4))
plt.subplot(1,2,1)
t = np.arange(waveform1.shape[-1])/sample_rate1
plt.plot(t,waveform1[0])
plt.title('Before')

effects = [
    ['pitch', '200'], # 200 cent pitch shift
]

# Apply effects
waveform2, sample_rate2 = torchaudio.sox_effects.apply_effects_tensor(waveform1,
        sample_rate1, effects)
plt.subplot(1,2,2)
t = np.arange(waveform2.shape[-1])/sample_rate2
plt.plot(t,waveform2[0])
plt.title('After')
plt.show()

ipd.display(ipd.Audio(waveform1,rate=sample_rate1))
ipd.display(ipd.Audio(waveform2,rate=sample_rate2))
```

이제 비교적 쉽게 사용할 수 있는 noise 추가와 time shift를 적용하는 코드를 살펴보자. 이를 위해 background noise 파일이 필요하다. Speech Command[43]에서 제공하는 데이터 중에 background noise 파일이 6개 포함되어 있다. 데이터는 Kaggle의 TensorFlow Speech Recognition Challenge[44]에서 다운로드받을 수 있다.

코드 9.31: noise 추가, time shift

```
import glob
import numpy as np
import torch.nn.functional as F
import torch
import torchaudio
import matplotlib.pyplot as plt
import IPython.display as ipd
import random
import os

background_path = '_background_noise_'
```

43 `https://www.tensorflow.org/tutorials/audio/simple_audio`

44 `https://www.kaggle.com/c/tensorflow-speech-recognition-challenge`에서 train.7z의 train/audio/_background_noise_

```
background_noise_files = glob.glob(os.path.join(background_path,"*.wav"))
Sampling_Rate = 16000

backgound_noise_waveforms = []
for noise_file in background_noise_files:
    w,sr = torchaudio.load(noise_file)
    backgound_noise_waveforms.append(w.mean(0)/w.max()) # mono waveform
    assert Sampling_Rate == sr

# waveform과 background noise의 sampling rate이 동일해야 한다.
def add_noise(waveform,time_shift=True, noise_prob=0.5, max_noise=0.8):
    # waveform: 1d Pytorch Tensor
    Max_Time_Shift = 0.1 * 16000

    length = len(waveform)
    if time_shift:
        shift_amount = np.random.randint(-Max_Time_Shift, Max_Time_Shift)
        if shift_amount>=0:
            waveform = F.pad(waveform,[shift_amount,0])[:length]
        else:
            waveform = F.pad(waveform,[0,-shift_amount])[-length:]

    if np.random.rand() < noise_prob:
        selected_backgound_noise = random.choice(backgound_noise_waveforms)
        noise_length = len(selected_backgound_noise)
        noise_point = np.random.randint(noise_length-length)
        noise_ratio = max_noise * np.random.rand()
        waveform = waveform + noise_ratio*selected_backgound_noise[noise_point:
            noise_point + length]
        waveform = waveform / waveform.max()
    return waveform

waveform, sr = torchaudio.load('go.wav')
print(waveform.shape, sr)

ipd.display(ipd.Audio(waveform,rate=sr))
waveform_mono = torch.mean(waveform, dim=0)
t = np.arange(waveform.shape[-1])/sr
plt.figure(figsize=(15,4))
plt.subplot(1,2,1)
plt.plot(t, waveform_mono.numpy())

noised_waveform = add_noise(waveform_mono)
ipd.display(ipd.Audio(noised_waveform,rate=sr))
plt.subplot(1,2,2)
plt.plot(t, noised_waveform.numpy())
```

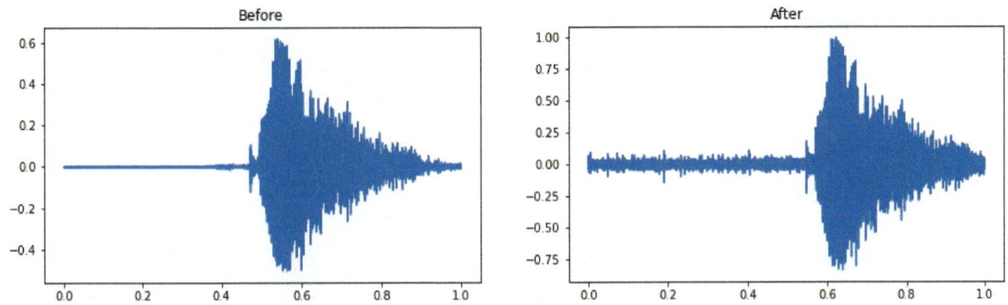

그림 9.52: background noise 추가, time shift

9.4.4 Time Stretch

Time Stretch는 오디오를 빠르게 또는 느리게 변환하는 것을 말한다. 예를 들어 sampling rate 16,000인 소리를 rate 32,000으로 재생해보면 소리가 빨라지는 효과를 가져온다. 이런 방식을 사용했을 때 부작용으로 주파수도 같이 높아지는 현상이 발생한다. 반대로 sampling rate 12,000으로 재생해보면 소리가 느려지면서 주파수도 낮아진다.

소리를 빠르게 또는 느리게 하면서 주파수의 변형이 이루어지지 않게 할 수 있는 기법으로 Phase Vocoder가 사용된다. `librosa.effects.time_stretch()` API를 사용할 수 있다.

코드 9.32: **[Tensorflow]** librosa.effects.time_stretch()를 이용하여 소리의 속도 변환

```
audio_filename = 'kss_1_0000.wav' # 16-bit
y, sr = librosa.load(audio_filename,sr=22050, mono=True) # sr=22050(default),
    mono=True(default)
y_fast = librosa.effects.time_stretch(y, rate=1.5)
print(y.shape, y_fast.shape) # (77760,) (51840,)
ipd.Audio(y_fast,rate=sr)
```

- `librosa.effects.time_stretch()`에서 `rate`가 1보다 크면 소리가 빨라지고, 1보다 작으면 소리가 느려진다.
- 다음과 같이 단순히 sampling rate을 조절하면 주파수가 변경된 소리가 만들어진다.

```
ipd.Audio(y,rate=sr*1.5)
```

45 `https://arxiv.org/abs/1904.08779`

9.4.5 SpecAugment

SpecAugment[45]은 Spectrogram에 적용할 수 있는 audio augmentation 기법이다. SpecAugment는 다음 3가지 기법(time masking, frequency masking, time stretch)으로 구성되어 있고 torchaudio 에서는 각각의 API를 제공하고 있다[46].

① torchaudio.transforms.TimeMasking: Spectrogram의 시간 축 일부를 masking한다.

```
CLASS torchaudio.transforms.TimeMasking(time_mask_param: int,
                    iid_masks: bool = False, p: float = 1.0)
```

코드 9.33: **[Torchaudio]** time masking

```python
import torchaudio.transforms as T

n_fft=2048; hop_length=512; win_length = n_fft

spectrogram = T.Spectrogram(
    n_fft=n_fft,
    win_length=win_length,
    hop_length=hop_length,
    center=True,
    pad_mode="reflect",
    power=2.0,
)

audio_filename = "kss_1_0000.wav"
waveform, sample_rate = torchaudio.load(audio_filename) # (ch,length)
waveform = torch.mean(waveform, dim=0,keepdim=True)

original = spectrogram(waveform) # (ch,n_fft/2+1,n_frames)

time_masking = T.TimeMasking(time_mask_param=80)

masked = time_masking(original)

plt.figure(figsize=(15,5))
plt.subplot(1,2,1)
plt.imshow(librosa.power_to_db(original[0]), origin="lower", aspect="auto")
plt.colorbar()
plt.title('original')

plt.subplot(1,2,2)
plt.imshow(librosa.power_to_db(masked[0]), origin="lower", aspect="auto")
plt.colorbar()
plt.title('Masked along time axis')
```

46 https://pytorch.org/audio/stable/transforms.html#augmentations

`time_masking()`으로 넘어가는 tensor는 (channel, freq, time) 형태의 3-dim tensor이어야 한다. 적용된 결과의 예시는 그림(9.53)에서 확인할 수 있다.

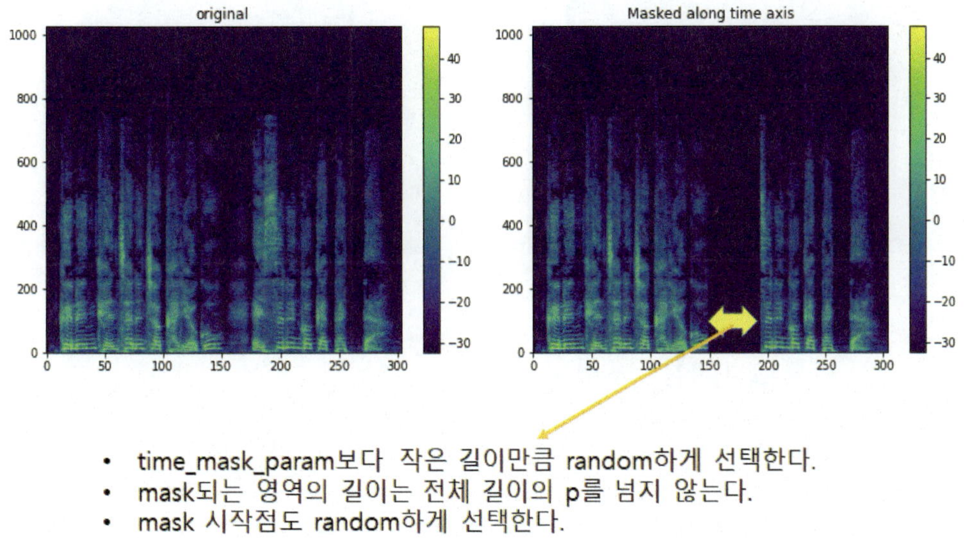

그림 9.53: Time Masking

② torchaudio.transforms.FrequencyMasking: Frequency 축 방향으로 일부를 masking 한다. `freq_mask_param`를 통해 주파수에 대한 최대 masking 영역을 지정할 수 있다. 주파수 masking 결과의 예시는 그림(9.54)에서 확인할 수 있다.

```
CLASS torchaudio.transforms.FrequencyMasking(freq_mask_param: int,
                                             iid_masks: bool = False)
```

코드 9.34: [**Torchaudio**] frequency masking

```
freq_masking = torchaudio.transforms.FrequencyMasking(freq_mask_param=160)

masked = freq_masking(original)
```

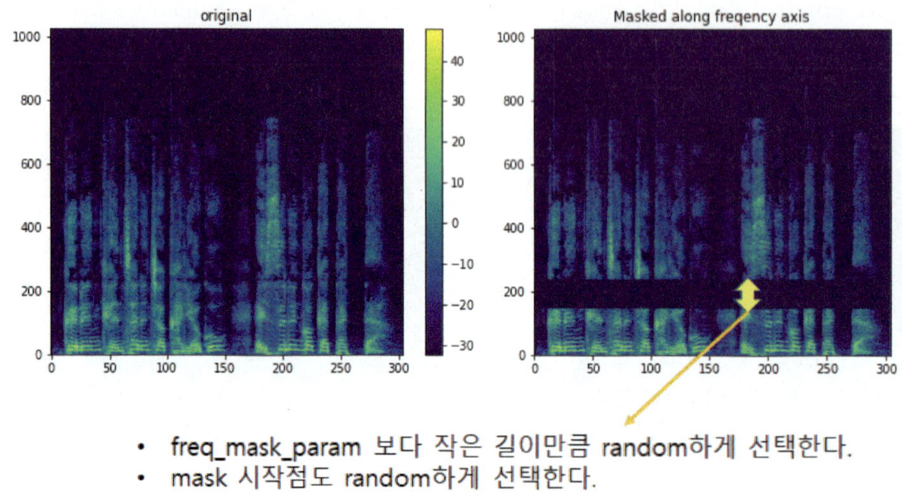

그림 9.54: Frequency Masking

③ torchaudio.transforms.TimeStretch: `librosa.effects.time_stretch()`와 같이 소리의 빠르기를 변환하는 효과를 가져온다. waveform에 STFT를 적용하여 얻은 복소수로 된 spectrogram을 넘기면 time stretch가 적용된 결과를 얻을 수 있다.

```
CLASS torchaudio.transforms.TimeStretch(
                hop_length: Optional[int] = None,
                n_freq: int = 201, fixed_rate: Optional[float] = None)
```

코드 9.35: [**Torchaudio**] time stretch

```
spectrogram = torchaudio.transforms.Spectrogram(power=None)
stretch = torchaudio.transforms.TimeStretch()

original = spectrogram(waveform)

# overriding_rate > 1 --> 길이가 짧아진다.
streched_1_2 = stretch(original, overriding_rate=1.2)

# overriding_rate < 1 --> 길이가 길어진다.
streched_0_9 = stretch(original, overriding_rate=0.9)

plt.figure(figsize=(6,8))
plt.subplot(3,1,1)
plt.imshow(librosa.power_to_db(original[0].abs()), origin="lower", aspect="auto")
plt.xlim([0,865])
plt.title('original')

```

```
plt.subplot(3,1,2)
plt.imshow(librosa.power_to_db(streched_1_2[0].abs()), origin="lower", aspect="auto")
plt.xlim([0,865])
plt.title('stretched x 1.2')

plt.subplot(3,1,3)
plt.imshow(librosa.power_to_db(streched_0_9[0].abs()), origin="lower", aspect="auto")
plt.xlim([0,865])
plt.title('stretched x 0.9')
plt.tight_layout()
plt.savefig('time_stretch.png')
```

$$778$$

$$\begin{aligned} & \text{ceil}(778/1.2) \\ = \; & \text{ceil}(648.3) \\ = \; & 649 \end{aligned}$$

$$\begin{aligned} & \text{ceil}(778/0.9) \\ = \; & \text{ceil}(864.4) \\ = \; & 865 \end{aligned}$$

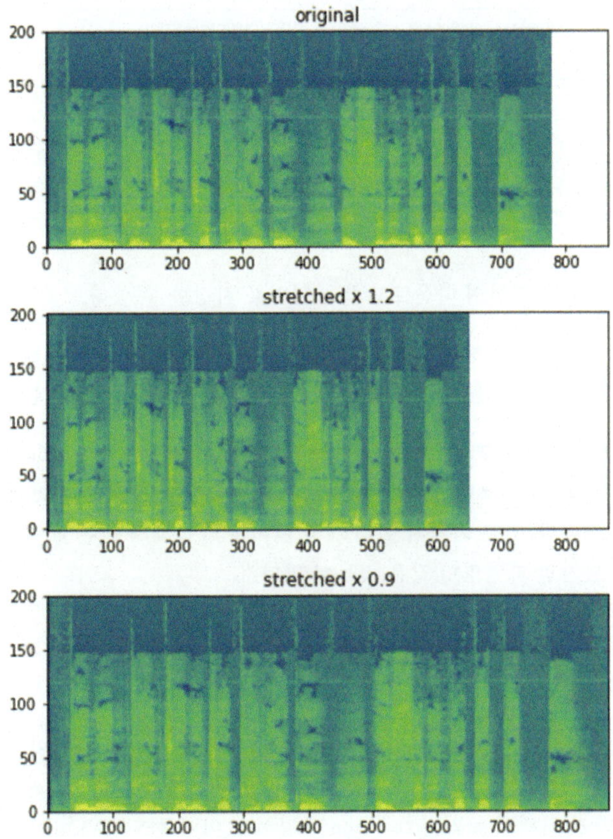

그림 9.55: Time Stretch

9.5 Speech Command 분류 - Pytorch

Speech Commnad Dataset[47]은 여러 화자가 발음한 단어를 1초 정도의 길이로 녹음한 wav 파일들의 모음이다. 파일은 16000Hz, 16비트, 모노 형식이다.

데이터셋은 여러 경로를 통해 다운로드받을 수 있다. 앞서 언급한 Kaggle[48]을 통해서 직접 다운로드받을 수도 있고, Tensroflow[49], Pytorch로도 다운로드받을 수 있다. Pytorch의 경우는 `torchaudio.datasets.SPEECHCOMMANDS` API를 이용해서 Dataset 형태로 다운로드받을 수 있다.

코드 9.36: **[Torchaudio]** SPEECHCOMMANDS Dataset

```
from torchaudio.datasets import SPEECHCOMMANDS

train_set = SPEECHCOMMANDS(subset="training",download=True,root='./') # 84843
test_set = SPEECHCOMMANDS(subset="testing",download=True,root='./') # 11005
validation_set = SPEECHCOMMANDS(subset="validation",download=True,root='./') # 9981

waveform, sample_rate, label, speaker_id, utterance_number = train_set[13000]
```

- `root`를 지정하여 다운로드받을 위치를 지정할 수 있다.
- 다운로드 파일 중에는 `validation_list.txt`, `testing_list.txt` 파일도 있다. 파일명 기준으로 데이터셋을 나누어 놓은 것이다. 이를 이용해서 데이터를 나눌 수도 있다.
- `SPEECHCOMMANDS`가 생성해 주는 데이터는 waveform tensor와 label 등으로 구성되어 있다. `utterance_number`는 같은 `speaker_id`에 여러 개의 오디오 파일이 있기 때문에 구분하기 위한 것이다. 같은 화자가 여러 개의 단어를 발음해서 만든 데이터셋이기 때문에 다른 디렉토리에 있지만 파일명이 같은 것들이 있다[50].

9.5.1 Kaggle Speech Command Dataset

Kaggle에서 직접 PC로 다운로드받아 Colab에 업로드하면 시간이 많이 소요된다. Colab에서 직접 다운받기 위해서는 `kaggle.json`를 Colab에 생성해야 한다. Kaggle에서 데이터를 command api로 다운받기 위해서는 `kaggle.json` 파일이 있어야 한다. Windows 환경에서는 다음 위치에 있는 `kaggle.json` 파일에서 `username`과 `key`를 확인하면 된다[51].

47 `https://arxiv.org/abs/1804.03209`

48 `https://www.kaggle.com/c/tensorflow-speech-recognition-challenge`

49 wget "http://download.tensorflow.org/data/speech_commands_v0.02.tar.gz", v0.02.tar.gz에는 v0.01.tar.gz 보다 더 많은 파일이 있다.

50 예: two/a6d586b7_nohash_3.wav, zero/a6d586b7_nohash_3.wav

51 `kaggle.json` 파일이 없으면, Kaggle 사이트에서 Account - Create New API Token으로 생성할 수 있다.

C:\<Windows-username>\.kaggle\kaggle.json

다음의 조각 코드에서는 Colab에서 Kaggle로부터 데이터를 다운로드받고 압축을 푸는 과정을 보여주고 있다.

```
!pip install kaggle
!mkdir /root/.kaggle
!echo '{"username":"my_id","key":"my_key"}' > /root/.kaggle/kaggle.json

!cat /root/.kaggle/kaggle.json # 생성 확인
!kaggle competitions download -c tensorflow-speech-recognition-challenge
# --> tensorflow-speech-recognition-challenge.zip

!unzip tensorflow-speech-recognition-challenge.zip # 압축파일 풀기
!7z x train.7z # 압축파일 풀기

!mv ./train/*.txt ./train/audio/
```

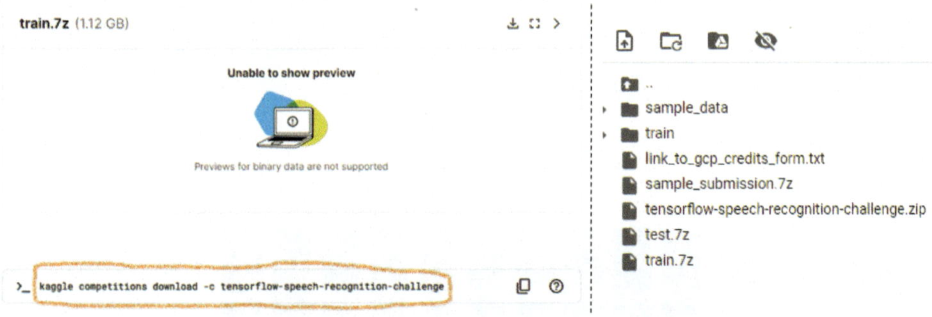

그림 9.56: Colab에서 Kaggle 데이터 다운로드
https://www.kaggle.com/competitions/tensorflow-speech-recognition-challenge/data에서 다운로드할 수 있는 명령어를 확인할 수 있다.

코드 9.37에서는 다운로드받은 데이터(train.7z)에서 단어별 분포를 살펴본다[52]. 결과는 그림(9.57)에서 확인할 수 있다.

52 test.7z에는 미분류된 wav 파일들이 있다.

코드 9.37: [**Tensorflow**] Speech Command Dataset 단어별 분포

```
dir_path = r"./train/audio"

target_words = ['down', 'go', 'left', 'no', 'off', 'on', 'right', 'stop', 'up', 'yes']
word_list = [x[0] for x in os.walk(dir_path) if x[0] != dir_path]
word_count = []
words = []
file_count_sum = 0
for directory in os.walk(dir_path):
    if directory[0] != dir_path:
        word = os.path.basename(directory[0])
        file_count = len(glob.glob(os.path.join(directory[0],"*.wav")))
        file_count_sum += file_count
        print(word, "\t" , file_count)
        if word in target_words:
            word_count.append(file_count)
            words.append(word)
print(f'# of files: {file_count_sum}')

x = np.arange(len(words))
plt.bar(x, word_count)
plt.xticks(x, words)
plt.title('# of words')
plt.savefig('word_distribution.png')
plt.show()
```

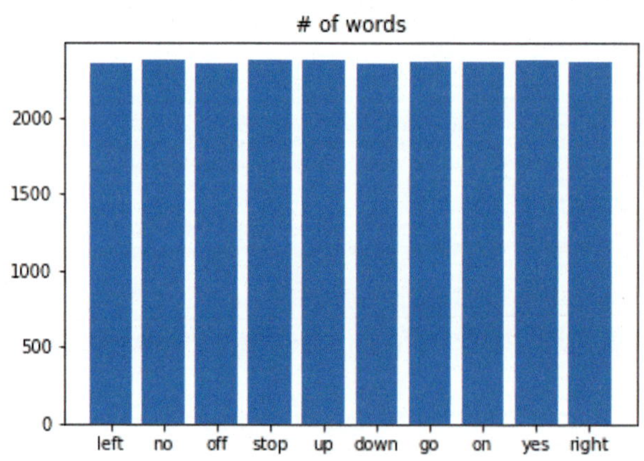

그림 9.57: 단어별 분포 확인
분류 대상이 되는 10개의 word는 비슷한 개수의 데이터를 가지고 있다.

다음으로 모든 데이터의 길이가 1초인지 확인해 보자. 코드 9.38에서 확인해 보면, 길이가 1보다 짧은 데이터들이 다수 포함되어 있다. Dataset을 만드는 과정에서 padding이 필요하다.

코드 9.38: Speech Command Dataset 길이 확인

```
dir_path = r"./train/audio"
target_words = ['down', 'go', 'left', 'no', 'off', 'on', 'right', 'stop', 'up', 'yes']

num_of_shorter = dict.fromkeys(target_words, 0) # {'down': 0, 'go': 0, 'left': 0,
    'no': 0, 'off': 0, 'on': 0, 'right': 0, 'stop': 0, 'up': 0, 'yes': 0}
num_of_longer = dict.fromkeys(target_words, 0)

for dir in target_words:
    print(dir,'...', end='\t')
    waves = [f for f in os.listdir(os.path.join(dir_path, dir)) if f.endswith('.wav')]
    # --> ['004ae714_nohash_0.wav', '004ae714_nohash_1.wav', ...]
    for wav in waves:
        samples, sample_rate = librosa.load(os.path.join(dir_path, dir, wav))
        if samples.shape[0] < sample_rate:
            num_of_shorter[dir] += 1
        elif samples.shape[0] > sample_rate:
            num_of_longer[dir] += 1
print()
print('Number of samples shorter than 1 second: ', num_of_shorter)
print('Number of samples longer than 1 second: ', num_of_longer)
```

Output:

```
Number of samples shorter than 1 second:
 {'down': 207, 'go': 271, 'left': 188, 'no': 277, 'off': 214, 'on': 262, 'right': 212,
  'stop': 206, 'up': 313, 'yes': 220}

Number of samples longer than 1 second:
 {'down': 0, 'go': 0, 'left': 0, 'no': 0, 'off': 0, 'on': 0, 'right': 0, 'stop': 0,
  'up': 0, 'yes': 0}
```

그림 (9.58) 에서 보여주는 것과 같이, Speech Command Dataset에는 문제가 있는 데이터들도 포함되어 있다.

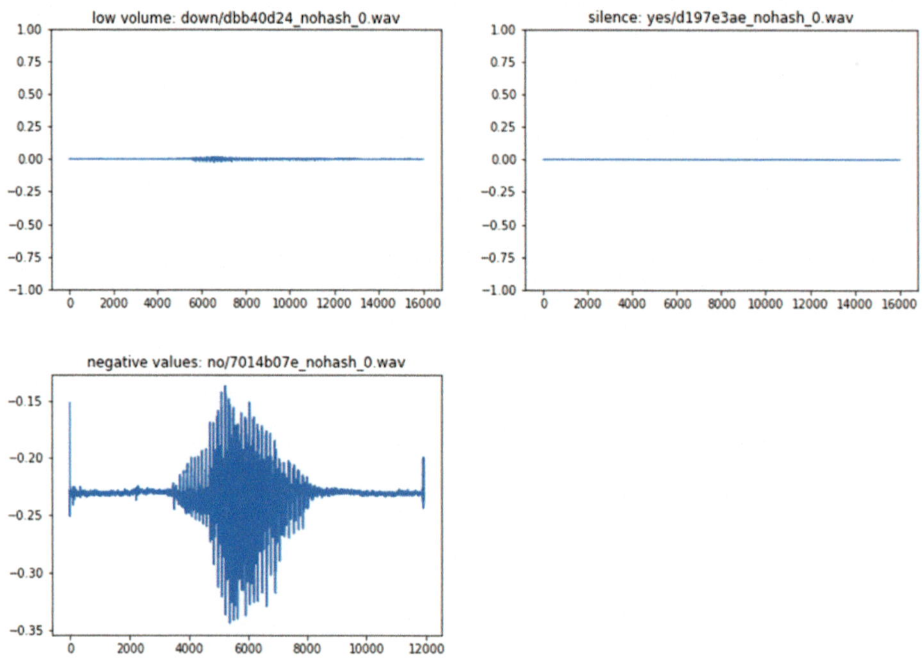

그림 9.58: Speech Command Dataset에 포함된 오류 데이터

1. 소리가 잘 들리지 않는다. nomalization을 하면 들을 수는 있다.
2. yes로 분류되어 있지만, noise뿐이다.
3. waveform의 값이 모두 음수로 되어 있다.

9.5.2 Speech Command Pytorch Dataset 만들기

Speech Command 데이터를 Pytorch `Dataset`으로 만들어 보자.

코드 9.39: **[Pytorch]** Speech Command Dataset

```
import torchaudio.transforms as T

hp = { 'sr': 16000,
       'n_fft': 512,
       'win_length': 480,
       'hop_length': 160,
       'noise_prob': 0.5,
       'max_noise_volume': 0.8,
       'max_time_shift': 0.1, # second
       'n_mels': 80,
       'feature': 'stft', # ['mel','stft]
       }

class SpeechCommandDataset(Dataset):
```

```
    def __init__(self,hp, target_words, data_path, subset='training',
        add_noise_flag=False, add_silence_flag=False, unknown_muliplier=1.0,
        silence_ratio=0.1):
        # subset: training, validation, testing
        self.hp = hp
        self.path = data_path
        self.target_words = target_words

        if subset in ['training', 'validation', 'testing']:
            self.label_flag = True
            if subset == "validation":
                self.filenames = self.load_list("validation_list.txt")

            elif subset == "testing":
                self.filenames = self.load_list("testing_list.txt")

            elif subset == "training":
                exclude = self.load_list("validation_list.txt", "testing_list.txt")

                exclude = [self.get_label_path(p) for p in exclude]

                all_files = glob.glob(os.path.join(self.path,'*/*.wav'))
                self.filenames = [x for x in all_files if self.get_label_path(x) not in
                    exclude and '_background_noise_' not in x]

            unknown = [x for x in self.filenames if
                os.path.split(os.path.dirname(x))[-1] not in self.target_words]
            self.filenames = [x for x in self.filenames if
                os.path.split(os.path.dirname(x))[-1] in self.target_words]

            random.shuffle(unknown)
            self.filenames.extend(unknown[:int(unknown_muliplier*len(self.filenames) //
                len(self.target_words))])
        else:
            # no label data
            self.label_flag = False
            add_noise_flag = False # 강제조정.
            self.filenames = glob.glob(os.path.join(self.path,'*.wav'))

        self.add_noise_flag=add_noise_flag
        self.background_noise_files = glob.glob(os.path.join(self.path,
            '_background_noise_','*.wav'))

        # silence
        self.add_silence_flag = add_silence_flag
        if self.add_silence_flag:
            self.n_silence = int(len(self.filenames)*silence_ratio)
        else: self.n_silence = 0

        self.word_to_ind={}
        self.ind_to_word={}

        for i, word in enumerate( ['silence'] + self.target_words + ['unknown']):
            self.ind_to_word[i] = word
```

```
            self.word_to_ind[word] = i

        if self.label_flag:
            self.gen_labels() # self.labels 생성

        self.load_backgound_noise_waveforms() # background noise file 로드

        if hp['feature'] == 'stft':
            self.transform = T.Spectrogram(
                n_fft=hp['n_fft'],
                win_length=hp['win_length'],
                hop_length=hp['hop_length'],
                center=True,
                pad_mode="reflect",
                power=2.0,
            )
        elif hp['feature'] == 'mel':
            self.transform = T.MelSpectrogram(
                sample_rate=hp['sr'],
                n_fft=hp['n_fft'],
                win_length=hp['win_length'],
                hop_length=hp['hop_length'],
                center=True,
                pad_mode="reflect",
                power=2.0,
                norm="slaney",
                onesided=True,
                n_mels=hp['n_mels'],
                mel_scale="slaney",
            )
        else:
            print(f'check preprocessing: {hp["feature"]}')
            exit()

        self.power_to_db = T.AmplitudeToDB(stype="power", top_db=80)

    def load_list(self,*filenames):
        output = []
        for filename in filenames:
            filepath = os.path.join(self.path, filename)
            with open(filepath) as f:
                for line in f.readlines():
                    output.append(os.path.normpath(os.path.join(self.path,
                          line.strip())))

        return output

    def get_label_path(self,full_filename):
        # './train/audio/four/638685f2_nohash_0.wav' --> 'four/638685f2_nohash_0.wav'
        return os.path.join(os.path.basename(os.path.dirname(full_filename)),
              os.path.basename(full_filename))

    def gen_labels(self):
        # self.labels 생성
```

```
        self.labels = []
        for file in self.filenames:
            word = os.path.split(os.path.dirname(file))[-1]
            if word in self.target_words:
                self.labels.append(self.word_to_ind[word])
            else:
                self.labels.append(self.word_to_ind['unknown'])

    def load_backgound_noise_waveforms(self):
        self.background_noise_files = glob.glob(os.path.join(self.path,
             '_background_noise_','*.wav'))
        self.backgound_noise_waveforms = []
        for noise_file in self.background_noise_files:
            w,sr = torchaudio.load(noise_file)
            self.backgound_noise_waveforms.append(w/w.max())

    def add_noise(self, waveform, noise_prob):
        # waveform: 2d Pytorch Tensor (1,16000)
        time_shift = self.hp['max_time_shift'] * self.hp['sr']

        length = waveform.shape[-1]
        if length != self.hp['sr']:
            waveform = F.pad(waveform,[0, self.hp['sr']-length])[:, :self.hp['sr']]
            length = self.hp['sr']
        if time_shift > 0:
            shift_amount = np.random.randint(-time_shift, time_shift)
            if shift_amount>=0:
                waveform = F.pad(waveform,[shift_amount,0])[:, :length]
            else:
                waveform = F.pad(waveform,[0,-shift_amount])[:, -length:]

        if np.random.rand() < noise_prob:
            selected_backgound_noise = random.choice(self.backgound_noise_waveforms)
            noise_length = selected_backgound_noise.shape[-1]
            noise_point = np.random.randint(noise_length-length)
            noise_ratio = self.hp['max_noise_volume'] * np.random.rand()
            waveform = waveform + noise_ratio*selected_backgound_noise[:, noise_point:
                 noise_point + length]

        # normalization, 0.01을 더해 주어야 한다.
        waveform = waveform / (waveform.abs().max() + 0.001)
        return waveform

    def __len__(self):
        return len(self.filenames) + self.n_silence

    def __getitem__(self,i):
        if i < len(self.filenames):
            waveform, _ = torchaudio.load(self.filenames[i])
            noise_prob = self.hp['noise_prob'] if self.add_noise_flag else 0.0
            waveform = self.add_noise(waveform,noise_prob)
            stft = self.power_to_db(self.transform(waveform))

            self.selected_filename = self.filenames[i] # 확인용 임시
```

```
            if self.label_flag:
                return waveform, stft, self.labels[i]
            else:
                return waveform, stft, os.path.basename(self.filenames[i])
        else: # silence
            waveform = torch.zeros(1,hp['sr'])
            waveform = self.add_noise(waveform, 1.0)
            stft = self.power_to_db(self.transform(waveform))
            self.selected_filename = None
            if self.label_flag:
                return waveform, stft, self.word_to_ind['silence']
            else:
                return waveform, stft, None

data_path = r"./train/audio"
train_dataset = SpeechCommandDataset(hp,target_words,data_path,subset='training',
                                     add_noise_flag=True, add_silence_flag=True)
train_dataloader = DataLoader(train_dataset, batch_size=64,shuffle=True,
                              drop_last=False)
```

- 데이터 생성 및 변환에 필요한 hyper parameter들을 dict형 `hp`에 모아놓았다.
- `subset == "training"`인 경우에는 `validation_list.txt`, `testing_list.txt`에 없는 wav 파일들로 `Dataset`이 만들어진다.
- `target_words`에 포함되지 않는 word들을 `unknown`으로 별도로 처리했다.
- `silence`는 background noise를 이용해서 만든다.
- 데이터에서 `unknown`, `silence`의 비중을 `unknown_muliplier`, `silence_ratio`로 각각 조절할 수 있다.
- `unknown` 중에서 `target_words`들의 평균 개수에 `unknown_muliplier`를 곱한 개수만큼을 선택한다.
- `add_noise()`는 코드 9.31을 수정해서 만들었다. `waveform`이 channel을 포함한 2차원 tensor이기 때문에 수정이 필요하다.
- 데이터 중에는 1초보다 짧은 데이터가 있기 때문에 padding을 통해 1초 길이로 만들어준다. 1초보다 긴 데이터는 마이너스 padding을 해준다.
- normalization 과정에서 아래와 같이 0.001을 더해 주었다. 그림 (9.58)에서 보여준 것과 같이 비정상적인 데이터들이 포함되어 있기 때문에 안전장치로 0.001을 더해 주었다.

```
waveform = waveform / (waveform.abs().max() + 0.001)
```

- 모델에 사용할 feature로 STFT 또는 mel-spectrogram을 선택할 수 있다. 만들어진 feature는 decibel(log scale)로 변환해서 사용한다. decibel 변환을 위해 `T.AmplitudeToDB` API를 사용했다.
- 코드 9.39에 있는 hyper-parameter인 `hp`로 `train_dataset`, `train_dataloader`로 만들면, 생성되는 tensor의 shape은 channel first $(N, 1, 257, 101)$이 된다.
- 이 구현은 `Dataset`의 `__getitem__()`에서 파일을 읽어오고, spectrogram으로 변환한다. 이 작업은 시간이 많이 소요되는 작업이 아니기 때문에 어느 정도 가능하다. 만약 시간이 많이 소요되는 작업이라면, `DataLoader`의 `collate_fn`에서 처리해 주어야 병렬처리되어 속도가 향상된다.

9.5.3 Model - Resnet, Densenet

torchvision에서 제공하는 Resnet, Dense을 이용하여 모델을 만들어 보자.

코드 9.40: **[Pytorch]** Resnet

```
import torchvision.models as models

class Resnet(torch.nn.Module):
    def __init__(self, n_class):
        super(Resnet, self).__init__()
        self.pre_conv = torch.nn.Conv2d(1,3,kernel_size=1, stride=1)
        self.resnet = models.resnet18(weights=None)
        self.resnet.fc = torch.nn.Linear(self.resnet.fc.in_features,n_class)
    def forward(self,x):
        output = self.pre_conv(x)
        logit = self.resnet(output)
        return logit

class Densenet(torch.nn.Module):
    def __init__(self, n_class, size=224):
        super(Densenet, self).__init__()
        self.resize = transforms.Resize((size,size))
        self.pre_conv = torch.nn.Conv2d(1,3,kernel_size=1, stride=1)
        self.densenet = models.densenet121(weights=None)
        self.densenet.classifier =
             torch.nn.Linear(self.densenet.classifier.in_features,n_class)
    def forward(self,x):
        x = self.resize(x)
        output = self.pre_conv(x)
        logit = self.densenet(output)
        return logit
```

- 코드 9.39에서 만든 데이터 tensor의 shape는 $(N, 1, 257, 101)$로 channel의 크기가 1이다.

torchvision의 Pre-trained Model인 **resnet18**, **densenet121**의 입력 데이터의 channel은 3이 되어야 한다.
그래서 **self.pre_conv**로 channel의 크기를 3으로 변환해 주었다.

- **resnet18**, **densenet121**의 classifier 이름이 서로 다르다. 각각 **fc**, **classifier**로 되어있다. 각각의 classifier를 변경해 주면 된다[53].

9.5.4 Model 훈련

만들어진 데이터와 모델로 훈련을 해보자. 코드 9.41에서 훈련을 위한 함수를 만든다.

코드 9.41: **[Pytorch]** 훈련을 위한 함수

```
def train_pytorch_model(model,optimizer,loss_fn,train_dl,
    valid_dl,n_epochs,device,initial_epoch=0):
    s_time = time.time()
    model.to(device)
    history = {'train_acc': [], 'val_acc': []}
    for epoch in range(n_epochs):
        running_loss = []
        acc = 0
        total = 0
        model.train()
        for i, data in enumerate(train_dl):
            _, stfts, labels = data
            stfts = stfts.to(device)
            labels = labels.to(device)

            optimizer.zero_grad() # zero the parameter gradients

            outputs = model(stfts)
            loss = loss_fn(outputs, labels)
            loss.backward()
            optimizer.step()

            _, pred = outputs.max(axis=-1)
            acc += (pred==labels).float().sum().item()
            total += len(labels)

            running_loss.append(loss.item())
        print(f'[epoch: {initial_epoch+epoch+1}] loss: {np.mean(running_loss):.4f},
            train acc: {acc/total:.4f} elapsed: {time.time()-s_time:.2f}sec\t',end='')
        history['train_acc'].append(acc/total)



        acc = 0
        total=0
        model.eval()
```

53 코드 7.43 참조.

```
        with torch.no_grad():
            for i, data in enumerate(valid_dl):
                _, stfts, labels = data
                stfts = stfts.to(device)
                outputs = model(stfts)

                _, pred = outputs.max(axis=-1)
                acc += (pred.cpu()==labels).float().sum().item()
                total += len(labels)
            print(f'validation acc: {acc/total:.4f}')
                    history['val_acc'].append(acc/total)
    print('Finished Training')
    return history
```

- train_pytorch_model()은 코드 4.20을 수정해서 만들었다.

모델 훈련 실행 코드는 다음과 같다.

코드 9.42: [**Tensorflow**] Dataset, 모델 생성 및 훈련

```
seed = 100
np.random.seed(seed)
random.seed(seed)
torch_reset_seed(seed) # 코드2.7 참조.
device = torch.device('cuda' if torch.cuda.is_available() else 'cpu')
print("device: ", device)

# hyper parameters
hp = { 'sr': 16000,
       'n_fft': 512,
       'win_length': 480,
       'hop_length': 160,
       'noise_prob': 0.5,
       'max_noise_volume': 0.8,
       'max_time_shift': 0.1, # second
       'n_mels': 80,
       'feature': 'stft', # ['mel','stft]
       }

# Dataset, DataLoader
data_path = r"./train/audio"
train_dataset = SpeechCommandDataset(hp,target_words,data_path,subset='training',
                                add_noise_flag=True, add_silence_flag=True,
                                unknown_muliplier=1.5, silence_ratio=0.2)
train_dataloader = DataLoader(train_dataset, batch_size=128,shuffle=True,
                              drop_last=False)

val_dataset = SpeechCommandDataset(hp,target_words,data_path,subset='validation',
                                add_noise_flag=False, add_silence_flag=True)
val_dataloader = DataLoader(val_dataset, batch_size=128,shuffle=False,drop_last=False)

model = Resnet(n_class = 12)
```

```
loss_fn = torch.nn.CrossEntropyLoss()
optimizer = torch.optim.Adam(model.parameters(), lr=0.001)

n_epochs = 50

train_pytorch_model(model,optimizer,loss_fn,train_dataloader,val_dataloader,
                    n_epochs,device)
```

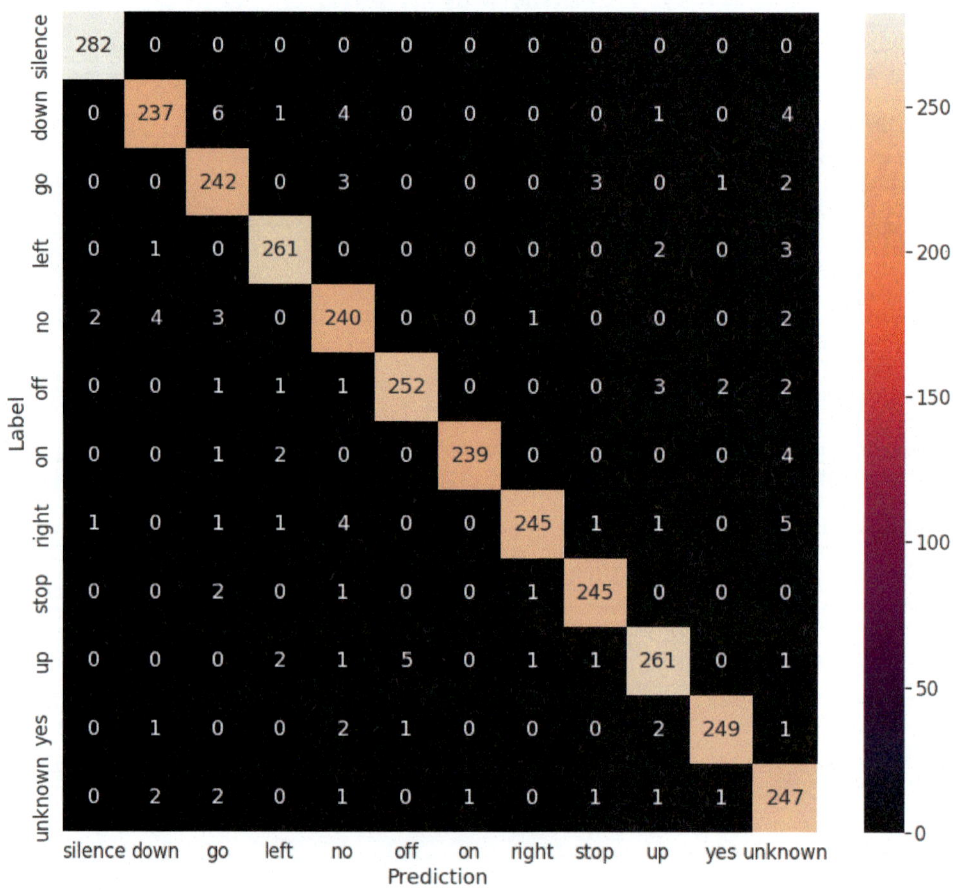

그림 9.59: Test Data(testing_list.txt)에 대한 Confusion Matrix
50 epoch 훈련으로 정확도는 96.62%이다.

그림(9.59)는 testing_list.txt 파일에 있는 데이터로 테스트한 결과를 confusion matrix로 나타낸 것이다.

9.5.5 Kaggle Submission

모델의 훈련은 `train` 디렉토리 아래에 있는 데이터를 (training, valiation, testing) 으로 나누어 실행했다. `test` 디렉토리에 있는 데이터는 label이 없다. 이 데이터에 대한 예측값을 제출 (submission) 하여 점수를 받아 볼 수 있다. 다른 사람들이 제출한 결과는 Kaggle Speech Command Leaderboard(`https://www.kaggle.com/competitions/tensorflow-speech-recognition-challenge/leaderboard`) 에서 확인할 수 있다.

test 디렉토리에 있는 데이터를 `Dataset`으로 만들기 위해서는 코드 9.39의 `SpeechCommandDataset`에서 `subset=Noen`으로 처리하면 된다.

코드 9.43: [**Tensorflow**] Kaggle Submission을 위해 예측값으로 csv 파일 만들기

```
data_path = r"./test/audio"
dataset = SpeechCommandDataset(hp_test,
    target_words,data_path,subset=None,add_noise_flag=False,add_silence_flag=False)
dataloader = DataLoader(dataset, batch_size=128,shuffle=False,drop_last=False)

acc = 0; total=0
filenames = []; y_pred = []
model.eval()
s_time = time.time()
with torch.no_grad():
    for i, data in enumerate(dataloader):
        _, stfts, file = data
        stfts = stfts.to(device)
        outputs = model(stfts)

        _, pred = outputs.max(axis=-1)
        y_pred.extend(pred.cpu().numpy())
        filenames.extend(file)
        if i%100==0:
            print(f'{i}/{len(dataloader)}, {time.time()-s_time}')

pred = [dataset.ind_to_word[x] for x in y_pred]

pd.DataFrame({'fname': filenames, 'label': pred}).to_csv("resnet_stft_epoch_50.csv",
    index=False)
```

Kaggel Submission을 통해 얻은 점수는 그림 (9.59) 에서 달성한 96.62%이 비해 낮다. 이는 train, test 데이터에 있는 `backgroud`, `silence`에 대한 데이터 분포에 차이가 있는 것으로 분석된다.

Kaggel 같은 대회에서 높은 점수를 받기 위해서는 앙상블 (Ensemble) 모델을 사용하거나 좀 더 고급 기술을 사용하는 것이 좋다. 몇 가지 방법을 살펴보자.

- Ensemble: 여러 가지 (다른 구조의) 개별 모델을 조합하여 최종 결과를 예측하는 기법이다. 그중 Bagging Ensemble은 같은 구조의 모델들을 초기 가중치를 달리하여 학습하는 방법으로

그림 9.60: Kaggle Submission 예시
resnet과 desnsenet으로 accuracy 87% 정도 달성했다.

비교적 간단히 사용할 수 있다.

- Semi-Supervised Learning(준지도 학습): 훈련 데이터에 대해 어느 정도 성능이 확인된 모델을 이용해서 label이 없는 test 데이터에 대한 label을 생성한다. label이 생성된 test 데이터의 일부(또는 전부)를 훈련용 데이터와 결합해서 새로운 훈련용 데이터로 활용한다. `train` 디렉토리에 있는 데이터는 모두 64,727개이고 `test` 디렉토리에 있는 데이터는 이보다 훨씬 많은 158,538개이다. test 데이터를 활용하면 더 좋은 점수를 얻을 수 있다[54].

  ① 방법 1. train 데이터(100%)에 epoch마다 test 데이터(20%-30%)를 혼합하여 훈련한다.

  ② 방법 2. test 데이터(100%)로만 훈련한 후, train 데이터로 1 epoch만 더 훈련(fine-tuning)한다.

- 이외에도 상위 랭크에 있는 kaggle 참가자들의 노하우를 Discussion에서 찾아볼 수 있다[55].

54 `https://www.kaggle.com/competitions/tensorflow-speech-recognition-challenge/discussion/47722`
55 `https://www.kaggle.com/competitions/tensorflow-speech-recognition-challenge/discussion`

9.6 Tensorflow Audio 처리

9.6.1 tf.audio API

다음은 `tf.audio`에서 가장 기본이 되는 wav 파일을 로드하는 API이다.

```
tf.audio.decode_wav(contents, desired_channels=-1, desired_samples=-1)
```

- 16-bit 파일만 로드 가능하다. $[-1, 1]$ 사잇값으로 가져온다. return 되는 값은 모두 tensor이며 shape은 (length, n_channel) 형태이다.
- `desired_channels`: -1이면 파일 고유의 채널 모두를 로드한다. 3보다 높은 값도 가능하다. 부족하면 마지막 채널값을 복사하여 채널 수를 채운다. 고유 채널 수보다 `desired_channels` 수가 작은 경우에는 앞쪽 채널을 가져온다.
- `desired_samples`: 부족하면 0으로 padding 한다.

```
filename = 'LJ001-0001.wav'
sample, sr = tf.audio.decode_wav(tf.io.read_file(filename),
                                 desired_channels=2, desired_samples=213000)
# --> sample(length,n_channel), sr: integer tensor
```

다음 API들은 Fourier 변환과 STFT을 위한 API이다.

```
tf.signal.rfft(input_tensor, fft_length=None, name=None)

tf.signal.stft(signals,frame_length,frame_step,fft_length=None,
            window_fn=tf.signal.hann_window, pad_end=False, name=None)

tf.signal.linear_to_mel_weight_matrix(num_mel_bins=20,
    num_spectrogram_bins=129, sample_rate=8000, lower_edge_hertz=125.0,
    upper_edge_hertz=3800.0, dtype=tf.dtypes.float32)
```

```
librosa.stft(y, *, n_fft=2048, hop_length=None, win_length=None,
             window='hann',...)

torchaudio.transforms.Spectrogram(n_fft = 400, win_length = None,
              hop_length = None, window_fn = torch.hann_window, ...)
```

- `input_tensor`, `signals`의 shape은 (N,length) 또는 (length,) 형태로 channel이 없어야 한다.
- return tensor의 shape은 (..., n_frames, frequency_bins)이다.
- `tf.signal.stft()`에서 `frame_length`가 주어지면 `fft_length`가 내부적으로 계산된다.
- `frame_length`가 480이라 하자. 480보다 같거나 큰 2^k 형태의 수 중에서 가장 작은 수가 `fft_length`가 된다. 그래서 이 경우는 $2^9 = 512$이므로, `fft_length`=512가 frequency bins는

$$\frac{\text{fft\_length}}{2} + 1 = \frac{512}{2} + 1 = 257$$

이 된다.
- `n.bit_length()` 이용해서 k값을 구할 수 있다.

```
n = 10 --> n.bit_length() = 4
n = 16 --> n.bit_length() = 4
n = 20 --> n.bit_length() = 5
n = 480 --> n.bit_length() = 9
frame_length = 480 --> fft_length = 512, frequency bins = 256 + 1 = 257
```

- `tf.signal.linear_to_mel_weight_matrix()`는 코드 9.5의 `librosa.filters.mel()`, 코드 9.29의 `melscale_fbanks()`와 같이 mel basis를 구해주는 API이다.

다음 코드 조각은 `tf.signal.rfft()`, `tf.signal.stft()`를 사용하는 예시를 보여주고 있다.

```
if sample.shape[-1]==1:
   x = tf.squeeze(sample) # sample(length,1) -> (length,)
else:
   x = tf.reduce_mean(sample, axis=-1) # sample(length,2) -> (length,)

rfft1 = tf.signal.rfft([x,x,x],[1024]) # 배치 처리
rfft2 = tf.signal.rfft(x,[1024])

print('rfft shape: ', rfft1.shape, rfft2.shape) # (3,' 513) (513,)

stft1 = tf.signal.stft([x,x,x],frame_length=1024,frame_step=256) # 배치 처리
stft2 = tf.signal.stft(x,frame_length=1024,frame_step=256)
```

```
print('stft shape: ', stft1.shape, stft2.shape) # (3, 829, 513) (829, 513)
```

코드 9.44: [**Tensorflow**] Spectrogram

```
def get_spectrogram(waveform,frame_length,frame_step):
    assert waveform.ndim==1
    stft = tf.signal.stft(waveform, frame_length=frame_length, frame_step=frame_step,
        pad_end=True)

    magnitude_spectrogram = tf.abs(stft)
    return magnitude_spectrogram # (n_frame,D)

def get_log_spectrogram(waveform,frame_length,frame_step):
    assert waveform.ndim==1
    stft = tf.signal.stft(waveform, frame_length=frame_length,
                    frame_step=frame_step, pad_end=True)

    power_spectrogram = tf.square(tf.abs(stft)) # power spectrogram
    log_spectrogram = tf_power_to_db(power_spectrogram,ref=tf.reduce_max)
    return log_spectrogram # (n_frame,D)

def tf_power_to_db(S,ref=1.0,amin=1e-10,top_db=80):
    if callable(ref):
        ref_value = ref(S)
    else:
        ref_value = tf.abs(ref)
    log_spectrogram = 10*tf.experimental.numpy.log10(
                tf.math.maximum(amin, S)/tf.math.maximum(amin, ref_value))
    log_spectrogram = tf.maximum(log_spectrogram,
                        tf.reduce_max(log_spectrogram) - top_db)

    return log_spectrogram

def tf_log_mel_spectrogram(waveform,frame_length,frame_step,
                        sampling_rate,mel_filter=None):
    if mel_filter is None:
        mel_filter = tf.signal.linear_to_mel_weight_matrix(num_mel_bins=nfilt,
                    num_spectrogram_bins=num_spectrogram_bins,
                    sample_rate=sampling_rate,lower_edge_hertz=lower_edge_hertz,
                    upper_edge_hertz = upper_edge_hertz)
    stft = tf.signal.stft(waveform, frame_length=frame_length, frame_step=frame_step,
        pad_end=True)
    power_spectrogram = tf.square(tf.abs(stft))

    mel_spectrogram = tf.matmul(power_spectrogram,mel_filter)
    log_mel_spectrogram = tf_power_to_db(mel_spectrogram,ref=tf.reduce_max)
    return log_mel_spectrogram
```

- tf_power_to_db()는 librosa.power_to_db()와 동일하게 구현했다.

코드 9.45: [**Tensorflow**] Spectrogram, Mel-Spectrogram

```
filename = 'LJ001-0001.wav' # 'kss_1_0000.wav' 'LJ001-0001.wav'

sample, sampling_rate_origin = tf.audio.decode_wav(tf.io.read_file(filename),
    desired_channels=1)
sampling_rate_origin = sampling_rate_origin.numpy()
print(sample.shape, sampling_rate_origin)

sampling_rate = 16000
sample2 = tfio.audio.resample(sample, sampling_rate_origin, sampling_rate)
print(sample2.shape)

sample2 = tf.squeeze(sample2)

frame_length = 512; frame_step=256; n_fft = frame_length; nfilt = 80

spectrogram = get_spectrogram(sample2,frame_length,frame_step)
log_spectrogram = get_log_spectrogram(sample2,frame_length,frame_step)
print(spectrogram.shape, log_spectrogram.shape)

num_spectrogram_bins = n_fft//2 + 1
lower_edge_hertz = 0
upper_edge_hertz = sampling_rate/2 # 가장 높은 주파수
mel_filter = tf.signal.linear_to_mel_weight_matrix(num_mel_bins=nfilt,
              num_spectrogram_bins=num_spectrogram_bins, sample_rate=sampling_rate,
              lower_edge_hertz=lower_edge_hertz,upper_edge_hertz = upper_edge_hertz)
print(mel_filter.shape)

log_mel_spectrogram = tf_log_mel_spectrogram(sample2,frame_length,
                                          frame_step,sampling_rate,mel_filter)
print(log_mel_spectrogram.shape)
```

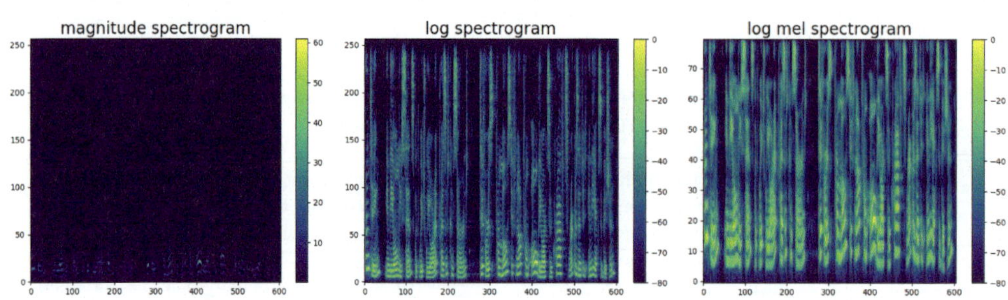

그림 9.61: Tensorflow tf.signal API로 구한 Spectrogram

56 pip install tensorflow-io==0.26

9.6.2 tfio.audio API

Tensorflow IO[56]의 Audio는 Tensorflow에 포함되어 있지 않은 여러 가지 오디오 API들이 모여 있는 라이브러리이다.

```
tfio.audio.resample(input, rate_in, rate_out)
tfio.audio.spectrogram(input, nfft, window, stride, name=None)
tfio.audio.melscale(input, rate, mels, fmin, fmax, name=None)
```

- `tfio.audio.resample`의 `input`은 1D ([samples]) 또는 2D ([samples, channels]) 또는 3D ([batch, samples, channels]) 형태로 주어질 수 있다.
- `tfio.audio.spectrogram`의 `input`은 1D ([samples]) 또는 2D ([samples, channels]) 형태로 주어질 수 있다.
- `tfio.audio.spectrogram()`은 내부에서 `tf.signal.stft()`[57]를 사용하여 magnitude spectrogram을 return한다.
- `tfio.audio.melscale()`의 `input`은 magnitude 또는 power spectrogram이다.

코드 9.46: **[tfio]** spectrogram, mel-spectrogram

```
import tensorflow_io as tfio

spectrogram2 = tfio.audio.spectrogram(sample2,n_fft,frame_length,frame_step) # not
    power, mangnitude spectrogram
mel_spectrogram2 = tfio.audio.melscale(tf.square(spectrogram2), sampling_rate, nfilt,
    fmin=0, fmax=sampling_rate/2)
print(spectrogram2.shape)

plt.figure(figsize=(18,5))
plt.subplot(1,3,1)
plt.imshow(spectrogram2.numpy().T,origin="lower", aspect="auto")
plt.colorbar()
plt.title('magnitude spectrogram')

plt.subplot(1,3,2)
plt.imshow(np.log(spectrogram2).T,origin="lower", aspect="auto")
plt.colorbar()
plt.title('log spectrogram')

plt.subplot(1,3,3)
plt.imshow(np.log(mel_spectrogram2).T,origin="lower", aspect="auto")
```

57 `https://www.tensorflow.org/tutorials/audio/simple_audio` ← 이 튜토리얼에서 `tf.signal.stft()`를 사용한다.

```
plt.colorbar()
plt.title('log mel spectrogram')

plt.tight_layout()
plt.savefig('tfio-spectrogram.png')
```

- sample2는 코드 9.45에서 생성한 waveform이다.

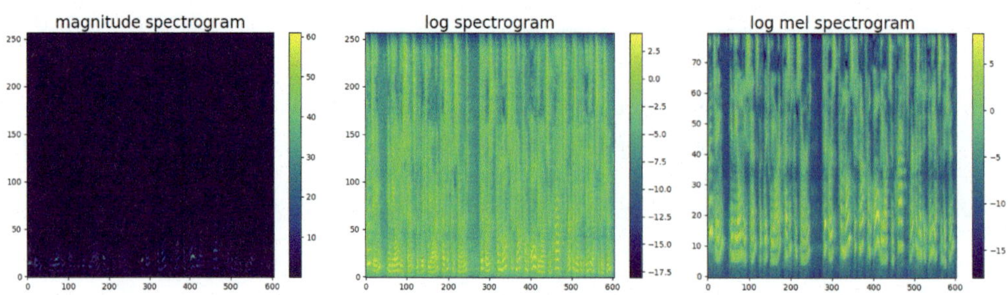

그림 9.62: tfio.audio로 구한 Spectrogram

그림 (9.61)과 결과가 좀 다르게 보인다. 이유는 그림 (9.61)에서는 단순 log 대신 데시벨로 변환하는 tf_power_to_db()를 사용했기 때문이다.

9.7 Speaker Recognition

Speaker Recognition Dataset[58]은 5명의 정치인[59]의 연설 음성을 1초 단위로 잘라 놓은 16000Hz wav 파일 데이터셋이다. 긴 연설을 1초 단위로 잘라 놓았기 때문에 일부 파일은 음성이 없고 노이즈만 가지고 있다[60].

`speaker-recognition-dataset.zip`을 다운로드받아 압축을 풀면, 그림(9.63)의 왼쪽과 같은 디렉토리가 만들어진다. 코드 9.47을 이용해서 그림(9.63)의 오른쪽과 같은 구조로 파일을 이동시킬 수 있다.

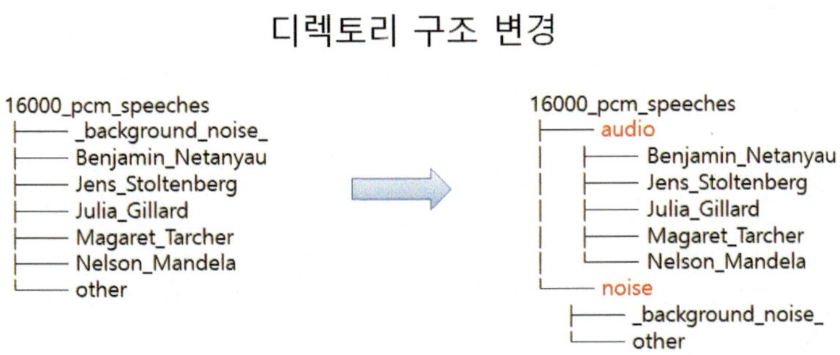

그림 9.63: Speaker Recognition Dataset 디렉토리 구조 변경
audio, noise 2개 디렉토리 아래로 이동시킨다.

코드 9.47: **[Tensorflow]** 파일 이동(출처: `https://keras.io/examples/audio/speaker_recognition_using_cnn/`)

```
import shutil
import os

DATASET_ROOT = '16000_pcm_speeches'
AUDIO_SUBFOLDER = 'audio'
NOISE_SUBFOLDER = 'noise'

DATASET_AUDIO_PATH = os.path.join(DATASET_ROOT,AUDIO_SUBFOLDER)
DATASET_NOISE_PATH = os.path.join(DATASET_ROOT,NOISE_SUBFOLDER)

os.makedirs(DATASET_AUDIO_PATH,exist_ok=True) # audio 디렉토리 생성
os.makedirs(DATASET_NOISE_PATH,exist_ok=True) # noise 디렉토리 생성

counter=0
for folder in os.listdir(DATASET_ROOT): # 하위 디렉토리와 파일
    if os.path.isdir(os.path.join(DATASET_ROOT, folder)): # 파일은 제외
```

58 `https://www.kaggle.com/datasets/kongaevans/speaker-recognition-dataset`, 242M.

59 Benjamin Netanyahu(이스라엘 전직 총리-M), Jens Stoltenberg(노르웨이 전직 총리-M), Julia Gillard(오스트레일리아의 전직 총리-F), Margaret Thatcher(영국 전직 총리-F), Nelson Mandela(남아공 전직 대통령-M)

60 Benjamin_Netanyau의 0.wav,5.wav,8.wav,9.wav 등.

```
        if folder in [AUDIO_SUBFOLDER, NOISE_SUBFOLDER]:
            # 'audio', 'noise' 디렉토리는 제외
            continue
        elif folder in ["other", "_background_noise_"]:
            # noise 파일 옮기기
            shutil.move(os.path.join(DATASET_ROOT, folder),
                os.path.join(DATASET_NOISE_PATH, folder))
            counter +=1
        else:
            # audio 디렉토리로 옮기기: shutil.move는 overwrite
            shutil.move(os.path.join(DATASET_ROOT, folder),
                os.path.join(DATASET_AUDIO_PATH, folder))
            counter +=1

print(f'{counter} directories moved')
```

다음 코드 9.48에서 모델 구현과 데이터 생성에 필요한 hyper parameter를 정의한다.

코드 9.48: hyper parameter

```
MODEL_NAME = 'VGG' # ['VGG', 'SIMPLE-CNN', 'RESNET']

if MODEL_NAME == 'VGG':
    NUM_CHANNELS = 3
    LEARNING_RATE = 0.0001
else:
    NUM_CHANNELS = 1
    LEARNING_RATE = 0.001

SAMPLING_RATE = 16000
VALID_SPLIT = 0.1

FRAME_LENGTH = 256
FRAME_STEP = 128

BATCH_SIZE = 64
```

9.7.1 noise 파일 sampling rate 변경

noise 파일은 2개 디렉토리(_background_noise_, other)에 모두 6개가 있다. sampling rate이 22050 또는 44100으로 된 파일들이다. sampling rate을 16000으로 변경하자.

코드 9.49: **[Tensorflow]** noise 파일 sampling rate 변경

```
import soundfile
import glob
import sox
import random
import librosa
```

```python
from tensorflow.keras import preprocessing

def get_all_noise_files():
    # 모든 noise 파일 path 구하기
    noise_paths = glob.glob(os.path.join(DATASET_NOISE_PATH,'*/*.wav'))
    return noise_paths

def convert_sample_rate():
    # 변환 전에는 22050, 44100이 섞여 있다.
    noise_paths = get_all_noise_files()

    for file in noise_paths:
        print(os.path.basename(file))
        sr = sox.file_info.sample_rate(file)
        print('\t original sr: ',sr)
        if sr != SAMPLING_RATE:
            y,_ = librosa.load(file,sr=SAMPLING_RATE)
            soundfile.write(file, y, SAMPLING_RATE, subtype='PCM_16')

def get_noise_waveforms():
    noise_paths = get_all_noise_files()

    all_waveforms = []
    for file_path in noise_paths:
        audio_binary = tf.io.read_file(file_path) # binary
        waveform,_ = tf.audio.decode_wav(contents=audio_binary,desired_channels=1)
        all_waveforms.append(tf.squeeze(waveform, axis=-1))
    return all_waveforms

convert_sample_rate()
noise_waveforms = get_noise_waveforms()
noise_waveforms_padded = preprocessing.sequence.pad_sequences(noise_waveforms,
                                                              dtype='float32',padding='post')
noise_waveforms_padded = tf.convert_to_tensor(noise_waveforms_padded)
noise_lengths = tf.constant([len(w) for w in noise_waveforms])

# Data File 가져오기
# 정렬된 순서대로 id [0,1,2,3,4]로 변환된다.
ALL_SPEAKER = sorted(np.array(os.listdir(DATASET_AUDIO_PATH)))
# ['Benjamin_Netanyau', 'Jens_Stoltenberg', 'Julia_Gillard',
#  'Magaret_Tarcher', 'Nelson_Mandela']

filenames = glob.glob(os.path.join(DATASET_AUDIO_PATH,'*/*.wav'))
random.shuffle(filenames)
num_samples = len(filenames)
print('Number of total wav files:', num_samples)
for speaker in ALL_SPEAKER:
    print(f'{speaker}: {len(os.listdir(os.path.join(DATASET_AUDIO_PATH,speaker)))}')
```

- `get_noise_waveforms()`에서 얻은 tensor들을 padding하여, 하나의 2D-tensor로 묶었다. 6개의 noise waveform을 tensor로 만들었기 때문에, shape이 $(6, 1522931)$이 된다.

9.7.2 Dataset 생성

코드 9.50: [**Tensorflow**] Dataset 생성

```
def decode_audio(audio_binary):
    audio, _ = tf.audio.decode_wav(contents=audio_binary,desired_channels=1,
                                    desired_samples=SAMPLING_RATE)
    return tf.squeeze(audio, axis=-1)

def get_label(file_path):
    parts = tf.strings.split(input=file_path, sep=os.path.sep)
    return parts[-2]

def get_waveform_and_label_id(file_path):
    label = get_label(file_path)
    audio_binary = tf.io.read_file(file_path) # binary
    waveform = decode_audio(audio_binary)

    label_id = tf.argmax(label == ALL_SPEAKER)

    return waveform, label_id

def add_random_noise(waveform,max_scale=0.8):
    if max_scale > 0:
        num_noise = tf.shape(noise_waveforms_padded)[0]
        random_index = tf.random.uniform((),0,num_noise,dtype=tf.int32)
        sel_noise = noise_waveforms_padded[random_index]
        start = tf.random.uniform(shape=(),minval=0,
                maxval=noise_lengths[random_index]-SAMPLING_RATE,dtype=tf.int32)
        sel_noise = sel_noise[start:start+SAMPLING_RATE]

        prop = tf.math.reduce_max(waveform) / (tf.math.reduce_max(sel_noise) + 1.0e-6)
        scale = tf.random.uniform(shape=(),minval=0,maxval=max_scale,dtype=tf.float32)
        waveform = waveform + sel_noise * prop * scale

    return waveform

def tf_power_to_db(S,ref=1.0,amin=1e-10,top_db=80):
    if callable(ref):
        ref_value = ref(S)
    else:
        ref_value = tf.abs(ref)
    log_spectrogram = 10*tf.experimental.numpy.log10(tf.math.maximum(amin,
        S)/tf.math.maximum(amin, ref_value))
    log_spectrogram = tf.maximum(log_spectrogram, tf.reduce_max(log_spectrogram) -
        top_db)

    return log_spectrogram

def get_log_spectrogram(waveform,frame_length,frame_step):
    stft = tf.signal.stft(waveform, frame_length=frame_length,
                          frame_step=frame_step, pad_end=True)

    power_spectrogram = tf.square(tf.abs(stft)) # power spectrogram
```

```python
    log_spectrogram = tf_power_to_db(power_spectrogram,ref=tf.reduce_max)
    return log_spectrogram # (n_frame,D)

def preprocess_dataset(waveform, frame_length, frame_step, num_channel=1):
    spectrogram = get_log_spectrogram(waveform,frame_length, frame_step)

    spectrogram = tf.expand_dims(spectrogram, -1)
    # (n_frame,n_fft/2+1) ===> (n_frame,n_fft/2+1,1)

    spectrogram = tf.tile(spectrogram,[1,1,num_channel])

    return spectrogram

#################
num_val_samples = int(VALID_SPLIT * len(filenames))

train_files = filenames[:-num_val_samples] # 6751
val_files = filenames[-num_val_samples:] # 750
print('Training set size', len(train_files))
print('Validation set size', len(val_files))

AUTOTUNE = tf.data.AUTOTUNE

train_ds = tf.data.Dataset.from_tensor_slices(train_files)
val_ds = tf.data.Dataset.from_tensor_slices(val_files)

train_ds = train_ds.map( map_func=get_waveform_and_label_id,
     num_parallel_calls=AUTOTUNE)
train_ds = train_ds.map(lambda waveform, label:
     (add_random_noise(waveform,0.8),label), num_parallel_calls=AUTOTUNE)
train_ds = train_ds.map(lambda waveform, label:
     (preprocess_dataset(waveform,FRAME_LENGTH,FRAME_STEP,NUM_CHANNELS),label),
     num_parallel_calls=AUTOTUNE)
train_ds = train_ds.shuffle(2000).batch(BATCH_SIZE).prefetch(5)

val_ds_waveform = val_ds.map( map_func=get_waveform_and_label_id,
     num_parallel_calls=AUTOTUNE)
val_ds = val_ds_waveform.map(lambda waveform, label:
     (preprocess_dataset(waveform,FRAME_LENGTH,FRAME_STEP,NUM_CHANNELS),label),
     num_parallel_calls=AUTOTUNE)
val_ds = val_ds.batch(BATCH_SIZE).prefetch(5)

input_shape = list(train_ds.element_spec[0].shape)
num_labels = len(ALL_SPEAKER)

print(f'Input shape: {input_shape}, num labels: {num_labels}')
# Input shape: [None, 125, 129, 3], num labels: 5
```

9.7.3 Model 정의, 훈련, 결과

코드 9.51에서 3가지 모델을 만들어 보자.

코드 9.51: [**Tensorflow**] Speaker Recognition Model

```
from tensorflow.keras.layers import experimental
from tensorflow.keras.applications import vgg16

# Model 1. VGG
model_vgg = tf.keras.Sequential([
    tf.keras.layers.Input(shape=input_shape[1:]),
    experimental.preprocessing.Resizing(128, 128),
    vgg16.VGG16(weights=None,include_top=False),
    tf.keras.layers.GlobalAveragePooling2D(),
    tf.keras.layers.Dense(256, activation='relu'),
    tf.keras.layers.Dropout(0.5),
    tf.keras.layers.Dense(num_labels), # logits
])

# Model 2. CNN
model_cnn = SimpleCNN(num_labels, flatten=False)

# Model 3. Resnet
def residual_block(x, filters, conv_num=3, activation="relu"):
    s = tf.keras.layers.Conv2D(filters, 1, padding="same")(x)
    for i in range(conv_num - 1):
        x = tf.keras.layers.Conv2D(filters, 3, padding="same")(x)
        x = tf.keras.layers.Activation(activation)(x)
    x = tf.keras.layers.Conv2D(filters, 3, padding="same")(x)
    x = tf.keras.layers.Add()([x, s])
    x = tf.keras.layers.Activation(activation)(x)
    return tf.keras.layers.MaxPool2D(pool_size=2, strides=2)(x)

def build_resnet_model(input_shape, num_classes):
    inputs = tf.keras.layers.Input(shape=input_shape, name="input")

    x = residual_block(inputs, 16, 2)
    x = residual_block(x, 32, 2)
    x = residual_block(x, 64, 3)
    x = residual_block(x, 128, 3)
    x = residual_block(x, 128, 3)

    x = tf.keras.layers.GlobalAveragePooling2D()(x)
    x = tf.keras.layers.Dense(256, activation="relu")(x)
    x = tf.keras.layers.Dense(128, activation="relu")(x)

    outputs = tf.keras.layers.Dense(num_classes)(x)

    return tf.keras.models.Model(inputs=inputs, outputs=outputs)

model_resnet = build_resnet_model(input_shape[1:], num_labels)
```

- model_vgg, model_cnn, model_resnet 3개 모델을 정의했다.
- VGG 모델은 Tensorflow에서 제공되는 vgg에서 include_top=False로 설정하여 classifier를 제외했다. classifier는 2개의 FC Layer 사이에 Dropout을 삽입하는 방식으로 구성했다.
- VGG에 넣기 전에 experimental.preprocessing.Resizing()으로 데이터 크기를 변환했다[61].
- vgg16.VGG16의 입력 데이터의 기본 채널 수는 3이므로 hyper parameter NUM_CHANNELS = 3으로 설정했다. NUM_CHANNELS = 1로 설정하고자 한다면 다음과 같이 input_shape을 지정하면 된다.

```
vgg16.VGG16(weights=None,include_top=False,input_shape=(128,128,1))
```

- CNN 모델은 코드 9.22에서 정의한 SimpleCNN 모델이다.
- 그림 (9.48) 에서 언급한 대로 Resnet의 Batch Normalization이 훈련을 불안정하게 만들 수도 있기 때문에, Batch Normalization 없는 Resnet을 만들었다.

구분	VGG input(125,129,3)	CNN input(125,129,1)	Resnet input(125,129,1)
trainable parameters	14,847,301	161,285	1,014,581
validation accuracy	99.60%	99.20%	99.60%

표 9.5: 모델 크기 비교
accuracy는 훈련에 따라 차이가 날 수 있다.

다음 코드 9.52로 모델을 훈련해 보자.

코드 9.52: **[Tensorflow]** 모델 훈련

```
optimizer = tf.keras.optimizers.Adam(learning_rate=LEARNING_RATE) # VGG에서 0.001이면
    안 된다.

model_vgg.compile(optimizer = optimizer,
            loss = tf.keras.losses.SparseCategoricalCrossentropy(from_logits=True),
            metrics = ['accuracy'])

model_filename = "Epoch-{epoch:03d}-{val_accuracy:.4f}" # val_accuracy(이름이 중요)
checkpoint_path = os.path.join(f'model-{MODEL_NAME}', model_filename)
cp_cb = tf.keras.callbacks.ModelCheckpoint(filepath=checkpoint_path,
```

61 experimental.preprocessing.Resizing() API의 입력 데이터는 채널 수가 0,1,3 모두 가능하다. 0인 경우에는 채널 1개를 만들어 준다.

```
                 save_weights_only=True,verbose=1,mode='auto',
                 save_best_only=True,monitor='val_accuracy',
                 initial_value_threshold=0.95)

es_cb = tf.keras.callbacks.EarlyStopping(patience=20, restore_best_weights=True)

print(f'model name: {MODEL_NAME}')
print(tf.config.list_physical_devices('GPU'))

EPOCHS = 100
history_vgg = model_vgg.fit(train_ds, epochs=EPOCHS,verbose=1,validation_data=val_ds,
                          validation_freq=1,callbacks=[cp_cb,es_cb])
```

그림 (9.64), (9.65)는 코드 9.18에 있는 `plot_history()`, `plot_confusion_matrix()`로 만들어졌다.

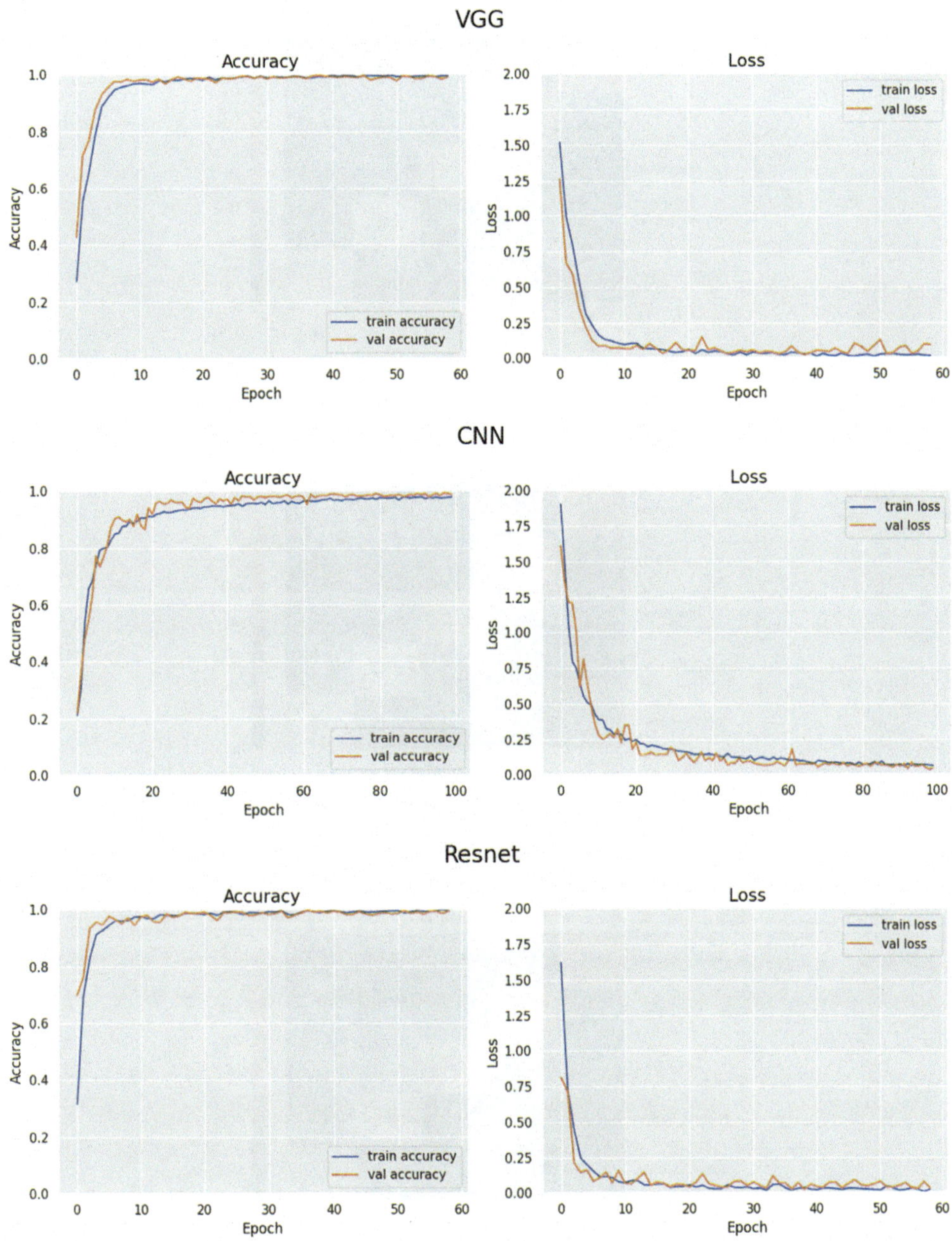

그림 9.64: Loss & Accuracy
모델 크기에서 차이가 있지만, 데이터셋이 작기 때문에 결과에서 큰 차이는 없다. tf.keras.callbacks.EarlyStopping을 사용했기 때문에 모델마다 훈련된 epoch 수가 다르다.

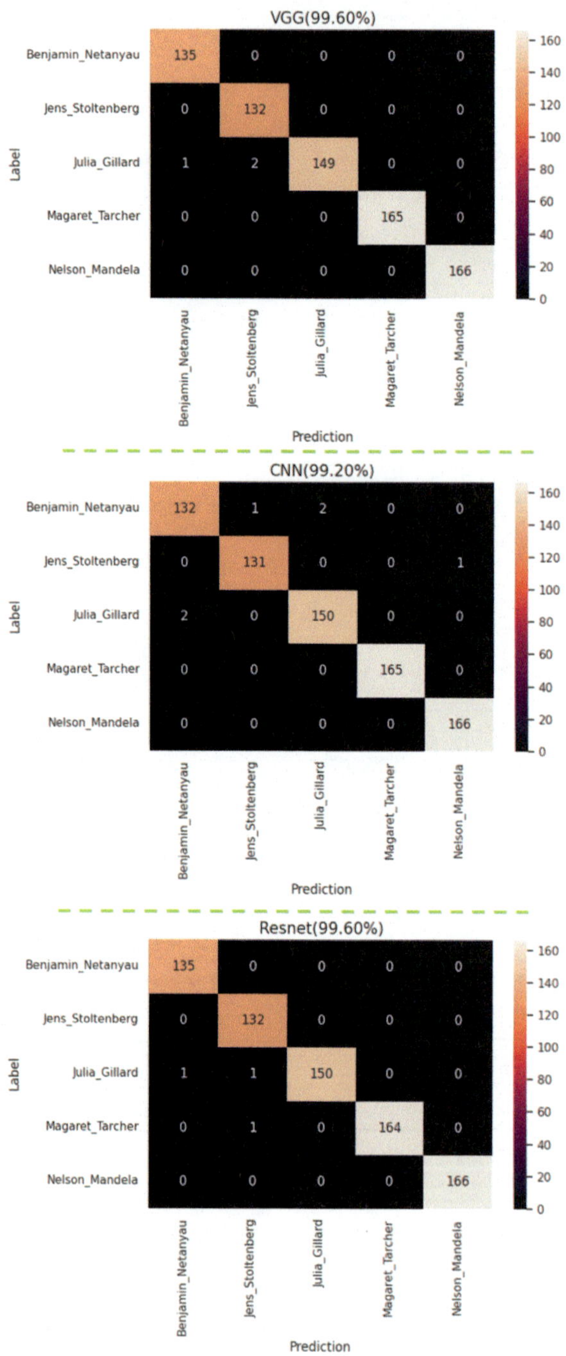

그림 9.65: 모델별 Confusion Matrix

VGG(99.60%), CNN(99.20%), Resnet(99.07%)의 Validation Accuracy가 나왔다.

마지막으로 코드 9.53에서 모델이 잘못 예측한 데이터를 추출하여 소리로 들어보면서 결과를 확인해 보자.

코드 9.53: [**Tensorflow**] 모델이 잘못 예측한 데이터 분석

```
import IPython.display as ipd

val_ds_waveform_batch= val_ds_waveform.batch(BATCH_SIZE).prefetch(5)
val_ds_zip = tf.data.Dataset.zip((val_ds_waveform_batch, val_ds))

fallacy_prediction_waveforms = []
fallacy_prediction_gt = []
fallacy_prediction = []
fallacy_probability = []
for i, data in enumerate(val_ds_zip):
    logit = model_vgg.predict(data[1][0])
    pred = tf.argmax(logit,-1)
    ind = tf.reshape(tf.where(pred != data[1][1]),-1)
    if len(ind) > 0:
        fallacy_prediction_waveforms.append(tf.gather(data[0][0], ind))
        fallacy_prediction_gt.append(tf.gather(data[0][1], ind))
        fallacy_prediction.append(tf.gather(pred, ind))
        fallacy_probability.append(tf.nn.softmax(tf.gather(logit, ind),axis=-1))

fallacy_prediction_waveforms = tf.concat(fallacy_prediction_waveforms,axis=0).numpy()
fallacy_prediction_gt = tf.concat(fallacy_prediction_gt,axis=0).numpy()
fallacy_prediction = tf.concat(fallacy_prediction,axis=0).numpy()
fallacy_probability = tf.concat(fallacy_probability,axis=0).numpy()

print(f'# of fallacies of predictions: {len(fallacy_prediction_gt)}')

for w,gt,pred, prob in zip(fallacy_prediction_waveforms,fallacy_prediction_gt,
                          fallacy_prediction,fallacy_probability):
    prob = [(ALL_SPEAKER[i], f'{p:.2%}') for i,p in enumerate(prob)]
    print(f'ground truth: {ALL_SPEAKER[gt]}, model prediction: {ALL_SPEAKER[pred]}')
    print(f'prob: {prob}')
    ipd.display(ipd.Audio(w, rate=SAMPLING_RATE))
```

- validation 데이터인 `val_ds`는 spectrogram으로 변경된 데이터만 가지고 있다. waveform은 코드 9.50에서 만든 `val_ds_waveform`이 가지고 있다.

- `tf.data.Dataset.zip()`를 이용해서 2개의 데이터셋이 결합했다. 결합된 데이터는 tuple 형태로 묶인다.

- 코드 9.53에서 `data[0]`는 `val_ds_waveform_batch`의 것이고 `data[1]`은 `val_ds`의 것이다.

ground truth: **Julia_Gillard**,
model prediction: Jens_Stoltenberg
prob: [('Benjamin_Netanyau', '0.12%'), ('Jens_Stoltenberg', '39.36%'), (**'Julia_Gillard', '37.19%'**), ('Magaret_Tarcher', '2.06%'), ('Nelson_Mandela', '21.27%')]

0:00 / 0:01

ground truth: **Julia_Gillard**,
model prediction: Benjamin_Netanyau
prob: [(**'Benjamin_Netanyau', '99.33%'**), ('Jens_Stoltenberg', '0.07%'), ('Julia_Gillard', '0.10%'), ('Magaret_Tarcher', '0.50%'), ('Nelson_Mandela', '0.00%')]

0:00 / 0:01

ground truth: **Julia_Gillard**,
model prediction: Jens_Stoltenberg
prob: [('Benjamin_Netanyau', '0.39%'), (**'Jens_Stoltenberg', '91.28%'**), ('Julia_Gillard', '3.02%'), ('Magaret_Tarcher', '0.25%'), ('Nelson_Mandela', '5.06%')]

0:00 / 0:01

그림 9.66: 모델이 잘못 예측한 음성 확인
직접 들어보면 음성이 없고 노이즈만 있는 것들이 많다.

제 A 장 부록

A.1 단순 회귀 모형

식 (2.2), (2.3) 에서 풀어야 할 식은 다음과 같다.

$$\sum_{i=1}^{N}(ax_i + b - y_i)x_i = 0 \tag{A.1}$$

$$\sum_{i=1}^{N}(ax_i + b - y_i) = 0 \tag{A.2}$$

이 식을 행렬로 표현하면

$$\begin{pmatrix} \sum_{i=1}^{N} x_i^2 & \sum_{i=1}^{N} x_i \\ \sum_{i=1}^{N} x_i & N \end{pmatrix} \begin{pmatrix} a \\ b \end{pmatrix} = \begin{pmatrix} \sum_{i=1}^{N} x_i y_i \\ \sum_{i=1}^{N} y_i \end{pmatrix}$$

역행렬을 양변에 곱하면

$$\begin{pmatrix} a \\ b \end{pmatrix} = \frac{1}{N\sum_{i=1}^{N} x_i^2 - \left(\sum_{i=1}^{N} x_i\right)^2} \begin{pmatrix} N & -\sum_{i=1}^{N} x_i \\ -\sum_{i=1}^{N} x_i & \sum_{i=1}^{N} x_i^2 \end{pmatrix} \begin{pmatrix} \sum_{i=1}^{N} x_i y_i \\ \sum_{i=1}^{N} y_i \end{pmatrix}$$

이 된다. $\bar{x}, \bar{y}$ 를 다음과 같이 데이터 평균값으로 두자.

$$\bar{x} := \frac{1}{N}\sum_{i=1}^{N} x_i, \quad \bar{y} := \frac{1}{N}\sum_{i=1}^{N} y_i$$

그러면,

$$a = \frac{N\sum_{i=1}^{N} x_i y_i - (\sum_{i=1}^{N} x_i)(\sum_{i=1}^{N} y_i)}{N\sum_{i=1}^{N} x_i^2 - (\sum_{i=1}^{N} x_i)^2} = \frac{\sum_{i=1}^{N}(x_i - \bar{x})(y_i - \bar{y})}{\sum_{i=1}^{N}(x_i - \bar{x})^2}$$

가 되고, 구한 a를 식 (A.2)에 넣으면,

$$b = \bar{y} - a\bar{x}$$

를 얻을 수 있다.

A.2 행렬 미분

$m \times n$ 행렬 X, $n \times k$ 행렬 W와 함수 $f : \mathbb{R}^{mk} \to \mathbb{R}$에 대하여, X, W의 각 원소에 대한 미분을 구해보자.

$$\begin{array}{c} \boxed{X} \\ \\ \boxed{W} \end{array} \longmapsto Y = XW \overset{f}{\longmapsto} f(Y) = f(XW) \in \mathbb{R}$$

행렬 Y는 함수 f를 거쳐 최종적으로 loss(cost) 값인 scalar가 된다.

$$X = \begin{pmatrix} x_{11} & \cdots & x_{1n} \\ \vdots & \ddots & \vdots \\ x_{m1} & \cdots & x_{mn} \end{pmatrix}, W = \begin{pmatrix} w_{11} & \cdots & w_{1k} \\ \vdots & \ddots & \vdots \\ w_{n1} & \cdots & w_{nk} \end{pmatrix}, Y = XW = \begin{pmatrix} y_{11} & \cdots & y_{1k} \\ \vdots & \ddots & \vdots \\ y_{m1} & \cdots & y_{mk} \end{pmatrix}.$$

$\frac{\partial f}{\partial Y}$(Jacobian)를 다음과 같이 정의하면(또는 주어졌다고 하면),

$$\frac{\partial f}{\partial Y} := \begin{pmatrix} \frac{\partial f}{\partial y_{11}} & \cdots & \frac{\partial f}{\partial y_{1k}} \\ \vdots & \ddots & \vdots \\ \frac{\partial f}{\partial y_{m1}} & \cdots & \frac{\partial f}{\partial y_{mk}} \end{pmatrix} \quad \leftarrow m \times k$$

X, W의 각 원소별 미분(Jacobian)은 다음과 같다.

$$\frac{\partial f}{\partial X} = \begin{pmatrix} \frac{\partial f}{\partial x_{11}} & \cdots & \frac{\partial f}{\partial x_{1n}} \\ \vdots & \ddots & \vdots \\ \frac{\partial f}{\partial x_{m1}} & \cdots & \frac{\partial f}{\partial x_{mn}} \end{pmatrix} = \underbrace{\frac{\partial f}{\partial Y} W^T}_{(m\times k)(k\times n)} \quad \leftarrow m \times n \tag{A.3}$$

$$\frac{\partial f}{\partial W} = \begin{pmatrix} \frac{\partial f}{\partial w_{11}} & \cdots & \frac{\partial f}{\partial w_{1k}} \\ \vdots & \ddots & \vdots \\ \frac{\partial f}{\partial w_{n1}} & \cdots & \frac{\partial f}{\partial w_{nk}} \end{pmatrix} = \underbrace{X^T \frac{\partial f}{\partial Y}}_{(n\times m)(m\times k)} \quad \leftarrow n \times k \tag{A.4}$$

증명을 하기에 앞서 문제를 다시 한번 정리해 보자. X, W가 주어져 있고, $Y = XW, f(Y) \in \mathbb{R}$로 정의된다고 하자. 이때 f를 Y의 각 원소별로 미분한 Jacobian $\frac{\partial f}{\partial Y}$가 주어진다고 하면, f를 X, W의 각 원소로 미분한 Jacobian은 각각 식(A.3), (A.4)가 된다는 것이다.

식(A.3), (A.4) 중에 하나만 증명하면, 나머지 하나는 대칭성에 의해 증명된다. 그래서 우리는 식(A.3)만 증명하고자 한다. 식(A.3)을 3단계로 나누어서 증명해보자.

- X, W 가 각각 $1 \times n, n \times 1$ 인 경우:

$$XW = \begin{pmatrix} x_1 & x_2 & \cdots & x_n \end{pmatrix} \begin{pmatrix} w_1 \\ w_2 \\ \vdots \\ w_n \end{pmatrix} = x_1 w_1 + x_2 w_2 + \cdots + x_n w_n = y = Y$$

$$\begin{aligned} \frac{\partial f}{\partial x_i} &= \frac{\partial f}{\partial y}\frac{\partial y}{\partial x_i} = \frac{\partial f}{\partial y} w_i \\ \frac{\partial f}{\partial X} &= \begin{pmatrix} \frac{\partial f}{\partial x_1} & \frac{\partial f}{\partial x_2} & \cdots & \frac{\partial f}{\partial x_n} \end{pmatrix} \\ &= \begin{pmatrix} \frac{\partial f}{\partial y} w_1 & \frac{\partial f}{\partial y} w_2 & \cdots & \frac{\partial f}{\partial y} w_n \end{pmatrix} \\ &= \frac{\partial f}{\partial y} \begin{pmatrix} w_1 & w_2 & \cdots & w_n \end{pmatrix} \\ &= \frac{\partial f}{\partial y} \begin{pmatrix} w_1 & w_2 & \cdots w_n \end{pmatrix} \\ &= \underbrace{\frac{\partial f}{\partial Y} W^T}_{(1\times 1)(1\times n)} \quad \leftarrow 1 \times n \end{aligned} \tag{A.5}$$

- X, W 가 각각 $1 \times n, n \times k$ 인 경우:

$$\begin{aligned} XW &= \begin{pmatrix} x_1 & x_2 & \cdots & x_n \end{pmatrix} \begin{pmatrix} w_{11} & \cdots & w_{1k} \\ \vdots & \ddots & \vdots \\ w_{n1} & \cdots & w_{nk} \end{pmatrix} \\ &= \begin{pmatrix} x_1 & x_2 & \cdots & x_n \end{pmatrix} \begin{pmatrix} \boxed{W_1} & \boxed{W_2} & \cdots & \boxed{W_k} \end{pmatrix} \quad \leftarrow W_i \text{는 } W \text{의 열벡터} \\ &= \begin{pmatrix} y_1 & y_2 & \cdots & y_k \end{pmatrix} = Y \end{aligned}$$

먼저 chain rule에 의해,

$$\frac{\partial f}{\partial x_i} = \frac{\partial f}{\partial y_1}\frac{\partial y_1}{\partial x_i} + \frac{\partial f}{\partial y_2}\frac{\partial y_2}{\partial x_i} + \cdots + \frac{\partial f}{\partial y_k}\frac{\partial y_k}{\partial x_i} \quad \text{by chain rule}$$

가 되고, $\frac{\partial f}{\partial X} = \begin{pmatrix} \frac{\partial f}{\partial x_1} & \frac{\partial f}{\partial x_2} & \cdots & \frac{\partial f}{\partial x_n} \end{pmatrix}$, $\frac{\partial y_i}{\partial X} = \begin{pmatrix} \frac{\partial y_i}{\partial x_1} & \frac{\partial y_i}{\partial x_2} & \cdots & \frac{\partial y_i}{\partial x_n} \end{pmatrix}$ 이므로,

$$
\begin{aligned}
\frac{\partial f}{\partial X} &= \frac{\partial f}{\partial y_1}\frac{\partial y_1}{\partial X} + \frac{\partial f}{\partial y_2}\frac{\partial y_2}{\partial X} + \cdots + \frac{\partial f}{\partial y_k}\frac{\partial y_k}{\partial X} \quad \text{by chain rule} \\
&= \frac{\partial f}{\partial y_1}W_1^T + \frac{\partial f}{\partial y_2}W_2^T + \cdots + \frac{\partial f}{\partial y_k}W_k^T \quad \text{by (A.5)} \\
&= \begin{pmatrix} \frac{\partial f}{\partial y_1} & \frac{\partial f}{\partial y_2} & \cdots & \frac{\partial f}{\partial y_k} \end{pmatrix} \begin{pmatrix} \boxed{\quad W_1^T \quad} \\ \boxed{\quad W_2^T \quad} \\ \vdots \\ \boxed{\quad W_k^T \quad} \end{pmatrix} \quad \leftarrow (\text{행벡터의 일차결합}) \\
&= \begin{pmatrix} \frac{\partial f}{\partial y_1} & \frac{\partial f}{\partial y_2} & \cdots & \frac{\partial f}{\partial y_k} \end{pmatrix} W^T \\
&= \underbrace{\frac{\partial f}{\partial Y} W^T}_{(1\times k)(k\times n)} \quad \leftarrow 1 \times n
\end{aligned}
$$

- X, W 가 각각 $m \times n, n \times k$ 인 경우: X 의 각 행은 서로 독립적이다. 그렇기 때문에, X 의 각 행은 Y 의 각 행에 대응된다. 따라서 행으로의 확장은 $X, \frac{\partial f}{\partial Y}$ 를 행으로 확장하면 된다.

$$
\frac{\partial f}{\partial X} = \underbrace{\frac{\partial f}{\partial Y} W^T}_{(m\times k)(k\times n)} \quad \leftarrow m \times n
$$

- bias에 대한 gradient: bias는 모든 data(m 개)에 1을 넣고 곱하는 것과 동일하므로, bias의 gradient는 $\underbrace{(1, \cdots, 1)}_{m}$과 넘어온 gradient를 곱하면 된다. 이는 넘어온 gradient를 data 개수 방향으로 sum하는 것도 동일하다.

A.3 Gradient Vanishing & Exploding

A.3.1 Gradient Vanishing

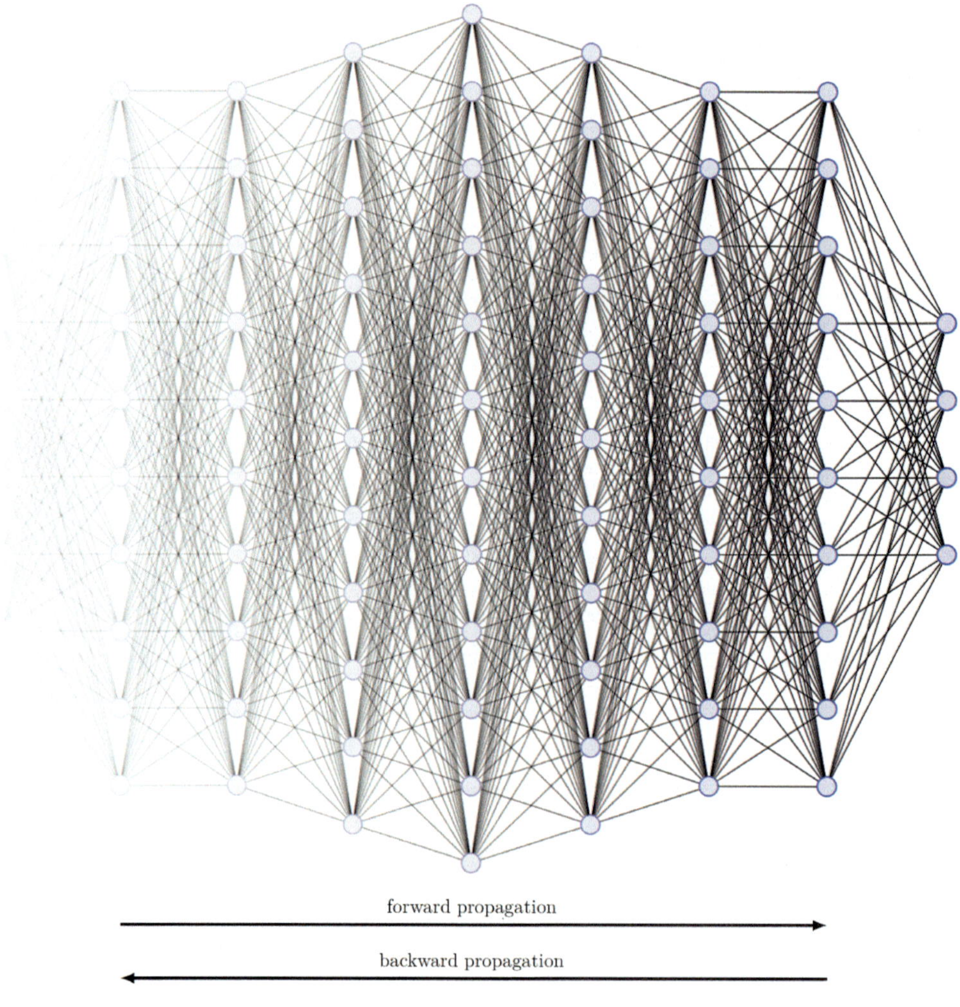

그림 A.1: Deep Neural Network & Gradient Vanishing

Gradient Vanishing은 Neural Network의 Back Propagation에서 그래디언트(gradient)가 0에 가까워져서 weight들이 업데이트되지 않는 상황을 말한다. 그림(A.1)은 Deep Neural Network을 도식화해서 보여주고 있다. 실제 대부분의 Neural Network은 훨씬 더 많은 층을 쌓아서 모델을 구성한다. 그림(A.2)에서 sigmoid 함수의 미분값을 살펴보면 최댓값이 0.25임을 알 수 있다.

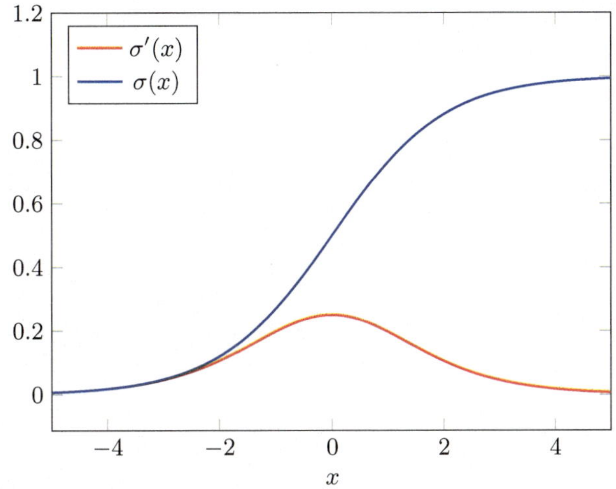

그림 A.2: sigmoid 함수 $\sigma(x)$와 sigmoid 미분 $\sigma'(x)$
$\sigma'(x)$의 최댓값은 0.25이다.

Back Propagation의 핵심은 연쇄 법칙(Chain Rule)에 의해 각각의 미분값들이 곱해지는 것이다. Neural Network의 각 층에 Activation Function으로 Sigmoid 함수가 있다면, Back Propagation에서 Sigmoiid의 미분값들이 계속 곱해진다. 0.25보다 작은 미분값들이 계속 곱해지면 전체적으로 값이 0에 가까워질 수밖에 없다. 미분값인 gradient가 0에 가까우면 weight 값의 변화가 없다. 입력 쪽의 layer weight들 값이 업데이트되지 않기 때문에 최적해로 수렴하지 않는다. 이런 현상을 Gradient Vanishing 또는 Vanishing Gradient라고 한다.

$$\begin{aligned}
0.25^2 &= 0.0625, \\
0.25^3 &= 0.015625, \\
0.25^4 &= 0.00390625, \\
0.25^5 &= 0.0009765625, \\
&\vdots
\end{aligned}$$

A.3.2 Gradient Exploding

Gradient Exploding은 Gradient Vanishing과 반대로 Gradient 값이 너무 커져서 Gradient Descent가 발산하는 현상을 말한다. 훈련 초기에 loss 값이 너무 높은 경우에 Gradient로 큰 값이 계산되고 이로 인해 weight가 발산하는 현상이 발생한다.

Gradient Vanishing/Exploding을 피할수 있는 방법으로 다음과 같은 것들이 있다.

- 적절한 weight 초기화
- Relu, Leaky Relu, ELU와 같은 Activation Function 선택
- Batch Normalization
- Gradient Clipping

A.4 지수가중 이동평균(Exponentially Weighted Moving Average)

데이터 $x_1, x_2, x_3, \cdots, x_n, x_{n+1}, \cdots$ 이 주어져 있을 때 지수가중 이동평균 μ_n 은 다음과 같이 정의된다. 가중치 λ에 대해서

$$\mu_{n+1} = \lambda\mu_n + (1-\lambda)x_{n+1}, \quad n \geq 1.$$

여기서 가중치 λ는 보통 0.9, 0.99, 0.8 등으로 1보다 작은 값으로 주어진다.

식을 풀어서 전개해 보면 이해가 쉽다.

$$\begin{aligned}
\mu_1 &= x_1, \\
\mu_2 &= \lambda\mu_1 + (1-\lambda)x_2 \\
&= \lambda x_1 + (1-\lambda)x_2, \\
\mu_3 &= \lambda\mu_2 + (1-\lambda)x_3 \\
&= \lambda\Big(\lambda x_1 + (1-\lambda)x_2\Big) + (1-\lambda)x_3 \\
&= \lambda^2 x_1 + (1-\lambda)\Big(\lambda x_2 + x_3\Big), \\
\mu_4 &= \lambda\mu_3 + (1-\lambda)x_3 \\
&= \lambda^3 x_1 + (1-\lambda)\Big(\lambda^2 x_2 + \lambda x_3 + x_4\Big), \\
\mu_5 &= \lambda^4 x_1 + (1-\lambda)\Big(\lambda^3 x_2 + \lambda^2 x_3 + \lambda x_4 + x_5\Big), \\
&\vdots \\
\mu_{n+1} &= \lambda^n x_1 + (1-\lambda)\Big(\lambda^{n-1} x_2 + \lambda^{n-1} x_3 + \cdots + \lambda x_n + x_{n+1}\Big).
\end{aligned}$$

가중치가 $\lambda, \lambda^2, \lambda^3, \cdots$ 으로 점점 줄어들고 있다. 이를 지수가중 (exponentially weighted) 이라 한다. 예를 들어 $\lambda = 0.9$ 인 경우,

$$
\begin{aligned}
\lambda &= 0.9, \\
\lambda^2 &= 0.81, \\
\lambda^3 &= 0.729, \\
\lambda^4 &= 0.6561, \\
&\vdots \\
\lambda^{20} &= 0.1215766, \\
&\vdots \\
\lambda^{100} &= 0.000026561, \\
&\vdots
\end{aligned}
$$

으로 값이 줄어든다. 오래된 데이터일수록 낮은 가중치가 적용되고 새로운 데이터에 높을 가중치를 부여한다.

A.5 Optimizer

A.5.1 Gradient Descent & Momentum

Neural Network를 훈련할 때는 mini-batch에 의한 SGD[1](Stochastic Gradient Descent)를 주로 사용한다. mini-batch는 전체 데이터의 일부이므로 gradient도 전체 데이터와 차이가 있을 수밖에 없다. 그래서 mini-batch로 구한 gradient와 훈련 중에 쌓아놓은 누적 데이터에 대한 gradient를 적절히 혼합하는 것이 Momentum 방법이다.

α, m이 각각 learning rate, momentum 계수이고, weight w, loss function L이 주어져 있다고 하자. Momentum 방법은 다음과 같이 표현될 수 있다.

$$\begin{aligned} v &\leftarrow mv - \alpha\frac{\partial L}{\partial w}, \\ w &\leftarrow w + v \end{aligned}$$

Gradient Descent는 Momentum 방법에서 $m = 0$인 경우에 해당한다.

```
tf.keras.optimizers.SGD(learning_rate=0.01, momentum=0.0, ...)
torch.optim.SGD(params, lr, momentum=0, ...)
```

Momentum에 대한 수식 표현을 다음과 같이 하는 경우도 있다. β, τ는 가중치를 표현하는 방식의 차이일 뿐이다.

$$\begin{aligned} v &\leftarrow \beta v + (1-\beta)\frac{\partial L}{\partial w} \quad \text{or} \quad \beta v + (1-\tau)\frac{\partial L}{\partial w} \\ w &\leftarrow w - \alpha v \end{aligned} \tag{A.6}$$

A.5.2 AdaGrad(Adaptive Gradient)

4.7절에서 learning rate을 훈련 중에 조절하는 learning rate scheduler에 대해서 다루었다. AdaGrad는 learning rate 조절을 optimizer에서 조절하는 기능을 가지고 있다. learning rate에 Gradient 역수를 곱해서 줄이는 작업을 한다.

$$\begin{aligned} h &\leftarrow h + \frac{\partial L}{\partial w} \circ \frac{\partial L}{\partial w}, \\ w &\leftarrow w - \alpha\frac{1}{\sqrt{h}} \circ h, \qquad \circ\text{: hadamard product} \end{aligned}$$

h가 누적으로 더해지기 때문에, 너무 커져서 훈련이 되지 않는 상황이 오기도 한다.

1 2.3절 참조.

```
tf.keras.optimizers.Adagrad(learning_rate=0.001,
                            initial_accumulator_value=0.1, ...)
torch.optim.Adagrad(params, lr=0.01, initial_accumulator_value=0, ...)
```

- `initial_accumulator_value`는 h의 초기값을 말한다. Tensorflow, Pytorch의 default 초기값이 서로 다르다.

A.5.3 RMSProp

RMSProp(Root Mean Square Propagation)은 Adagrad에서 h가 반복적으로 더해져서 값이 너무 커지는 것을 방지하기 위해 ρ(e.g. 0.9)를 곱하는 방식으로 h를 계산한다.

$$
\begin{aligned}
h &\leftarrow \rho h + (1-\rho)\frac{\partial L}{\partial w} \circ \frac{\partial L}{\partial w}, \\
w &\leftarrow w - \alpha \frac{1}{\sqrt{h}} \circ h.
\end{aligned} \tag{A.7}
$$

```
tf.keras.optimizers.RMSprop(learning_rate=0.001, rho=0.9,
                            momentum=0.0, ...)
torch.optim.RMSprop(params, lr=0.01, alpha=0.99, momentum=0)
```

- 수식에서의 ρ가 Pytorch API에서는 `alpha`로 표기되었다.
- Tensorflow, Pytorch API 모두 momentum도 반영할 수 있게 되어 있다.

A.5.4 Adam

Adam(Adaptive Moment Estimation)은 Momentum과 RMSProp의 결합이라고 할 수 있다. t를 1부터 시작하는 반복 횟수라고 하자. Gradient가 업데이트될 때마다 1씩 증가한다.

$$v \leftarrow \beta_1 v + (1-\beta_1)\frac{\partial L}{\partial w} = v + (1-\beta_1)\left(\frac{\partial L}{\partial w} - v\right) \tag{A.8}$$

$$v_{bc} = \frac{v}{1-\beta_1^t} \tag{A.9}$$

$$s \leftarrow \beta_2 s + (1-\beta_2)\frac{\partial L}{\partial w} \circ \frac{\partial L}{\partial w} = s + (1-\beta_2)\left(\frac{\partial L}{\partial w} \circ \frac{\partial L}{\partial w} - s\right) \tag{A.10}$$

$$s_{bc} = \frac{s}{1-\beta_2^t} \tag{A.11}$$

$$W \leftarrow W - \alpha\frac{v_{bc}}{\sqrt{s_{bc}+\epsilon}}, \qquad \epsilon = 10^{-7} \text{ or } 10^{-8}. \tag{A.12}$$

식(A.8)은 식(A.6)과 동일하고 식(A.10)은 식(A.7)과 동일하다. 식(A.9), (A.11)은 bias correction 역할을 한다. v, s가 0에서 시작하므로 초기에는 큰 의미가 없을 수 있다. 그래서 초기에는 v, s의 역할을 적게 반영하고, 점점 그 역할을 키워 나간다.

Adam에서 β_1, β_2의 기본값은 각각 0.9, 0.999이다. 특별한 이유가 없는 경우에는 기본값을 사용하는 것이 권장된다. 6.4절에서 DCGAN을 훈련할 때, 더 낮은 값을 사용한 적이 있다. GAN에서는 모델이 수렴할 때까지 Generator와 Discriminator는 새로운 데이터에 대한 정보를 더 많이 반영해야 한다. 그래서 β_1, β_2의 값을 낮게 적용했다.

```
tf.keras.optimizers.Adam(learning_rate=0.001,beta_1=0.9,
                         beta_2=0.999,...)
torch.optim.Adam(params, lr=0.001, betas=(0.9, 0.999), ...)
```

제 B 장

기호 표기법

general mathematical symbols:

$\mathbb{R}$	실수 공간. $\mathbb{R}$의 원소를 스칼라(scalar)라 부른다.
$\mathbb{R}^n$	n차원 실수 공간. $\mathbb{R}^n$의 원소를 vector 또는 tensor라 부른다.
A^T	A의 전치(transpose) 행렬.
$\lfloor x \rfloor$	x의 소수 부분을 버림한다.
$L := x$	L을 x로 정의한다.
$x =: L$	L을 x로 정의한다.
$\\|x\\|_p$	L_p norm. $x = (x_1, \cdots, x_n)$ 일 때, $\left(\sum_{i=1}^{n} \|x_i\|^p\right)^{\frac{1}{p}}$.
$\\|x\\|_1$	L_1 norm. $x = (x_1, \cdots, x_n)$ 일 때, $\sum_{i=1}^{n} \|x_i\|$.
$\\|x\\|, \\|x\\|_2$	$x = (x_1, \cdots, x_n)$ 일 때, L_2 norm. $\left(\sum_{i=1}^{n} \|x_i\|^2\right)^{\frac{1}{2}} = \sqrt{\sum_{i=1}^{n} \|x_i\|^2}$.
$\text{flip}(W), W_{\text{flip}}$	W의 flip array(matrix).
$A \circ B$	Hadamard 곱.
$I * F$	이미지 I와 Filter F의 convolution.

참고 문헌

[1] Fei-Fei, L., A. Karpathy, and J. Johnson. Cs231n: Convolutional neural networks for visual recognition (http://cs231n.stanford.edu/index.html).

[2] Google-AI-Blog. Transformer: A novel neural network architecture for language understanding (https://ai.googleblog.com/2017/08/transformer-novel-neural-network.html).

[3] Saito, G. (2017). 밑바닥부터 시작하는 딥러닝. 개앞맵시 역. 한빛미디어.

찾아보기

R

S

저자 약력

조희철

서울대학교 수학과 졸(학사, 석사, 박사)

2021년 인공지능 그랜드 챌린지 5차 대회 1위(2단계 대회 장관상)

2005부터 증권사에서 파생상품 퀀트 및 운용 업무를 하며 인공지능 모델 연구

저자와의
협의하에
인지생략

Deep learning
원리를 이해하고 Tensorflow,Pytorch 한번에 잡자

2024년 01월 02일 초판 인쇄
2024년 01월 10일 초판 1쇄 발행

저 자 : 조 희 철
발행인 : 정 광 식
발행처 : **비앤엠북스**
서울시 금천구 가산디지털1로 70 B1-103(호서대벤처타워)
등 록 2004. 12. 29. / 제313-2004-00298호
전 화 2627-5710~13, 팩스 2627-5720
홈페이지 www.대학교재.net
이 메 일 bnmbook@daum.net

정가 49,000원 ISBN 978-89-6821-184-3